행정정보관리론

이 윤 식

도서출판 대영문화사

머리말

오늘날의 사회는 지식정보화사회라고 하며, 그 동인은 기술결정론의 시각에서 정보통신기술(ICT)의 발달에 두는가, 하면 징후적 기술론의 시각에서 사람의 필요에서 찾기도 한다. 그렇지만 이들 두 입장 중의 하나가 지식정보화사회의 도래를 초래했다고 보기보다 양자의 동인이 모두 작용함으로써 비롯되었다고 보는 것이 더 설득력 있고 타당하다. 이러한 지식정보화사회의 핵심 가치는 바로 지식정보로서 이를 어떻게 효율적으로 창출해서 각종 업무 활동과 의사결정, 더 나아가서 정책 과정에 활용하느냐에 따라 그런 활동의 부가가치의 규모가 결정되고, 그런 활동을 하는 조직의 존폐나 성쇠에도 영향을 미침을 유의하게 된다. 이는 지식정보화사회에서 개별 의사결정자 또는 정책결정자나 조직의 성과가 지식정보관리의 성과에 따라 평가됨을 시사한다.

지식정보화사회가 진전됨에 따라 지식정보의 다양성이 심화되고 그에 따른 가치도 급증하고 있어 사회구성원의 제반 활동이 지식정보 활동화되어 가고 있다고 해도 과언이 아니다. 그 결과 지식정보 활동의 부가가치를 극대화하기 위한 노력이 요구됨과 동시에 지식정보관리의 방법에 대한 관심도 증대되고 있다. 이러한 현상은 일반 사회 활동에서보다 지식정보의 가치가 절대적으로 중시되고 있는 공공 부문 활동, 특히 정부 활동에서 더 두드러지게 나타나고 있다.

이러한 지식정보화사회에서 정부 활동의 변화는 정부의 지식정보인 행정정보에 대한 제반 활동의 본질과 문제점 및 개선 방안에 우선적으로 초점을 맞춘 행정정보관리 연구를 촉발시키고, 그런 연구의 일환으로 저술된 책이 바로 『행정정보관리론』이다. 따라서 이 책은 행정정보 활동에 대한 체제론적 접근에 초점을 둔 『신행정정보체제론』의 자매서로서 행정정보 활동의 현실적인 문제들에 대한 해결 방안을 모색하는

데 중점을 두고, 지식정보화사회에서 정부가 어떻게 행정정보관리를 수행해 가는 것이 바람직한가를 주로 다룬다.

이러한 목적으로 이 책은 지식정보화사회에 관한 이론적 고찰을 기초로 기본적인 행정정보관리접근법을 정리하면서 그 구성 요소에 대해 구체적으로 고찰하고 있다. 이어서 행정정보를 관리함에 따른 제반 이슈별로 최근 현황과 문제점을 분석하면서 그 해결 방안들을 제시한다. 여기에는 규범론적인 해결 방안과 함께 법적 · 제도적 개선책을 모색하고 있다.

그러므로 이 책은 행정정보체제론을 공부하는 학생들이나 가르치고 연구하는 학자들뿐만 아니라 사실상 지식정보화사회에서 이뤄지고 있는 행정 활동의 대부분이 바로 행정정보 활동을 수행하고 있는 실무자들, 그리고 지식정보화사회에서 행정관료와 불가분의 관계를 맺으며 살고 있는 일반인들에게 행정정보관리에 대한 이해를 높이는 데 도움이 되도록 구성되고 있는 점이 특징이다.

특히 지식정보화사회에서 정부가 직면하고 있는 핵심적인 지식정보관리 이슈들만을 취급함으로써 단순한 행정정보 체제의 구축과 운영을 통한 행정 활동의 효율화와 합리화 문제를 탈피하고자 노력하고 있다. 즉, 행정정보 체제 활동에 영향을 미칠 수 있는 실제적인 이슈들을 구체적으로 다룸으로써 지식정보화사회에서 행정 활동의 민주성을 담보하면서 동시에 국민의 삶의 질을 높이는 방안을 담론화하는 계기를 제공하고, 더 나아가 지식정보화사회에서 바람직한 행정정보관리 방향을 모색하고 궁극적으로 바람직한 행정 활동 모형을 강구해 보고자 한 것을 주목할 필요가 있다.

이 책이 나오기까지 관련된 방대한 자료들을 수집 · 정리하는 과정에 많은 도움을 준 서울대학교 행정대학원 석사과정의 박성훈 군, 숭실대학교 석사과정의 안이숙 양과 책의 내용에 대해 비판적 검토와 훌륭한 제언을 해준 (사)한국평가감사연구원 교육훈련본부장 윤종현 박사, 한국행정연구원 성과관리팀장 서성아 박사, 중원대 경찰행정학과 안광현 교수, 경기개발연구원 유재미 박사 등의 헌신적인 노고에 깊은 감사를 표한다. 또한 학부생들의 눈높이에서 충분히 납득할 수 있는 정도로 쉽게 설명하고자 하는 데 도움을 준 내 연구실 근로장학생들에게도 고마운 마음을 전하고 싶다. 아울러 이 책을 출판할 수 있도록 오랫동안 기다려 주면서 적극적으로 지원해 주신 대영문화사 임춘환 사장님과 편집부 여러분께 감사드린다.

2013년 새해 벽두에

조만식기념관 연구실에서 이윤식

차 례

제 1 장 지식정보화사회에서 행정의 역할

제 1 절 지식정보화사회의 의의

1 지식정보화사회에 관한 인식의 계기

유사 이래로 인간은 정보를 필요로 하는 사회에 살고 있음에도 불구하고(Berger, 1967 : 22; Tehranian, 1987 : 92) 근래에 들어 '지식정보사회' 또는 '지식정보화사회'라는 용어가 많이 사용되고 있으며, 많은 사람에게 새롭고 신선한 충격으로 받아들여지고 있다. 이렇게 많은 사람이 지식정보화사회의 도래에 관해 새삼스럽게 인식하게 된 계기는 대체로 다음과 같은 상황의 전개에 기인한다(Ploman, 1987 : 292-294).

1) 정보통신기술의 확산

지식정보화사회에 대해 사람들이 새롭게 인식하게 된 첫 번째 이유는 '정보 및 통신기술'이라고 정의되는 테크놀로지의 본질에 집중하게 된 데에 있다. 여기서 정보통신기술(ICT)은 정보기술과 통신기술을 통합한 광의의 개념으로, 물질이나 물리 에너지의 조잡한 배열에 관심을 두는 것이 아니라, 직접적으로 기초과학의 발전을 구체화하며 지식과 조직의 테크놀로지 표현에 초점이 있다. 즉, 이 같은 테크놀로지가 산업생산, 경영, 과학 및 오락 분야 등에서 현대 사회의 기본적인 기술적 하부구조로 급속하게 보급됨과 더불어 단순히 객관적으로 주어진 지식에 관한 내용 학습이 아닌 지식 창출을 통한 혁신적인 기술의 생성과 보급을 가능하게 함으로써(염재호, 2002) 사람들이 지식정보화사회의 도래를 새롭게 인식하게 되었다.

지식정보화사회에 대해 사람들이 새롭게 인식하게 된 두 번째 이유는 커뮤니케이션 유형과 정보 유통이 자연 현상, 정치 생활, 사회조직, 심지어 과학혁명의 구조를 설명하는 데에 기본적이고 결정적인 개념으로 원용되는 데 있다. 또한 한 국가 안이나 국가 간의 사회 관계, 작업과 여가의 성질, 공간적 운동과 배열의 형태, 학습, 지식, 문화 과정 등에 많은 영향을 미치게 됨으로써 사람들이 비로소 지식정보화사회의 도래에 관한 징후를 의식하게 되었다.

다만, 인간의 태도적 요인과 인지상의 급격한 변화에 대한 대처 능력의 한계로 인해 많은 사람이 그런 변화의 요인이 무엇인지 모르는 경우가 많으며, 어떻게 대처할 것인지에 대해서도 아직 준비되어 있지 않은 경우가 많다. 따라서 사람들은 지식정보화사회의 도래를 적절히 인식할 기회를 미처 갖지도 못한 채 지식정보화사회의 진입로에 들어와 있게 되었음을 깨닫고 지식정보화사회를 충격적인 것으로 받아들이게 된 것이다.

2) 정보화의 성숙 및 고도화

정보통신기술의 혁신 및 발달과 더불어 정보화의 성숙 및 고도화가 일어남에 따라 산업사회의 패러다임이 정보사회의 패러다임으로 변화했고, 다시금 지식정보화사회의 패러다임으로 이행되고 있다. 즉, 자본, 노동력, 토지 등의 중심 요소들이 지식으로 대체되는 모습이 나타나고 있으며, 지식을 경제 중심주의적 시각에서 혁신과 가치 창출의 대상으로 중시하고 있다(현창희, 2000).

3) 국내외 문제의 상호의존성 증가

국내 및 국제 문제가 급속도로 발달한 국제통신에 의해 좌우되며 그러한 문제들에 영향을 미치는 국가 간 또는 정부 간, 그리고 국가 내 각종 집단 간의 상호연관성이 높아지게 되었다. 이러한 연유로 '국내 문제의 국제화'와 '국제 문제의 국내화' 현상이 두드러지게 되었고, 이것이 지식정보화사회의 도래에 대해 사람들이 새롭게 인식하게 된 세 번째 이유이다.

2 지식정보화사회의 개념

1) 지식정보화사회의 정의

지식정보화사회는 대체로 인간들이 보이지 않는 화판 위에 미래를 설계하고 살 만한 가치가 있는 개인의 삶을 추구하고 실현하는 고도의 지적 창조성을 지닌 사회(Masuda, 1981 : 3), 제2차 산업인 제품 생산 중심의 경제 체제로부터 지적 기술 창조를 주로 하는 서비스 생산 중심의 경제 체제로 전환된 사회(권태준, 1987 : 218), 인간의 지적 창조력이 일반적 재화를 이룩하는 고도 지적 창출사회(김정흠, 1987 : 43) 등 다양하게 정의되고 있다.

지식정보화사회는 21세기 사회의 또 다른 표현으로서 초고속 통신망을 통해 세계가 하나로 연결되고, 수많은 지식정보가 디지털화되며, 지적 재산이 지식정보로 가공되고 상품화되어 전 세계로 유통되고, 산업 부문의 지적재산권 또한 중요시되는 현상이 보편화되는 사회다. 결국 지식정보화사회는 정보통신기술의 개발 및 이용이 고도화되고, 정보통신기술에 기초한 지식정보 능력에 의해 지식의 창출 및 활용이 보편화되어 체제적 변화를 이룬 사회로 정의할 수 있다.

2) 개념적 구성 요소

(1) 지식정보

지식정보화사회에서 지식정보는 좀 더 포괄적인 의미를 지닌다. 즉, 지식정보는 첫째, 어떤 현상을 나타내고 있어서 그것을 필요로 하는 사람이 수집은 했지만 의미를 부여할 수 없는 상태로 존재하는 '자료(data)'와 둘째, 자료가 수집 정리되어 필요한 의미를 부여할 수는 있지만 그것이 확실하고 타당한 것인지의 여부가 불분명한 상태에 있는 '정보(information),' 셋째, 정보의 의미가 평가 과정을 통해 확실해져서 누구에게든지 인정받는 내용으로서 통용되는 '지식(knowledge)'을 모두 포함하는 뜻으로 사용된다(윤석민, 1989 : 144). 이는 지식도 다시 하나의 정보로서 활용될 수 있음을 시사한다.

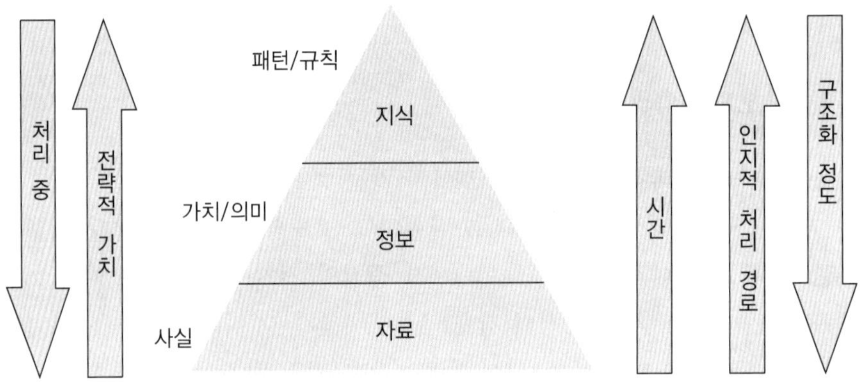

그림 1-1 지식, 정보, 자료의 개념도

자료: 한세억(2002: 26-29).

(2) 정보통신기술

정보통신기술은 지식정보 처리 수단으로서 지식정보 활동에 필요한 정보기술과 통신기술, 그리고 뉴미디어 기술을 포괄하는 개념이다. 따라서 컴퓨터와 통신망의 도입·활용의 보편화와 발전을 통해 지식정보 처리 능력은 향상되고, 아울러 통신기술의 개발과 발달로 지식정보 활동의 광역화와 동시화가 이뤄진다. 이는 곧 컴퓨터의 인공두뇌 개발로 인간화 가능성과 함께 통신망(communication network)의 발달로 세계의 지구촌화 및 지역화의 가능성을 시사하며(하완규, 1985 : 182-186), 아울러 뉴미디어의 발달로 정보 활동의 생활화가 이뤄지고 있다.

(3) 지식정보 능력

지식정보 능력은 두 가지 측면에서 고려된다. 즉, 하나는 소프트웨어적인 지식정보 해득력(knowledge information literacy)이고, 다른 하나는 하드웨어적인 컴퓨터 통신 해득력(computer and communication literacy)이다. 전자의 지식정보 해득력은 지식정보 교양과 지식정보 처리 능력을 포괄하는 뜻이다. 여기서 지식정보 교양은 지식정보의 규범적 가치(normative values)에 관한 것으로서 지식정보의 가치, 지식정보의 선용과 오용, 지식정보의 소유권과 이용권, 개인의 프라이버시 보호와 컴퓨터 통신 범죄의 예방을 위한 지식정보 윤리관 등을 포함하는 개념이다. 지식정보 처리 능력은 지식정보의 수집, 가공, 저장, 검색, 전달 등을 좀 더 효율적으로 할 수 있는 정신 능력으로서 곧 가치 있는 지식정보를 창출하는 능력을 말한다(노규형, 1987: 120).

한편 후자의 컴퓨터 통신 해득력은 정보통신 기기 이용 능력과 정보통신 기기 응용 능력을 포함하여 지식정보 창출 및 이용을 위한 정보통신기술 전반에 걸친 이해 능력을 말한다. 먼저, 정보통신 기기 이용 능력은 정보통신 기기의 작동은 물론 지식정보의 검색 및 활용 등을 위해 여러 가지 정보통신 기기를 이용할 수 있는 능력을 말한다. 다음으로, 정보통신 기기 응용 능력은 좀 더 전문화된 능력으로서 각종 컴퓨터 통신 프로그램을 사용하거나 새롭게 개발하여 지식정보를 처리할 수 있는 능력을 뜻한다. 또한 한 걸음 더 나아가서 정보통신 기기의 이용 및 응용 과정을 통해 창출된 지식정보 전반에 걸친 기본적인 이해 능력도 포함된다(노규형, 1987: 120; 김정흠, 1987: 45). 이러한 컴퓨터 통신 해득력을 포함하는 좀 더 넓은 개념이 매체 해득력(media literacy)이다. 이는 지식정보 매체에 관한 전반적인 지식과 그것을 나툴 줄 아는 능력을 뜻하며, 이 매체 해득력의 최상위 개념으로 과학 해득력(science literacy)을 주장하는 사람도 있다(김정흠, 1987: 45).

(4) 체제적 변화

지식정보화사회의 개념적 정의 속에 포함된 체제적 변화는 지식정보화사회의 내용이 기존 정보화사회에서 유행한 사회·경제 체제적 성격에서 진일보하여 본질적인 측면에서 획기적인 변화를 이룬 상태를 뜻한다. 그러나 여기서 기술과 사회 체제 변화의 관계를 언급할 때 편의상 결과론적인 입장에서는 기술을 독립변수로, 사회 체제 변화를 종속변수로 보고 있으나 통시적으로 역동적 분석을 하면 양자는 상호 영향을 주고받는 관계라는 점이다.

3) 지식정보화사회와 정보화사회의 차이

'지식정보화사회'를 '정보화사회'와 구분하지 않고 같은 의미로 사용하기도 하지만, 일반적으로 정보화사회와 지식정보화사회는 다음과 같은 개념적 차이가 존재한다. 정보화사회가 산업사회에 대응되는 개념으로 '정보통신기술의 발달'을 강조한다면, 지식정보화사회는 창조적 아이디어라 할 수 있는 '지식의 발달'을 강조한다. 즉, 정보화사회에서는 정보를 생산 · 유통 · 저장 · 처리하는 기술적 능력을 중요시하는 반면, 지식정보화사회에서는 인간이 정보를 활용하여 좀 더 고차원적인 지식을 창출하는 것을 중요시하며, 이러한 창조적 지식의 창출이 부가가치 증대의 원천이 되는 사회다.

또한 지식정보화사회란 지식 또는 지식정보 자원이 갖는 사회 · 문화적 가치가 비약적으로 증대되고, 국민 생활과 사회 · 경제 활동 전반에 걸쳐 지식 · 정보자원의 생산과 유통 및 활용이 중요성을 지니는 사회를 지칭한다(강홍렬 · 최선희, 2005 : 42). 결국, 지식정보화사회에서는 가치 창출의 원천으로서 지식정보가 차지하는 비중과 우선순위가 높아지고, 새로운 경쟁력과 창의력의 원천으로서 지식의 가치가 강조된다. 즉, 지식정보화사회는 정보통신기술이 단순히 기술로서 중요한 의미를 갖기보다는 그 기반 위에서 창조적 아이디어인 지식을 창출하는 것이 중요해지는 사회로서, 이렇게 창출된 지식정보는 개인과 조직의 의사결정에 주요한 영향을 미치게 된다(서순복, 2005 : 25).

제 2 절 지식정보화 사회관과 그 패러다임들

1 지식정보화 사회관

지식정보화사회를 바라보는 시각은 다음과 같이 세 가지로 구분해서 살펴볼 수 있다.

1) 낙관론

(1) 주요 내용

지식정보화사회가 앞에서 정의한 바와 같이 정보통신기술의 발달로 기존의 정보화 사회가 진일보한 새로운 양식의 사회라고 볼 때, 지식정보화사회에 관한 시각도 기존의 정보화 사회관에 기초했음을 알 수 있다. 이와같이 지식정보화사회의 도래에 맞춰 정보화사회를 낙관적으로 평가한 사람들은 주로 자유주의 이론가들이며 지식정보화사회는 인간 생활에 유익함을 더해 주리라는 입장이다. 즉, 그들은 다양한 지식정보기술의 폭발과 전 세계에 걸친 확산이 전 세계적인 발전과 민주화를 가속화시켜 줄 것으로 믿고 있다(Tehranian, 1987 : 87-91). 이들 낙관론자 중에 대표적인 사람은 토플러(A. Toffler), 나이스비트(J. Naisbitt), 벨(D. Bell), 매클럽(F. Machlup), 그리고 마스다(Y. Masuda) 등이다(Toffler, 1970, 1980; Bell, 1973; Masuda, 1981).

토플러에 따르면 『제3의 물결(*The Third Wave*)』에서 대량생산사회인 산업사회가 가지는 여섯 가지 대표적인 특징, 즉 ① 규격화, ② 전문화, ③ 동시화, ④ 집중화, ⑤ 극대화, ⑥ 집권화 현상이 지식정보화사회의 도래로 다음과 같이 변화한다고 지적했다. 즉, ① 탈규격화 또는 다양화, ② 탈전문화, ③ 탈동시화, ④ 탈집중화, ⑤ 탈극대화, ⑥ 탈집권화 또는 분권화다. 이 같은 전망에도 토플러는 지식정보화사회가 가져올 민주주의와 인간의 행복에 관한 전망에 대해서는 상당히 이중적인 입장을 취했음을 주의할 필요가 있다(Tehranian, 1987 : 91).

나이스비트는 지식정보화사회의 도래로 기존의 사회가 크게 열 가지 면에서 거대한 변화를 이룰 것이라고 예측하며 열광적으로 받아들였다(Naisbtt, 1982).

미스다는 지식정보화사회의 도래로 대의민주정치가 직접적인 참여민주정치 형태로 바뀔 수밖에 없다고 주장했는데, 그 이유는 ① 지식정보화사회에서는 자아 실현 욕구에 의해 행동하기 때문이며, ② 국가나 기업 등 조직의 힘이 커져서 일반 국민의 생활에 직접적이고 중대한 영향을 미치게 되는데, 이를 국민들이 좌시하지 않기 때문이고, ③ 국내 문제의 국제화와 국제 문제의 국내화 경향으로 특정 문제의 해결을 위해 시민들의 국제적 협력이 필요함을 인식하기 때문이다. 그리고 ④ 최신의 컴퓨터·통신기술의 발달과 뉴미디어의 출현으로 정치에 직접 참여함으로써 초래되는 시간과 비용, 기술적인 문제가 극복되었기 때문이다(Masuda, 1981 : 101-103).

(2) 지식정보화사회의 영향

낙관론자들이 펼치는 지식정보화사회의 순기능적인 영향들을 요약하면 다음과 같다(안청시, 1985 : 1111-112).

① 고도의 지식정보화사회에서는 새롭게 등장한 뉴미디어를 통해 인터넷 쇼핑과 인터넷 뱅킹 등이 가능해져 여유 있고 질적으로 풍요로운 삶을 영위할 수 있게 된다.

② 사무자동화와 통신기술의 발달로 인해 기업 간, 기업과 소비자 간 통신망이 고도화되어 산업 활동의 효율화와 경제 생활의 합리화를 기대할 수 있다.

③ 다양한 뉴미디어에 의해 중앙과 지방 간의 정보 격차가 해소되고 그 결과 독자적인 지역문화, 자립적 지역사회, 분권화된 행정, 참여적인 정치민주화를 기대할 수 있다.

④ 국가 간 커뮤니케이션과 정보기술의 차이가 해소되어 상호 이해가 한층 더 원활해져서 세계 평화를 이룰 수 있다.

2) 비관론

(1) 주요 내용

지식정보화사회에 관한 비관적인 견해들은 정보화사회의 도래에 대한 비관적인 입장을 취했던 마르크스주의적 비판가들과 그들과 입장을 같이하는 미래학자들에 의해 찾을 수 있다. 낙관론자들을 통칭해서 '유토피아론자'라고 부르는 데 반해, 이들은 '디스토피아론자'라고 지칭된다. 이러한 비관론자들 중에 대표적인 인물로는 쉴러(H. Schiller), 하멜링크(C. J. Hamelink), 스미스(D. W. Smythe), 서스먼(G. Sussman), 모우라나(H. Mowlana), 그리고 엘만드라(M. Elmandjra) 등을 들 수 있다(Schiller, 1981, 1985; Hamelink, 1983; Smythe, 1985; Sussman, 1984; Mowlana, 1985; Elmandjra, 1985).

이들 비관론자는 지식정보화사회의 진전이 대체로 국가적인 차원과 국제적인 차원에서 제기되고 있는 이중 성향, 즉 "가난과 정보 빈곤의 세계적 대양 속에서 부와 풍족한 정보의 섬들을 만들어내는 경향"을 초래할 수 있음을 지적한다. 이들은 특히 새로운 정보기술이 다국적기업에 의한 정보의 사유화 및 집중 그리고 착취 등을 통해 국가 간에 현존하는 격차들을 더욱 벌여놓은 것으로 보고 있다(Schiller, 1981, 1985;

Smythe, 1985; Hamelink, 1983).

그 밖의 비관론자들은 오웰(George Orwell)과 같이 과학정보기술의 발전을 위험스러운 현상으로 보고 있다. 그것은 과학기술이 거대산업이나 군사 체제와 야합하여 인류의 공공복지를 결국에는 위협하게 되고, 그 적용 과정에서 필연적으로 비인간화를 초래할 것으로 보기 때문이다. 특히 이들은 지식정보기술의 발달로 인간이 기계의 도구로 전락될 위험성이 많을 뿐만 아니라, 지식정보 보유자였던 일반사무직 근로자가 문서 편집인 등 단순한 기계 관리인으로 전락하게 될 것이라고 주장한다(전병재 외, 1988: 60-61).

따라서 비관론자들의 견해에 기초하여 볼 때, 지식정보화사회의 진전에 따라 각종 국민 생활이나 산업경제 활동에 막대한 영향을 미치는 정보통신 시스템의 집중화와 통제화 및 기업화, 그리고 대규모화가 초래되기 쉽고, 그로 인해 자연재해, 설비 고장, 범죄 및 실수의 위험과 사고의 가능성이 증대될 뿐만 아니라, 정보의 불공평한 배분과 개인의 프라이버시 침해, 그리고 인간성의 상실과 같은 문제들이 비등하게 될 위험성이 높아진다는 것이다.

이 같은 상황은 국제적인 차원에서도 발생하여 정보기술 및 통신망의 이용 측면에서 유리한 위치를 점하는 나라들이 정보를 독점하게 되고, 지식정보 유통의 불균형과 정보정책상 국가의 자유재량권 문제 등이 초래될 수 있음을 시사한다(Schiller, 1985; Hamelink, 1983; Sussman, 1984; Mowlana, 1985; Elmandjra, 1985).

(2) 지식정보화사회의 영향

이들 비관론사가 주상하는 지식정보화사회의 역기능적인 영향들을 좀 더 살펴보면 다음과 같다(안청시, 1985 : 114 115).

① 지식정보화사회에서 정보는 항상 누군가에 의해 은폐되거나 변조될 가능성을 지니고 있다.

② 통신의 수단과 기술은 독점되기 쉽다.

③ 지식정보정책은 항상 새로운 변화를 추구하기보다는 현상 유지의 경향을 띠어 사회적 불평등이 심화될 위험성이 있다.

④ 지식정보화사회에서는 지식정보의 홍수 현상이 일어나기 쉽고 그로 인해 사람들은 전문가의 판단이나 그들이 제공한 지식정보에 쉽게 의존하게 되거나 자신

의 취향과 일치하는 것만 추구하게 된다.

⑤ 범람하는 지식정보를 제대로 관리하지 못하는 사람들은 소외되거나 창조적 사고의 결핍증에 걸려 여러 가지 사회병리적 행동을 나타내거나 전체주의의 동조세력으로 전락할 위험성이 있다(Fromm, 1963).

⑥ 지식정보화사회의 도래를 촉진시킨 정보통신의 고도화는 개인의 사생활에 관련된 여러 가지 정보를 축적·유통시키게 되는데, 이러한 정보가 유출되거나 악용되는 경우 개인의 프라이버시를 침해할 가능성이 높아진다.

⑦ 모든 수집된 정보와 정보기술들은 공공복리의 목적으로만 사용되어야 함에도 불구하고 정치적으로 악용, 독점, 왜곡 또는 조작의 가능성이 상존한다.

⑧ 중요한 지식정보를 독점하는 개인이나 조직은 그렇지 못한 개인이나 조직보다 사회적으로 우월한 위치에 서게 되어 결과적으로 권력의 집중화를 촉진시키게 된다. 이것은 곧 통제사회로의 전환을 일으키는 동인이 될 수 있다.

3) 신중론

(1) 주요 내용

정보화사회에 대한 신중론자의 입장은 기본적으로 상술한 양극의 두 견해를 모두 고려한 주장들이다. 이들은 소위 '공동체학파(communitarian)' 또는 '공동체주의자'(Berger, 1967)라고 불리며, 지식정보화사회에서 정보통신기술이 개인의 자유, 사회적·정보상 평등, 문화의 자율성 및 주체성 등에 대한 위협이 될 수도 있고, 모든 사회 분야에서 참여민주주의의 수준을 높일 수 있는 것으로 보고 있다(Tehranian, 1987 : 87). 이들 '제3의 학파'인 신중론자들은 앞의 비관론자들의 주장을 인정하면서도 동시에 정보화사회를 도래시킨 정보 부문의 성장이 로봇공학을 통한 자동화의 증가와 틀에 박힌 반복 작업의 감소, 전체 사회가 얻을 수 있는 여가 시간의 균형적인 증가, 그리고 새로운 문화적 활력과 정치적 참여의 커다란 잠재력을 수반해 왔고, 또 그럴 것이라고 보고 있다.

(2) 지식정보화사회의 영향

이들 신중론자는 현대 산업사회의 원자화와 분열 및 아노미적 결과들에 대항하여 공동체의 연대성을 재건해야 한다는 필요성에 대해 공감하고 있다(Tehranian, 1987:

96). 이들은 지식정보화사회의 현상들은 단순히 새로운 기술적 혹은 사회적 가능성의 존재만으로 초래되는 것이 아니라 의식과 제도를 재구성하려는 인간의 의지에 의해 초래된다고 인식하고 있다. 따라서 이들 공동체주의자는 내재적인 인간 본연의 필요에 입각한 경제 성장, 문화적 다원주의와 주체성, 공동체 미디어, 자립과 자주관리, 소규모화, 적합한 기술, 직접민주주의, 권력의 분산과 양도, 생태 보존과 균형, 핵군축 등을 포함한 평화적이고 협동적이며 탈기술적인 사회 변동 전략을 이용하여 정보화 사회의 도래로 초래되는 제반 영향의 정도를 조절하고자 한다(Tehranian, 1987: 102).

4) 평가

지식정보화사회의 도래는 낙관론자들의 주장처럼 생산 과정과 행정 업무에서 반복적인 업무를 덜어 주고, 문화적·정치적 다원주의의 여지를 확충시켜 주며, 전자식 직접민주주의를 통해 정치 체제로의 접근과 참여를 용이하게 할 뿐만 아니라, 전자매체에 의한 교육을 통해 학습 체계의 개방성을 넓혀 나가고, 나아가 다양한 사회적 서비스(전자매체를 통한 진료, 상품 매입, 은행 거래 및 도서 열람 등)를 벽지와 빈곤한 사람들에게까지 확대시켜 주는 효과가 있을 수 있다. 그러나 이들의 견해는 이 같은 새로운 기술의 사회적 이점들을 충분히 확장시키는 데 장애가 될 수 있는 제도적 구속을 과소평가하고 있다.

그 반면에 지식정보화사회의 도래는 비관론자들의 주장과 같이 국가의 감시 능력을 높여 주고, 정보의 소유자와 비소유자 간의 격차를 넓혀 주며, 또한 자동화와 로봇 사용을 통해 실업과 저고용을 초래하고, 인간 갈등의 문제들을 해결하는 과정에서 고도 기술에 과도하게 의존하게 함으로써 새로운 전체주의적 헤게모니 장악을 위한 도구를 제공해 줄 수도 있다. 그러나 이들 비관론자 역시 기술적 변화 속에서 인간의 신노예화 시대의 불길한 도래를 예견하면서 인간의 비판적·성찰적 합리성과 주체적 의지의 역할을 무시하는 오류를 범하고 있다.

더욱이 낙관론자와 비관론자 모두 기술결정론(technical determinism)적 입장을 취해 인간 생활에서 기술의 힘을 지나치게 과대평가하고 있을 뿐만 아니라, 현재의 산업사회적 자생 법칙의 위력을 무시하거나 극히 과소평가하는 오류를 범하고 있다

(Tehranian, 1987 : 103; 전병재 외, 1988 : 62; The Commission of the EC, 1984 : 62; 김세원, 1987 : 89).

2 지식정보화사회에 관한 패러다임들

20세기 후반 정보화사회로의 진입을 넘어서서 최근에는 '지식정보화' 및 '지식정보사회'라는 말이 자주 활용되고 있다. 정보가 정태적이고 객관적인 것으로서 의미를 가진다면, 지식은 정보를 조합·변형시켜 주관적인 판단의 근거를 제공하는 것이라 할 수 있다. 이제는 단순히 정보 처리나 자료의 축적·관리를 위한 정보통신기술의 활용이 아닌 정보를 유용하게 활용하여 새로운 지식을 창조하기 위한 지식정보화의 사회적 시스템 구축이 요구되는 때이다(염재호, 2002 : 2-6).

지식정보화사회에 관한 관심이 고조되면서 그에 대한 이론적인 정향화의 노력이 계속되었다. 그 과정에서 일종의 패러다임으로서 정보화사회에 관한 이론들이 제시되었는데, 그 중 대표적인 것들만 약술하면 다음과 같다. 각 패러다임의 내용과 함께 그 비판적 주장을 고찰한다(윤석민, 1989a : 147-156; 1989b : 116-124).

1) 벨의 패러다임

(1) 내용

정보화사회에 관한 패러다임 중에 대표적인 것은 벨(D. Bell)의 후기산업사회론이다. 벨의 후기산업사회론은 기본적으로 산업자본주의 사회에 대한 인식 내지 새로운 사회구조에 대한 조망을 이론적으로 체계화한 것으로 평가된다. 벨은 엄밀하게 지식정보화사회를 지칭하지 않았으므로 그의 이론은 지식정보화사회에 관한 패러다임으로 간주될 수 없을 수도 있다. 그러나 대부분의 연구가 '후기산업(화)사회'를 정보화사회와 동일 개념으로 간주하므로 여기서는 지식정보화사회에 관한 패러다임의 시안으로 간주해 살펴본다.

① 초기 패러다임

벨은 처음에 지식이나 정보를 중심으로 새롭게 구성되는 인간 사회의 개념을 정립하고 후기산업사회가 기존의 산업사회와 다음과 같은 다섯 가지 면에서 차이가 있음을 주장한다(Bell, 1973).

가) 경제 부문: 상품 생산 경제에서 서비스 경제로의 전환

나) 직업 분포: 전문직, 기술직 계층의 우위

다) 기본 원리: 혁신과 사회적 정책결정 과정의 원천으로서 이론적 지식

라) 미래 방향: 기술의 통제와 기술적 변화

마) 의사결정: 새로운 지적 기술의 창조

이 중에서 벨이 가장 관심을 많이 둔 현상은 상품 생산 경제에서 서비스 경제로의 전환과 이에 수반해서 발생하는 기존 계급 관계의 쇠퇴 및 기술 집단의 대두이다. 또한 벨은 서비스 경제로의 전환을 주장하면서 전통적인 클라크(Colin Clark)식의 3차 산업 부문의 증대가 아니라 인간-전문 서비스의 증대를 강조한다(Bell, 1973: 15). 그러한 유형의 서비스업의 증대는 곧 대학, 연구기관, 전문직 그리고 정부 내의 새로운 지적 계층의 확대를 나타내 주는 것으로 보고 그 영향을 두 가지로 보고 있다. 첫째, 후기산업사회에서 권력에의 접근에 기초가 되는 것은 재산이 아니고 교육이나 기술적 지식이며, 이런 경향을 보여 주는 선두주자는 과학자이다. 둘째, 이에 따라 전통적인 노사 갈등은 전문인과 일반 대중 간의 마찰로 전환된다. 그렇지만 그는 이런 갈등 문제가 아주 심각한 문제를 초래하지는 않을 것으로 보는데, 그 이유는 전문기술 집단은 단일적·집합적 계급을 형성하지 않고 논점별로 분열되어 사회 내의 다른 엘리트들과 결합하게 되며, 사회적으로 중요한 문제를 결정할 때 테크노크라시(tcchnocracy)보다도 정치적 과정이 여전히 중요하게 남게 된다고 보기 때문이다(Bell, 1973: 359).

② 1973년의 패러다임

벨의 1973년의 패러다임에서는 사회적 관계에서 지식의 역할에 대한 강조와 함께 산업사회 이후의 사회를 지식 우위의 사회로 특징짓고자 생산 활동에서의 지식이나 정보의 역할을 강조하고 있다. 그는 현대 산업에서 과학과 산업의 관계가 긴밀해짐에 따라 상품 생산 과정에서 근본적인 변화가 발생한다고 보고, 이론적 지식의 이용을 통한 상품 생산을 강조했다(Etzioni, 1974: 107).

결국 벨은 후기산업사회에서는 생산 과정에서 이론적 지식의 중요성이 점차 증대되고 그것이 가치의 원천이 되어 노동을 대체하게 된다는 것으로서 지식가치설의 우위를 주장한 것이다.

③ 1979년의 패러다임

벨은 1979년 연구에서 산업을 5개 부문으로 분류하여 산업사회와 그 전후의 상황을 ㉮ 경제 부문, ㉯ 동력원, ㉰ 전략적 자원, ㉱ 기술, ㉲ 기술적 기초, ㉳ 방법론, ㉴ 시간 관념, ㉵ 기획, 그리고 ㉶ 기본 원칙의 차원에서 비교분석하는 패러다임을 제시하고 있다. 이에 대한 요약은 <표 1-1>과 같다.

<표 1-1>에서 보는 바와 같이 후기산업사회에는 주로 3, 4, 5차 산업이 성장하고, 지식과 정보가 중시되며, 지능기술이 발달하고, 과학자와 기술자 등 전문직이 우세하며, 추상적 이론접근법을 사용하고, 이론적 지식의 코드화를 기본 원칙으로 삼는다(Bell, 1979).

(2) 비판

벨의 패러다임, 특히 1973년의 패러다임에서 권력보다 권위를 중시하고 재산보다 지식이 힘을 발휘하는 후기산업사회, 즉 지식정보화사회 개념의 제시를 통해 새로운 역사 인식과 사회발전이론의 정립을 시도한 것은 높이 평가될 수 있다. 그럼에도 불구하고 벨의 패러다임은 다음과 같은 개념상, 이론상 및 방법론상 오류를 드러내고 있다.

① 개념상의 오류

후기산업사회의 개념에 관한 문제점이 지적된다. 즉, 사회 변화를 예증하기 위해 제시된 사실들이 실제로 새로운 발전 경향을 보여 주는 것으로서 타당한 것인지에 대한 의문들이 제기되고 있다. 예컨대, 서비스 부문, 특히 지적 노동에 종사하는 대중의 상당수가 정부 내 취업의 증가에 기인하며, 과학 및 새로운 기술의 발달과 성장이 주로 정부에 의해 지원된 것이라는 등의 재평가가 나오고 있다. 그리고 이러한 사실들은 후기산업사회로의 전환이 자연스러운 사회 변화 추세라기보다는 전후 미국 사회에서 전개되어 온 정부 및 군 주도 하의 전쟁 및 우주 경쟁, 그리고 이에 따른 거대과학의 성장에서 비롯되었음을 암시해 준다(Berger, 1974 : 101-105).

표 1-1 후기산업사회와 그 전후 사회 간 비교

양식	산업화 이전 시대	산업 시대	후기산업 시대
생산 양식	**추출**	**제작**	**프로세싱과 리사이클링**
산업 유형	1차 산업 농업 광산업 어업 목재 석유, 가스	2차 산업 생산 제품 내구재 비내구재 대형 건설	3차 산업 운송 효용재 4차 산업 무역 금융 보험 동산 5차 산업 건강 연구 레크리에이션 교육 정보
동력원	천연 동력: 바람, 물, 동물과 사람의 근력	만들어진 동력: 전기, 석유, 가스, 석탄, 원자력	정보: 컴퓨터 및 자료 전송구조
전략적 자원	원재료	금융자본	지식
기술	기능	기계기술	지능기술
기술적 기초	장인, 농부, 수공업자	기술자, 반숙련 노동자	과학자, 기술자, 전문직업인
방법론	상식, 실험과 실수, 경험	경험주의, 실험주의	추상적 이론: 모델, 시뮬레이션, 의사결성 이론, 체계분석
시간 관념	과거 지향적	임기응변적 적응, 실험주의	미래 지향적: 예측과 계획
기획	자연에 대한 게임	제작된 자연에 대한 게임	사람들 사이의 게임
기본 원칙	전통주의	경제 성장	이론적 지식의 코드화

자료: Tcchranian(1987: 88).

② 이론상의 오류

이론상의 문제점으로는 벨에 의해 주장되고 나이스비트와 마스다 등에 의해 수용된 지식가치설에서의 오류를 들 수 있다. 즉, 지식은 가치의 원천이라기보다도 그 자체가 생산되어야 할 노동의 대상이므로 지식이 노동을 대체한다는 것은 고작해야 지적 노동이 육체노동을 대체한다는 의미밖에 가질 수 없다. 따라서 지식가치설은 노동과 노동 대상에 관한 기본적인 혼동에서 비롯되었다고 볼 수 있다(Douglas & Gutback, 1984: 237-238).

③ 방법론상의 오류

방법론상의 오류는 벨의 주장을 실증적으로 뒷받침하여 정보경제를 측정하려 한 매클럽(F. Maclup)과 포랏(M. Porat)의 경험적인 연구에서 지적될 수 있는 것으로서 이들이 채택한 지식산업이나 정보 부문의 범주가 모호하고 지나치게 확대되었다는 점이다. 예를 들면, 포랏의 분류 속에는 식자공, 미터기 검침원, 판사, 지대 수급원, 그리고 영사 기사 등이 아무런 구별 없이 정보노동자로 분류되고 있고, 의료전문직이 행상인, 노조 간부, 그리고 소매업 관리인과 함께 불명확한 직종으로 분류되어 정보와 서비스 부문에 50 대 50으로 할당하고 있는 것을 지적할 수 있다(Newman & Newman, 1985 : 498-499).

2) 매클럽 및 포랏의 패러다임

(1) 매클럽의 패러다임

매클럽의 패러다임은 원칙상 벨의 모형을 경험적 자료에 의해 검증하고자 한 것으로 볼 수 있는데, 그의 패러다임의 요지는 지식을 창출하고 전달하는 활동을 경제 활동으로 파악하고 이에 경제이론을 도입하고자 시도한 것이다. 즉, 새로운 경제구조와 과정에 대한 이해의 열쇠로서 지식의 생산과 분배에 초점을 둔 이론이다(Machlup, 1962). 그는 지식의 생산·처리·분배에 관련된 활동을 ① 교육, ② 연구개발, ③ 통신 수단, ④ 정보기기, ⑤ 정보 서비스로 구분했다. 예컨대 교육 부문을 학교교육을 모두 포괄한 광범위한 것으로 간주함으로써 지식정보화사회에서도 이들 지식정보 처리 활동이 좀 더 활성화되어 갈 것임을 시사하고 있다.

(2) 포랏의 패러다임

포랏의 패러다임은 매클럽의 이론을 더 발전시켜 정보경제에 관한 이론을 전개한 것으로서 농업사회에서 산업사회, 그리고 지식정보화사회로의 발전에 대한 새로운 사회 발전 단계 이론을 벨에 이어 좀 더 광범위한 역사적 관점에서 제시한 것이다.

그는 산업의 직업별 분류를 5개 직종으로 구분했는데, ① 농업, ② 제조업, ③ 서비스업, ④ 정보업, 그리고 ⑤ 복합 직업(즉 위의 네 가지 직종을 병합한 업종)이 그것이다. 여기서 특히 서비스업에 지식의 생산자 및 전달자, 시장조사 및 중개 전문가, 정보 처리 노동자, 정보기기 노동자 등을 포함시켰다. 게다가 복합 직업으로는 의사,

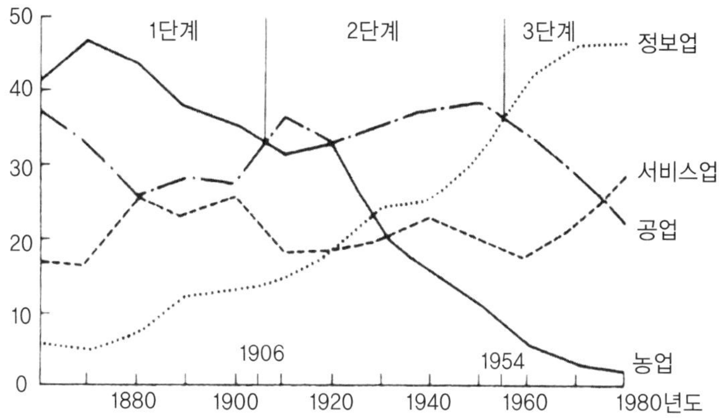

그림 1-2 미국 노동력의 각 산업별 분포(1860~1980)

자료: Porat(1978: 7)에서 재인용.

간호원, 검사원, 측정원 등이 포함된다(Porat, 1977; 오명, 1985: 69). 이들 직업 중에 특히 처음 4개 직종에 따른 분류에 기초한 실증분석에서 포랏은 [그림 1-2]에서 보는 바와 같이 제1단계(1860~1906)에서는 노동력에서 최대의 집단은 농업이었고, 제2단계(1906~1954)의 기간 동안에는 공업 부문의 직업이 급속한 성장을 보였으며, 제3단계(1954~현재)에서는 지식정보 관련 직업이 최대의 집단을 구성했다는 것을 밝혀냈다(Porat, 1977: 7).

또한 포랏은 산업의 경제 부문별 분류에서 먼저 정보 부문, 비정보 부문, 그리고 가계 부문으로 구분한 다음, 정보 부문을 다시 제1차 정보 부문과 제2차 정보 부문으로 구분함으로써 지식정보화사회에서 주로 정보 부문의 직종이 좀 더 확대되고 심화될 것임을 시사하고 있다.

3) 토플러 및 나이스비트의 패러다임

(1) 내용

정보화사회에 관한 종합적인 비전을 제시한 사람은 토플러와 나이스비트다. 이들은 새로운 정보기술의 민주적 효과에 특별히 관심을 집중하면서 정보화사회에 대해 가장 상상력이 풍부하고 광범위한 대중적 비전을 제시했다. 이들의 주장을 지식정보화사회와 연계시켜 살펴보면 다음과 같다.

① 토플러의 패러다임

토플러는 1980년 그의 『제3의 물결』이라는 저서에서 정보화사회의 도래에 관해 예측하고 있는데, 인류는 과거 농업혁명(제1의 물결)과 산업혁명(제2의 물결)에 이어 정보혁명(제3의 물결)이라는 새로운 문명의 전기를 맞고 있다고 주장한다. 그는 이 같은 제3의 물결이 산업, 개인, 가정, 사회 생활에 미치는 영향을 다양한 실례를 들어 설명한다. 또한 이 같은 정보화사회에서의 변화를 총체적으로 컴퓨터·정보통신 기술의 발달로 인한 탈대량화 현상으로 규정하고, 구체적으로는 전술한 탈획일화 또는 다양화, 탈전문화, 탈동시화, 탈집중화, 탈극대화 그리고 탈집권화 또는 분권화 현상이 나타날 것으로 예견함으로써, 이어지는 지식정보화사회에서도 이들 현상이 더욱 심화될 것임을 시사하고 있다(Toffler, 1970; 1980; 안병락, 1986 : 15-32).

② 나이스비트의 패러다임

토플러보다 훨씬 열광적으로 정보화사회의 도래와 그에 따른 영향에 관해 예견한 나이스비트는 주로 미국 사회를 실례로 들어 인류 문명은 열 가지 거대한 조류(megatrends)를 겪게 될 것이라고 주장한다. 즉, ㉮ 공업사회에서 정보사회로, ㉯ 경제적 기술에서 하이테크(high tech)와 하이터치(high touch)가 결합된 상태(즉, 고도의 과학기술과 고상한 개인적 취향이 결합된 상태)로, ㉰ 국민경제에서 세계경제로, ㉱ 단기계획에서 장기계획으로, ㉲ 중앙집권에서 분권으로, ㉳ 공적 부조에서 자조적 노력으로, ㉴ 대의민주주의에서 참여민주주의로, ㉵ 사회계층에서 통신망(network)조직으로, ㉶ 북부 공업사회 중심에서 남부 전원사회 중심으로, ㉷ 양자택일에서 다중선택(multiple-option)의 사회로 전환하게 될 것으로 예견함으로써(Naisbitt, 1982; 장상용·홍성범, 1988) 후속되는 지식정보화사회 역시 이들 대표적인 현상이 지속되고 더욱더 심화될 것임을 시사하고 있다.

(2) 비판

이들 미래학자의 정보화사회에 대한 예견은 중범위론적이고 과학적 분석에 기초한 예견이라기보다 극히 관념론적이고 이상주의적인 예측이므로 정보화사회가 완전히 도래하기 전에는 확실한 근거를 기초로 비판하기는 어렵다. 토플러의 경우 앞에서 지적한 바와 같이 민주주의와 인간의 행복에 관한 전망에 대해 상당히 이중적인 입장을 취하고는 있어도, 대체로 정보화사회의 순기능적인 측면만을 강조하고 있다는 점에서 정보화사회가 초래할지도 모르는 역기능적인 면과 그 대처 방안을 구체적으로 제시하고 있지 못하다는 비판을 면키 어렵다. 아울러 이러한 지적은 이어지는 지식정보화사회에 대한 시사에 대해서도 마찬가지로 적용될 개연성이 높은 것임을 유의할 필요가 있다.

4) 마스다의 패러다임

(1) 내용

정보화사회보다 진일보한 정보사회의 도래에 관해 포괄적이고 체계적인 논의를 한 사람은 일본의 마스다(Y. Masuda)로서 그는 「후기 산업사회로서 정보사회(*The Information Society as Post Industrial Society*)」(1981)에서 정보사회로의 전환 과정과 정보사회의 정치 · 경제 · 사회 · 문화 · 국제 관계 등에 관해 종합적으로 분석하고 있다.

마스다는 미래 사회는 물질적 가치보다도 정보가치의 생산이 사회 구성 및 발전에 추진력이 되며, 이러한 사회는 과거 산업사회와 전적으로 상이한 새로운 유형의 인간사회가 될 것이므로, 후기산업사회라는 말 대신에 '정보사회'라는 용어를 사용해야 된다고 주장한다. 이러한 정보사회는 곧 정보화사회 이후에 도래하게 되는 지식정보화사회의 특징도 내포하고 있어 사실상 지식정보화사회에 대해 시사하는 바가 크다. 따라서 그의 정보사회에 대한 논의에 기초하여 지식정보화사회를 알아보고자 한다.

그는 지식정보화사회의 도래는 컴퓨터 · 통신기술(computer-communication technology) 또는 정보통신기술의 혁신에서 비롯된다고 보고, 이러한 정보통신기술은 다음과 같은 두 가지 특성을 지닌다고 주장한다.

① 사회적 기술로서 특성

마스다는 인류 사회에는 사회를 근본적으로 변혁시킨 혁신적 기술군이 존재하는데 이를 사회적 기술(societal technology)이라고 하며, 다음과 같은 조건이나 특징을 갖춘 기술을 의미한다고 주장한다.

가) 여러 다양한 종류의 기술이 하나의 복잡한 기술 체계를 구성하기 위해 결합된다.

나) 이러한 결합된 기술 체계는 사회 전반에 걸쳐 확산되고 점차 뿌리를 내린다.

다) 새로운 유형의 생산력이 급속히 확장된다.

라) 이러한 생산력의 발전은 거대한 사회적 영향력을 수반하며 사회구조의 변화를 초래한다.

이러한 관점에서 볼 때 지금까지 인류 사회의 발전에는 세 가지 사회적 기술과 그에 따른 세 가지 유형의 사회가 존재했다고 볼 수 있다. 즉, 수렵기술과 수렵사회, 농업기술과 농업사회, 그리고 공업기술과 공업사회가 그것이다. 그리고 그의 주장에 따르면 정보통신기술 역시 사회적 기술의 특성을 지닌 것으로 평가된다.

② 지적 기술로서 특성

사회적 기술은 인간의 육체적 능력을 대체하거나 극대화하는 물리적 도구인 반면, 컴퓨터 및 통신기술을 근간으로 한 정보통신기술은 인간의 정신 능력을 대체하거나 배가시키는 수단으로서 인간의 지적 처리 능력을 향상시키는 특성을 지닌다.

이에 따라 마스다는 지적 기술로서 정보통신기술은 단순히 사회 전체의 물적 생산력의 증대라는 종래의 사회적 기술의 한계를 초월하여 지적 생산력의 증대라는 이중적 의미의 생산력 변화를 의미하고, 이로 인해 거대한 사회적 변화를 초래하게 된다고 주장한다.

③ 사회 변화 과정 모형

마스다가 제시한 사회 변화 과정은 [그림 1-3]에서 보는 바와 같이 세 단계로 구성되어 있다.

가) 제1단계

상술한 특징들을 지닌 정보통신기술이 과거 인간에 의해 이뤄진 노동을 자동화시키는 과정으로서, 여기에는 인간의 육체노동뿐만 아니라 정신노동이 포함되고 시스템의 자동적 통제가 이뤄진다.

나) 제2단계

지식의 창조 과정으로서, 이는 인간의 지적 노동의 확장을 의미한다. 즉, 인간은 과거에 해결이 곤란했던 복잡한 문제를 고도로 발달한 정보통신기술에 힘입어 해결할 수 있게 된다. 또한 인간의 목적 성취 능력, 작업 선택 기회, 교육의 기회 등이 증대된다.

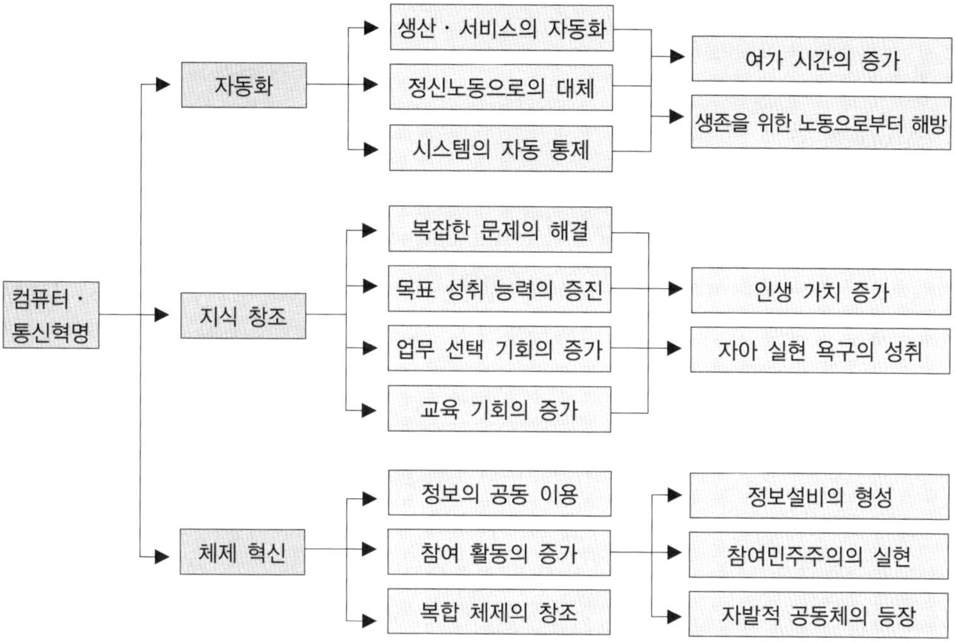

그림 1-3 정보통신혁명과 사회적 영향

자료: Masuda(1981: 61); 윤석민(1989: 150)에서 수정 재인용함.

다) 제3단계

체제 혁신 단계로서, 이 시기에는 전 사회적인 정보 시스템이 구축되며 정보의 공동 이용, 참여 활동의 증가가 이뤄지고 지리적 공간 개념에 입각한 새로운 체계가 형성된다.

④ 지식정보화사회의 특징

마스다가 상술한 정보통신기술 혁명 과정을 거쳐서 나타나게 되는 지식정보화사회의 특징은 지식정보화사회의 일부인 정보화사회의 특징에서 유추할 수 있는데, 이는 정치적, 경제적, 사회적, 문화적 그리고 기술적 측면의 특징들로서 산업사회와 비교해 제시되고 있다. 이런 내용 중 몇 가지를 살펴보면, 지식정보화사회에서는 산업사회의 증기기관 대신 정보통신기술이 문명의 주축이 되고, 주요 생산물도 물질적 재화와 용역에서 정보와 지식으로 바뀐다. 생산의 장(場)도 공장에서 정보시설로 옮겨가고, 경제 주체도 기업에서 지역정보 공동체로 변한다. 또한 사회 형태도 계급사회에서 기능사회로 바뀌며, 참여민주주의가 가능해지고 자아 실현이 최대 목표가 된다.

(2) 비판

① 이론적 근거

마스다의 패러다임을 평가하는 데 사용될 수 있는 분석적인 틀은 윌리엄스(R. Williams)의 기술결정론(technical determinism)과 징후적 기술론(symptomatic technology)에서 찾을 수 있다(Williams, 1975: 10-14). 윌리엄스의 두 이론은 기술의 영향 내지 효과에 관한 기존의 논의들을 기술 및 그 기술이 적용되는 대상과의 관계를 파악하는 시각에 따라 분류한 것이다. 전자의 기술결정론은 특정 기술의 등장이 우연적인 것으로 간주되어 기술의 발전 이유가 기술 자체의 내적 발전 요인에 근거하여 비롯된 것으로 보는 시각이다. 이 이론에 의하면, 기술의 영향 내지 효과도 기술 속에 내재해 있는 기술적 가능성으로부터 기계적으로 추론된다. 그 반면에 후자의 징후적 기술론은 기술의 등장이 사회적 필요에 의한 것이며, 기술의 영향은 기술 그 자체보다는 기술 외적 요인들에 의해 결정된다고 보는 시각이다. 따라서 이 이론에 의하면 기술의 등장은 이미 진행 중인 사회 변화에 대한 징후(symptom)로서 간주된다.

② 비판적 요소

윌리엄스의 분석틀에 의해 마스다의 주장을 살펴보면 마스다의 패러다임은 기술의 효과가 기술 속에 내재(즉, 사회적 기술 및 지적 기술)해 있다고 보고 그 사회적 영향을 기술적 가능성으로부터 기계적으로 추론하고 있다는 점에서 전형적인 기술결정론적 시각에 기초하고 있다고 평가된다. 그런데 이런 시각은 그 관점이 전도되어 있다는 비판을 면키 어렵다. 즉, 새로운 기술이 도입되면, 각종 욕구가 표출되는 정치, 경제, 사회, 문화적인 역학 관계에 대해 한편으로는 기술 도입 과정과 이러한 욕구들과의 관계를 분석하고 또 다른 한편으로는 새로운 기술의 잠재성을 분석해야 함에도 불구하고, 단지 새로운 기술의 내적 속성으로부터 출발하여 기계적으로 미래에 도래할 현상을 도출해 낸다는 것이다. 이같이 기술적 문제의 해결이 자동적으로 모든 문제에 대한 최적의 해결 방안을 제시해 줄 수 있는 것처럼 정보기술과 사회 현상 간의 관계를 분석하는 것은 근본적으로 그릇된 시각에서 비롯된다(Cesareo, 1984: 71-72). 결국 마스다의 패러다임은 징후적 기술론의 입장에서 지적하고 있는 바와 같이 대부분의 사회문제 해결의 열쇠가 기술 그 자체보다도 제도적 구조의 변화에 있음을 발견하고 있지 못하며(Parker, 1976 : 47), 더욱이 정보기술을 사회적 질서의 한 부분으로 이해하지 않고 사회적 질서에 의해 이용되는 것으로만 이해하는 체제색맹성을 탈피하지 못하고 있다(Slack, 1984 : 48).

제 3 절 지식정보화사회의 특징

이제까지 지식정보화사회에 관한 견해와 구체적인 주장들을 고찰하면서 지식정보화사회의 특징적 성격이 매우 다면적임을 알 수 있다. 여기서는 이상의 다양한 지식정보화사회에 관한 이론들을 기초로 지식정보화사회의 특징을 정리하고자 한다.

1 사회적 측면의 특징

1) 정보의 폭증

지식정보화사회의 가장 주목할 만한 특징은 지식정보 폭증(knowledge information explosion) 현상이다. 여기서 지식정보의 폭증은 주로 생산면에서 지식정보의 양적인 팽창을 뜻하지만, 지식정보 처리 및 통신기술의 진보에 힘입어 유통과 소비에서도 근본적인 변화를 기대할 수 있다.

그런데 이를 좀 더 깊이 분석해 보면 상술한 바와 같은 단순한 상황의 전개가 아님을 알 수 있다. 즉, 지식정보를 아무리 많이 생산·창출한다고 해도, 그것을 배포할 유통기술과 그 밖의 기제, 제도, 의지, 유인책 같은 요소가 구비되어 있지 못하면 창출과 동시에 사장될 위험성이 있다. 또한, 비록 그 지식정보가 유통된다 하더라도, 그 지식정보를 이용·소비하고자 하는 사람들의 준비 태세가 갖춰져 있지 않다면, 그리고 나아가서 지식정보를 활용할 기술적 행동 양식과 지식 또는 기술적 방법 등이 결여되어 있다면 별 의미가 없게 된다. 이런 관점에서 문화지체(cultural lag)와 적응적 변동(adaptive change)이 문제가 되는 것이다.

그러나 상술한 조건들이 구비된 상태라고 가정하면, 지식정보의 양과 종류의 급증은 인간에게 잠재적으로 선택가능성을 확대시켜 준다는 긍정적인 면이 있다. 이는 곧 조직구성원 각자의 자율적 선택의 여지를 확대시켜 줌을 의미한다. 즉, 자아 실현에 필요한 정보의 공급이 확대되고 궁극적으로 공동체의 문화적 역량이 극대화될 가능성이 커진다. 이런 경향은 사회 발전에 기여하게 된다(김경동, 1979; 진덕규 외, 1984: 104-142).

아울러 지식정보 폭증이 초래할 수 있는 부정적인 면을 살펴보면 다음과 같다. ① 지나치게 많은 지식정보의 양과 종류는 인간에게 오히려 선택의 부담을 주고 혼란을 초래할 수 있다. ② 지식정보의 질적 저하를 초래할 소지가 높다. ③ 지식정보량의 팽창을 감당하지 못하는 조직체의 비능률을 가중시킬 가능성이 높다.

2) 사회조직 원리의 변화

산업사회에서의 전형적인 조직 원리를 관료주의적, 중앙집권적, 권위주의적, 획일성의 원리라고 한다면, 지식정보화사회의 조직 원리는 분권적이고 평등주의적이며 다양성의 원리일 것이다. 좀 더 구체적으로 토플러의 말을 빌려 설명하면, 산업화사회가 대량생산 사회로서 규격화, 전문화, 동시화, 집중화, 극대화 그리고 집권화의 경향을 나타내는 반면에, 지식정보화사회는 탈대량화 사회로서 다양화, 탈전문화, 탈동시화, 탈집중화, 탈극대화 그리고 분권화의 특징을 나타낸다는 것이다.

2 경제적 측면의 특징

1) 노동의 의미 및 성격의 변화

인간의 생산 활동과 관련하여 지식정보화사회에서는 '일(work)'의 의미와 성격이 근본적으로 바뀌게 된다는 것이다. 여기서 핵심이 되는 것은 인간의 자율성과 통제에 관한 문제이다. 즉, 산업사회에서 노동 과정을 통해 야기되는 인간 소외의 특징은 생산 수단인 기계와 생산 과정 자체에 대한 인간의 통제가 제약된 데에 있다. 그러나 지식정보화사회에서 노동 과정은 근로자 개개인의 창의력과 자율적 통제를 가능케 하는 성질의 것으로 변하게 될 소지가 얼마든지 있다.

지식정보화사회에서는 생산과 유통 및 소비의 통합이 가능해지는 체제가 수립됨에 따라 사회구성원은 스스로의 취향에 따라 직업뿐만 아니라 작업 시간과 장소를 선택할 수 있게 되고 자신의 아이디어대로 일을 처리하게 된다. 이에 자발성이 중시되어 자발적 사회에로의 진전을 기대할 수 있게 된다(김경동, 1979, 1984). 그럼에도 불구하고 유의해야 할 사실은 노동의 성격이 변함에 따라 초래되는 노동력의 재분배와 고용의 조정이라는 적응의 어려움이 발생한다는 것이다. 더욱이 새로운 노동 과정은 지식정보와 통신에 대한 접근 및 통제를 완벽하게 개방하고 평준화시킨다는 전제가 없으면 무의미해진다. 그렇지 않다면 산업사회의 공장형 노동 과정에서보다 더 집권적인 중앙통제와 기계에 대한 인간의 의존도가 커지는 결과를 가져올 수도 있기 때문이다.

2) 경제의 연성화(소프트화)

지식정보화사회에서는 정보산업이 산업구조상 지배적인 위치를 점하게 되며 경제의 연성화(소프트화)가 촉진된다. 이는 지식정보산업에 종사하는 인구, 지식정보산업의 재정적 투입과 산출, 그리고 지식정보산업의 구조 등이 다른 산업의 경우보다 지배적인 위치에 있게 된다는 것이다. 여기서 지칭하는 경제의 연성화란 서비스화, 생산물 자체의 연성화, 제품의 경박단소화 및 다품종 소량 생산, 투자 및 소비의 연성화 등 일련의 변화를 의미한다. 이런 변화가 발생하면 경기 변동도 심화되지 않고 연성화하게 된다.

3 문화적 측면의 특징

1) 인간 삶의 양식 및 질의 변화

지식정보화사회의 도래는 인간의 삶의 양식과 질적 측면에서 변화를 가져올 것으로 기대된다. 다시 말하면, 삶의 가치 지향에서 물량주의와 소유 중심의 문화가 지식정보 중심의 삶 그 자체를 중시하는 가치문화로 전환하게 될 것이라는 것이다(Lagos, 1981 : 123-160; Kim & Lee, 1985 : 35-65). 그로 인해 인간의 욕구가 고급화·다양화되며 인간의 존엄성과 자유에 관한 가치 욕구가 커진다. 이같이 인간의 자유화가 갈망되고 인간 욕구가 다양화되면서 지식정보 수요가 늘어나고 그 종류도 다양해져서 개별적이고 선택적인 지식정보 수요가 늘어난다.

지식정보 중심의 삶이 영위되면서 의식주 생활의 양식이 변하고, 가족 생활과 지역공동체 생활의 성격과 유형도 달라질 것으로 추정된다. 하지만 이 같은 변화가 반드시 인간관계의 개선이라는 방향으로 이뤄질 것인지에 관해서는 확실한 추론이 어렵다는 양면성의 문제가 엿보인다. 그 하나는 직업 생활을 비롯해 모든 활동이 개인 중심적이고 자율적으로 이뤄질 수 있는 기술적 기반 마련이 가능하다는 전제에서 지식정보화사회의 도래로 인해 개인화 과정이 심화될 것이라는 점이다. 즉, 가족 생활도 개인 중심이 되고, 지역공동체의 인간관계도 이웃이라는 개념이 희박해지면서 개인 중심으로 삶이 영위될 수 있다는 것이다.

그러나 다른 한편으로는 지식정보화사회가 될수록 정보통신망에 의한 통합적인 지식정보 체계가 성립될 수 있는데, 이런 경우 오히려 집합주의화된 생활 양식의 전개도 가능하다는 것이다. 물론 여기서는 후술하는 바와 같이 두 가지 가능성이 있는데, 그 하나는 분권화된 집합체로서 분산된 지역공동체 단위의 새로운 집합적 생활 양식이 생성되는 경우이다. 이러한 성질의 집합화는 자발적 공동체의 성격을 띠므로 사회발전에 바람직할 수도 있다. 다른 하나의 현상은 이상의 새로운 집합화가 극도의 개인화로 인해 초래되는 원자화의 반동으로서 형성되거나, 권력 집중을 원하는 소수집단의 방침에 의해 이뤄지는 경우로서 이는 새로운 중앙집권적 통제를 더욱 강화시키게 될 수 있다.

2) 과학과 문화의 상호작용에 따른 변화

지식정보화사회의 도래로 정보가 좀 더 중요한 결정 요인으로 널리 적용되는가의 여부는 특정 사회의 문화적 수준과 내용에 좌우되는 반면에, 이를 가능케 하는 컴퓨터와 통신기술의 활용 문제는 과학적 진보와 밀접한 관련이 있다. 이런 관점의 특징적 현상을 예로 들면 지식정보화사회의 도래가 과업의 해결에서 무인화, 즉시화, 시스템화 그리고 통합화를 초래한다는 것이다(서남원, 1988 : 8-9). 이를 좀 더 구체적으로 살펴보면 다음과 같다.

(1) 무인화

이는 지식정보화사회에서는 많은 사회적 업무나 과제가 공장자동화(FA), 사무자동화(OA), 가사자동화(HA), 상점자동화(store automation: SA), 또는 경영관리자동화(management automation: MA) 등에 의해 이뤄짐으로써 인간의 개입이 최소화된다는 것이다.

(2) 즉시화

이는 사회적 과업 해결에 소요되는 시간이 괄목할 정도로 단축되는 현상을 말하며, 산업화사회에서의 일일생활권이 지식정보화사회에서 '지구촌(global village)' 또는 '세계화(globalization)'로 전환됨을 시사한다.

(3) 시스템화

이는 산업사회에서의 '조직화'에 해당되는 것으로 조직화는 인간을 주체로 하는 '도래화(到來化)'의 개념인 반면에, 시스템화는 기계 및 장치와 인간을 동일한 시각에서 분석할 수 있는 새로운 패러다임적인 도래화를 의미한다. 즉, 투입과 처리 그리고 산출 등의 기능을 구비한 사람과 기계장치의 혼합체화를 가리킨다. 달리 설명하면, 시스템화는 조직에서 직무, 권한, 부과 체계 등이 사라지고 기능 우선순위, 그리고 자동화작업이 등장함을 의미한다.

(4) 통합화

이는 전통적으로 단독 또는 분할 수행된 많은 사회적 과업이 '통합적'으로 해결될 수 있다는 점에서 찾아볼 수 있다. 전통적으로 규모·복잡성·소요 시간 등을 보아 분할 해결이 더 효과적이었던 경우라 할지라도 정보적 자원에서 결합(coupling)을 통해 통합 해결이 현실적으로 가능해질 뿐만 아니라 효율성을 증대시킬 수가 있다는 것이다. 이는 오늘날 많은 응용 시스템이 집적(integrated), 결합(total), 또는 합병(consolidated) 등의 방향으로 움직이고 있는 것을 보면 이해할 수 있다.

4 정치적 측면의 특징

지식정보화사회의 특성은 참여민주주의의 실현가능성 제고이다. 정보화사회 도래의 동인인 정보통신기술의 발전이 시간과 거리의 장애를 초월하게 함으로써 전자식 참여민주주의(electronic participatory democracy) 또는 직접민주주의를 가능케 한다는 것이다.

1) 참여민주화의 전제 조건

지식정보화사회의 도래로 가능해질 수 있는 직접 참여민주주의는 인간의 행동과 사회적 실행에 대해 다음과 같은 선행 조건이 충족될 때에 가능하다는 점을 주의해야 한다(안청시, 1985: 113).

① 모든 정보는 정확해야 하고 공개되어서 누구나 손쉽고 평등하게 접근·이용이 가능해야 한다.

② 사람들의 행동 패턴이 공동 목표에 합치되고, 상호 협력하여 문제를 해결하는 합리성을 지녀야 한다.

③ 사회적 상호작용과 정치 과정의 결과로 나타나는 시민들의 혜택과 희생이 공평하고 평등하게 배분되어야 한다.

④ 모든 사람이 다 같이 정치에 관심을 갖고 참여할 수 있어야 한다.

⑤ 일단 내려진 결정에 대해서는 모두가 승복하고 어떤 경우에도 폭력이나 강압에 의한 결정 및 집행이 없어야 한다.

2) 정보통신 매체의 정치성

더욱이 정치적 참여민주주의를 가능케 하는 정보통신 매체의 정치성으로 인해 정보통신기술의 가치중립적인 결과를 기대하기 곤란하다.

① 정보통신 매체는 그 자체가 정치적 정보 생산자라기보다는 매체 밖에서 얻는 정치적 정보의 전달자로서 기능을 수행하기 때문에, 일차적으로 정치적 정보의 주요 원천(source)인 정부나 관료 또는 정치지도자들의 정치적 계산과 고려에 의해 정치적 정보의 내용이 결정되고, 다음으로 그를 전달하는 통신매체 관리자들의 선택 기준에 따라 좌우되는 경향이 많다.

② 정보통신 매체에 의해 전달되는 내용이 소수의 여론 지도자나 의견 선각자들에 의해 해석된 후 배포되는 경우가 많아서 이들 매체의 전달 내용에 대한 정치적

반응이 국민 개개인의 수준에서 수용되고 해석되기보다 각 개인의 의사 형성에 영향을 미치는 사회·경제적 조건이나 집단의 조직적 특성을 통해 나타나게 된다.

③ 개인은 자기가 속한 사회·경제적 위치나 정치적 환경에 따라 이용하는 통신매체의 종류나 접하는 정보의 내용이 다른데, 이는 각 개인의 정치관 형성과 발전에 영향을 미치게 된다(안청시, 1985: 116-117).

3) 정보통신 매체의 역기능

이 같은 정보통신 매체의 정치적 특성에 비춰볼 때, 다음과 같은 역기능적인 면을 인지할 수 있다.

① 정치정보의 제공자나 정보통신 매체 관리자의 주관에 따라 정보원이 은폐되거나 정보 내용이 변경될 가능성이 있음을 시사한다.

② 또한 정보통신 매체의 이용 가능성은 개인이 접한 사회적·정치적 기능과 위치에 따라서 불평등하게 배분되기 쉽다.

③ 게다가 정보통신 매체는 본질상 새로운 정치 경향이나 변화를 창출하기보다도 기존의 것들을 강화하기 위한 기능을 수행하는 경향을 나타냄을 알 수 있다.

이상의 여러 가지 점을 고려할 때 지식정보기술에 의한 직접 참여민주주의의 실현 여부는 결국 정보통신기술을 관리하는 인간의 지혜와 국가의 학습 능력(learning capacity)에 의해 좌우된다고 볼 수 있다(안청시, 1985: 117-118).

제 4 절 지식정보화가 행정에 미치는 영향

지식정보화사회의 도래는 사회 전반에 영향을 미침을 이미 고찰했다. 여기서는 그 영향의 범위를 좁혀서 이 책의 주제에 접근하기 위해 지식정보화가 공공행정에 어떠한 영향을 미치는지를 살펴보고자 한다. 지식정보화가 행정에 미치는 영향은 어느 면에 초점을 맞추느냐에 따라 여러 가지로 설명될 수 있으나 공공행정조직론의 입장에서 지식정보화가 행정조직에 미치는 영향, 행정 업무에 미치는 영향, 관료제에 미치는 영향, 행정환경에 미치는 영향, 그리고 지식정보화사회에서의 행정 지식관리와 행정모형, 지식정보화의 역기능에 관해 고찰하고자 한다.

1 행정조직에 미치는 영향

1) 행정조직의 구조에 미치는 영향

사회가 지식정보화되고, 나아가서 행정이 지식정보화됨에 따라 행정조직의 구조가 변화를 겪게 된다. 이런 조직구조의 변화는 대체로 다음과 같은 세 가지 특성을 나타낸다.

(1) 조직 형태상 변화

지식정보화가 조직의 구조에 영향을 미침은 첫째로 행정조직의 형태를 변화시키는 것으로 나타난다. 정보화에 의한 조직 형태의 변화란 행정조직 내에 초고속 정보통신망이 구축됨으로써 조직구성원들의 업무가 컴퓨터로 대행되며 초고속통신망을 이용하여 업무 처리 속도가 빨라지고 지식과 정보의 공유가 활발히 일어남으로써 해당 계층의 조직구성원의 수가 변동되어 조직의 형태가 기존의 피라미드형에서 다른 모형으로 바뀌게 됨을 의미한다. 리비트(H. J. Leavitt)와 휘슬러(T. L. Whisler)는 컴퓨터 시스템이 조직에 도입되면 조직구조가 전통적인 피라미드 형태에서 [그림 1

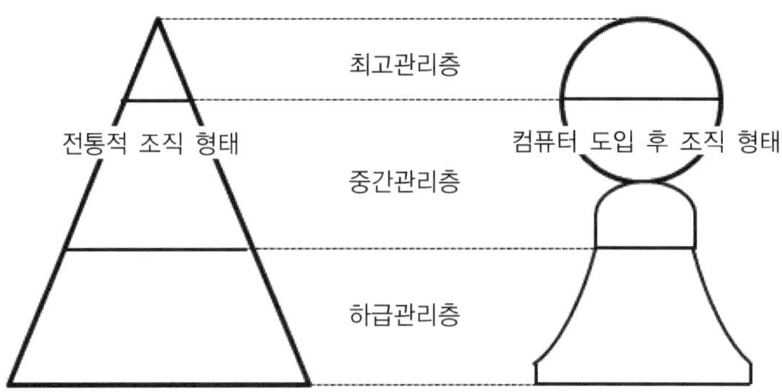

그림 1-4 컴퓨터 활용으로 인한 조직 형태의 변화(Leavitt-Whisler모형)

자료: Leavitt & Whisler(1958: 41-48), 김도훈(1988: 308) 재인용.

-4]와 같이 종(bell) 위에 럭비공을 올려놓은 것과 같은 형태로 변한다고 설명한다(Leavitt & Whisler, 1958 : 41-48; 김도훈 외, 1988 : 307-308). 이것은 중간관리층의 업무나 의사결정이 대부분 구조적이고 일상적이며 반복적인 경우가 많아서 컴퓨터 시스템에 의해 대행됨으로써 중간관리층의 일부는 없어지고, 다른 일부는 좀 더 창의적이고 비구조적인 업무나 의사결정을 담당하는 최고관리층으로 이동하게 되기 때문이다.

그러나 여기서 주의해야 할 점은 중간관리층의 수가 감소한다는 것은 그들 중에 비교적 정형화되어 있고 극히 일상적인 업무만을 담당하는 사람의 경우에 컴퓨터의 활용으로 말미암아 없어질 가능성이 있음을 시사할 뿐이다(Simon, 1960 : 17-55). 왜냐하면 중간관리층은 많은 경우 비정형적이고 일상적이 아닌 업무를 구조적이고 반복적인 업무와 함께 수행하고 있기 때문에 컴퓨터로 처리할 수 있는 업무에 대해 컴퓨터 교육을 시켜서 담당하고 있는 업무를 계속 수행하도록 하는 경우에는 중간관리층의 규모에 별 변동이 없게 되기 때문이다. 더욱이 구조적이고 일상적인 의사결정을 수행하고 있는 중간관리층을 없애는 경우에도 컴퓨터 시스템 관리자는 최소한 중간관리자로서 존재하게 되어 전체적 중간관리층의 규모에는 커다란 변화가 없을 수도 있다는 것이다(Coleman & Riley, 1981 : 92-100; Kraemwe & Danziger, 1984). 다만 이러한 시스템에 의해 대치된 업무를 수행하던 중간관리층은 하향 이동보다도 상향 이동을 할 가능성이 있음은 주목할 만하다.

다음으로 주의해야 할 점은 앞의 논의만 본다면 이러한 시스템의 도입이 조직 내 중간관리층에만 영향을 미치는 것으로 오인될 가능성이 있다는 것이다. 그러나 조직구조상 하위관리층 업무의 일부와 일상적인 운영 업무를 담당하는 일선 행정관료들의 업무가 시스템에 의해 대행됨으로 인해 그 계층의 규모가 축소·변동될 가능성이 높다.

여러 요소를 고려해 볼 때 지식정보화 시대의 행정조직은 [그림 1-5]와 같이 중간관리층과 하위관리층 및 일선 행정계층의 규모가 상향 조정이 되면서 감소하는 형태를 나타낼 것으로 보인다. 다만 여기서 주목해야 할 것은 조직의 각 계층이 좀 더 분명하게 정의되고 구분된다는 것이다(Lucas, Jr., 1982 : 70).

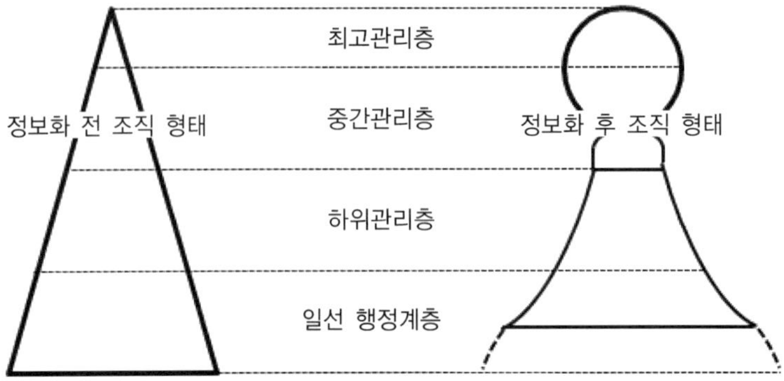

그림 1-5 정보화 전후 조직 형태 비교

(2) 계층제의 완화

사회 및 행정의 지식정보화가 행정조직의 구조에 미치는 영향의 두 번째 양상은 계층제의 완화를 들 수 있다(김도훈, 1988 : 308). 앞서 말한 바와 같이 행정조직 내에 초고속통신망과 컴퓨터의 도입이 보편화됨에 따라 특히 중간관리층 및 일선 행정계층의 업무 성격과 인원 규모가 변화를 겪었다(Leavitt & Whisler, 1958 : 41-48; Turner, 1980). 즉, 중간관리층의 수가 대폭 축소되며 내근자 수가 외근자 수에 비해 적어짐으로써 각 부서의 규모가 축소될 수 있으며(서남원, 1988 : 14), 이는 조직의 계층제적 구조에 변화가 일어날 수 있음을 의미한다.

그러나 이미 지적한 바와 같이 여기서도 특정의 구조적이고 반복적인 업무가 전산화됨에 따라 자료 코딩 및 입력 인원 등 보조 인력의 충원이 필요하고, 특히 정치적인 분야에서는 관료들 자신이 해당 인력의 감축을 원치 않음으로 인해 실제로 인력구조에 변동이 없이 결과적으로 계층제상 변화가 일어나지 않게 될 가능성이 상존한다(Danziger, 1977).

(3) 수평적 분화

지식정보화가 행정조직 구조에 미치는 영향의 세 번째 양상은 조직구조의 수평적 분화 현상이다(김도훈, 1988 : 309). 이는 앞에서도 언급한 바와 같이 조직 내 초고속통신망과 컴퓨터의 도입 및 활용이 보편화, 일상화되면서 모든 업무가 전산화되어 이를 관리할 부서가 신설되었다.

즉, 업무의 전산화로 인한 컴퓨터와 통신망의 활용이 보편화됨에 따라 불필요한 인력의 감소 내지 다른 계층으로의 이동이 예상되지만, 이를 관리하기 위한 부서와 인력도 필요하게 된 것이다. 이러한 이유로 조직구조의 수평적 분화는 불가피하게 일어날 것으로 보인다.

2) 행정조직의 기능에 미치는 영향

사회의 지식정보화는 넓은 의미에서 행정조직의 기능에도 영향을 미치게 되는데, 이는 조직의 집권화와 분권화, 조직 내 권력 관계, 그리고 정책 과정에 미치는 영향으로 구분해 설명할 수 있다.

(1) 행정조직의 집권화와 분권화

지식정보화가 행정조직의 집권화를 심화시킬 것인지 아니면 분권화를 심화시킬 것인지에 대해서는 의견이 일치하지 않는다. 오히려 두 가지 현상이 모두 발생할 가능성이 있다는 데에 더 많은 공감을 보인다. 여기서 지식정보화로 인한 조직의 집권화란 조직 내 정보의 수집, 처리, 분산 등의 정보 활동을 조직의 상층부나 중앙조직이 통제·관리하기가 훨씬 용이해짐에 따라 정보의 독점 및 그로 인한 상부 계층이나 중앙조직의 권한이 강화됨을 의미한다. 반면에 지식정보화로 인한 조직의 분권화는 정보의 수집, 처리, 분산 등이 분산된 처리 시스템을 통해 이뤄지는 경우 조직의 하위 계층이나 지방 또는 지역조직의 정보력이 강화되고, 결과적으로 그들의 조직 활동 통제권이 강화됨을 뜻한다(김도훈, 1988: 310).

지식정보화의 동인인 정보통신기술의 급속한 발전으로 시간뿐만 아니라 지리적인 장애를 극복할 수 있게 됨에 따라 정보의 실시간(real time) 분산 처리, 즉 시분할 시스템(time-sharing system)의 활용이 가능해지고, 그에 따라 행정의 분권화가 가능하게 된다(Toffler, 1970; Naisbitt, 1982: 103-141). 실제로 실증적 분석은 지식정보화가 조직 내에 집권화를 발생시키는 경향이 있음을 입증하지 못했다고 지적한다(Lucas, Jr., 1973). 그럼에도 불구하고 간과하지 말아야 할 점은 정보의 분산 처리 시스템의 발달을 초래한 정보통신기술 및 그 장치가 곧 의사결정이나 행정의 분권화를 의미하는 것이 아니라는 점이다. 왜냐하면 조직 내의 개인용 컴퓨터와 통신기술의 활용이 하위 계층의 의사결정자들에게 행정 활동에서 자율성 또는 자유재량권을 자동적으로 부여하고 촉진하는 것은 아니기 때문이다. 오히려 이미 지적한 바와 같이 기술결정론적인 입장에서 행정조직의 집권화와 분권화를 분석하기보다 사회·문화적인 측면에서 고찰해야 할 것이다. 즉, 조직의 집권화 내지 분권화의 요인은 정보기술보다도 관리철학이나 조직문화일 수 있다(Myers, 1966 : 189-201; Lynn & Markus, 1981 : 203-205). 예컨대 마이어스(C. A. Myers)는 중앙집권적 정보화가 의사결정의 집중화를 수반하지 않으며, 집권화와 분권화를 결정하는 주요인은 지식정보기술보다 관리철학이라고 주장한다(Myers, 1966 : 189-201).

한편 컴퓨터와 통신망 활용의 보편화는 전통적으로 집권화된 조직에서는 집권화를 강화하는 경향이 있고, 전통적으로 분권화된 조직에서는 분권화를 촉진시키는 경향이 있음이 지적되기도 한다(Burlingame, 1961 : 121-126). 그러나 ① 정보통신기술의 정치성, 관리철학과 정보통신기술의 집권화 및 분권화에 대한 영향 정도의 비교를 배제하고 정보통신기술의 기술적 기능만을 고려한다면 조직 내의 컴퓨터와 통신망의 도입·활용은 조직 내 업무 활동을 위한 정보 처리의 능률화와 구조적이고 일상적인 의사결정의 자동화를 촉진하여 결정 권한의 집권화를 초래할 가능성이 높다. 그 반면 ② 정보통신기술의 발달과 통신망(network)의 구축이 실현되면 업무 활동에 관한 자율적 결정이 하부 계층이나 지방조직에서도 가능해져서 조직의 분권화 현상이 고조될 소지도 높다.

(2) 조직 내 권력 관계의 변화

① 단지거와 클링의 모형

컴퓨터와 통신망의 활용이 보편화됨에 따라 조직 내 구성원, 특히 관리자 간의 권력 관계, 넓게는 영향력 관계가 어떻게 될 것인지도 주요 관심사다. 이것에 대한 주장도 다양할 수 있으나 단지거(J. N. Danziger)와 클링(R. Kling)의 모형을 지식정보화사회에 적용시켜 보면 다음과 같이 설명할 수 있다(Danziger & Kling, 1982 : 136-169; 이종원, 1986 : 175-179).

가) 관리적 합리성 모형

관리적 합리성(managerial rationality) 모형은 조직에 컴퓨터와 통신망의 도입·활용이 보편화되어 행정관료나 관리자가 지식정보를 정책 과정의 합리성 제고를 위해 활용할 수 있는 가능성이 높아짐에 따라 그들이 정책 과정의 지배까지도 도모할 수 있다고 보는 견해이다. 그러나 여기서 주의해야 할 점은 전산 처리된 지식정보는 정책결정을 비롯해 정책 과정의 모든 과정 중 극히 일부에 지나지 않고, 기껏해야 이미 정형화된 문제에 관한 부분적인 해결책의 정보일 것이므로, 비록 그 지식정보를 관리하더라도 정책 과정의 완전 지배는 상상하기 어려운 것이라는 점이다. 더욱이 지식정보를 관리하고 통제하는 관료나 관리자의 활동은 조직에서 점하는 권한상의 위치에 따라 더 많이 영향을 받을 것이다.

나) 기술관료 엘리트주의 모형

기술관료 엘리트주의(technocratic elitism) 모형은 행정정보화로 인해 전문직 기술관료들이 조직 내 정책 과정에서 막강한 영향력을 행사할 수밖에 없다는 견해이다. 이는 행정 업무의 전산화에 따른 제반 기술적 사항에 대해 테크노크라트(technocrats)들의 조언이나 지시 또는 관리를 거치지 않고는 제대로 운영될 수 없다고 보기 때문이다. 그러나 테크노크라트들이 취급하는 기술적 문제도 정치적 결정의 결과이고 그 해결 과정도 정치적 및 그와 관련된 조직 내 영향력 관계에 의해 좌우된다. 따라서 이러한 견해가 강조되면 정치적, 윤리적 그리고 사회적인 문제들을 기술적인 차원에서만 해결하면 되는 것처럼 착각할 수 있게 된다(Weisenbaum, 1976 : 251-257).

다) 조직적 다원주의 모형

조직적 다원주의(organizational pluralism) 모형은 조직 활동의 전산화를 촉진하는 컴퓨터 시스템은 조직 내 어느 특정 계층에 의해 통제·관리되기보다도 정치관료, 행정관료 그리고 기술관료 등의 다원적인 이해관계에 의해 그 운영이 좌우되며, 결국에는 이들의 권익을 증진하는 데에 기여하게 될 것이라 주장한다. 그런데 여기서도 문제는 조직 내 전산화된 정보 체제의 이용이 반드시 이들 세 집단을 포함해 관련된 계층 모두에게 유리한 방향으로만 운영되지 않으며 그렇게 할 수 없는 경우가 더 많다는 것이다. 특히 선출된 공무원인 정치적 관료의 이해관계는 임명된 행정관료들의 이해관계와 반드시 일치할 수는 없다. 즉, 그들은 자신의 선거구민, 넓게는 시민 또는 국민 전체의 이익과 관련하여 의사결정 및 정책결정에 임해야 하는 반면에, 임명된 행정관료는 책임을 지고 있는 상부계층의 이해관계와 조직 활동의 능률을 우선시하기 때문이다. 따라서 행정정보 시스템의 활용이 이해 당사자의 공동 이익을 보장하는 방향으로만 이뤄지지 않으며 그들의 입지도 반드시 강화된다고 볼 수는 없다.

라) 강화정치 모형

강화정치(reinforcement politics) 모형은 조직 내 정보화가 특정 관료집단의 권력 확대보다는 이미 전부터 조직 내 컴퓨터 시스템을 정책 과정에 성공적으로 활용하여 온 기존의 행정관료들에게 입지를 강화시켜 줄 것이이라는 견해다.

② 크래머와 더튼의 모형

크래머(K. L. Kraemer)와 더튼(W. H. Dutton)은 단지거와 클링의 모형과 유사하게 관료가설(bureaucratic hypothesis), 기술관료가설(technocratic hypothesis), 다원주의가설(pluralistic hypothesis), 구식가설(old-style hypothesis), 그리고 강화정치 가설(reinforeement politics hypothesis)의 다섯 가지 가설에 입각하여 경험적으로 연구조사한 결과 조직 내 정보화는 특히 정치, 기획, 관리적인 차원에서 볼 때 조직 내 컴퓨터 시스템을 통제하고 있는 기존 관료의 영향력을 더 강화시켜 주는 경향이 있다고 주장한다(Kraemer & Dutton, 1979 : 80-106).

그런데 대부분의 실증분석이 그렇듯이 크래머와 더튼의 연구도 다음과 같은 문제점을 안고 있다. 즉, ㉮ 컴퓨터를 활용할 수 있는 부문을 관리, 기획, 정치적 차원으로 보면서 그들 간 구분이 불분명한 경우 컴퓨터 활용 정도와 기존의 컴퓨터를 이용하는 관료의 권한이 실제 어느 정도로 증가되었는지에 대해 확정적 결론을 내리는 데는 어려움이 있음을 암시한다. ㉯ 지방정부의 경우를 사례로 연구했기 때문에 중앙정부에서도 같은 결과를 거둘 수 있을지 등이 계속 연구되어야 할 과제로 남는다. ㉰ 특정 조직이 집권화 경향을 띠고 있는 경우에는 조직 내 정보화로 구성원 간의 권력관계가 어떻게 변할지 또 분권화의 경우는 어떨지에 관한 추가적인 경험적 연구가 필요하다. ㉱ 처음으로 조직에 컴퓨터 시스템을 도입하게 되는 경우 여전히 강화정치 모형이 성립하게 될지가 의문시된다.

다만 이상의 모형들이 결론적으로 시사하는 바는 조직 내 행정의 전산화 또는 지식정보화를 통해 특정 계층이나 집단의 권한이 강화되는지의 여부는, 컴퓨터와 통신망의 도입 · 활용이 보편화되고 그들에게 제반 정보에 대한 통제 · 관리 · 이용 · 접근권이 주어졌는지의 여부와 그들의 조직 내 권력계층의 위치, 조직문화 및 조직의 내 · 외적 환경 요소들에 의해 영향을 받는다는 사실이다(Danziger & Kling, 1982 : 161).

2 행정관료제에 미치는 영향

사회의 지식정보화가 행정관료제에 미치는 영향은 이미 앞에서 설명한 계층제에 미치는 영향과 그 밖에 정책 과정에 참여하는 사람, 즉 고위관료들의 정책 활동에 미치는 영향 등에서 부분적으로 다뤄졌다. 여기서는 광의의 관료제에 미치는 영향으로서 곧 관료화의 촉진 문제를 살펴본다. 광의의 관료화는 조직의 목적을 달성하기 위한 의사결정센터 또는 계층제를 지닌 대규모 조직이라는 구조적 측면을 넘어서 국민의 일상 생활과 정치에서 공공관료제의 간여 내지 개입의 보편화 현상을 의미한다(김도훈, 1988 : 312-314).

사회의 지식정보화는 목표 달성을 위해 정형화된 구조를 필요로 한다는 점에서 관료화와 같은 방향으로 지향한다고 볼 수 있다. 다시 말하면, 관료제는 조직 내적·외적 환경으로부터 지각되고 인지된 것을 구조화시키려는 경향을 갖고 있는데, 이는 정보의 정형화를 촉진하고, 나아가서 정보화의 동인인 컴퓨터와 통신망의 도입·활용의 보편화를 포함한 정보통신기술의 조직 내 활용을 통해 그들의 역할을 더욱더 중요하게 만들고자 한다.

컴퓨터를 중심으로 한 정보통신기술은 ① 관료적 형태의 관리 및 서비스 제공, 그리고 문제 해결에서 효율성을 제고하고, ② 사회의 비조직화된 다른 부분을 희생해서라도 관료의 권력을 강화시켜 주는 데 기여하게 된다. 아울러 정보통신기술은 ③ 정형화된 정책결정 등의 합리성을 제고하여 조직 목표의 효율적 달성을 가능케 해 준다. 더욱이 ④ 컴퓨터와 통신망의 도입·활용의 보편화를 포함한 정보통신기술을 이용하여 관료제는 환경의 요구에 적절히 대처할 수 있게 됨으로써 정보통신기술이 발전함에 따라 개인이나 사회의 관료제에 대한 의존도를 점증시켜 주게 된다는 것이다(김도훈, 1988 : 313).

무엇보다도 중요한 것은 컴퓨터와 통신망을 포함한 정보통신기술이 행정관료제에 도입·활용됨에 따라 지식정보자원 및 그 처리 수단 등이 관료제의 통제 및 관리 하에 놓이게 되고, 결국에는 사회 전반에 걸쳐 그 구성원들의 행동을 감시·예측하며, 그들의 행동 방향까지도 통제하게 되는 완전한 관리행정으로 전환될 위험성이 있다는 것이다(김도훈, 1988 : 313). 따라서 관료들에 의한 정보통신기술 및 정보의 독점을 방지 또는 예방하는 제도적 장치와 국민적 통제 노력이 요구된다.

3 행정 업무 및 정책 과정에 미치는 영향

1) 행정 업무에 미치는 영향

사회의 지식정보화에 따른 행정정보화는 행정 업무의 내용에도 많은 변화를 초래하게 한다. 자료를 수집·처리하는 단순반복적인 육체적 작업이 정보화됨에 따라 처리된 자료나 정보를 분석하고 활용하는 업무가 증가되고 업무의 내용 또한 향상시켜 줄 것으로 보인다. 좀 더 구체적으로 살펴보면 다음과 같다(김도훈, 1988 : 309-310).

(1) 최고관리자의 업무 변화

최고관리자의 전략적 의사결정 업무는 행정이 정보화되어도 별로 영향을 미치지 못하는 분야라고 할 수 있다. 왜냐하면 이들의 업무는 비구조화된 것으로 정형화된 해결책보다는 창의력, 경험 그리고 직관 등의 초합리성을 요구하는 작업이기 때문이다. 그러나 컴퓨터와 통신망의 도입·활용의 보편화 및 정보통신기술의 발달은 각종 소프트웨어의 개발을 촉진하게 되므로, 전문가 시스템(expert system)과 같은 인공지능에 기초한 의사결정 지원 시스템을 개발함으로써 최고관리자들의 비구조화된 업무에도 어느 정도 활용할 수 있다. 그러나 최고관리자의 업무 내용은 고도의 지적 작업을 요구하는 경우가 대부분이기 때문에 컴퓨터와 통신망의 도입·활용의 보편화에 의한 대행은 극히 부분적이고 제한적으로 이뤄질 수밖에 없다.

(2) 중간 및 하위관리자의 업무 변화

지식정보를 활용하는 하위관리자와 중간관리자의 경우 직무 내용의 변화가 더욱더 뚜렷해질 것이다. 즉, 그들에게 지식정보의 수집·처리·저장 등과 같은 지식정보 처리와 관련된 업무는 크게 감소되고, 지식정보를 활용하는 데에 필요한 분석력과 판단력, 그리고 창의력이 요구되는 업무를 더 많이 담당하게 될 것이다. 특히 중간관리자의 경우, 지식정보 처리와 관련된 업무는 컴퓨터와 통신망이 대행케 하고 자신들은 지식정보를 탐색하여 문제를 파악하고 이를 창의적으로 해결하는 데에 더 치중하게 된다. 이는 이들 중간관리자의 업무의 질을 전보다 향상시키는 결과를 가져온다.

(3) 일선 행정관료의 업무 변화

일선 행정관료의 경우 컴퓨터와 통신망의 도입·활용의 보편화는 지식정보 수집 및 집계와 같은 단순한 육체적 업무를 감소시키고 정보 시스템에 자료를 입력하는 등의 기계적이고 반복적인 업무를 증가시키게 된다. 비록 기계적이고 반복적인 업무가 증가하지만 정보 시스템에 자료를 입력하기 위한 제반 작업은 과거의 단순 육체적 업무보다 고도의 정확성과 함께 일정한 지적 기술과 정신적 집중을 요구하게 되므로 직무 내용 면에 질적 향상을 보이게 된다.

일선 행정관료들의 업무 내용이 변화하게 된 구체적인 사례를 보면 다음과 같다(김도훈, 1988 : 12-14).

① 전자민원제도의 실시되고 있다. 이에 따라 각종 민원 사항의 신고, 열람, 서류 발급 등을 원하는 경우 행정관서를 왕래하지 않고도 인터넷, 휴대전화, PDA 등 다양한 매체를 통해 언제 어디서나 쉽고 편리하게 원하는 민원행정 서비스 및 기관별 행정지식정보를 이용한다. 예컨대, 민원 서비스 혁신(G4C) 시스템의 경우 통합전자민원창구로서 5,000여 종의 민원안내 및 720여 종의 민원신청 서비스, 그리고 30여 종의 민원열람 및 발급 서비스 등을 제공하고 있다.[1)]

② 통합고지서의 발행이 가능해졌다. 이에 따라 각종 세금 및 공과금 납부에 관한 고지서를 일원화하여 정보 시스템으로 처리하게 됨으로써 일선 행정관료들의 업무가 더욱 간소화되었을 뿐만 아니라 각종 고지서 발부 등의 육체적 노동이 줄어들고 정보 시스템에 의한 납부 세액의 종합적 분석 업무에 더 치중할 수 있게 되었다. 예컨대, 서울시의 경우 2007년 7월, '세외수입 종합징수 시스템'을 마련하여 그간 개별법에 의해 각각의 정보 시스템으로 운영해 온 것을 하나로 통합·관리하게 되었다. 이에 따라 시민들은 인근 동사무소나 구청, 시청 등 장소에 관계 없이 고지서를 발급받아 편리하게 납부할 수 있고, 인터넷을 통해 과태료 등 모든 세목에 대한 부과 및 납부·체납 현황 등의 정보를 제공받게 되었으며, 최대 4장의 고지서(구세·시세·국세·기금)로 발급되던 매각대금, 대부료, 변상금 등을 1장의 통합된 고지서로 발급받게 되었다.[2)]

③ 컴퓨터와 통신기술의 발달로 가정과 가정 간에 직접 연결되는 전자우편제도가 확

---

1) 전자민원 G4C 홈페이지. http://www.egov.go.kr/
2) 하이서울뉴스, 2007. 6. 11.

충되었다. 더욱이 전 세계를 연결하는 통신망(network)을 이용한 전자사서함, 다중영상회의, 데이터 회선 용역 등이 전통적인 우편, 통신 방식에 획기적인 개혁을 초래하여 즉시 자동화 및 무인화가 가능해졌다. 우편·체신행정의 우편물 송·수신 업무 및 집배원의 배달 업무는 축소되었다.

④ 무인행정사무실이 등장하게 되었다. 예를 들면, 파출소의 기능이 파출소에 근무하는 경찰관이 아닌 로봇에 의해 수행된다는 것이다. 사실상 방범, 치안 유지, 소방, 구급활동 등의 비상조치가 재래적인 인간 중심의 방식에서 정보 수집과 처리 및 자동시설의 활용으로 대체될 가능성이 높다. 특히 인공지능(AI)의 개발로 이러한 일들의 실현 가능성은 더욱 더 높아졌다. 이 같은 무인행정사무실이 등장하면 그 업무를 수행하던 경찰관, 소방관, 방범요원들의 수는 감소될 수밖에 없을 것이다. 실제로 다수의 지방자치단체에서는 불법 운행 주정차 위반 차량에 대해 무인단속(CCTV) 장비를 활용한 적발을 실시하고 있다. 또한 u-지역정보화 추세에 맞춰 지역통합센터를 중심으로 유비쿼터스 기술 기반의 첨단 도시 경비, 통합 치안 상황 관제 업무를 제공함으로써 지역 주민의 안전보장 및 대민 봉사 역량을 확보하는 u-치안 서비스 사업을 시행하고 있다. 이는 인력 중심에서 IT기술 기반 중심의 치안 시스템을 도입한 것이다. 이로써 공공기관 상주 인력의 감소를 통한 예산 절감과, 대국민 편익 향상을 위한 범죄 예방에 드는 사회적 비용의 절감 효과가 기대된다(김기환 외, 2008: 43).

⑤ 새로운 행정봉사 업무가 개발·실시된다. 이는 전통적인 공공행정 분야에서 소요경비의 과다 지출 등의 이유로 이뤄지지 못한 업무들이 지식정보화사회의 도래로 새로이 개발되거나 확장·보충될 수 있게 되는 것이다. 예컨대 지역사회 활동을 위한 정보제공, 주민 부재 시의 행정 업무 대행, 공공행정의 홍보 등을 들 수 있다. 이들 신종 서비스 업무는 신규 인력의 충원을 요하게 되는데, 이때 새로이 채용하거나 각종 기존 업무의 정보화로 인한 이동 인력을 이 분야에 흡수시킬 수도 있다.

결국, 사회의 지식정보화는 행정 업무의 내용에서 변화를 초래하는데, 결코 일정한 방향으로 또는 획일적으로 이뤄지지 않고 대신에 업무의 성격과 기존 인력의 재활용 여부 등에 의해 여러 가지 형태로 변함을 알 수 있다.

2) 정책 과정에 미치는 영향

행정의 지식정보화는 정책 과정의 참여자들에게 정책 과정의 각 단계, 즉 정책의제 설정, 정책결정(정책분석), 정책집행, 그리고 정책평가의 과정마다 필요한 정책정보를 적시에 적량 제공해 줌으로써 좀 더 합리적인 정책 활동을 수행할 수 있게 해준다. 더욱이 정보통신기술의 발달로 거리와 시간을 초월하여 정책 활동에 필요한 정보를 수집, 처리, 분산, 저장할 수 있게 한다.

그런데 이같이 정보화된 정책 정보가 정책 과정 참여자들의 정책 활동에 합리성을 제고해 준다는 것은 다음과 같은 몇 가지 점을 전제로 한다. ① 제공되는 정책정보가 정확하고 다양해야 하며 이를 필요로 하는 사람의 특정한 문제 해결에 도움이 되도록 적시에 전달되어야 한다. ② 정책 과정 참여자들이 정보 시스템의 작동 및 운영원리를 파악하고 있고, 지식정보의 진위에 관해 식별할 수 있는 능력을 갖고 있으며, 필요로 하는 정책정보가 적시에 제공되지 않을 때 자신들이 직접 확보할 수 있어야 한다. ③ 정책 과정 참여자들이 공평무사한 정신 자세를 가지고 주어진 정책정보를 합리적으로 활용하고자 하는 정의롭고 합리적인 사람이어야 한다는 것이다.

그러나 현실적으로 정보화할 수 있는 정책정보는 구조화되고 반복적인 사항에 한정되어 있다. 비계량적이고 초합리적인 정책문제에 대해서는 사실상 컴퓨터 시스템이 극히 제한적인 효용성만을 가지거나 또는 아예 무용지물이 될 가능성이 많다. 또한 정보통신기술이 가치중립적(value-free)임에도 불구하고 정책 과정 참여자에 따라서 정치성이 부여되어 수집, 처리 그리고 산출된 정책정보가 은폐, 왜곡, 오용, 또는 남용되는 경우가 발생할 수 있다. 더욱이 정책 활동 자체가 가치정향적(value-oriented)인 활동이며 정보통신기술의 비구조적 정책결정에 대한 지원상 한계로 인해 인간의 판단과 직관이 요구되는데, 인간의 편견과 비합리적인 사고와 태도는 정책 활동의 효용성을 저하시키게 한다. 따라서 조직 내 정보화가 반드시 정책 과정의 합리성을 제고하는 데에 기여하는 것이 아니고 앞서 말한 전제 조건들이 충족되는 범위 내에서 주로 구조적인 정책 활동에만 그런 효용성을 기대할 수 있다. 예를 들면, 공공자금의 집행과 관련된 모든 예산의 편성, 집행, 감사 업무가 즉시 자동화되어 매우 효율적인 성과를 올리는 경우가 있을 수 있다. 즉, 행정기관의 예산제도가 전자정부화되어 예산편성이 정책결정과 동시에 즉각적으로 이뤄질 뿐만 아니라 자금의 배정, 사용 승인, 결산, 그리고 감사의 시행 등이 자동적으로 해결될 수 있다는 것이다(서남원, 1988 : 13).

4 행정에 미치는 역기능적인 영향

이는 앞에서도 언급되었고 후에 정보 공개 및 프라이버시 보호, 컴퓨터 범죄, 그리고 행정의 민주화 등에서 구체적으로 논의되므로 자세한 설명을 생략한다. 다만 간단히 언급하면 행정적인 측면에서 정보화의 역기능은 크게 해킹·피싱 등과 같은 신종 컴퓨터 및 통신 범죄, 개인 정보 유출과 스팸으로 인한 피해, 프라이버시 침해 등 인권 침해, 정보 독점, 프로그램 소유권 등에 대한 지적재산권 침해, 정보의 무분별한 접근 등으로 인한 폐해와 악성 댓글 등으로 인한 피해 등을 들 수 있으며, 이와 같은 문제들이 확대되고 사회문제화되고 있다. 따라서 이들에 대한 예방책 및 사후 해결 방안에 대한 논의와 대책이 시급한 실정이다. 특히 우리나라의 지식정보화는 정부 주도로 단기간에 압축적으로 추진되었고, 경제적인 목적과 효율성을 중심으로 진행되었기 때문에 민주적인 가치에 대한 고려와 보완이 필요하다.

우리나라는 정부 주도로 단기간에 지식정보화사회로 진입하게 되었는데, 이러한 이유로 정보 인프라 구축의 측면에서는 세계적인 모델이 될 수 있었다. OECD 국가 등에서는 초고속 정보통신망의 효율적 구축을 위한 정부의 강력한 정보화정책을 우리나라 지식정보화의 성공 요인으로 보고 정보화정책의 모델로 삼고 있다. 하지만 이러한 정보통신기술의 고도화를 통해 이뤄진 지식정보화사회의 좋은 측면만을 강조하여 국민들의 일방적인 적응만을 강요한 측면도 없지 않다. 따라서 지식정보화에 대한 폐해와 문제를 인지하고, 지식정보화에 대한 국민의 도덕적·문화적·의식적인 성장이 함께 이뤄져야 할 것이다.

또한 우리나라의 정보화정책은 정보통신 기술 인프라를 통한 생산성 증대와 지식정보산업의 육성 등 경제적인 목적을 중심으로 추진되었다. 이 과정에서 초고속통신망의 구축과 각급 학교 PC 보급의 가속화 등을 통한 공공 부문에서의 정보통신산업에 대한 수요 창출이 국내 정보통신산업의 내수시장을 이끄는 원동력이 되었다. 게다가 최근 우리나라는 창조적 지식 기반 국가 건설을 위한 정보 인프라의 구축과 지식정보 기반을 활용한 국가 전반의 생산성 향상 등 기술과 산업 중심의 정보화정책을 펼치고 있다. 이는 행정에 대한 지식정보화의 역기능적 영향을 최소화하기 위해 향후 지식정보화정책에는 현재의 효율성 및 생산성 중심의 지식정보화정책과 더불어 교육·경제·사회·문화 등의 측면에서 국민의 삶의 질과 민주성 및 형평성을 제고하는 사회적 목적의 정책이 보강될 필요가 있음을 시사한다(김성우·황주성, 2005: 13-18).

제 5 절 지식정보화사회에서 행정의 역할 및 정책적 과제

1 지식정보화사회에서 행정의 역할

지식정보화사회의 도래에 대비하거나 정보화사회를 구축하기 위한 과제를 수행할 때 행정이 취할 수 있는 역할은 크게 긍정적인 것과 부정적인 것 두 가지로 나눌 수 있다(서남원, 1988: 14-15). 먼저, 부정적인 역할은 행정이 정치 수단화되는 것이며, 긍정적인 역할은 대민봉사 체제를 이루는 것이다. 전자의 경우는 지식정보화사회에서 정보통신기술을 지속적으로 개발·활용함으로써 행정이 권위적 또는 독재적 권력의 수단으로 전락하는 상황을 지칭한다. 만일 행정이 이같이 독재정치 수단으로 이용되는 경우 제반 행정 과제의 해결을 위한 행정활동은 외견상 별 문제가 없는 것처럼 보일 수 있지만 내면적으로 다른 목적을 달성하기 위한 수단적 절차에 지나지 않게 되어 예상치 못한 엄청난 문제를 일으키게 된다. 다시 말하면, 행정이 독재 권력의 수단으로 전락되는 경우 국민의 모든 거취가 탐지되고, 위장정보의 조작·유포가 가능하며, 그로 인해 강압적이고 일방적인 정치공작이 이뤄져 개인들은 자유를 완전히 상실당할 위험성이 있다. 심지어 행정이 지식정보 수단을 활용하여 증권 시세뿐만 아니라 가정의 경제 활동까지도 조작할 수 있다. 그래서 이 같은 현상을 방지하기 위해 오늘날 행정은 정치 수단화를 최소화하면서 대민 봉사에 충실을 기하는 양면성을 고루 갖춘 지식정보화사회를 구현해야 한다.

그러나 행정의 이러한 노력은 선진국에서 보는 바와 같이, 양자의 조정이 결코 용이하지 않아 둘 다 잃을 가능성이 없지 않다. 따라서 민주사회에 부합하는 행정의 역할인 대민봉사에 우선적으로 충실하는 입장에서 지식정보화사회의 도래에 따른 과제들을 해결해 나가야 할 것이다. 다시 말하면, 지식정보화사회에서 행정은 사회의 민주화 내지 선진화를 위해 좀 더 기민하게 역할을 수행해 나가야 할 것이다.

이 같은 행정의 역할을 통해 궁극적으로 많은 국가는 지식정보화사회에서 '좋은 정부'를 지향하게 된다. 여기서 좋은 정부란 국민에게 의무와 부담은 줄이고 권리와 혜택은 늘이는 정부이다. 즉, 양질의 서비스를 많이 제공하는 정부라고 할 수 있다. 국민의 부담을 줄여 주기 위해서는 업무의 처리 절차와 관행에 대한 혁신을 통해 비용을 절감하는 것이 필요하며, 혜택을 늘리기 위해 정책 과정에 대한 국민의 참여와 통제권을 확대하고 신속하고 편리한 공공 서비스를 제공할 수 있어야 한다. 지식정보화사회에서 좋은 정부의 모습을 구체적으로 살펴보면 다음과 같다.

우선 지식정보화사회에서 좋은 정부는 정부와 민간의 긴밀한 상호작용을 바탕으로 시민의 참여를 이끌어 내며, 정부의 정당성, 책임성, 민주성을 확보하고 효율성과 함께 지속 가능한 발전을 중심 가치로 삼는다. 또한 중앙과 지방정부 사이에 원활한 역할 분담을 통해 지방의 특색에 맞는 정책을 수행하고 지역 주민의 요구에 민감한 신속하고 안정적인 행정 체제를 갖춘 정부라고 할 수 있다.

그리고 이러한 정부는 지식정보의 창출과 활용을 통해 사회 발전과 경쟁력을 지속적으로 유지하며, 행정 서비스의 질적인 향상을 위해 노력하는 정부라고 할 수 있다. 정부는 지식의 창출과 활용을 통해 사회의 발전을 유도해야 하며, 정부개혁을 통해 국가경쟁력을 제고해야 한다. 단순히 행정과 경제 분야에 대한 인적·물적인 정부의 규제와 감시를 넘어서 관료주의와 비효율을 배제하고 행정의 생산성을 높이기 위해 전자 서비스 시스템을 도입하는 지식, 전자정부의 구축이 필요하다.

또한 지식정보화사회에서 좋은 정부가 지향해야 할 정책의 목표는 인간의 개발과 삶의 질 향상이라고 볼 수 있다. 정보통신기술의 발전으로 시작된 지식정보혁명이 산업자본주의를 대체하면서 지식 관련 산업의 중요성이 점차 커지고 있다. 지식의 생산성이 국가의 경제와 사회적인 성공과 삶의 질 향상 등에 결정적 요인이 되고 있으며, 지식기반 경제를 구축하기 위해서는 사회 각 부문에서 활동하는 개인들의 인간 개발이 필수적이다. 이러한 이유로 지식정보화사회의 좋은 정부는 정부 부문의 지식화 등의 여러 과제를 효과적으로 해결하기 위해 지식 능력의 개발과 향상을 위해 노력해야 한다.

결국 지식정보화사회에서 정부의 바람직한 기능은 법과 제도의 개선, 정보 인프라의 고도화, 과학기술의 혁신 능력 강화, 지식 기반 산업 육성과 창의적인 인재 양성,

지식정보 격차 개선 등 지식정보화의 기반 구축을 선행하는 것이다. 이를 토대로 인적 자본에 대한 투자의 체계화, 지식 검증 체계의 확립, 지식정부의 구현, 지식의 민주화 등 이러한 요구에 부합하는 정책을 펼쳐야 한다. 즉, 지식정보화사회에서 좋은 정부는 기술적 기반, 법적·제도적 기반, 의식·문화적 기반을 토대로 민주성과 효율성을 충족시키며 맡은 바 역할을 수행하는 것이 될 수 있다(한세억, 2007).

2 지식정보화사회에서 정책적 과제

우리나라의 지식정보화 및 전자정부 구축은 국제적으로 높은 수준으로 평가되고 있음에도 불구하고, 이를 활용한 국가경쟁력 제고 및 대민 서비스 향상 수준은 크게 높지 않은 것으로 나타나고 있다(강홍렬·최선희, 2005 : 188). 이러한 현상을 개선하고 지식정보화와 국가경쟁력 및 대민 서비스 향상을 통한 국민의 삶의 질 제고가 연계되도록 하기 위해서는 다음과 같은 정책적 과제가 부각됨을 알 수 있다(정홍익, 1989 : 14-17).

1) 새로운 지식정보기술의 개발과 활용

지식정보화사회에서 행정이 수행해야 할 최우선 과제는 새로운 정보통신기술의 개발 및 활용이다. 이는 행정 업무 중 상당 부분을 점하고 있는 단순 반복적인 업무를 행정사무자동화(office automation : OA)의 활용을 통해 전산화시키는 작업에서부터 컴퓨터와 통신기술의 활용을 통해 근거리 통신망(local area network : LAN) 체제, 종합정보통신망(integrated service digital network : ISDN) 체제, 초고속정보통신망 체제, 위성통신망 등 무선통신망 체제를 구축하여 행정부처 간뿐만 아니라 전국 행정기관 간 그리고 행정부와 국민 간 신속한 정보 교환 및 협조 체제를 이뤄 행정의 효율화를 기하고 행정 서비스의 질도 향상시키는 것을 의미한다.

그런데 이러한 행정의 개혁을 위해서는 행정의 민주화가 선행되어야 한다. 왜냐하면 행정정보가 정부 부처 간에도 공개 및 공유되지 않은 상태에서 국민에게 공개된다는 것은 사실상 기대하기 어렵기 때문이다. 즉, 새로운 정보통신기술의 개발과 활용을 통한 행정사무의 정보화와 행정정보의 공개가 이뤄질 때, 행정인력의 변동뿐만 아니라 정부와 국민 간의 세력 균형이 국민에게 유리한 편으로 변동될 가능성이 크다.

2) 지식정보관리행정의 강화

행정이 지식정보화사회에서 수행해야 할 두 번째 과제는 지식정보화사회가 진전됨에 따라 폭증하는 정보와 그와 관련된 업무를 관리하기 위한 행정, 즉 지식정보관리행정을 강화하는 일이다. 지식정보관리에 관한 구체적인 행정 업무는 크게 규제를 위한 업무, 보호를 위한 업무, 지원을 위한 업무, 그리고 직접 봉사 업무 등이 포함된다.

좀 더 구체적으로 살펴보면, 최근에 국내외적으로 문제가 되고 있는 컴퓨터 소프트웨어 저작권 등의 지적 소유권 보호에 관한 문제, 그리고 그 밖의 데이터베이스의 작성이나 이용 또는 방송 프로그램과 관련된 문제 등에 관해 해결해야 할 책임을 져야 한다. 또한 컴퓨터 및 통신 범죄 등 지식 정보통신 기반 보안 문제에 대한 규제 업무도 담당해야 한다.

게다가 각종 정보통신기술의 도입·활용에 따른 개인의 프라이버시 침해로부터의 보호에 대해서도 지속적인 법적·제도적 개선·보완 업무가 필요할 뿐만 아니라 실질적인 피해 보상과 가해자에 대한 처벌에 관한 절차상의 문제들도 관장해야 한다. 이 밖에 행정정보의 공개에 관한 업무도 담당해야 한다. 공개 범위의 결정과 공개 절차, 그리고 공개 내용의 대민 홍보와 관련된 행정을 제도적으로 수행해 나가야 한다. 이러한 행정 업무를 위해서는 당연히 행정부 내에 정보 전문가가 많이 필요하게 될 것이다.

3) 지식정보사회의 기반 확충

지식정보화사회의 도래에 대비해서 또는 지식정보화사회의 건설을 촉진하기 위해서 행정이 능동적으로 수행해야 할 기본적인 임무는 지식정보화 및 정보 교육적인 측면에서 국민의 지식정보 해득력(knowledge information literacy)을 배양시키는 것이다. 이는 좀 더 넓은 의미로 정보통신기술 해득력(ICT literacy), 그리고 과학 해득력(science literacy)을 배양함으로써 가능하게 되고 결과적으로는 지식정보사회의 기반을 조성하게 된다. 이 같은 지식정보 해득력의 배양은 일반 시민으로 하여금 지식정보화사회에 대해 인식하게 하고, 지식정보화사회의 환경에 대한 적응력을 키워주게 되며, 더 나아가서는 지식정보화사회에서 행정에 대해 협조적인 자세를 갖게 하는 데에 기여한다. 그러므로 지식정보 해득력은 교육과정에서 필수적으로 취급되어야 한다.

아울러 지식정보사회의 기반 조성을 위해서는 관련 법령의 제정 및 지속적인 정비가 요구된다. 예컨대 정보통신 관련 법령, 지적 소유권 관련 법령, 정보 격차 해소 및 개인정보 보호 관련 법령, 그리고 표준화 관련 법령, 정보통신 개발 보호 관련 법령 등이 그것이며, 이 밖에도 광통신망의 설치, 데이터베이스의 구축, 근거리통신망(LAN), 종합정보통신망(ISDN), 초고속정보통신망, 무선통신망 등과 같은 정보통신 기반(information and communication infrastructure)을 지속적으로 보강·관리하는 과업이 포함되어야 할 것이다.

4) 지식정보 시스템 구축 및 활용 확대

정보통신기술의 발달에 따라 지식정보화가 이뤄졌고, 이로써 지식정보의 처리 및 축적, 관리가 용이해졌다. 그러나 지식정보화 자체만으로는 부가가치를 창출하기는 어렵다. 즉, 지식정보화사회에서는 인간의 창의적인 두뇌 활동의 결과로서 생성된 창조적 지식이 경쟁력과 부가가치 창출의 원천이 되는 것이다. 따라서 이제는 정보 시스템을 단순하게 이용하는 단계에서 벗어나 정보 시스템을 활용하여 가치를 창출할 수 있도록 하기 위해 정보관리뿐만 아니라 지식관리의 중요성이 증대되었고, 이에 따라 지식의 생산 및 관리, 그리고 활용을 위한 지식정보 시스템의 구축 및 활용이 요구되기에 이르렀다. 이에 대응하기 위한 행정의 역할은 공공 부문에도 체계적인 지식관리를 위한 시스템을 구축하여 행정기관들의 지식 공유·활용이 용이하도록 하고, 궁극적으로 행정의 효율성과 국가경쟁력 제고, 그리고 국민의 삶의 질 향상을 추구하는 것이다.

또한 그동안 구축·발전시켜 온 정보통신 인프라의 활용을 독립적으로 분리하여 추진할 것이 아니라 이제는 경제사회 활동의 혁신과 국가 선진화를 위해 국가사회 현안 해결에 활용할 수 있도록 방향을 전환하는 것이 필요하다. 예컨대 사회 안전, 환경, 교육, 일자리 창출, 국가경쟁력 제고 등을 위해 정보통신기술(ICT)을 활용하는 것이다. 또한 국가사회 선진화에 기여하는 국내외의 지식정보화 우수 사례를 지속적으로 수집·공유할 필요가 있으며, 여기에 지식정보 시스템이 많은 기여를 할 수 있을 것이다(김현곤, 2008: 6-10).

5) 기타 사회 변동에 따른 과제

행정은 지식정보화사회의 도래로 초래되는 산업 개편의 부작용과 관련된 여러 과제를 해결해야 한다.

① 사양산업의 근로자를 정보통신산업 등 지식산업으로 전직시키는 문제를 근로자 개인이나 기업이 전담하는 것이 아니라 정부가 직접 개입하여 재교육자의 교육과정 동안 실업보험 등으로 생계를 지원하는 일, 그리고 취업을 알선하는 일 등을 통해 해결해야 한다.

② 지식정보화사회에서는 인구의 고령화가 심화되어 노인복지에 대한 수요가 증가될 것이다. 이에 대해 행정은 해결책을 모색해야 한다.

③ 지식정보화사회에서는 여가 시간이 대폭 확대될 것이므로 이에 대한 행정 서비스의 제공과 그 밖의 지원 업무에 대한 행정의 확대가 요구된다.

④ 지식정보화사회의 기반은 정보와 지식인데, 특히 지식은 교육을 통해 획득되기 때문에 교육행정의 혁신이 요구되며, 아울러 연구 활동이 중요시되어 이에 대한 행정의 지원이 증가되어야 한다.

⑤ 지식정보화사회에서는 인구의 분산이 예상되므로 지방정부의 행정력의 강화를 통해 지방화 시대에 증가될 행정 서비스의 요구를 각 지방에서 충족시킬 수 있도록 해야 한다.

제 2 장 정보의 의의 및 가치

제 1 절 정보의 개념 및 특성

1 정보의 개념

1) 정보의 정의

정보에 관한 개념은 학문 분야 또는 학자에 따라 여러 가지로 정의되고 있다. 예컨대, 과학기술적 차원에서 맥도너(A. McDonough)는 정보란 특정 상황에서 가치가 평가된 자료(data)로서 문제 해결에 유용한 것이라고 정의를 내리고 있다. 수학적 정보이론을 개발한 위너(N. Weiner)는 사이버네틱스(cybernetics)의 입장에서 정보란 송수신자 간 의도적인 통신행위가 없더라도, 또 전달 내용이 문자 등으로 체계화되어 있지 않더라도 한 사물이 그를 둘러싸고 있는 외계와 주고받는 모든 상호작용으로서 정보를 송신자와 수진자 간에 교환되는 일체의 것이라고 광범위하게 정의하고 있다.

데이비스(G. Davis)와 올슨(H. Olson)은 정보란 사용자에게 의미 있고 의사결정을 위해 가치 있다고 평가되는 자료라고 정의내리고 있다. 한편 경제 · 사회 · 일반적인 차원에서 켄트(S. Kent)는 정보란 지식이며, 조직이고 활동이라고 정의하고, 샤논(C. Shannon)과 위버(W. Weaver)는 정보란 수신자의 불확실성을 줄여 주는 유·무형의 실체라고 정의했다(Wiener, 1948; David & Olson, 1985 : 200-201; Shannon, 1948 : 370-372, 623-659; 윤은신, 1988 : 178; 김현성, 2010 : 3).

그 밖에 르브레튼(P. LeBreton)은 정보(information)를 첩보(intelligence)와 구별하여 전자는 특정 사실이나 상황에 관해 전달하거나 전달받은 지식이며 의사전달, 조사 또는 지시를 통해 얻은 지식이고, 후자는 특정한 사건이나 상황에 관한 지식·뉴스·정보를 뜻하거나 적 혹은 잠재적인 적에 관한 지식 또는 그와 같은 정보에서 얻은 결론이라고 주장한다. 그러나 이 같은 정의에서는 양자가 내용상 거의 동일시되고 있다(LeBreton, 1969 : 14). 유종해는 이상의 두 개념을 구별하여 정보는 "알려진 사실 또는 알리는 행위"를 의미한다고 설명하는 반면에, 첩보는 "정보의 수집 내지 배포"를 의미하는 것으로 특히 군사정보와 같은 비밀정보를 의미한다고 주장한다(유종해, 1986 : 577-578). 또한, 오명은 정보를 다른 사람에게 지적인 내용을 제공하는 서비스의 의미를 가지는 것으로 정의하고 공개된 지식을 나타낸다고 보고 있으며, 첩보는 군사상의 첩보나 비밀 내용을 담은 것으로서 남의 비밀 내용을 캐거나 감춰 두고 알려 주지 않는 속성을 지닌 것으로 보고, 양자가 근본적으로 다르게 사용되나 우리말의 '정보'를 intelligence의 개념으로 해석하여 사용하고 있어 혼동이 초래되고 있다고 지적한다(오명, 1988 : 33-34).

이상의 여러 가지 정보에 대한 정의로부터 다음과 같은 일반적인 정의를 도출해 낼 수 있다. 즉, 정보란 사용자나 사용 조직의 특정한 목적을 위해 의미 있고 가치 있는 형태로 처리된 자료나 정보원이다.

2) 정보의 개념적 구성 요소

정보의 개념은 다음과 같은 분석적인 요소로 구성되어 있다.

(1) 정보 사용자 및 조직

정보는 현재나 미래에 필요로 하는 사용자가 있어야 한다. 정보에 대해 필요로 하는 사람이나 조직이 없는 경우에는 그 정보는 무용지물이 된다.

(2) 나름대로의 가치

정보는 나름대로 가치가 있어야 한다. 여기서 '나름대로'의 가치에 유의할 필요가 있다. 통상, 정보의 가치를 논할 때 특정 정보가 가치가 있다고 하는 경우 마치 그 가치가 일률적인 가치를 가져야 하는 것처럼 생각하기 쉽다. 그러나 특정 정보는 특정 목적에 따라 형성된 것이기 때문에 어떤 사람이나 조직에는 유용해도 다른 사람이나 조직에는 무용한 경우를 볼 수 있다. 물론, 어떤 정보가 여러 사람이나 집단 또는 조직에 공통적으로 가치가 있는 경우가 있음을 부인하는 것은 아니다. 그러나 여기서 주의할 점은 공통적인 가치나 이질적인 가치는 그 정보를 필요로 하는 사람이나 조직 간에 동일하거나 상이하게 평가되는 데서 비롯된다는 것이다. 그 밖에 정보의 가치에 관한 설명은 뒤에서 자세히 다룬다.

(3) 일정한 형태로의 처리

정보는 일정한 형태로 처리되어 있어야 한다. 정보가 다양한 형태를 갖게 되는 것은 정보를 필요로 하는 사람이나 조직이 특정한 목적을 위해 활용하고자 하는 경우 정보를 있는 그대로의 형태로 사용하는 경우도 있지만, 많은 경우에 적절한 형태로 변형하여 사용하기 때문이다. 이와같이 정보를 특정한 목적을 위해 적절한 형태로 변형하는 것을 "정보를 처리한다"고 말한다. 따라서 일정한 형태로 처리되지 않은 정보는 자료(data) 또는 정보원(information resource)으로 간주된다. 물론 자료나 정보원도 정보의 기능을 수행하기는 하므로 어떤 특정한 경우나 특정한 사람과 조직에 정보로서 이용된다.

(4) 자료나 정보원

정보는 자료나 정보원으로 구성되어 있다. 여기서 정보원은 단편적으로는 정보를 제공해 주는 사람이나 조직과 같은 정보의 출처(information source)만을 의미하는 것으로 보기 쉬우나, 많은 경우에 이상의 의미에 더해 정보를 추출해 낼 수 있는 '정보의 원료(resource of information)'라는 의미를 포함하고 있다고 볼 수 있다. 그 대표적인 예가 바로 자료이다. 정보는 정보원인 자료를 일정한 목적과 방법으로 처리한 것이다. 여기서 처리되지 않은 자료를 '원자료(raw data)'라고 부른다. 원자료란 처리된 또는 변형된 자료에 대한 상대적인 개념이다. 이를 달리 표현하면, 원자료는 처리된 자료의 정보원이 되고, 처리된 자료, 즉 정보를 다른 목적으로 재차 처리하면 이를 '2차 정보' 또는 일종의 첩보라고 부를 수 있다. 이 때 앞에서 1차로 처리된 자료를 '1차 정보'라고 한다. 물론 1차 정보를 정보원으로부터 직접 수집·획득된 정보로서 현재 당면하고 있는 특정 상황에 적합하도록 수집된 정보라 하고, 2차 정보는 다른 기관이나 조사자 및 수집자가 다른 목적 하에 관찰·수집하여 편집·처리한 정보 또는 가공 처리된 정보라고 설명하는 경우(최봉기, 1981 : 170)도 있으나 결국 같은 의미이다.

이들 자료원(또는 원자료), 자료, 정보원 그리고 정보 간의 관계를 도식으로 나타내면 [그림 2-1]과 같다.

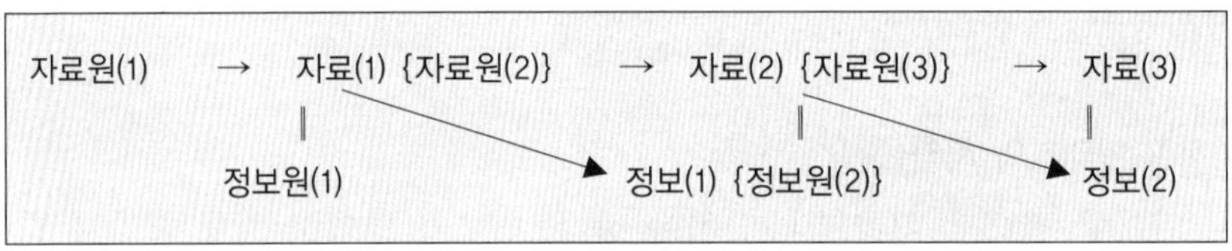

그림 2-1 자료원, 자료, 정보원 및 정보 간의 관계

2 정보의 특성

1) 개별 정보로서 특성

정보는 개별적으로 다음과 같은 특성 내지 속성을 갖는다(서남원, 1985 : 120-121).

(1) 무형성

정보는 무형성을 갖는다. 정보 자체가 물리적인 형태를 지니지 않고 다만 표현된 내용으로서만 존재한다는 것이다. 이는 정보가 '내용적·추상적 형태'만을 지님을 뜻한다.

(2) 보편다재성

정보는 보편다재성을 지닌다. 이는 정보가 모든 기존의 사실 상황 및 공상적인 내용뿐만 아니라 추정된 사실이나 상황으로부터 도출될 수 있으므로 인간의 모든 분야에 걸쳐서 골고루 발생되어 존재하게 된다는 의미이다.

(3) 매체의존성

정보는 일반적으로 매체의존성을 갖는다. 정보는 그 자체로서 형태를 갖고 있지 못할 뿐만 아니라 표현되지 못하므로 실제도 특정한 매체에 의존하여 나타나게 된다. 그러므로 정보는 실제적 상태가 아닌 그것이 의존하고 있는 매체의 형태로 존재함을 뜻한다.

(4) 표현다양성

대부분의 경우 정보는 표현다양성을 가진다. 정보는 무형적이고 매체에 의존하여 표현되기 때문에 정보를 인지하는 조건이나 표현되는 매체의 종류 등에 따라 매우 다양할 수밖에 없다.

(5) 표현전환성

정보는 표현전환성을 갖는다. 정보는 매체적 전환을 통해 그 의미나 내용을 전달하게 되는데, 이때 원칙적으로 정보의 의미나 내용이 전환되어서는 안 되지만, 매체의 특성 등에 따라 표현상 전환이 불가피하게 발생하게 된다는 것이다.

2) 조직정보로서 특성

정보는 상기한 바와 같은 일반적인 특성을 가지면서 아울러 조직 내에서 활용되는 조직정보로서 역할을 수행할 때 다음과 같은 특성을 갖는다(서남원, 1985 : 127-128).

(1) 사회성 또는 간주관성

조직정보는 사회성 또는 간주관성(interpersonal characteristics)을 갖는다. 이는 정보 활동을 하는 데 반드시 상대방에 의존하게 되고, 상대방의 반응이 정보 과정의 완성에 영향을 미친다는 것을 의미한다. 따라서 조직정보에는 사회적 요소(예컨대 역사성, 민족성, 사회 관습 등)가 불가피하게 영향을 미친다는 것을 알 수 있다.

(2) 통신성

정보는 조직정보로서 통신성(communication)을 지닌다. 일반적으로 통신이란 정보 기능 단위 간의 매체 변화를 통해 정보가 이동하는 것을 의미하는데, 조직정보도 일종의 사회정보로서 의사 소통이라는 통신성을 갖게 됨을 뜻한다.

(3) 지속성

조직 내에서 정보는 지속성(steadiness)을 갖는데, 이는 정보의 견지성이라고도 부른다. 이는 정보가 모든 조직구성원에게 이미 사전에 설계된 경로, 시간, 방법 등에 의해 계획적으로 전달되며, 이런 정보 과정이 무수히 반복·순환되어도 같은 절차가 지속됨을 뜻한다.

(4) 복잡성

정보는 복잡성(complexity)을 지닌다. 이는 조직 활동이란 목적 달성을 위해 필요한 자원을 동원 및 활용하는 다수인의 장기적인 활동이므로, 이와 관련된 정보의 인지 및 표현 내용이 복잡한 것일 수밖에 없음을 나타낸다.

(5) 다량성

조직 내 정보는 다량성(volumes)을 갖는다. 조직의 규모가 증가함에 따라 정보의 양은 많아지기 마련인데, 정보의 양을 정보의 자구 수나 빈도 수로 볼 때, 복잡성의 증대와 구성원의 증가로 인한 조직 규모의 확대는 불가피하게 정보의 양을 증가시키게 될 것이라는 의미이다.

3) 재화로서 특성

정보가 재화로서 간주되는 한 최소한 다음과 같은 특성을 지니게 된다. 즉, 재화로서 정보는 ① 시한성, ② 비이전성, ③ 누적효과성, ④ 신용가치성, ⑤ 무한가치성 등의 특성을 지닌다. 이를 좀 더 구체적으로 살펴보면 다음과 같다(오명, 1988 : 31-33).

(1) 시한성

재화로서 정보는 시한성을 지닌다. 정보는 대부분의 경우 의사결정을 하기 위한 자료로서 활용되기 때문에 최신의 정보일수록 그 가치가 높다. 따라서 정보는 시간이 흐를수록 그 가치가 감소하거나 없어져 버리는 시한성을 가지고 있다. 이 점에 비춰 볼 때, 정보는 마치 생선과 같아 신선도, 즉 가치를 유지하기 위해 정보의 전달 속도가 매우 중요함을 알 수 있다.

(2) 비이전성

재화로서 정보는 비이전성을 갖는다. 이는 정보가 타인에게 양도되어도 완전히 다른 사람에게 옮겨가는 것이 아니라 자신에게 여전히 남게 됨을 뜻한다. 예를 들어 한 학생이 다른 학생에게 자신이 한 숙제를 보여 주었다고 가정할 경우, 보여 준 학생의 숙제 내용인 '정보'가 다른 학생에게 완전히 이전되어 더 이상 자신의 것이 되지 못하는 것은 아니다.

(3) 누적효과성

재화로서 정보는 누적효과성을 갖는다. 이는 데이터베이스에서 볼 수 있듯이 정보가 풍부하게 생산·축적되면 될수록 그 가치가 높아지는 성질을 갖는다는 것이다. 예컨대 미국 등 선진국뿐 아니라 우리나라에서도 최근 나타나는 현상으로 광고우편물을 보내는 회사나 기업들을 많이 볼 수 있다. 이들 회사는 발송 대상자 명단이 소비자 형태별로 잘 분류되어 있고 그 수가 많이 확보되어 있을수록 광고우편물을 발송해 주는 대가로 광고주 회사들로부터 수입을 많이 올릴 수 있다. 물론 여기서 주의할 점은 정보의 내용과 질 등에 따라 그리고 목적 등에 따라 정보가 누적될수록 그 효과가 달라질 수도 있다는 것이다.

(4) 신용가치성

재화로서 정보는 신용가치성을 지닌다. 이는 정보를 구입할 때 그 정보 소유자의 신용이 중요한 역할을 함을 의미한다. 다시 말하면, 재화나 서비스를 구입하는 경우에는 보통 미리 그 내용을 객관적으로 평가할 수 있으나 어떤 정보의 내용은 그 자체가 가치의 대상으로서 사전에 평가할 수 없기 때문에 단지 정보 소유자의 신용만이 가치 판단의 중요한 기준이 된다.

(5) 무한가치성

정보는 무한가치성을 갖는다. 이는 물질이나 에너지는 하나의 상품으로 만들어져 하나의 가치만을 부여받을 수 있지만 정보는 필요로 하는 사람이면 누구에게나 가치를 발휘할 수 있는 속성이 있다는 것이다. 좀 더 자세히 보면, 정보는 TV, 라디오 등 대중 정보매체를 통해 일시에 무한히 많은 사람에게 전달됨으로써 다수의 사람에게 도움을 줄 수 있다. 또한 물질이나 에너지는 소비되면 반드시 폐기물을 수반하게 되지만, 정보는 순환성·비이전성·비소모성 등으로 인해 공해물질을 유발하지 않을 뿐만 아니라 대부분의 경우 높은 부가가치를 창출하게 된다.

이상에서 살펴본 재화로서 정보의 특성들은 여러 특성 중의 일부에 지나지 않음을 유의할 필요가 있다. 정보의 가치에 대한 좀 더 자세한 설명은 후술하도록 한다.

제 2 절 정보의 가치

1 정보가치의 종류와 관계

1) 정보가치의 종류

정보의 가치는 우선 후술하는 바와 같이 크게 정보 자체가 지니는 질(quality)과 그 정보를 이용하는 사람, 즉 의사결정자의 행위에 따라 좌우되므로 그 종류 또한 여러 가지로 설명될 수 있다. 그러나 여기서는 상기의 두 측면을 종합한 정보의 용도면에서 정보의 이용 목적에 따라 다음과 같이 세 가지 종류로 정보가치를 구분하고자 한다(통신정책연구원, 1987a: 29, 86-89).

(1) 정보의 상업적 가치

이는 정보가 상업적인 재화로 간주되어 왔음을 나타낸다. 정보는 수세기에 걸쳐 상업적 재화로 활용되어 왔다. 구체적인 예로는 각종 출판 및 방송산업이 수세기에 걸쳐 정보를 판매하고 있는 것을 들 수 있다(Machlup, 1962). 점차 정보에 대한 사회의 의존도가 높아짐에 따라서 정보의 가치도 점차 높아지게 되는데, 이때의 정보가치는 상업적 가치를 나타낸다. 정보화사회의 도래에 즈음하여 컴퓨터를 이용한 정보산업의 급속한 발전 추세가 이러한 경향을 잘 설명해 준다.

이러한 정보는 특히 기술적 측면에서 다음과 같이 일반 상품과 구별되는 특성이 있다.

① 정보는 재생산이 가능하다.
② 재생산비용은 최초의 조립이나 생산비용과 비교해서 항상 저렴하다.
③ 정보는 통신망을 통해 국내외로 즉시 전달이 가능하다.
④ 정보의 생명은 정보의 가치를 결정하는 데 중요한 요소이다.
⑤ 정보의 가치는 첨가적이지 않다. 즉, 동일한 내용의 정보를 여러 장의 복사물로 가진다고 해서 더 가치 있는 것은 아니다.

이러한 특성은 어떤 경우에는 기술에 의해 확대되지만 한편으로는 컴퓨터 범죄, 복사와 저작권, 국가 간의 정보 유통 등에 관한 정책문제를 야기할 수 있다.

(2) 정보의 사적 가치

조직체들은 중요한 정보를 상업적인 재화로 간주해서 많은 이득을 보아왔는데, 이러한 경향은 개인들에게도 나타난다. 정보화사회에서는 조직뿐만 아니라 개인도 정보를 어떻게 수집하느냐에 따라 중요한 정보의 수집·활용 능력 등에서 차이를 보이게 된다. 그 결과 풍부한 정보를 바탕으로 개인적 이익을 향유하게 되는 사람이 있는가 하면 필요한 정보를 보유하고 있지 못해 불이익을 당하는 사람도 있게 된다. 예를 들면, 청량음료의 배합 비율, 계량경제적 예측, 영업계획, 지질학적 자료 등을 들 수 있다. 또한 반대로 개인들이 자기 자신과 관련된 정보를 자의든 타의든 간에 노출시킴으로써 손해를 입게 되는 경우도 있다. 또한 혼자서만 특정 정보를 독점하고자 하는 경우도 있는데, 이는 바로 정보의 사적 가치의 중요성을 보여 주는 예라고 할 수 있다.

(3) 정보의 공적 가치

정보의 공적 가치는 정보를 공공복리에 영향을 미치는 것으로 보는 것이다. 이러한 이유 때문에 정보의 유통에 대한 관심이 높아지는데, 예컨대 미국 사회의 도서관·학교 및 박물관 등에 대한 공적 지원, 학문의 자유에 대한 전통과 학문적인 출판의 개방 체제, 정보 공개 또는 자유에 대한 법률 등은 정보의 공적 가치를 인정하여 보호하려는 조치로 볼 수 있다.

2) 정보가치의 삼각 관계

정보가치는 대부분의 경우 상호 경쟁 관계에 있기 때문에 서로 갈등 관계에 빠지게 될 수 있다. 경우에 따라서 어떤 정보는 상업적 · 사적 · 공적 가치를 모두 지니고 상호 보완적 관계에 있을 수도 있으나, 그 반대로 어떤 정보는 이들 중 어느 하나가 비교 우위를 점하게 될 수도 있다. 이러한 경우 해당 정보를 이용하는 이용자 중 비교적 우세한 이용자가 선호하는 가치가 다른 가치들을 압도할 수도 있을 것이다. 또한 사적 가치와 공적 가치 그리고 상업적 가치가 서로 대등한 상태에 있는 경우에 구체적인 선택 기준이 주어지지 않는 한 가치 선호에 어려움을 겪게 될 수도 있다. 이러한 경우에는 정보가치 간 갈등 관계가 발생하는 삼각 관계가 성립하게 된다. 이를 좀 더 살펴보면 다음과 같다(통신정책연구원, 1987a: 28-30, 89; Mayo, et al., 1980).

(1) 공적 가치와 사적 가치의 관계

공적인 가치를 반영하는 정보 공개 또는 자유에 대한 법은 사생활을 보호받을 권리와 같은 개인이나 소유자의 이해, 즉 사적 가치와 상충될 수 있다. 예를 들면, 공적인 목적을 위해 정부는 개인이나 기업 또는 다른 조직에 관한 막대한 양의 정보를 수집한다. 그런데 지금까지는 이러한 정보 중에 어떤 것은 법에 의해 대중이 이용할 수 있도록 허용되어 왔으나 수작업에 의해 기록 · 유지되는 시스템에서는 그러한 정보를 추출하는 데에 막대한 노력이 들기 때문에 사실상 사적 가치가 보호받아 왔다. 하지만 정보화사회의 도래로 전산화된 시스템은 이러한 정보를 추출 · 이용하는 데 소요되는 비용과 시간을 감소시켰다. 이로 인해 대중은 공개된 정보를 실질적으로 자유롭게 이용할 수 있게 되었다. 그런데 이와 관련하여 대중에게 어느 정도까지 그런 정보를 공개해야 하고 이용할 수 있도록 해야 하는지, 그리고 사인(私人)들의 개인 정보를 어디까지 보호해야 하는지 등과 같은 사안이 중요한 정책문제로 대두되고 있다.

(2) 상업적 가치와 공적 가치의 관계

정보가 점점 가치 있는 상품이 됨에 따라 새로운 정보 시스템을 통해 정보를 판매하려는 사람과 공공도서관 사서와 같이 정보를 모든 사람이 이용 가능한 공공재로 취급하는 전통적인 역할을 담당하는 사람들 간에 마찰이 증가하고 있다. 이러한 마찰은 정보 공개 또는 자유에 대한 법에 입각하여 정부가 수집한 자료와 상업적인 정보 서비스 간의 경쟁에서 발생할 수 있다는 데에 주목할 필요가 있다.

(3) 상업적 가치와 사적 가치의 관계

상업적으로 시장성이 있는 정보는 관련된 개인의 인지나 동의 없이 제3의 정보 제공자로부터 수집할 수 있다. 이는 개인의 사생활과 소유권의 침해를 초래할지도 모른다. 이와 관련된 예로서 2011년에 국내 3,500여만 명을 회원으로 보유하고 있는 OK 캐시백 운영업체인 SK마케팅앤컴퍼니가 회원들의 동의도 받지 않은 채 개인 정보를 불법 수집하고 이 정보를 보험이나 신용카드 판매에 활용하도록 무단 위탁하다 적발된 사건이 있었다.[1]

이상에서 살펴본 정보의 사적 · 상업적 · 공적 가치 간의 경쟁 · 갈등 관계를 요약하여 도식화하면 [그림 2-2]와 같다.

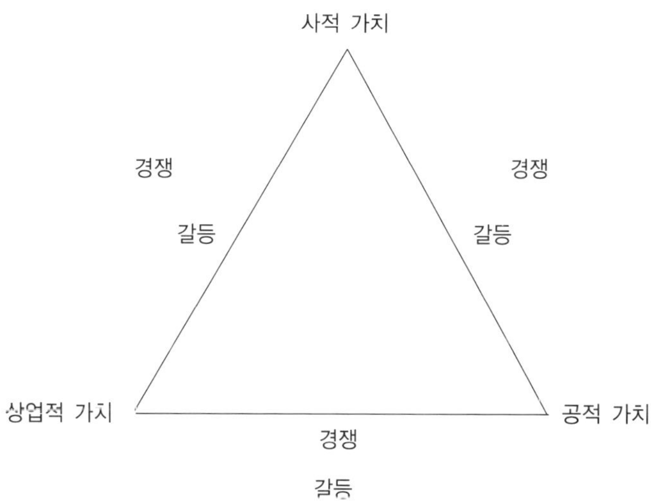

그림 2-2 정보가치의 삼각 관계

자료 : 통신정책연구소(1987a : 29).

2 정보가치의 평가

정보의 가치는 정보 체제에서의 정보통신(information communication)과 관련하여 다음과 같이 세 가지 수준에서 평가될 수 있다.

1) 파이낸셜뉴스, 2011. 2. 24.

1) 정보통신의 정확성 수준에서 가치평가

(1) 이론적 근거: 수학적 통신이론

통신의 정확성(accuracy) 수준에서의 정보가치의 평가는 기술적 차원에서 특정 정보가 수신자에게 얼마나 정확하게 전달되느냐에 준거하여 통신에 사용되는 정보의 가치를 측정하는 것이다. 이는 가끔 정보이론(information theory)이라고도 불리는 수학적 통신이론(mathematical theory of communication)에서 주로 취급된다. 원래 정보이론은 유명한 수학자 위너(Weiner, 1948)의 사이버네틱스(cybernetics)에 대한 연구 결과로 개발된 것이다. 그는 연구에서 어느 유기체든지 모두가 정보를 획득하고 사용하며 보유하고 전달하는 수단을 소유함으로써 비로소 서로 결합되어 있게 되는 것이라고 주장한다. 그 후 샤논이 위너의 개념을 전화 시스템과 같은 통신 체제를 설명하는 데 적용했다(Shannon, 1950: 4). 이런 맥락에서 정보이론은 주로 수학적 통신이론으로서 발전되어 왔다. 이러한 수학적 통신이론의 일반적인 모형은 [그림

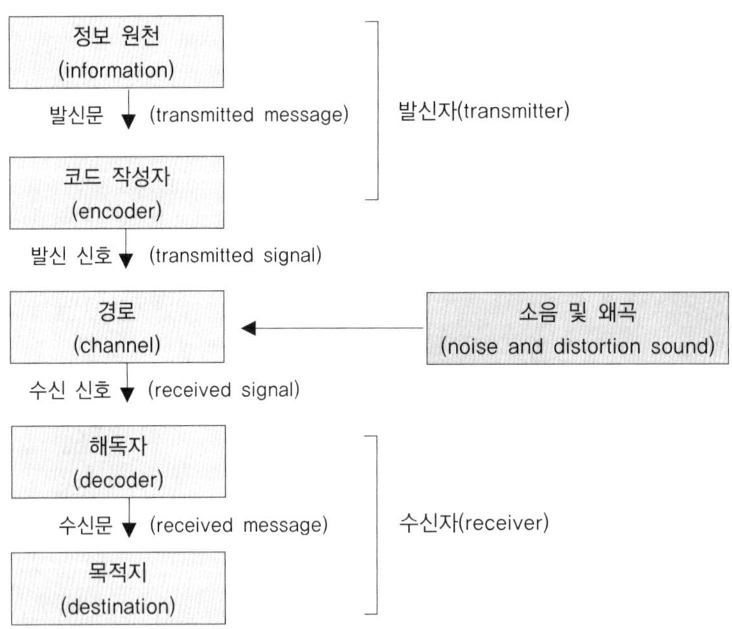

그림 2-3 일반적인 통신 체제 모형

2-3]과 같다(Davis & Olson, 1985: 203; Hedge, Fleck, Jr., & Honess, 1984: 82; 서남원, 1985: 142).

이 통신 체제 모형은 개인 수준을 넘어서 조직 간 통신 관계를 설명할 때는 전달이나 수신 시에 기계장치를 거치며 환류 루프(feedback loop)를 활용하게 됨으로써 좀 더 복잡한 통신 체제를 가진다는 내용이 추가되어야 하나 그 기본 원리는 동일하다. 따라서 일반적인 통신 체제 모형의 구성 요소를 보면 ① 정보 원천, ② 코드 작성자(즉, 전문을 특정 코드로 전환하는 사람 및 기계), ③ 경로(또는 매체), ④ 해독자(즉, 수신 기호를 전문으로 전환하는 사람이나 기계), ⑤ 목적지, 그리고 ⑥ 소음(즉, 무작위의 예측 불가능한 통신 간섭으로서 수정이 곤란한 것)과 왜곡(즉, 공개적이거나 의도적인 조작에 의한 통신 간섭으로서 그 반대 조작에 의해 수정 가능한 것)과 같은 요소로 구성되어 있다. 여기서 특히 주의해야 할 것은, 특히 개인 간의 통신 관계의 경우 정보 원천과 코드 작성자가 발신자 한 사람에 의해 이뤄지고, 아울러 수신의 경우도 해독자와 목적지는 동일인의 수신자가 그 역할을 감당한다는 것이다.

이 통신 체제 모형에 의하면 정보는 수신자나 사용자에게 통신 과정을 거쳐서 전달되어 최종적으로 그에게 특정한 의미와 용도상의 가치를 제공하게 됨을 알 수 있다. 또한 기계를 이용하는 경우 정보자료는 정보 처리 과정에서 정보 기기가 이해할 수 있는 기계언어(binary code 등)로 변형되고, 처리된 정보가 여러 형태의 경로를 통과하는 동안 여과(filtering)와 누락(omission), 그리고 소음과 왜곡 등과 같은 장애 요소들의 작용을 받게 됨을 알 수 있다. 게다가 수신자도 제공된 정보를 해독하는 과정에서 자신의 지각상의 선택과 선입관에 의한 평가 및 선택적 경향이 작용하여 그가 실제로 지각하는 정보가치가 영향을 받게 된다는 것이다. 이같이 통신 체제 모형은 정보가 통신 과정을 거쳐 나가는 동안 그 본래의 가치를 특히 경로(channel)상, 그리고 수신자의 지각상의 오류 등으로 인해 과대 또는 과소평가되어 인식되는 경우가 있음을 시사한다. 따라서 이상에서와 같이 정보가 수신자에게 전달될 때까지 그 통신 과정에서 작용하는 여러 가지 기술적이고 행동적인 장애 요소를 극소화시키고 정보의 가치를 제고하기 위해 정보의 내용과 형태, 그리고 경로와 해독을 조정하는 것이 정보 체제의 설계를 위해 중요한데, 통신이론이나 수학적 정보이론은 바로 이러한 점에 기여하고 있다(Wiener, 1948; Shannon & Weaver, 1949).

(2) 정보량과 불확실성

① 정보의 단위 개념

수학적 통신이론이나 정보이론의 주요 관심사는 특정 정보를 얼마나 정확하게 수신자에게 전달하느냐에 있다. 즉, 특정 메시지에 들어 있는 특정 내용의 정보를 통신 도중에 누락이나 왜곡 또는 소음이 섞이지 않은 채 전달할 수 있느냐에 초점을 둔다. 이는 정보 개념 자체를 수학적으로 나타내어 통신 과정에서 전달할 수 있는 정보량, 즉 정보 내용의 규모를 산출해 냄으로써 그 정보가 의사결정자들이 직면한 불확실성을 얼마나 감소 내지 제거시킬 수 있느냐에 따라 정보가치를 측정할 수 있음을 시사한다. 다만 여기서 전제되는 것은 대체로 불확실성의 상황에서는 정보의 양이 클수록 불확실성의 정도를 감소시킨다고 보는 것이다.

이러한 수학적 통신이론에 따르면 정보는 통신이 예상되는 모든 가능한 메시지 가운데서 하나의 메시지를 식별하는 데 필요한 기호라고 보고, 통신에서는 메시지의 내용 자체가 문제되는 것이 아니라 내용을 식별하는 최소 개수의 기호가 정보를 좌우할 수 있다는 것이다. 그래서 특정 통신 체제의 통신량은 매 회마다 전달되는 기호량의 평균치와 같다는 것이다. 다시 말하면, 수학적 통신이론에서의 정보는 아주 엄밀한 의미를 가지는데, 그것은 전달이 예상되는 모든 메시지 중에 어느 한 메시지를 식별하는 데에 필요한 이진법수의 평균치(average number of binary digits)로 정의된다.

이러한 정보의 정의에 비춰볼 때, 특정 메시지에 대한 코드의 크기(size of the code)는 코드를 작성하는 체계(scheme)와 전달이 예상되는 모든 메시지의 수에 달려 있다. 이때 정보이론에서의 코드 작성 체계(coding scheme)는 대체로 이진법(binary) 체계이다. 환언하면, 만일 통신 체제가 오로지 '예'와 '아니오'의 대답만으로 답변을 요구하는 경우, 그 체제는 이진법 체계에서 그 두 사실을 나타내는 1(one)과 0(zero)로 표시된 오로지 두 가지 부호 중의 하나를 보내야 한다는 것이다. 그래서 통신 체제에서는 전달될 메시지의 정보 내용이 비트(bit)로 표시된다. 다시 말하면, 정보의 단위 개념은 비트로서 이는 이진법의 한 자리의 용량, 즉 0 또는 1의 두 가지 기호를 수용하는 양을 한 단위로 할 때 사용되는 용어이다(Davis & Olson, 1985: 203-204; 서남원, 1985: 195).

② 정보량의 산출

수학적 통신이론에 의하면 동일한 확률로 전달되는 메시지의 정보 내용, 즉 정보량(또는 비트로 표시된 코드 크기)은 일반적으로 다음과 같이 산출될 수 있다.

$$I = \log_2 n \text{ 또는 } n = 2^I$$

여기서 I : 정보량(bit)

n : 메시지 총량(또는 총사건 수)

예를 들어, 여덟 개의 서로 다른 메시지(즉, 개별 사건)를 전달하는 경우에 정보량 또는 정보의 내용은 몇 비트가 되는지 계산해 보자. 위의 공식을 이용하여 $I=\log_2 8 = 3$ 또는 $8=2^I \rightarrow 2^3=2^I \therefore I=3$이 된다. 즉, 정보량은 3비트이다.

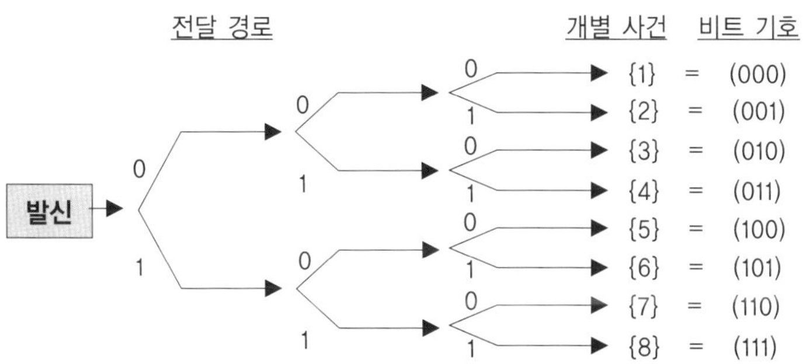

그림 2-4 개별 사건별 정보량

다시 말하면, 세 개의 비트만으로 위의 여덟 가지 메시지(개별 사건)를 모두 식별할 수 있다는 것이다. 이를 알기 쉽게 도식화하면 [그림 2-4]와 같다.

한편 개별 사건(즉, 각 메시지)이 발생할 확률이 서로 다른 경우에는 다음과 같이 산출할 수 있다.

$$I = \sum_{i=1}^{n} P_i \log_2 (1/P_i) \text{ 또는 } I = -\sum_{i=1}^{n} P_i \log_2 P_i$$

여기서 P_i: n_i

i : 개별 사건(각 메시지)

표 2-1 발생 확률이 다른 사건별 정보량

개별 사건(메시지)	발생 확률(P_i)	$\log_2 P_i$	$P_i \log_2 P_i$
(가)	0.50	−1.00	−.50
(나)	0.25	−2.00	−.50
(다)	0.15	−2.74	−.41
(라)	0.10	−3.32	−.33

예를 들어, 발생 확률이 서로 다른 4개의 개별 사건에 대한 정보 내용 또는 정보량을 구해 보면 <표 2-1>과 같다.

<표 2-1>에서 보는 바와 같이 발생 확률이 서로 다른 사건들의 정보량의 총계 $I = -\Sigma P_i \log_2 P_i$ $I = -\Sigma P_i \log_2 P_i = -(-1.74) = 1.74$는 1.74로서 같은 수의 사상이 동일한 발생 확률인 경우에 구할 수 있는 정보량 2(즉, $I = \log_2{}^n = \log_2 4$ $4 = 2^I$ $2^2 = 2^I$ $\therefore I = 2$)보다 작은 것으로 나타났다(즉, 1.74<2). 이것은 특정 사상이나 사건이 그 발생 확률이 다른 경우에 통신에 사용되는 정보량, 즉 총 코드 수를 줄일 수 있음을 나타낸다. 따라서 통신량을 줄이기 위해서는 발생 확률이 큰 개별 사상이나 개별 사건을 나타내는 기호는 짧은 코드를 사용하는 반면에, 발생 확률이 작은 개별 사상이나 개별 사건을 표시하는 기호는 긴 코드로 작성하는 비대칭 코드 이동 방식(asymmetric code mobile method)을 이용하면 된다(Davis & Olson, 1985: 204-205; 서남원, 1985: 196).

③ 불확실성에서의 정보가치

앞에서 특정 개별 사상이나 사건의 발생 확률이 그 사상의 전달에 필요한 정보량 또는 정보 내용을 결정함을 보았다. 다시 말하면, 전자의 예와 같이 복수의 사상들 간에 발생 확률이 동일하다는 것은 비현실적이기 때문에, 그만큼 불확실성이 그들 사건 간에 발생할 확률이 다른 때보다도 더 크다는 것을 나타낸다. 그런데 전자의 경우 통신에 필요한 정보량이 후자의 경우보다 큰 것으로 나타났기 때문에, 거꾸로 불확실성의 상황에서는 통신에 필요한 정보의 내용이나 정보량이 더 많다는 것을 수학적으로 입증한 것이 된다. 즉, 정보는 그 양이 많으면 많을수록 불확실성의 상황에서 그 불확실한 조건들을 해결하는 데 도움이 된다는 것이다. 왜냐하면 특정 사상에 대한 결정을 내리는 데에 정보를 전달받음으로써 하나씩하나씩 불확실한 상태에서 확실한 상태로 나아갈 수 있기 때문이다. 이런 점에서 정보는 불확실성을 감소시키거나 제거하는 효과를 가지므로 그 가치가 불확실성 하에서 더 크게 발휘된다고 볼 수 있다(Davis & Olson, 1985 : 205-206; 서남원, 1985 : 197). 그러나 여기서 간과하지 말아야 할 것은 이미 앞에서 지적한 바와 같이, 불확실성 하에서 정보가 특히 중시되어 통신에 필요한 정보량이 많아야 한다는 것은 모든 가능한 기호정보량 중에 필요한 정보량이 차지하는 비율이 높아야 한다는 의미로서, 즉 사상이나 메시지의 상대적 전달효율성의 척도(the measure of the relative transmitting efficiency)가 된다는 사실이다. 이는 또한 정보 원천상의 불확실성의 상대적 척도(the relative measure of uncertainty at the source) 및 정보 원천의 상대적 엔트로피(the relative entropy of the source)를 나타내는 것으로서 다음과 같은 공식으로 구할 수 있다(서남원, 1985 : 198).

$$E = \frac{In}{Im}$$

여기서 In: 필요한 정보량(즉, $I = \log_2 n$ 또는 $I = \sum_{i=1}^{n} P_i \log_2 \frac{1}{P_i}$)

Im: 기호정보량

결국, 불확실성 하에서 통신의 효율성을 높이기 위해서는 정보 엔트로피가 커야 하고, 그래야 정보의 가치가 나타나게 됨을 알 수 있다.

(3) 정보통신의 정확성과 정보 중복

정보통신의 효율성은 일반적으로 정보 중복 또는 정보가외성(information redundancy)에 의해 감소하게 된다. 왜냐하면, 특정 사건이나 메시지를 전달할 때에는 꼭 필요로 하는 코드 수보다 훨씬 많은 코드 수를 사용하기 때문이다. 여기서 정보 중복 또는 가외성은 대부분의 경우 불필요하게 중복된 정보를 의미하며 1(one)에서 E(정보엔트로피)를 감한 부분의 정보량으로 나타낸다(Davis & Olson, 1985 : 205). 즉,

$$R = 1 - E = 1 - \frac{In}{Im}$$

여기서 R : 정보 중복(redundancy)

In과 Im은 전과 동일함

이처럼 정보 중복은 특정 사상이나 사건에 관해 통신할 때 효율성을 감소시킬 수 있는 반면에, 정보통신의 정확성 측면에서 중요한 역할을 한다. 즉, 어떤 경우 정보 중복은 통신 오류 통제에 아주 유용하다. 많은 경우 하나의 메시지가 통신 경로에서 각종 기회 요소나 왜곡 요소의 간섭으로 처음 발신한대로 전달되지 못하게 되는데, 이때 중복된 정보나 자료를 보냄으로써 수신자로 하여금 수신된 메시지가 올바른지를 점검하게 하고, 나아가서 잘못된 경우에는 본래의 메시지를 재구성하도록 허용하기도 한다. 따라서 정보 중복은 반드시 불필요한 것이 아니라 경우에 따라, 특히 통신기술적인 차원에서 통신의 정확성을 제고하는 데 아주 중요한 요소가 된다는 사실을 유의할 필요가 있다.

2) 정보통신의 효율성 수준에서 가치평가

통신의 효율성 수준에서 정보가치의 평가는 특정 메시지의 정보가 수신자에게 얼마나 경제적으로 전달되느냐에 따라 그 정보의 가치를 분석하는 것이다. 앞에서 정보이론이나 통신의 수학이론은 주로 통신의 정확성 수준 또는 기술 수준에서 정보의 가치를 다뤘는데 그것은 메시지의 정보 내용이 경제적이라는 가정 하에 이뤄진 것이다. 그러나 실제로는 사람이 통신에 사용하는 언어의 풍부성과 정보 처리자로서 인간과 조직에 대한 각종 제약 조건들을 고려하면 수신된 메시지는 오해될 가능성이 높다. 이는 사람이 사용하기 위한 정보의 통신은 대체로 정보의 전달 방법과 메시지 취급 방법에 따라 좌우됨을 시사한다. 다시 말하면, 정보통신의 효율성 내지 경제성은 메시지의 전달과 취급 방법에 의해 영향을 받게 됨을 의미한다. 이러한 정보통신의 효율성을 제고하는 방법은 크게 두 가지로 분류될 수 있는데, 그 하나는 정보통신 체제의 송·수신상의 능률성을 증대시키는 방법이고, 다른 하나는 정보의 내용 및 유통을 조정하는 방법이다. 따라서 이상의 두 유형에 속하는 구체적인 조정 방법들은 어떤 것이 있는지 살펴볼 필요가 있다(Davis & Olson, 1985 : 205-212; 이학종, 1989 : 94-96).

(1) 정보통신 체제의 송수신상 능률성 증대

통신의 효율성 측면에서 정보의 가치를 평가해 볼 때, 정보를 이용하는 사람의 정보 처리 능력 또는 용량의 한계나 정보를 처리하는 기계의 용량 한계를 무시한 채 정보가 유통되는 경우, 아무리 그 정보가 정확하고 중요하더라도 그런 상황에서 해당 정보가 효과적으로 사용될 가능성은 희박해지고, 결과적으로 그 정보의 가치는 떨어질 수밖에 없다. 따라서 정보통신 체제의 송·수신상의 능률성 수준에서 정보의 가치를 제고하는 방법은 사람들에게 사용되도록 저장되고 제공되는 정보의 양을 적절하게 줄이는 것이다. 이처럼 정보를 좀 더 능률적으로 제공하는 방법에는 대체로 두 가지를 생각해 볼 수 있다.

① 정보량의 조정

조직 내에서 많이 활용되는 정보량의 조절 방법으로는 정보의 요약이 있다. 이는 정보 내용의 본질은 변경시키지 않고 자료나 정보의 전달량을 감소시키는 것이다. 이는 공·사조직을 막론하고 흔히 활용된다. 이와 같은 방법의 장점은 정보 사용자의 목적에 부합하는 집계 및 분석 결과만을 요약하여 제공함으로써 사용자가 정보 중복이나 정보 홍수로 혼란에 빠지지 않게 하고 동시에 사용자가 일반적으로 수용 가능하고 활용 가능한 정보만을 제공해 준다는 것이다.

② 정보 수신자의 제한

정보의 내용에 따라서 정보의 수신자를 제한하는 것이다. 이는 조직 내에서 정보를 필요로 하는 사람에게 전달할 때 신속성과 정확성을 높이는 데 기여한다. 사실상 의사결정자들, 특히 조직관리자들은 예측 불허의 상황에 대비하기 위해 여러 가지의 모든 정보를 요약하는 경향이 있다. 그러나 이 같은 요구는 정보통신 체제에 비경제적이고 기술적인 낭비를 초래함과 더불어 관리자 자신에게도 정보 중복의 결과를 초래함으로써 오히려 올바른 판단을 내리는 데 장애가 되기도 한다.

(2) 정보의 내용 및 유통의 조정

정보를 이용하는 개인이나 조직은 때때로 자신들의 업무량을 조절하거나 자신에게 바람직하지 못한 영향을 미치는 정보의 유통을 통제하기 위해, 또는 일정한 형태로 정보를 재정리하기 위해 정보의 내용과 유통을 조정하는 경우가 많다. 이 같은 정보 내용과 유통의 조정은 정보통신 체제의 능률성을 제고시키기 위한 일환으로 이뤄진다. 정보 내용과 유통을 조정하는 구체적인 방법으로는 대체로 다음과 같은 것들이 있다.

① 정보 내용의 수정 및 여과

정보 내용의 수정(modification) 및 여과(filtering)는 사소한 문제들로 인해 의사결정자의 시간이 낭비되는 것을 방지하게 한다. 예를 들면, 사소한 문제가 발생한 경우 상위 계층에 정보를 사실 그대로 보고하는 것보다는 하위 계층에서 일상 업무로 처리하는 것이 바람직하다. 이 경우 해당 문제가 상위 의사결정자의 관심을 끌지 않도록 문제를 선별적으로 수정하는 방식으로 정보의 내용을 조정할 수 있다.

② 의사결정자에 의한 불확실성의 흡수

이는 의사결정자가 불확실성을 감소시키기 위해 정보 자체를 조정하는 것이다(March & Simon, 1958 : 164-169). 다시 말하면, 불확실성의 흡수(uncertainty absorption)란 어떤 자료로부터 추론(inferences)하여 자료 자체가 아닌 추론 결과를 조직 내에 통신하는 경우로서, 일종의 정보 자체의 수정을 의미한다. 좀 더 구체적으로 설명해 보면, 조직 내 비구조적인 의사결정 상황에서 정보통신 체제는 하위관리자나 전문적인 참모(staff)들을 활용해 여러 가정과 대안 중에서 가장 확률이 높은 것을 선택함으로써 그들로 하여금 불확실성을 낮출 수 있도록 할 수 있다. 이때 의사결정자는 문제 상황에 관련된 모든 자료를 활용하는 것이 아니라 전문적인 추론에 준거한 분석 결과를 정보로 하여 의사결정에 활용함으로써 효율성을 높일 수 있다.

③ 정보의 제공 양식 및 형태의 조정

이는 자료나 정보를 제공하는 방식이 그 정보나 자료를 사용하는 방식과 그 내용을 해석하는 데에 영향을 미치거나 편견(bias)이 존재하는 경우, 정보나 자료의 분류와 순서를 조정하거나 그림이나 도표를 활용하여 정보 사용자에게 문제의 초점을 명백하게 밝혀 주는 것이다. 이러한 정보 양식과 형태의 조정은 정보 제공상의 편견(presentation bias)을 초래할 수도 있지만 의사결정자로 하여금 문제의 초점을 좀 더 정확히 파악하게 하고, 그의 의사결정 행동을 효율화시킨다는 점에서는 순기능적인 효과를 갖는다.

④ 정보전달 시기의 조정

일반적으로 정보는 신속하게 처리되어 사용자에게 신속하게 전달되는 것이 바람직한 것으로 인식되고 있다. 그러나 경우에 따라서 사용자의 업무 상황을 고려하여 정보 처리를 지연시키거나 처리된 정보의 전달을 지연시킴으로써 사용자의 정보 중복을 방지할 수 있다. 그뿐만 아니라 사용자가 더 중요한 문제 해결에 직면해 있을 때에는 덜 중요한 정보의 전달을 지연시킴으로써 사용자로 하여금 더 중요한 문제에 집중하도록 할 수 있다. 그러나 정보 전달의 지연은 이상과 같은 순기능적인 면만 있는 것이 아니라 때로는 정보의 의도적인 왜곡이나 누락 등의 역기능적인 결과를 초래할 위험성도 있음을 유의할 필요가 있다. 이때에는 정보의 가치를 그만큼 감소시킬 수 있다.

3) 정보통신의 효과성 수준에서 가치평가

정보이론의 기술 수준, 즉 정보통신의 정확성 수준에서나 정보통신의 능률성 수준에서 정보가치에 관한 평가만으로는 정보의 가치를 부분적으로밖에 분석할 수 없다. 왜냐하면 특정 정보가 아무리 정확하고 능률적으로 사용자에게 전달되더라도 그 정보는 여전히 효과적으로 사용되지 않을 수도 있기 때문이다. 따라서 여기서는 일반적으로 정보의 질(quality)이 결정하는 정보의 가치를 제고하기 위해 정보가 어떻게 효과적으로 사용되어야 하는지를 의사결정자의 지각(perceptions)의 입장과 의사결정자의 변화된 의사결정 행위의 입장에서 살펴보고자 한다. 이들을 고찰하기에 앞서 우리는 정보 자체가 지니는 질이 정보의 가치를 결정한다는 사실을 고려하여 그 결정요소가 무엇인지를 살펴볼 필요가 있다.

(1) 정보의 질적 가치를 결정하는 요소

일반적으로 정보 자체의 가치는 정보의 질로 표현되는데, 이런 정보의 질을 결정하는 중요한 요소를 보면 대체로 다음과 같다(Senn, 1982 : 21-39; Andrus, 1971 : 40-46; Murdick & Munson, 1986 : 143-146; Hicks, Jr., 1987 : 11-13).

① 적절성

첫째로 정보의 질은 정보의 적절성(relevance)의 유무에 의해 좌우된다. 다시 말하면, 정보는 사용자의 정보 욕구를 충족시켜야 하므로, 사용자의 사용 목적과 관련된 것이라야 가치가 있다. 따라서 의사결정 상황에서 정보는 문제의 상황을 파악하고 진단하며 대안을 분석하는 데 도움이 될수록 그 적절성이 커지고 동시에 정보로서 가치도 높아진다.

② 정확성

정보의 질적 가치를 결정하는 두 번째 요소는 정보의 정확성(accuracy)이다. 정보의 정확성은 '오류로부터의 자유(freedom from error)'를 의미하는 것으로서, 대개의 경우 정보가치의 다른 요소인 적시성(timeliness)에 의해 특히 영향을 받는다. 정보의 정확성은 또한 정보 제공상의 편견에 의해 영향을 받기도 한다. 정보 제공상의 편견은 정보 자체의 부정확성보다는 정보 제공 양식이나 형태가 정보에 대한 사용자의 지각에 영향을 주는 것을 뜻하므로, 사용자로 하여금 조직 목적에 부응하여 의사결정 행동을 취하도록 유도하는 순기능적 효과를 가져오기도 하는 반면에 편견이 지나치게 형성되는 경우 사용자의 지각과 의사결정 행동의 조작과 더불어 의도적인 정보의 왜곡과 오류 등의 역기능을 초래하기도 한다. 따라서 정보의 정확성은 항상 유지되어야 한다.

③ 적시성

정보의 질적 가치를 좌우하는 세 번째 요소는 적시성 또는 시기적절성(timeliness)이다. 이는 정보가 사용자의 필요에 따라 적시에 제공되어야 그 가치가 높아진다는 것이다. 모든 정보가 반드시 특정 시기에만 사용되고 또한 사용되어야 한다는 것은 아니지만, 적시에 의사결정을 내려야 하는 경우에 요구되는 정보가 적시에 제공되지 않는다면 그 정보의 진가를 인정받지 못함으로써 의미를 상실하게 됨을 뜻한다. 그래서 정보 체제는 적시성을 높이기 위해 분산 처리와 온라인(on-line), 그리고 통신망(network)을 이용하여 정보 처리 및 전달상의 시간적 지체를 최소화하려고 노력한다. 이러한 정보의 적시성은 정보 제공의 빈도 수가 많을수록 더욱더 중요해진다(Gregory & Atwater, Jr., 1957 : 42-70).

④ 정보 제공의 빈도

정보의 질적 가치는 정보 제공의 빈도(frequency)에 의해 영향을 받는다. 정보 제공의 빈도가 크면 클수록 사용자에게 도움이 될 가능성이 높으므로 그만큼 정보의 가치도 높아지게 된다. 따라서 정보 시스템은 데이터베이스(database)나 데이터뱅크(databank)와 같은 자료 저장장치를 통해 정보 자료를 항상 준비하여 사용자가 원할 때마다 필요한 정보를 제공할 수 있도록 노력하고 있다. 이러한 정보 제공의 빈도 수는 정보의 시기적절성과 함께 정보 제공의 신속성을 나타낸다.

⑤ 기타 요소

이 밖에도 정보의 질적 가치에 영향을 주는 요소로는, ① 정보의 완전성(completeness), ② 계량성(quantifiability) 또는 계량화의 정도, ③ 보완성(complementariness) 또는 수정성(modifiability), ④ 확인성(verifiability), ⑤ 범위(scope or breadth), ⑥ 정보 제공의 양식(form), 그리고 ⑦ 정보 제공의 대상 기간(time horizon or time frame) 등이 있다. 그러나 이들 요소는 정보의 질을 높여줄 수도 있는 반면에, 때로는 정보 제공의 편견 정도와 정보의 분류 방법, 그리고 정보의 양에 따라서 정보에 대한 사용자의 그릇된 지각과 정보 홍수를 초래하여 오히려 정보의 질에 역기능적인 영향을 끼칠 위험성도 갖고 있다.

(2) 의사결정상 정보의 질적 가치

정보의 가치는 정보 자체의 질에 의해서도 영향을 받지만 무엇보다도 정보를 필요로 하는 사용자, 즉 의사결정자의 지각(perceptions)과 그들의 의사결정 행위 및 그와 관련된 요소들에 의해 더 영향을 받는다. 예를 들어, 특정 의사결정자가 별 의미가 없는 것으로 간주되는 특정 정보를 선호하여 그의 결정에 활용했다면, 그 정보는 비록 가치가 있는 것으로 알려졌지만 의사결정자에 의해 간과 내지 무시당한 정보보다 더 가치가 있다고 볼 수 있다. 따라서 여기서는 정보의 질적 가치를 의사결정자의 지각 및 행위과 관련하여 고찰한다.

① 의사결정자의 지각에 따른 정보의 질적 가치

정보의 질적 가치는 의사결정자의 지각의 관점에서 볼 때 정보의 효용(utility of information), 정보의 만족(information satisfaction), 그리고 오류와 편견(errors and bias)의 정도에 달려 있다(Davis & Olson, 1985 : 214-216). 이를 좀 더 구체적으로 고찰하면 다음과 같다.

가) 정보의 효용

정보의 가치는 정보의 정확성 이외에 정보의 사용을 촉진하거나 지연시키는 정보의 효용에 의해 평가될 수 있다. 이 때에 활용 가능한 평가 기준으로는 다음과 같은 네 가지의 정보 효용이 있다.

• 형식 효용(form utility) : 이는 정보의 형식이 의사결정자의 요구 조건에 잘 부합될수록 정보의 가치는 증가하게 된다는 것이다.

• 시간 효용(time utility) : 이는 의사결정자가 필요로 할 때에 정보가 이용 가능한 경우 그 정보는 더 큰 가치를 갖게 된다는 것이다.
• 장소 효용(place utility) 또는 물리적 접근가능성(physical accessibility) : 이는 정보가 용이하게 접근 가능하고 전달되는 경우, 더 큰 가치를 갖게 된다는 것이다. 예컨대 온라인(on-line) 체제는 시간과 장소 효용성을 극대화한다.
• 소유 효용(possession utility) 또는 조직상 소유(organizational possession) : 이는 정보를 소유함으로써 그 정보가 타인에게로 분산(dissemination)되는 것을 통제하게 되어 정보가치에 강력하게 영향을 미친다는 것이다.

그런데 주지해야 할 점은, 정보는 이상과 같은 효용을 지니고 있는 반면에 그와 관련하여 비용(cost)이 들어가게 하는데, 만일 정보 획득 비용이 정보 효용을 초과하는 경우 다음과 같은 두 가지의 대안적 조치를 취하게 된다. 첫째로, 정보의 정확성을 제고하고 (또는) 정보의 효용을 증가시킴으로써 정보가치를 높인다. 둘째로, 정확성과(또는) 효용을 줄임으로써 정보비용을 감소시킨다. 따라서 의사결정자에게 제공되는 정보의 활용 가치는 그 정보를 활용함으로써 예상되는 정보의 효용과 그 정보를 획득 · 활용하는 데에 소요되는 비용 간의 차이로 나타날 수 있다. 정보의 효용과 비용은 시간이 지남에 따라 하락하는 경향을 보이며, 그에 따라 정보의 경제적 활용 방식이 결정되고, 그 결정 범위 내에서만이 정보의 효용 가치가 높다는 것을 알 수 있다.

나) 정보의 만족

정보의 질적 가치를 조직적 맥락(context)에서 평가하기란 어렵거나 불가능하다. 다만 의사결정에서 정보의 질적 가치를 측정하는 대리 척도(substitute measure)로서 정보만족도(information satisfaction)가 사용된다. 이는 의사결정자가 공식적인 정보체제의 산출물(output)에 만족하는 정도를 의미한다. 사이어트(R. Cyert)와 마치(J. March)의 개념에 기초하여 세워드(H. H. Seward)가 제시한 정보 만족을 위한 접근법에 의하면, 만일 요구된 정보를 제공하는 공식적인 정보 체제가 이용 가능하다고 의사결정자가 생각하는 경우에 그는 먼저 그 정보 원천(information source)을 탐색할 것이다(Seward, 1975; Cyert & March, 1963 : 126).

그런데 만일 필요로 하는 정보가 준비되어 이용 가능한 경우에 의사결정자의 정보체제에 대한 만족이 강화되는 반면에, 그렇지 못한 경우에는 그 의사결정자는 자기가 필요로 하는 정보를 획득하기 위해 확대 탐색을 실시해야만 하는데, 그러한 경우에는 의사결정자의 정보 체제에 대한 당혹감이나 불만이 한층 고조된다는 것이다.

다) 오류와 편견

정보의 질적 가치에 영향을 미치는 의사결정자나 사용자의 지각 요소 중에 또 하나는 그의 오류와 편견이다. 많은 경우 선택지가 주어지면 관리자들은 정보의 양적 증대보다도 정보의 질적 개선을 강력하게 선호하는 경향이 있다. 그런데 이 같은 성향을 띤 의사결정자라고 하더라도 편견이나 판단의 오류를 범하는 경우 정보의 질적인 면에 부정적인 영향을 주게 된다. 여기서 편견은 정보를 교환할 때 개개인이 재량권을 행사할 수 있는 능력에 의해 초래된다. 그래서 정보 수신자가 정보 제공자의 편견을 알게 되는 경우 그 정보의 내용이나 질을 조정할 수 있으나 문제는 어떻게 정보 수신자가 정보 제공자의 편견을 간파하느냐에 있다. 편견을 간파할 수만 있다면 그것에 대한 시정은 아주 간단할 것이다.

한편 오류는 정보의 질적 가치에 더 심각한 문제가 되는데 그 이유는 정보 제공상의 오류를 조정하는 것이 간단하지 않기 때문이다. 더욱더 심각한 문제는 편견과 마찬가지로 오류도 정보의 질 또는 가치에 영향을 미칠지도 모른다는 사실을 정보 수신자가 인식하지 못할 수 있다는 점이다. 여하튼 일반적인 오류의 발생 원인과 그 극복 방안을 보면 다음과 같다.

먼저, 일반적인 오류의 발생 원인을 보면 다음과 같다.

- 부적당한 자료 측정 및 수집 방법
- 올바른 자료 처리 절차의 위배
- 자료의 누락이나 미처리
- 자료의 오기 및 잘못된 수정
- 잘못된 과거 파일(file) 또는 과거 파일의 잘못된 사용
- 컴퓨터 프로그램 오류와 같은 정보 처리 절차상의 실수
- 고의적인 위조

다음으로, 이상의 요인 등으로 초래된 오류를 시정할 수 있는 극복 방안을 보면 다음과 같다.

- 오류 식별을 위한 내부통제
- 내적·외적 감사

• 자료에 '신뢰 한계(confidence limits)'를 추가함
• 자료의 측정 및 처리 절차에 관한 사용자지침을 사용하여 발생 가능한 오류를 평가

여기서 주의할 것은 이상의 극복 방안 중에 전자의 두 방법은 자료에 대한 불확실성을 감소시켜 정보의 내용을 향상시키고자 하는 것인 반면에 후자의 두 극복 방안은 사용자에게 신뢰 한계를 제공해 주려는 것이라는 점이다. 특히 전자의 내부통제 및 감사는 오류의 존재에 대한 불확실성을 감소시킴으로써 정보 체제에 의해 제공되는 정보에 가치를 추가하는 방안이 될 수 있다.

② 의사결정자의 행위에 따른 정보의 질적 가치

정보의 가치는 의사결정자의 의사결정 행위에 의해 또한 영향을 받는다. 다시 말하면, 정보의 가치는 의사결정자의 의사결정에 어떻게, 어느 정도로 기여하느냐에 따라 좌우되기도 한다. 즉, 의사결정자의 의사결정 행위에 대한 정보의 역할에 따라 그 가치가 영향을 받게 된다는 것이다. 그런데 의사결정자의 의사결정 행위는 크게 두 가지 측면으로 구분할 수 있다. 그 하나는 내재적인 또는 잠재적인 의사결정 행위이며, 다른 하나는 표면화된 실제적인 의사결정 행위이다. 전자는 실제적인 의사결정 행위를 위한 것으로서 의사결정 요소로서의 행위인데, 이는 의사결정을 위한 지적·심리적 활동을 말한다. 그리고 후자는 실제로 대안들 중에 하나를 선택함으로써 어떤 결과를 초래하는 행위를 뜻한다. 따라서 이 두 가지 측면에서 정보가 어떤 가치를 갖게 되느냐를 알아볼 필요가 있다.

가) 의사결정자의 잠재적 의사결정 행위에 따른 정보가치

정보의 가치는 의사결정자의 행위 결과에 의해서만 평가될 수 없다. 어떤 의미에서 정보의 가치는 의사결정자의 내재적 행위, 즉 지적·심리적 판단과 분석에서 더 발휘될 수 있다. 다시 말하면, 정보의 가치는 실제적인 의사결정 행위 이외의 의사결정자의 행위에 의해 분석·평가된다(Davis & Olson, 1985: 221-223; 이학종, 1989: 99-101). 이처럼 정보가치에 영향을 미치는 의사결정자의 잠재적 의사결정 행위 요소로는 대체로 의사결정자의 동기(motivation), 의사결정자의 지식과 경험, 그리고 의사결정자의 조직화모형을 들 수 있다.

이들을 좀 더 구체적으로 살펴보면 다음과 같다.

(가) **의사결정자의 동기** : 정보는 의사결정자에게 특정 의미를 제공함으로써 그의 태도와 동기, 그리고 행동에 영향을 미친다. 따라서 정보는 아무리 신속하고 정확하게 전달된다 하더라도 의사결정자의 동기를 유발시키고 의사결정 행위에 긍정적인 영향을 주지 못한다면 실제 성과면에서 그 정보의 가치는 향상될 수가 없다. 일반적으로 정보가 의사결정자에게 긍정적인 환류 효과를 주고 그에게 적극적 강화(positive reinforcement)를 초래할수록 그의 동기 유발 가능성은 높아지고, 동시에 그 정보의 성과와 가치가 제고될 수 있다(이학종, 1984 : 90-94).

(나) **의사결정자의 지식과 경험** : 정보가치는 또한 의사결정자의 지식과 경험, 즉 배경(background)에 의해 결정적인 영향을 받는다. 다시 말하면, 의사결정자가 당면한 의사결정 문제에 대해 사전에 많은 지식과 경험을 갖고 있는 경우 그는 이미 그 의사결정의 불확실성, 특히 상황적 불확실성을 많이 감소시켰다고 볼 수 있기 때문에 상대적으로 질이 낮은 정보라도 의사결정에 유효하게 활용하여 좋은 성과를 거둘 수 있다. 그러나 그 반면에 의사결정자가 당면한 의사결정 상황에 대한 지식과 경험을 결여하고 있다면 아무리 질이 높은 정보라도 잘 활용되지 못할 수 있으며 그 결과 좋은 성과를 기대하기가 어렵게 된다. 이와같이 의사결정자의 실제 성과에 기여하는 정보는 정보 사용자인 의사결정자의 배경 지식과 경험에 많은 영향을 받는다.

(다) **의사결정자의 조직화모형** : 의사결정은 조직의 관리와 운영의 한 과정으로서 정보와 의사결정자의 상호작용에 의해 그 성과가 나타난다. 조직의 정보 체제는 의사결정자에게 수많은 정보를 제공하여 각종 모형을 개발 · 변경 · 강화하는 한편, 의사결정자도 이들 정보와 모형을 사용하면서 자신의 의사결정모형과 행동 양식을 형성해 나가게 된다. 그 과정에서 조직의 정보 체제와 의사결정자는 각각 학습(learning)을 통해 상호간 적절한 정보 처리 및 활용 관계를 수립하게 된다. 따라서 이 같은 조직 체제의 관점에서 볼 때, 정보의 가치는 조직체 내부의 관리 · 운영조직과 정보 체제 환경으로부터 많은 영향을 받는다. 다시 말하면, 정보의 가치는 의사결정자의 조직모형을 어떤 유형으로 전환 · 유지하느냐에 의해 영향을 받고, 이런 의사결정자의 조직모형 수립은 또한 정보 체제 및 기타 조직환경에 의해 영향을 받으므로, 양자 간의 유기적인 관계 정립이 의사결정 행동의 성과 및 나아가서 정보의 가치를 제고해 주게 된다는 것이다.

나) 의사결정자의 표면화된 의사결정 행위에 따른 정보가치

(가) **의사결정 상황과 정보가치** : 의사결정이론(decision making theory)은 의사결정자의 표면화된, 즉 실제적 의사결정 행동에 초점을 두고 확실성(certainty)과 위험성(risk), 그리고 불확실성(uncertainty) 상황에서의 의사결정을 위한 접근법들을 제시하고 있다. 먼저, 확실성 하에서의 의사결정은 의사결정의 결과(outcome)에 대한 완전한 정보(perfect information)를 가정하고 있다. 다음으로 위험성 하에서의 의사결정은 의사결정 시 각 결과의 확률(probability)에 관한 정보를 가정할 뿐 주어진 사건에서 어떤 결과가 초래될 것인지에 대한 정보를 가정하고 있지 않다. 끝으로 불확실성 하에서의 의사결정은 가능한 결과에 관한 정보를 가지고 있으나 각 결과의 발생 확률에 관한 정보를 가정하고 있지 않다.

그런데 이 같은 의사결정이론에서는 정보의 가치를 전술한 바와 같이 정보화로 인해 초래된 의사결정 행위상 변화가 갖는 가치에서 그 정보를 획득하는 데에 든 비용을 뺀 값으로 나타낸다(Emery, 1969 : ch. 4). 다시 말해, 주어진 가능한 의사결정 집합에서 의사결정자는 현재 갖고 있으며 이용 가능한 정보에 기초하여 하나의 결정 대안을 선택하게 될 것이다. 여기서 만약 새로운 정보가 다른 의사결정을 내리도록 하는 경우, 그 새로운 정보의 가치는 과거의 의사결정 결과와 새로운 의사결정 결과 간 가치상의 차이에서 새로운 정보를 획득하는 데에 든 비용을 감한 값으로 나타낼 수 있다. 그러나 그 새로운 정보가 별다른 결정을 내리게 하지 못하는 경우 그 새로운 정보의 가치는 영(0)이 되는 것이다.

(나) **확정정보와 확률정보의 가치** : 의사결정이론에서의 정보가치는 주로 확정정보로서 가치와 확률정보로서 가치를 말하는데, 전자의 확정정보의 가치는 전술한 확정적 환경(certainty environment)에서의 의사결정 시 필요한 정보의 가치로서 의사결정의 결과로 나타나는 이득과(이나) 손실의 구성을 확정적으로 파악하는 정보의 가치이다. 이때의 정보가치는 정보가 입수되기 이전의 이득/손실에 대한 이해를 통해 얻는 최적안의 가치와 정보 입수 후에 얻는 최적안의 가치 사이의 차이값으로 표현된다.

한편 확률정보로서 가치는 좀 더 현실적인 입장에서 정보의 가치를 이해한 것이다. 즉, 일반 정보는 결코 미래 시점에서의 특정 의사결정에 따른 경제적 이득/손실을 명확하게 규정지어 주는 이른바 확정정보가 아니라 최적의 이득/손실을 기준으로 하여 일정한 범위 내에서의 분포를 가리키는 확률정보로서 가치를 가질 뿐이라는 것이다.

다시 말하면, 확률정보는 어떠한 범위 내에서의 분포 상태로 매 의사결정의 이득/손실을 알리는 정보를 말한다. 여기에는 최종 결정변수의 값을 알려 주는 완전정보(perfect information)와 오직 통계적 특성만을 알려 주는 불완전정보(imperfect information)의 두 가지 경우가 있다.

완전정보의 가치는 완전정보의 부재로 이뤄진 최적 의사결정의 결과 가치와 완전정보를 이용함으로써 얻는 최적 의사결정의 결과가치 간의 차이값으로 산정된다. 간단히 말해서, 완전정보의 가치는 정보 부재로 말미암아 최적 의사결정이 이뤄지지 않았을 때에 발생할 수 있는 손실의 기대치로 정의할 수 있다. 또는 확률정보 하에서의 완전정보의 가치는 의사결정자가 최적안을 선정했을 때에 초래되는 기회 선택의 기대치가 된다. 한편 불완전정보의 가치는 어떠한 범위와 평균을 가리키는 것으로서, 특정 의사결정에 대해 명확한 대안을 제시하기보다도 사실상 표본조사(sampling)를 통해 얻어지는데, 그 가치는 추정 표준편차와 추정 평균에 의해 좌우된다(Davis & Olson, 1985 : 216-221, 서남원; 1985 : 202-208).

(다) **정보의 가치와 성과** : 지금까지 설명한 의사결정자의 표면화된 실제적 의사결정 행위에 따른 정보의 가치는 정보의 질뿐만 아니라 의사결정 조직체의 상황과

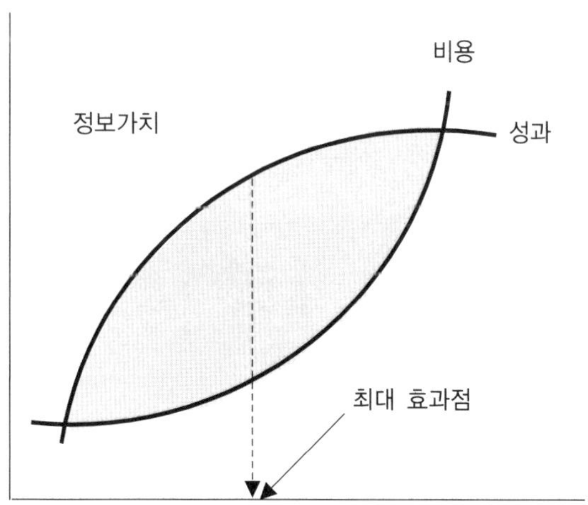

그림 2-5 정보가치의 종합적인 분석

자료 : 이학종(1989 : 103) 참조.

의사결정자 자신의 의사결정 행위에 많은 영향을 받는다는 사실을 유의할 필요가 있다. 이러한 내용에 비춰 종합해 보면 정보의 가치는 특정 정보를 활용하여 얻은 실제 성과(performance)에 따라서 결정된다고 할 수 있다. 좀 더 구체적으로 말해서, 특히 의사결정이론에 기초해 볼 때, 정보의 가치는 그 정보로 인해 얻은 실제 성과 또는 결과(outcome)와 그 정보를 산출 및 제공하는 데에 들어간 모든 비용과의 차이에 의해 측정될 수 있다. 이를 도식화하면 [그림 2-5]와 같다.

[그림 2-5]에서 보는 바와 같이 일반적으로 정보의 성과와 비용은 정보의 질이 높아 질수록 상승하다가 일정 수준에 이르면 체감 효과를 나타내므로 의사결정자는 특정 정보를 활용함에 따라 음영으로 표시된 부분만큼의 정보가치를 향유할 수 있다. 그러나 문제는 그런 정보가치를 향유할 수 있게 하는 정보의 질적 수준이 어느 정도이며 또 그런 정도의 질을 갖춘 정보가 실제로 좋은 성과를 가져올 수 있는지를 밝혀내야 할 뿐만 아니라, 의사결정 행위가 이에 영향을 미치는 여러 가지 변수들의 변화에 어느 정도로 민감하게 반응하는지를 알 수 있어야 한다는 것이다. 따라서 전자의 문제에 대해서는 정보설계와 개발의 타당성 분석을 수행할 필요가 있으며, 후자의 문제에 대해서는 정보의 민감도분석(sensitivity analysis)을 실시할 필요성이 커지고 있다(Davis & Olson, 1985 : 220-221; 이학종, 1989 : 101-103).

제 3 장 행정정보관리의 의의 및 접근법

제 1 절 행정정보관리의 의의

1 행정정보의 정의와 특성

1) 행정정보의 정의

행정정보란 행정 활동을 목적으로 하는 정보 사용자나 공공조직이 가치 있는 형태로 처리한 자료나 정보원(情報源)을 말한다. 좀 더 구체적으로 말하면, 행정정보란 정보 사용자나 공공기관의 구성원들이 행정 활동 및 정책 활동을 수행할 때 유효적절하게 활용할 수 있는 형태로 처리된 자료나 정보원을 뜻한다.

또한 정보의 생성과 소유의 주체가 정부인 정보로서 정부정보라고 하기도 한다. 그리고 광의로 보면 공공기관에 의한 정보만이 아니라 누구에게나 유용하고 실질적인 공익적 성격을 가진 정보를 의미하며, 실제 여러 분야에서 활용되고 있다(최신융, 2005).

2) 행정정보의 특성

행정정보는 일반정보로서 특성들을 가지면서 추가로 다음과 같은 특성을 갖고 있다. 일반적으로 정보정책에서 행정정보는 정보재로서 공공재적인 특성을 가진다. 즉, 행정정보 역시 공공재의 특성인 비경쟁성과 비배제성을 가지고 있다고 보는 것이다. 이때 행정정보 자원은 시장에서 유료로 거래되지 않아도 가질 수 있는 공익적인 가치와 함께 재화로서 시장에서 거래되거나 거래가격에 근거한 시장적 가치를 동시에 가진다고 볼 수 있다. 여기서 주의할 점은 다음의 특성들은 절대적인 차이점이라기보다는 상대적인 특성이라는 것이다.

(1) 공공성

사기업의 정보인 경영정보와 달리 행정정보는 우선 그 목적 면에서 차이가 있다. 행정정보는 공공의 행정 목적을 달성하는 데 필요한 제반 결정을 합리적이고 능률적으로 할 수 있도록 지원해 주는 역할을 한다. 이것은 행정정보와 경영정보를 구별하는 가장 특징적인 요인이며,[1] 아울러 행정정보를 개인의 이익이나 편익을 위해 사용해서는 안 된다는 것을 시사한다.

(2) 광역성

행정정보는 일반 사기업의 경영정보와 달리 그 수집, 활용 및 전달에서 행정관리 및 통제 영역의 전반에 걸쳐 이뤄지거나, 적어도 사기업 경영정보에 비해 좀 더 광범위한 범위에 걸쳐 있다. 이를 달리 표현하면, 행정정보의 영향이나 효과가 경영정보의 영향이나 효과보다 폭넓게 작용하게 된다는 것을 의미한다.

---

1) 공사조직의 차이점에 관한 연구는 H. Rainey et al. (1976). Comparing Public and Private Organization. *Public Administration Review*, Vol. 36. pp. 223-224; 또한 공행정과 사행정, 즉 경영과의 차이점에 관해 보즈먼(Barry Bozeman)과 브레츠슈나이더(Stuart Bretschneider)는 공공성 모형(models of publicness)으로 설명하고 있는데, 이들은 기존의 연구들이 주장한 이론들에 근거하여 경제적 권위(economic authority)모형, 그리고 인력 및 인사제도(personnel and personnel system)모형으로 설명하면서 하나의 통합적인 공공성 모형을 제시했다. 그에 따르면 공공성의 결정 요인 중 정치·경제적 권위 요구가 영향력이 가장 커서 작업환경을 결정하고, 작업환경은 인력 및 인사제도를 결정하는 특징을 보인다는 것이다(Bozeman & Bretschneider, 1986: 475).

(3) 독점성

행정정보는 행정기관에 의해 독점적으로 소유, 운영, 관리되기 때문에 사조직의 경영정보와 같이 그 대가를 지불하고 쉽게 활용할 수 없는 특징을 갖고 있다. 이 같은 행정정보의 독점성은 일반의 접근은 물론 특정 행정기관을 제외한 다른 행정기관의 접근을 원칙적으로 금하는 '비밀정보'와 같은 사례를 보면 잘 알 수 있다.

(4) 합법성

행정정보는 사기업정보와 달리 그 수집, 처리, 활용, 전달 등이 관계법이나 규칙에 준거하지 않고는 원칙적으로 실행되지 못한다. 예컨대, 행정정보의 수집은 법에 따라 정부가 필요로 하는 정보를 국민 개개인으로부터 제공받음으로써 이뤄지는 '강제적 · 소극적' 정보 수집 방법의 형태를 띠고 있다. 이는 행정정보 활동이 합법적일 경우에 강제성까지 지니게 됨을 의미한다.

(5) 정치성

행정정보는 사기업정보와 달리 공공 활동을 지원할 목적을 가지기 때문에 상당한 정치적 성격을 내재하게 된다. 특정한 행정정보가 국민 전체 또는 일부에게 커다란 영향을 주었거나, 줄 것으로 판단되는 경우, 또는 그렇게 알려진 경우에 그 정보에 대한 정치적 책임을 규명할 필요가 발생한다는 사실은 행정정보의 정치성이 크다는 것을 잘 나타내는 측면이라 하겠다.

2 행정정보관리의 의의

1) 행정정보관리의 정의

행정정보관리(administrative information management : AIM; public information management : PIM)는 행정정보의 수집, 활용, 저장, 전달 등의 모든 활동 및 그에 필요한 모든 지원장비(예컨대, 컴퓨터 등의 하드웨어, 프로그램과 같은 소프트웨어, 그리고 정보통신설비)를 관리하는 것을 말한다. 좀 더 구체적으로 설명하면, 행정기관 및 공공기관이 법이나 규칙에 의거하여 국가의 목표를 달성하는 데 필요한 정책의 분석, 수립, 집행, 그리고 평가를 합리적이고 효율적으로 수행할 수 있도록 지원하는 정보를 컴퓨터, 또는 프로그램 및 통신을 이용하여 수집, 처리, 활용, 그리고 전달하는 모든 활동을 관리하고 통제함을 의미한다.

또한 행정정보관리는 공공의 지식정보를 관리하는 것으로 볼 수 있는데, 이것은 공공 부문의 지식정보 활동이 효율적으로 이뤄지도록 하는 것이다. 그리고 광의의 개념으로 국가 전체적인 차원의 지식정보 활동에 대한 관리라고 할 수 있다(최신융, 2005).

2) 행정정보관리의 목표

행정정보관리의 기본 목표는 행정환경이 안정적이든 역동적이든 그에 상관없이 행정정보관리를 통해 조직의 내적·외적 환경의 요구들을 처리할 수 있는 행정조직의 역량을 증대시킴으로써 행정조직의 효과성을 제고하는 데 있다. 여기서 주의할 점은 행정조직의 목적 달성은 능률의 극대화 기준에 의해 정의되기보다 행정조직의 내적·외적 환경 요소들에 대해 조직 자체가 순응하려는 노력인 '만족'으로 정의된다. 물론 조직의 내적·외적 환경의 요구를 충족시켜 주기 위해서는 행정조직이 능률적이어야 할 것이다.

일반적으로 조직의 내적·외적 환경에 관한 불확실성을 줄이고자 할 때, 조직에서는 자료나 정보의 처리가 필요하게 된다. 그러나 조직이 처한 환경이 안정적이냐 아니면 역동적이냐에 따라 조직의 적응 과정은 달라진다. 그리고 조직의 적응 과정에 따라 정보관리의 방향과 내용에 차이가 있을 수밖에 없다. 따라서 안정적인 환경에서 조직의 적응 과정은 '일상작업을 수행하는 식의 활동(activity in the performance mode)'을 취하게 되는데, 여기서 일상작업을 수행하는 식의 활동은 조직구성원의 의식구조가 변화에 일상적으로 적응함을 뜻한다. 이 같은 조직의 적응 과정에서의 정보관리는 비교적 일상적이고 반복적으로 사용되는 기존 정보의 관리에 치중하게 된다. 그 반면에 이러한 역동적인 환경에서 조직의 적응활동을 위한 정보관리는 새로운 자료나 정보를 탐색하는 것이 주가 되어, 비교적 덜 반복적이고 덜 일상적으로 사용되는 정보의 관리에 치중하게 된다(Marchand, 1982 : 60; Thompson, 1963 : 32; Duran, 1974 : 32-33 참조).

3) 행정정보관리의 가정

행정정보관리는 일반정보관리처럼 다음과 같은 두 가지의 가정 하에 이뤄진다. 첫 번째 가정은 정보가 이제는 더 이상 자유재(free good)가 아니라, 조직에서 매우 가치 있는 자원(valued resource)으로 간주된다는 점이다. 두 번째 가정은, 정보문제는 단지 기술적인 수정(technical fix)으로만 해결될 문제가 아니라는 점이다. 예를 들어 조직 내에서 정보의 과부하(information overload)와 같은 문제가 발생할 경우 그저 '어떻게(how to)'의 문제만이 아니라, '무엇을(what)' 그리고 '왜(why)'라는 문제가 더 중시된다는 것이다. 다시 말하면, 정보의 수집, 활용 및 가치와 관련해서 제기되는 문제는 정보를 어떻게 능률적으로 수집, 저장, 처리 및 분산할 수 있을까라는 과정의 문제뿐만 아니라 왜 특정 정보는 그런 식으로 수집되고 활용되며, 정보는 조직의 과업과 사명을 완수하는 데에 어떤 가치를 갖느냐는 좀 더 본질적인 문제와도 관련이 있다는 것이다(Marchand, 1982 : 59; Horton & Marchand, 1982 : 39).

4) 행정정보관리의 중요성

정보가 가치 있는 자원으로써 취급됨에 따라 다른 일반 상품처럼 관리 및 보호가 요구된다. 더욱이 행정정보를 관장하는 사람이나 조직은 막강한 영향력을 행사할 수 있다는 점에서 행정정보의 편중을 방지하며, 원활한 유통 및 공평한 공유를 보장하기 위해 그 관리의 중요성이 대두된다.

또한 행정정보관리의 중요성은 그것이 원활히 이뤄지지 않았을 때 발생할 수 있는 역기능을 살펴보는 것으로도 확인할 수 있다. 역기능은 크게 ① 행정정보를 투입하는 과정에서 발생하는 범죄, ② 행정정보를 처리하는 과정에서 발생하는 범죄, 그리고 ③ 행정정보를 산출하는 과정에서 발생하는 범죄로 나눌 수 있다(이윤식, 1988 : 474-495). 이러한 모든 행정정보 활동의 역기능을 극소화함으로써 행정 활동의 능률성과 효과성을 높이기 위해 행정정보의 관리가 필요하다.

3) 순기능 측면에서의 중요성

행정정보관리는 행정정보 활동이 제대로 이뤄지지 않은 때 발생할 수 있는 부작용을 극소화시킴으로써 행정 활동의 능률성과 효과성을 향상시키려는 소극적인 면에서 중요할 뿐만 아니라, 좀 더 적극적이 면에서도 중요성을 가지고 있다. 구체적으로 행정정보가 컴퓨터와 통신기술을 통해 수집, 활용, 저장 및 분산된다는 측면에서 정보통신의 발달에 따른 행정정보 활동을 통해 실시간 처리(real time processing) 및 원거리 공유 등과 같은 순기능적인 면을 증대시킴으로써 행정 활동의 능률성과 효과성을 향상시킨다는 점에서 중요하다.

한국에서 행정정보 활동의 순기능을 증대시키기 위해 실시되었던 사업을 살펴보면 다음과 같다. 한국에서의 행정정보관리는 초창기에는 행정전산화사업의 일환으로 이뤄졌는데, 1975년 8월 14일 대통령령 제7724호에 의거하여 설치된 행정전산화 추진위원회의 활동을 필두로 본격화되었다. 1987년부터는 제3차 행정전산화 5개년계획(1987~1991)을 제1차 국가기간전산망사업으로 실시했다(김길조, 1987: 169-194). 1999년에는 "창조적 지식 기반 국가 건설을 위한 정보화 비전"을 발표하고, 2001년 「지식정보자원관리법」(법률6232호)을 제정하면서 국가적 차원의 행정정보관리가 지식정보관리 차원으로 확대되어 본격화되었다. 이러한 지식정보자원관리 사업은 국가적으로 이용 가치가 높은 각 분야의 자료를 데이터베이스(DB)로 구축하여 일반 국민이 언제 어디서나 접근할 수 있도록 하기 위함이었다.

과거 행정전산망사업은 컴퓨터와 통신을 기초로 하여 행정사무 자동화를 시작으로 LAN(Local Area Network) 및 VAN(Value Added Network) 그리고 ISDN(Integrated Service Digital Network)을 개발하여 행정정보관리의 효율화를 기하고자 한 사업이었다. 이러한 사업의 결과 주요 행정정보를 전산 처리할 수 있는 환경이 조성되었다. 현재 진행되고 있는 국가지식정보관리사업은 과거의 하드웨어 중심의 인프라 구축을 넘어 공공 부문에서 생산하는 정보의 대부분이 민간 부문에도 활용될 수 있는 가능성을 제공해 줌으로써 정보에 대한 접근성을 높였다고 볼 수 있다. 이러한 면은 행정정보 활동의 순기능을 극대화하기 위한 것으로 평가할 수 있다. 물론 앞에서 설명한 행정전산망사업 자체가 행정정보관리 체제는 아니지만 행정의 능률성을 높이기 위해 행정정보 처리를 전산화함으로써 행정정보관리의 목적 일부를 달성하는 데 기여했다고 볼 수 있다.

결국, 행정정보관리는 행정정보 활동에서 초래되는 역기능적인 면의 해소라는 차원과 함께, 행정 활동의 능률성과 효과성을 높인다는 순기능적인 면에서도 절실히 요구된다. 게다가 행정정보관리가 요구되는 또 다른 이유는 지식정보화사회의 도래와 함께 행정정보 활동이 가져다 줄 수 있는 비민주적인 결과를 극소화함과 동시에 민주화에 부응할 정보 활동을 견지할 수 있도록 관리해야 할 시대적인 요구 때문이라고 할 것이다.[2]

제 2 절 행정정보관리의 제약 조건

공공조직 또는 공공기관에서 행정정보를 효과적으로 관리하기 위해서는 대체로 다음과 같은 제약 조건을 우선적으로 해결해야 한다(Marchand, 1982 : 65-68).

1 이론적 제약

일반적으로 공공조직에서 정보관리의 개념은 조직 내의 넓은 범위의 활동과 관련되어 있으며, 행정조직 내에서 정보의 생산 및 교환 등 제반 정보 활동의 과정과 대상을 총괄하는 것이 포함된다. 이는 정보관리가 행정조직에서 이뤄지는 단순 서류작업(paperwork), 보고서 작성, 자료 처리 장비 등에 대한 관심에만 그치는 것이 아니라 정보 교환 과정과 정보 교환의 여러 다른 대상 및 양식(mode)과 방법에 대한 더욱 폭넓고 통합적인 면을 포함함을 나타낸다. 그렇다면 공공조직의 행정정보관리에서 정보 처리 및 정보자원(information resources), 그리고 정보제품(information products)의 관리에 대한 간학문적(interdisciplinary)이거나 다학문적(multidisciplinary)인 접근법이 필요하다는 사실을 알 수 있다(Horton, Jr., 1977a; Snyder, 1973 참조). 결국, 조직관리에서 하나의 혁신적인 개념인 행정정보관리는 새로운 학문적 영역과 관리 영역을 만들어 냈다고 볼 수 있다. 그러나 아직까지는 그에 대한 충분한 이론적인 정향이 이뤄져 있지 못하다는 데에 행정정보관리의 제약이 있다.

2) 행정정보관리와 민주화에 관해서는 이윤식(1989). 민주화와 행정정보관리: 민주화 과정에 있어서 행정정보 관리체제의 문제점과 그 개선 방안. 「논문집(사회과학 편)」, 제6집. 숭실대학교를 참조할 것.

2 방법론상 제약

행정정보관리에는 공조직에서 정보 처리, 정보자원의 활용, 그리고 그 가치 및 비용을 사정하고 측정하는 데 이용 가능한 방법의 개발 및 적합성 문제가 제기된다. 사실, 행정정보의 활용과 가치를 평가하는 데 적용할 표준이나 평가 기준이 아직 제대로 확립되어 있지 못해, 행정정보를 산출하는 데 드는 비용을 측정하는 정도에 그치고 있는 형편이다(Horton, Jr., 1977b; Nolan, 1977 : 114-124).

3 조직관리상 제약

전통적인 공조직의 구조와 기능에 효과적인 행정정보관리의 개념을 도입·적용하는 데에는 많은 한계가 있다. 기존의 보고서 통제와 자료 처리 관행은 온라인(on-line)과 오프라인(off-line) 정보의 새로운 통합적인 정보관리 접근법과 상충하게 되는 경우가 많다(Commission on Federal Paperwork, 1977). 결과적으로 신구 제도의 충돌은 새로운 기법의 도입에 거부 반응을 일으켜 신제도가 제대로 정착하지 못하게 하는 경우도 발생하게 한다.

4 조직구성원의 제약

행정정보관리를 능률적으로 수행하는 데에 조직구성원이 제약 조건이 될 수 있다. 행정정보관리 접근법을 따르는 경우 기존의 행정조직 구성원들이 그들의 기존 관행과 습관을 변경하고 각자의 업무 수행 성과를 조직관리자의 심사 대상이 되도록 노출시켜야 하는데, 이에 대한 조직구성원들의 명시적·묵시적 저항이나 불만이 나타날 수 있다. 또한, 그들의 정보 활용 능력이 낮을 경우 행정정보관리가 적절하게 이뤄지지 않을 수 있다.

5 법적 제약

행정조직 내의 보고 절차·조건과 공문서 기록 내용을 통제하고 있는 기존 법규 등은 공공기관에서 정보 처리 및 정보자원을 관리·통제하는 데 드는 비용을 증가시킬 수 있다. 즉, 행정정보관리 접근법이 도입되었다고 하여 정보보고, 정보관리 및 정보 조건을 규제하는 법들이 그에 맞춰 시의 적절하게 자동적으로 개정될 것이라고 볼 수는 없다는 것이다. 심지어 공공 부문의 정보 처리와 관련된 문제나 관행들이 분명하게 밝혀지는 경우, 그와 관련된 정책과 행정조건을 재정립하여 오히려 기존의 정보 처리 방식을 더 강화하게 될 수도 있다.

6 재정적 제약

행정정보관리에서 예산 확보 또한 중요한데, 정보자원에 대한 예산편성을 할 때 그것이 기존의 예산편성에 관한 관행이나 규칙에 저촉되는 경우가 있을 수 있다. 이러한 경우 행정정보관리를 효과적으로 수행하기 어렵게 되거나 불가능하게 할 수 있다. 또한 현재의 점증주의적 예산 결정 방법에 따른 소규모의 재정적 수정이 막대한 재정지출이 요구되는 행정정보관리 분야의 예산편성을 원활하게 하고 행정정보관리 분야의 개선에도 기여할 수 있을지는 확실치 않다(Marchand & Stucker, 1977 : 26-78).

7 조직의 현상 유지 성향

행정정보관리는 행정 절차나 과정 및 정책, 그리고 조직구조 자체의 불가피한 변화를 요구하게 된다. 그러한 변화는 조직 내외의 수용과 지지를 받아야 하는데, 이 과정에서 한 가지 명백하게 대두되는 문제는 현상 유지의 매몰비용(the “sunk” cost of the status quo)이 초래된다는 것이다. 여기서 현상 유지의 매몰비용이란 행정정보관리의 도입으로 인해 기존의 행정 활동에 초래되는 부정적인 효과를 의미한다. 즉, 많은 조직구성원이 기존의 정보 취급 절차나 정책을 변경시키는 것에 대해 개인적 · 전문적인 관심을 갖지 않거나 거부감을 갖고 있는 경우 초래되는 제반 비용을 말한다(Downs, 1967 : 191-120). 행정정보관리로 인해 행정조직 활동에서 업무 수행상 갭(gap)이 초래되는 경우, 현상 유지에 더 많은 관심을 갖고 있을지도 모르는 일부 구성원은 거부감을 나타내게 되고 이로 인해 조직 내에서 분열과 변화가 야기될 수도 있다. 이 같은 문제는 '관료적 병폐(bureaupathology)'의 존재를 고려할 때 충분히 있을 수 있다(Stockfisch, 1982 : 120-133).

결국, 행정정보관리의 역할이 공조직의 능률성을 제고하기 위해 정보 및 정보자원의 철저한 사정과 통제를 지원하는 것이라는 점을 감안할 때, 이상의 제약 조건들을 실질적으로 해소하지 않고는 성공적인 행정정보관리를 보장할 수 없다.

제 3 절 행정정보관리 접근법

1 호튼과 마천드(H-M)의 행정정보관리(AIM) 접근법

1) 내용

거의 대부분의 경영정보이론은 사조직의 경영정보 체제를 고찰하면서 협의의 조직 차원에서 조직 내적 또는 조직구성원의 개별적 행위에 초점을 두고 있다. 특히 그 주류는 조직의 특성과 경영정보 체제의 성과(performance)를 관련시켜 조직적 맥락(organizational context)에 연구의 초점을 맞추는 것이다.[3)]

3) William Delone(1981). Firm Size and Characteristics of Computer Use. *MIS Quarterly*, Vol. 5. pp. 65-78; Margrethe H. Olson & Norman L. Chervany(1980). The Relationships Between Organizational Characteristics. *MIS Quarterly*, Vol. 4, No. 2. pp. 57-68; Philip Ein-Dor & Eli Segev(1980). Organizational Context and the Success of Management Information Services Function. *MIS Quarterly*, Vol. 4. pp. 57-67; Philip Ein-Dor & Eli Segev(1978). Organizational Context and the Success of Management Information Systems. *Management Science*, Vol. 24. pp. 1065-1077; Philip Ein-Dor & Eli Segev(1978). Strategic Planning for Management Information Systems. *Management Science*, Vol. 24. pp. 1631-1641; Philip Ein-Dor & Eli Segev(1982). Organizational Context and MIS Structure Some Empirical Evidence. *MIS*

이런 경향은 행정정보관리에 관한 연구에서도 두드러지게 나타난다. 호튼(F. W. Horton)과 마천드(D. A. Marchand)는 행정정보관리를 인적 요소, 기계적 요소와 자료 간의 상호작용 관계로 설명하고 있는데, 그 중에서 기계적 요소와 자료 간의 상호작용 관계를 행정정보원관리(Administrative Information Resource Management)로 보고,[4] 인적 요소와 자료 간의 상호작용 관계를 행정정보처리관리(Administrative Information Processing Management)로 봄으로써 이들 두 유형의 관리가 행정정보관리(Administrative Information Management : AIM)를 구성한다고 보았다(Horton-& Marchand, 1982 : chs. 1-3 참조). 이것을 정리하면 [그림 3-1]과 같다.

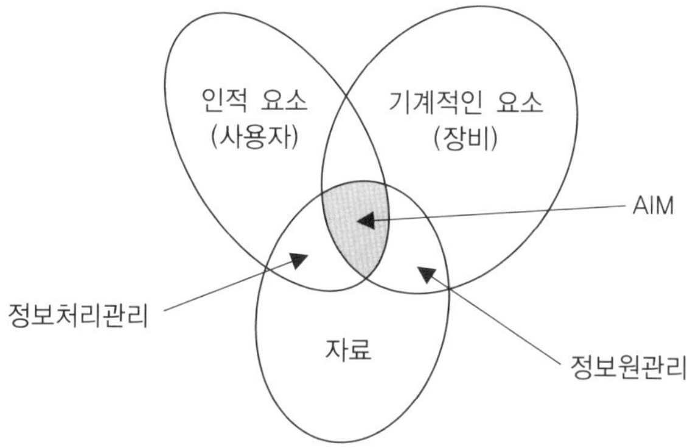

그림 3-1 H-M의 AIM 접근법

자료: 이윤식(1999)에서 재인용.

호튼과 마천드의 행정정보관리 접근법의 내용을 좀 더 구체적으로 살펴보면 다음과 같다.

(1) 행정정보원 관리

행정정보원관리는 [그림 3-1]에서 보는 바와 같이 공공조직에서 행정정보관리의

Quarterly, Vol. 6. pp. 56-67을 참고할 것. 또한 이것에 관한 경험적인 연구 결과는 Blake Ives, Scott Hamilton, & Gordon Davis(1980). A Framework for Research in Computer-Based Management Information Systems. *Management Science*, Vol. 36. pp. 910-934에서 찾아볼 수 있다.

4) 유종해는 행정정보 체제의 구성 요소를 ① 정보의 필요성의 결정, ② 정보의 동원, ③ 정보의 수집과 처리, ④ 정보의 전달, 그리고 ⑤ 정보의 수령, 사용, 저장으로 보았는데, 이는 안문석의 '행정정보 처리 과정'의 절차와 유사하다(유종해, 1986 : 578).

대상으로 자료와 하드웨어 측면을 강조한다. 또한 행정정보원 관리는 정보가 조직의 자원이라는 개념에 바탕을 둔 정보관리 접근법을 의미한다. 그래서 조직구성원들의 욕구나 정보 요구를 충족시켜 주기 위해 정보 처리 결과로 나타난 유형의 정보 생산물 및 도구의 질과 그 활용 그리고 그에 대한 관리에 초점을 둔다. 여기서 행정정보원은 자료, 통신, 워드프로세싱, 그리고 전통적인 자료 처리 도구뿐만 아니라 개인용 컴퓨터 등을 포함한다. 행정정보원관리 개념은 기술의 정교함이나 하드웨어와 소프트웨어의 능률성보다는 특히 행정정보 체제의 자원에 대한 조직적 관리의 효과성을 강조한다.

행정정보원관리는 공공조직 구성원들의 욕구나 정보 요구에 부응하기 위해 다양한 자료 취급 기술을 도입하는 데에 정보물의 질과 신뢰도에 특별한 관심을 가질 것을 요구한다. 결국 행정정보원관리 개념은 이들 행정정보원에 대한 관리 활동과 행정정보 처리 활동 간의 갭을 줄여주고, 조직의 의사결정에 가치 있는 정보 과정과 정보제품의 조정적 관리 필요성을 환기시켜 주는 방향으로 추구된다. 즉, 정보를 자원으로서 적절히 회계하고 예산편성을 하여 기획하고, 조직화하며 평가하는 방법을 터득하지 않는 한, 창출된 정보의 활용에서 중요성을 절감하지 못한 채 정보의 생산, 사용 및 취급을 위한 자원을 계속해서 낭비하게 될 위험성이 있다. 정보통신기술의 확산이 점점 더 심화되고, 의사결정을 위해 사용 가능한 정보에 대한 요구가 점증하고 있는 상황에서 정보원에 대한 관리가 그만큼 더 중요시된다.

(2) 행정정보 처리관리

행정정보 처리관리는 행정정보원 관리보다 더 역동적인 면을 나타낸다. 이는 공공조직의 구성원들이 의사결정과 분석적인 목적을 위한 정보 자원 및 지원 기술과 어떠한 상호작용 관계를 형성, 유지하는가에 관심을 갖고 있다. 다시 말하면, 행정정보 처리관리는 주로 공공조직 내에서 조직구성원과 자료 간의 상호작용 및 그 관계의 질(質)에 초점을 두고 있다. 이처럼 행정정보 처리관리는 정보자원의 효과적인 활용과 관계된 것으로서 사람 중심적인 문제나 이슈를 강조하여 다음과 같은 면에 특별한 주의를 기울인다. ① 공공조직 내에서 사용되는 자료의 유형과 조직구성원 개개인들과의 상호작용의 질에 관심을 가진다. ② 전달문이나 다른 자료들이 조직 내에서 얼마나 잘 유통되는가에 관해 관심을 가진다. ③ 공공조직 내 정보처리 환경 및 여건이 관심의 대상이 된다. 그리고 ④ 행정정보 처리관리의 대상은 정보의 활용 정도이다.

이는 다음과 같은 문제들에 관심을 집중해야 함을 시사한다. 즉, 조직구성원 개개인은 어떻게 정보를 처리하고 교환하며, 그들은 조직환경 속에서 각종 언어와 상징을 얼마나 잘 이용하고 있는지에 관심을 두어야 한다. 또한, 조직 내에서 정보 처리를 강화하기 위한 정보기술의 효과적인 활용에 요구되는 전제 조건은 무엇이며, 조직 내외의 사람들을 위해 처리된 정보의 질과 가치에 조직의 유지 및 생존 본능은 어떻게 영향을 미치는가에 대한 분석이 필요하다는 것이다.

또한 조직의 행정정보 처리의 효과성은 사용된 정보기술의 정교함의 문제를 초월해서 많은 복잡한 변수에 의해 영향을 받는 조직구성원들이 여러 가지 자료를 얼마나 효과적으로 사용하느냐에 달려 있다. 따라서 행정정보 처리관리에서 동기적 요소가 조직 전체에 영향을 주어 외부 행위자들, 예컨대 의원, 이익단체, 고객 및 일반 시민뿐만 아니라 조직구성원들이 행정정보 처리의 효과성을 좌우함에 유의해야 한다.

2) 비판

호튼과 마천드의 행정정보관리 접근법은 분석의 초점을 행정조직의 내부 활동에 둠으로써 조직 외적 환경의 영향을 무시한 측면이 있다. 맨서(Ali Mansour)와 윗슨(Hugh Watson)은 정보관리에서 외부 환경의 영향은 매우 중요하며, 더욱이 그런 외부 환경은 공조직과 사조직 간에 크게 다르다고 주장한다(Mansour & Watson, 1980 : 521-533). 또한 행정정보원과 처리 결과인 행정정보 생산품은 개념적으로 명확히 구별되어야 하며, 그에 따라 관리접근법이 달라져야 한다는 사실을 경시함으로써 역동적이고 체계적인 분석을 하고 있지 못하다는 비판을 면키 어렵다. 또한 정보 체제의 핵심인 인적 요소와 기계적인 요소의 상호작용 체계를 무시하고 있다.

2 보즈먼과 브레츠슈나이더의 행정정보 체제 접근법

1) 내용

(1) 분석모형

보즈먼(B. Bozeman)과 브레츠슈나이더(S. Bretschneider)의 행정정보 체제(public

management information system: PMIS) 접근법(Bozeman & Bretschneider, 1986: 475)은 아이브스(B. Ives) 등의 경영정보 체제(management information system: MIS) 접근법(Ives, Hamilton, & Davis, 1980: 910-934)의 오류를 극복하면서 광의의 조직 수준 또는 거시적 차원에서 행정정보 체제를 연구하기 위한 수정된 분석틀(framework)로서 분석 수준을 사회, 조직, 그리고 개인 수준으로 구분하고 있다. 사회적 수준에는 외부 환경(external environment)을, 조직적 수준에는 조직적 맥락(organizational context)을, 그리고 개인적 수준에는 개인적 특성(individual attributes)을 중심으로 분석을 전개하고 있다. 또한 외부 환경을 대변하는 독립변수로서 사회적 맥락(social context)을 활용하고, 조직적 맥락을 대변하는 독립변수로서 PMIS의 구조적 맥락(structural context)을 활용하며, 또한 개인적 특성을 대변하는 독립변수로서 의사결정 맥락(decision making context)을 활용하고 있다.

이를 좀 더 구체적으로 설명하면, 거시적인 측면에서 사회·경제적인 맥락을 외부 환경 요소로 보고 이들이 조직적 맥락변수인 PMIS 변수들, 즉 기술·관리·구조를 경유하여 종속변수인 PMIS 성과에 영향을 미친다고 보고 있다. 그와 동시에 미시적인 측면에서 개인적 특성을 나타내는 의사결정 맥락변수들, 즉 인지 방식(cognitive style), 정보 체제에 대한 만족도 및 다른 개인적이고 인구학적인 특성(demographic characteristics)을 포함한 조직 내 활동 개체들의 특성이 PMIS 성과에 영향을 미치는 것으로 보고 있다. 여기서 효과성(effectiveness) 변수로서는 개인적 특성을 측정하는 수준에서 비용(cost), 적시성(timeliness), 그리고 이윤성(profitability)을 사용하는 한편(Dickson, Senn, & Chervany, 1977: 912-923; Lucas, Jr., 1981: 757-768; Remus, 1984: 533-542), 조직적 특성을 측정하는 수준에서는 PMIS의 총체적 활용의 다양성, 그리고 조직 내의 활용 수준(Ein-Dor & Segev, 1978: 1065-1077)을 사용하고 있다. 이러한 PMIS 접근법을 알기 쉽게 나타내면 [그림 3-2]와 같다.

보즈먼과 브레츠슈나이더의 PMIS 접근법을 일반 MIS 접근법과 비교해 설명하면, PMIS 접근법은 조직 내적 특성보다 조직외적 환경의 영향에 더 많은 관심을 두면서 아이브스 등의 MIS 접근법에서처럼 단순히 환경의 영향을 인식하는 정도를 넘어 환경 요소를 원격 환경(distal environment) 요인과 근접 환경(proximate environment) 요인으로 구별하고, 원격 환경 요인이 근접 환경 요인에 영향을 미침으로써 결국 PMIS의 조직적 관리 행태뿐만 아니라 인적 관리 행태가 결정된다고 본

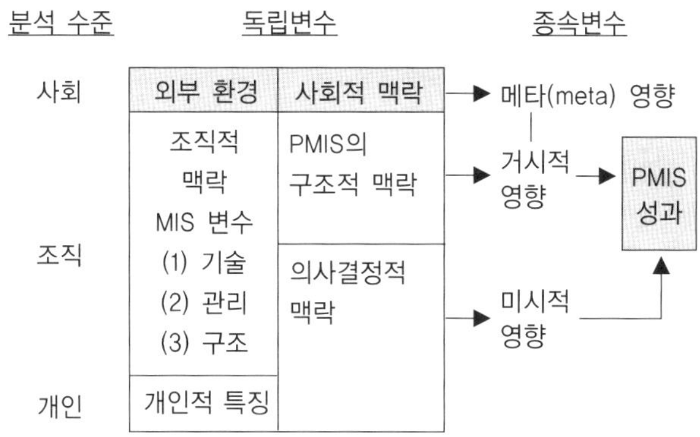

그림 3-2 B-B의 PMIS 접근법

자료: 이윤식(1999)에서 재인용.

다. 특히 보즈먼과 브레츠슈나이더의 PMIS 접근법이 아이브스 등의 MIS 접근법과 가장 크게 차이를 이루는 점은 원격 환경으로서 정치적·경제적 영향을 중시하며, 그 중에도 정치적 요인에 의해 상대적으로 행정정보 관리 행태가 더 많은 영향을 받는다는 것이다. 또한 이런 원격 환경 요인은 근접 환경 요인인 업무 환경(work context) 요인에 영향을 미쳐 조직관리 행태를 결정짓는다고 보고 있다. 여기서 정치적 요인으로는 법적·제도적 요소와 사회심리적 요소를 들고 있으며, 이들 요소가 조직의 업무 환경 변수인 시간구조(time frame), 정치적 주기(political cycle), 매체의 관심(media attention), 위기 정향(crisis orientation), 책무성(accountability)과 모니터링(monitoring) 등에 영향을 미치게 되어 결국에는 조직의 내적 관리 및 인적 관리 행태를 변화시키게 된다고 본다.

(2) PMIS의 성과평가 유형

보즈먼과 브레츠슈나이더의 PMIS 접근법에 의하면 PMIS의 성과를 다음과 같은 세 가지 수준에서 평가되고 있다(Mansour & Watson, 1980: 526).

① 환경 수준에서 성과평가

PMIS의 환경 수준에서 성과(environmental level of performance)는 공공관료의 최종 공공재 및 서비스에 대한 만족도, 고객에 대한 공평성, 그리고 기본권의 보호와 같은 적법 절차(due process)의 허용 정도에 의해 평가되는데, 이것은 원격 환경 요인에 의해 영향을 받는다는 것으로 PMIS의 가장 중요한 속성이 된다.

② 관리 수준에서 성과평가

PMIS의 관리 수준에서 성과(managerial level of performance)는 효용 유보 정도(benefit savings), 책무성(accountability), 그리고 가시성 억제 정도(visibility "screw up" index)에 의해 평가되는데, 이는 MIS가 주로 경제적 이윤성(profitability)에 성과를 두는 것과 차이를 보인다.

③ 운영 수준에서 성과평가

PMIS의 운영 수준에서 성과(operational level of performance)는 주로 비용, 능률성, 그리고 적시성에 준거하여 이뤄진다. 이러한 PMIS의 운영면의 성과는 주로 하드웨어, 소프트웨어, 그리고 자료의 실제적 측정과 아주 밀접하게 연관된 것으로 정보관리 체제의 자원 부분의 성과를 반영한다. 그 밖에 PMIS의 응용 체제(application systems), 통계적이고 의사결정 지향적 모형의 활용 정도, 그리고 시스템의 개발 및 전달에 관한 평가에 의해서도 PMIS의 운영 수준에서 성과가 평가된다. 여기서 주의할 점은 이러한 기술적 운영 수준에서 성과가 근접 환경의 영향을 더 많이 받을 뿐만 아니라 일반 사조직의 정보관리에서 더욱더 중요시되고 있다는 것이다(Bozeman &

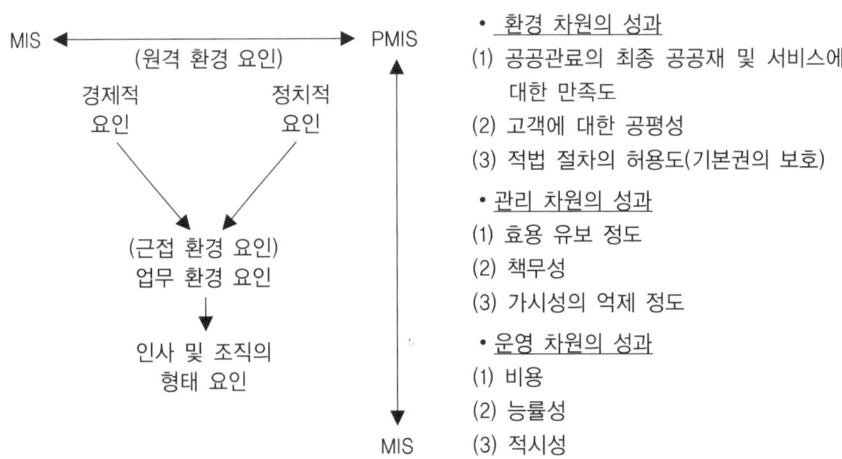

그림 3-3 B-B의 PMIS 접근법과 일반 MIS 접근법의 비교

자료: 이윤식(1999) 재인용.

Bretschneider, 1986 : 481). 지금까지 살펴본 B-B의 PMIS 접근법을 기존의 MIS 접근법과 비교한 것을 도식화하면 [그림 3-3]과 같다.

(3) PMIS의 특징

보즈먼과 브레츠슈나이더의 PMIS 접근법에 따르면 행정정보관리 체제 또는 행정정보 체제는 사기업 경영정보관리 체제와 비교하여 다음과 같은 일반적인 특징을 가진다(Bozeman & Bretschneider, 1986 : 481).

① 정치적 능률성 및 정책의 과업성에 의한 평가

PMIS의 효과성이나 성과는 MIS처럼 경제적인 능률성이나 이윤성만으로 평가될 수 없다. 이는 PMIS가 가지는 공공적 특성에 따른 것으로, 대신 정치적인 능률성 및 정책의 과업적 성격에 의해 동시적으로 평가되어야 한다는 것이다.

② 점증주의적이고 상황적응적인 기획과 조직외적 연계 기획

PMIS는 MIS와 마찬가지로 그 기획상 총체적이거나 합리적인 방법보다는 점증주의적이고 상황적응적(contingent)인 방법을 선호하게 되는데, 그 이유는 PMIS가 공공 부문에서 상존하는 외부통제와 정치적 변화에 대해 비교적 민감해야 하기 때문이다. 그러므로 점증적이고 상황 적응적인 PMIS의 기획은 합리적 방법에 의해 이뤄지는 기획보다 비효과적일 수밖에 없는데, 이는 일반 사조직에서와 달리 공공 부문에서 이뤄지는 예비 과정에 기인하기 때문이다.

또 PMIS는 조직 외적 수평 및 수직적 연계(extraorganizational horizontal and vertical linkage)가 가능한 한 크게 이뤄지도록 기획되어야 하며, 시스템적인 설계를 이루도록 해야 한다. 이는 공공 부문에서 PMIS는 환경을 모니터하기 위한 것뿐만 아니라 외부 행위자들이 관련 조직과 상호작용을 하거나 관련 조직의 활동을 모니터하기 위한 수단으로서 활용되기 때문이다. 따라서 PMIS는 외부 접근이 가능하게 설계되어야 하고, 책임성을 확보해야 하며, 동료 기관의 목적들과 상충되는 방향으로 운영될 가능성과 중복성을 피해 설계·운영되어야 한다는 것이다.

③ PMIS 최고책임자의 정치성 배제와 PMIS 자원의 공유

PMIS의 최고책임자의 정치성을 배제한다는 것은 공공조직 내 집행부의 최고위층 인물이 되어서는 안 된다는 것이다. 이는 사기업 조직과 달리 공공조직의 집행부 최고위층은 주로 정치적으로 임명된 사람으로서 조직의 운영관리에 관여하기보다는 정치적 주기를 의식하여 단기적 효과를 거두는 데 더 많은 관심을 갖고 있는 경우가 많아 PMIS의 장기적 관리목표의 달성을 저해할 우려가 있기 때문이다.

또한 PMIS의 조달정책은 대여(leasing)와 PMIS자원의 공유에 중점을 두어야 하는데, 이는 MIS에 투자하는 민간 부문의 자본과 달리 공공 부문의 조직은 PMIS에 투자하는 자본에 대해 세금 혜택 등을 받음으로써 투자 효과를 극대화하기가 어려울 뿐만 아니라, 노후장비에 대해 정당한 시장가치를 기대할 수도 없기 때문이다.

④ 생산성 요소 이외의 변수에 의한 PMIS의 정당화

PMIS는 노동력의 절감(labor savings)만을 위해 정당화되어서는 안 된다. 비록 PMIS로 인한 노동력의 절감이나 인력 대체 효과가 없지 않다고 하더라도 그 규모가 현저하거나 유의미하다고 볼 이유가 없기 때문이다. 왜냐하면 공공 부문의 일자리는 민원(civil service)이 요구되는 한 보장될 뿐만 아니라, 더욱더 강력한 보장인 정치적 대상물(political quid pro quo)로서 보호되기 때문이다. 더욱이 공공 부문에서의 노동력 감축은 순수한 이익 추구를 위한 것이 아니라 실업방지책(a wedge against unemployment)의 일환으로서 공공복지적 차원에서 이뤄지기 때문에, 상당한 사회적 비용이 발생할 소지도 있다. 따라서 요원 해고(personnel displacement)는 공공재 및 용역의 본질과 안전망(safety net)으로서 공직의 역할을 고려할 때, 생산성의 근거만으로 용납될 수 없다는 것이다.

2) 비판

보즈먼과 브레츠슈나이더의 행정정보관리 접근법은 공공조직을 사조직과 기본적으로 다르게 하는 공공조직의 공공성(publicness)을 결정하는 변수들 중 거시적인 환경 요소에 지나치게 집착한 나머지, 공공조직의 일부인 행정정보관리 체제가 환경으로부터 영향을 받을 뿐만 아니라, 환경에 영향을 주어 그것을 변화시킬 수 있다는 사실을 간과하고 있다. 즉, PMIS와 환경 간의 역동적인 상호작용을 무시하고 있는 것이다. 그로 인해 어떻게 행정정보관리 체제가 환경의 영향에 대처해 나가는지, 그리고 그런 활동을 어떻게 관리할 것인지에 대해 전혀 시사하는 바가 없다. 그리고 보즈먼과 브레츠슈나이더의 PMIS 접근법은 PMIS의 외부 환경, 특히 정치적 환경 요소의 중요성을 인식하고 있지만, PMIS의 투입 기능과 산출 기능의 차이와 그들의 영향에 관한 관리에 대해 구체적으로 언급하고 있지 않다.

이상에서 살펴본 기존의 행정정보관리 접근법들은 행정정보관리 체제의 이해에 부분적으로 기여하고 있을 뿐, 여러 가지 문제점을 내포하고 있어 이들 문제점을 해소하고 행정정보관리 체제를 좀 더 정확히 이해하기 위해서는 체제접근법(systems approach)적 연구가 요구된다. 아래에서는 행정정보관리에 관해 체제 접근법적 고찰을 하고자 한다.

3 체제 접근법적 관리

행정정보관리를 체제 접근법적(Bozeman & Bretschneider, 1986 : 481)으로 고찰하면 세 가지 주요 하위 체제로 구분해 살펴볼 수 있다.[5] 이들 하위 행정정보관리 체제는 ① 행정정보 투입관리 체제, ② 행정정보 처리관리 체제, 그리고 ③ 행정정보 산출관리 체제다. 여기서 한 가지 주의할 점은 각각의 하위 행정정보관리 체제들이 하나의 독립된 체제를 이루고 있다는 것이다. 예컨대, 행정정보 투입관리 체제는 나름대로의 투입 기능과 처리 기능 및 산출 기능을 갖고 활동한다는 것이다. 이는 행정

5) 대부분의 경영정보관리론이 체제 접근법적 입장을 취한다고는 하지만 그것은 정보 처리에 관해서만 언급하고 있을 뿐이다. 정보관리 전체를 체제 접근법적 입장에서 구체적으로 분석한 연구는 없다. 다만 유사한 것으로 다음과 같은 문헌들을 참고할 수 있다. Mere Uri Porat. The Public Bureaucracics, in F. W. Horton & D. A. Marchand(1982). *op. cit.*, pp. 16-27; Ida R. Hoos. (1972). *Systems Analysis in Public Policy : A Critique*. Berkeley. CA : University of California Press. pp. 195-234; G. B. Davis & M. H. Olson(1985). *Management Information System*. New York: McGraw-Hill Co. Ch. 9; Niv Ahituv & Seev Neumann(1982). *Principles of Information Systems for Management*. Dubuaue, IA : Wm. C. Brown Co. Ch. 4. 그 밖에 일반적인 체제 접근법의 일반체제이론 및 체제분석 등과 개념적 차이 등에 관해서는 이윤식(1989). 민주화와 행정정보관리 : 민주화 과정에서 행정정보관리 체제의 문제점과 그 개선 방안. 「논문집(사회과학 편)」, 제6집. 숭실대학교에 수록된 다음의 각주 참조. Robert M. Korone (1980). *Systems Analysis and Policy Sciences; Theory and Practice*. New York : John Wiley and Sons. Chs. 3-4; Ludwig von Bertalanfty(1968). *General Systems Theory : Foundations, Development, Applications*. New York : George Brazillerm(rev. ed.); 서남원(1985). 「경영정보론」. 서울 : 무역경영사. pp. 54-56, 98-100; 편인범(1983). 「경영정보론」. 서울 : 경진사. p. 135; 이영환(1989). 「시스템 분석과 설계」. 서울 : 법영사. Ch. 3; 소영일 · 이종민(1989). 「MIS원론」. 서울 : 법영사. Chs. 3-4; 유종해(1986). 전게서. pp. 834-840 참고.

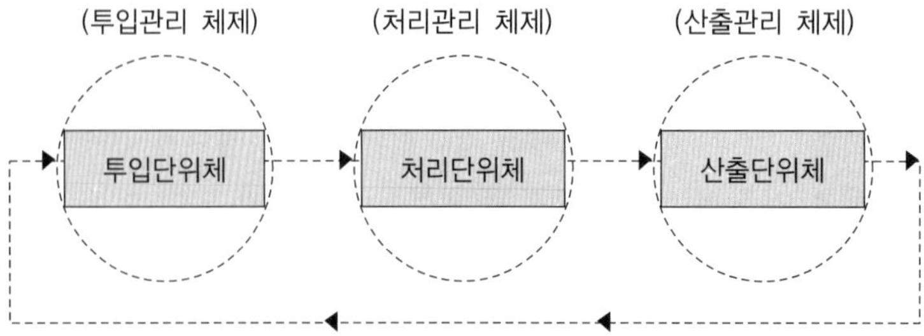

그림 3-4 체제 접근법적 행정정보관리 체제

자료: 이윤식(1999) 재인용.

정보의 투입 활동이 실제로는 하나의 기능으로 그치지 않고, 최종적인 투입을 위해 가장 적절한 정보원을 산출해 내는 하나의 과정이요, 메커니즘이라는 사실을 의미한다. 이들 하위 행정정보관리 체제 간의 관계를 도식화하면, [그림 3-4]와 같다.[6)]

이상의 각 하위 행정정보 관리 체제의 기능을 구체적으로 살펴보면 다음과 같다.

1) 행정정보 투입관리

행정정보 투입관리란 어떤 특정한 목적을 위해 공공조직 내에서 정보를 창출하기 위해 관련 자료나 정보원을 투입하는 과정을 통제하는 것을 의미한다. 기존의 연구들과 달리 이 책에서 투입 과정을 행정정보관리 체제의 하위 체제로 간주하는 이유는 행정정보의 산출 결과가 초래할 수 있는 영향이 국내외적으로 막대할 수 있기 때문에 일반 사기업체에서 행해지는 것과 달리 입력 자료나 정보원이 행정정보관리 체제에 투입하기 전에 유효성 내지 적합성 또는 신빙성을 확보해야 하기 때문이다.[7)] 다시 말하면, 일반 정보관리 접근법들은 처리 과정에 입력되는 자료는 일단 유효한 것

6) 체제 접근법의 가장 중요한 특성 중의 하나는 경계(boundary)가 있다는 것으로 이것은 체제를 경계 내부와 환경인 체제 외부로 분리한다는 것이다. 좀 더 구체적으로 체제를 특징짓는 성격을 보면 다음과 같은 여섯 가지 기본 요소로 구성되어 있다. 즉, ① 목표와 목적, ② 투입, ③ 산출, ④ 경계와 환경, ⑤ 구성 요소와 상호 관계, 그리고 ⑥ 제약 조건이다(Ahituv & Neumann, 1982 : 90-93)을 참고할 것. 또한 이러한 체제 접근법적 고찰의 실례는 이윤식(1989)을 참고할 것.

7) 일반적인 경영정보론에서 다루는 기본적인 정보 체제 모형과 자료 저장 기능을 포함한 정보 체제 모형을 정리하면 다음과 같다.

(가) 기본 정보 체제 모형

자료 ···→ 처리 ···→ 정보

으로 가정하고 단지 하나의 투입물로 간주할 뿐 독립된 하위 체제로 보지 않는 반면, 여기서는 투입 과정을 행정자료의 신빙성을 중시하여 사용하고자 하는 자료에 대한 투입 전 점검을 하는 독립된 정보 처리 과정으로 취급한 것이다. 또한 제1차로 처리된 정보를 재차 투입하고자 하는 경우에도 그 활용 목적이 다를 것이므로 투입물로서 유효성 등을 조사하는 활동이 필요하고 실제로 그렇게 행해지고 있다고 볼 때, 투입 과정을 하위 체제로 보는 것은 당연하다.

행정정보 투입관리 체제의 기능은 행정정보를 산출하기 위해 사용될 수 있는 모든 유형의 자료나 정보원, 예컨대 각종 문서 및 서류작업(paperwork)을 관리하는 것을 의미한다.[8] 이처럼 행정정보 투입관리는 행정정보를 산출하기 위해 다양한 정보원이나 자료를 수집하는 과정을 관리하는 것으로서, 여기에는 특정한 정보를 얻는 데에 다소 중요시되지 않는 입력 자료의 수집 포기(예컨대, 각종 지원서 또는 보고서에서 본적란이 삭제된 사례 등) 또는 새로운 정보의 추가 등과 같은 활동을 통제, 관리함을 포함한다. 이러한 행정정보 투입관리 체제에서는 산출물이 환경에 주는 영향의 결과로 나타나는 정보 활동상의 변경 등을 통제하게 된다. 여기서 '환경'은 정보관리 체제의 외적인 정치, 사회적 제반 여건을 말하며, 때로는 하나의 행정정보관리 체제에서 그 체제를 구성하는 각종의 하위 체제도 환경이 될 수 있다.

(나) 저장 기능을 포함한 기본 정보 체제모형

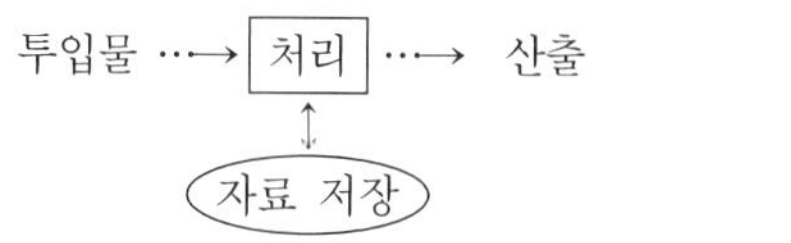

이상의 정보 체제들은 그 전체를 정보처리 체제(information processing system) 또는 컴퓨터 자료 체제(systems for computer data processing)로 본 것이다. 따라서 투입과 산출을 하위 체제로 보지 않고 처리 기능만이 체제를 형성하고 있다고 보고, 여기에는 다섯 개의 하위 체제가 구성되어 있다고 간주한다. 즉, ① 하드웨어와 시스템 소프트웨어 하위 체제, ② 관리 및 행정하위 체제, ③ 운영 하위 체제, ④ 응용 시스템 개발 및 보수(maintenance) 하위 체제, 그리고 ⑤ 응용 시스템 하위 체제이다. 또한 이들 하위 체제는 각각 그들 나름대로 독립된 하위 체제로 구성되어 있다고 본다(Davis & Olson, 1986 : 288-289) 참조. 이와 유사하게 안문석 교수는 '행정정보 처리 과정'에 초점을 둠으로써 그러한 과정은 다음과 같은 네 단계로 구성되어 있다고 보고 있다. 즉, ① 정보 투입 단계, ② 정보 해석 단계, ③ 목표 설정 단계, 그리고 ④ 평가 단계다. 아울러 이들 각 단계에서 공조직과 사조직이 차이를 보이고 있다고 주장한다(안문석, 1988 : 9-10).

8) 이런 관점에 대한 타당성은 이미 몇몇 기존 연구에서 암시되고 있다. 예컨대, G. B. Davis & M. H. Olson(1986). *op. cit.*, pp. 272-273; Ida R. Hoos(1972). *op. cit.*, pp. 231-234를 들 수 있다.

행정정보 투입관리 체제에 대한 평가는 투입활동의 경제성이나 능률성에 입각하여 이뤄질 수도 있으나, 무엇보다도 정치적 이유 등 외부 환경에 의해 평가되는 경우도 있는 것이 다른 하위정보 관리 체제와 다른 점이라고 할 수 있다. 또한 행정정보 수집상 초래될 수 있는 컴퓨터 및 통신기기와 관련된 각종 범죄에 관해서도 행정정보 투입관리 체제에서 통제된다(Kish & Morrisi, 1982 : 139-159; Commission on Federal Paperwork, 1982b: 185-204). 그런 범죄들 중 대표적인 경우로는 국민 개개인의 기본권을 침해하면서 정보 수집 활동을 전개하는 국가기관 및 조직들의 불법 도청 또는 컴퓨터와 통신기술을 이용한 비합리적이고 비윤리적인 정보 수집 행위 등을 들 수 있다. 그런데 이 같은 유형의 범죄는 투입 과정에서 그다지 보편화되어 있지 않는 반면에, 정보 처리 과정에서 컴퓨터 범죄가 더 빈번히 발생하므로 그에 관한 통제・관리가 절실히 요구된다. 그 밖에 행정정보 투입관리 체제는 국가기관이 국민에게 부당하게 요구하는 정보원의 제공을 거절할 수 있는 권리의 보호 기능을 수행한다.

결국, 행정정보 투입관리 체제의 주요 관심사는 이용할 정보원이나 자료의 신뢰성 확보 문제, 그리고 자료의 신뢰성을 확보하기 위한 정보원 수집 활동의 합법성・정확성 보장의 문제가 될 것이다. 또한 행정정보 투입관리의 대상은 행정정보를 확보하기 위해 사용되는 각종 자료 및 정보원 그리고 그런 투입물들을 취급하는 데 필요한 각종 지원 기술 및 장비들이다. 그런데 여기서 유의해야 할 점은 기존의 정보관리 접근법들이 등한시 내지 무시하고 있는 투입물의 결과 및 그로 인해 초래되는 영향 자체는 이 투입관리 체제의 기능 속에 포함되지 않고, 행정정보 산출관리 체제의 기능에 속한다고 보는 것이다.

2) 행정정보 처리관리

행정정보 처리관리는 행정정보 사용자와 투입된 자료 또는 정보원과의 상호작용을 통제하는 것으로서 특히 사용자인 인간이 정보통신기기를 이용하여 정보를 획득하여 처리하는 활동의 내용과 질 그리고 경향 등을 그 관리의 주된 대상으로 간주한다. 여기서 '사용자'란 대부분의 경우 행정정보의 관리 주체인 행정기관 및 소속 행정관료들일 수 있으나, 특정 행정정보를 여러 가지 이유에서 필요로 하고 그런 행정정보에 의해 영향을 받는 일반 국민일 수도 있다.

행정정보 처리관리 체제의 기능이나 내용은 기존의 정보관리 접근법들이 가장 큰 관심을 가졌던 것과 같이 가장 중요한 기능으로서 그 내용도 서로 유사하다. 행정정보 처리상 가장 중요한 관리 대상은 행정정보의 처리에 관계하는 사람들의 정보 활동인데, 그 이유는 정보 처리를 담당하거나 그에 관련된 사람들의 자세 및 태도가 행정정보 처리의 효과성뿐만 아니라 정보 처리의 능률성을 좌우하며 더 나아가서 행정조직 전체에 막대한 영향을 미치기 때문이다. 따라서 공공조직 내에서 정보 처리 관계자들 간의 정보 처리 활동이나 태도를 분석하기 위해 어떤 접근법을 사용해야 하는가가 많은 관심의 대상이 되고 있다.

스탬퍼(Ronald Stamper)는 사기업 경영정보 처리에서뿐만 아니라 공공조직 행정정보 처리에서도 유용한 처리 활동 접근법으로 기호언어학(semiotics)적 접근법을 주장한다. 기호언어학적 정보 처리 접근법은 기존의 ① 실용론(pragmatics)적 접근법, ② 의미론(semantics)적 접근법, ③ 구문론(syntactics)적 접근법, 그리고 ④ 경험론(empirics)적 접근법들이 정보 처리 활동이나 행위에 대해 부분적으로 설명하는데 그치고 있기 때문에, 이들 접근법을 모두 종합한 일종의 통합적 접근법이라고 할 수 있다(Horton, 1982c: 170-184). 이를 좀 더 구체적으로 살펴보면, 커뮤니케이션에서 표시(significations)의 의도로서 기술적 신호(descriptive signs)와 처방적 신호(prescriptive signs)를 사용하고, 표시의 양태(mode)로서 지시적 신호(directive signs)와 감정적 신호(affective signs)를 사용하는데, 이들 양자 간의 상호작용을 통해 ① 지정(designation)(기술적 신호+지시적 신호), ② 평가(appraisal)(기술적 신호+감정적 신호), ③ 지도(instruction)(처방적 신호+지시적 신호), 그리고 ④ 권유(inducement)(처방적 신호+감정적 신호)라는 3차원적 결과가 초래된다고 보고, 이를 통해 정보 처리 활동을 설명하고 있다(Stamper, 1982 : 85-102).

또한 행정정보 처리관리 체제에서는 행정정보를 처리하는 데 영향을 미칠 수 있는 요인을 조사하기 위해 행정관료들의 관료적 병폐(bureaupathology)나 행정조직상의 문제점 등을 분석해야 한다(Stamper, 1982 : 85-107).

이상의 논의에서 알 수 있는 것처럼 행정정보 처리관리 체제는 방대한 범위에 걸친 정보 처리자 및 처리 환경의 영향을 통제·관리하게 된다. 아울러 행정정보 처리관리 체제에서는 행정정보 처리상 발생하는 컴퓨터 범죄, 예컨대, 사생활 침해나 행정정보의 도용, 전용, 왜곡 등에 관한 통제도 이뤄지게 된다.

결국, 행정정보 처리관리 체제는 행정정보 체제에서 가장 중점적으로 관리되는 분야로서 그 범위 또한 방대하고 구조가 복잡할 수밖에 없어서 이 분야의 전문 관리자 이외에는 정보 처리 활동의 실질적인 통제가 거의 불가능함을 시사한다(Stockfisch, 1982: 120-138). 따라서 행정정보 처리관리 체제는 이들 관리자의 충원 및 관리에 역점을 두어야 한다. 왜냐하면 이런 노력의 성패가 정보화 시대에 행정의 민주화와 능률화의 정도를 결정하기 때문이다(Downs, 1982: 103-119).

3) 행정정보 산출관리

기존의 정보관리 접근법들은 정보의 산출 활동을 하나의 정보 활동 과정으로서 산출 체제로 보지 않고, 단지 산출물(outputs), 즉 정보제품(information products)으로 간주함으로써 정보산출 활동의 역동성을 제대로 파악하지 못하고 있다. 환언하면 정보 산출 활동에서 자료나 정보원을 처리하여 예비적 또는 잠정적 산출물을 얻고, 그러고 나서 여러 단계의 심의나 조사 등을 거치면서 최종적으로 만족할 만한 상태에 이르면 조직의 외부 환경으로 전달하든지 또는 조직 내에 유통을 시키게 되는 역동적 활동이 일어나는 것이 좀 더 일반적이라는 것이다.[9] 이런 현상은 정보의 유통량이 상대적으로 방대하고 아울러 외부 환경에 직접적이고도 심대한 영향을 미치는 행정정보 산출 체제에서 더 빈번히 나타나게 된다는 것은 재고의 여지가 없을 것이다. 그리고 이런 관점에서 볼 때, 정보 산출 체제의 존재를 인정하지 않을 수 없다.

같은 맥락에서 행정정보 산출관리 체제의 기능은 공공조직에서 특정한 목적을 위한 최종 정보제품(final information products)을 산출해 내는 제반 활동을 통제·관리하는 것이라고 정의내릴 수 있다. 즉, 행정정보 산출관리 체제의 기능은 불필요한 정보를 산출하거나 반드시 필요한 정보를 산출하지 못함으로써 행정정보관리의 효과성을 저해하는 일은 없는지, 만약에 정보 처리에서 문제가 있다면 어떻게 해결할 수 있는지, 그리고 만약에 별 문제가 없다면 어떻게 처리할 것인지에 관해 총괄하는 것이라고 볼 수 있다. 그러므로 행정정보 산출관리 체제를 통해 불필요하고 지나치게 비능률적이며 (또는) 비경제적일 뿐만 아니라 외부 환경에 악영향을 미칠 수 있는 산출 예정의 행정정보물은 그 생산을 중단하도록 할 필요가 있다.

더욱이 이미 산출된 정보물인 경우에도 불필요하고 오히려 일반에게 해롭거나, 본

9) 이에 관한 긍정적인 견해는 G. B. Davis & M. H. Olson(1985). *op. cit.*, p. 273에서 찾아볼 수 있다.

래의 목적과 다르게 쓰일 수 있는 것은 그것의 공유 및 유통을 통제해야 할 것이다. 여기서 주의해야 할 점은 행정정보 산출 체제의 기능이 행정정보의 투입 기능과 중복된 것같이 보일지 모르나, 결코 그렇지 않다는 것이다. 왜냐하면 일례로 정보 산출물로서 정부 보고서 중의 일부를 위와 같은 이유로 파기하는 경우에 그것은 정보 산출 기능에 해당되는 반면에, 그런 보고서를 기초로 하여 또 다른 보고서와 같은 제2차 정보 산출물을 생산하려고 투입하는 과정에서 어떤 이유에서든지 사용하지 않는 경우에는 정보 투입관리 기능과 관련된 것이라고 보아야 하기 때문이다.

이러한 행정정보 산출관리 체제가 무엇보다도 중시해야 하는 기능으로서 행정정보 홍수 현상 또는 빈곤 현상을 방지하는 것이다. 행정조직은 일반 사기업과 달리 행정정보의 소유 및 유통 면에서 독점적 권한을 가지고 있는데, 이로 인해 행정정보의 홍수 현상과 오히려 긴요한 정보의 부재 현상, 즉 행정정보의 빈곤 현상이 동시에 또는 독립적으로 발생할 소지가 있는데, 행정정보 산출관리 체제는 바로 이러한 현상을 방지해야 한다. 이는 일반 국민의 '알 권리'와 행정정보에의 '접근권'을 보호한다는 측면에서 중요성을 가지고 있다.

제 4 장 정보자원관리의 기초

제 1 절 정보자원관리의 개념

1 정보자원관리의 정의

정보자원관리(information resource management : IRM)는 하나의 실체(entity)라기보다는 개념(concept)이자 아이디어이며 관점(perspective)으로서, 정보통신 체제 자체보다는 정보통신 체제에 의해 창출되는 정보와 정보통신 체제의 하드웨어나 소프트웨어 요소들에 관심을 집중하고자 하는 시도이다. 따라서 정보자원관리에서는 정보와 정보의 이용가능성 및 사용이 최우선적인 관심사가 되며, 정보통신 시스템은 그것이 정보를 창출하고 관리하는 데에 필요하다는 측면에서만 의미를 갖게 된다(Scott, 1985 : 123).

이 같은 정보자원관리 개념은 1979년에 드볼드(J. R. Debold)에 의해 학술지에 처음으로 소개되면서 많은 관심을 받게 되었다. 그는 정보자원관리 개념이 모든 조직에서 새롭게 도전해야 할 영역과 관련되어 있다고 강조하면서, 정보는 자금, 시설, 임금, 원자재 등과 같은 조직의 제 자원과 마찬가지로 비용과 가치를 동시에 수반하는 조직의 자산(asset)으로 간주되어야 하고, 그에 따라서 계획 · 통제 · 보존되어야 한다고 주장함으로써 정보자원관리를 자원으로서의 정보에 관한 관리로 보고 있다(Debold, 1979 : 50-53).

이후 시노트(W. R. Synnott)와 그루버(W. H. Gruber)는 정보자원관리를 다양한 훈련(discipline), 기술, 데이터베이스(database) 및 그 밖의 정보처리자원(information handling resources)을 통합(integration)하는 것으로 정의했다. 여기서 통합은 여러 가지 형태를 취할 수가 있는데 대체로 성공적인 관리를 위해서는 사람 측면의 관리와 기술 측면의 관리를 포괄해야 함을 의미한다. 또한 정보자원관리는 기획(planning), 사람(people), 그리고 기술(technology) 면에서 통합을 의미하는데, 첫째로 기획 측면에서의 통합은 통합에서 업무와 정보 체제가 조직의 목표를 합동으로 달성할 수 있도록 잘 조율되어야 함을 뜻한다. 둘째로 사람 측면에서의 통합은 통합이 조직 내 다양한 관리집단들에 의한 공유된 관리(shared management)와 장차 분산될 정보자원에 대한 통제를 통해 이뤄져야 한다는 것이다. 끝으로 기술 측면에서의 통합은 통합에서 예컨대 컴퓨터, 단말기(terminals), 통신, 그리고 데이터베이스와 같은 기술적 전달 체제(technical delivery system)가 통합되는 것뿐만 아니라 그동안 수집되어 온 다양한 정보 체제들이 좀 더 의미 있고 유용한 정보자원 및 정보관리 체제로 통합되어야 함을 의미한다(Synnott & Gruber, 1981 : 8-9).

한편 데이비스(G. B. Davis)와 올슨(M. H. Olson)은 정보자원관리를 매우 기술적인 관점에서 자료 처리(data processing), 자료통신(data communications), 그리고 사무자동화(office automation : OA) 간의 연관된 활동으로 규정하고 있다(Davis & Olson, 1985 : 630).

이상에서 살펴본 바와 같이 정보자원관리는 정보기술적인 측면과 관리적 측면에서 통합 활동으로 간주되며, 다음과 같은 세 가지 관점에서 접근해 정의될 수 있다.

① 정보는 특정 활동의 부산물이 아니라 자원(resource)으로 간주된다.

② 정보는 그것을 창출하거나 수용하는 해당 부서의 자원이 아니라 조직 전체(entire organization)의 자원으로 여겨진다.

③ 정보는 전통적인 자료 처리 활동으로만 창출되는 것이 아니라 여러 가지 다양한 원천(source)으로부터 창출된다.

그런데 정보자원관리를 정보나 자료(즉 정보자원)를 조직 전체의 자원으로서 통합·관리하는 것을 의미하는 협의의 개념으로 보지 않고, 지나치게 광의로 보아 정보를 창출하고 관리하는 데에 필요한 조직의 자원들(예컨대, 정보, 인간, 자료, 그리고 기술 등)을 통합·관리하는 것으로 본다면, 정보자원관리가 광의의 정보관리와 어떻게 다른지 불분명해진다. 다시 말하면, 정보자원관리를 정보와 관련된 인간, 기계 그리고 조직의 통합·관리로 간주한다면 정보관리 체제와 어떻게 구별될 수 있는지가 문제시된다는 것이다. 이에 대해 아직도 많은 연구가 정보자원관리에 관해 구체적이고 명확한 영역을 설정하지 못하고 다소 차이를 보이고 있는 실정이다. 다만 분명한 것은 정보가 조직의 다른 자원과 마찬가지로 가치 있는 자원으로서 능률적이고 효과적인 관리가 강조되고 있다는 점이다. 그리고 이를 위해서는 정보 관련 기술도 중요하므로 이에 대한 통합·관리가 필요함을 아울러 주장할 뿐이다.

결과적으로 정보자원관리는 하나의 개념이요 아이디어이고 관점으로서, 무엇을 중시하고 주요 관심사로 보느냐에 따라 다양하게 정의될 수 있음을 감안하여 여기서는 다음과 같이 정의를 내린다. 정보자원관리는 일차적으로 정보나 정보의 가치가 있는 자료를 포함한 정보자원을 조직의 자원으로 간주하여 이를 통합·관리하는 것을 의미하며, 부수적으로는 자료나 정보를 처리·관리하는 데에 필요한 제반 정보 관련 기술을 통합·관리하는 것을 포함한다(Scott, 1986: 123-124; Horton, Jr., 1982: 49-50; Marchand, 1982: 64-65). 따라서 이 정의에 따르면 정보자원관리는 관리적(managerial)인 의미일 뿐 순전히 기술적(technical)인 의미를 상정하지는 않는다. 또한 정보 자체나 자료(또는 정보원)의 통합·관리와 정보 관련 기술의 통합·관리를 통해 정보관리 체제의 능률성뿐만 아니라 효과성을 향상시키려는 데에 정보자원관리의 목적이 있음을 알 수 있다(김은홍, 1988; Mekenney & McFarlan, 1982: 109-119).

이러한 정보자원관리를 국가적 차원에서 수행하는 것을 국가지식정보자원관리라고 한다. 즉, 지식정보가 국가의 경쟁력을 좌우하는 주요 자원으로 인식됨에 따라 국가지식정보를 지속적으로 생산 및 선정하고, 다양한 정보기술과 네트워크 인프라를 활용하여 전 국민이 쉽고 편하게 국가지식정보자원을 활용하고 재창출할 수 있도록 도와 주며, 가치 있는 자원을 보존하는 활동들을 수행하는 것과 관련된 모든 활동을 국가지식정보자원관리라고 한다(서혜란·서은경·이소연·오경주·정원식, 2006: 301-333).

② 정보자원관리의 필요성

정보관리 체제 하에서 정보자원관리가 강조되고 주목을 받게 된 배경은 다음과 같다(Scott, 1986 : 123-124; Davis & Olson, 1985 : 630-632).

1) 자료 처리집단의 정보 체제 지배에 대한 관리집단의 반작용

정보자원관리의 대두는 실질적인 의미에서 기술자집단(자료 처리집단)의 정보 체제 지배에 대한 관리집단이 위기 의식을 느끼게 되고 그 결과 나타난 반작용으로 설명될 수 있다. 전통적으로 자료 처리집단이 조직 내의 정보 기능을 관장해 왔고, 또한 정보요원들도 자료 처리 관리자에게 보고해 왔다. 그러나 자료 처리집단들은 단기적이고 기술적이면서 일상적인 업무 처리에 집착하는 경향이 있고, 결과적으로 특정의 제한된 목적을 위해 설계된 개별 체제나 개별 프로그램의 개발에 상대적으로 많은 관심을 기울여 왔다. 그 결과 그러한 시스템과 프로그램에 적합한 전문 파일과 응용 프로그램 중심으로 개발하게 되었다.

그런데 이러한 자료 처리집단의 경향은 결국 다음과 같은 여러 문제를 일으키게 되었고, 이에 대한 개선 노력의 일환으로 관리자 입장에서 정보자원관리의 필요성이 제기되었다.

① 자료 처리집단들이 특정한 목적의 시스템이나 프로그램을 위해 개발한 전문적인 파일 및 응용 프로그램들은 여타 파일들과 쉽게 호환되지 못할 뿐만 아니라, 그런 일련의 파일 및 프로그램들이 조직의 전체 정보 체제에 대해 갖게 되는 장기적인 관계를 인식하지 못한 채 설계되었다. 더구나 서로 다른 자료 형식 표준(data format standards)과 기록 코드 체제(record coding system)들이 조직 내에 만연하게 되었다. 이는 결과적으로 조직 간의 자료통신(data communication)과 자료 통합(data integration)에 어려움을 초래했다.

② 자료 처리집단들에 의해 특수 목적용으로 개발된 컴퓨터 프로그램들은 종종 기술적으로 훌륭해서 컴퓨터를 능률적으로 이용하게 한다. 그렇지만 그들은 대개 정보 체제가 일상 업무 처리에 관련된 사람을 제외한 관리자들과 전문직 사용자들에게 어떻게 효과적으로 기여하는지에 대해서는 별로 관심이 없었다. 오히

려 자료 처리집단들은 관리자들의 목적에 가장 효과적으로 기여하는 통합정보 체제(integrated information system)를 개발하는 것보다는 수많은 일상 업무 처리 체제의 부산물로서 정보를 관리자들에게 제공해 주는 데에 더 관심이 있었다.

③ 자료 처리집단들은 컴퓨터와 컴퓨터 응용의 기술적인 측면에만 집착하여 워드 프로세싱(word processing)과 사무자동화(office automation: OA)와 관련 신규 정보 처리 영역을 전체적인 정보 체제의 개발구조와 적절히 맞물리게 결합시키지 못함으로써 체제 개발을 위한 응집된 계획(cohesive plan)에 제대로 기여하지 못했다.

④ 조직 내에서 그 조직의 정보를 필요로 하는 사람들이 조직의 모든 정보를 적절한 때에 이용할 수 있도록 보장해 주는 데에 자료 처리집단들은 별다른 노력을 기울이지 않았다. 그로 인해 어떤 부서는 필요한 정보가 조직 내 다른 부서에 이미 존재하고 있음에도 불구하고 그 사실을 모른 채 정보 없이 일을 처리하든지 자기 부서만을 위해 별도로 이중의 노력을 하게 된다. 어떤 경우에는 특정 정보를 자기 부서의 전유물로 간주하여 다른 부서에서 활용할 수 없게 하거나 협상 차원(bargaining level)에서 활용하기도 한다.

2) 정보 체제 기능 발전 단계상의 자연 발생 현상

정보자원관리의 필요성은 정보 체제 기능의 성장단계이론이나 자료 처리 기능의 성숙단계이론 또는 조직 내 정보 체제 활용단계이론으로 일컬어지는 놀란(R. L. Nolan)의 자료 처리 6단계 성장모형에 의해 설명될 수 있다. 그의 이론에 의하면 [그림 4-1]에서 보는 바와 같이 자료 처리 기능의 처음 세 단계, 즉 개시(initiation), 확장(contagion), 그리고 통제(control) 또는 통솔 단계가 끝난 뒤에 단순한 컴퓨터의 관리로부터 조직 전체의 자료원(data resource) 관리로 바뀌는 전환점(transition point)이 있다 (Nolan, 1979).

그러한 전환점 이후에는 정보자원관리라는 새로운 관리 개념을 기초로 하여 후속되는 통합(integration), 자료관리(data administration) 및 성숙 단계를 거치면서 정보 체제가 성장해 나간다. 그리고 특히 성숙 단계에 이르면 정보원에 대한 관리 체제와 사용·공유의 책무성(accountability)이 요구되고, 또한 정보 체제 구조와 조직구조 간의 조화(match)가 이뤄지게 된다. 정보자원관리는 정보 체제의 성장

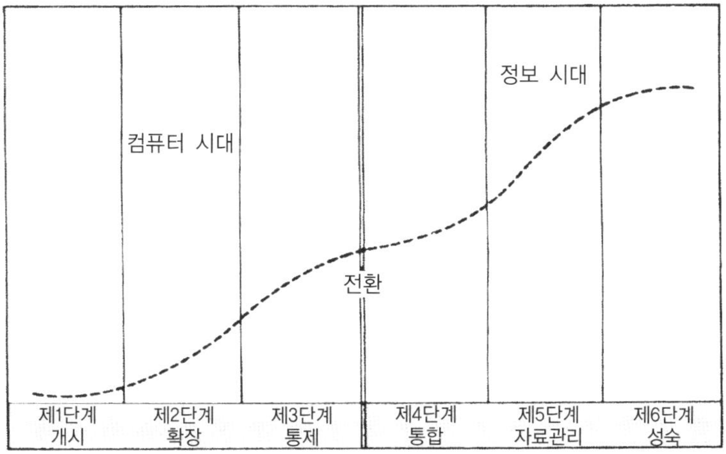

그림 4-1 자료 처리 6단계 성장모형

자료: Nolan(1975).

과정에서 자연적으로 발생하게 된 것임을 알 수 있다.

3) 정보통신 관련 기술의 급속한 진보의 결과

정보자원관리의 필요성은 정보 관련 기술의 급속한 발전의 결과로 설명될 수 있다. 여기서 정보통신 관련 기술은 크게 보아 전통적인 자료 처리, 원격통신 및 사무자동화와 관련된 제반 기술을 일컫는다. 그런데 과거에는 각각 별개로 구분하여 취급·관리되어 왔던 정보, 그리고 그와 관련된 여러 가지 기술 요소가 기술의 발전과 함께 상호간에 고도로 의존적이 되면서 조직 내에 통합관리가 불가피하게 되었다. 예를 들면 초기의 사무자동화 수준에서는 기존의 타자기를 워드프로세서로 대치시키는 정도에 만족했을 뿐 그것을 자료 처리 기능이나 원격통신(telecommunication: TC) 기능과 연관시키는 것은 상상할 수 없었다. 그러나 오늘날의 기술 수준에서는 한 지역에서의 자료 처리 기능으로부터 얻은 결과가 유무선 원격통신을 통해 다른 지역에 설치된 워드프로세서에 직접 투입되어 처리되는 등 이들 간의 상호 교류는 급격히 확대되고 있다(Newman, 1997). 결국 이러한 정보 관련 기술의 급속한 발전은 정보자원관리의 필요성을 더욱 부각시키고 있다.

3 정보자원의 특징과 정보자원관리의 기본 원칙

1) 유사점과 차이점

먼저 정보가 조직 전체의 자원으로서 관리되어야 한다고 주장하는 입장에서 정보자원이 조직의 다른 자원과 어떠한 유사점과 차이점이 있는가를 고찰할 필요가 있다(Scott, 1986 : 125).

(1) 유사점

정보자원이 조직의 다른 자원과 비교해 유사한 점은 다음과 같다.

① 정보의 획득에는 비용이 든다. 따라서 정보의 획득은 대상이 되는 정보가 가지는 총가치가 그 정보를 획득하는 데 드는 총비용을 능가할 때만 이뤄져야 한다.

② 정보는 투자수익을 발생시킨다. 다만 정보의 투자수익을 측정하는 것은 다른 많은 자원의 투자수익을 측정하는 것보다 쉽지 않다.

③ 정보도 기회비용을 초래한다. 여타 자원처럼 정보를 획득함으로써 포기해야 하는 기회비용이 발생한다는 것이다.

④ 자료 요소(data elements)의 총체적 결과(holistic outcome)는 자료 요소들의 단순 합계보다 큰 부가가치를 창출한다.

⑤ 정보의 효과적인 이용을 위해서는 정보가 적절히 조직・관리되어야 한다. 이것이 바로 정보자원관리의 본질이다.

(2) 차이점

정보자원이 다른 자원과 구별되는 차이점은 다음과 같다.

① 대부분의 다른 자원은 생산 과정에서 소비되거나(예컨대, 재고자원) 또는 마모된다(예컨대, 기계설비). 그러나 정보는 재고의 개념이나 마모의 개념이 적용되지 않는다.

② 정보 활용에는 낮은 한계비용(marginal cost)이 발생하여 무한정 재사용이 가능하다. 이 때문에 정보가 특히 귀중한 자원으로 간주된다.

③ 정보는 무형(intangible)의 존재이다. 이 때문에 정보가 어떻게 사용되어야 할 것인지 알기 어렵고, 또 정보가 어떻게 효과적으로 활용되었는지를 측정하기가

어렵다. 이런 사실은 아울러 정보관리 개념의 등장 필요성을 나타내 준다.

이러한 정보의 여타 자원과의 유사점과 차이점을 고려하여 최소한 정보의 한계비용이 그 한계효용과 일치하는 수준에서 정보를 획득·활용하게 되며, 그렇게 유지되도록 특정 조직을 수립해 관리하게 된다.

2) 정보자원관리의 기본 원칙

다음으로 자원으로서 정보를 관리하는 데에 어떠한 기본적인 원칙이 필요한지 살펴보자 (Marchand & Kresslein, 1986 ; 이진주 외, 1989 : 480-481).

① 정보는 조직이 사용하는 중요한 전략적 자원의 하나로 인식되어야 한다.

② 정보자원을 다룰 때 책임 소재를 명확히 하여 규정하고 그와 관련된 권한과 의무의 소재와 계통을 구체적으로 규정해야 한다.

③ 정보자원관리계획은 정보가 조직의 중요한 전략적 자원이라는 측면에서 조직의 전략계획과 긴밀하게 연결되어 다뤄져야 한다.

④ 정보를 다루는 다양한 기술은 생산성을 최대로 확보하기 위해 유기적이고 상호 통합적으로 관리되어야 한다.

⑤ 정보자원관리에서는 관련된 조직의 모든 구성원 개개인이 정보 생산자인 동시에 정보 소비자이기 때문에 관련 활동에서 효과적 극대화를 추구해야 한다.

4 정보자원관리의 대상 및 기능

정보자원관리의 개념 정립에 가장 중요한 내용 중의 하나는 정보자원관리의 대상 및 기능을 무엇으로 그리고 어느 정도로 정하느냐이다. 이미 앞의 정의 부분에서 설명한 바와 같이 정보자원관리는 자료나 정보의 통합·관리와 더불어 그를 위한 기술적인 면에서의 통합관리를 주요 대상으로 하고 있지만, 실제로는 조직들이 정보 체제의 도입 과정에서 서로 차이를 보이고 있기 때문에 정보자원관리의 기능 및 대상에 대해 합의가 이뤄져 있다고 보기는 어렵다. 다만 전술한 정보자원관리의 원칙을 실현하는 것을 전제로 한다면 정보자원관리의 대상 및 기능의 범위 문제는 다만 정도의 문제에 지나지 않는다 (Kanter, 1984)

여기서 최근까지 주장되어 온 정보자원관리의 주요 대상 및 기능을 세부적으로 고찰하면, 내용상 차이는 있으나 대체로 데이비스와 올슨이 주장한 것과 같이 자료처리(data processing: DP)와 원격통신(telecommunication: TC) 그리고 사무자동화(office automation: OA) 세 분야의 관련 기술이 정보자원관리의 주요 대상 및 기능에 포함되고 있다(Davis & Olson, 1985: 623-633; Scott, 1986: 126; Commission on Federal Paperwork, 1982a: 41-42). 이들 기능은 원래 서로 다른 기능 및 과정을 거쳐서 발달되어 온 것이므로 관리상 권한과 책임도 서로 다른 관계 부서에 부여되었다(Mekenney & McFarlan, 1982: 109-119). 다시 말해, 과거의 정보자원은 자료처리(DP)와 관련된 자원만을 의미하여 그 관리가 주로 전산 부서에 의해 이뤄졌다. 또한 원격통신(TC)의 경우도 음성통신(예컨대, 전화)에 국한되어 주로 외부기관(예컨대, 전신전화국)에 의해 관리되었고, 사무자동화(OA)도 각종 기계화 내지 자동화된 사무기기의 활용에 중점을 두고서 그 관리 책임을 해당 사무실 관리자의 소관 하에 두었던 것이다. 따라서 이러한 경우 정보자원관리는 개별적으로 분리되어 이뤄지게 된다.

그러나 오늘날의 기술 수준은 이상의 정보자원 간의 기능이 독립적이지 않고 상호의존적으로 수행되게 하고 있다. 즉, [그림 4-2]에서 보는 바와 같이 자료 처리(DP) 기능은 자료통신(data communication: DC)이라는 하위 기능을 매개로 원격통신(TC) 기능과 상호 연결되어 있다. 또한 원격통신 기능은 예컨대 근거리 통신망(LAN)이라는 하위 기능을 매개로 하여 사무자동화(OA) 기능과 상호 연결되어 이뤄지고 있다. 이 같은 정보자원 기능 간의 상호의존성은 각종 정보통신 관련 기술의 발전 속도가 더욱 빨라지고 있는 현재의 상황으로 볼 때 더욱더 심화되리라 기대된다. 결국 상호의존성이 심화되고 있는 정보자원으로서 정보 관련 기술에 대한 통합·관리는 불가피해지고 있으며, 이들 정보통신 관련 기술은 정보나 자료를 수집·처리·산출·전달하는 기술로서 정보자원관리의 대상으로 간주된다. 그런데 여기서 간과하지 말아야 할 것은 이들 정보통신 관련 기술들을 통합·관리하는 것이 궁극적으로 이들 기술을 이용해 수집·처리·산출·전달되는 정보나 자료를 통합·관리하기 위한 것이라는 점이다. 결국 정보자원관리는 정보통신 기술뿐만 아니라 정보 및 자료의 통합·관리를 의미하는 것으로서 그 대상이 정보기술과 정보 및 자료가 된다.

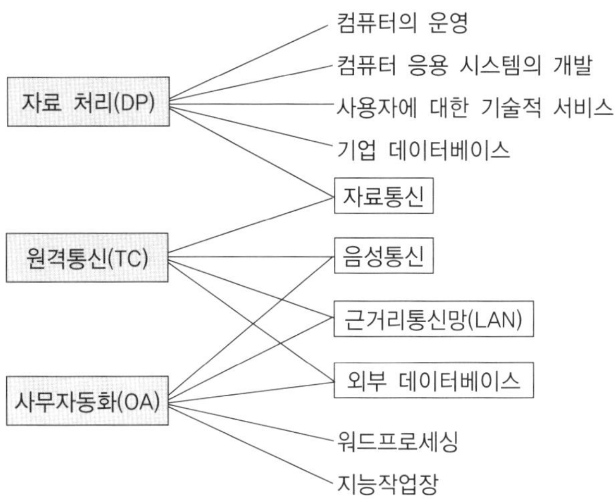

그림 4-2 정보자원관리(IRM)의 주요 대상 기능

자료: Davis & Olson(1985: 633).

5 정보자원관리의 이점과 문제점

1) 정보자원관리의 이점

정보를 조직의 자원으로 취급하여 통합·관리하는 것이 정보자원관리의 주요 기능이며, 그것은 정보관리 체제의 능률성뿐만 아니라 효과성을 높이고자 하는 데 목적이 있음을 이미 밝혔다. 정보자원관리의 유익을 행정정보관리적인 측면에서 보면, 이는 상술한 정보자원관리의 부수적 기능(물론 불필요한 또는 있으나마나 한 기능을 의미하지는 않는다)인 정보 관련 기술에 대한 통합·관리의 유익을 직접적으로 의미하는 것은 아니고 다만 정보자원관리의 주기능인 정보를 자원으로서 통합·관리하는 것이 가져다 줄 수 있는 유익들을 나타내는 것이다. 그 구체적인 내용은 다음과 같다.

① 정보자원관리는 정보의 수명주기(life cycle)의 매 단계, 즉 정보 요구 결정 단계, 정보 수집 단계, 정보 처리 단계, 정보 저장 단계, 정보 활동 단계, 그리고 정보 폐기(disposition) 단계마다 정보를 식별하고 측정하며 정보에 드는 비용을 파악할 수 있게 한다.

② 정보를 자원으로서 취급·관리하는 것은 적실성이 높은 정보를 요구하는 최고 관리자들의 관심을 획득하기에 충분한 정보기획을 가능하게 해 준다.

③ 정보자원관리를 통해 정보에 대한 예산이 편성될 수 있는데, 이는 정보자원관리가 경상비 계정이나 다른 계정에 포함되어 등한시되는 것을 방지할 수 있게 할 뿐만 아니라 정보비용이 조직의 다른 자원 이용에 따른 비용과 적절하게 균형을 이룰 수 있게 해 준다.

④ 정보를 자원으로 간주함으로써 정보가 관리의 대상이 된다. 다시 말하면, 정보자원관리 개념을 통해 정보의 이용으로부터 얻게 되는 가치와 정보를 기획·수집·관리·통제할 때 발생하는 비용에 대한 균형을 이룸으로써 정보를 관리할 수 있게 된 것이다.

⑤ 정보자원관리는 정보에 대해 회계검사와 감사를 할 수 있게 해 줌으로써 정보비용이 통제 불능이 되는 것을 방지하고, 지명된 조직관료들로 하여금 능률적·효과적으로 정보를 사용하도록 책임을 부과하는 것을 가능하게 한다.

2) 문제점

정보를 자원으로서 취급하여 통합·관리하는 것이 제대로 성공하기 위해서는 정보를 추상적인 개념이나 아이디어로 보는 것과, 보고서나 컴퓨터 프린트아웃(printout)과 같이 실제 상품(physical commodities)으로 보는 것 사이에 서로 균형이 유지될 수 있어야 한다. 그러나 이처럼 추상적인 개념과 실제적인 상품 간의 적절한 균형을 이루는 것은 결코 쉬운 일은 아니다. 왜냐하면 대개 다음과 같은 문제점이 있기 때문이다(Horton, Jr., 1982a : 50).

① 정보의 적실성(relevancy)을 사전에 결정하는 것이 매우 어렵다.

② 정보가 사용된다고 하는 것에 대해 어떻게 정의를 내릴 것인지가 문제된다.

③ 가격이나 비용을 책정할 때 정보 단위를 무엇으로 할 것이냐를 결정하는 것이 쉽지 않다.

이는 정보를 자원으로 취급해 통합·관리하는 경우에 정보경제학(information economics)적인 측면에서 고찰해 볼 수 있는 문제이며, 다른 측면에서 고찰하기에 간단한 문제는 아니다. 예컨대 사회·심리학적인 측면에서, 개인의 프라이버시에 관한 정보를 취급할 때 발생하는 득실을 무엇을 기준으로 측정·분석할 것인지에 대한 문제가 제기될 수 있다. 정치적인 측면에서는 국가 기밀이나 특정 조직의 비밀에 해당하는 정보를 통합·관리하는 과정에서 초래되는 문제들을 무엇에 준거하여 가치평가할 것이냐와 같은 문제가 제기될 수 있다. 따라서 정보를 하나의 자원으로 취급해서 통합·관리한다는 것이 반드시 조직관리상 이점만을 가져오는 것이 아니라 좀 더 심각한 이해관계의 성립으로 인해 해결하기가 곤란한 문제들을 수반하게 될 수도 있음을 시사해 준다.

제 2 절 정보자원 관리 체제(IRMS)

1 정보자원 관리 체제의 기능과 조직구조

1) 정보자원 관리 체제의 기능

(1) 정보자원 관리 체제 기능의 집권화와 분권화

정보자원 관리 체제는 집권적 요소와 분권적 요소를 모두 내포하는 경우가 많다. 그런데 이 같은 정보자원 관리 체제를 집권과 분권의 이중구조로 해석할 때 주의할 점은 정보자원 관리조직으로 여겨지는 전산조직의 구조상의 집중성보다도 전산조직의 운영에 관리와 통제의 원천이 어디에 있느냐가 더 중요하다는 것이다. 다시 말하면, 조직 내 중요 부서에 전산시설이 설치되어 있다고 하더라도 분산되어 운영되는 전산조직이 중앙전산실의 통제와 관리에 종속되어 있는 경우 중앙집권적 관리 체제로 볼 수밖에 없다는 것이다. 같은 논리로 정보자원의 분권적 관리 체제는 부서별 전산실을 담당 부서가 자체의 자원으로, 그리고 자율적으로 관리·통제하되 조직 전체와 관련된 정보자원 관리문제 이외에는 중앙전산기구의 제약을 받지 않는 체제라고 정의할 수 있다(이학종, 1986 : 263-264).

그런데 이 같은 정보자원 관리 체제가 넓은 의미의 정보통신 체제의 일부라고 간주한다면, 정보통신 체제의 조직구조가 어떤 관리 경향을 보이느냐에 따라서 정보자원 관리 체제의 관리 경향도 달라질 수밖에 없을 것이다. 예컨대, 조직의 목적이나 상황적 요소를 고려한 정보통신 체제의 구조가 집권적 구조를 갖추고 있는 경우에는 정보자원 관리 체제 역시 집권적 경향을 나타낼 수밖에 없을 것이다. 한편 정보자원 관리 체제를 정보통신 체제 자체를 포함하는 경우에는 조직 전체의 목적과 조직이 처한 상황에 따라 다른 관리 형태가 나타날 수 있다. 예컨대, 조직의 환경이 동태적이어서 조직구성원의 과업환경에 대한 불확실성이 클수록 정보자원이 조직 내에서 중요한 역할을 차지하게 되고 조직구성원들의 정보 욕구(information needs)도 그만큼 커지게 된다. 이러한 상황에서는 사용자 중심의 분권적 정보자원 관리가 바람직하다. 그 반면에 조직환경이 안정적이고 조직구성원의 과업환경도 비교적 확실한 상황하에서는 정보자원의 필요성이 상대적으로 크지 않아 집권적 정보자원 관리를 해도 무방하다(이학종, 1986 : 265). 또한 부서 간 권한의 분산화 정도가 클수록, 자율성이 높을수록, 그리고 동질성이 낮을수록 정보자원 관리가 좀 더 합리화되어야 한다(Buchanan & Linowes, 1980 : 153).

(2) 정보자원 관리 체제의 기능

이 같은 정보자원 관리 체제의 집권화·분권화 정도는 좀 더 구체적으로 정보자원 관리 체제가 담당하고 있는 기능들이 얼마나 집권화 또는 분권화되어 있느냐에 따라 결정될 것이다. 따라서 그 주요 기능과 보조 기능을 살펴보면 다음과 같다(이진주 외, 1989 : 489 ; 이학종, 1986 : 265-266).

① 주요 기능

대체로 집권적인 정보자원 관리 체제의 일차적인 목표인 조직 전체에 전산화된 정보 서비스를 제공하는 것은 정보자원 관리 체제의 다음과 같은 주요 기능의 수행을 통해 달성된다.

가) 정보자원 관리 체제는 체제 개발(system development) 기능을 수행한다. 이는 정보 체제 개발에 관련된 체제분석(system analysis)과 프로그래밍(programming) 기능을 포함하는 것으로서 새로운 정보 체제의 타당성 조사로부터 그 설치에 이르는 체제 개발 수명주기의 모든 과정에서 일어나는 활동을 수행한다.

나) 정보자원 관리 체제는 정보 체제 운영(system operation) 기능을 담당한다. 이 기능은 주로 컴퓨터센터(computer center)의 운영, 인력 자료의 준비 및 관리

등의 기능을 포함한다.

다) 정보자원 관리 체제는 정보통신기술 서비스(technical service) 기능을 수행한다. 이는 정보 체제의 유지 · 보수 기능으로서 이미 개발된 정보 체제와 프로그램을 유지 · 수정하는 프로그램 유지 · 보수(program maintenance) 기능과 통신망 서비스(communication network service) 기능, 그리고 각종 운영 소프트웨어와 자료 베이스에 관련된 전문 소프트웨어를 유지하고 사용 방법을 작성하는 체제 프로그래밍(systems programming) 기능을 포함한다.

② 보조 기능

이상의 주요 기능의 성공적인 수행을 지원해 주는 보조 기능으로는 행정적 지원 활동을 들 수 있다. 이는 정보자원관리에 부수적으로 필요한 사무보조, 인사관리, 교육훈련, 예산계획 및 통제 등의 행정적 지원 활동을 의미한다.

2) 정보자원 관리 체제의 조직구조

정보자원 관리 체제의 조직구조는 정보 체제의 조직구조와 마찬가지로 일반적인 조직구조 형태, 즉 ① 응용 분야별 조직구조, ② 기능별 조직구조, 그리고 ③ 행렬(matrix) 조직구조에 따라서 분류 · 고찰될 수 있다(Davis & Olson, 1985 : 636-637 ; 이진주 외, 1989 : 488-493). 이들을 좀 더 구체적으로 살펴보면 다음과 같다.

(1) 응용 분야별 조직구조

정보통신 시스템이 도입 · 활용되기 시작하면서 정보자원 관리 체제는 정보통신 체제와 마찬가지로 주로 응용 업무에 따라 별도의 조직구조를 설계하고 운영한다. 이 같은 조직구조를 응용 분야별 조직구조(applicational organizational structure)라고 하며, 기존에는 사람에 의해 처리되던 각종 단순 업무를 컴퓨터를 도입 · 이용해 좀 더 신속하고 정확하게 처리하는 데 중점을 두는 반면에, 응용 업무 분야 간의 통합이나 의사결정 지향적인 체제 구축 등에는 별로 관심을 보이지 않는 조직구조를 의미한다. 이 조직구조를 가진 정보자원 관리 체제는 주요 기능 중 특히 체제 개발 및 유지 보수 기능을 전체 조직의 주요 업무 분야에 따라서 별도의 업무분석가, 체제설계자, 그리고 프로그래머 등을 보유한 여러 집단으로 분리 · 구성하는 것이 특징이다.

이 같은 응용 분야별 조직구조가 갖는 장점은 무엇보다도 정보 체제 요원들이 각 업무 분야에 대해 전문성을 갖게 되고, 아울러 사용자와의 친밀한 관계가 유지되어 좀 더 사용자 중심적인 정보자원 관리 체제를 이룩할 수 있다는 것이다. 반면에 정보자원 관리 체제의 응용 분야별 조직구조가 갖는 단점으로는 기술적·전략적 정보를 제공하고자 하는 경우 각 업무 분야별 통합이 어렵다는 점과, 분야에 따라 체제 개발에 대한 요구의 내용이나 정도가 달라서 그들 간의 균형이 이뤄지지 않는 경우가 있다는 점을 들 수 있다. 그렇다고 해서 업무량이 적은 분야에서 많은 분야로 인력 이동을 시킨다는 것은 현실적으로 어렵다. 대개의 경우 특정 분야의 전문가가 다른 분야로 옮겼을 때, 새로운 분야의 업무를 파악하는 데 시간이 많이 들 뿐만 아니라 기존의 조직구성원들 간에 심리적인 갈등이 생길 수 있다.

(2) 기능별 조직구조

정보자원 관리 체제의 두 번째 조직구조 유형은 기능별 조직구조(functional organizational structure)이다. 정보통신 시스템의 활용이 활발해지면서 각 응용 분야 간의 상호 조정 및 통합의 필요성이 증대되어 정보 체제의 복잡성도 커지고, 아울러 응용 분야와 관련된 전문기술 이상의 고도의 전문지식을 갖춘 사람이 필요하게 된다. 이런 상황에서 정보자원 관리 체제는 응용 분야별이 아닌 전문적 주요 기능별로 조직화된다. 이러한 조직구조는 전술한 바와 같이 크게 기술적 서비스 기능, 체제 운영 기능, 그리고 체제 개발 기능으로 구성되어 있고, 각 기능에서 요구되는 전문요원들이 자체적으로 확보되어 있다. 이러한 조직구조가 갖는 장점은 다음과 같다.

① 정보통신 체제 요원들, 특히 체제분석가나 체제설계자, 프로그래머 등이 자신의 업무에 더욱더 전문화될 수 있다. 이는 조직의 규모가 커짐에 따라 증가하는 기술적 요구에 좀 더 효과적으로 부응할 수 있음을 의미한다.

② 기능별 구조 하에서는 이들 기능에 대한 전문가들 사이에 일종의 업무표준화가 이뤄질 수 있다. 이때 업무표준화는 정보통신 체제 간의 통합을 위해 절대적으로 필요하다는 측면에서 중요한 장점이 된다.

반면에 정보자원 관리 체제의 기능별 구조에는 다음과 같은 단점도 있다.

① 기능별 구조 하에서 사용자는 체제 개발 수명주기 동안에는 필요한 다른 정보통신 체제 요원들과의 의사소통에 어려움이 있다. 왜냐하면 일반 정보통신 체

제 사용자들은 특정 기능의 전문가, 예컨대 체제개발가와는 기술적·전문적 수준에서 차이가 있을 뿐만 아니라 그 활동 배경과 영역 면에서 거리가 있어 상호간의 접촉이 원활하기 힘들게 되기 때문이다. 이러한 경우를 문화적 차이(cultural gap)라고 한다.

② 응용 분야별 구조와 달리 기능별 구조는 특정 업무 분야별 전문성보다는 정보통신 체제의 주요 기능별 전문성이 강조되기 때문에 사용자 업무 분야에 대한 전문성을 지닌 정보통신 체제 요원들이 부족하고, 결과적으로 사용자들의 요구사항에 효과적으로 부응하는 정보통신 체제가 개발될 가능성이 낮다.

③ 각 기능 부서 간 업무표준화를 통한 정보통신 체제의 통합 가능성이 높다는 장점과는 대조적으로, 이러한 기능별 구조 하에서 불가피하게 나타나는 관료적 성향은 각 기능 부서 간의 공식적 업무 인계를 필요로 하는 경우에 많은 시간과 노력이 필요하고, 더 나아가 조직 전체적으로 프로젝트의 수행 기간이 장기화되는 문제를 야기한다.

(3) 행렬조직구조

정보자원 관리 체제의 세 번째 조직구조 유형은 행렬조직구조(matrix organizational structure)로서, 기존의 기능별 조직구조가 사용자의 요구에 제대로 부응하지 못하는 한계점을 극복하려는 노력의 일환으로 응용 분야별 조직구조의 특성을 가미한 것으로 볼 수 있다. 또한 행렬조직구조는 정보 체제의 기능이 다른 조직 단위들 사이에 분산되어 있는 경우에 발생하는 조정(coordination)의 문제를 해결하고자 하는 조직구조 접근법이다. 이러한 행렬조직구조에서는 대외적으로 기능별 조직구조를 유지하면서 각 응용 분야별로 전문화된 연락 담당자(liaison officer)를 두어 그들로 하여금 사용자 부서와 정보통신 체제의 주요 기능 부서 사이에 필요한 커뮤니케이션 기능을 수행하도록 한다. 이 조직의 특징은 응용정보 체제의 개발 기능이 분권화되어 있는 반면에 정보통신 체제의 운영 및 기술 서비스 기능은 집권화되어 있다는 것이다.

이러한 행렬조직구조의 장점은 정보통신 체제가 사용자 부서와 좀 더 긴밀한 관계를 유지함으로써 기존의 기능별 조직구조가 갖는 문제점을 극복할 수 있다는 것이다. 그러나 행렬조직구조에서는 대부분의 정보통신 체제 요원들이 기능 부서 관리자에게 지시받고 보고해야 할 뿐만 아니라 특정 응용 분야의 개발과 관련해서는 해당 연락 담당자에게 지시받고 보고해야 하는 번거로움을 감수해야 한다는 관리상의 문제점을 갖고 있다. 특히 이들 기능 부서 관리자와 연락담당 관리자 사이에 이견이 있는 경우에는 오히려 조정이 더 어려워지는 경우도 발생할 수 있다.

이러한 설명을 바탕으로 다음에서는 이들 조직구조 내에서 정보자원관리 체제가 어떻게 정보자원을 운영하고 개발하며 분배하는가를 알아본다.

2 정보자원 운영 체제

1) 개관

정보자원 운영 체제는 정보통신 하드웨어가 조직체의 어디에 설치되어 있고 정보나 자료의 처리를 어디에서 통제하며 또한 정보나 자료가 어디에 저장되어 있느냐에 따라서 다양한 형태를 보이고 있다. 이미 앞에서 고찰한 정보자원 관리의 일반적인 경향이 정보자원 운영 체제에서도 나타나는데, 정보통신 하드웨어, 정보 및 자료의 처리와 통제, 그리고 정보 및 자료의 저장이 조직의 중앙전산원에 집중되어 있는 경우, 그 정보자원 관리 체제는 집권적 운영 체제를 갖추고 있다고 할 수 있다. 그 반면에 정보통신 하드웨어, 정보 및 자료의 처리와 통제, 그리고 정보 및 자료가 주요 부서나 실무 부서에 분산되어 있는 경우는 분권적 운영 체제를 갖추고 있다고 할 수 있다.

정보자원의 운영 체제가 집권적인지 또는 분권적인지를 결정하는 중요 요소로서는 크게 ① 정보통신 하드웨어의 설치 장소와 정보 및 자료의 처리 · 통제 위치, 그리고 ② 정보 및 자료의 저장 · 관리 장소로 볼 때, 각각의 요소가 정보자원의 운영 체제와 어떠한 관계에 있는지를 좀 더 구체적으로 살펴볼 필요가 있다. 이 점을 살펴보기 위해 먼저 정보자원의 운영 체제를 결정짓는 요소 중의 하나인 정보통신 하드웨어에 대해 그 운영 형태를 결정짓는 요소들을 고찰해야 한다. 이는 정보통신 하드웨어가 어떻게 운영되느냐가 정보 처리 · 통제에도 사실상 영향을 주기 때문이다.

2) 정보통신 하드웨어의 운영 형태를 결정짓는 요소

정보통신 하드웨어의 운영 형태를 양 극단의 형태로 나눠 보면 대체로 중앙전산실에 대형 정보통신 시스템을 설치하여 조직 전체가 이를 공동 사용하는 형태와, 중요 부서별 또는 관련 실무 부서별로 각기 적합한 규모의 정보통신 하드웨어를 설치해 활용하는 형태로 구분된다. 물론 현실에서는 두 가지 형태가 부분적으로 공존할 수 있을 것이다. 그런데 이런 유형 중에 어느 쪽에 더 가까운 운영 형태를 갖추는 것이 특정 조직에 더 바람직한지는 조직 전체의 상황 요소와 함께 다음과 같은 요인에 의해 좌우된다(이학종, 1986 : 268-269).

(1) 정보통신 하드웨어의 규모 경제

전통적으로 조직 내에서 정보통신 하드웨어를 중앙집권적으로 운영할 것이냐 아니면 분권적으로 운영할 것이냐는 정보통신 하드웨어의 규모가 가져다 주는 경제상의 이점을 고려해 결정되는 경우가 많았다. 즉, 조직들은 대형 정보통신 시스템을 중앙부서에 설치해 조직 전체가 공동으로 사용하는 것이 경제적으로 효율적인 것으로 보고 집권적 운영을 해온 경우가 많았다. 그러나 조직 전체에 걸쳐 이용되는 통신장치와 그에 따른 경비를 고려할 때 대형 정보통신 시스템이 반드시 경제적으로 효율적인 것은 아닐 수 있다. 비록 정보통신 시스템의 규모가 연산 속도와 기억용량 등 성능과 정비례하더라도 정보통신 하드웨어의 규모 경제적 이점이 반드시 나타나는 것은 아니다.

(2) 정보 및 자료의 통합 필요성

조직이 주요 부서와 지역 등 내부 정보 체제의 정보 및 자료를 통합해야 할 필요성이 높아질수록 중앙전산실의 정보통신 시스템 기능을 강조하게 되어 정보통신 하드웨어의 집권적 운영을 선호하게 된다.

(3) 통신비용

정보통신 하드웨어의 운영 형태는 정보 및 자료의 통신비용에 의해서도 좌우된다. 정보 및 자료의 통신비용은 정보나 자료 자체와 정보 처리 체제 구성, 그리고 통신거리에 따라서 달라지는데, 통신비용이 높아 정보나 자료를 경제적으로 통신하기 힘든 경우에는 정보통신 하드웨어의 운영을 중앙집권적으로 하기보다는 분권적으로 하는 것이 더 유용하다.

(4) 정보기술 전문가의 확보 가능성

정보통신 하드웨어의 규모가 어느 정도이건 간에 고도의 정보통신 체제 수준을 유지하기 위해서는 정보통신 체제의 연구 개발 등을 수행하는 정보통신기술 관련 전문가들이 많이 필요하다. 그런데 이들 전문기술 요원의 확보는 대형 정보통신 시스템이 설치되어 있는 중앙전산실을 중심으로 이뤄지고, 이들이 그 밖의 부서별 정보통신 체제의 개발 등을 지원하는 경우가 많다. 이런 경우 정보통신 하드웨어의 운영은 자연히 중앙집중적으로 이뤄질 수밖에 없다. 물론 주요 부서나 관련 부서별로 정보통신 체제를 유지하고 전문기술 요원을 충분히 확보할 경제적·조직적 여유가 있는 경우에는 정보통신 하드웨어의 분권적 운영도 가능해질 것이다.

(5) 정보통신 시스템 보안

정보통신 하드웨어의 규모가 클수록 보안상 위험 부담이 커지게 되고, 결과적으로 집권적 운영보다도 분권적 운영을 선호하게 된다. 아울러 이는 집권적 정보통신 하드웨어 운영을 위해서는 보안상 좀 더 철저한 대책이 요구됨을 시사한다.

(6) 최고관리자의 운영철학 및 의도

일반 공기업 조직에서는 일반적으로 상술한 다섯 가지 요소가 정보통신 하드웨어의 운영 체제를 좌우하지만 극히 드물게 조직 최고관리자의 기본적인 조직 운영 방침이 운영 체제를 좌우하는 경우가 있다. 그러나 행정정보 자원관리의 차원에서는 이 요소들보다도 행정수반인 최고통치권자, 즉 대통령의 국정 운영 방향이나 운영철학 등이 더 많이 작용하여 정보통신 하드웨어를 중앙집권적으로 운영할 것인지 또는 분권적으로 운영할 것인지를 결정할 수도 있다.

일반적으로 정보통신 하드웨어의 운영은 정보통신 시스템의 초기 활용 단계에서는 집권적 형태를 취하는 반면에, 그 활용이 확대되고 정보 관련 기술이 발달함에 따라서 분권적 운영으로의 경향이 나타나게 된다. 그러나 행정정보 자원관리 차원에서 무엇보다 중요한 요소는 통치권자의 정치적 의도인 경우가 많으며, 이것이 정보통신 하드웨어 운영 형태를 중앙집권적으로 만들기도 하고 분권적으로 만들기도 한다.

3) 정보통신 하드웨어의 설치 장소와 정보의 처리·통제에 따른 정보자원 운영 체제

정보통신 하드웨어의 설치 장소 및 정보의 처리·통제 경향에 따라서 정보자원 관리 체제의 운영 형태는 다양하다. 이러한 정보자원 운영 체제의 형태를 연속체 상에서 고찰해 보면 집권적 운영 경향으로부터 분권적 운영 경향에 이르기까지 다양하게 나타난다(Davis & Olson, 1985: 637-640).

① 중앙 컴퓨터가 조직의 모든 정보나 자료의 파일과 데이터베이스를 보유하고, 조직 내 중앙전산실의 컴퓨터 하드웨어가 조직 내 모든 자료 및 정보를 입력·처리하여 이를 통제·운영하고, 그 결과를 실무 부서에 제공하는 중앙집권적 정보자료 운영 체제

② 실무 부서에 입력장치가 설치되어 정보나 자료를 입력하면 중앙전산실의 정보통신 시스템이 이를 처리하여 그 결과를 출력장치를 통해 실무 부서에 다시 제공하는 다소 완화된 집권적 정보자료 운영 체제

③ 중앙 정보통신 시스템은 조직 전체의 중앙 데이터베이스(central database)를 구축·운영하는 반면에, 실무 부서에 중앙 정보통신 시스템 하드웨어와 연결된 통신망이 형성되어 중앙 정보통신 시스템이 배정하는 정보 업무에 한해 정보처리가 실무 부서에서 수행되는 여전히 집권적인 정보자료 운영 체제

④ 일상적인 정보 처리는 실무부서 자체의 분산 처리 정보통신 시스템을 사용하되 방대한 정보 처리 업무는 중앙 정보통신 시스템에 의해 이뤄지는 비교적 분권적인 정보자료 운영 체제

⑤ 실무부서의 분산 체제 정보통신 시스템이 독자적인 데이터베이스를 구축·운영할 뿐만 아니라 중앙 정보통신 시스템을 포함한 다른 부서의 정보통신 시스템도 공동으로 활용할 수 있도록 분산 처리 체제 간 통신망이 형성되어 상호간의 자료통신이 원활하게 이뤄지는 상당히 분권적인 정보자료 운영 체제

⑥ 분산 처리 체제와 중앙 정보통신 시스템 하드웨어 간의 상호 연결을 위해 중앙전산실이 분산 처리 체제의 하드웨어 구성과 기종 선정을 조정하는 정도의 분권적인 정보자료 운영 체제

⑦ 실무부서의 정보통신 시스템이 독자적인 데이터베이스를 구축하여 중앙전산실

의 정보통신 하드웨어로부터 아무런 제약 없이 실무부서의 분산 처리 정보통신 하드웨어가 자율적으로 기능하는 완전 분권적 정보자료 운영 체제

이상에서 살펴본 바와 같이 정보자원 운영 체제는 실무부서에 어떤 정보통신 하드웨어가 설치되어 있고 그 정보통신 하드웨어와 중앙전산실의 컴퓨터 하드웨어로부터 어떤 형태나 내용의 통제를 받느냐에 따라서 다양함을 알 수 있다. 다만 조직 규모가 크고 정보 및 자료의 처리 규모가 클수록 주요 부서 또는 관련 부서를 중심으로 분산 처리를 중시하는 분권적 운영 체제가 더 효율적인 것으로 간주되고 있다.

4) 종합

앞에서 살펴본 바와 같이 정보자원 운영 체제는 정보통신 하드웨어의 설치 장소와 자료나 정보의 저장 및 통제장치에 따라서 집권적 정보자원 운영 체제로부터 분권적 정보자원 운영 체제까지 다양하다. 다만 조직구성원은 정보통신 하드웨어와 자료 및 정보를 자기 부서의 자율적 통제 · 관리 하에 둘 수 있는 분권적 정보자원 운영 체제를 선호하는 경향이 있는 반면에, 조직의 입장에서는 정보통신 하드웨어의 경제적 활용과 정보 제도 및 절차의 통일, 그리고 전문적 정보통신 요원의 부족 등을 이유로 중앙집권적인 정보자원 운영 체제를 선호하는 경향이 있음을 지적할 수 있다. 그리고 개별 조직이든 국가조직이든 조직문화가 중앙집권적 성향이 강한 경우에 정보통신 체제는 집권화 경향을 나타낼 소지가 크다.

그러나 이러한 요인들만이 운영 체제의 집권적 · 분권적 성향에 영향을 미치는 것은 아니다. 예컨대 정보통신 시스템의 활용을 통해 처리되어야 할 업무가 방대할 뿐만 아니라 조직 전체가 취급해야 할 정보나 자료가 엄청나게 크고 복잡하며 다양한 경우에는 그것이 일반 사조직이든 국가조직이든 효율적 정보 체제를 유지하기 위해 분권적 운영 체제를 구축할 수밖에 없다. 더욱 주목할 것은 개인용 컴퓨터와 정보통신기술이 발달할수록 정보자원 운영 체제가 집권적이기보다는 분권적으로 발전하게 될 것이라는 점이다.

3 정보자원 개발 체제

정보자원 관리 체제의 또 하나의 중요한 측면은 정보자원 개발 체제이다. 이는 주로 정보통신 체제의 개발에 관한 것으로서 정보통신 체제의 조직구조에 따라서 중앙집권적 정보자원 개발 체제와 분권적 정보자원 개발 체제로 분류할 수 있다. 이를 좀 더 구체적으로 살펴보면 다음과 같다(Davis & Olson, 1985 : 641 ; 이학종, 1989 : 272-274).

1) 중앙집권적 정보자원 개발 체제

중앙집권적 정보자원 개발 체제는 조직체 내의 정보통신 체제를 포함한 정보자원 체제를 주로 중앙전산원이 전담하여 개발하는 체제를 말한다. 이같이 중앙의 전산 담당 부서에 의해 정보자원 체제를 개발하는 집권적 개발 체제는 다음과 같은 장점을 갖는다.

① 중앙전산실의 전산요원들이 특정 정보자원 체제의 개발에 집중적으로 투입될 수 있기 때문에 정보자원 체제의 개발이 비교적 신속하게 이뤄질 수 있다.

② 정보 체제 간의 자료나 정보의 통일을 기하는 것을 포함하여 조직 전체적으로 일관성 있고 통합된 정보자원 체제를 개발할 수 있다.

반면에 중앙집권적 정보자원 개발 체제는 다음과 같은 단점 또한 지니고 있다.

① 중앙집권적 정보자원 개발 체제 하에서는 실무부서의 정보 욕구를 제대로 파악하지 못해 실무부서의 구성원들의 기대에 미치지 못하는 정보자원 체제가 개발될 위험성이 있다.

② 개발 서비스가 모두 중앙전산실에 집중되어 있기 때문에 실무부서에서 필요로 하는 정보자원 개발을 중앙전산실이 전담하게 된다. 이 때 이런 요청이 쇄도하여 업무가 적체되는 경우 한정된 전문 전산인력망을 갖추고 있는 중앙전산실로서는 요청을 모두 수용할 수 없으므로 자연히 정보통신 체제 개발이 지연되고, 결국에는 정보자원관리 체제의 개발 업무 전체가 지연될 수밖에 없다.

중앙집권적 정보자원 개발 체제가 안고 있는 문제점을 극복하기 위해 행렬조직구조에서와 같이 중앙전산실의 정보통신 체제 개발요원과 실무부서의 구성원들을 연결하는 업무를 전담하는 연락요원을 활용하는 경우가 많다. 이들 연락요원은 실무부서의 운영 상황을 잘 아는 전산요원으로서 특히 정보통신 체제의 개발 초기 단계에서 체제분석가와 실무부서의 사용자 간 커뮤니케이션을 좀 더 원활하게 만들어 실무부서 사용자들의 정보통신 체제 활용 목적과 정보 욕구를 충족시킬 수 있는 정보자원 체제가 개발되도록 조정하는 데 기여한다. 그 밖에도 조직구성원에 대한 전산교육을 통해 조직의 실무부서에서도 어느 정도 정보자원 개발을 주도적으로 수행할 수 있도록 지원해 주는 방안도 있을 수 있다.

2) 분권적 정보자원 개발 체제

분권적 정보자원 개발 체제는 실무부서가 정보자원 체제를 자체적으로 개발 활용하는 체제를 의미하는데, 다음과 같은 장점을 갖고 있다.

① 실무부서에서 새롭게 요구되는 정보통신 체제를 즉각적으로 개발할 수 있다.

② 실무부서가 자체적으로 필요한 정보통신 체제를 개발함으로써 사용자 자신들의 정보 체제 활용 목적과 정보 욕구가 비교적 잘 충족될 수 있다.

반면에 분권적 개발 체제는 다음과 같은 단점 또한 갖고 있다.

① 실무부서에는 중앙전산실에서와 같이 고도의 정보 개발 기술을 갖춘 전문요원이 부족한 경우가 많아서 자체적으로 보유한 전문요원만으로는 복잡한 정보통신 체제의 개발이 어려운 경우가 있다.

② 정보자원 개발이 실무 부서별·개별적으로 이뤄지는 경우 정보나 자료의 일관성이 결여되는 것뿐만 아니라 개별 정보통신 체제 간의 통합이 어려워질 수 있다.

이 같은 분권적 정보자원 개발 체제가 지닌 약점을 보완하기 위해 중앙정보통신 체제의 조정기구를 활용하는 것이 바람직하다. 이러한 기구는 정보통신 체제들 간에 통일성이 유지되도록 정보통신 체제 개발을 유도할 뿐만 아니라 실무부서에게 전문 개발 인력 등 기술적인 지원을 제공할 수 있다.

3) 종합

정보자원 개발 체제에서도 중앙집권적 개발과 분권적 개발이 각각 나름대로의 이점과 문제점을 갖고 있기 때문에 어느 특정 개발 체제가 절대적으로 우수하다고 볼 수는 없고, 전술한 바대로 양 기능이 잘 조화를 이룰 수 있도록 여건을 조성하는 것이 필요하다. 예컨대 어떤 조직에서 각종 정보통신 체제가 개발되어 확대일로에 있는 경우에 실무부서의 분권적인 일상 업무 정보통신 체제의 개발과 전체적 차원에서 중앙전산실이나 중앙전산기구의 통합적인 정보통신 체제의 개발이 동시에 종합적으로 추진·구축되는 것이 바람직하다. 그러나 실제로는 실무부서와 중앙전산실이나 중앙전산기구 간의 정보통신 체제에 관한 시각이나 중점 그리고 접근 방법상의 상충 문제가 발생하는 경우가 많기 때문에 이를 어떻게 효율적으로 조정할 수 있느냐가 중요한 과제가 될 것이다. 따라서 이 같은 중앙과 실무부서 간의 개발 기능상의 조절에 대한 연구가 더 많이 이뤄져야 한다.

4 정보자원 분배 체제

정보자원 관리체제의 또 하나의 중요한 측면은 정보자원 분배가 어떻게 이뤄지느냐에 관한 문제이다. 이미 설명한 정보자원 관리 체제의 다른 측면들이 시사하는 바와 같이 조직이 관리하고 있는 정보자원을 크게 중앙부서와 실무부서 간에 어떻게 배분하느냐에 따라 정보 체제의 활동 유형이 달라지게 된다. 정보자원 분배 체제도 앞의 다른 분야의 정보관리 체제와 같이 크게 중앙집권적 정보자원 분배 체제와 분권적 정보자원 분배 체제로 나눠 설명될 수 있다(Davis & Olson, 1985 : 641-644 ; 이학종, 1989 : 274-276).

1) 집권적 정보자원 분배 체제

(1) 집권적 정보자원 분배 체제의 정의

집권적 정보자원 분배 체제는 정보자원이 주로 정보통신 체제의 최고책임자에 의해 분배되는 체제를 뜻한다. 이러한 분배 체제 하에서는 조직 내의 정보통신 하드웨어의 선정과 정보 체제의 개발, 그리고 정보통신 소프트웨어의 구매 등 정보통신 체제의 모든 설비 투자와 운영비용 지출이 중앙전산실의 예산에 의해 이뤄진다. 이러한 예산지출 방식을 소위 하향식(top-down) 예산지출 방식이라고도 한다(Horton, 1982 : 55). 그런데 여기서 간과할 수 없는 것은 정보자원 분배가 정보통신 체제의 최고책임자의 단독 권한에 의해서만 배타적으로 이뤄지기보다는 조직의 전산 개발 및 추진위원회나 국가조직의 경우 과거의 '국가전산망 조정위원회'와 최근의 '국가 정보화전략위원회' 같은 기구를 구성하여 조직 내의 중요 업무를 담당하는 책임자들이 공동으로 정보자원의 분배에 관한 의사결정에 참여함으로써 이뤄진다는 것이다. 다만 정보자원의 분배에 관한 결정은 정보통신 체제의 전문기술과 깊이 관련되어 있기 때문에 자연적으로 전체 정보통신 체제의 최고책임자의 영향력이 상당히 작용함을 아울러 유의할 필요가 있다.

(2) 집권적 정보자원 분배 체제의 장·단점

이러한 중앙집권적 정보자원 분배 체제는 다음과 같은 장점을 갖고 있다.

① 중앙전산실이 정보자원 개발 방향과 정보 개발의 우선순위 결정 등 정보통신 체제 개발에서 조직 전체의 입장을 반영하여 좀 더 종합적이고 균형 잡힌 정보자원 관리 체제를 조성할 수 있다.

② 조직 전체를 위한 데이터베이스와 자료통신 체제를 설계하는 데에 좀 더 일관성 있고 체계적인 접근 방법을 시도할 수 있다.

그 반면에 중앙집권적 정보자원 분배 체제는 몇 가지 단점 또한 내포하고 있다.

① 조직의 전산위원회와 같은 정보통신 체제 개발·조정기구가 실무 부서의 정보욕구를 정보자원 분배에 관한 결정에 제대로 반영시키지 못하는 경우에 실무부서의 기대와 동떨어진 정보자원 관리 체제가 개발될 위험성이 있다. 특히 위원회와 같이 기구가 조직의 정치적 환경에 많은 영향을 받는 경우, 실무부서의 요구 조건을 잘 반영시킬 수 없는 제약성이 있다.

② 중앙전산실에 너무 많은 권한이 위임되고 자원 분배상의 관료주의적 경향이 나타날 위험성이 있는데, 이러한 경우 결과적으로 정보자원의 비효율적인 활용이 초래될 수 있다.

2) 분권적 정보자원 분배 체제

(1) 분권적 정보자원 분배 체제의 정의

분권적 정보자원 분배 체제는 조직의 정보자원을 실무부서에 분배하여 실무부서가 이를 정보통신 체제의 개발과 유지에 사용하는 체제를 의미한다. 이 같은 분권적 정보자원 분배 체제에서는 중앙전산실이나 각 부서 전산실의 서비스에 대해 사용자인 실무부서가 자체의 예산에서 일정액을 그 비용으로 지출하는 비용부과제도(chargeback systems)에 의존하게 된다. 이를 상향식(bottom-up) 예산지출 방식이라고도 한다(Horton, 1982 : 54). 비용부과제도의 목적·종류·특성을 살펴보면(Olson & Ives, 1982 : 47-60), 비용부과제도의 목적은 ① 비용 만회(cost recovery)의 회계 목적을 충족하고, ② 사용자 간 정보자원의 형평성 있는 분배를 보장하며, ③ 계약상 또는 법적 요구 사항을 충족하는 데 있다. 또한, ④ 희소한 정보자원의 수요를 규제하고, ⑤ 기획에서 관리자들을 지원하는 한편, ⑥ 정보자원에 관한 통제권을 사용자들에게 분산하는 것을 추구하고 있다.

비용부과제도의 유형은 그 목적이 무엇이냐에 따라서 다음과 같이 여러 가지로 분류된다(Popadic, 1975 : 154-175).

① 정보 체제의 전체 자원비용(overhead), 예컨대 설비투자, 운영비용 등을 주요 부서별로 일정한 기준에 의해 할당하는 제도
② 공동으로 사용하는 정보통신 하드웨어 설비와 소프트웨어 고정비용은 조직이 부담하고, 정보통신 하드웨어의 설비 사용에 대해서만 CPU 사용 시간 등 특정 기준에 의해 그 비용을 사용 실무 부서에게 부과하는 제도
③ 정보통신 기기 사용과 정보통신 체제의 개발 및 유지 등 실무부서가 실제로 이용한 정보통신 서비스에 대한 모든 비용을 사용 실무부서에게 부과하는 제도
④ 기계 사용과 정보통신 체제의 개발과 유지에 대한 비용뿐만 아니라 정보통신 체제의 고정비용까지도 일정한 기준에 의해 사용실무 부서에 부과하는 제도

비용부과제도가 분권적 자원 분배에 효과적으로 기여하기 위해서는 이해성, 통제성, 책무성, 비용편익의 권리를 지녀야 한다. 각각에 대한 구체적인 내용을 살펴보면 다음과 같다(Nolan, 1977b : 177-184).

① 이해성(understandability) : 사용자는 특정 활동에 관련된 내용을 납득할 수 있어야 한다.
② 통제성(controllability) : 사용자 비용부과제도는 사용자-관리자 통제 하에 이뤄져야 한다.
③ 책무성(accountability) : 전체 비용과 정보통신 체제 사용 비용이 사용자 실무부서 구성원의 업적평가의 한 요소가 되어야 한다.
④ 비용편익의 권리 : 정보통신 서비스에 대한 비용을 지불하는 사용자는 그 서비

스의 혜택을 직접으로든 간접으로든 받아야 한다.

(2) 분권적 정보자원 분배 체제의 장·단점

이러한 분권적 정보자원 분배 체제 역시 장·단점을 가지고 있다. 먼저 장점을 살펴보면 다음과 같다.

① 정보자원의 분권적 분배를 통해 실무부서는 정보통신 체제로부터 예상되는 비용과 혜택에 관한 비용·편익분석을 실시하여 자체예산을 효율적으로 활용할 수 있고, 그 결과 만족스러운 정보자원 관리 체제를 설계할 수 있다.

② 분산 체제의 전산실도 실무부서를 고객으로 간주해 좀 더 성의 있는 정보통신 서비스를 제공하게 된다.

그 반면에 분권적 정보자원 분배 체제는 몇 가지 단점 또한 내포하고 있다.

① 실무부서가 독자적인 정보자원 관리 체제를 가지고 있어서 자기 부서에 알맞은 정보통신 체제를 개발하게 되어 조직 전체적으로 통일된 자료나 정보를 관리할 수 있는 종합적이고 균형 잡힌 정보통신 체제의 개발이 어렵다.

② 실무부서는 자체 업무와 직접적으로 관련되고 단기적인 실적 위주의 업무 수행에 적합한 정보통신 체제의 개발에 관심을 집중시키고 장기적 계획에 기초한 정보통신 체제의 개발에는 자원 투입을 등한시하는 경우가 많아 개별적인 실무부서뿐만 아니라 조직 전체의 효율성 있는 정보 체제의 개발이 침체될 위험성이 있다.

3) 종합

조직의 정보자원 분배 경향도 조직의 일반 자원 분배 성향에 영향을 받게 마련인데, 전통적으로 중앙집권적 분배가 이뤄지던 조직에서는 정보자원도 집권적으로 분배되는 것이 일반적이다. 그 반대의 경우도 마찬가지 관계에 있다. 한국의 경우 지금까지 조직 내 자원 배분이 중앙집권적으로 이뤄져 왔기 때문에 정보자원의 분배에서도 중앙전산실의 예산을 통해 정보통신 체제의 설비 투자와 운영비용을 지출하는 중앙집권적 분배가 이뤄져 왔다. 그리고 일부에서 분권적 정보자원 분배 체제가 확립된 경우에도 비용부과제도를 사용하는 경우에는 정보통신 체제 전체의 자원비용을 주요 부서별로 할당하는 제도를 취했기 때문에 정보통신 체제 서비스에 비례하는 비용 부과 방법이 적용되는 경우가 드물었다. 그 이유는 실무부서의 정보통신 체제 이용을 적극 추진하는 데에 조직의 상부 관리자층과 중앙전산실의 역할이 지대했기 때문이다. 그러나 근래에 와서 정보자원 관리의 중요성이 강조되면서 정보자원 활용에 따른 비용 부과를 좀 더 정확하게 하려는 노력이 점차 커지고 있다. 특히 대규모 정보통신 체제를 유지해야 하는 국가조직에서는 정보자원의 활용에 대한 경제적 책임뿐만 아니라 정치적 책임도 중요시되기 때문에 그에 대한 통제·관리가 절실히 요청된다.

지금까지 정보자원 관리 체제의 기본 요소들에 관해 살펴보았다. 이제까지 정보자원 관리 체제는 기술적인 면에서 정보관리 체제 자체를 의미하거나 정보통신 체제의 일부로 간주되었다. 그러나 이미 언급한 바와 같이 정보자원 관리가 정보나 자료를 자원으로 간주해 이에 관한 통합적 통제·관리를 최우선 목표로 삼고 있다는 점에 비춰보면 자료나 정보자원 또는 정보의 관리가 주요 대상 범위가 된다. 다만, 자료나 정보의 처리·저장·분산에 필요한 정보기술들은 정보자원으로서 간주되지만, 이 책의 설계상 정보 투입관리가 아니라 정보 처리관리의 대상으로 간주하는 것이 더 타당하므로 뒤에서 별도로 설명하고 여기서는 정보자원관리의 가장 기본적인 대상으로 간주되는 데이터베이스 관리 체제에 관해서만 살펴보기로 한다.

제 4 절 데이터베이스 관리 체제

1 데이터베이스의 개념

1) 데이터베이스 및 데이터베이스 관리 체제의 정의

데이터베이스(database: DB)에 관한 개념적 정의는 학자들 간에 유사하게 내려지고 있는데, 데이터베이스라는 용어를 사용할 때 대체로 광의의 개념과 협의의 개념을 구분하여 이해하고 있다. 광의의 데이터베이스는 특정 조직이 관리하고 있는 모든 자료의 집합체를 뜻하는 반면에(Everest, 1985), 협의의 데이터베이스는 정보통신 시스템에 기억 또는 저장된 자료의 집합체를 의미한다. 일반적으로 데이터베이스라는 용어가 사용될 때는 광의의 의미로 이해되지만, 기술적인 측면에서는 협의의 개념으로 사용된다. 이 책은 정보통신 체제를 포함한 정보자원 관리 체제의 일부로 데이터베이스 관리 체제를 보고 있기 때문에 기술적인 측면에서의 정의를 기초로 하여 데이터베이스를 설명한다. 이런 관점에서 데이터베이스의 정의를 다음과 같이 내릴 수 있다.

데이터베이스는 자료를 집중화하여 중복된 자료를 최소로 줄임으로써 다양한 응용분야를 지원하는 데 효율성을 높일 수 있도록 체계적으로 구성된 자료의 집합체이다 (Laudon & Laudon, 1988).

이와 같은 데이터베이스는 정보를 포함하기보다는 자료를 포함하고 있어서 그 자체로는 별 의미나 가치가 없다. 그러나 그러한 자료들에 의미를 부여하고, 또 그러한 자료들을 처리하는 규칙들을 적용함으로써 데이터베이스로부터 유용한 정보를 창출할 수 있다. 따라서 데이터베이스가 적절히 설계되고 이용될 때 비로소 각종 업무 수행이나 의사결정에 필요한 정보를 창출하기 위한 중요한 도구(tool)가 될 수 있다 (Mardick, Ross, & Claggett, 1984 : 137).

한편 데이터베이스 관리 체제(database management system : DBMS)는 이상에서 언급한 협의의 데이터베이스에 관한 접근법으로서 데이터베이스를 정의하고 만들어 내며, 수정·통제하는 기능을 수행하는 소프트웨어 체제를 의미한다 (Davis &

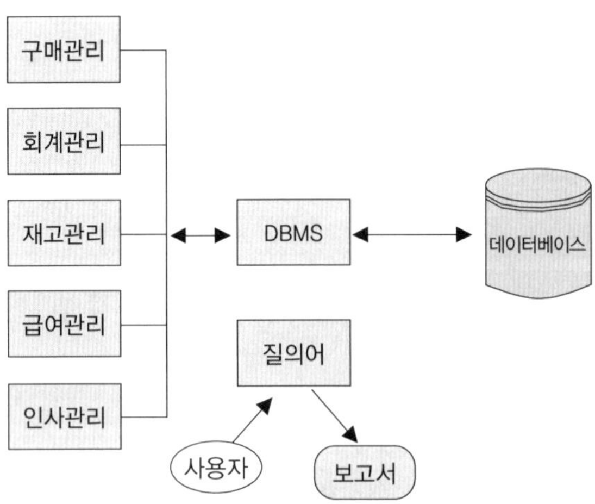

그림 4-3 데이터베이스 관리 체제 접근법

자료 : David & Olson(1985).

Olson, 1985 : 502). 다시 말하면, 데이터베이스 관리 체제는 응용 프로그램과 데이터베이스라고 불리는 조정되고 통합된 물리적 파일(physical files)의 집합체 사이에서 인터페이스의 기능을 수행하는 프로그램들의 집합체를 뜻한다. 여기서 물리적 파일이란 저장 매체에 실제로 저장된 자료를 말하며, 응용 프로그램의 마스터 파일과 같은 것이다. 따라서 DBMS는 데이터베이스를 생성하고, 유지·보수하며, 변경할 수 있는 능력을 제공한다. 그런데 DBMS에서 물리적 파일 사이에 있는 자료는 자료의 중복을 줄일 뿐만 아니라 관련된 정보의 예기치 않은 탐색을 가능하게 해주는 포인터(pointers) 및 키(key)와 관련되어 있다. 이러한 DBMS 접근법을 간단히 나타내면 [그림 4-3]과 같다.

2) 데이터베이스의 구성 체계

데이터베이스는 계층적으로 구성되어 있는데, 그 요소를 보면 다음과 같다(Kroeber & Watson, 1984 : 122-125).

(1) 자료 항목

자료 항목(data elements)은 자료 수집 대상인 실체(entity)의 속성(attributes)을 묘사한 것이다. 즉, 자료 처리에 관련된 실체를 묘사하는 기본적인 사실을 나타낸다. 예컨대, 각종 행정 처리에서 사용되는 주민등록번호는 자료 항목에 속한다. 자료 항목을 구성하고 있는 문자(characters)는 바이트(bytes)로 기록되고, 이 바이트는 비트(bits)의 집합체이다. 따라서 자료의 가장 기초 단위인 자료 항목은 여러 개의 비트로 이뤄진 바이트인 문자들의 집합이 된다. 이 자료 항목을 필드(field)라고도 하는데, 자료 항목이 비로소 특정 의미를 갖는다는 데에 그 의의가 있다.

(2) 자료 레코드

자료 레코드(data record)는 서로 관련된 자료 항목들의 집합체를 뜻하며, 응용 프로그램에 의해 정보의 기본 단위로 취급된다. 예컨대, 특정한 사람의 주민등록번호, 이름, 그리고 생년월일 등을 조사하여 종합함으로써 그 사람의 신원을 밝히는 자료 레코드를 형성한다. 그런데 이 자료 레코드를 식별하기 위해서는 키 항목(key element)이나 레코드 키(record key)가 사용되는 것이 보통이다. 예를 들면, 특정 은행계좌의 예금주를 식별하는 데에 사용되는 비밀번호(password)나 특정 학생의 신분을 확인하기 위해 사용되는 학번 등이 레코드 키에 해당된다. 그런데 자료 레코드는 크게 물리적 레코드(physical record)와 논리적 레코드(logical record)로 분류되는데, 전자는 컴퓨터 시스템에 기억·저장하는 관점에서 하나의 단위를 이루는 것으로서 보통 하나 내지 수 개의 물리적 레코드로 구성된다. 한편 후자의 논리적 레코드는 정보통신 프로그램이 취급하고자 하는 동류의 자료 항목들이 모여서 이뤄진 레코드를 말한다.

(3) 자료 파일

자료 파일(data files)은 특정 목적을 위해 구성된 논리적 레코드들의 집합체를 뜻한다. 다시 말하면, 자료 처리를 위한 실질적 단위인 정보자료를 모아놓은 것을 의미한다. 이러한 파일의 종류는 내용과 용도, 그리고 유지·보관되는 기간에 따라서 다양하다. 대체로 크게 세 가지가 있는데, 마스터 파일(master file)과 거래 파일(transaction file), 그리고 보고서 파일(report file)이다. 여기서 첫 번째의 마스터 파일은 완전한 레코드를 포함하고 있는 영구 파일로서 일반적인 자료 처리를 위한 일차적인 자료의 원천(primary source of data)으로 사용된다. 두 번째의 거래 파일은 일시적인 파일로서 조직의 기본적인 활동 레코드를 포함하고 있다. 이 거래 파일은 마스터 파일의 관련 부분을 갱신(update)하는 데 사용된다. 마지막의 보고서 파일은 보고서 작성을 위해 자료 처리 결과 중에서 필요한 정보만을 뽑아서 전체 레코드에 걸쳐 종합된 형태로 구성한 것을 뜻한다. 이 밖에도 자료 내용의 손상에 대비하여 별도로 보관하기 위해 복사해 둔 파일인 백업 파일(backup file)과 레코드 키 순서대로 재정렬한 정렬 파일(sorting file) 등이 있다.

(4) 데이터베이스

이는 상호 관련된 컴퓨터 파일들의 통합을 의미하는 자료의 최상위 개념으로서 상호 연관된 다수의 응용 프로그램들을 공동으로 사용할 수 있도록 컴퓨터가 접근할 수 있는 매체에 통합·저장한 운영 자료의 집합체를 말한다. 여기서 주의할 점은 데이터베이스(database)가 앞의 자료의 하위 개념들처럼 개체들의 단순한 집합이 아니라 서로 다른 다양한 파일들 속에 있는 자료를 공유할 수 있도록 통합·조정된 자료군을 의미한다는 것이다. 이상에서 논의된 데이터베이스의 구성 체계를 도식화하면 [그림 4-4]와 같다.

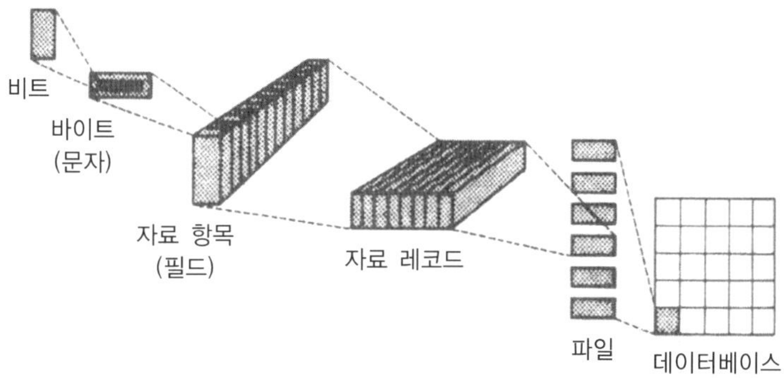

그림 4-4 데이터베이스의 계층적 구조 체계

자료: 이윤식(2003 : 364).

2 데이터베이스 관리 체제의 필요성

전통적인 자료처리 체제인 자료파일 처리 체제(data file processing system)는 여전히 많이 활용되고 있음에도 불구하고 본질적으로 안고 있는 몇 가지 중요한 문제점들로 인해 효율적인 자료관리에 한계가 있다. 데이터베이스 관리 체제는 이 같은 자료 파일 처리 체제의 문제점을 최소화하기 위해 개발된 것이다. 여기서는 데이터베이스 관리 체제가 도입됨으로써 극복될 수 있는 전통적인 자료 파일 관리 체제의 문제점은 다음과 같다(Hicks, Jr., 1987 : 197-198).

1) 자료의 중복

기존의 자료 파일 처리 체제 하에서는 동일한 자료가 두 개 이상의 파일에 저장되는 경우가 많은데, 그 이유는 자료 파일이 특정 관련 부서나 응용 분야별로 유지되기 때문이다. 이 같은 자료의 중복은 자료를 편집하고 유지하며 저장하는 데 드는 비용을 증가시킬 뿐만 아니라, 경우에 따라서는 두 개의 파일에 저장된 자료들이 동일 대상이나 사건에 관한 것인데도 표면적으로 서로 다르게 보임으로써 혼동이 초래되어 의사결정에 중대한 착오를 일으키게 한다. 더욱이 특정 자료를 갱신해야 하는 경우 동일 자료가 여러 개의 파일에 기억되어 있기 때문에 여러 차례의 자료 갱신을 해야 하고, 이는 시간과 노력을 낭비하게 한다. 이 같은 문제가 데이터베이스 관리 체제의 도입으로 해소될 수 있다.

2) 프로그램과 자료 간의 의존

전통적인 자료 파일 처리 체제에서는 프로그램과 자료 간의 의존성이 있다. 즉, 모든 응용 프로그램이 그 처리 대상인 데이터 파일에 맞춰서 작성되기 때문에 프로그램과 마스터 파일 간에 밀접한 관계가 존재한다는 것이다. 그래서 자료 항목(또는 필드)의 추가와 같은 작업을 통해 마스터 파일의 물리적 형태(format)를 변경하는 경우 마스터 파일에 관련된 모든 프로그램을 바꿔야 한다. 이렇듯 응용 프로그램별로 고유한 형식으로 파일 시스템을 유지·관리할 경우, 서로 간에 호환성이 없기 때문에 프로그램 수정과 유지·보수는 극히 어려워진다. 하지만 데이터베이스 관리 체제를 이용하면 같은 형식으로 데이터를 관리하기 때문에 프로그램의 수정과 유지 보수가 훨씬 더 쉬워진다(손광수, 2003 : 26).

3) 자료 통합의 결여

종종 서로 다른 마스터 파일에 저장되어 있는 자료 간에 상호연관성이 있어서 그 두 파일을 동시에 처리해야 하는 경우가 있다. 그러나 기존의 자료 파일 처리 체제 하에서는 상이한 파일들에 기억되어 있는 자료를 결합하거나 동시에 처리하여 특정 정보를 획득하는 것이 불가능하다. 따라서 이러한 경우 새로운 프로그램을 작성하거나 각각의 파일에 들어 있는 관련 자료를 기초로 작성된 보고서를 통해 수작업으로 정보를 구해야 한다. 이 같은 문제를 해결하기 위해 데이터베이스 관리 체제가 필요하다.

4) 신축성의 결여

전통적인 자료 파일 처리 체제 하에서 정보는 주기별 보고서와 조회(query) 형식으로 산출된다. 그래서 예기치 못한 정보가 필요할 때 파일에 그런 정보가 저장되어 있다면 문제가 없겠으나, 그렇지 않은 경우 정보의 검색과 축적을 위해 확대된 프로그램을 준비해야 한다. 그런데 문제는 프로그램의 작성이 완료되어 필요한 정보를 구할 수 있게 될 즈음에 애초에 필요했던 정보가 효용가치를 잃게 될 가능성도 존재한다는 점이다. 따라서 기존의 자료 파일 처리 체제에서 앞서 설명한 방식으로 정보를 확보하는 것이 가능하기는 하지만, 이를 위한 비용과 시간이 많이 들기 때문에 실제로는 불가능하다. 이 같은 전통적인 자료 파일 처리 체제의 문제점은 오랫동안 골칫거리가 되어 왔는데, 이러한 문제를 해결하기 위해 데이터베이스 관리 체제가 필요하다. 또한 이상적으로는 예기치 않은 정보 요구에 신속히 대처할 수 있도록 자료 파일 처리 체제가 여러 개의 상이한 파일에 저장되어 있는 자료 항목들을 결합하여 필요한 정보를 창출해 낼 수 있어야만 할 것이다.

3 데이터베이스 관리 체제의 구성 요소

1) 데이터베이스의 논리적 관점과 물리적 관점

전통적인 자료 파일 처리 체제에서는 프로그래머가 저장 매체에 자료 레코드들이 어떻게 배치되어 있는지를 알아야 할 필요가 있기 때문에 결국 여러 유형의 컴퓨터 하드웨어의 기술적인 특성을 이해해야 한다. 그런데 특정 프로그래머가 또 다른 프로그래머에 의해 설계된 자료 파일들을 사용해야만 하는 다수 사용자 상황에서는 위와 같은 문제가 훨씬 더 복잡해진다. 이런 상황에서는 특정 자료 필드(즉, 자료 항목)가 무엇을 나타내는지를 파악하는 데 많은 시간을 낭비하게 되는 경우가 많다. 반면에 데이터베이스 관리 체제(DBMS)는 자료를 물리적 관점(physical view)과 논리적 관점(logical view)에서 파악함으로써 앞에서 설명한 기존 방식이 지닌 문제점을 극복한다.

자료의 물리적 관점은 전통적인 자료 파일 처리 체제와 유사한 것으로서 저장장치 상의 비트(bits)와 바이트(bytes)의 실제 위치(actual locations)에 관련된 것이다. 어떤 정보관리 요원에게는 이 같은 정보가 저장 및 처리장치의 효율적인 활용을 위해 필요하겠지만, 정보의 실제적인 사용에만 관심을 갖고 있는 응용 프로그래머에게는 별 의미가 없는 경우도 있다.

한편, 자료의 논리적 관점은 정보 사용자와 응용 프로그래머에게 의미 있는 형태로 자료를 나타내는 것을 말한다. 또한, 논리적 관점은 자료 필드(즉, 자료 항목)와 자료 레코드가 실제의 업무 활동을 나타내 주도록 조직화되어야 함을 의미한다. 이를 통해 자료는 의사결정에 필요한 정보나 보고서를 얻는 데에 용이하게 사용될 수 있다. 데이터베이스 접근법은 사용자로 하여금 이 같은 논리적 관점의 자료 파악을 가능하게 해 준다. 즉, DBMS에서는 자료가 여러 가지 복잡한 메커니즘에 따라 물리적으로 분리되어 자기기억 매체에 저장될 수도 있지만 대부분의 경우 사용자의 목적에 적합한 논리적인 형태로 나타난다(Hicks, Jr., 1987: 199-201). 자료관리 체제에서 자료에 관한 논리적 관점과 물리적 관점을 도식화하면 [그림 4-5]와 같다.

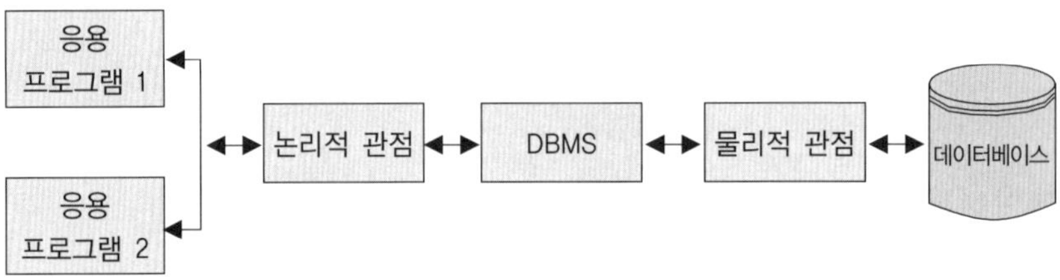

그림 4-5 데이터베이스의 논리적 관점과 물리적 관점

자료: Hicks, Jr. (1987: 202).

2) 광의의 데이터베이스 관리 체제의 구성 요소

넓은 의미의 데이터베이스 관리 체제는 크게 네 가지 요소로 구성되어 있는데, 이들 구성 요소는 ① 데이터베이스 사용자, ② 협의의 DBMS 소프트웨어, ③ 데이터베이스 관리자, 그리고 ④ 데이터베이스이다. 이들 각 요소들은 [그림 4−6]에서 보는 바와 같이 다양한 측면에서 상호작용을 통해 역할을 수행하게 된다. 이들 요소를 좀 더 구체적으로 고찰해 보면 다음과 같다(Hicks, Jr., 1987: 201-208).

(1) 데이터베이스 사용자

데이터베이스 사용자(users)로서는 통상 관리자와 같은 전통적인 사용자와 전형적인 사용자로 간주되지 않는 응용 프로그래머가 포함된다. 이들 사용자는 응용 프로그램을 통해 간접적으로 DBMS와 상호작용하거나 간단한 질의어(query language)를 통해 직접적으로 상호작용을 하기도 한다. 이들 사용자는 DBMS와의 상호작용을

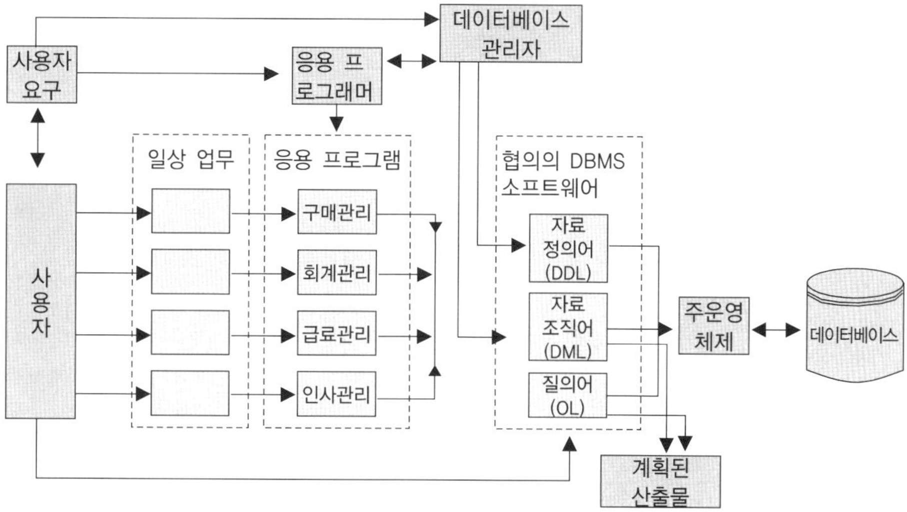

그림 4-6 광의의 데이터베이스 관리 체제의 구성 요소

자료 : Hicks, Jr. (1987 : 202)를 수정 보완.

통해 데이터베이스 내의 논리적 관계를 정의하고, 자료를 입력 · 변경 · 삭제 · 조작하는 활동을 수행한다.

(2) 데이터베이스 소프트웨어(협의의 데이터베이스 관리 체제)

데이터베이스 소프트웨어는 일반적으로 협의의 데이터베이스 관리 체제 자체를 나타낸다. 다시 말하면, 협의의 데이터베이스 관리 체제는 사용자가 데이터베이스에 접근해 자료를 활용할 수 있게 해 주는 복잡한 소프트웨어 패키지로서, 사용자 명령어(user commander)를 해석해서 컴퓨터 시스템으로 하여금 요구된 작업을 수행하게 한다. 이 같은 데이터베이스 관리 체제에는 대체로 두 가지 컴퓨터 언어를 사용하는데, 하나는 자료정의어(data definition language : DDL)이고 다른 하나는 자료조작어(data manipulation language : DML)이다.

자료정의어는 데이터베이스 내부의 자료에 관한 논리적 관점과 물리적 관점 간의 관계를 설명해 주는 언어다. 여기서 논리적 관점은 전술한 바와 같이 사용자가 자료를 보는 방식인 반면에 물리적 관점은 자료가 물리적으로 저장되는 방식을 뜻한다.

데이터베이스의 논리적 구조는 스키마(schema)라고 하며, 데이터베이스의 특정

자료의 논리적 구조를 하위 스키마(subschema)라고 한다. 많은 사용자와 응용 프로그래머들이 같은 데이터베이스를 활용하기 때문에 많은 하위 스키마가 존재한다. 예컨대 사용자나 응용 프로그래머는 DDL을 사용해 필요한 자료 항목만을 포함하는 하위 스키마를 작성할 수 있다. 한편 DDL은 각 자료 레코드의 물리적인 특성, 즉 레코드 내의 필드, 각 필드의 논리적 이름, 자료 형태, 그리고 길이 등을 정의하는 데 사용된다. 여기서 논리적 이름은 응용 프로그래머와 사용자들이 필드 내의 자료를 검색하거나 갱신하기 위해 필드를 찾을 때 사용하는 것이다. 이 DDL은 또한 자료 레코드 간의 관계를 규명하는 경우에도 사용된다.

이 같은 자료정의어의 주요 기능을 보면 다음과 같다.

① 스키마 및 하위 스키마를 기술한다.

② 각 자료 레코드 내의 필드와 레코드의 논리적 이름을 기술한다.

③ 자료 형태와 각 자료 필드의 이름을 기술한다.

④ 자료 레코드 키를 지정한다.

⑤ 자료 보안을 도모한다.

⑥ 논리적 자료 및 물리적 자료에 독립성을 부여한다.

⑦ 관련 자료 간의 연계 수단을 제공한다.

한편 자료조작어는 자료나 레코드의 검색·분류·삭제와 같은 데이터베이스 처리 기법을 제공한다. 대부분의 DML은 COBOL이나 PL/1과 같은 고급 프로그래밍 언어와 접속되어 있어서 프로그래머로 하여금 DML만으로는 수행할 수 없는 특유의 자료 처리를 수행할 수 있게 해 준다. DML의 주요 특징은 자료를 조작할 때 물리적인 저장 위치 대신에 논리적 이름을 사용한다는 것이다. 그렇게 할 수 있는 것은 자료정의어(DDL)가 자료의 논리적 이름과 그것의 물리적 기억 위치를 연결시켜 주기 때문이다.

자료조작어의 주요 기능은 다음과 같다.

① 자료나 기록의 삭제(deletion)·대치(replacement)·검색(retrieval)·정렬(sorting)·삽입(insertion)과 같은 자료 조작 기법을 제공한다.

② 사용자나 응용 프로그램이 물리적 저장장치가 아닌 실제의 논리적 이름으로 각 자료를 처리하게 한다.

③ 프로그래밍 언어와 접속되며 고급언어의 지원을 받는다.

④ 사용자와 응용 프로그램을 데이터베이스의 유지 또는 물리적 기억 등의 기능으로부터 독립시켜 준다.
⑤ 자료 항목 간의 논리적 관계를 활용할 수 있게 해준다.

(3) 데이터베이스 관리자

데이터베이스 관리자(database administrator : DBA)는 데이터베이스를 설계하고 유지·보수를 담당하는 주체로서, 데이터베이스를 보호하기 위해 사용자와 아주 밀접하게 작업한다. 사실상 DBA는 데이터베이스와 그 사용자 간의 연락 기능을 수행하기 때문에 사용자들의 정보 요구에 익숙해 있어야 할 뿐만 아니라 DBMS 및 자료 저장과 처리 분야의 기술적인 면에서 유능해야 한다.

이러한 데이터베이스 관리자의 주요 기능은 다음과 같다.

① 자료사전(data dictionary)을 유지한다. 자료사전은 데이터베이스에 저장되어 있는 각각의 자료 항목의 의미를 정의하고 자료 항목 간 상관 관계를 기술한 것이다. 데이터베이스가 많은 사용자에 의해 공유되므로 저장된 자료 항목의 의미에 대해 명백하고 공통적인 합의가 필요하다.
② 데이터베이스의 물리적 구조를 결정하고 유지한다.
③ 활용되지 않은 자료 레코드를 삭제하며 데이터베이스를 갱신·변경한다.
④ 데이터베이스의 변경과 추가에 관한 편집 통제(edit controls)를 설계하고 유지한다.
⑤ 사용자의 욕구를 충족시키는 검색 방법을 개발한다.
⑥ 데이터베이스의 보안 및 복구 기능을 수행한다.
⑦ 데이터베이스의 구성 통제(configuration control)를 수행한다. 여기서 구성 통제란 한 사용자가 데이터베이스의 변경을 원할 경우 다른 사용자들로부터 승낙을 받아야 함을 뜻하는 것으로서, 한 사람이 데이터베이스를 무차별하게 변경해 다른 사용자들에게 피해를 줄 수 없도록 하는 것이다.
⑧ 자료의 불법 사용을 방지하기 위한 사용자 접근 코드(user access codes)를 할당한다.

(4) 데이터베이스

데이터베이스(database)는 자료의 물리적 집합체를 말하며, DBMS에서 자료는 자기디스크와 같은 직접 접근장치(direct access devices)에 저장되어야 하고, 또한 별도의 저장 매체에 데이터베이스의 백업 파일을 만들어 저장해야 한다. 이러한 DBMS는 물리적 저장 공간과 자료 처리 시간의 활용을 최적화하도록 설계되는데, 이는 논리적 관점에서는 사용자의 편의를 위해 자료 항목의 중복(redundancy)이 어느 정도 허용될 수 있겠지만 물리적 관점에서는 물리적 기억의 중복을 피하려고 하기 때문이다. 그 밖에도 DBMS는 정보자원의 활용을 최적화하는 다른 기법들을 사용하는데, 비교적 자주 사용되지 않는 자료 레코드들은 저렴한 저속 기억장치에 저장하는 반면에 빈번히 사용되는 자료는 좀 더 비싼 고속 기억장치에 저장하는 것이 바로 그 예이다. 그런데 데이터베이스에 점점 더 방대한 양의 자료 저장을 위한 기억 용량이 요구됨에 따라서 DBMS를 하드웨어화시킨 데이터베이스 기계(database machine)가 개발되었으며, 급기야는 자료의 검색 · 정렬 · 갱신기능을 갖췄을 뿐만 아니라 소프트웨어 프로그램보다 더 능률적인 운영 기능을 갖춘 데이터베이스 컴퓨터(database computer)가 등장하는 등, 정보자원 활용의 최적화를 위한 노력은 계속되고 있다.

4 데이터베이스 관리 체제의 특징과 논리적 구조

데이터베이스 관리 체제(DBMS)의 중요한 두 가지 특징은 자료 기억의 중복성을 최소화하는 기능과 관련 필드나 레코드와 같은 관련 자료 요소들(data elements)을 연결시키는 기능을 갖추고 있다는 것이다. 그런데 이 같은 기능들은 레코드 키(record key)와 내장 포인터(embedded pointers), 그리고 연결 리스트(linked list)를 통해 이뤄진다. 여기서 내장 포인터는 데이터베이스의 또 다른 부분에 있는 관련 레코드의 물리적 또는 상대적 주소(physical or relative address), 즉 위치를 밝혀 주는 특정 레코드 내의 한 필드를 나타낸다. 그리고 그렇게 밝혀진 특정 레코드 역시 제3의 레코드를 지정하는 내장 포인터를 포함하게 된다. 이 같은 방식으로 계속해서 레코드의 지정이 이뤄진다. 이처럼 내장 포인터에 의해 연결된 일련의 레코드들을 연결 리스트라고 한다.

연결 리스트는 관련 레코드의 첫 번째 레코드에서 마지막 레코드 방향으로 순차적으로 관련 레코드를 찾아가지만 그 반대 방향으로는 불가능한 일방향성을 갖는다. 이런 연결 리스트의 한계점을 극복하기 위해 역방향의 포인터를 저장할 수 있는데, 이러한 경우 순환식 루프(loop)가 형성되기 때문에 포인터에 끝이 없어지게 된다. 한편 같은 속성을 가진 레코드들의 키나 번지를 나열함으로써 레코드 간의 관련성을 나타내는 것을 역파일(inverted file)이라고 한다. 이때 한 파일의 레코드 간에도 여러 가지 관련성이 존재할 수 있어서 여러 개의 키에 의한 역파일이 다수 생성될 수 있다. 이와 같은 연결 리스트나 역파일은 데이터베이스에 물리적 구조로 저장된 자료의 물리적 관련성을 설명해 주기 때문에 이들을 통합적으로 설명해 주는 기법이 요구된다(이진주 외, 1989: 210-211).

DBMS에 의해 사용되는 데이터베이스의 논리적 구조로는 크게 ① 나무구조(수(樹)구조)(tree structure), ② 망구조(network structure), 그리고 ③ 관계구조(relational structure)가 있다. 이들 데이터베이스의 구조는 사용자가 자료에 관한 논리적 관점을 수립하는 데 사용되는 모형들이다. 대체로 나무구조와 망구조의 DBMS는 관련 자료를 연결 리스트를 통해 통합하고, 관계구조의 DBMS는 관련 자료를 자료 내에 포함되어 있는 정보를 통해 연결시킨다. 이들 데이터베이스의 논리적 구조를 좀 더 자세히 고찰하면 다음과 같다(Hicks, Jr., 1987 : 209-212 ; Murdick & Munson, 1986 : 237-247).

1) 나무구조

데이터베이스의 나무구조(tree structure) 또는 수(樹)구조는 가장 오래된 데이터베이스 관리 시스템으로서 계층구조(hierarchical structure)라고도 하며, [그림 4-7]에서 보는 바와 같이 관련 레코드들이 계층적으로 구성되어 있는 것을 의미한다. 다시 말하면, 나무구조는 일 대 다수(1 : n)의 관계로 관련 자료 레코드들에 연결되어 있는 레코드들로 구성되어 있다. 이들 구성 레코드들은 세그먼트(segment)라고 불리기도 한다. 이러한 나무구조의 특징은 각 레코드는 오로지 하나의 '부모(parent)'만을 가질 수 있지만 반면에 다수의 '자녀(child)'들을 가질 수 있다는 점이다. 여기서 '부모' 레코드는 관심의 대상이 되는 특정 레코드의 바로 위의 레코드를 뜻하며 '소유자(owner)'라고도 한다. 한편 이 '부모' 레코드에 연결된 하위 레코드를 '자녀(child)' 또는 '구성원(member)'이라고 한다. 또한 최상단의 레코드는 '뿌리(root)'라고 일컬어진다.

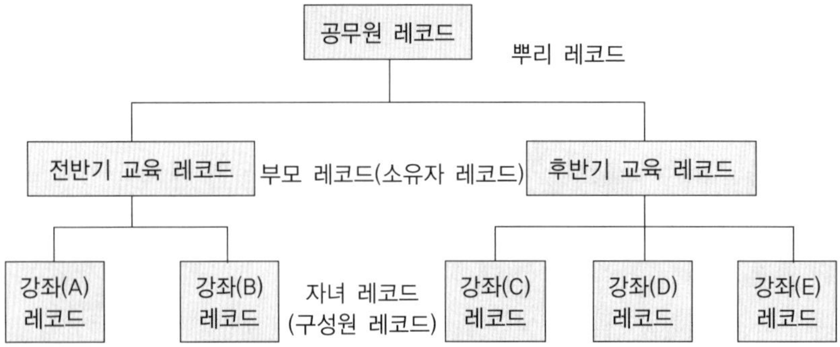

그림 4-7 데이터베이스의 나무구조

자료: 이윤식(2003 : 372).

여기서 주의할 점은 후술하는 망구조와 마찬가지로 나무구조는 자료의 논리적 표현(logical representations of data)을 의미하므로 자료의 물리적 저장구조와는 차이가 있다는 것이다. 즉, 물리적으로 레코드들은 기억 디스크에 하나씩 순차적으로 저장되는 반면에 관련 레코드는 각 레코드 내의 주소나 내장 포인터에 의해 서로 연결되어 일정한 구조를 형성한다. 이러한 나무구조는 여러 가지 형태의 자료를 설명할 수 있어 데이터베이스 관리 체제에 널리 활용되고 있다. 반면에 초기 구축 후 구조 변경이 어렵고 예상치 못한 무작위 검색 시 어려움이 있다는 단점도 있다(손광수, 2003 : 31).

2) 망구조

데이터베이스의 망구조(network structure)는 망상 구조(plexus structure)라고도 하며 데이터베이스 내의 자료 레코드들 간에 다수 대 다수(n : n)의 관계가 형성된 구조를 말한다. 다시 말하면, 데이터베이스의 구조에서 교점들(nodes) 간에 다수 대 다수의 대응 관계가 성립되어 있는 것을 뜻한다. 여기서 데이터베이스 구조 내의 교점은 종속 레코드나 세그먼트(subordinate records or segments)가 시작되는 점을 말한다. 망구조에서는 논리적 연결구조뿐만 아니라 물리적 저장구조가 각 자료 레코드 내에 내장 포인터를 갖고 있는데, 망구조와 관련해서 내장 포인터를 사용하는 데에는 여러 가지 설계 방법(scheme)이 있다.

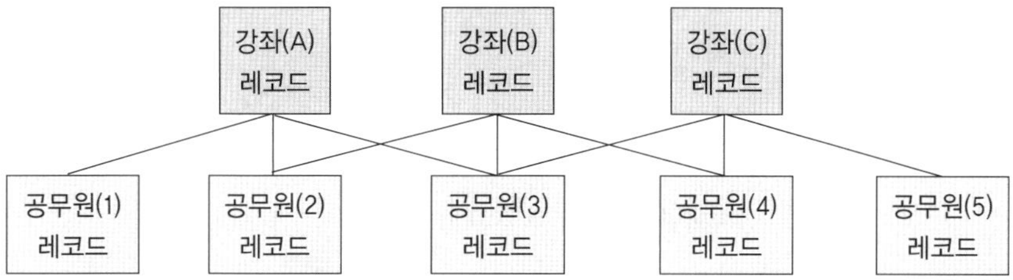

그림 4-8 데이터베이스의 망구조

자료: 이윤식(2003: 373).

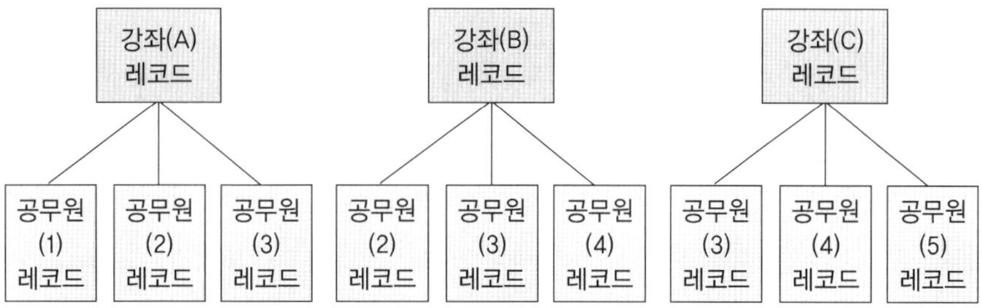

그림 4-9 데이터베이스의 망구조의 나무구조화

자료: 이윤식(2003: 373).

그 중 대표적인 것은 나무구조의 설계 방법과 유사한 것으로 [그림 4-8]에서 보는 바와 같이 강좌(A) 레코드는 그 강좌를 수강하는 공무원(1)의 주소를 기억하고, 공무원(1)의 레코드는 강좌(A)를 수강하는 공무원(2)의 주소를 저장함으로써 관련 레코드 간에 연결 리스트를 형성하게 된다. 이 같은 망구조에 의해 표현되는 자료는 중복성을 인정함으로써 나무구조로도 나타낼 수 있다.

즉, [그림 4-9]에서 보는 바와 같이 망구조를 나무구조로 바꿔 표현하면, 나무구조에서는 한 공무원이 수강하는 강좌 수에 따라서 공무원에 관한 자료를 두 번 이상 기억해 두어야 함을 알 수 있다. 이는 자료의 중복이 많은 경우에 나무구조는 비능률적인 저장구조가 되며, 이런 문제점은 자료 내 다자간 관계가 존재하는 경우 망구조에 의해 극복될 수 있음을 시사한다. 덧붙여 망구조에서 모든 레코드가 망을 형성해야 하는 것은 아니고 관련 있는 레코드들 간에만 망구조가 형성된다. 이러한 망구조에도 단점은 존재하는데, 구조가 복잡하고 설계 후 변경이 어렵다는 것과 데이터의 종속성을 궁극적으로 해결하지 못한다는 것을 들 수 있다(삼성SDS 기술사회, 2010: 178).

3) 관계구조

데이터베이스의 관계구조(relation structure)는 관련된 자료 레코드 간 관계를 2차원적 표(two-dimensional table) 형식으로 나타낸 것을 말하며, 표구조(tabular structure)라고도 한다. 이 같은 데이터베이스의 구조를 관계모형(relational model)이라고 하는 이유는 그 구조가 자료 레코드들 간의 관계에 관한 수학적 이론에 기초하고 있기 때문이다. 대개 표(table)로 알려진 관계모형에서는 표에서 사용되는 통상 개념들과는 아주 다른 개념들을 사용하고 있다. <표 4-1>에서 보는 바와 같이 보통 파일을 관계구조에서는 표(table) 또는 관계(relation)라고 말하며, 표의 행(row)을 '터플(tuple)'이라고 부르고, 열(column)을 '속성(attributes)'이라고 부른다. 이 때 터플은 자료 레코드와 같은 개념이고 속성은 레코드 내의 필드에 해당하는 개념이다. 요약하면 보통의 데이터베이스에서 사용하는 개념인 파일(files)과 레코드(records)와 필드(fields)는 관계구조 하에서는 관계와 터플과 속성에 해당하는 것으로서 상호 교환적으로 사용해도 무방할 것이다. 이와 같은 관계구조는 사용자의 목적에 따라 다양하게 이뤄질 수 있는데, 그것은 특정 상황이나 사실을 나타내 주는 자료 파일인 표(또는 관계)가 많이 존재하는 경우, 그 중 서로 관련이 있는 표(또는 관계)가 갖고 있

표 4-1 데이터베이스의 관계구조 및 그 명칭

공무원 성적 관계(표 또는 파일)				
공무원 신분증 번호	공무원 성명	성적 평점	소속	
34567	박갑동	3.75	중구	
65432	이수로	2.35	강남구	
46789	김청도	3.26	서초구	터플(행 또는 레코드)
58432	최경상	2.85	성북구	
85674	강원주	3.67	종로구	

속성(열 또는 필드)

자료: 이윤식(2003: 375).

는 자료로부터 특정 목적의 표(또는 관계)를 도출해 낼 수 있음을 말한다.

이 같은 데이터베이스의 관계구조가 갖는 장점으로는 다음과 같은 것이 있다.

① 표로 나타내기 때문에 아주 단순하여 이해와 사용이 용이하다.

② 자료 간의 관계는 자료 자체로 밝혀진다. 즉, 여러 파일이 동일한 필드를 가지고 있는 경우 파일 간의 관계가 성립되는 것이다.

③ 전통적인 자료파일 처리 체제에서는 복잡한 프로그램을 작성해야 가능했던 파일 간의 자료 교환이 데이터베이스의 관계구조 하에서는 간단한 자료조작어(DML)의 명령을 통해 수행될 수 있다. 물론 이는 전술한 나무구조나 망구조 데이터베이스 관리 체제 하에서도 가능하지만, 데이터베이스 설계 시 레코드에 포인터를 내장시키는 등의 부담이 수반된다. 그러므로 관계구조를 갖춘 데이터베이스 관리 체제는 관리자를 위한 비구조화된 보고서를 즉각적으로 작성하는 데에 매우 효과적인 수단이 된다.

반면에 관계구조 역시 단점을 가지고 있는데, 이는 다음과 같다. 먼저 데이터 타입이 제한적이고 확장이 불가능하며 테이블을 이용하여 복합 객체를 표현하는 것이 어렵다. 또한 관계구조에서는 값에 의해 데이터 관계가 표현되므로 복합 객체에서 관련 객체를 찾기 어렵다(삼성SDS 기술사회, 2010 : 188). 그러나 관계구조는 앞서 설명한 여러 장점 때문에 점점 더 강력한 데이터베이스 관리구조로 부상하고 있다.

5 데이터베이스 관리 체제의 장점과 단점

이제까지 살펴본 정보자원관리의 핵심적인 요소인 데이터베이스 관리 체제(DBMS)가 어떠한 장·단점을 갖고 있는지 고찰할 필요가 있다. 앞으로 행정의 정보화가 더욱더 가속화됨에 따라서 DBMS의 활용도는 더욱 증가할 것이고, 이에 DBMS의 장점과 단점을 분석하여 장점을 살리고 단점을 최소화하는 방향으로 개발·운영해 나가야 할 것이다. 데이터베이스 관리 체제는 대체로 다음과 같은 장점과 단점이 있다(Hicks, Jr., 1987 : 212-215; Martin, 1975 ; Scott, 1985 ; Davis & Olson, 1985 : 504).

1) 장점

(1) 자료 중복의 감소

일반적으로 전통적인 자료 파일 처리 체제에서는 자료가 여러 곳에 분산되어 저장되는데, DBMS 하에서는 가급적 한 곳에 저장된다. 이 같은 자료 중복(data redundancy)의 감소는 여러 곳에 자료를 저장시키는 경우에 발생하게 되는 자료 저장비용과 시간을 현저하게 줄일 수 있을 뿐만 아니라 자료의 중복에 따른 자료 내용에 관한 혼란을 최소화시킬 수 있다.

(2) 자료의 시사성 및 정확성의 증가

전통적인 자료 파일 처리 체제 하에서는 동일한 자료가 응용 분야에 따라서 여러 곳에 중복되어 저장됨에 따라 자료 간의 불일치(currency)가 발생하게 되고, 그 결과 자료의 정확성(accuracy)이 의문시되었다. 또한 특정 응용 분야에서는 자료에 대한 갱신이 필요한 경우 여러 곳에 저장되어 있는 같은 자료를 저장된 기억 매체 수만큼이나 많이 변경해야 하는 번거로움을 겪어야 한다. 이는 또한 자료에 대한 혼동을 초래할 가능성을 증가시킨다. 반면에 DBMS에서는 한 번의 갱신을 통해 모든 관련 자료가 함께 갱신되므로 항상 최신의 자료를 유지하게 된다. 아울러 자료의 정확성을 그만큼 증가시키는 이점이 있다.

(3) 자료의 이용가능성 향상

DBMS 하에서는 허가받은 사용자(authorized user)라면 사용자에게 익숙한 질의어(user-friendly query language)를 사용하여 컴퓨터 단말기(terminal)에서 데이터베이스에 용이하게 접근·이용(availability)할 수 있다. 다시 말하면 DBMS에서는 단말기 상에 간단한 명령어(command language)를 입력해 원하는 자료를 데이터베이스에서 찾아볼 수 있다. 사용자들은 이러한 질의어를 이용해서 특정 자료를 검색해 내는 사용자 프로그램도 작성할 수 있다.

(4) 자료와 프로그램 간의 독립성 확보

기존의 자료 파일 처리 체제 하에서는 자료상 변화가 있을 때마다 그 자료를 사용하는 응용 프로그램이 모두 수정되어야 했다. 이 수정작업은 자료가 추가되는 상황에서는 끊임없이 계속되어야 하고 그에 따른 많은 비용과 시간의 낭비가 발생하게 된다. 그러나 DBMS 하에서는 프로그램의 수정 없이 다만 데이터베이스의 논리적 구조(schema)만을 갱신하면 된다. 다시 말하면, DBMS 하에서 프로그램은 물리적 저장구조와 무관하며, 자료의 논리적 구조에만 연결되도록 프로그램과 자료 간의 인터페이스(interface)의 기능을 수행한다. 따라서 사실상 자료와 프로그램은 상호 독립적인 관계에 놓이게 된다. 이처럼 자료와 프로그램 간에 독립성(independence)이 확보됨에 따라 프로그래머가 자료의 물리적 구조를 계속해서 유지·보수해야 하는 세부적이고 복잡한 업무에서 벗어날 수 있게 된다.

(5) 자료 처리의 발전가능성 증진

전통적인 자료 파일 처리 체제와는 달리 DBMS, 특히 관계구조 DBMS는 전술한 바와 같이 예측 밖의 자료 처리 요구에 아주 신속하게 대처할 수 있는 능력을 보유하고 있다. 즉, 비구조적이고 전략적인 의사결정에 필요한 정보를 관리자에게 제공하기 위해 관련 자료를 쉽게 처리할 수 있다는 것이다. 이와 같은 능력은 자료 처리 능력의 발전가능성(evolutionability) 향상에 기여했다고 볼 수 있다.

(6) 자료의 통합 및 보안 유지

DBMS 하에서는 모든 자료가 한 곳으로 통합·저장됨에 따라 사용자들의 데이터베이스에 대한 접근·이용 가능성이 증가하고 그 결과 데이터베이스의 안전에 위협이 가해질 가능성이 커졌다. 그러나 전통적인 자료 파일 처리 체제와는 달리 DBMS에서는 데이터베이스 관리자(database administrator : DBA)가 있어서 이들이 자료의 통합과 물리적 저장, 그리고 보안 업무를 수행하고 있기 때문에 데이터베이스의 안전성이 상대적으로 더 높다.

2) 단점

데이터베이스 관리 체제의 단점은 상대적으로 작을 뿐만 아니라, 컴퓨터와 정보기술의 발달로 계속해서 감소일로에 있기 때문에 원천적이고 항구 불변인 취약점이라기보다는 잠정적인 애로점이라고 간주될 수 있다. 그 대표적인 것은 다음과 같다.

(1) 데이터베이스 전문가의 부족

대체로 DBMS 소프트웨어는 복잡하고, 거기서 사용되는 용어 등은 사용자들에게 완전히 새로운 것인 경우가 많아서 고도의 전문 기술을 갖춘 자료 처리요원과 사용자들의 재교육이 때때로 필요하게 된다. 현재로서는 이 같은 전문 인력이 충분히 공급되지 못하고 있어서 데이터베이스 관리·운영이 최적화되지 못하고 있는 상황이다.

(2) 전산비용의 증가

DBMS 소프트웨어는 추가로 비용을 발생시키는데 그것은 데이터베이스 프로그램을 실행시키는 데에 컴퓨터 시간과 소프트웨어를 저장할 디스크 공간 등이 요구되기 때문이다. 이런 문제점은 데이터베이스의 운영 초기에 주로 발생하는 것으로서 컴퓨터 하드웨어의 비용이 감소함에 따라 차츰 줄어들 것으로 보인다. 다시 말하면, 데이터베이스 운영으로 인해 초기에는 자료 처리 업무와 관련된 비용이 급증하게 되는데, 그것은 데이터베이스 구축을 위해 복잡한 다수의 파일을 재구성하고 관리하는 과정에서 추가로 발생된 간접비용이므로, 앞으로 데이터베이스 운영이 안정될수록 문제의 심각도가 감소할 것이라는 의미이다. 그러나 다른 한편으로 고려되어야 할 점은 자료의 원거리 처리 등의 요구가 증가함에 따라 통신 처리와 관련된 소프트웨어 및 하드웨어의 확장이 필요하게 되고, 그 결과 추가비용이 발생하게 될 것이라는 점이다.

(3) 정보의 독점

DBMS 구축으로 정보가 총괄기관에 의해 독점될 위험성이 없지 않다. 특히 중앙집권적 DBMS의 경우 데이터베이스에 수록되어 있는 정보의 접근·이용을 관리조직 이외의 조직이나 구성원들에게는 제약할 가능성이 많다. 물론 이러한 정보 독점의 유무나 정도는 DBMS 관리조직의 이념이나 최고관리자의 통치철학에 따라 차이를 보일 수 있다.

제 5 장

정보기반 보호의 본질 및 체계

제 1 절 정보기반 보호의 본질

1 정보기반 보호의 의의

1980년대 후반 이후 가격이 저렴한 PC의 보급과 통신기술의 발달로 범용 PC통신이 가능하게 되었다. 이로 인해 전문가뿐만 아니라 일반인도 컴퓨터 및 통신기술을 이용하여 어느 곳에서나 정보를 용이하게 사용할 수 있는 기회를 갖게 되었다. 또한 TV, 신문, 방송 등 각종 미디어가 인터넷 등 통신과 융합되는 추세로 가는 등 정보통신기술의 환경이 급속도로 변화되었다.

그런데 이러한 변화는 긍정적인 면만 존재하는 것이 아니다. 해킹·피싱 등 정보화를 기반으로 한 범죄들이 늘어나게 되었다. 이는 기존의 법·제도와 범죄 예방 시스템만으로는 효율적으로 대응하기가 곤란해졌다. 따라서 정보사회의 폐해와 부작용을 최소화하고 순기능을 극대화할 수 있도록 법·제도의 개선·보완과 함께 새로운 정보통신 보안 시스템의 구축 등 대책 수립이 어느 때보다 필요한 상황이다.

이와 관련하여 우리나라에서도 정보통신기반 보안 구축을 추진 중에 있다. 여기서 정보통신기반 보호는 일반적으로 컴퓨터 보안과 정보통신망 보안, 그리고 정보환경의 보안을 모두 포괄하는 개념이다. 이는 개인 및 조직, 그리고 국가의 정보 활동에 필요한 정보통신 기반의 비밀성, 무결성, 가용성 등을 보호 또는 확보하는 활동을 의미한다. 더 나아가서 개인의 프라이버시 보호와 함께 지적 소유권의 보호, 그리고 기타 컴퓨터 범죄로부터의 보호 등을 포함하는 최광의의 보안 개념을 갖는다.

2 정보기반 보호의 필요성

정보통신기술의 발전과 인터넷 이용자의 급속한 증가로 인해 오프라인에서 수행되던 일들이 온라인에서 가능해지면서 언제 어디서나 정보를 검색하고 접근하여 활용할 수 있게 되었으며, 개인의 생활, 산업과 정부 분야 등에 정보화가 깊숙이 스며드는 전면적 정보화사회로의 진입이 가능하게 되었다.

과거 정보 보호라 하면 '국가 안보'와 직결된 기밀 사항이 주된 대상이었기에 정보기관이나 군과 같은 국가기관이 독점적으로 정보 보호를 주도할 수밖에 없었으나 근래에는 모든 정보가 보호의 대상이 됨에 따라 정보 보호 활동의 주체 역시 정부, 기업뿐만 아니라 개인으로까지 확대되고 있다. 또한 사회 발전의 주요 원동력인 정보통신기술을 통해 정보가 생성·유통됨에 따라 정상적인 정보의 유통과 정보 축적 및 이용의 안전성 확보를 위해 정보기반 보호에 대한 중요성이 그 어느 때보다 크다고 하겠다.

그러나 정보 유통과 생성의 주요 수단이 되는 인터넷은 정보 침해행위에 대한 효과적인 대응을 어렵게 한다. 이로 인해 여러 역기능이 발생하고 있는데, 예컨대 개인정보가 노출되어 악용되는 등의 사생활 침해, 조직 내 중요 정보의 오용이나 악의적인 유출, 사이버 공격으로 인한 서비스 장애 등을 들 수 있다. 이러한 여러 역기능은 사회적 불안을 가중시키고 있어 정보기반 보호에 대한 관심이 증대되고 있는 추세이다.

앞서 설명한 대로 이러한 정보기반 보호는 안전성을 기반으로 기밀성, 무결성, 가용성이 충족되어야 한다.

첫째, 기밀성(confidentiality)이란 정보를 허용되지 않은 사용자(비인가 접근; unauthorized access)로부터 보호하는 것으로 주로 인증 체계의 구축을 통해 가능하다.

둘째, 무결성(integrity)이란 정보를 권한이 없는 사용자의 접근에 의한 변경(비인가된 변경; unauthorized change)으로부터 보호하는 것을 의미한다.

셋째, 가용성(availability)이란 인가된 사용자가 안전한 정보환경에서 정보와 서비스에 접근해 이용할 수 있도록 보장하는 것을 뜻한다.

제 2 절 국내 정보기반 보호 체계

1 정보기반 보호 체계

한국의 정보기반 보호 체계는 범국가 차원의 국가 사이버 안전관리 체계와 주요 정보통신 기반시설 보호 체계, 그리고 개인정보 보호 체계로 나눌 수 있다. 그 중에서 개인정보 보호 체계는 개인정보 보호 부분에서 다루기로 하고, 여기에서는 범국가 차원의 국가 사이버 안전관리 체계와 주요 정보통신 기반시설 보호 체계를 중점적으로 살펴보도록 한다.

1) 국가 사이버 안전관리 체계

무차별적인 사이버 공격으로 인한 국가안보 위협의 가능성이 증가함에 따라 국가적 차원에서의 사이버 안전에 대한 일원화된 관리 체계의 필요성이 제기되었다. 여기서 사이버 공격이란 해킹·컴퓨터 바이러스·논리 폭탄·메일 폭탄·서비스 방해 등 전자적 수단에 의해 국가정보통신망을 공격하거나 정보를 절취·훼손하는 일체의 행위를 의미한다.

이에 정부는 2005년 「국가사이버안전관리규정」(대통령훈령 제141호)을 제정하여 국가정보원이 국가 사이버 안전과 관련된 정책 및 관리를 총괄·조정하도록 하는 등 범국가적 사이버 안전 관리 체계를 확립했다. 이 규정에 의하면, 사이버 안전이란 사이버 공격으로부터 국가정보통신망을 보호함으로써 국가정보통신망과 정보의 기밀성·무결성·가용성 등 안전성을 유지하는 것을 말한다. 또한 국가 사이버 안전에 관한 중요 사항을 심의하기 위해 국가정보원 소속의 '국가사이버안전전략회의'를 두었는데, 국가정보원장이 의장이며 각 부처의 차관이 의원으로 참여하도록 되어 있다. 그리고 이를 지원하기 위해 '국가사이버안전대책회의'를 설치했다.

아울러 민·관·군 영역에 대한 사이버 안전 업무는 각각 정보통신부(2008년 정부조직법 개정에 따라 현재는 행정안전부로 업무 이관), 국가정보원과 국방부가 담당하도록 했다.

영역별 사이버 안전 업무에 대해 살펴보면, 국가 차원의 사이버 공격에 대한 종합적이고 체계적인 대응은 국가정보원 산하 국가사이버 안전센터(National Cyber Security Center: NCSC)에서 수행하는데, 국가사이버 안전정책의 수립과 전략회의 및 대책회의의 운영에 대한 지원 및 사이버 위협 관련 정보의 수집·분석·전파 등의 업무를 담당한다. 한편 중앙행정기관 및 산하·소속기관 그리고 지자체는 「정보통신망 이용 촉진 및 정보 보호에 관한 법률」, 「정보통신기반보호법」, 「전자정부법」 등 관련 부처 소관 법률에 따라 부처별 업무 영역에 대한 자체 정보보안 대책을 수립하고 시행한다.

이어서 국방 분야의 사이버 안전 업무는 국방부 산하에 국방정보전대응센터를 구축하여 운영함으로써 이뤄지고 있는데, 주요 업무로는 국방 관련 주요 정보 체계의 취약성 진단·탐지·분석 임무와 국방 전산망에 대한 침해 사고 예방 및 사고조사·수사 임무 등이 있다. 정보전 대응 분야에서는 국방 정보화 환경 변화에 따른 정보보호 정책·제도 개선 및 국방 전산망과 인터넷 침해사고 조사 활동, 원격 현장 피해복구 지원, 국내외 정보전 관련 정보 분석 등의 임무를 수행하고 있다.

끝으로 민간 분야의 사이버 안전 업무는 행정안전부 산하 한국인터넷진흥원에 설치된 인터넷침해대응센터(Korea Internet Security Center: KISC)가 수행하는데, 주로 국내 인터넷망의 상시 모니터링을 통해 취약점, 웜·바이러스 등 보안 위협과 인터넷 이상 징후를 조기에 탐지한다. 이를 통해 분석, 경보 발령을 수행함으로써 인터넷 침해사고를 사전에 예방하고 피해 확산을 방지하는 역할을 한다. 특히 국내 정보통신 서비스 제공자, 백신업체, 보안관제업체 등과 상시적으로 정보를 공유하고, 신속한 공동 대응 체계 등을 구축하여 인터넷망에 대한 안전성 및 신뢰성을 확보하는 것이 주된 임무다.

이상의 설명을 정리하면 [그림 5-1]과 같다.

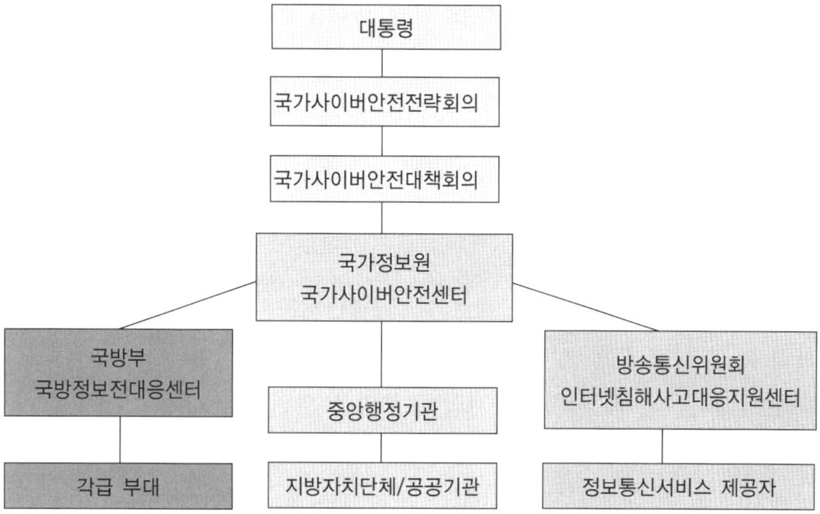

그림 5-1 국가 사이버안전 관리 체계

자료: 국가정보원 · 방송통신위원회 · 행정안전부 · 지식경제부(2009: 10).

2) 주요 정보통신 기반시설 보호 체계

정보화가 진전되면서 국방, 통신, 금융 등 주요 사회 기반의 정보통신 시스템에 대한 의존도가 심화되고 전 세계가 인터넷으로 연결됨에 따라 사이버 침해행위가 국가 기반에 대한 새로운 위협 요소로 대두되었다. 이에 대응하기 위해 국가 차원의 대책 수립이 필요하게 되어 정부는 2001년 「정보통신기반보호법」을 제정했다. 이를 통해 국가 · 사회적으로 중요한 정보통신 기반시설을 중점 관리 대상으로 지정하고, 지정된 기반시설의 관리기관으로 하여금 취약점 분석 · 평가를 수행함으로써 효과적인 정보 보호 대책을 마련하게 되었다.

그러나 해킹, 바이러스 등 악성 프로그램 유포를 통한 전자적 침해행위의 수법이 급속히 발전하고 그 피해가 급증함에 따라 정부는 2007년 12월 「정보통신기반보호법」을 일부 개정하여 주요 정보통신 기반시설의 보호 대책을 강화하고 운영 및 관리의 효율성을 높일 수 있도록 했다. 개정된 「정보통신기반보호법」의 주요 내용을 살펴보면 다음과 같다.

먼저 개정법에서는 주요 정보통신 기반시설의 안정적인 관리 · 운영을 위해 관계

부처 간 침해사고 예방 및 대응 업무를 상호 협력·보완해 가면서 추진하도록 하고 있다. 그리고 정보통신기반보호위원회의 실무 위주 운영을 위해 위원장을 국무총리에서 국무총리실장으로 변경하여 관계 부처의 정보통신기반 보호정책 수립과 시행을 총괄·조정하도록 하고 있다.

여기서 정보통신기반보호위원회에 대해 좀 더 자세히 설명하면 다음과 같다. 이 위원회는 주요 정보통신 기반시설의 지정 및 취소, 주요 정보통신 기반시설 보호계획의 조정, 주요 정보통신 기반시설 보호와 관련된 제도의 개선과 주요 정책 사항 및 보호계획의 추진 실적 등을 심의하는 기능을 수행하는 조직이다. 이는 국무총리실장을 위원장으로 하고 관계 부처의 차관급 공무원을 위원으로 하여 범정부적 차원에서 주요 정보통신 기반시설 지정 및 보호계획을 심의·결정하도록 하고 있다.

개정법에서는 이러한 정보통신기반보호위원회의 효율적인 운영을 위해 정보통신기반보호실무위원회가 설치되었으며, 공공 분야와 민간 분야를 분리·운영토록 했다. 정보통신기반보호실무위원회는 정보통신기반보호위원회에 제출된 안건과 정보통신기반보호위원회로부터 위임되거나 위원장으로부터 지시받은 사항을 검토·심의하여 정보통신기반보호위원회의 효율적인 운영을 돕는다.

이어서 보호 체계의 나머지 구성 요소들을 설명하면 다음과 같다. 먼저 침해사고 대책본부는 주요 정보통신 기반시설에 대한 중대한 침해사고가 광범위하게 발생한 경우에 응급 대책, 기술 지원 및 피해 복구 등을 수행하기 위해 한시적으로 운영된다. 또한 중앙행정부처는 주요 정보통신 기반시설을 지정하고, 관리기관이 제출한 보호대책을 검토한 후, 보호계획을 수립·시행한다. 그리고 주요 정보통신 기반시설에 대한 일차적인 보호 책임이 있는 관리기관은 침해사고 예방 및 대응을 위해 소관 시설에 대한 취약점 분석·평가를 수행하고 보호 대책을 마련하는 등의 업무를 수행한다. 관리기관은 사고 발생 시 관계 중앙행정부처, 수사기관 등에 사고 내용을 통지하고 시설을 복구하는 등의 의무가 있다. 마지막으로 주요 정보통신 기반시설의 보호를 위한 지원기관인 국가정보원, 정보통신부, 기무사는 주요 정보통신 기반시설 보호 대책의 수립 및 침해사고 예방·복구 등에 대한 기술적 지원을 수행하며, 검찰청과 경찰청은 범죄 수사 업무를 지원한다.

이상의 설명을 정리하면 [그림 5-2]와 같다(국가정보원·방송통신위원회·행정안전부·지식경제부, 2009).

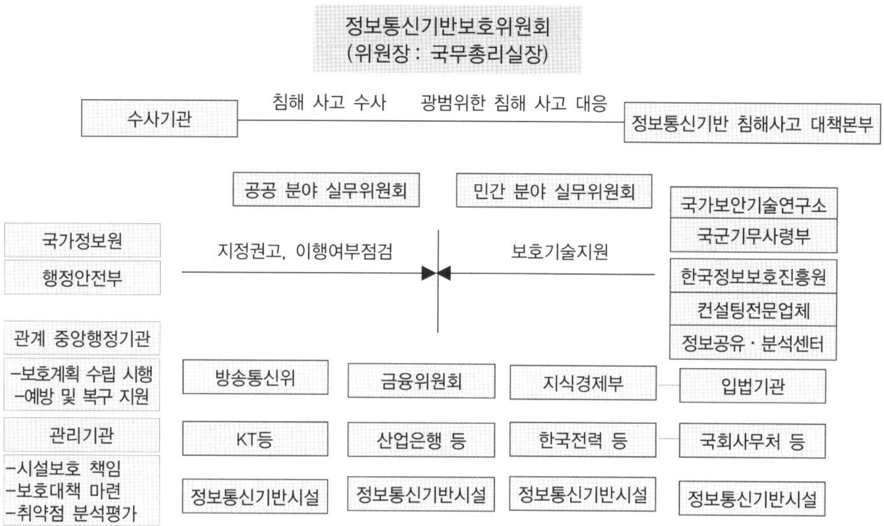

그림 5-2 주요 정보통신 기반시설 보호 체계

자료: 국가정보원 · 방송통신위원회 · 행정안전부 · 지식경제부(2009: 13).

2 정보기반 보호정책

정보통신부는 2002년 8월에 고도 정보사회의 구현과 함께 정책적 기반 조성 및 기술적 인프라 구축에 따른 정보화 역기능에 대응하기 위해 '정보 보호를 위한 중장기 계획(안)'을 마련했다. 이 계획은 고도지식정보사회 기반 보호 강화, 전자서명 인증 및 암호 이용 활성화, 개인정보 보호, 정보통신윤리 확립과 정보보호산업 육성 등을 내용으로 하고 있다.

이후 '안전한 u-Korea 구현을 위한 중장기 정보보호 로드맵(2005~2007)'을 통해 첨단 인프라의 안전성 확보, 신규 서비스 및 신성장동력 아이템의 정보 보호 강화, 인터넷 침해사고 예방 및 대응 체계 고도화, 정보 보호 기반 조성 및 법제도 정비를 중심으로 정보보호 체제를 구축했다(신영진, 2005; 정보통신부, 2005).

이러한 정부정책에도 불구하고 여전히 사이버 침해가 지속되고 있으며 그 방법도 단순 해킹 시도에서 점차 지능화 · 고도화되고 있다. 이로 인해 국민들의 불안이 가중되고 있으며, 피해 규모도 재해 · 재난 수준으로 확대되고 있는 실정이다. 하지만 공공·민간 부문 모두 정보보호 재정 규모가 선진국의 1/3 수준으로 매우 열악한 상황이며, 정보 보호에 대한 제도적 통제 기능뿐만 아니라 정보 보호에 대한 사회 전반의 인식이 낮아 정보 보호에 소홀한 상황이다(한국정보보호진흥원, 2007).

반면 세계 각국은 정보 보호 관련 제도를 강화하고 재정투자 비중을 확대하여 정보 보호를 국가적 어젠다로 추진하는 양상을 보이고 있다. 예를 들어 호주의 경우 정부 부처들은 개인정보 보호와 보안 관련 입법, 표준 및 지침을 따라야 하며(오일석·김승현, 2002: 211), 미국은 9·11테러 이후 사이버 공격에 더욱 적극적으로 대응하여 기반시설 보호 기술 개발, 분야별 기반보호 법 제정 및 전략 수립 등 다양한 노력을 기울이고 있다(임종인·장규현, 2010: 60).

이러한 추세에 맞게 우리나라 정부는 2008년에 새롭게 부상하는 도전과 신규 위협에 대응함으로써 안전하고 신뢰받는 유비쿼터스 사회를 구현하기 위해 국가정보원, 지식경제부, 방송통신위원회와 한국정보보호진흥원(현 한국인터넷진흥원)이 합동으로 '정보보호 중기종합계획'을 마련했다. 이 계획에 의하면 2010년까지 정보 보호 제도의 개선과 열악한 정보 보호 인프라를 확충함으로써 '정보 보호를 위한 사회안전망'을 구축하는 것을 계획하고 있다. 그리고 2012년까지 한국의 국제 정보 보호 순위(WEF)를 세계 5위(2008년 51위)로 끌어올려 국민들이 안심하고 신뢰할 수 있는 지식정보사회를 구현하는 것을 목표로 하고 있다(행정안전부·지식경제부·국가정보원·방송통신위원회, 2008).

3 정보기반 보호 관련 법

여기서는 정보기반 보호와 관련된 법제도의 연혁과 구체적인 법제도 현황을 살펴보도록 한다(국가정보원·방송통신위원회, 2008).

1) 정보 보호 법제도의 연혁

1986년에 제정된 「전산망 보급 확장과 이용 촉진에 관한 법률」은 우리나라 최초의 정보화에 관한 법률로 전산망의 보호를 위한 일부 규정을 포함하고 있다. 그러나 이 법률은 정보 보호의 중요성을 인식하고 이에 초점을 맞춘 법률은 아니었다.

민간 부문에서 정보 보호에 대한 중요성이 부각되어 1995년에 「정보화촉진기본법」이 제정되었다. 여기에서는 정보화 촉진에 관한 내용과 더불어 정보 보호에 관한 규정도 마련되었다. 또한 1995년에는 형법이 개정되어 전자기록 위·변조죄 및 전자기록에 대한 비밀침해죄 등이 규정되었다. 그리고 개인 및 기업의 정보 유통과 중요 정보를 보호하기 위해 「전자서명법」을 제정하고 「전산망 보급 확장과 이용 촉진에 관한 법률」을 「정보통신망 이용 촉진 등에 관한 법률」로 전면 개정하는 재정비 작업이 이뤄졌다.

2000년대에 들어서면서 정보통신 시스템에 대한 국가와 사회의 의존도가 심화됨에 따라 국가안보 차원에서 정보 보호 법제를 재정비하게 되었다. 이는 국가·사회의 핵심 정보와 정보통신 시스템에 대한 파괴와 침해는 국가의 안위를 위협하고, 사회·경제적 손실을 야기함은 물론 개인의 자유와 권리를 위협할 수 있기 때문이다.

이에 2001년에는 금융·통신·에너지 등 국가·사회의 중요한 정보통신 기반시설을 보호하기 위한 것을 주요 내용으로 하는 「정보통신기반보호법」이 제정·공포되었고, 컴퓨터 등 정보 처리 장치에 허위 정보나 부정한 명령을 입력하여 타인의 재산을 빼앗는 온라인 사기 행위를 벌하는 형법 규정이 신설되었다. 또한 「정보통신망 이용 촉진 등에 관한 법률」도 명칭을 「정보통신망 이용 촉진 및 정보 보호 등에 관한 법률」로 변경하면서 정보 보호와 관련된 규정을 대폭 강화했다. 이 법은 2003년에 1·25 인터넷 대란을 계기로 침해사고 대응 관련 규정이 보완되었고, 2004년과 2005년에 개인정보 침해 및 광고성 정보 전송으로 인한 이용자 피해를 해소하기 위해 관련 규정이 정비되었다.

2005년에는 국가 안보를 위협하는 해킹·컴퓨터 바이러스 등 사이버 공격으로부터 국가정보통신망을 보호하기 위해 사이버 안전에 관한 조직 및 운영에 대한 사항을 체계적으로 정립한 「국가사이버 안전관리규정」이 대통령 훈령으로 발령되었다. 아울러 지식정보화사회로의 발전에 따라 다양한 정보 시스템의 체계적인 관리와 중복 투자 및 시스템 간 연계 미흡 등의 문제점을 해소하기 위해 「정보 시스템의 효율적 도입 및 운영 등에 관한 법률」이 제정되었다.

2006년에는 국가 핵심 기술의 수출 중지·금지·원상 복귀 등의 조치를 취할 수 있도록 하는 내용을 담은 「산업기술의 유출 방지 및 보호에 관한 법률」이 제정되었다.

2007년에는 종래의 「전자정부 구현을 위한 행정 업무 등의 전자화 촉진에 관한 법률」을 「전자정부법」으로 개정했다. 개정된 법률에는 행정정보에 대한 보안 기능을 강화하기 위해 행정안전부 장관을 위원장으로 하는 전자정부서비스보안위원회를 구성할 것과 행정기관의 장이 국가정보원장이 안전성을 확인한 보안 조치를 행할 의무 및 국가정보원장이 이행 여부를 확인할 책무가 있음이 각각 규정되었다.

그 밖에 「정보통신기반보호법」을 개정하여 국가정보원장 등으로 하여금 주요 통신기반시설에 대한 보호 대책의 이행 여부를 확인할 수 있는 권한을 부여하는 한편, 지식경제 사회의 도래와 디지털 물류환경으로의 변화에 따라 선진 물류 체계 구축을 위해 국가물류통합데이터베이스의 구축, 화물 유통의 촉진과 물류비 절감 도모 등의 내용을 담은 「물류정책기본법」(구 「화물유통촉진법」)의 전부 개정 등이 이뤄졌다.

2) 정보 보호 법제도의 현황

국내의 정보 보호 법·제도는 제정 목적과 기능별로 정보 보호 추진 체계 관련 법령, 국가 기밀 보호 관련 법령, 중요 정보의 국외 유출 방지에 관한 법령, 전자서명 및 인증 관련 법령, 정보통신망과 정보 시스템의 보호 조치 관련 법령, 정보통신망 침해행위의 처벌에 관한 법령 등으로 분류할 수 있는데(국가정보원 외, 2008), 여기서는 정보 보호 추진 체계, 전자서명 및 인증, 정보통신망과 정보 시스템의 보호 조치, 정보통신망 침해행위의 처벌에 관한 법령만을 살펴보고자 한다.

(1) 정보 보호 추진 체계 관련 법령

국내 정보 보호 추진 체계는 국가 사이버 안전 체계, 전자정부 보호 체계, 정보통신기반 보호 체계 및 개인정보 보호 체계로 나눠 볼 수 있는데, 그 중에서 개인정보와 관련된 법령은 11장에서 다루기로 한다.

국가사이버 안전 체계는 2005년 1월 대통령 훈령으로 발령된 「국가사이버 안전관리규정」에 따라 국가사이버안전전략회의, 국가사이버안전센터 등 사이버 안전 관련 조직에 대한 법적 근거, 임무, 관련 기관 간 협력 사항 등에 관한 사항을 규정하고 있다.

전자정부 보호 체계는 2007년 1월 개정된 「전자정부법」에서 전자정부의 정보 보호를 위해 대민 서비스와 관련된 보안 대책의 수립·조정 및 제도 개선, 보안사고 발생 시 대응 조치 등을 심의하기 위한 전자정부서비스보안위원회를 설치하도록 했다. 행정기관의 장에 대해서는 국가정보원장이 안정성을 보장한 보안 조치를 취하도록 하고, 국가정보원장은 보안 조치의 이행 여부를 확인할 책무를 각각 규정했다.

정보통신기반 보호 체계에 대해서는 2000년 12월에 제정된 「정보통신기반보호법」에서 정보통신기반보호위원회, 침해사고대책본부 및 각 중앙행정기관의 역할에 관한 사항을 규정하고 있다. 2007년 12월 개정된 법에서는 정보통신부 장관과 국가정보원장 등 대통령령으로 정하는 국가기관의 장으로 하여금 관리기관에 대해 주요 정보통신기반 시설 보호 대책의 이행 여부를 확인할 수 있도록 하는 입법적 보완이 이뤄졌다.

(2) 전자서명 및 인증 관련 법령

정보 시스템과 정보통신망의 발전으로 원격지 간의 거래 및 업무가 활성화됨에 따라 정보 처리 시스템에 의해 전자적 형태로 작성되어 송신 또는 수신되거나 저장된 정보인 전자문서의 안전성과 신뢰성을 확보하고 그 이용을 활성화하기 위해 전자서명 및 인증 관련 법적 정비가 이뤄졌다. 전자서명 및 인증과 관련된 법령에는 공인전자서명과 인증을 규정하고 있는 「전자정부법」과 공인 인증시장의 균형적 발전과 공정한 경쟁 환경을 조성하기 위해 비영리법인 등에 대한 공인 인증 제공 역무 영역을 설립 목적에 맞게 구분하여 지정할 수 있도록 한 「전자서명법」 등이 있다.

(3) 정보통신망과 정보 시스템의 보호 조치 관련 법령

해킹, 바이러스 유포 등 사이버 침해행위로 인해 국가 및 민간 분야의 정보통신망과 정보 시스템에 대한 위협이 증가함에 따라 국가 차원의 체계적인 보호 조치가 필요하게 되었다. 정보통신망과 정보 시스템의 보호 조치와 관련된 법령으로는 「정보화촉진기본법」, 「정보통신기반보호법」, 「정보 시스템의 효율적 도입 및 운영 등에 관한 법률」, 「정보통신망 이용 촉진 및 정보 보호 등에 관한 법률」, 「전자거래기본법」, 「무역 업무 자동화 촉진에 관한 법률」, 「산업기반 조성에 관한 법률」 및 「물류정책기본법」 등이 있다.

(4) 정보통신망 침해행위의 처벌에 관한 법령

정보통신망 침해행위의 처벌에 관한 법령에서는 해킹, 바이러스, 분산 서비스 거부(DDoS) 공격 등 정보 시스템과 정보통신망을 침해하여 피해를 야기하고 정보의 탈취, 위·변조 등으로 국가·사회에 피해를 주는 행위를 막기 위해 이들 행위에 대해 벌칙 규정을 마련하고 있다.

「정보통신기반보호법」 제28조의 주요 정보통신 기반시설 침해행위에 대한 벌칙, 「정보통신망 이용 촉진 및 정보 보호 등에 관한 법률」 제62조의 정보통신망 침해행위와 비밀 등의 보호 의무 위반에 대한 벌칙 규정이 대표적이다. 또한 「전자무역 촉진에 관한 법률」 제30조의 무역 유관기관의 컴퓨터 파일에 기록된 전자무역 문서 또는 데이터베이스에 입력된 무역정보에 대한 위조 또는 변조 등의 처벌, 「물류정책기본법」 제71조의 전자문서를 위작 또는 변작하거나 그 사정을 알면서 위작 또는 변작된 전자문서를 행사한 자 및 종합물류정보망 또는 국가물류통합데이터베이스에 의해 처리·보관 또는 전송되는 물류정보를 훼손하거나 그 비밀을 침해·도용 또는 누설한 자, 종합물류정보망 또는 국가물류통합데이터베이스의 보호 조치를 침해하거나 훼손한 자 등에 대한 처벌 등의 벌칙 규정이 있다. 그 밖에 형법에서는 컴퓨터 사기죄를 도입해 이에 대한 처벌 규정을 두고 있다.

제 3 절 주요국의 정보기반 보호 체계

미국, 일본, 영국, 독일, 프랑스, EU 등 주요국의 정보 보호 추진 체계 및 전략과 주요 기관, 법제도를 통해 각국의 정보기반 보호 체계를 살펴보도록 한다(한국정보사회진흥원, 2006).

1 미국의 정보기반 보호 체계

1988년 DARPA(Defense Advanced Research Projects Agency)의 주도로 CMU(Carnegie Mellon University) 내 침해사고대응팀조정센터(CERT/CC)가 설치된 것이 미국 정보 보호 정책의 효시라고 할 수 있다. 그 후, 인터넷이 보급되면서 1996년에는 대통령 직속 주요기반보호위원회(President's Commission on Critical Infrastructure Protection : PCCIP)가 설치되었으며, 1998년에는 클린턴 대통령에 의해

연방수사국(Federal Bureau of Investigation: FBI)에 국가기반보호센터(National Infrastructure Protection Center : NIPC)가 설치되고, 상무부에는 주요 기반보증국(Critical Infrastructure Assurance Office : CIAO)이 설치되었다. 그 후 부시 정권 초기 정보 보호 정책은 2001년에 발생한 9·11사태를 계기로 변화하게 되었다. 즉, 10월에는 백악관에 사이버보호실(Office of Cyber Security)과 대통령 직속 주요 기반보호위원회(President's Critical Infrastructure Protection Board)가, 2002년 11월에는 국토안보부(Department of Homeland Security: DHS)가 설립되어 사이버 보안에 대한 정책이 강화되었다.

현재는 대통령 직속 국토안보회의(President's Homeland Security Advisory Council : PHSAC)와 그 아래 각종 상급고문위원회(Senior Advisory Committees)가 대통령에게 국토 안전보장에 관한 조언을 하고 있다. 또한 미국 정부는 정보 보호 강화를 위해 정보를 철저하게 공개 또는 공유하게 하고 신뢰성을 향상시키는 대책을 추진하고 있다. 2000년에는 정부정보보호개혁법(Government Information Security Reform

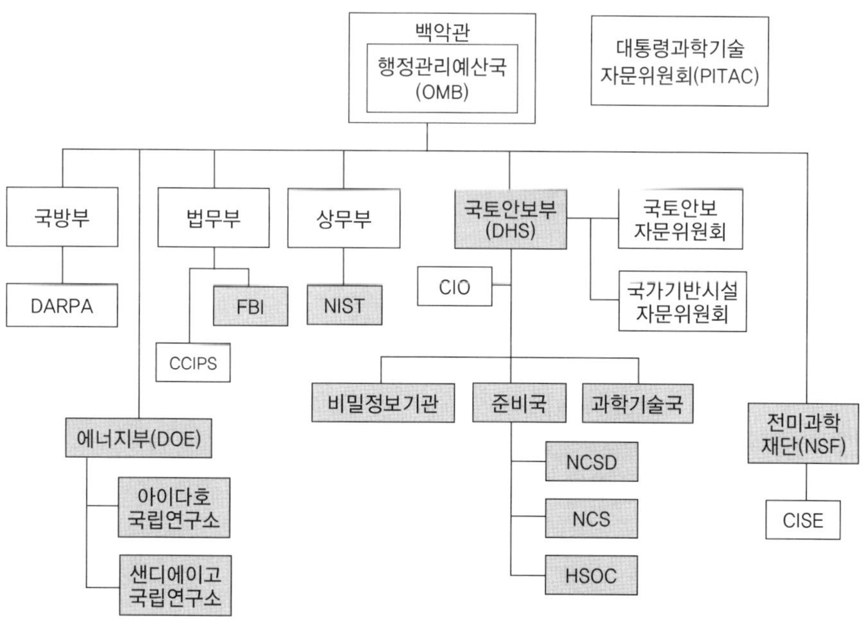

그림 5-3 미국의 주요 정보보호기관

자료: 한국정보사회진흥원(2006).

Act: GISRA)이 제정되어, 각 정부기관은 예산 제정 절차의 일환으로서 행정관리예산국(Office of Management and Budget : OMB)에 보호 대책의 상황을 보고하도록 했다. 2002년에는 연방정보보호관리법(Federal Information Security Management Act of 2002 : FISMA)이 제정되었고, OMB와 NIST가 정보 보호를 담당했다. 이상의 설명을 정리하면 [그림 5-3]과 같다.

한편, 미국은 정보 보호 법규를 정비·시행하고 있다. 기업 활동에 강한 영향을 미치고 있는 정보 보호 관련 법규는 1996년에 시행된 HIPAA(Health Insurance Portability and Accountability Act of 1996)가 가장 오래된 것이며, 그 밖에도 연방법인 FISMA(Federal Information Security Management Act of 2002), GLBA-(Gramm-Leach-Bliley Act of 1999), SOX법(Sarbanes-Oxley Act of 2002) 등이 있다. 그 중에서 SOX법은 인터넷 거버넌스 관련 법규로서 미국 기업뿐만 아니라 전 세계적으로 영향을 미치고 있다(한국정보사회진흥원, 2006). 이상의 설명을 정리하면 <표 5-1>과 같다.

표 5-1 미국의 주요 정보 보호 관련 법규

법규	대상이 되는 산업	규정의 대상	처벌
Federal Information Security Managerment Act of 2002 (FISMA)	연방 행정기관	행정기관의 정보, IT시스템, 정보 보호 프로그램	–
Health Insurance Privacy and Accointablility Act of 1996 (HIPAA)	의료기관 및 의료 서비스 제공자	개인 의료정보의 전자 데이터	형사 처벌, 벌금
Gramm—Leach—Bliley Act o 1999 (GLBA)	금융기관	고객 개인정보	형사 처벌, 벌금
Sarbanes—Oxley Act of 2002 (SOX법)	미국 증권거래 시장에 상장하고 있는 기업	내부 통제와 재무 내용의 공개	형사 처벌, 벌금

자료: 한국정보사회진흥원(2006)에서 재인용.

2 일본의 정보기반 보호 체계

일본 정부는 인터넷과 PC의 폭발적인 보급에 따른 역기능에 대응하기 위해 1996

년 JPCERT/CC, 1997년 정보처리추진기구(Information Promotion Agency, Japan) 내 정보보호센터, 2000년 내각관방 정보보호대책 추진실을 설립하는 등 적극적으로 정보 보호 정책을 펼쳐 왔다(한국정보사회진흥원, 2006).

이후 일본의 정보화전략인 총무성의 'e-Japan 전략 중점계획'(2002년)에서는 정보보호 시책으로 고도 정보통신 네트워크의 안전성·신뢰성 확보를 목표로 전자정부의 정보 보호 확보와 주요 기반시설의 사이버 공격에 대한 대비책을 강구했다. 이어 'e-Japan 중점계획 2003'(2003년 8월)을 통해 e-Japan Ⅱ 전략과 관련된 구체적인 정책 방향과 추진계획을 제시한 바 있다.

한편, 2003년 10월 경제산업성 자문기관인 산업구조심의회의 정보보안부회에서 일본의 첫 종합정보보호전략이라고 할 수 있는 '정보보호 종합전략'을 수립했다. 이어, 2005년 4월 정보 보호에 대한 정부의 역할 및 기능 제고를 위해 정보보호대책추진실을 개편하여 내각관방 내 국가정보보호센터(Natinal Information Security Center : NISC)를 설치했고, 5월에는 내각부 IT전략본부 산하에 정보보호정책회의를 설치했다. 정보보호정책회의는 2006년 2월 정보 보호 문제에 대한 중장기계획인 '제1차 정보보호 기본계획'(2006-2008)을 확정·발표했다. 또한 연도별 실행계획인 'Secure Japan 200X'를 매년 발표하여 추진 중인데, 정부기관 및 지방공공단체, 주요 인프라, 기업과 개인 등 4개 영역으로 나눠 목표와 주요 시책을 책정함으로써 '제1차 정보보호 기본계획'(2006-2008)의 실현성을 제고하고 있다.

이처럼 내각관방을 중심으로 종합적이고 체계적인 정책이 마련되어 추진 중이며, 부처별로는 총무성과 경제산업성이 양대 축이 되어 정보 보호 대책을 추진하고 있다. 총무성은 개인정보 보호, 통신 인프라의 정보 보호 확보, 전자정부 및 지방자치단체의 정보 보호 등 공공 부문과 대국민 정보 보호에 주안점을 두는 반면, 경제산업성은 주로 소프트웨어, 정보 시스템에 대한 정보 보호를 중심으로 기업과 일반 이용자에 대한 대책을 추진하고 있다. 또한, 경찰청은 Cyber Force를 창설하여 하이테크 범죄 예방을 위해 노력하고 있다. 이상의 설명을 정리하면 [그림 5-4]와 같다.

현재 일본은 2010년까지 세계적인 IT 선도 국가가 되는 것을 목표로 'u-Japan 정책'과 'IT 신개혁전략'을 추진하고 있는데, 특히 'IT 신개혁전략'에서는 정보 보호가 정책의 새로운 중심축으로 자리잡았다. 즉, 세계 제일의 안전한 IT 사회 구축을 위해 정부기관과 지방공공단체의 정보 보호 대책을 강화하고, 주요 인프라에 대한 정보 보

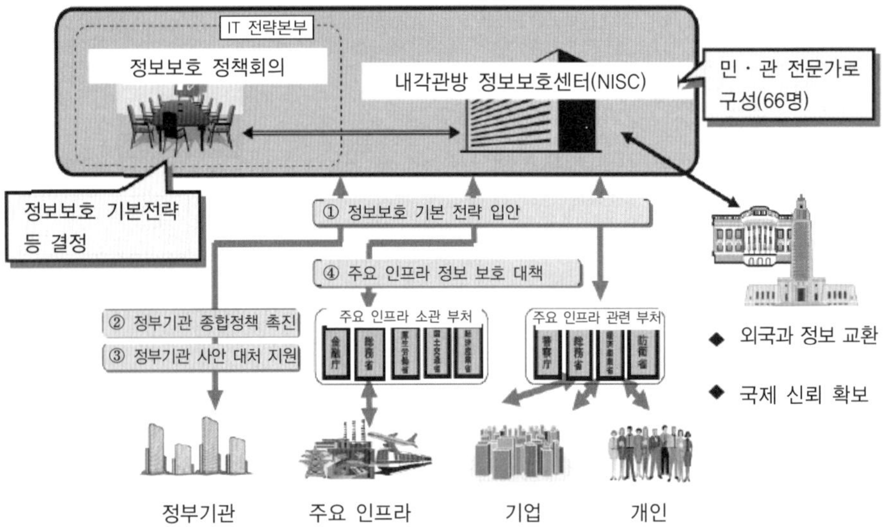

그림 5-4 일본의 정보 보호 추진 체계

자료: 민경식 · 김동희(2008).

호 대책을 마련했다. 그리고 기업의 정보 보호 수준 강화, 개인의 IT 이용에 대한 불안감 해소, 사이버 범죄 근절을 위한 정보 보호 기반 형성 및 청소년 유해 정보 차단 등을 통해 인터넷 이용 환경을 개선하는 데 전력을 다하고 있다(민경식 · 김동희, 2008).

한편, 일본의 정보 보호 관련 법제도를 살펴보면, 대표적인 IT법률인 「고도 정보통신 네트워크 사회형성 기본법 (IT기본법)」(2000년 법률 제144호)의 경우, 고도 정보통신 네트워크 사회의 형성에 관한 시책을 신속하고 중점적으로 추진하는 것을 목표로 하고 있다. 그리고 네트워크의 안전성 및 신뢰성, 개인정보 보호의 확보를 기본 방침 중 하나로 정하고 있다. 정보 보호 전반에 관한 법규로는 「부정 액세스행위 금지 등에 관한 법률」이 있는데, 해킹, 바이러스 유포 등 정보 시스템 관련 범죄 방지를 위해 제정된 법률로 1999년 8월부터 시행되고 있다. 주요 내용으로는 부정 액세스 행위를 조장하는 행위 및 타인의 식별 정보를 무단으로 제공하는 행위를 금지하고 액세스 관리자에 의한 방어 조치 등을 다루고 있다. 이 밖에도 개인 정보 유출 방지를 위한 「개인정보보호법」, 「전자상거래 관련 전자서명 및 인증 업무에 관한 법률」, 사이버 범죄 관련 범죄의 국제화 및 조직화 그리고 정보 처리의 고도화에 대처하기 위한 형법 등의 일부 개정안 등이 있다.

3 영국의 정보기반 보호 체계

영국의 정보 보호 정책은 내각부가 주된 책임을 지며, 그 중에서도 내각부의 정보보증중앙지원국(Central Sponsor for Information Assurance : CSIA)은 정보 보호 관련 활동에 대해 정부 전체를 조정하는 역할을 하고 있다. CSIA는 무역산업부(Department of Trade and Industry : DTI) 등 다른 기관과도 함께 협력하고 있다. 이 밖에도 국가기반보호조정센터(National Infrastructure Security Coordination Center : NISCC) 및 외무부 산하기관, M15, 정부통신본부(GCHQ), 국방정보국(DIS), 통합테러분석센터(JTAC) 등이 정보 보호 업무를 담당하고 있다(이창범 외, 2010: 170). 이상의 설명을 정리하면 [그림 5-5]와 같다.

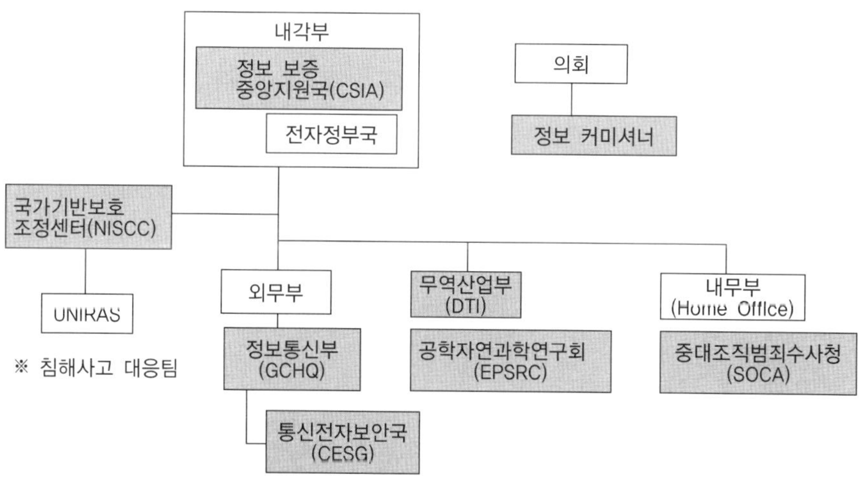

그림 5-5 영국의 주요 정보보호기관

자료: 한국정보사회진흥원(2006).

4 독일의 정보기반 보호 체계

독일의 정보 보호 정책에서 가장 중요한 역할을 하는 기관은 연방보안기술청

(Bundesamt fur Sicherheit in der Informationstechnik : BSI)이다. BSI는 2002년에 설립된 연방내무부 기관으로 독일 연방정부의 정보 보호 활동 및 문제를 총괄 조정하고 있다. 특히, 정보 보호를 통해 IT 기술의 신뢰 확보 및 활용도를 제고한다. 이러한 BSI는 정보기술 사용에 따른 위험 조사 및 정보보호 기술 발전, IT 시스템 보안에 대한 평가 및 인증, 생산자・유통업자・소비자에 대한 IT 기술 사용 관련 자문, 정보기술의 발전 및 방향 분석, 전자정부 지원 및 독일 CERT 운영, 국제 보안 기준에 기초한 IT 시스템 인증, 주요 정보통신 기반 IT 기반시설 보호 등의 업무를 수행한다.

또한 독일의 연방정부 기구 중 연방정부 조정자문기구(The Federal Government Coordination and Advisory Agency for IT in the Federal Administration : KBSt)도 정보 보호 정책에 대한 기능을 하고 있다. KBSt는 정부기관 전체를 조정하는 곳이지만 조직적으로는 연방내무부에 속해 있다. KBSt는 연방기관에 IT전략과 솔루션의 설계 및 시행과 관련된 자문을 제공한다. 이 기구는 1968년에 설립되었으며, 지금은 특히 안전한 전자정부 추진과 같은 정보 보호 과제에 대해 BSI와 긴밀하게 협력하고 있다.

그리고 데이터 네트워크범죄 독립수사본부(Central Unit for Suspicion-Independent Research in Data Networks : ZaRD) 또한 중요한 역할을 하고 있는데, 이는 1999년에 설립되어 현재 독일연방수사국(BKA)에 속해 있다. ZaRD는 인터넷상의 형사 범죄를 조사・기소할 수 있으며, 주요 정보통신 기반시설에 대한 방해나 공격, 파괴에 대한 대응을 담당한다. 이상의 설명을 정리하면 [그림 5-6]과 같다.

한편 IT 발전에 따라 야기되는 각종 역기능에 대처하기 위해 2005년 7월 '국가 정보통신기반시설 보호전략(National Plan for Information Infrastructure Protection : NPSI)'을 수립・발표했다. 이 계획은 유비쿼터스 시대의 국가 정보 보호 정책의 핵심 요소를 인식하는 차원에서 마련된 것으로 연방내무부가 주축이 되어 BSI를 지원하고 있다. 여기에서는 3개의 전략적인 정보 보호 과제를 제시하고 있는데, ① 예방 차원에서는 정보통신 기반시설을 적절하게 보호하고, ② 침해사고 발생 시 적극적으로 대응하며, ③ 정보 보호 역량 강화 및 국제 표준을 마련하는 것이 포함되어 있다.

한편 정보 보호 전반에 관한 법규로는 「정보통신법(Telecommunications Act/ Telekommunikationsgesetz-TKG)」(2004년 제정, 2005년 3월 14일 개정)이 있는데, 이

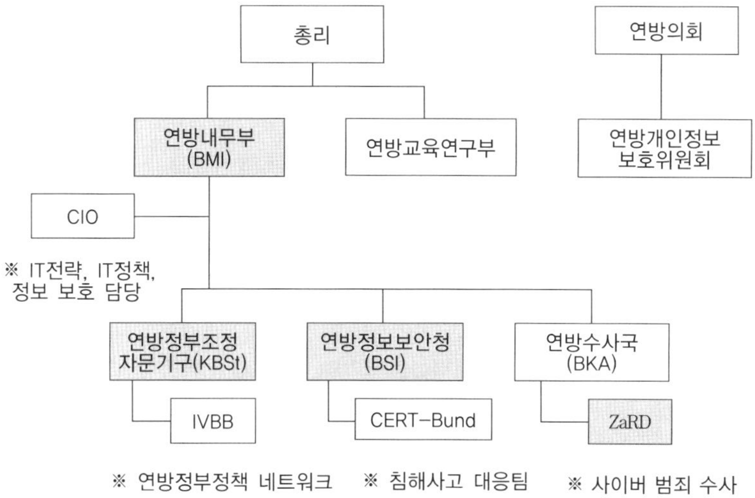

그림 5-6 독일의 주요 정보보호기관

자료 : 한국정보사회진흥원(2006).

법률에 따르면 정부기관의 기밀 누설 방지, 데이터의 안전성 확보 및 네트워크 침해사고 방지를 위해 ISP 등 정보통신 서비스를 제공하는 모든 책임자는 고객정보를 정부에서 접근 가능한 상태로 할 의무가 있다. 그리고 데이터는 정부의 감시기관이 직접 접근할 수 있도록 정하고 있다. 이 법은 상업적인 ISP뿐만 아니라, 비상업적인 서비스 제공자나 BBS 운영자에 대해서도 적용된다. 이 밖에도 개인 정보 관련 「연방데이터보호법(Federal Data Protection Act(BDSG)」(1990년 제정, 2003년 1월 14일 개정)과 사이버 범죄 관련 Second Law on Combating White-Collar Crime 등이 있다.

5 프랑스의 정보기반 보호 체계

프랑스의 정보 보호정책의 효시는 1998년 1월 정보사회에 관한 정부기관 간 위원회에서 채택된 '정보사회 실현을 향한 정부의 행동계획(PAGSI)'이라고 할 수 있다. 이 행동계획에는 여섯 가지 우선 과제(교육, 문화, 정부의 근대화, 전자상거래, 연구・기술혁신, IT 기술 보호와 암호화 기술의 자유화)가 포함되어 있다. 2001년 1월에는 디지털 정보에 대한 일반인들의 접근 확대, 전자상거래를 위한 법제도 확립, 전자 네트워크 구축 촉진, 사이버 범죄에 대한 단속 강화를 통해 온라인상의 신뢰 향상과 인터넷의 민주적인 이용을 촉진하기 위한 법 제정이 추진되었다. 또한 2000년 초기 정보 보호 정책과 관련된 정부 계획이 강화되었고, 2000년 5월에는 하이테크 범죄 단속대책실이 설치되었다.

프랑스의 정보 보호 정책을 담당하는 조직을 좀 더 구체적으로 살펴보면 다음과 같다.

첫째, 2003년에 설립된 전자행정개발진흥원(ADAE)이 있다. 이 기구는 전자정부 계획(ADELE)의 보급과 실시를 위한 정부 실행계획 제시와 조정을 맡고 있다. 여기서 ADELE 계획은 2004년 초기에 시작된 것이며, 정부의 정보 보호 요소를 통합하여 '국가 정보 시스템 보호 강화계획'이라 불리고 있다. 이 밖에도 ADAE와 관련된 프랑스의 정보 보호 정책으로는 3년간의 정보화 계획인 '레조 2007 계획(RE/SO 플랜 2007)'이 대표적이다.

둘째, 1978년에 설립된 유럽에서 가장 긴 역사를 지닌 개인정보 보호 감독기관인 정보 처리와 자유에 관한 국가심의회(La Commission Nationale de l'Informatique et des Libertes : CNIL)가 있다. 이는 상하 양원의 국회의원, 정부에 대한 자문기관인 경제사회평의회(Conseil economique et social) 위원, 재판관, 민간 전문가 등 17명의 위원으로 구성된다. CNIL의 역할은 일반인의 개인정보 보호나 프라이버시 침해에 대한 신고를 받아들여 시정명령 등 필요한 대응을 실시하고 개인정보를 적절하게 사용할 수 있도록 사업자에게 조언하는 것이다. 덧붙여, 프라이버시 보호에 영향을 미칠 수 있는 기술 동향 분석, 시정명령 내용 공표, 정부·공공기관의 개인정보 이용을 허락하는 업무도 맡고 있다.

셋째, 총리실 산하의 국방사무국(Secretary-General of National Defense : SGDN)이 있다. 이 조직은 주요 기반 보호 업무를 수행하며, 안보 문제에 관해 책임지고 있어 과거 Y2K 문제가 발생했을 때 정부 및 민간 분야의 다양한 기구들 간의 협력과 연락 업무를 담당했다. 또한 1996년부터는 DCSSI에 대한 책임을 지고 군의 민감한 정보나 비밀정보에 대해서도 책임지고 있다. 또한 국방 분야 및 민간 분야 관련 정보통신기술의 보안에 중점을 두면서 국방정책 및 보안정책의 과학기술 혁신도 담당하고 있다.

넷째, 2000년에 설립된 중앙정보시스템보안국(Central Directorate for Security of Information Systems: DCSSI)이 있다. 이 조직은 SGDN과 연계된 조직으로서 2000년 4월부터 컴퓨터 보안 개발자를 보강하는 등 암호 분석 및 해독에 대한 업무 체제를 강화하고 있다. DCSSI는 시스템 보안 웹사이트를 운영하고 그 활동을 조정하는데, 여기에는 침해사고대응팀(CERTA)에 관한 정보, 법률, 인증, 권한 부여, 전자서명 및 암호 등에 관한 정보를 제공할 뿐만 아니라 기술 자문을 제공하고 있다. 또한 정부에 자문을 제공하고 정보 시스템 보안 관련 법률 및 공공 서비스를 지원하고 있다. 이상의 논의를 정리하면 [그림 5-7]과 같다.

한편 프랑스에서 최초의 정보 보호에 관한 법률은 1978년 1월에 제정된 「정보기술, 전자파일 및 개인의 자유에 관한 법률」(법률78-17호)이며, 같은 해 7월에는 소비자와 개인의 권리 보호를 내용으로 하는 「행정정보 접근 자유에 관한 법률」(법률

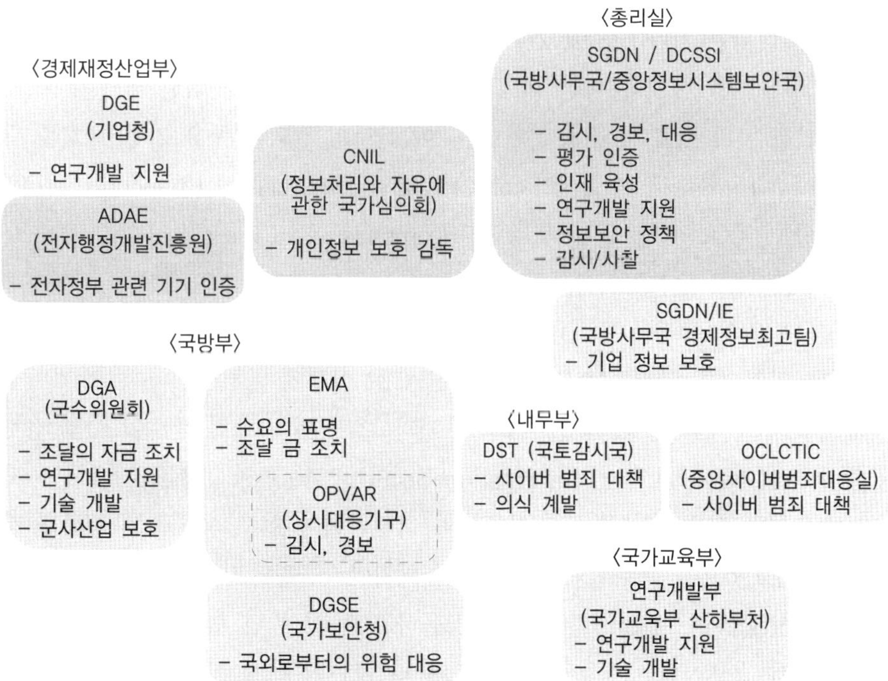

그림 5-7 프랑스의 주요 정보보호기관

자료: Pierre LASBORDES(2005), 정보시회진흥원(2006)에서 재인용.

78-753호)이 제정되었다. 정보 보호 전반에 관한 법규로는 「일상생활의 안전에 관한 법률(Law No. 2001-1062 of 15 November 2001 regarding daily security)」과 「국내치안법(Law No. 2003-239 of 18 March 2003 regarding national security)」이 있으며, 개인정보 보호와 관련해서는 「정보기술 및 자유법(Information Technology and Liberty Act of 6 January 1978)」과 「개인정보 처리 시 정보 주체 보호에 관한 법률(Law No. 2004-801 of 6 August 2004 relating to the Protection of Data Subjects as Regards the Processing of Personal Data)」이 있다. 아울러 「사이버 범죄에 관한 ICT 부정행위법(Law No. 1988-19 of 5 January 1998 regarding ICT fraud)」이 있다.

6 EU의 정보기반 보호 체계

EU는 2004년 6월 기반구조 보호를 위한 전체적인 전략 및 준비에 대한 논의를 시작으로 2004년 10월 유럽을 향한 대(對)테러에 대비하고, 이에 대한 대응 수준을 향상시키기 위한 기반 보호 계획을 선언했다. 이 선언의 결과로 주요 기반 보호를 위한 유럽 프로그램(European Program for Critical Infrastructure Protection : EPCIP)이 실시되었고, 주요 기반 경보 네트워크(Commission of a Critical Infrastructure Warning Information Network : CCIWIN)가 설립되었다.

이러한 EPCIP의 목적은 EU 내 주요 기반구조의 보호 능력 향상을 위해 전 유럽 차원의 프레임워크를 설립하는 것이다. 이 EPCIP 실행에 따른 EU의 주요 기반구조 보호 체계를 구체적으로 살펴보면 [그림 5-8]과 같다. 먼저 유럽 네트워크 및 정보보안처(European Network and Information Security Agency : ENISA)에서는 자체적으로 정보기반 보호 체계를 구축한 EU의 회원국들과 협조 체제를 구축하는 것을 주된 역할로 하고 있으며, 전 유럽 CERT(EGC)는 국가별로 운영되고 있는 CERT(Computer Emergency Response Team)의 업무를 조율하고, 유럽 관민 협조 체제(EP3R)는 전 유럽 차원에서 정보기반 보호를 위한 정부와 민간의 협조 체제 구축을 목표로 한다.

그리고 EPCIP에서 설정한 가장 큰 위협은 테러 행위이지만 이로 한정되지는 않으며, 모든 종류의 위협으로부터 주요 기반을 보호하고자 한다. 다만 EPCIP는 EU 내

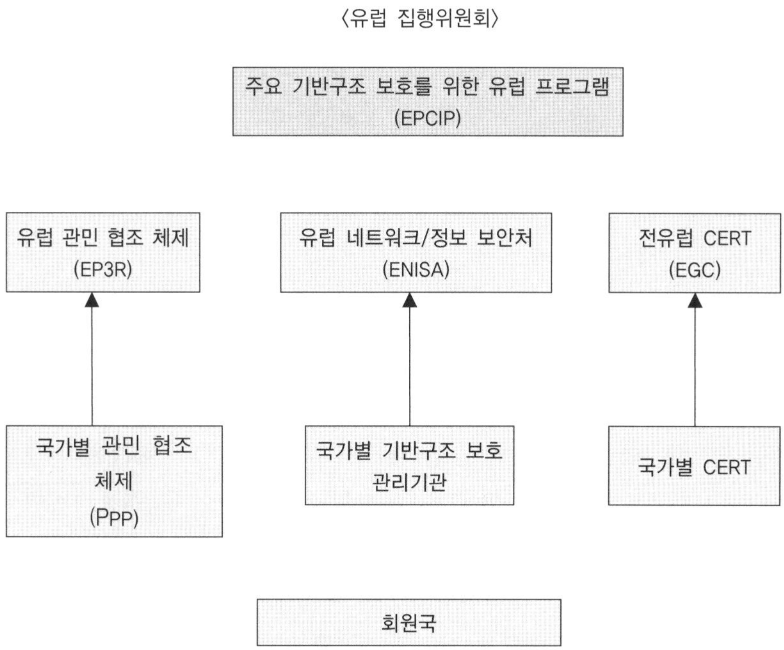

그림 5-8 EU의 주요 기반보호 체계

자료: 박순태(2010).

의 일반적인 국가 기반구조를 고려할 때, 테러·범죄·자연재해 등의 위협으로부터 프로그램이 손상되거나 파괴될 경우 그 영향력이 적게는 한 국가에서 크게는 EU국가 전체에 미치기 때문에 EU 내의 협력뿐만 아니라, 전 세계적인 협력이 필요하다고 지적하고 있다(박순태, 2010).

이어서 EU의 정보 보호 정책을 담당하는 조직과 해당 조직이 담당하는 주요 사업을 좀 더 구체적으로 살펴보면 다음과 같다.

첫째로 EU의 IT 및 정보 보호에 관한 주무기구라고 할 수 있는 정보사회미디어이사회(ISMDG)가 있다. 이 조직은 정보사회 정책을 연구하고, 디지털 콘텐츠 및 인터넷TV 등 미디어정책에 관한 활동을 한다. 그리고 혁신·창조 및 참여에 입각한 유럽 정보사회를 촉진하고자 하고, IT 기반 제품과 서비스에 대한 경쟁력을 향상시킨다. 또한 미디어와 디지털 콘텐츠 영역의 신 시장을 발굴·성장시킬 뿐만 아니라, 광범위한 IT접속·기반 서비스 사용을 지원함으로써 일반인과 기업의 참여를 유도하

는 역할을 한다.[1)]

ISMDG가 수행한 사업 중에 대표적인 것을 설명하면 다음과 같다. 하나는 'Safer Internet Plus 계획'으로서, 2004년까지 실시된 'Safer Internet 계획'의 후속 단계로 2005년부터 2008년까지 4년에 걸쳐 실시된 프로그램이다. 이 사업은 인터넷과 새로운 온라인 기술의 안전한 이용을 촉진하기 위해 시행되었으며, 또한 안전한 인터넷과 새로운 온라인 기술을 사용하여 불법적인 내용과 사용자들이 원치 않는 내용을 근절하는 데 목적을 두고 있다. 이 활동은 사용자, 특히 부모, 교사 및 아이를 대상으로 한다.

이어서 다른 하나는 유럽횡단통신네트워크(Trans-European Telecommunications Networks)이다. 이 사업은 EU 회원국의 인프라 구축에 대한 격차 해소와 회원국 간 통신 네트워크의 상호 연동성 향상, 상호 연동이 가능한 서비스 및 애플리케이션 확보, 필수 인프라의 구축과 보급 추진 등을 목적으로 한다. 이러한 사업을 통해 중요한 정책 목표 중 하나인 역내 시장의 적절한 기능이나 경제·사회적 결속력 강화를 기대하고 있다. 물론 이 사업은 정보 보호의 강화를 목적으로 한 것은 아니지만 사업요소에 정보 보호에 관한 내용이 포함되어 있다고 볼 수 있다.

이어서 둘째로는 유럽집행위와 회원국 모두의 네트워크 및 정보 보호(NIS)에 대한 전문지식의 중심지 역할을 하는 유럽 네트워크 및 정보보안처(ENISA)가 있다. 공식적으로 ENISA는 현재와 미래의 유럽 법률을 포함한 NIS 요구 사항을 충족시키기 위해 유럽집행위, 회원국과 개인 부문을 지원한다. 즉, ENISA의 임무는 정보 보호 분야에서 활동적으로 일하는 것은 아니며, 구체적인 대책을 실시하는 것보다 EU 회원국 기관과 조정을 수행하거나 정보 공유의 중심으로 기능하고 있는 것이다. 또한 EU의 First Pillar, 즉 경제·사회 활동의 정보보호 정책을 담당하며, 국방이나 사법활동에 관여하지 않는다.

마지막으로는 2003년에 설치된 유럽데이터보호감독관(EDPS)이 있다. 이 조직은 EU의 범유럽적 정보 보호 권한의 행사뿐만 아니라 유럽 사법재판소에 소송을 회부하거나 법률 제정 전 중재와 의견 제공을 하는 등 중요한 역할을 한다.

---

1) http://europa.eu.int/information_society/doc/factsheets/001-dg-glance-en.pdf 참조.

제 4 절 정보 보호 기술 현황 및 보호정책 방향

1 정보 보호 기술의 정의 및 분류

정보 보호 기술이란 정보 보호를 가능하게 하는 기술이다.2) 이는 정보 보호 기반 기술, 정보통신 인프라 보호 기술, 디바이스 및 서비스 보호 기술로 분류된다(홍도원, 2006).

각각의 기술을 구체적으로 설명하면 첫째, 정보 보호 기반기술은 안전한 정보통신 환경을 구축하기 위해 필수적으로 요구되는 기술이다. 또한 차세대 IT 및 BT 환경에 적용 가능한 원천 기술이며, 정보 보호 제품 전반에 적용되는 암호 기술, 인증 기술 및 개인정보 보호 기술 등을 포함한다.

둘째, 정보통신 인프라 보호 기술은 유비쿼터스 환경을 지원하는 핵심 인프라인 BcN, IPv6, USN(Ubiquitous Sensor network) 네트워크의 안전성·신뢰성을 보장하는 인프라 보호 기술이다. 이는 BcN, IPv6 및 USN 등 시스템 구성 요소 부분과 정보통신 시스템을 구성하는 서버, 네트워크에 대한 보호 기술을 포함한다.

셋째, IT 디바이스 및 서비스 보호 기술은 다양한 서비스의 연동 및 융·복합화의 진행이 본격화되는 유비쿼터스 환경에서 IT 디바이스 및 서비스 안전성을 제공하기 위한 기술이다. 즉, 전자상거래 보호, 시스템 및 PC 등 유무선 단말 시스템에서의 IT 서비스 보호, 유해정보 차단 및 콘텐츠 보호 기술 등을 의미한다. 이상의 내용을 좀 더 자세히 설명하면 <표 5-2>와 같다.

2) 정보 보호 기술은 사용자 측면에서 개인정보 및 프라이버시 제공, 서비스 및 디바이스 측면에서 안전한 신뢰 서비스 제공, 인프라 환경 측면에서 끊김 없고(seamingless) 이동성이 지원되는 안전한 인프라 제공 기술을 의미한다.

표 5-2 정보 보호 기술의 분류

분류	기술 분야	기술 내용
정보보호 기반 기술	암호 기술	□ 기밀성 유지, 전자서명 등에 사용되는 대칭키와 공개키에 대한 알고리즘, 서명 알고리즘에 대한 설계·분석과 암호 모듈의 하드웨어적인 고속 구현 기술 □ 부인 방지, 동시성(전자계약 등), 익명성, 콘텐츠 보호 등에 사용되는 프로토콜 구현 기술 □ 암호 키의 분배, 전송, 동의, 복구를 위해 사용되는 키의 관리
	인증 기술	□ 인증서 전달을 위한 CA, RA, 인증서 관리기술 등 공개키 기반구조(PKI) 구축에 사용되는 기술 □ 다양한 전자거래에서 ID 서비스를 위한 단일 ID관리/분산인가/ID중개/위임 기능을 제공하는 Identity 보호용 기술 □ 사용자 신분 확인을 위한 바이오 인식, 다중 인식 등의 기술 - 유비쿼터스 환경에서 개인 인증이 가능한 실시간 다중 바이오 인식 알고리즘, 칩셋 및 응용 기술
	개인 정보 보호 기술	□ PET(Privacy Enhancing Technology) □ 자기정보 통제권, 익명화 에이전트 등의 기술 □ 개인정보의 이용 범위에 따라 해당되는 정보 외에 다른 정보를 읽거나 해독할 수 없게 하는 개인정보의 안전한 분산 저장 및 추출 기술
정보통신 인프라 보호 기술	BcN 보호 기술	□ BcN 환경에서 네트워크 위협을 능동적으로 탐지/분석/차단하여 고속 침입 방지 기능을 수행할 수 있는 네트워크 종합 위협 대응 기술 □ BcN 통합 정보 보호 시스템 구축 □ 알려지지 않은 공격으로부터 네트워크 인프라 보호를 위해 공격 패킷들만이 가지는 signature를 생성, 대응할 수 있는 실시간 공격 signature 생성 및 관리 기술 □ 유무선 IPv6 환경에서 발생되는 새로운 보안 취약성에 대응하기 위한 정보 보호 기술 및 멀티캐스트 보안 기술
	RFID/USN 보호 기술	□ RFID/USN 환경에서 개인 프라이버시를 적극적으로 보호하고, 사물의 자동 식별·이력 추적 등 RFID/USN 서비스를 안전하게 제공하기 위한 보안 기술 □ RFID 네트워크용 ODS 위·변조 방지 기술 □ 초경량 보안칩, 센서 노드 기술 □ 프라이버시 상황 추적, 적용 기술
디바이스 및 서비스 보호 기술	IT 서비스 보호 기술	□ 전자지불, 전자화폐, 전자입찰, 전자공증, 콘텐츠 보호 등 전자상거래의 안전·신뢰성 확보 기술 □ 행정, 보건, 교육, 금융 등 각종 서비스에 대한 보안 □ 서버 보안 기술, 해킹 및 바이러스 방지 기술 □ XML 기반 전자거래 보호 기술 □ 웹서비스 해킹 방지 기술 □ IPv6 기반 환경에서 VoIP(Voice over Internet Protocol) 불법스팸 예방/피해 최소화를 위한 능동형 대응기술 및 VoIP 사용자 프라이버시 보호를 위한 사용자 위치정보 보호 기술
	유해 정보 차단 및 콘텐츠 보호 관리 기술	□ 스팸메일에 대한 제도·기술적 정책 □ 콘텐츠 유해 정도별 관리 기술 □ DRM(Digital Right Management) 기술 □ CAS(Conditional Access System) 기술
	홈네트워크 보안	□ 신뢰성 있는 홈네트워크 인프라 구축을 위해 유효한 사용자를 구별하여 서비스 로봇, 차세대 PC 등 다양한 정보기기 간 안전한 통신 및 제어 기술
	모바일 단말용 공통 보안 플랫폼	□ 모듈(STPM, Secure & Trusted Platform Module) 장착을 통한 공동 보안 및 신뢰 서비스 제공 기술

자료: 홍도원(2006).

2 정보 보호 기술 동향

정보 보호 기술의 트렌드는 인터넷 침해사고의 트렌드와 매우 밀접한 관련성이 있다. 과거 네트워크가 발달하지 않았던 PC 중심의 정보화 시기에는 디스켓을 통해 전이되는 바이러스로부터 시스템을 보호하기 위한 정보 보호 기술이 중심이었다. 이후 네트워크가 고도화됨에 따라 자기 복제 후 네트워크를 통해 자동 전파 및 감염시키는 웜 바이러스(worm virus)가 주요한 침해사고 원인으로 등장했고, 정보 보호 기술 역시 네트워크 보호를 위한 방향으로 중심이 이동했다.

최근에는 개인정보, 산업 기밀정보 및 콘텐츠에 대한 내·외부인의 불법적 탈취 시도 또는 사고가 증가함에 따라 정보 보호 기술의 초점이 개인정보 및 콘텐츠 보안으로 이동하고 있다(한국정보사회진흥원, 2008a). 정보 보호 분야의 기술 수준은 2007년 기준 미국이 세계 최고 수준이며, 그 다음으로 유럽(88.3%), 일본(85.3%), 한국(84.8%), 중국(71.5%) 순인 것으로 조사되었다. 우리나라의 상대적 기술 수준은 미국에 비해 약 1.4년 뒤처져 있으나, 유럽 및 일본과는 유사한 기술 수준을 보유하고 있다(한국정보사회진흥원, 2008a).

3 정보 보호 정책의 현황 및 추진 방향

사이버 공격은 경우에 따라 1분이 채 되지 않는 시간에 개인 또는 기업의 정보를 유출하고, 한 나라의 국가 정보 시스템을 마비시킬 뿐 아니라, 무엇보다 개인과 기업 그리고 국가에 막대한 경제적 손실을 초래할 수 있는 사회적 문제다. 이를 예방하고 사이버 공격에 대응하기 위해 우리나라는 아래와 같은 정보보호 정책을 추진하고 있다(한국정보화진흥원, 2010a).

1) DDoS 예방 및 대응

DDoS(Distribute Denial of Service Attack)는 특정 사이트를 공격하는 해킹 방식의 하나로 한 명 또는 그 이상의 사용자가 여러 대의 컴퓨터를 일제히 동작하게 하여 시스템의 리소스(resource)를 독점하거나 파괴함으로써 시스템이 더 이상 정상적인 서비스를 할 수 없도록 만드는 사이버 공격이다. 이 DDoS는 목표 서버가 다른 정당한 신호를 받지 못하게 방해하는 작용을 하는 것으로 컴퓨터에 침투해 자료를 삭제하거나 훔쳐가는 것은 아니다. 그러나 DDoS가 국방, 병원, 치안, 교통, 소방과 같이 잠시라도 정상적인 운영을 하지 못했을 때 심각한 피해가 발생하는 주요 기관들에 발생할 경우에 그 피해는 이루 말할 수 없다.

따라서 현 정부에서는 무엇보다 DDoS에 취약한 소규모 행정기관 및 중소업체가 DDoS 공격 시 일시적으로 피할 수 있는 긴급대피소(Emergency Rescue Service : ERS)를 구축하고 있으며, DDoS 등 사이버 공격에 대응하는 능력을 강화하기 위해 다양한 상황별 위기 대응 시나리오를 개발하여 민・관 훈련을 실시하고 있다.

2) 대국민 개별 PC 보안 활동 강화 및 개인정보 보호

2009년 7월 DDoS 공격 시 11만 5천여 대의 좀비 PC가 사이버 공격에 동원되었다. 이때 수많은 일반 국민의 PC가 자신도 모르는 사이에 악성 코드에 감염되어 좀비 PC로 이용되었다. 이에 국민들이 소지하고 있는 개별 PC들의 보안 활동 강화 및 정보 보호를 위해 정부는 바이러스・악성 코드 감염 여부 진단, 보안 SW 무료 설치 등 다방면의 정보 보호 현장 서비스를 추진하고 있다.

또한, 정보 보호 인식 제고 및 책임 있는 보안 활동 실천을 독려하기 위해 초・중・고교 과정에 해킹, 개인정보, 사이버 윤리 교육을 실시하고 있다. 그리고 부득이하게 개인정보 유출사고 및 피해자가 발생한 경우 피해자에게 유출 정보・항목, 시점, 피해구제 절차 등 침해 사실을 즉시 통보함으로써 추가적인 피해를 방지하고 있다.

3) 국가 주요 정보통신기반시설 보호 체계 강화

원자력 발전소, 지하철, 항공사 등 국가 기반시설에 대한 공격은 일반 국민의 정상적인 생활을 불가능하게 할 뿐 아니라, 심각하게는 한 국가 자체의 존폐를 좌우할 수도 있다. 따라서 정부는 에너지, 금융(은행, 증권 등), 교통(지하철, 항공 등), 방송, 국방, 발전소 등과 관련한 주요 국가 기반시설에 대해 전문 컨설팅 및 보호 대책 수립을 위한 지원 기술 등을 통해 보호 체계를 강화하고 있다.

4) 정보 보호 전문 인력 양성 및 고용 확대

정부는 열악한 기반과 정보 보호 전문가들의 고용 불안정 등의 문제로 절대적으로 부족한 정보 보호 전문 인력을 양성하고자 다음과 같은 노력을 실시하고 있다. 첫째, 정보 보호 자격제도 개선 및 해킹대회 입상자 취업 지원 등을 통해 화이트 해커 양성을 추진하고 있다. 둘째, 행정기관의 정보 보호 조직과 인력의 현 실태를 종합적으로 진단한 뒤 국가기관의 정보 보호 인력 보강을 추진하고 있다.

5) 정보 보호에 관한 통합 민원상담 센터 운영

기존의 정보 보호에 관한 기관들과 주요 정부부처들은 모두 각기 다른 정보 보호 문제점에 포커스를 두고, 다양한 정보보호 민원센터를 운영함으로써 시간, 비용, 인력 등의 측면에서 심각한 비효율을 초래했다. 그뿐만 아니라 정보 보호와 관련하여 피해의 종류와 규모가 다양함에도 불구하고 이에 적절히 대응할 수 있는 기관이 미흡하여 제2, 제3의 피해가 나타나는 현상까지 나타났다. 이에 현 정부는 정보 보호와 관련된 여러 기관에 대한 민원상담센터를 'e콜센터(☎118)'로 통합·개편함으로써, 국민들이 365일·24시간 언제든지 정보 보호와 관련된 불편이나 궁금증을 손쉽게 해결할 수 있도록 했다.

제 6 장 사이버 범죄의 동향과 국제 협력

제 1 절 사이버 범죄의 개념

사이버 범죄에 대해 아직 명확하게 정의된 바는 없으나 컴퓨터나 IT 기기가 범행 대상이 되거나 혹은 그것이 도구로 이용되어 이뤄지는 비합법적인 행위로 정의되는 것이 보통이다.

과거에는 컴퓨터 범죄, 정보통신 범죄, 하이테크 범죄 등의 다양한 용어로 사용되었지만 그 중에서도 컴퓨터 범죄가 일반적으로 사용되어 왔다. 그러나 1990년대부터 인터넷의 급속한 확산으로 인해 단순히 컴퓨터에 국한하지 않고 인터넷상의 범죄가 증가했다. 이에 기존의 컴퓨터 범죄라는 용어보다는 인터넷 범죄 혹은 사이버 범죄라는 용어가 많이 사용되었다(이성식, 2006).

인터넷 범죄와 사이버 범죄를 구분하기란 결코 쉽지 않다. 양자는 오히려 거의 같은 의미로 쓰이고 있다. 다만 인터넷 범죄가 컴퓨터 등 네트워크 접속 가능 단말기를 통해 인터넷을 이용하여 행해지는 범죄를 의미한다면, 사이버 범죄는 이보다는 더 포괄적인 의미로 사용된다. 즉, 컴퓨터에 의한 자료 처리 과정과 관련된 위법행위인 컴퓨터 범죄를 포함하는 정보통신 공간에서 이뤄지는 모든 범죄행위라고 보는 견해와 정보통신 공간에서 컴퓨터, 컴퓨터 자료 또는 컴퓨터 시스템을 불법으로 침해하거나 또는 이를 이용하여 저지르는 불법행위의 총칭이라고 보는 견해가 있다. 그리고 사이버 세계의 대표적인 연결망이 인터넷이라는 점에 착안하여 인터넷 범죄와 사이버 범죄를 동일한 것으로 간주하는 견해도 있다(조병인 외, 2000 : 18; 백광훈, 2000: 35-36).

현재는 사이버 범죄라는 용어가 가장 많이 쓰이는데, 이는 좁은 의미에서 보면 인터넷과 같은 정보통신망을 매개로 하여 일어나는 범죄행위로 정의되며(이민식, 2000), 좀 더 포괄적으로는 기존의 컴퓨터 범죄를 포함해 인터넷 및 사이버 공간에서 행해지는 모든 유형의 범죄를 일컫는 것으로 정의된다(Thomas & Loader, 2000).

또한 '범죄 방지와 범죄자 처벌을 위한 제10차 UN 회의'에서는 사이버 범죄를 다음과 같이 두 가지 분류로 정의했다.

첫째, 좁은 의미의 사이버 범죄는 컴퓨터 시스템의 보안과 컴퓨터 시스템에서 처리하는 데이터를 대상으로 하는 컴퓨터 사용의 위법행위를 말한다.

둘째, 넓은 의미의 사이버 범죄는 컴퓨터 시스템 또는 네트워크와 관련된 모든 위법행위를 말한다. 여기에는 컴퓨터 시스템이나 네트워크를 사용해서 정보를 빼오거나 다른 사람에게 제공 또는 배포하는 행위가 포함된다.

한편, 간혹 해킹과 바이러스 유포와 같은 현상을 두고도 어떤 경우는 사이버 범죄라 하기도 하고, 이를 사이버 침해사고라고도 하는데, 이는 통신망을 이용하여 타인에게 피해를 끼친다는 면에서 같을 뿐만 아니라 「정보통신망 이용 촉진 및 정보 보호 등에 관한 법률」, 「정보통신기반보호법」, 「전자서명법」 등의 정보 보호 관련 법률에 근거하기 때문에 용어의 혼재가 일어나는 것으로 보인다.

그러나 엄밀히 따져 '침해사고'라 함은 해킹, 컴퓨터 바이러스, 논리 폭탄, 메일 폭탄, 분산 서비스 거부(DDoS) 또는 고출력 전자기파 등에 의해 정보통신망 또는 이와 관련된 정보 시스템을 공격하는 행위로 인해 발생한 사태를 의미한다. 따라서 침해사고는 정보통신망에 대한 공격행위와 피해 현황 등의 사고 자체에 초점을 둔 개념이기 때문에 형사법적 처벌보다는 피해의 확산을 방지하기 위한 침해 상황 모니터링, 원인 분석, 민간에 대한 예·경보, 복구 등에 중점을 둔다. 이에 반해 사이버 범죄는 통신망 및 사이버 공간을 범행의 수단이나 대상 혹은 무대로 삼는 범죄행위(김종세, 2008)로 신고에 따른 처벌에 초점을 둔 개념이라 할 수 있다.

제 2 절 사이버 범죄의 특징 및 유형

1 사이버 범죄의 특징

사이버 범죄는 게임이나 단순한 유희, 예금의 무단 인출 및 전자상거래 사기 등을 통한 경제적 이익의 취득, 보복과 같은 정치적 목적의 달성, 또는 지적 모험심의 추구를 위한 해킹 등 다양한 동기·목적에 의해 저질러진다(최영호, 1998). 그런데 이렇게 특정한 동기나 목적을 가지고 사이버 범죄를 저지르는 경우도 있지만, 최근에는 특정한 목적 없이 인터넷 게시판에 악성 댓글을 게시하여 불특정 다수에게 심적 피해를 가하는 경우도 늘어나고 있다.

이렇듯 다양한 동기·목적에 의해 발생하는 사이버 범죄의 일반적인 특징은 다음과 같다.

1) 비대면성

사이버 공간은 현실 세계와는 다르게 비대면성의 특성, 즉 행위자들이 드러내지 않고 행동한다는 특성을 갖는다. 즉, 기존의 범죄행위는 직접적인 신체 접촉이 있어야만 피해가 발생하는 경우가 대부분이었으나 사이버 범죄는 직접적인 접촉이 없이도 범죄행위가 발생하므로 행위자가 누구인지 알 수 없는 상태에서 벌어지게 된다. 이러한 비대면성은 범죄자들이 더 과격하고 대담하게 행동하게 하며, 책임 의식이나 죄의식을 느끼지 못하게 한다. 또한 피해자가 행위자를 알기 어렵기 때문에 피해 의식이나 공포감이 훨씬 커지게 된다.

2) 익명성

사이버 공간에서는 자신의 신분을 노출시키지 않은 채 활동하는 것 또한 가능하다. 이러한 익명성은 자유로운 의사 표현을 가능하게 해 준다는 순기능이 있지만, 한편으로는 남을 의식하지 않고 충동적으로 행동하게 될 수 있어 이를 악용한 범죄의 가능성이 높아질 수 있다는 문제도 있다(Joinson, 1998 : 43-60). 물론 그러한 문제를 방지하기 위해 인터넷을 이용할 때 일정한 인증 절차를 거치도록 하여 사용자를 확인하기는 하지만, 고의로 타인의 인적 사항이나 ID를 도용하는 경우 자신을 완벽하게 숨길 수도 있다. 이는 수사기관이 범죄자를 추적하기 어렵게 한다.

3) 전문성과 기술성

최근에는 프로그램 조작 등 고도의 전문적 지식과 기술을 이용한 사이버 범죄가 급증하고 있는 추세이다. 물론 사이버 언어폭력이나 성폭력과 같이 특별한 기술 없이 간단한 조작만으로 범죄를 저지를 수도 있고, 바이러스 제작과 스팸 메일 발송 등을 쉽게 할 수 있는 자동 생성 프로그램도 있기는 하지만 여전히 대부분의 사이버 범죄는 컴퓨터 프로그램이나 인터넷 기술에 대한 상당한 실력을 갖추지 않으면 불가능한 경우가 허다하다. 이렇듯 사이버 범죄는 전문기술성을 요하기 때문에 대응에서도 전문기술이 필요하므로 고도의 전문기술을 가진 전문수사관을 양성하여 활용하기도 한다.

4) 시간적 · 공간적 무제약성

사이버 공간은 24시간 네트워크로 연결되어 있어 시간과 공간의 제약을 거의 받지 않기 때문에 범죄 영역이나 범죄 시간 또한 한정되지 않으므로 범죄의 기회 또한 광범위하다고 하겠다. 범죄자는 인터넷이 연결된 곳이라면 지구 반대편 나라의 컴퓨터에 대한 바이러스 감염은 물론 해킹도 가능하다. 이렇듯 국경을 넘나드는 사이버 범죄의 증가로 국제적 협력 · 공조가 필요하다. 또한 행위자가 인터넷에 접속하여 범행을 하는 동안 위치를 알아내 검거하는 실시간 대응도 중요하게 되었다(강동범, 2000).

5) 빠른 전파성과 천문학적 재산 피해

시공을 초월하는 사이버 공간에서는 모든 정보가 매우 빠르게 전파되기 때문에 누구든지 손쉽게 정보를 입수할 수 있으며 이러한 정보의 전달이 순식간에 이뤄지게 된다. 따라서 음란물이나 바이러스 또한 순식간에 전 세계로 유포될 수 있으며, 이로 인한 피해 또한 매우 광범위하게 나타날 수밖에 없다. 특히 바이러스와 해킹에 의한 시스템 작동 불능 사태는 업무 전반을 마비시켜 사회 전체적으로 막대한 혼란을 가져올 수도 있다. 또한 전자상거래와 관련된 사이버 범죄는 개인과 조직에 막대한 경제적 손실을 초래할 수 있다.

6) 죄의식의 희박

사이버 범죄는 적절한 범죄 기술을 가지고 있는 사람이라면 손쉽게 범죄행위를 할 수 있다. 상대의 저항이 거의 없기 때문에 범죄행위가 용이하며 발각의 위험도가 낮기에 처벌에 대한 두려움이 없이 범죄를 저지르는 경향이 있다. 또한 사이버 공간이 갖는 자유로움과 개방성이 혼란과 무질서를 야기하는 원인이 되기도 한다. 즉, 사이버 공간의 가치규범 부재와 가상성으로 인해 구성원들이 자신의 행위가 나쁜 행위인 줄 모르면서 죄책감 없이 사이버 범죄를 저지르게 되는 것이다. 심지어 사이버 범죄를 일종의 놀이로 인식하거나 재미삼아 호기심에 저지르기도 한다.

7) 발견과 증명, 고의 입증 곤란

사이버 범죄는 비대면성과 익명성으로 인해 발각될 가능성이 낮으며, 고도의 전문성을 가진 지능화된 사이버 범죄일수록 적발하기가 쉽지 않다. 한편 사이버 범죄는 그 의도가 고의건 과실이건 간에 동일한 결과가 나타나므로 범행을 야기할 의사가 있었는지, 형법상 '고의'를 입증하기 곤란하다(김운곤, 2002).

8) 동시성

인터넷은 의사소통을 매우 빠르게, 때로는 실시간(real time)으로 이뤄지게 한다. 이러한 인터넷의 특성으로 인해 사이버 공간에서는 기존의 물리적 공간에 의한 구속을 받지 않는다. 이에 따라 인터넷 사용자는 자신의 메시지를 동시에 전 세계의 이용자들에게 전달할 수 있게 된다. 그러나 이와 함께 다른 이용자 개인의 사생활을 침해하는 정보 및 음란·위험정보 등도 동시적으로 전파시킬 수 있고, 이러한 범행의 동시성으로 인해 인터넷 범죄의 수사에서는 범행 증거 및 접속 기록의 신속한 확보가 무엇보다도 중요하게 되었으며, 특히 행위자가 인터넷에 접속하여 범행을 계속하는 동안에 위치를 알아내 검거하는 '실시간 대응'이 매우 중요하게 된다.

9) 국제성

인터넷은 전 세계의 네트워크를 실시간으로 연결하고 있기 때문에 국가 간의 경제 및 지리적 제약을 해소한다. 더욱이 정보통신기술의 발달과 교역의 증대는 각국 간의 정보 교환 및 거래를 급격히 증가(최경진, 1998)시킬 뿐만 아니라 범죄집단에 의한 금제품의 밀매 및 쇼핑몰을 이용한 허가되지 않은 의약품 등의 거래도 성행시키고 있다. 또한 이러한 국제성은 외국의 비밀정보나 산업 기밀을 쉽게, 그리고 아주 적은 비용으로 별다른 통제나 발각의 염려 없이 신속·정확하게 전달할 수 있게 하기 때문에 국경을 초월한 기업·국가기관에 대한 해킹 행위를 가능하게 한다. 그리고 악성 바이러스를 유포하여 국경을 초월한 막대한 피해와 업무 마비를 유발하기도 한다(조병인 외, 2000). 이러한 사이버 범죄의 국제성은 국가 간의 수사 공조 및 형사재판 관할권과 같은 절차법적 문제를 발생시킨다. 특히, 국경을 초월하여 행해지는 사이버 범죄에 대한 효율적인 수사를 위해 세계 각국이 우선 기술적인 측면에서 컴퓨터 시스템과 인터넷 서비스 시스템에 대해 협력해야 하는데, 여기에는 수사전문가뿐만 아니라 인터넷 서비스 제공자(ISP)들과의 협조가 확립되어야 한다(한봉조, 2000: 60).

또한, 지리적 거리에 의해 발생하는 시간 차이로 인해 국제적 해커에 의한 공격은 국제 수사 협력의 요청국 또는 피요청국 중 한쪽의 근무 시간 외에 발생하기도 한다. 이에 24시간 체제의 사이버 범죄와 관련하여 컨택트 포인트(Contact Point)의 설치와 사건에 관한 긴급한 협력 요청에 대응할 수 있는 수사 체제의 수립이 요구된다. 이에 세계 각국에서는 은행이나 웹사이트에 대한 협박 공격이나 인터넷을 통한 컴퓨터 네트워크에의 침입·공격사건 등의 해결에 컨택트 포인트를 활용하고 있다(정완, 1999: 352.).

2 사이버 범죄의 유형 분류

사이버 범죄의 유형 분류에는 매우 다양한 의견이 있다.

첫째, 가장 많이 사용되는 분류 방식으로, 사이버 범죄는 사이버 공간에서 일어나지만 이미 전통적으로 있어 왔던 전통형 범죄와 사이버 공간에서 새롭게 나타나고 있는 신종형 범죄로 나누는 방법이 대표적이다(김종섭, 2000). 사이버 성폭력이나 스토킹, 사이버 명예훼손, 전자상거래 사기, 사이버 도박 등은 전자에 해당되며, 해킹, 바이러스 유포 등은 후자에 해당된다고 할 수 있다.

둘째, 폭력 여부에 따라 범죄를 분류하는 기존 방식을 사이버 범죄에 적용한 입장으로는 월(Wall, 2001)의 방식이 있다. 사이버 공간상의 범죄를 폭력범죄(사이버 언어 폭력 등), 재산범죄(사기, 저작권 침해, 절도, 도박 등), 성 관련 범죄(음란물 유통)로 나누고, 사이버 공간상에 새롭게 나타난 해킹이나 스팸 메일 등의 침해 범죄 유형을 추가하여 네 가지 형태로 구분하는 경우이다.

또한, 월(D. S. Wall)은 앞서 설명한 유형 이외에 사이버 범죄를 컴퓨터 내용 범죄, 컴퓨터 이용 범죄, 컴퓨터 전형 범죄의 세 가지 유형으로 나눴다. 이에 따르면 컴퓨터 내용 범죄에는 내용적으로 불법인 폭력이나 음란물 관련 범죄가 해당되고, 컴퓨터 이용 범죄에는 컴퓨터를 이용하여 재산상의 이득을 꾀하는 사기 절도나 저작권 침해 등의 범죄가 해당된다. 컴퓨터 전형 범죄에는 전형적인 컴퓨터 범죄로 컴퓨터 네트워크를 해치는 해킹, 바이러스 유포 등의 행위가 해당된다. 이러한 분류는 전통 범죄를 컴퓨터 내용 범죄와 컴퓨터 이용 범죄로 나누고, 신종 범죄를 컴퓨터 전형 범죄로 보면서, 앞서 월(Wall, 2001)이 제시한 폭력 범죄와 성 관련 범죄를 컴퓨터 내용 범죄로, 재산 범죄를 컴퓨터 이용 범죄로, 침해형 범죄를 컴퓨터 전형 범죄로 재구성되기도 한다(이성식, 2011).

셋째, 범죄의 대상이 누구인가를 중심으로 사이버 범죄를 분류하는 방식도 있는데, 두베이(R. Dubey)는 그 대상을 개인, 조직, 그리고 사회 전체로 구분했다(Dubey, 2004).

이 밖에도 컴퓨터 자체가 범행의 대상이 되느냐 아니면 컴퓨터 혹은 인터넷이 범행의 도구나 수단으로 이용되느냐에 따른 분류(Duff & Gardiner, 1996; Barrett, 1997), 해킹 기술을 통해 이뤄졌는지에 따른 분류(조병인 외, 2000; 이민식, 2000)도 있다. 또한, 이성식(2006)은 일반적인 사이버범죄 유형 분류인 전통형 범죄와 신종형 범죄를 범죄 대상과 범죄 동기에 따라 다시 전통 대인 범죄, 전통 재산 범죄, 신종 파괴 범죄, 신종 침해 범죄의 네 가지 범주로 나누기도 했다.

3 사이버 범죄의 유형별 내용

사이버 범죄 유형에는 다양한 종류가 있으며 계속해서 새로운 형태의 사이버 범죄가 출현하고 있다. 경찰청(2007)에 따르면, 사이버 범죄는 사이버 공간을 이용한 불법행위인 일반 사이버 범죄와 정보통신망 자체를 공격 대상으로 하는 사이버 테러형 사이버 범죄가 있다. 전자로는 전자상거래 사기, 프로그램 불법 복제, 불법 사이트 운영, 사이버 명예훼손이 있으며, 후자로는 해킹과 바이러스 유포가 대표적이다. 다음은 사이버 범죄 유형별 내용을 살펴보도록 한다(경찰청, 2007 ; 정완, 2007 ; 홍승희, 2006).

1) 해킹

해킹(hacking)은 컴퓨터 시스템의 취약점을 이용하여 불법적으로 접근한 후 시스템 내의 자료를 유출, 위변조 및 삭제하거나 시스템 장애 및 마비를 일으키는 행위를 말한다. 대표적인 해킹으로는 웹해킹이 있는데, 홈페이지는 모든 사람에게 개방되어 있어 그만큼 해킹에 취약한 구조일 수밖에 없다는 사실을 악용하여 방문자가 많은 홈페이지를 해킹하거나 변조하고, 악성 코드를 유포하는 행위를 말한다. 또한, 보안이

표 6-1 해킹의 분류

분류	내용
단순 침입	정당한 접근 권한 없이 또는 허용된 접근 권한을 초과하여 정보통신망에 침입하는 것 – 접근 권한 : 행위자가 해당 정보통신망의 자원을 임의로 사용할 수 있도록 하는 권한 – 정보통신망 침입 : 행위자가 해당 정보통신망의 자원을 사용하기 위해 거쳐야 하는 인증 절차를 거치지 않거나 비정상적인 방법을 사용해 해당 정보통신망의 접근 권한을 획득하는 것
사용자 도용	정보통신망에 침입하기 위해 타인에게 부여된 사용자 계정과 비밀번호를 권한자의 동의 없이 사용하는 것
파일 등 삭제와 자료 유출	정보통신망에 침입한 자가 행한 2차적 행위의 결과로, 일반적으로 정보통신망에 대한 침입행위가 이뤄진 뒤에 가능함.
폭탄 메일	메일 서버가 감당할 수 있는 한계를 넘는 많은 양의 메일을 일시에 보내 장애가 발생하게 하거나 메일 내부에 메일 수신자의 컴퓨터에 과부하를 일으킬 수 있는 실행 코드 등을 넣어 보내는 것
스팸 메일	광고 등의 상업적 목적으로 원하지 않는 사용자에게 무차별적으로 발송되는 메일. 특히 기업광고, 특정인 비방, 음란물 및 성인 사이트 광고, 컴퓨터 바이러스 등을 담은 이메일을 대량으로 발송하여 사회적인 문제를 일으키고 있음.

부실한 홈페이지를 해킹한 뒤 해당 사이트에 가입되어 있는 회원들의 개인정보를 빼내 금전적인 이득을 취하는 사건도 종종 발생하고 있다. 경찰청에서는 해킹에 사용된 기술과 방법, 침해의 정도에 따라서 단순 침입, 사용자 도용, 파일 삭제·변경, 자료 유출, 폭탄·스팸 메일, 서비스 거부 공격으로 구분하고 있다. 이에 대한 자세한 내용은 앞의 <표 6-1>에 설명되어 있다.

2) 컴퓨터 바이러스·인터넷 웜 등 악성 코드

일반적으로 악성 코드 혹은 악성 프로그램이라 하는데, 주로 컴퓨터 바이러스 또는 인터넷 웜을 의미하며 정보 시스템의 정상적인 작동을 방해하기 위해 고의로 제작·유포되는 모든 실행 가능한 컴퓨터 프로그램을 뜻한다. 보통 자기복제 능력 등 각자의 특징에 따라 컴퓨터 바이러스(Internet Virus), 인터넷 웜(Internet Worn), 트로이 목마(Trojan Horse) 등으로 구분한다.

이들 중 컴퓨터 바이러스는 자기 복제를 하여 전파되면서 시스템에 오동작을 일으키거나 파일을 손상시키는 프로그램을 말한다. 정상적인 프로그램이나 데이터를 파괴하도록 특수하게 개발된 악성 프로그램으로 컴퓨터 시스템의 부트 영역, 메모리 영역, 파일 영역 등에 기생하다가 컴퓨터가 가동되거나 특별한 날이 오면 작동하며 자기 증식과 복제가 가능하다. 또한, 인터넷 웜은 시스템 과부하를 목적으로 하는 프로그램으로 이메일의 첨부 파일 등을 이용하여 확산되며, 확산 시 정상적인 파일이 이메일에 첨부되기도 하기 때문에 개인정보 유출의 위험이 있다. 한편, 트로이 목마는 프로그램에 미리 입력된 기능을 능동적으로 수행하여 시스템 외부의 해커에게 정보를 유출하거나 원격 제어 기능을 수행한다. 문제는 트로이 목마가 유용한 유틸리티로 위장하여 확산되기 때문에 감염 사실을 알아채기 어렵다는 데 있다.

이와 더불어 최근에는 인터넷 웜이나 트로이 목마와 같은 악성 코드가 해킹 기법과 혼합하여 발전된 형태로 진화하면서 다른 프로그램의 실행 없이도 스스로 이동하거나 실행이 가능한 형태로 발전하고 있다.

3) 피싱·파밍 등 개인정보 침해

피싱(phishing)이란 개인정보(private data)와 낚시(fishing)의 합성어로, 금융기관 등에서 보낸 이메일로 위장하여 사용자로 하여금 특정 사이트로 접속하도록 유도한 뒤, 개인정보를 빼내는 방식의 범죄 수법이다. 최근에는 피싱보다 한 단계 진화한 형태의 파밍(pharming)이 기승을 부리고 있는데, 이는 사용자의 도메인을 탈취하여 그것을 범죄에 이용되는 사이트에 연결한 뒤, 사용자들로 하여금 진짜 사이트로 오인하여 접속하도록 유도하여 개인정보를 빼내는 범죄 수법을 말한다. 이러한 개인정보 침해범죄의 심각성은 단순히 개인정보가 유출된 것으로 끝나는 것이 아니라 유출된 개인정보가 다른 범죄에 사용될 수 있다는 데 있다.

4) 인터넷 사기

인터넷 사기는 인터넷 쇼핑몰 · 오픈마켓 등의 전자상거래 관련 사기와 인터넷 게임 사기가 주류를 이룬다. 전자상거래 사기는 인터넷을 통해 물건을 사고파는 과정에서 발생하는데, 허위로 물품 거래 사이트를 개설한다든가, 전자상거래의 특성인 선결제 · 후배송을 악용하여 물품 대금만 받고 잠적해 버리는 등의 수법을 이용한다.

또한, 인터넷 게임 사기는 인터넷 게임 인구의 증가로 게임시장이 점점 확대됨에 따라 발생하고 있는 사기로, 게임 사이트에서 실제 돈을 받고 게임머니를 충전해 주거나 사이버 상에서 통용되는 게임머니나 게임아이템 등이 게임 마니아들 사이에서 실물처럼 거래되고 있다는 점을 악용한 사기행위가 빈번하게 나타나고 있다. 게임 이용 약관상 아이템의 거래 자체는 불법이나, 이용자 간에 아이템 현금 거래가 행해지고 있는 것이 현실인데 이 과정에서 현금을 가로채는 사기 수법이 판을 치고 있다.

5) 불법 복제

불법 복제는 저작권법 및 컴퓨터프로그램보호법상의 창작물에 대한 저작권을 침해하는 행위이다. 특히, 인터넷의 발달로 불법 복제가 쉬워지면서 과거 불법 복제되어 오프라인에서 거래되던 컴퓨터 프로그램이나 영화, 음반CD들이 인터넷을 통해 파일 형태로 유포되거나 인터넷을 매개로 판매되는 등 불법 복제물의 유포 및 판매가 사이버 범죄의 한 형태로 나타나고 있다. 특히, 최근에는 자신의 컴퓨터에 관련 프로그램만 설치하면 동일한 프로그램을 사용하는 다른 사람의 컴퓨터에 보관되어 있는 자료를 공유할 수 있는 P2P(peer to peer) 방식의 인터넷 자료 공유 서비스가 확산되면서 자료 공유를 원하는 네티즌들 사이에 범죄 의식 없이 불법 복제된 컴퓨터 프로그램이나 영화 및 음반들이 유포되고 있다.

6) 불법 · 유해 사이트

불법 · 유해 사이트는 공공의 안녕과 질서 또는 미풍양속을 해치는 등 반사회적 내용을 담고 있는 사이트로 개설 목적 자체가 법률에 위반되거나 범죄 수단으로 사용되는 위법 사이트를 포함한다. 불법 · 유해 사이트의 대표적인 예가 음란 사이트로서 그러한 사이트의 운영자는 음란사진 및 동영상을 유포하여 부당이득을 취하는 경우가 많다. 한편, 인터넷을 통해 각종 불법행위에 대한 정보 교환 등이 이뤄지고 있는데, 자살 사이트나 마약 거래를 위한 사이트는 물론이고 최근에는 청부 살인이나 폭력을 의뢰하는 심부름센터 사이트까지 생겨나 오프라인 범죄의 모태가 되고 있기도 한 실정이다. 이렇듯 누구나 접근할 수 있는 사이버 공간에 이러한 유해정보를 제공하는 것은 청소년이나 기타 일반 네티즌 등에게 범죄의 유혹을 제공함으로써 사회적으로 상당한 해를 초래하게 된다.

7) 사이버 폭력

사이버 폭력이란 "상대방이 원하지 않는 언어, 이미지 기타 기술적 수단을 사용하여 정신적 · 심리적 압박을 주는 등 상대방의 통신환경을 저해하거나 현실 공간에서의 피해를 유발하는 폭력행위"이다. 이에는 사이버 명예훼손, 개인정보 침해, 사이버 성 폭력, 사이버 스토킹, 협박 · 공갈 및 기타 폭력행위 등이 포함된다.

먼저 사이버 명예훼손이란 인터넷 게시판이나 카페, 블로그, 채팅 등을 이용하여 타인의 명예를 훼손하는 글이나 사진 등을 게시하거나 전자우편 등을 통해 유포하는 것으로, 자기가 직접 쓴 글이 아니더라도 명예훼손성 글을 퍼나르는 행위 자체만으로 명예훼손에 해당된다. 불특정 다수의 무제한 접근이 가능한 인터넷의 특성상 인터넷 게시판 등에 해당 내용이 일단 게재되면 시간이나 공간의 제한 없이 단시간 내에 급속도로 유포될 수 있기 때문에 그로 인한 피해가 심각하다고 할 수 있다. 이러한 이유로 우리나라는 「정보통신망 이용 촉진 및 정보 보호 등에 관한 법률」에 의거, 사이버 명예훼손죄를 일반 명예훼손죄보다 더 무겁게 처벌하도록 규정하고 있다.

또한, 사이버성 폭력이란 가상공간을 매개로 하여 성폭력이 행해지는 것을 일컫는다. 즉, "정보통신망을 이용하여 언어, 음향, 그림, 동영상 등을 이용하여 상대방에게 성적 수치심이나 혐오감 또는 불쾌함을 유발하는 행위"로 정의한다(백광훈, 2003).

한편, 사이버 스토킹이란 이메일, 채팅, 게시판, 문자 등의 가상공간을 통해 글이나 음향, 부호 등을 반복하여 보냄으로써 상대방에게 공포심이나 불안감을 주는 일탈행위를 말한다(홍승희, 2006).

8) 디도스(DDoS) 공격

분산 서비스 거부(Distribute Denial of Service) 공격이라고도 불리는 디도스(DDoS) 공격은 크래킹의 일종이다. 디도스 공격은 수십 대에서 많게는 수백만 대의 PC를 원격 조종해 특정 웹사이트에 동시에 접속시킴으로써 단시간 내에 과부하를 일으키는 행위를 뜻한다. 공격자들은 서버나 네트워크 대역이 감당할 수 없는 많은 양의 트래픽을 순간적으로 일으켜 서버를 마비시키는데, 그에 따라 일반 사용자들의 사이트 접근 및 사용이 차단된다. 디도스 공격의 주된 목적은 자료를 유출하거나 삭제하는 것이 아니라 단순히 서버를 마비시키는 것이다. 하지만 지속적인 서비스 운영이 필수인 인터넷 쇼핑몰이나 관공서 웹사이트의 경우 서버가 단 몇 시간만 마비되어도 치명적인 피해가 발생할 수 있다. 또한, 디도스 공격의 특성상 초기 진원지를 추적하기가 어려워 재발 가능성이 있다는 점에서 더욱 위협적이다. 실제로 2011년 10·26 서울시장 재보선 선거일에 중앙선거관리위원회의 홈페이지가 디도스 공격을 받아 이러한 우려가 현실로 드러난 바 있다.

제 3 절 사이버 범죄의 실태

1 국내 사이버 범죄의 실태

우리나라에서 발생한 주요 사이버 범죄 사건으로는 2003년 슬래머 웜(Slammer

Worm: 정식 명칭을 'SQL Overflow'로 일명 '슬래머(Slammer)로 불리는 신종 웜 바이러스)로 대한민국 대부분의 인터넷망이 마비되었던 '1·25 인터넷 대란', 2004년 '국가기관 해킹사건', 2008년 1월 군부대 컴퓨터에 저장된 군사 자료가 유출된 '중국발 해킹사고', 주요 사이트와 정부기관 등에 대한 2009년 '7·7 디도스 공격', 2011년 '3·4 디도스 공격' 등을 들 수 있다. 2011년의 경우에는 이 밖에도 북한의 소행으로 추정되는 현대캐피탈 해킹사건과 농협 전산망 마비 사태 등 각종 사이버 테러가 발생하여 막대한 피해와 혼란이 초래된 바 있다.1)

전 세계 인터넷 사용 인구는 현재 10억을 돌파했고, 국내에서도 지난 2007년 말 3천 5백만 명을 넘어섰다. 이렇게 많은 사람이 이용하는 인터넷 공간은 전자상거래의 발달을 포함한 많은 유익한 발전을 가져왔지만, 그 역기능으로 사이버 음란물의 범람, 사이버 폭력의 확산, 인터넷 사기의 증가, 사이버 도박의 증가 등 다양한 사이버 범죄를 초래했다. 사이버 범죄의 실태를 살펴보면 [그림 6-1], <표 6-2> 및 <표 6-3>과 같다(정완, 2009).

아래 표에서 '사이버 테러형 범죄'란 정보통신망 자체를 공격 대상으로 하는 불법

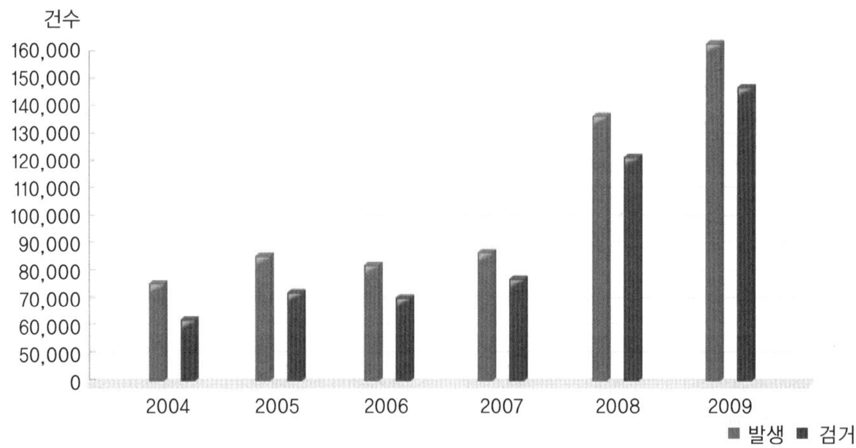

그림 6-1 사이버 범죄의 발생 현황

자료: 경찰청 사이버테러 대응센터(www.netan.go.kr).

---

1) 뉴데일리, 2011, 11. 1.

표 6-2 사이버 범죄의 발생 현황 (단위: 건)

	총계		사이버 테러형 범죄		일반 사이버 범죄	
	발생	검거	발생	검거	발생	검거
2003	68,445	51,722	14,241	8,891	54,204	42,831
2004	77,099	63,384	15,390	10,339	61,709	52,391
2005	88,731	72,421	21,389	15,874	67,342	56,547
2006	82,186	70,545	20,186	15,979	62,000	54,566
2007	88,847	78,890	17,671	14,037	71,176	64,853
2008	136,819	122,227	20,077	16,953	116,742	105,274
2009	164,536	147,069	16,601	13,152	147,935	133,917
2010	122,902	103,809	18,287	14,874	104,615	88,935

자료: 경찰청 사이버테러 대응센터(www.netan.go.kr).

표 6-3 사이버 범죄의 유형별 발생 현황 (단위: 건)

	총계	해킹·바이러스	인터넷 사기	사이버 폭력	불법 사이트 운영	불법 복제 판매	기타
2003	51,722	8,891	26,875	4,991	1,718	677	8,569
2004	63,384	10,993	30,288	5,816	2,410	1,244	12,633
2005	72,421	15,874	33,112	9,227	1,850	1,233	11,125
2006	70,545	15,979	26,711	9,436	7,322	2,284	8,813
2007	78,890	14,037	28,081	12,906	5,505	8,167	10,195
2008	122,227	16,953	29,290	13,819	8,056	32,084	22,025
2009	147,069	13,152	31,814	10,936	31,101	34,575	25,491
2010	103,809	14,874	35,104	8,638	8,611	17,885	18,697

자료: 경찰청 사이버테러 대응센터(www.netan.go.kr).

행위로서 해킹, 바이러스 유포, 메일 폭탄, 디도스 공격 등 전자기적 침해 장비를 이용한 컴퓨터 시스템과 정보통신망 공격행위를 말하고, '일반 사이버 범죄'란 사이버 공간을 이용한 일반적인 불법행위로서 사이버 도박, 사이버 스토킹과 성폭력, 사이버 명예훼손과 협박, 전자상거래 사기, 개인정보 유출 등의 행위를 말한다.[2]

2) 사이버테러 대응센터(http://www.netan.go.kr).

표 6-4 공공 부문 사이버 침해사고 발생 현황

(단위: 건)

구분		웜·바이러스 감염	해킹				합계
			경유지 악용	홈페이지 변조	자료 훼손 및 유출	기타	
2006년	국가기관	316	59	16	49	16	456
	지자체	1,233	162	38	21	16	1,470
	연구기관	110	125	5	17	3	260
	교육기관	489	821	145	7	2	1,464
	산하기관	396	146	49	23	6	620
	기타	4	3	–	6	3	16
	합계	2,548	1,316	253	123	46	4,286
2007년	국가기관	498	29	21	55	22	625
	지자체	3,583	94	111	24	15	3,827
	연구기관	145	20	8	19	6	198
	교육기관	1,504	513	91	18	22	2,148
	산하기관	448	85	143	26	4	706
	기타	16	26	5	34	3	84
	합계	6,194	767	379	176	72	7,588
2008년	국가기관	813	67	23	204	80	1,187
	지자체	2,443	224	64	283	53	3,607
	연구기관	698	31	6	65	18	818
	교육기관	1,210	454	82	73	48	1,867
	산하기관	418	104	36	92	22	672
	기타	73	104	17	72	88	354
	합계	5,655	984	228	789	309	7,965
2009년	국가기관	562	1,172				1,734
	지자체	3,580	818				4,398
	교육기관	784	503				1,287
	산하기관	1,972	681				2,653
	기타	33	554				587
	합계	6,931	3,728				10,659
계	국가기관	2,189	1,813				4,002
	지자체	10,839	1,923				12,762
	교육기관	3,987	2,779				6,766
	산하기관	4,187	1,740				5,927
	기타	126	915				1,041
	합계	21,328	9,170				30,498

자료: 국회입법조사처(2010).

사이버 범죄의 최근 5년간 발생 건수는 2006년 82,186건, 2007년 88,847건, 2008년 136,819건, 2009년 164,536건, 2010년 122,902건으로 점차 증가하고 있는 추세이다. 또한, 사이버 범죄의 발생에 따른 유형별 검거 인원 역시 2006년 70,545명, 2007년 78,890명, 2008년 122,227명, 2009년 147,069명, 2010년 103,809명으로 점차 증가하는 추세이다 (정완, 2009).

이어서 사이버 범죄를 유형별로 살펴보면 2010년의 경우 인터넷 사기가 35,104건으로 가장 많았고, 그 다음으로 기타 18,697건, 해킹・바이러스가 14,874건, 사이버 폭력이 8,637건, 불법 사이트 운영이 8,611건이었다. 인터넷 사기는 허위 쇼핑몰 개설, 대포폰・대포통장을 이용한 1 : 1 직거래 사기, 온라인 게임 아이템 사기가 주류였으며, 해킹은 시스템 해킹을 비롯해 전자우편 및 게임계정 해킹이 주류를 이루고 있다.

2 공공 부문 사이버 침해 현황

<표 6-4>를 보면, 2009년에 국가사이버안전센터에서 접수・처리한 침해사고를 분석한 결과 전체 공공기관에서 발생하는 사이버 침해사고 건수는 총 10,659건으로 전년도의 7,965건에 비해 크게 증가한 것으로 나타났다 (국회입법조사처, 2010). 특히, 산하기관을 목표로 한 사이버 침해사고 발생 건수가 급증했는데, 2008년 1,490건(연구기관+산하기관)에서 2009년에는 2,653건으로 약 1.6배나 증가했다.[3]

3 사이버 범죄의 결과

1) 범행 파급 효과의 광범위성

네트워크로 연결된 컴퓨터는 사이버 범죄의 시발점이면서 엄청난 규모의 피해를 받을 수 있다. 특히, 컴퓨터 바이러스나 폭탄 메일의 경우에는 일정한 명령어만으로

3) 참고로 2009년 사이버 침해사고 데이터 분류 기준이 변경되어 경유지 악용, 홈페이지 유・변조, 자료 훼손 및 유출, 기타 부분이 해킹으로 통합되었으며, 기관 구분에서도 연구기관과 산하기관을 산하기관으로 통합했다.

불특정 다수에게 피해를 유발시킬 수 있다. 사이버 범죄는 대상 자체가 포괄적·임의적이기 때문에 오프라인에서의 장소와 범위의 개념을 뛰어넘어 일종의 화학전·생물학전과 같은 양상이 나타나기도 한다. 일단 침투·유포시킨 후 직접적인 피해를 주기도 하지만 잠복기를 설정할 수도 있고, 공유로 설정된 시스템이나 특정 프로그램(엑셀이나 아웃룩, 정보관리 프로그램 등)에 수록된 데이터를 바탕으로 다단계식 살포도 가능하다. 또한, 컴퓨터 시스템의 조작자는 단시간 내에 대량의 데이터를 처리할 수 있으므로 사이버 범죄가 조직범죄와 결합하면 광범위하게 대규모의 영향을 주게 된다.

2) 손실액의 과다(過多)

사이버 범죄행위의 특징은 전통적 범죄인 절도죄, 사기죄, 횡령죄 등과 비교하여 그 피해액이 크다는 것이다. 피해액이 이와같이 커지는 이유는 다음과 같다.

첫째, 컴퓨터가 가지는 영속성과 자동성의 특징이 사이버 범죄로 인한 피해액을 증대시키는 한 원인이다. 일회적 사건으로 인한 피해액이 적을지라도 그 횟수가 반복되면 누적되는 피해액은 커지게 된다.

둘째, 컴퓨터의 기계적 특성인 자료의 압축성을 들 수 있다. 전에는 자료가 서류함에 놓여 있어서 취득이나 유출 및 도용이 어려웠다. 그러나 컴퓨터 기술의 발달은 방대한 자료를 온라인에 저장할 수도 있게 했고, 하드디스크 또는 USB 메모리처럼 크기가 작은 매체에 보관할 수도 있게 되었다. 이때 만약 보안이 허술한 경우 이러한 자료에 용이하게 접근하여 자료를 파괴하거나 유출하기가 수월하기 때문에 비교적 간단한 조작을 통해 막대한 손실을 초래할 수 있다.

셋째, 사이버 범죄에 수반되는 컴퓨터 조작의 대부분이 금융 계좌를 대상으로 하거나 신용정보를 도용한다는 점이다. 인터넷의 많은 서비스는 유료화되어 가는 추세에 있고 각종 사이버 머니를 비롯한 금전적 요소와 결합되어 있다. 이러한 상황에서 증권사나 은행, 카드사 등을 대상으로 해킹을 시도하여 신용정보 또는 개인정보를 빼내는 사례가 증가하고 있다. 게다가 네티즌의 전자상거래 행위를 추적하여 비용을 전가시키거나 사이버 사기, 도박 등을 통해 다수에게 경제적 피해를 가하는 사례도 증가하고 있다.

3) 범행과 그 효과 발생 간의 간격 조작 가능

사이버 범죄는 실시간으로 진행되면서도, 범행의 시간과 그 효과가 나타나는 시간이 차이가 날 수 있다. 즉, 행위자는 자신의 의지에 따라 컴퓨터의 특정 옵션을 통해 범죄 실행의 착수 시기, 범죄 결과 발생 시점을 임의로 조작할 수 있고, 경우에 따라서는 이 과정을 한꺼번에 수행케 할 수도 있다. 예컨대 허위의 임금 자료를 기입했다 하더라도 회사에 금전적인 손실이 발생하는 시점을 급여가 정산되는 때로 지정할 수도 있는 것이다. 따라서 사이버 범죄에 대해 일일이 모니터링을 수행한다고 해도 그 예비·음모 행위를 적발하기는 매우 어렵다(김연수, 2003).

제 4 절 사이버 범죄 대응 체계

1 국내 사이버 범죄 관련 규제 및 대응 체계

2008년 출범한 방송통신위원회는 사이버 범죄에 대한 적극적인 대응과 조직적인 수사를 위해 방송통신 분야의 정보 보호 관련 업무를 담당하게 되었다. 즉, 인터넷 침해사고의 예방과 대응 강화를 위해 국내 인터넷 이상 징후 365일·24시간 상시 모니터링 및 초동 대응, Active X 컨트롤 취약점 능동적 대응, 국내 악성 코드 제거 프로그램 실태조사, 감염 PC 사이버 치료 체계 시범 구축, DDoS 사이버 대피소 운영, ISP·IDC·쇼핑몰 등 주요 통신 서비스 제공자 대상 안전진단 등을 수행한다. 또한, 2010년 1월 18일 인터넷 관련 모든 민원을 통합 상담·접수받는 '118'을 개소했는데, 이는 해킹·바이러스, 개인정보 침해, 불법 스팸 등에 대한 별도의 상담센터 운영에 따른 고객의 불편을 최소화하기 위한 통합 상담 체계가 필요하다는 요구에 부응하여 확대·개편했다(한국인터넷진흥원, 2011).

더불어 행정안전부는 「국가정보화기본법」, 「전자정부법」, 「전자서명법」, 「정보통신기반보호법」, 「공공기관의 개인정보 보호에 관한 법률」에 의해 소관 정보 보호 및 개인정보 보호 정책 업무를 수행하고 있다.

또한, 국가기관의 사이버 침해 대응 역량 강화를 위해 정부통합전산센터와 지역정보개발원 및 16개 시·도에 사이버침해대응센터를 구축하여 각종 사이버 공격에 공동 대응하고 있으며, 7·7 DDoS 공격4) 이후 국가적인 사이버 위기에 대응하기 위해 유관 기관과 합동으로 범정부적 공조 체제를 가동하고 있다(국가정보원·방송통신위원회, 2011).

그리고 기술 유출과 인터넷 범죄를 단속하기 위해 검찰에서는 지난 1995년 서울지검에 '정보범죄수사센터'를, 2007년에는 '기술유출범죄수사센터'를 발족했다. 그리고

표 6-5 인터넷 범죄 대응기구 설치 연혁

구분	일시	내용
대검찰청	1999. 6	중앙수사부 수사기획실 내 '정보범죄대책본부' 설치
	1999. 4	정보범죄대책본부를 '컴퓨터범죄전담수사반'으로 개칭
	2000. 2	중앙수사부 내 '컴퓨터수사과' 신설
	2001. 2	'대검찰청 인터넷범죄수사센터' 설치
	2005. 2	컴퓨터수사과를 '첨단범죄수사과'로 개칭
서울중앙 지방검찰청	1995. 4	특별수사2부 내에 '정보범죄수사센터' 설치
	2000. 2	'컴퓨터수사부' 신설
	2001. 2	'서울지검인터넷범죄수사센터' 설치
	2005. 2	컴퓨터수사부를 '첨단범죄수사부'로 개칭
22개 지방검찰청 및 지청	1997. 4	부산·대구·광주·대전지검 '컴퓨터수사반' 설치
	1998. 6	인천·수원·청주·창원·전주지검 '컴퓨터수사반' 설치
	1999. 6	춘천·울산·제주지검·서울동부·서부·북부지검 '컴퓨터수사반' 설치
	2000. 7	서울남부·의정부지검, 성남·부천 부산동부지청 '컴퓨터수사반' 설치
	2002. 12	수원지검 안산지청 '컴퓨터수사반' 설치 의정부지검 고양지청 '컴퓨터수사반' 설치

자료: 인터넷범죄수사센터(2007), 국가정보원 외(2008) 재인용.

4) 2009년 7월 7일을 기점으로 대한민국과 미국의 주요 정부기관, 포털 사이트, 은행 사이트 등을 분산 서비스 거부 공격(DDoS, 디도스)하여 서비스를 일시적으로 마비시킨 사건이다. 2009년 7월 9일 국가정보원에서는 발생의 진원지가 조선민주주의인민공화국의 110호 연구소로 추정된다는 발표를 했고, 보안업체에서는 미국과 대한민국을 포함한 여러 국가의 IP에서 발생이 시작된 것이라고 추정했다. 하지만 7월 16일, 영국 IPTV 플랫폼업체인 GDB(Global Digital Broadcast)가 "DDoS 공격에 사용된 마스터 서버를 미국의 협력업체가 보유하고 있는 것으로 확인됐다"고 발표하면서 진원지에 대한 논란이 있었다. 이 사건 이후로 5개 분야 범정부 DDoS 대응 체계 구축사업이 시작되었으며, DDoS 대응장비를 별도 지정했다. 또한 11월 29일 국방부는 2010년 1월에 사이버방호사령부를 신설하기로 결정했다(http://ko.wikipedia.org/wiki/7%C2%B77_DDoS_%EA%B3%B5%EA%B2% A9).

2010년 5월 두 센터를 통합하여 대검찰청 중앙수사부에 '기술유출·인터넷범죄수사센터'를 설립하여 기술 유출 범죄와 인터넷 범죄 수사를 전담하고 있다. 또한, 서울중앙지방검찰청에 '컴퓨터수사부'를 2000년에 신설한 이후 기술 유출 범죄와 인터넷 범죄를 집중 단속했는데, 사회 발전에 따른 수사조직의 전문화를 위해 2009년 '첨단범죄수사 제2부'를 새롭게 신설하여 '첨단범죄수사제1부'는 기술 유출 범죄 수사를, '첨단범죄수사제2부'는 인터넷 범죄 수사를 각각 전담토록 함으로써 기술 유출로 인한 산업경쟁력 약화와 인터넷의 오남용으로 인한 역기능을 방지하고 있다.[5] 검찰의 인터넷 범죄 대응기구에 대한 연혁을 살펴보면 <표 6-5>와 같다.

이어서 법적 규제장치를 살펴보면 우리나라는 1992년부터 컴퓨터 범죄에 관한 규정을 두었고, 1995년 개정 형법과 이후에 특별법을 통해 컴퓨터와 인터넷 범죄에 대한 규정을 두게 되었는데, 「정보통신망 이용 촉진 및 정보 보호 등에 관한 법률」이 대표적이라 할 수 있다.

해킹, 바이러스 등의 악성 프로그램, 개인정보 침해, 인터넷 사기, 유해 사이트 등 각종 사이버 범죄의 유형별로 관련 법규의 현황을 살펴보면 <표 6-6>과 같다.

표 6-6 사이버 범죄 유형별 적용 법규

유형	관련 법률
해킹	정보통신기반보호법 제28조, 제12조 정보통신망 이용 촉진 및 정보 보호 등에 관한 법률 제48조, 제72조 물류정책기본법 제71조 2항, 제33조
악성 프로그램	정보통신기반보호법 제72조, 제48조
개인정보 침해	정보통신망 이용 촉진 및 정보 보호 등에 관한 법률 제48조, 제71조, 제49조 형법 제316조, 제318조 통신기밀보호법 제16조, 제3조 주민등록법 제37조
인터넷 사기	형법 제347조, 제347조 2항, 제348조, 제352조
유해 사이트	정보통신망 이용 촉진 및 정보 보호 등에 관한 법률 제74조 형법 제246조, 제247조, 제248조 총포·도검·화약류 등 단속법 제70조, 제6조, 제12조, 제71조 마약류 관리에 관한 법률 제60조, 제28조, 제4조 형법 제225조, 제229조 상표법 제93조

5) 대검찰청 홈페이지(http://www.spo.go.kr/spo/major/disclosure/disclosure01.jsp).

	주민등록법 제21조 형법 제347조, 제252조, 제250조, 제260조 폭력행위 등 처벌에 관한 법률 제3조, 제4조 여신전문금융업법 제70조
인터넷 명예훼손	정보통신망 이용 촉진 및 정보 보호 등에 관한 법률 제70조
스토킹 및 사이버성폭력	정보통신망 이용 촉진 및 정보 보호 등에 관한 법률 제74조 성폭력 범죄의 처벌 및 피해자 보호 등에 관한 법률 제14조
저작권 침해	저작권법 제136조, 제140조, 제141조 컴퓨터프로그램보호법 제46조, 제29조, 제30조, 제47조, 제48조
스팸메일	정보통신망 이용 촉진 및 정보 보호 등에 관한 법률 제74조, 제50조, 제50조2항, 제71조, 제48조, 제73조, 제42조 2항

자료: 경찰청 사이버테러 대응센터(http://www.ctrc.go.kr); 정완(2007).

2 사이버 범죄에 대한 수사기관 대응 방안

정보사회로 향하는 길목에서 우리는 컴퓨터 범죄라는 첨단지식을 이용한 신종 범죄를 접하고 있다. 그런데 대부분의 컴퓨터 이용자들은 전산 시스템의 보안문제에 대해 등한시하고 있을 뿐더러 수사기관은 컴퓨터 관련 지식 부족으로 인해 범인 접근과 증거 수집 등 범행 윤곽의 파악 자체를 용이하게 수행하지 못하고 있다(조영표, 2008).

악질적인 컴퓨터 해커들은 전문적인 컴퓨터 통신 지식을 바탕으로 수시로 정보 차단, 내용 변경들의 방법 등 수사기관 내지 관리자의 추적을 피하는 등 주도면밀한 범죄 수법을 동원하고 있다(황영길, 2003). 사이버 범죄는 그 특성상 국제성을 띠는 경우가 대단히 많을 뿐만 아니라 사이버 범죄의 발생 근원이 민간의 컴퓨터산업 발달에 있다는 데 문제가 있다. 이러한 발생 근원 및 특성으로 인해 사이버 범죄의 통제기관과 관련 단체들은 미래의 발생 가능성이 있는 형태의 범죄에 선도적으로 대처하기보다는 과거의 발생 범죄에 대한 대응에 급급하는 경향이 농후하다. 특히, 정부기관의 대응과 국제적인 대응 체제의 구성이 법률적·사회적·경제적인 요인 등으로 인해 유효적절하게 이뤄지지 못하고 있는 것이 현실이다.

현재 사이버 범죄와 관련하여 경찰 등 수사기관은 사이버 범죄의 예방과 검거 등의 수사 목적에서, 국가정보원은 국가 안보를 위협하는 요소인 사이버 테러 방지 목적에서 각각 대응하고 있다.

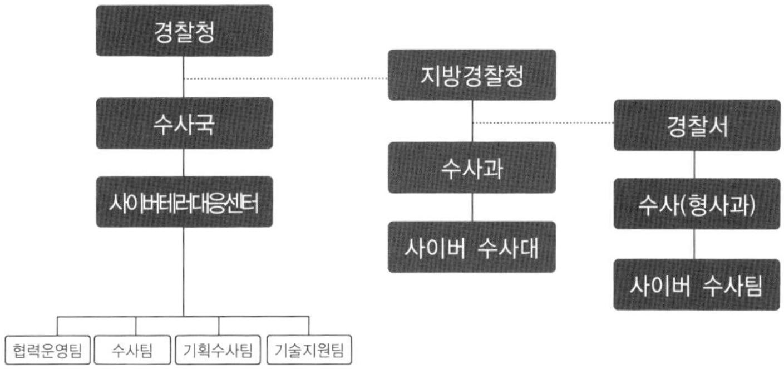

그림 6-2 경찰청 사이버테러센터 조직도

자료: 사이버테러대응센터(http://www.ctrc.go.kr/)

1) 경찰

경찰청은 1995년 10월 국내에서 처음으로 '21세기 사이버공간 치안 확보'를 목표로 컴퓨터 범죄를 전문적으로 수사하는 '해커수사대'를 설치했고, 이를 수사국 소속의 '사이버범죄수사대'로 확대·개편하면서 전국 지방청에도 사이버범죄수사대를 설치·운영해 왔다.

그리고 2000년 초반 미국의 Yahoo·CNN 등 유명 사이트가 해커들의 공격을 받아 작동이 중단되는 사건이 발생하는 등의 사태가 일어나자, 미국 FBI 내 '국가기반구조보호센터(National Infrastructure Protection Center)'와 같은 종합적인 사이버테러 대응기구의 필요성이 제기되어 2000년 7월에 사이버범죄수사대를 '사이버테러 대응센터'로 확대하고 인력과 장비를 대폭 보강하게 되었다. 2011년 현재 '사이버테러 대응센터'는 수사국 산하에 협력운영팀, 수사팀, 기획수사팀, 기술지원팀으로 구성되어 있으며, 사이버 공간에 대한 순찰·검색·해킹 및 바이러스 정보와 수사·수사기법 개발·국제정보·수사기관과의 협력 등의 업무를 수행하고 있다([그림 6-2] 참조).

2) 국가정보원

국가정보원은 국가안전 업무를 총괄하기 위해 2004년 2월 국가사이버안전관리센터를 개소했다. 그리고 2005년 1월 31일 「국가사이버안전관리규정」(대통령훈령 제141호)에 의거하여 국가 차원의 종합적이고 체계적인 사이버 공격 대응을 위해 국가

사이버 안전 정책 수립, 전략회의 및 대책회의의 운영 지원, 사이버 위협 관련 정보의 수집 · 분석 · 전파, 국가정보통신망의 안전성 확인 등의 업무를 수행하고 있다. 또한, 국내외 사이버 안전 전담기구와 정보 협력 및 공조 체제를 유지하고 있으며, 대국민 인식 제고와 사이버 안전 업무의 원활한 수행을 위해 기획재정부, 국방부(기무사), 행정안전부, 방송통신위원회, 법무부(대검찰청) 및 경찰청 등 6개 정부부처 파견 공무원과 국가보안기술연구소, 한국인터넷진흥원 파견연구원이 합동 근무하고 있다(국가사이버안전센터, 2004 : 4-6).

3) 검찰

검찰은 2001년 해킹과 바이러스 유포, 전자상거래 사기, 개인 명예 및 신용 훼손, 음란, 폭력, 자살, 폭탄 제조 등 불건전 인터넷 범죄에 대응하기 위해 대검과 서울지검에 인터넷범죄수사센터[6]를 설치하고 가동에 들어갔다. 또한 인터넷범죄수사센터는 2000년 12월부터 우리나라가 가입한 인터넷 범죄 국제 수사망인 '국제하이테크범죄 24시간 수사협조 체제'의 연락 거점으로 활동하며 수사를 전담하고 있다. 국제하이테크범죄 수사 체제는 미 법무부가 주도하고 세계 16개국(G8국가 포함)이 가입한 국제수사 협조망으로 글로벌 첨단 범죄에 대응하기 위해 설립되었다.

이와 더불어 최근 대검찰청은 공공 전산망 침해 등 위험성이 급증하고 있는 각종 사이버 범죄에 효과적으로 대응하기 위해 검찰의 과학수사를 담당하고 있는 대검 DFC(디지털포렌식센터)에 사이버 범죄 대응 전담기구인 '사이버범죄수사단'을 신설했다. 이는 첨단범죄수사과의 '인터넷범죄수사센터'와 디지털수사담당관실의 '사이버통제팀'을 통합하고 우수한 내부 IT 수사관을 보강해 조직을 재편한 것으로서, 사이버 범죄에 관한 수사 · 지휘 업무를 대검찰청 중앙수사부에서 분리하고 과학수사 분야에 통합해 기존 인력을 활용한 조직을 구성한 것이다. 또한 '사이버범죄수사단'은 대검차장검사 직속 조직으로 단장(디지털수사담당관이 겸임), 검찰연구관, IT 전문수사관 등으로 구성되어 있다.[7]

---

6) 1995년부터 설립된 인터넷 전담수사기구가 정보범죄대책본부, 컴퓨터수사과 등으로 명칭이 변경되었다가 2005년에 첨단범죄수사과가 되었다.

7) 보안뉴스, 2011. 11. 2.

제 5 절 사이버 범죄와 국제 협력

1 국제범죄로서 사이버 범죄

사이버 범죄는 기본적으로 국제범죄로서의 성격이 강하다고 할 수 있다.[8] 인터넷 공간은 전 세계적으로 연결되어 있기 때문에 한 나라의 범죄자가 수많은 나라를 상대로 범죄를 저지르거나, 여러 나라의 범죄자가 공모하여 한 나라에 대해 범죄를 저지르는 등의 행위가 가능하기 때문이다.

그런데 세계 각국에서 법적으로 사이버 범죄의 종류와 내용뿐만 아니라 죄질 및 형량을 다르게 규정하고 있는 경우가 많기 때문에 특정 사이버 범죄를 일률적으로 처벌할 수 없다는 문제점이 존재한다. 이와 관련하여 어떤 나라에서는 범죄가 되지 않는 행위가 다른 나라에서는 범죄행위가 될 수 있기 때문에, 범죄자들이 이를 악용하여 특정 행위를 처벌하지 않는 국가에 설치된 서버를 이용해 사이버 범죄를 저지르는 것이 요즘의 대세라고 할 수 있다.

우리나라 안에서 벌어지는 수많은 사이버 범죄에 대해서는 경찰과 검찰의 노력에 힘입어 상당 부분 단속의 손길이 미치고 있으나 외국의 서버를 이용하는 경우에는 우리 형사법의 적용이 사실상 불가능하다.

이하에서는 많은 사이버 범죄 유형 중 주로 외국의 서버를 이용하여 행해지거나 외국인과 관련되어 행해지는 범죄에 대해 살펴보기로 한다(정완, 2004).

2 국제 협력의 필요성

오늘날 전 세계적으로 인터넷 환경이 구축되고 그에 따라 인터넷 사용 인구가 급

---

8) 특히 한 국가의 네티즌들이 정치적 목적 등으로 합세하여 타국 정부의 서버 등 타깃에 DDoS 공격 등을 집중하는 이른바 사이버 전쟁(cyber war)의 경우에는 그 국제범죄성이 뚜렷하다고 하겠다. 국제범죄는 여러 가지 방법에 의해 분류가 시도되고 있지만, 이를 국제보통범죄와 국제형사범죄로 이분하여 고찰하는 견해가 유력하다(문규석, 1999: 537).

증하면서, 인터넷 공간에는 음란·도박 사이트 등 불법 유해정보가 만연하게 되었다. 이러한 현상은 특히 우리나라와 같이 음란 정보 유통이 법적으로 금지되어 있는 국가에 큰 피해를 주고 있어 신속하고도 종합적인 대책 마련이 시급하다.

최근 외국 음란·도박 사이트는 한국인을 대상으로 한글 서비스를 제공하는 경우가 많아 한국인 이용자의 수가 계속 늘고 있어 더욱 문제되고 있다. 더욱이 개인의 프라이버시를 침해하는 몰래카메라, 미성년자를 성적 유희 대상으로 이용한 롤리타(Lolita), 변태 성행위를 묘사한 SM 등 각종 불법 포르노 영상 콘텐츠가 제공되고 있는 바, 이는 성인뿐 아니라 건전하게 자라야 할 청소년의 인격 성장에도 커다란 악영향을 미친다. 또한 사행심을 조장하는 국외 도박 사이트의 경우, 이용자가 해당 사이트 가입비·도박 비용 등을 지출하는 과정에서 국부의 해외 유출도 문제되고 있다.

이러한 국외 불법정보에 대한 대책으로서는 관련 정보의 이용을 막기 위한 다양한 기술적 조치 외에, 이용 대금 결제 제한, 국제 형사사법 공조 등 실효적인 대책들이 마련될 수 있을 것이다(정완, 2007a).

3 사이버 범죄 방지를 위한 국제기구 및 주요 선진국의 대응 현황

정보사회에서는 정보의 흐름이 국경 없이 넘나들고 있으며 해마다 엄청난 양의 정보가 등장하고 사라진다. 특히, 청소년 유해 및 불법 콘텐츠들이 전 세계적 네트워크를 이용하여 무차별적으로 네트워크 간의 혼잡 속에서 전파·유통되고 있다. 더욱이 인터넷 공간의 익명성은 인터넷의 기술적 교묘함과 맞물려 다양한 형태의 청소년 유해·불법 콘텐츠 유포자나 범죄자를 찾아내는 데 어려움을 주고 있다. 또한, 사람이 직접 국경을 넘지 않고도 인터넷을 통해 원격지에서 해킹을 하거나 바이러스를 유포하는 경우가 많이 있고, 음란물의 유통이 허용되는 국가에 한글로 음란 사이트를 개설하여 국내인에게 전시 및 배포하는 경우도 비일비재다. 그리고 외국 서버에 개설된 도박 사이트에 국내인이 접속하여 도박을 하고 있을 뿐만 아니라 불법 복제 소프트웨어 등 타인의 저작물을 불법적으로 사이버 공간에 유통시키거나 그 시리얼 넘버 등을 제공하는 일도 허다하다. 이렇듯 정보통신의 발달은 사이버 공간에서의 각종 범죄의 모의와 실행을 쉽게 할 뿐만 아니라, 과거에는 예상치 못한 국제적인 범죄의 발생도 가능케 하고 있다. 이러한 양상을 볼 때 해외 유관 기관과의 공조 체제 강화는 절대적으로 필요한 과제라 하겠다.

이러한 상황에서 사이버 범죄 방지를 위한 유럽연합(EU)과 OECD, 그리고 주요 선진국의 대응 방안을 먼저 살펴보면 다음과 같다(정완, 2004).

1) 유럽연합(EU)

유럽은 국가별로 국제 협력 활동에 주력하기보다 EU나 OECD와 같은 상위기관을 통한 제도 마련 및 사업자·이용자·공공기관의 역할을 알리는 가이드라인을 제공하고 있다. 대표적인 활동으로 핫라인(hot-line)을 운영하는 인터넷단체의 회원 가입 강화와 배너 광고를 통한 공동체 형성 등이 있다. AINHOPE(Association of Internet Hotline Providers in Europe)는 유럽연합의 지원을 받는 기관으로 유럽 내 국가들 가운데 핫라인을 운영하는 사업자들이 주축이 되어 만들어진 단체로서, 자국 내 핫라인의 효과적인 운영, 새롭게 개설되는 핫라인 지원 및 훈련, 유럽 내 인터넷 안전 의식의 홍보와 교육활동 전개, 국가들 사이의 보고서 교환 및 국제문제를 해결하기 위한 통상 절차 구축 등을 수행한다.

그리고 유럽연합은 2006년 그리스에서 '유럽네트워크 및 정보 보안기관(European Network and Information Security Agency : ENISA)'을 설립하여 다중 언어 정보 공유, 경고 시스템의 실행 가능성 조사 및 이를 통한 효율적 사이버 공격 관련 정보 공유를 위해 노력하고 있다. 그리고 컴퓨터 보안 위기에 대한 대응력 강화와 EU 가맹국에서의 인터넷 인프라 회복력 향상을 위해 CIIP(Critical Information Infrastructure Protection)정책이라는 정책 계획을 2009년 3월에 채택했다.[9]

2) OECD

OECD는 국제적으로 대등한 정보통신 인프라의 중요성을 강조하고 새롭게 부각되는 과학·기술·산업 문제에 대한 정부정책을 지원하는 연구를 수행하고 있다. 2001년 9월 일본 도쿄(東京)에서 개최된 "OECD 사이버 안전 워크숍 : 네트워크 세계에서의 정보의 안전" 국제회의에서는 '정보통신사회에서의 프라이버시, 안전'이라는 주제

9) http://blog.naver.com/cspark14?Redirect=Log&logNo=30102656269 참조.

로 각계 전문가들이 모여 현황 파악과 대책 마련에 대한 논의가 이뤄졌다. 주요 의제는 OECD에서 제공하고 있는 가이드라인의 실효성에 대한 것이었으며, 이 가이드라인에 신매체를 반영하는 것에 대한 적절성을 점검하기도 했다. 각 전문가들은 정부·사업자·소비자의 역할로 나눠 기술적·법적·교육적 측면에서 대안을 제시했다. 회의의 궁극적인 과제는 이용자들의 사생활 보호 및 사이버 윤리를 달성하는 데 있었다.

이 밖에도 국제조약 체결을 통한 국제 협력도 꾸준히 진행되고 있는데, 국경을 넘나드는 사이버 범죄의 급증에 대한 심각성을 환기하고 이에 대한 대책을 세우는 시발점으로 G8 차원에서 국제조직범죄 상급전문가회의(Senior Experts' Group of The Eight on Transnational Organized Crime)가 개최되었다. 이후 국제 조직범죄 대책에 대한 정치적 연구를 강화하자는 취지에서 G8 법무·내무장관회의(Meeting of Justice and Interior Ministers of The Eight)가 1997년 이래 2년마다 개최되고 있다.

2001년 밀라노에서 열린 제3차 G8 법무·내무장관회의에서도 하이테크 범죄 대책을 위한 국제 협력의 강화, 정부·산업계의 연대 등에 대해 결의했다. 2002년 5월 캐나다의 퀘벡주 몽트랑브랑(Mont-Tremblant)에서 열린 제4차 G8 법무·내무장관회의에서도 두 번째 의제인 '공공의 안전을 확보하기 위한 적절한 기술의 사용'과 관련하여, 정부와 하이테크 산업 간의 협력 촉진 및 인터넷상에서의 아동 보호 등에 대해 결의했으며, 2003년 5월 파리에서 개최된 제5차 G8 법무·내무장관회의에서는 테러와의 전쟁, 리용 그룹(Lyon Groups)의 추후 작업, 주요 인프라 보호회의의 개요와 전망, 아동 포르노 대책 등의 논의와 함께, 국제형사사법 협력으로서 첫째, 범죄 관련 자산의 추적 가능성·동결·압류 및 몰수, 둘째, 특별한 수사 기술, 셋째 DNA 정보의 국가 간 공유 등에 대해 논의했다.

한편 2001년 6월 유럽이사회에서 채택된 사이버 범죄에 관한 조약(Convention on Cybercrime)은 그동안 국내법으로만 입법하여 처벌하던 사이버 범죄에 대해 최초로 범국가적 차원에서 초국가적 범죄 또는 국제범죄를 방지·처벌해야 한다는 국제적 합의가 형성된 국제조약이다. 그러나 이 조약 이후로는 OECD에서 국제적 조약이 체결되지 않았다. 이에 2008년 열린 OECD 장관회의에서 인터넷 사용이 급증하면서 그에 따른 피해가 커짐에 따라 이에 대응할 수 있는 국제적 협약의 필요성이 제기된 바 있다.

3) 미국

(1) 다언어 서비스 제공을 통한 국제 협력

CyberAngels는 미국에서 활동하는 변호사 에프탭(Parry Aftab)과 새빗(Nancy Savitt)에 의해 만들어진 국제시민기구로 청소년 보호와 부모 교육을 목적으로 활동을 전개하고 있다. CyberAngles는 온라인의 잠재적 위험으로부터 아동을 보호하는 것은 자연스러운 본능이라고 주장하면서, 동시에 아동 보호로 인해 아동이 때때로 웹사이트에 있는 거대한 자원과 교육용 도구에 접근하지 못하는 것 또한 인터넷 이용을 위축시키는 일이라고 우려했다. 그래서 어른들의 건전한 사이트 이용과 소프트웨어 활용 등을 통해 아동의 안전한 인터넷 이용을 책임져야 한다는 점에 의견을 같이 했다.

이 기관은 포털 사이트로서 중심축을 유지하면서 다양한 하부 사이트를 운영하고 있다. 대표적인 관련 기관으로 CLEO[Cyber Law Enforcement Organization, (www.cyberlawenforcement.org)], Wired Kids(www.wiredkids.org) 등이 있다. CLEO는 사이버 범죄를 퇴치하기 위해 주력하고 있는데, 이를 위해 각국 검·경 담당자에게 사이버 스토킹 및 사이버 관련 법률 시행에 관한 훈련 프로그램을 실시하고 있다. Wired Kids는 아동교육에 관심을 가진 부모·교사·도서관 사서와 아동 등을 대상으로 인터넷 이용에 관한 요령 및 대안을 제시하며 좋은 사이트를 안내하고 불량행위에 대처하는 방법 등을 자세하게 소개하고 있다. 또한 최근에는 전 세계에 퍼져 있는 청소년, 정보통신사업자, 또는 부모 대상 인터넷 이용 교육을 온라인상에서 실시하기도 했는데 이는 전 세계에 퍼져 있는 인터넷 이용자들을 특정 시간에 만나 채팅을 통해 교육을 제공하는 형태로 이뤄진다. 비영어권 인터넷 이용자들을 위해서는 각국 언어로 인터넷 이용 요령 및 신고 등에 관한 서비스를 제공하고 있다. Wired Kids는 이러한 활동을 통해 전 세계인을 대상으로 하는 사이버 공동체를 만들어 가고자 한다. 현재 제공하고 있는 언어는 일본어, 독일어, 스페인어, 프랑스어, 이탈리아어, 네덜란드어, 포르투갈어 등이다.

(2) 시민단체 간의 정보 교류

미국의 민간단체인 전자사생활정보센터(Electronic Privacy Information Center)는 웹상에 10개의 사이트를 운영하고 있다. 이들이 달성하고자 하는 주요 목적은 민주주의 원칙인 사생활 보호와 표현의 자유를 인터넷상에서 유지하는 데 있다. 이를 위해 해외단체들과의 원활한 정보 교류 체제를 유지하고 있는데, 출판물 발간 및 설문조사 등이 대표적이다. 이들은 전 세계적으로 발표할 자료나 조사한 자료를 공유하기 위해 해외에 있는 참여기관에 자료를 자동으로 발송하는 방식을 채택하고 있다.

이 밖에도 대륙 간 정보 교류 활동도 활발히 진행하고 있다. 미국에 거주하는 시민단체들이 영국에 거주하는 시민단체들과 협조 체제 하에 연구사업, 캠페인, 동향 파악 등의 활동을 공유·전개하고 있다. 참여 단체로는 Computer, Privacy and Freedom(미국), ACLU(American Civil Liberty Union, 미국), Cyber Rights(영국), CPSR(Computer Professionals for Social Responsibility, 미국) 등이 있다.

(3) 국제 수준의 시민단체 결성

시민단체도 점차 그 활동 범위를 넓혀 국제적인 차원의 활동을 전개하고 있다. IEEE(Institute of Electrical and Electronics Engineers)는 미국 내에서 만들어진 단체이지만, 미국 밖에서 활동하는 컴퓨터 전문가들을 위해 국제적 의사소통, 국제적 협동과 정보 교환을 권장하고 있다. 이들은 미국에 본부를 두고 벨기에와 일본에 지부를 두고 있다.

사이버 인권의 개념을 새롭게 등장시킨 단체로는 EFF(Electronic Frontier Foundation), EPIC(Electronic Privacy Information Center), Privacy International, Cyber Rights 등이 있다. 이 단체들이 공통적으로 주장하고 있는 가치인 사이버 인권은 인터넷 사회에서 컴퓨터 오용으로 인해 발생되는 각종 문제의 방지를 위해 이용자들이 갖춰야 할 개념으로, 국가기관의 감시 및 사생활 보호 등의 개념을 포함하고 있다.

ISOC(Internet Society)는 비영리·비정부·국제 전문 회원 기구로서, 미국을 포함한 영국·프랑스·독일 등 전 세계 170여개 국에 지부를 두고, 150개 단체와 6,000명의 회원을 확보하고 있다. 이 협회는 미국과 스위스에 연락 사무소를 두고 회원 가입을 권장하고 있다. 현재 한국의 전자통신연구원(ETRI)이 회원으로 가입하고 있다. 협회의 주요 활동은 기준 마련, 공공 정책, 교육 및 훈련, 회원 가입 등 네 가지로 이뤄져 있다.

(4) EU와의 연합

2011년 4월 14일 미국과 EU는 헝가리 괴될로(Gödöllo)에서 EU-US 간 Justice and Home Affairs 장관급 회의를 주최한 바 있는데, 유럽의 디지털 어젠다를 책임지고 있는 크로스(Neelie Kroes), EU 내무위원(Home Affairs Commissioner)인 말름스트룀(Cecilia Malmström), 미국 국토안보부 장관인 나폴리타노(Janet Napolitano) 등은 전 세계가 함께 이용하고 있는 인터넷을 위협하고 있고 그 위험성이 날로 커지고 있는 글로벌 사이버 보안 위협(cyber security threats)을 해소하고, 사이버 범죄를 예방·단속하기 위한 범대륙 간 협력(trans-Atlantic cooperation)을 강화하기로 결의했다.10)

4) 일본

일본 또한 인터넷 이용이 활발해지면서 이용자들의 이용을 촉진하고 피해를 방지하기 위해 핫라인을 개설해 운영하고 있다. 일본에서는 사업자협회에서 이러한 핫라인을 운영하면서 발생하는 문제점을 해결하기 위해 국제적 수준의 워크숍을 개최해 국제적 협력 체제 구축에 노력하기도 했다. 예컨대 277개의 단체 회원과 개인 회원을 확보하고 있는 핫라인 운영 사업자협회인 IAJapan(Internet Association Japan)은 핫라인 운영 주요 국제기구인 Childnet International, ECPAT International 등의 기구와 함께 워크숍을 개최하기도 했다.

이와 더불어 2003년 일본 정부는 전자정부(e-Japan)와 연계해 성(省)·청(廳)별로 정보 보호 대책을 마련·실행하고, 긴급대응지원팀(NIRT)을 설립했으며, 중요 인프라 방어를 위해 '민관 연락 체제 구축'과 '중요 인프라의 사이버테러 대책 특별행동계획'도 추진했다. 특히, G8 사이버 범죄 서브그룹, OECD의 정보 보호 대응, 사이버 범죄 조약(유럽평의회), 아시아지역 CERT(긴급대응팀) 등과의 국제적 연대도 강화했다.11)

5) 싱가포르

싱가포르에서는 2001년 3월 'SafeSurfing 2001'이라는 주제로 온라인상의 불건전

---

10) INCA 브리핑. 미국과 EU, 글로벌 사이버 보안 및 범죄 대응 협력 강화(2011. 4. 18.)(http://www.incaresearch.co.kr/briefing/briefing_view.jsp?seq=193&limitNum=63&curPage=7).

11) 디지털타임스, 2003. 4. 29.

정보로부터 청소년을 보호하기 위한 국제회의가 개최되었다. 이 회의의 주요 주제로는 인터넷 내용 등급제 관련 국제 협력, 인터넷 민간 감시망 운영 및 교육·홍보 관련 단체와의 국제 협력 및 인터넷의 안전한 이용에 관련한 EU 정보사회사무국 정책 조사 평가 등이었고 미국, 캐나다, 영국, 한국, EU의 시민단체나 사업자단체 등에서 활약하는 대표들이 참석했다.

또한, 싱가포르에선 학부모단체인 PAGi(Parent Advisory Group for Internet)가 인터넷의 안전한 이용을 위한 활동을 전개하고 있다. 2003년 3월에는 'Rethinking Media Policy in the Internet Age'를 주제로 국제회의가 열렸다. 사용자 중심의 필터링 시스템, 행동강령 및 검색 엔진, 인터넷 규제와 사용자의 역할, 인터넷의 지배구조 그리고 미디어 리터러시(Media Literacy)[12]의 배양 등을 주제로 발표와 토론을 통해 인터넷 사용자들이 이용하기 편리하고 신뢰할 수 있는 종합적인 핫라인 기구가 필요하다는 것을 제시했고, 인터넷 시대의 미디어정책을 재고했다.

이와 더불어 2009년에는 건전한 사이버 환경 추진위원회(Inter-Ministry Cyber Wellness Steering Committee : ISCS)가 청소년들의 건전한 사이버 환경을 만들기 위한 국가적 전략을 이행과 개발에 목표를 두고 개인·사설 분야 단체 및 기관들과 정부가 협력하여 건전한 사이버 환경을 조성하기 위해 만들어졌다.[13]

6) 독일

독일의 주된 인터넷 범죄 처벌법은 독일형법이라고 볼 수 있다. 독일형법에서는 컴퓨터 혹은 인터넷을 통한 데이터 비밀 침해, 데이터 손괴, 데이터 위·변조, 사기, 업무 방해 등 기본적인 범죄 유형에 대해 전통적인 입법 방식으로 대처하고 있다. 또한 1997년 7월 22일 「통신사업법(teledienstegesetz : TDG)」을 제정하여 ISP의 책임을 제한하고 있다(류석준, 2008: 15). 이러한 독일의 사이버 범죄 방지를 위한 대응 방안을 좀 더 자세히 살펴보면 다음과 같다.

---

12) 미디어 리터러시란 신문·TV·인터넷에 나오는 정보를 객관적으로 판단·평가해 그것을 이용하는 능력으로서, 즉 미디어 해독력을 의미한다. 신문이나 TV 등 올드 미디어뿐만 아니라 인터넷, DMB, 모바일 등 뉴 미디어에 등장하는 다양하고 복잡한 정보를 단순하게 있는 그대로 받아들이지 않고 비판적으로 해석하고 창의적으로 검토하며 콘텐츠를 재창조하는 능력을 말한다(http://blog.-naver. com/PostView.nhn?blogId=koshamedia&logNo=120109346897).

13) www.kice.re.kr/ko/download.do?attach_id=18512 참조.

(1) 형법상 청소년 포르노 규정의 도입과 가벌성의 확대

이 규정은 2008년 11월 5일 발효된 2008년 10월 31일자 「아동의 성적 착취 및 아동 포르노의 척결을 위한 유럽연합이사회의 기본 결정을 전환하기 위한 법률」에 의해 도입되었다(BGBl I 2149)(박희영, 2010b: 38-40).

(2) 저작권법의 개정과 파일 공유 사이트에서의 다운로드 처벌

2008년 1월 1일부터 「제2차 정보사회에서의 저작권 규제에 관한 법률」이 발효되었다. 이 법률로 저작권법 제한 규정의 보완의 성격으로서 파일 공유 사이트에서 저작권으로 보호되는 음악 및 영화 파일의 다운로드 행위를 불법 처리할 수 있게 되었다.[14]

제2차 저작권법이 발효되기 이전에는 저작물에의 '공중 접근'은 가벌적이었다. 파일 공유 사이트의 이용자들은 일반적으로 저작물의 공중 접근에 대한 어떠한 권리도 갖지 않기 때문에, 원래 이러한 행위는 불법적이다.[15] 2008년 전까진 사용자들이 인터넷에서 파일 공유 사이트를 이용하여 다운받은 행위가 불법으로 분류될 수 없었지만 권리 소유자에게는 불법의 행위가 되기에 위법성을 가져 이에 해당하는 법률을 발효했다.[16]

(3) 정보통신망에서 아동 포르노 척결을 위한 법률

독일은 아동 포르노 사이트를 차단하는 특별법을 제정했다(박희영, 2010b: 6-23). 독일 연방의회는 「정보통신망에서 아동 포르노 척결을 위한 법률」을 통해 아동 포르노의 유포로 장시간 피해를 입게 될 해당 아동을 보호하고 있다.

(4) 사이버범죄방지조약의 비준에 관한 법률

유럽이사회는 2001년 11월 23일에 사이버 범죄에 대응하기 위해 사이버범죄방지조약(ETS No. 185)을 구축했다(박희영, 2010b: 6-23). 이 조약을 통해 사이버 범죄의 형법상 최소한의 기준이 제시되고, 형사절차상의 규정과 국제적인 협력 등을 포함하고 있다.[17]

---

14) 저작권법의 개정과 효과에 대해서는 다음 참조: Gercke, ZUM 2007, 791 ff.; Reinbacher, GRUR 2008, 394 ff.; Gercke, JA 2009, 80 ff.

15) Gercke, JA 2009, 80, 84.

16) Vgl. Gercke, ZUM 2007, 791, 798; Gercke/Brunst, aaO. (Fn. 11), Kap. 3 VII. 7.

17) 2004년 7월 1일부터 발효된 이 조약은 유럽이사회(Council of Europe)의 회원국은 물론 비회원국에게도 가입이 허용되어 국제적인 조약으로서 위치를 차지하게 되었다.

독일 정부는 유럽이사회의 사이버범죄방지조약에 비준했으며, 이와 관련하여 독일은 사이버범죄방지조약의 비준과 관련한 국내의 관련 법률들을 개정했다.[18)]

7) 소결

지금까지 주요 국가의 국제 협력 활동 현황을 다각적으로 살펴보았다. 이 작업을 통해 얻은 결론은 크게 세 가지로 축약해 볼 수 있다.

첫째, 각국의 공공기관, 사업자단체, 시민단체는 인터넷 이용 촉진 및 역기능 방지를 위해 적극적인 노력을 기울이고 있다. 특히, 공공기관은 정책 마련을 위한 연구조사사업, 사업자 단체는 핫라인 운영, 시민단체는 이용자들의 이용 촉진 강화 등 각자 역할을 분담해 활약을 전개하고 있다.

둘째, 인터넷의 탈지역적 특성을 반영한 네트워크 조성이다. 핫라인 운영을 통해 사업자들의 기업윤리 책임을 부여하고 있을 뿐만 아니라, 새롭게 등장하는 사이버 범죄 대처를 위한 공조 체제를 유지하고 있다.

셋째, 국제 협력 활동은 더욱 강화되는 추세에 있다. 국제적 수준에서 볼 때, 정부기관, 사업자단체, 시민단체 등 각 단체는 수직적 또는 수평적인 위치에서 상호 공존을 위한 활동을 하고 있으며 궁극적으로 국제적 수준의 공동체 형성에 노력하고 있다.

따라서 향후 우리나라도 정보통신 윤리 관련 국제적인 위상을 정립하려면 국제 협력 활동을 강화하여 다양한 대응 방안을 마련할 필요가 있다(정완, 2004).

4 사이버 범죄 방지를 위한 국제 협력 동향

사이버 범죄에 대한 관할권을 다루는 국제조약이나 일반 국제법상의 원칙이 없는 상황 하에서, 사이버 공간에서는 이미 수많은 행위가 국경을 초월하여 이뤄지고 있고, 그에 따라 각종 사이버 범죄도 급증하고 있으며, 그로 인한 피해가 속출하고 있

---

18) 대표적인 수용 법률로는 2007년 8월 7일의 컴퓨터 범죄에 대응하기 위한 제41차 형법 개정 법률과 2007년 12월 21일의 전기통신의 감청과 기타 비밀수사 처분의 개정 및 유럽공동체 지침 2006/24/EC의 전환을 위한 법률, 그리고 아동의 성적 학대 및 아동 포르노그래피 척결을 위한 유럽연합 이사회의 기본 결정의 전환을 위한 법률 등이다.

을 뿐 아니라 나아가 기업, 국가의 발전에 걸림돌로 작용하면서 사이버 공간에 대한 관여와 규율이 각국의 주요한 현안이 되어 있다(정완, 2000a).

사이버공간의 관할권 문제는 사이버 공간의 범죄에 대해 국제적인 동의를 얻어 이를 국제범죄로 규율하는 조약을 만들어 국제형법에 포함시키고 국제형사재판소와 같은 메커니즘으로 다루자는 견해가 있고, 이에 대해 형법은 각국의 사회적 기준에 따라 내용과 적용의 기준이 다르므로 통합적인 형태의 국제조약은 불가능하다는 비판이 있으며, 설혹 기존의 국제형법에 포함시킨다고 하더라도 국제범죄로 인정되는 범위가 협소하므로 사이버 공간의 범죄를 추가할 수 있을지 의문이며 이러한 방법이 옳은지의 여부에 대해서도 회의적인 견해가 있다. 이 밖에도 특정 행위의 범죄 성립 여부가 국가들 사이에 차이가 있을 수 있다는 점, 동일하게 범죄로 인정된다고 하더라도 처벌에서 그 범위와 정도의 차이가 있을 수 있다는 점, 그리고 근본적으로 각국의 정치, 경제, 사회, 문화적 차이에 기인한 범죄의 성립과 처벌의 다양성이 존재한다는 난제가 있다.

그럼에도 불구하고 2001년 6월 사이버 범죄에 관한 조약(Convention on Cybercrime)이 유럽이사회에서 채택되었고, 2001년 11월 23일 헝가리 부다페스트에서 가입 절차가 개시되었다. 이 조약은 기존의 정보기술 개발에서 개발도상국 등과 비교하여 상대적으로 우수한 지위를 차지하고 있거나 정보기술의 보편적 이용과 부정적 사용에 따른 피해 등을 경험한 일부 선진국 등에서 국내법으로만 입법하여 처벌하던 사이버 범죄에 대해 초국가적 범죄 또는 국제범죄로서 최초로 범국가적 차원에서 이를 방지·처벌해야 한다는 국제적 합의가 형성된 것이다. 이 조약은 불법 접속, 불법 감청, 데이터 손괴, 시스템 손괴, 장치의 오용, 컴퓨터를 이용한 위조 및 사기, 저작권과 저작인접권 침해 등 사이버 범죄의 실체적 구성 요건을 명확히 규정하고 있을 뿐 아니라 범죄행위의 미수, 방조, 교사행위와 법인의 형사상 및 행정상 책임까지도 상세히 규정하고 있다. 또한, 사이버 범죄의 수사와 기소 및 관할권에 관한 절차법을 규정함으로써 사이버 범죄의 효과적 처벌을 위한 체계를 갖추고, 사이버 범죄자의 범죄인 인도에 관한 사항과 효과적 수사를 위한 국제사법 공조에 관한 사항을 하나의 조약에 수용함으로써 사이버 범죄의 수사와 처벌을 용이하게 했다.

이 조약은 당초 2002년 발표 예정이었으나 조약 당사국들의 비준이 늦어져 2004년 7월 1일에 비로소 발효되었다. 이 조약은 사이버 범죄에 관한 최초의 국제조약으로 사이버 공간을 규율하기 위한 국제적인 노력의 첫 결실로 볼 수 있으며, 사이버 범죄 방지를 위한 국제 협력 및 조약 체결의 가능성을 보여 주었다는 점에서 그 의의가 크다. 2007년 6월 13일 현재 43개 가입국 중 21개 회원국이 국회 인준을 얻은 상태이며, 비회원 국가로서 상당한 영향력을 끼쳐온 미국에서도 2006년 9월 인준을 얻어 2007년 1월 1일부터 발효된 상태이다.

한편, 사이버범죄방지조약의 초안을 작성할 당시에 컴퓨터 네트워크를 통한 인종차별적이고 외국인 적대적인 활동의 범죄화에 관한 합의를 이루지 못했었는데, 이는 일부 회원국이 이러한 규정이 자유로운 의사 표현의 권리와 일치하는지에 대해 의문을 가지고 있었기 때문이다. 그리하여 유럽이사회집행위원회는 유럽범죄문제위원회에 있는 컴퓨터 시스템을 통해 범해지는 인종 차별적 외국인 적대적 행위의 범죄화를 위한 전문가위원회에 추가의정서의 제정을 위임했다. 이에 따라 동 추가의정서는 2003년 1월 28일 서명을 시작으로 2007년 6월 13일 현재 31개국이 서명했고 그 중 11개국이 인준한 상태이다. 추가의정서는 5개국이 인준한 2006년 3월 1일부터 발효되었다(정완, 2004).

이와 더불어 2011년 11월 1일 인터넷을 악용한 사이버 테러에 대한 대책을 세우고 인터넷의 질서 있는 발전을 위한 규범을 구축하기 위해 행정·민간의 협조를 도모하는 사이버 보안 국제회의가 런던에서 처음으로 열렸다. 이 회의에는 약 60개국의 각국 고위급관리 및 국제기관, 인터넷 관련 기업, 비정부조직(NGO)이 참가했다. 이번 회의는 보안 향상을 위한 국제협력 등에 관한 합의를 목표로 했다. 또한 독재적 정부의 인터넷 이용 제한과 국가 간 사이버 전쟁, 인터넷을 통한 테러 계획 등의 위협도 고조되고 있어 이러한 문제에 대한 대응책도 논의되었다.[19]

이처럼 사이버 범죄에 대한 국제적 협력은 지속적으로 요구되고 있으며 각계각층의 적극적 참여가 있어야만 그 협력을 통한 사이버 범죄를 예방할 수 있을 것이다.

---

19) 서울신문, 2011. 10. 31.

제 7 장 전자정부의 기본과 새로운 방향

제 1 절 전자정부의 개념 및 유형[1)]

1 전자정부의 개념

전자정부(電子政府, electronic-government, e-government)는 디지털정부(digital government), 온라인정부(online government)라고도 하며, 정보통신기술(Information and Communication Technology: ICT)의 발달에 따라 유비쿼터스정부(ubiquitous government), 모바일정부(mobile government), 스마트정부(smart government)로도 불린다. 이러한 전자정부(Electronic Government : EG)란 개념은 미국의 국가성과평가위원회(National Performance Review: NPR)의 보고서인 「Reengineering through Information Technology」에서 밝히고 있는 바와 같이 본래 전자은행 업무(electronic banking : EB)에서 처음 대두된 구상(idea)을 확장한 것으로서

1) 이 부분에 관해서는 이윤식(1998). 국가경쟁력 강화를 위한 전자정부의 추진 방향. 「한국행정학회 1998년도 동계학술대회 발표논문집」, pp. 421-436 및 크리스챤아카데미 시민사회정보포럼(1999). 「시민이 열어가는 지식정보사회」. 서울 : (재)대화문화아카데미 중 제4장 '시민사회의 시각에서 본 전자정부의 현안과 대책', pp. 109-132를 주로 인용함.

행정에 원용되어 오고 있다(한국전산원, 1995; National Performance Review, 1993 참조).[2)]

NPR보고서는 전자정부의 개념을 설명하면서 "정부 관료는 21세기를 대비하는 정부의 필수적 기반이라는 관점에서 정보기술을 이해해야 하는데, 이러한 정부는 효율적이고 고객 대응적인 과정을 통해 시민들이 정보 및 서비스에 좀 더 폭넓게, 그리고 좀 더 적시에 접근하도록 해주는 현대화된 전자정부를 의미하는 것"이라 정의하고 있다(정철현, 2006 : 444).

또한 행정자치부(현 행정안전부)는 "정보기술을 활용하여 행정활동의 모든 과정을 혁신함으로써 정부의 고객인 국민과 기업에게 제공하는 각종 서비스와 정보를 손쉽게 이용할 수 있도록 하고, 행정 및 정책 활동의 생산성을 향상시켜 지식정보화를 선도할 수 있는 정부로 재창출하는 것"이라고 전자정부를 정의했다(행정자치부, 1998).

한편 컨설팅 기관 등을 중심으로 전자정부를 정부혁신의 관점에서 정의하고 있다. 예컨대 Gartner Group(2000)은 "정부 서비스를 최적화하고 국민의 참여를 촉진하기 위해 정보기술을 이용함으로써 정부의 내·외부 관계를 근본적으로 전환시키는 정부"로, Accenture(2002)에서는 "정보기술을 활용하여 정부 운영 방식을 고객의 관점에서 혁신하는 정부"로 정의하고 있다.

이 밖에도 비교적 널리 통용되고 있는 전자정부의 대표적인 개념 정의를 보면, "공통의 정보통신 기반을 매개로 국민과 정부 간의 의사소통이 좀 더 용이하고 신속하며, 네트워크로 연결된 각종 행정 서비스가 언제, 어디서나, 가장 적절한 방법으로 제공될 수 있는 정부", "정보기술(네트워크와 디지털 정보)을 전략적으로 활용하여 효율적이면서 주민 위주로 업무를 수행하는 정부"(김동욱, 1996a: 271), "공적 기관(행정부, 입법부, 사법부 등)에서 전자문서의 생산·이용·보관·전달이 일반화되고, 국민과 공적 기관의 의사소통에서 정보기술의 이용이 보편화된 미래형 정부", 또는 "정보기술의 활용에 의해 모든 행정 과정이 전자적으로 처리됨으로써, 시간적·공간적 제약을 극복하여 지역에 무관하게 실시간(real time)으로 업무를 처리하는 지능적 정부" 등이 있다.

---

2) 한편 우리나라에서는 전자정부란 정보 중심의 작고 효율적인 정부를 지칭하는 말로서 1996년 '정보화촉진기본계획'에서 공식적으로 사용되고 있다(김경섭·한세억, 1997).

이들 개념이 내포하고 있는 의미를 종합해 보면, 전자정부란 정보통신 기반에 기초하여 국민 편의의 행정 서비스를 능률적이고 효과적으로 창출·제공하는 혁신적인 미래형 정부를 의미하는 것으로 정리할 수 있다. 여기서 정보통신 기반은 정보와 통신기술 및 그 애플리케이션을 의미하고, 국민 편의의 행정 서비스는 수요자인 국민의 요구 사항에 대응하는 행정 서비스를 말한다. 이 같은 행정 서비스를 효율적으로 창출·제공하는 미래형 정부는 급속도로 발전하고 있는 기술 변화에 부응하는 정보통신 해득력을 갖춘 공무원과 국민들로 구성됨으로써 비로소 구현될 수 있는 정부 형태이다. 따라서 당장 오늘날 이용 가능한 정보통신기술만으로 구축될 수 있는 것이 아니며, 기존의 관리 지향적 관료 성향이 서비스 지향적 성향으로 획기적으로 변화되지 않는 한 기대하기 어려운 고도화된 정보사회의 이상적인 정부 형태라 할 수 있다.

2 전자정부의 유형

전자정부는 그 본질을 규명할 수 있는 전자정부의 목표 및 이념, 전자정부의 추진 방법, 정보 및 정보통신기술의 활용 정도, 국가 구성원의 행태, 행정개혁(BPR)의 방향, 서비스 지향성, 전자민주주의의 구현 정도 등의 평가 기준에 따라 살펴볼 때, 대체로 능률형 전자정부와 서비스형 전자정부, 그리고 민주형 전자정부로 분류할 수 있다. 또한 이들 세 유형의 전자정부 간에 상호의존성을 갖고 있어, 이들 세 유형이 또 다른 새로운 유형의 전자정부 형태로 변모하는 과도기적인 기간 동안에는 중첩적으로 발전할 것으로 보인다.

이들 세 유형의 전자정부는 모두 정보통신 기반에 기초한 미래 지향적 정부로서 공공정보의 접근성을 높임으로써 민주주의와 복지제도를 결합시키려는 이상적인 정부를 지향하고 있다. 이와 같은 이상의 실현은 정보통신기술을 적극 활용함으로써 가능하게 된다.

1) 작고 생산적인 능률형 정부

이는 '더 적은 비용으로 좀 더 향상된 업무를 수행하는 정부'인 '기업가형 정부'를 재창출하거나 창조하는 것을 목적으로 하고 있다. 또한 능률형 정부는 작고 효율적인 또는 생산적인 행정 업무를 수행하기 위해 번문욕례(red tapes)의 규제 지향적 행정 절차에서 탈피한 좀 더 단순화된 행정 과정 및 절차를 기초로 하여 운영되는 정부를 의미한다.

이는 행정절차가 단순해야 표준화가 가능하며, 또한 전자화가 이뤄질 수 있다는 사실을 반영한다. 아울러 행정 기능의 전자화를 통해 불필요한 정부기관과 조직은 과감하게 통폐합 내지 축소하여 예산 낭비를 최소화할 수도 있게 된다. 이를 위해서는 행정 업무절차의 리엔지니어링(business process reengineering : BPR)이 이뤄지지 않고서는 제반 행정 업무 활동의 전자화는 무의미하게 된다. 왜냐하면 단순한 행정 업무절차의 전자화가 반드시 행정의 생산성을 보장해 주는 것이 아니기 때문이다.

2) 고객 지향적 서비스형 정부

고객 지향적 서비스형 정부는 공급자 중심의 행정 서비스 제공 활동에서 탈피하여 수요자, 즉 고객 중심의 행정 서비스 제공 활동을 추구하는 정부를 의미한다. 여기서 고객은 일반 국민을 직접적으로 지칭하기보다 구체적인 행정 서비스의 대상인 특정 수혜자로서의 국민을 의미하는 것으로, 서비스형 정부는 개별적인 행정 서비스 활동을 중시하는 정부임을 시사한다. 따라서 국민이 정부의 고객이라는 대국민 서비스 측면을 강조하는 전자정부의 개념과 정부의 주인으로서 정책 과정에서 국민의 의견이 반영되는 측면을 강조하는 전자민주주의의 개념과는 구분된다.

이러한 전자정부에서는 고객의 기호에 부합하는 행정 서비스를 제공하고 국민들은 그러한 서비스를 활용할 수 있게 된다. 즉, 국민 편의의 행정 서비스를 제공하는 정부를 실현할 수 있게 된다.

3) 결과에 책임을 지는 민주형 정부

결과에 책임을 지는 민주형 정부는 공무원들이 처리해야 할 문제들을 스스로 해결하기 위해 책임 있는 결정을 내림으로써 상황 변화에 신속하고도 능동적으로 대처할 수 있는 정부를 의미한다. 이를 위해서는 일선 행정기관으로의 대폭적인 의사결정 권한 이양이 필수적임을 시사한다. 아울러 민주형 정부는 국민이 정부의 정책 과정에 직접 참여할 수 있는 사이버 정보공간이 확보되고, 보편적인 접근이 보장되며, 공무원의 개방적인 자세가 확립되어 있어야 한다.

제 2 절 전자정부의 추진 필요성

전자정부 추진의 필요성은 공급적 측면을 강조하는 기술결정론적 관점과 수요적 측면을 강조하는 사회결정론적 관점, 중립적인 시각인 사회채택론적 관점으로 나눌 수 있다(윤종설·유종선, 2005 : 7-8).

1 기술결정론적 관점

이 관점은 정보기술의 발전이 전자정부 추진의 일차적인 환경이면서 주요한 추진의 동인으로 작용한다고 본다. 새로운 정보기술은 빠른 업무 처리 능력을 제공하고 관련 직무를 자동화시킴으로써 공무원들의 직무를 변화시킨다는 것이다(김성태, 2004). 또한 이는 통신기술의 발달로 시간과 공간의 개념을 초월한 정보 유통이 가능해짐으로써 조직구조에 변화가 생기고, 다른 직무와의 연결 관계 및 업무 흐름 변화를 유발시킨다는 관점이다(박민정, 2007). 결국 새로운 정보기술은 그 정보기술을 효율적으로 활용할 수 있는 새로운 기술 인력과 직무 수행 인력을 요구하게 됨으로써 전반적인 사회적 변화를 초래한다고 본다.

2 사회결정론적 관점

이 관점은 기술결정론적 관점과는 달리 기술의 발달이 사회 변동을 유발시킬 수는 있으나 기술 자체만으로는 사회적 관계나 제도를 변화시킬 수 없다고 본다(김성태, 2004). 즉, 사회는 단순히 수동적으로 기술 발달의 결과를 받아들이거나 그에 적응하는 것이 아니라, 능동적으로 기술의 발달과 이용에 개입하게 되어 결국 사회경제적 요인에 의해 기술 발달이 규정된다고 주장한다(박민정, 2007).

3 사회채택론적 관점

이 관점은 기술결정론적 관점 및 사회결정론적 관점과 달리 기술 발달은 독립적으로 이뤄지며 이러한 기술이 사회의 필요에 의해 채택될 때 변화를 가져온다고 본다. 사회채택론적 관점은 기술이 자율적으로 발전한다는 점은 동의하지만, 그러한 기술을 어떻게 이용하느냐에 따라 사회의 변화상이 달라진다고 본다는 점에서 기술 발전이 사회 변화의 주된 동인이 된다고 보는 기술결정론적 관점과 차이를 보인다.

이 밖에도 전자정부 추진의 필요성은 국민의 의식 수준 향상과 욕구 증대, 세계 정치·경제 환경의 변화와 세계화로 인해 급변하는 행정 현안에 대한 대응 수단 관료제의 한계 극복과 행정의 분권화·지방화를 위한 수단으로 보는 관점 등으로 다양하며, 참여정부의 경우 실질적인 혁신의 수단으로서 전자정부 사업이 추진된 측면이 강하다. 혁신의 수단으로서 전자정부의 구현은 정보통신 기술을 기반으로 하여 정부의 업무 수행 방식을 디지털 환경에 맞게 획기적으로 개선하여 국민과 기업에 대한 지원과 서비스 위주로 정부 기능을 전환하는 것에 초점을 맞추고 있다(박민정, 2007). 따라서 이러한 측면에서 전자정부는 정보기술을 활용하여 관료제 정부의 각종 문제점(비능률성, 공급자 중심, 불투명성, 형식주의, 환경 변화에 둔감 등)을 해결하고, 지식정보화 시대에 맞는 새로운 정부를 형성해 나가는 과정으로서 의미를 갖는다(윤상오, 2002).

제 3 절 전자정부의 발전 단계 모형

1990년대 중반부터 각국이 전자정부 구현을 위한 투자를 지속적으로 확대하는 가운데, 과연 전자정부 수준이 어느 정도까지 도달해 있고 앞으로 어느 방향으로 추진해야 하는지에 대한 문제가 중요한 이슈로 제기되기 시작했다. 2000년대에 들어서 이러한 문제에 대처하기 위한 방법 중 전자정부를 발전 단계별로 구분하는 것이 전자정부의 수준을 평가하는 대표적인 방법으로 인식되어 왔다. 이러한 전자정부 발전단계 모형은 한 나라의 전자정부 수준이 어느 단계에 해당하는가를 파악하고 그 결과에 근거하여 향후 정부가 지향해야 할 정책 방향과 목표를 설정하는 중요한 근거가 된다. 전자정부 발전 단계 모형은 학자나 연구기관 또는 모형의 목적에 따라 다양하게 제시되고 있다(한국전산원, 2005).

1 가트너그룹(Gartner Group)의 발전모형

Gartner Group(2000)은 전자정부의 발전모형을 비용과 복잡성, 그리고 시간과 고객 가치의 관점에서 4단계로 제시하고 있다. 즉, 전자정부는 정적인 온라인 정보 출간(presence) 및 검색(interaction) 서비스를 제공하는 초보적인 단계에서 실시간 양방향 온라인 업무 처리(transaction)가 가능하고, 더 나아가 부서의 통폐합 또는 기관

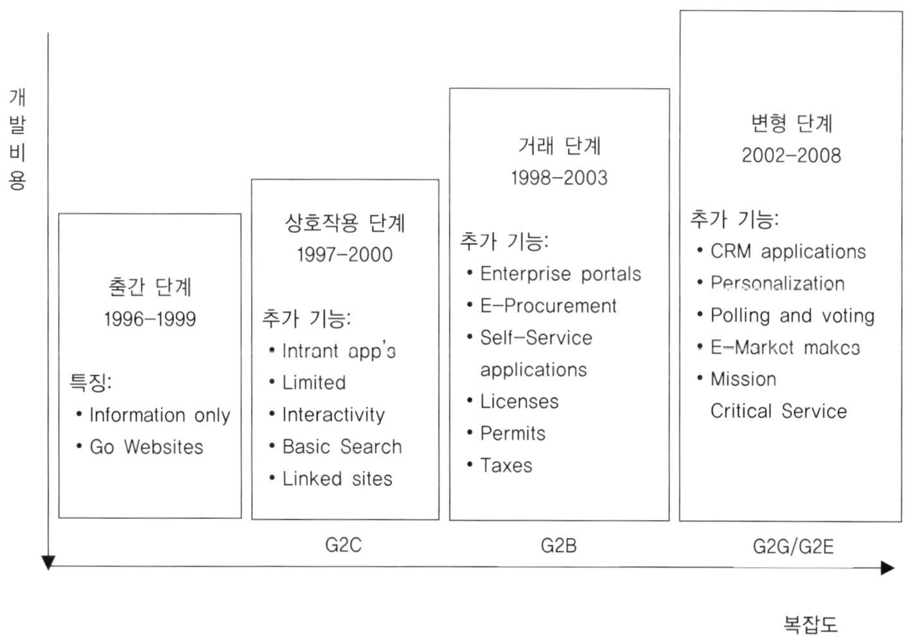

그림 7-1 Gartner Group의 전자정부 발전 4단계 모형

자료: Gartner Group(2000).

의 재구성과 폐지 등을 통해 최적의 고객 만족 서비스를 제공하는(transformation) 혁신적 전자정부로 발전한다. 각 단계별 전자정부의 특징을 살펴보면, 전자정부에 의한 정보 출간 단계는 주로 행정기관의 일반적인 정보, 즉 미션, 주소, 공공에 대한 적합한 서비스 시간과 공문서 같은 정보를 웹을 통해 제공하는 단계이다. 상호작용(interaction) 단계에서는 웹사이트에 기본적인 검색 기능, 다운로드 양식, 다른 웹 사이트와의 링크 서비스 제공 기능을 추가해 일반 국민들이 온라인으로 중요한 정보에 접근할 수 있고 필요한 양식을 다운로드받아 활용할 수 있다. 거래(transaction) 단계는 고객이 모든 업무를 온라인으로 처리할 수 있고 웹(web)을 다른 서비스 전달 채널의 보완 수단으로 활용할 수 있게 한다. 끝으로 변형(transformation) 단계는 거의 모든 중앙정부 또는 지방정부 전자정부 사업의 장기 목표이다. 이 단계는 정부를 완전히 투명하게 하여 시민에 대한 단일 접점(single point)을 제공함으로써 대(對)국민 정부 서비스를 새롭게 정의하는 것을 특징으로 한다([그림 7-1] 참조).

2 UN · ASPA의 발전모형

UN사무국과 미국행정학회(ASPA)가 공동으로 개발한 전자정부 발전모형은 전자정부 후발국가들의 조건을 반영할 수 있도록 Gartner Group의 4단계 모형을 5단계로 확장한 것이다. 출현, 강화, 상호작용, 업무 처리, 완전 통합의 5단계로 구분한 UN · ASPA의 발전모형은 가장 대표적인 전자정부 발전 단계 모형이라고 할 수 있다.

표 7-1 UN · ASPA의 발전모형

단계	특성
1단계 : 출현(emerging)	2~3개의 개별 사이트를 통해 정부 웹 등장, 제공되는 정보는 제한적 · 기초적 · 정적임
2단계 : 강화(enhanced)	콘텐츠와 정보의 주기적 갱신
3단계 : 상호작용(interactive)	사용자들은 각종 양식을 다운로드받고, 공무원과 접촉, 약속잡기, 요구사항 요청 가능
4단계 : 업무 처리(transaction)	사용자들은 서비스에 대한 요금 지불 또는 온라인으로 금전 거래 가능
5단계 : 완전 통합(seamless)	범정부 차원에서 전사적 기능과 서비스의 완전 통합

3 Accenture의 발전 단계

전자정부 전문 컨설팅 업체인 Accenture(2002)는 정부의 고객관계관리(CRM) 수준과 온라인 서비스 제공 능력에 따라 고객 서비스 제공 5단계 발전모형을 제시하고 있다. 즉, 공급자 중심의 정보 제공(information publishing)과 서비스 자동화(point of service automation) 단계(1, 2단계)와 시민 중심의 다채널 고객 상호작용(multi-channel customer interaction) 단계(3단계)를 거쳐 시민 주도의 고객 감동 지능적 상호작용(personal touch/intelligent interaction) 단계(4, 5단계) 수준의 정부로 진화한다고 보고 있다. 1, 2단계의 경우 정부 서비스의 이용자와 정부부처뿐만 아니라 정부부처 간에도 온라인 의사소통이 이뤄지지 않는다. 정부부처가 문서를 웹사이트에 게시하면 이용자들이 이 문서들을 이용하는 단계이다. 3단계에서는 이용자들이 정부기관과 온라인으로 의사소통이 가능하지만, 정부기관이 이용자들과 온라인으로 소통하는 것은 아니다. 즉, 3단계는 이용자들이 이메일을 정부 기관에 보내면 이것을 처리하는 상황에 해당한다. 마지막으로 4, 5단계는 이용자들이 온라인상에서 정부기관 간 의사소통할 수 있어야 하며, 반대로 정부기관도 온라인으로 응답할 수 있어야 한다.

4 웨스트(D. M. West)의 발전 단계

서비스의 제공과 민주적 대응성, 공공의 태도에 대한 전자정부의 결과를 평가하여 ① 게시 단계, ② 부분적 서비스 제공 단계, ③ 통합 서비스 제공을 위한 포털 구축 단계, ④ 상호 작용적 민주주의의 단계로 구분한다. 첫 번째 단계에서 정부 웹사이트는 고속도로 광고판과 같이 단순히 일방적인 정보를 보여 주는 고정된 것이지만, 이를 통해 시민과 정부 간의 상호작용이나 양방향의 의사소통이 이뤄질 수 있는 여지를 마련하게 된다. 두 번째 단계에서는 시민이 온라인상의 서비스 제어 및 정보 조작 능력을 통해 자신들이 보고 싶은 자료를 직접 웹사이트에서 찾아볼 수 있게 된다. 세 번째 단계에서는 통합된 원스톱 포털 서비스가 개시되어 각 기관의 사이트가 상호 연결됨으로써 방문자에게 편의를 제공하게 된다. 마지막 네 번째 단계에 이르면 각 단계의 특징을 통해 시민이 정보를 주문할 수 있으며, 인터넷을 통한 진정한 상호 쌍방향 의사소통이 가능해진다(West, 2002).

5 레인과 리(Layne & Lee)의 발전 단계

전자정부의 발전 단계를 복잡성과 통합성에 따라 ① 정보 제공, ② 거래, ③ 수직적 통합, ④ 수평적 통합 단계로 구분한다. 정보 제공 단계에서는 단순하게 정부가 일방향으로 국민에게 정보를 제공하는 형태를 띠고 있고, 거래 단계에서는 온라인상으로 '원스톱 쇼핑(one-stop shopping)'과 같이 시민과 정부 사이의 상호 거래 형태가 나타나고 있으며, 수직적 통합 단계에서는 동일한 기능을 수행하는 지방정부와 상위정부 간의 통합이 이뤄지고, 마지막 수평적 통합 단계에 이르러서는 서로 다른 기능을 수행하는 부처들의 통합이 이뤄지는 방향으로 전자정부가 발전된다고 하고 있다(김동원 외, 2006).

6 오강탁 · 이연우의 발전 단계

일반적으로 전자정부 발전모형은 정부가 제공하고 있는 온라인 서비스의 수준을 낮은 단계에서 높은 단계로 구분하기 때문에 국가 간 또는 기관 간의 수준을 비교하는 데 유용하다. 그러나 오강탁 · 이연우(2005)는 기존의 전자정부 발전 단계 모형이 실증적인 모형이 아닌 가설적 성격이 짙은 경험적 모형이어서 전자정부의 수준을 계량적으로 측정하는 데 한계가 있으며, 대민창구(front-office)에서 정부와 국민 간의 상호작용 관계나 서비스 진화에 초점을 둔 모형이기 때문에 전자정부의 수준에 영향을 미치는 정보기술(IT), 정부 내부의 업무와 프로세스, 데이터와 정보(data & information) 등 전자정부의 구성 요소들에 대해 균형적으로 고려하지 못하고 있다고 비판한다. 따라서 전자정부 구성 요소(업무 처리 역량, 서비스 역량, 정보자원관리 역량)를 균형적으로 포함하고 있는 전자정부 발전모형을 제시했는데, 1단계 착수, 2단계 상호작용, 3단계 전자 처리, 4단계 통합 처리, 5단계 민관 협업(collaboration)이

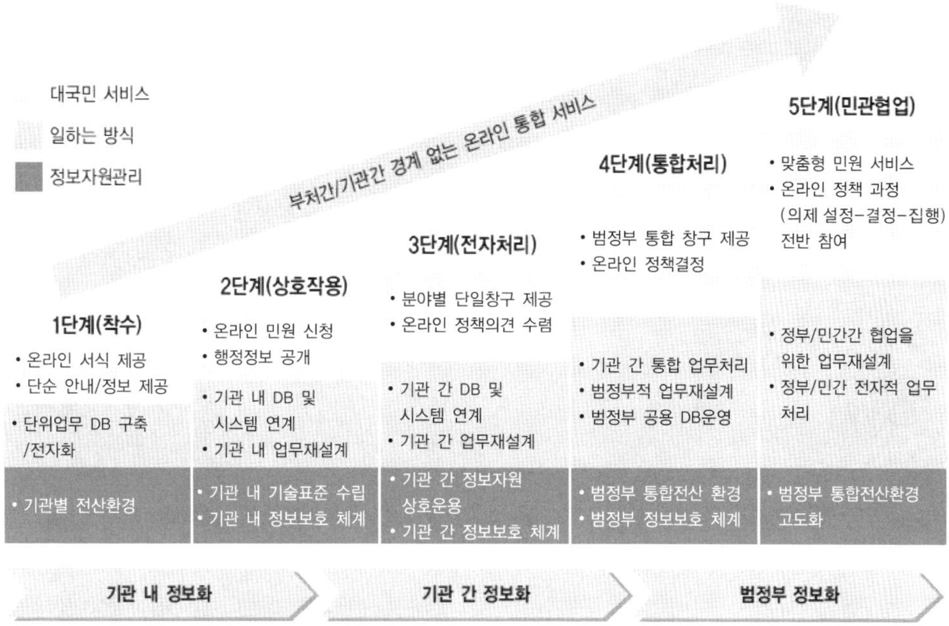

그림 7-2 오강탁 · 이연우의 전자정부 발전모형

자료: 오강탁 · 이연우(2005 : 111)을 수정한 것임.

다. 이 모형은 UN · ASPA(2004)의 발전모형인 2단계(강화)와 3단계(상호작용)를 2단계(상호작용)로 통합하고, 진단모형의 미래 조망성과 참조성(reference)을 높이기 위해 UN · ASPA모형에서는 제시되지 않은 민관협업 단계를 최종 단계로 추가했다.

7 황종성 · 류석상 · 박양열의 발전 단계

황종성 · 류석상 · 박양열(2003)은 전자정부가 전자민주주의, 서비스, 생산성, 전자정부의 개념에 따라 <표 7-2>와 같이 4단계로 발전되고 있다고 강조한다.

이러한 단계에 따른 발전 모습을 살펴보면, 1단계의 전산화 단계에서는 우리나라의 국가기간전산망사업과 같이 행정정보의 데이터베이스화에 주력하지만 서비스나 국민 참여에 대해서는 정보 제공 수준에 머물고 있다. 2단계의 온라인화 단계는 1990

표 7-2 황종성 · 류석상 · 박양열의 발전 단계

	1단계	2단계	3단계	4단계
전자민주주의	정보 공개	전자공동체	온라인 참여	e-governance
서비스	정보 제공	온라인 서비스	원스톱 포털	zero-stop CRM
생산성	DB	온라인 처리	back-office 업무재설계	조직혁신
전자정부의 개념	전산화	온라인화	통합화	유기적 통합

자료: 황종성 외(2003).

년대 중반부터 지금까지의 형태로 기존의 독립적인 데이터베이스들을 네트워크로 연결하고 업무 처리와 서비스 제공 기능을 결합하는 형태를 띠고 있으며, 전자정부 혜택이 가시화되고 있다. 3단계의 통합화 단계에서는 국민의 전자적 참여가 본격화된다. 마지막으로 4단계의 유기적 통합 단계에서는 관 · 민 간 역할 조정과 협력 관계가 촉진되어 대내외적으로 경계가 없는 유기적인 통합화에 이르게 된다(황종성 외, 2003).

8 딜로이트 컨설팅(Deloitte Consulting)의 발전 단계

델로이트 컨설팅의 6단계에서는 전자정부를 하나의 연속체로 가정하고 정보 출간 · 확산, 공식적 쌍방향 거래, 다중 목적 포털, 포털의 개인화, 공통 서비스의 군집화, 종합적 통합과 엔터프라이즈 변환의 단계로 구분한다. 이러한 6단계를 제시하면 [그림 7-3]과 같다. 제1단계인 정보 출간 · 확산(information publishing & dissemination) 단계에서는 개별 정부부처가 정보 제공을 위한 웹 사이트를 구축하는 단계로 정부는 백과사전식의 홈페이지를 구축한다. 제2단계인 공식적 쌍방향 거래(official two-way transaction) 단계에서는 전자서명의 법적 보장, 웹 사이트의 안정성 보장과 함께 고객들이 정부에 자신의 정보를 제공하고 금전적 거래를 하게 된

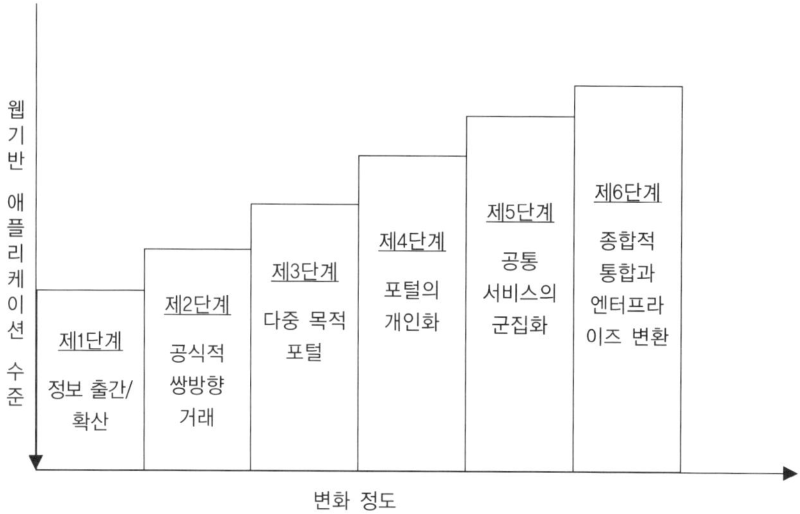

그림 7-3 Deloitte Consulting의 전자정부 성숙도 발전 모형

자료: 황성돈 · 정충식(2002).

다. 제3단계인 다중 목적 포털(multi-purpose portals) 단계에서는 원스톱 서비스의 개념이 확장되어 고객이 복수의 기관들과 정보를 교환하고 금전적 거래를 처리할 수 있도록 단일 창구를 만들어 이용할 수 있게 된다. 제4단계인 포털의 개인화 단계에서는 고객이 자신의 필요에 맞게 정부 포털을 수정하고 최적화할 수 있는 권한을 가지게 된다. 이를 위해 사용자가 웹 인터페이스를 조정할 수 있는 정교한 웹 프로그램이 필요하다. 또 이 단계에서는 고객의 전자적 서비스에 대한 선호를 좀 더 정확하게 파악할 수 있게 된다. 제5단계인 공통 서비스의 군집화(clustering of common services) 단계에서는 정부 조직구조의 근본적인 변환이 이뤄진다. 서로 분리된 공공서비스들이 포털로 인해 통합 · 패키지화됨으로써 서로 다른 실체의 기관이 하나의 실체로 보이기 시작하며, 포털을 기관들의 집합보다는 민원 거래의 집합으로 인식하기 시작한다. 이렇게 되면 정부는 공유 서비스 전달의 가속화를 위해 공통 라인에 따라 서비스를 배열한다. 마지막 제6단계는 종합적 통합과 엔터프라이즈 변환(full integration and enterprise transformation) 단계로 서비스 간의 장벽이 없어지고 정보기술은 조직 전체를 총괄 · 통합하게 된다(정하룡, 2007).

제 4 절 우리나라 전자정부의 추진 현황

전자정부는 1980년대 이후 정보통신기술의 급격한 발전에 따라 선진국들이 정보기술을 행정 업무에 도입하여 활용하고자 하는 노력에서 시작되었다. 특히 1990년대부터는 미국, 영국 등에서 전자정부를 정부 업무 혁신과 국가경쟁력 강화를 위한 전략적 국정의제로 채택하여 추진하기 시작했다. 이러한 환경 변화에 따라 우리나라도 '비록 산업화는 늦었지만 정보화에는 뒤처질 수 없다'는 각오로 국가정보화를 적극 추진하기 시작했으며, 이러한 일환으로 1987년부터 주민, 부동산, 자동차 등에 대한 국가기간전산망사업을 필두로 전자정부를 적극 추진하기 시작했다. 이처럼 주요 행정정보를 데이터베이스화하는 것부터 시작된 한국의 전자정부는 기능별, 부처별 정보화 추진을 중심으로 발전했다.

1990년대까지 행정 및 정부 업무 효율성 향상에 초점을 두고 추진한 전자정부는 2000년 이후에는 정부 서비스에 대한 국민의 만족도 향상, 2003년 이후에는 국민체감도 향상, 국민의 능동적 국정 참여 확대, IT 산업의 발전 유인 등에 초점을 맞추면서 민주사회의 토대를 발전・심화시키고 국가경쟁력 향상을 위한 기반 인프라로서의 역할도 담당하게 되었다.

한편 각 시기별 전자정부의 추진 현황을 살펴보면, 문민정부에서는 초고속정보통신망 구축사업을 시작했고, 그 바탕 위에서 특허, 조달, 관세, 국세 등 개별 부처 차원의 정보화가 진행되었다. 국민의 정부에서는 전자정부 11대 과제를 선정하여 민원서비스 단일창구, 국가종합전자조달시스템(나라장터), 국가재정정보시스템 등 범정부 차원의 핵심 기반을 구축했다.

또한 2000년 「전자정부법」이 발효됨에 따라 전자정부 구현을 위한 인프라 및 법제도 등의 정비를 마쳤고, 이를 기반으로 2002년부터 전자정부의 기본 서비스가 제공되기 시작했다. 참여정부에서는 정보기술에 대한 높은 친화력을 바탕으로, 전자정부를 행정개혁과 대민 서비스 혁신을 위한 전략적 수단으로 인식하고 전자정부 로드맵 31대 과제를 핵심 국정과제의 하나로 채택하여 임기 초기부터 적극 추진했다.

국민의 정부와 참여정부가 대통령 어젠다로 전자정부를 적극 추진한 결과, 행정 내부 업무의 전자적 처리 기반은 대부분 완성되었으며, 자원관리의 효율성과 안전성, 전문성도 크게 향상되었다. 또한 행정부처 간에 정보를 공유하고 유관 시스템을 연계하며 인터넷 등 전자적 수단을 이용함으로써, 국민과 기업을 위한 논스톱(non-stop) 또는 원스톱(one-stop) 서비스 체계도 어느 정도 갖춰지게 되었다.

이후 이명박 정부에서는 현 정부의 국정 비전과 국정 과제의 추진 지원을 위해 2008년 6월 전자정부 중점 추진 과제를 선정했다. 이명박 정부의 전자정부 전략은 크게 네 가지로 구분되어 있다.

첫째, 정부 주도에서 민관 협업의 거버넌스로의 전환이다. 이는 과거 정부 주도의 촉진과 확산 중심의 정보화 정책 방향을 민관 협업의 거버넌스에 기반한 활용 중심으로 전환하는 것을 말한다. 또한 민관의 협업을 통한 정보화 정책의 개발·추진으로 참여와 공유의 새로운 인터넷 문화환경에 대응하고, 정보화 성과를 제고하고자 한다.

둘째, 단절과 분산의 정보화에서 소통과 융합의 정보화로의 전환이다. 이것은 지식과 서비스의 공유, 정보자원의 통합, 방송·통신의 융합 등 정보화 영역의 소통·융합으로 새로운 미래 가치를 창출하고 ICT와 전통산업, 서비스, 문화, 예술의 결합을 통해 사회 전반의 부가가치를 제고하고자 한다. 또한 국가 정보자원의 공유, 개방형 지식거래 시장 구축 등 지식 창출 및 활용을 위한 개방·공유·협업 기반을 마련하고, 국가 지식의 총량을 극대화하기 위한 지적재산권의 보호·활용의 조화 및 건전한 유통환경을 조성하며, 분산된 국가 지식자원의 연계·활용을 위한 지식 인프라를 구축하고자 한다.

셋째, 정보화 순기능에서 정보화 역기능 고려로의 전환이다. 이것은 스팸 메일, 해킹, 개인정보 유출 등 정보 보호에 대한 정책 강화로 지속 발전 가능한 정보화의 기반을 마련하고, 사이버상의 질서·윤리를 확립하여 부정확한 정보의 확산에 따른 갈등 예방 등 신뢰할 수 있는 정보사회를 실현하고자 한다. 이를 위해 사이버 위협에 대한 예방·대응 체계 구축, 개인정보 보호 강화, 인터넷 윤리교육 및 건전 정보문화 캠페인 등을 실시한다.

넷째, 촉진 중심의 정책에서 활용 중심의 정책으로의 전환이다. 이것은 국가정보화 기본설계도(EA)에 기반을 둔 체계적 정보화로 기존 정보화의 문제점을 극복하고, 시스템 활용도를 극대화하며, 사회 모든 분야에서 축적된 지식정보를 효율적으로 공유·활용할 수 있는 지식 기반 인프라를 구축하고자 한다(정충식, 2009: 113-114).

이를 통해 수요자 중심의 서비스 및 정보자원 통합・연계로 국민과 소통하고 기업의 실질적 가치 창출을 뒷받침하는 지능형 정부를 구현하고자 한다.[3)]

지금까지 설명한 각 정부의 전자정부 추진 내용을 정리하면 <표 7-3>과 같다.

표 7-3 우리나라 전자정부 추진 연혁

정부	추진 업무	추진 주제
전두환 정부 (1981–1987)	행정 전산화 5개년 기본계획(1978–1987) - 전산기 공동 이용 및 기관별 업무 처리를 위한 전산 통신망 구성	행정전산화추진 위원회 (총무처), 전산센터(도별)
노태우 정부 (1988–1992)	국가 기간 전산망 사업계획(1987–1996) - 전자정부의 기본 토대가 되는 국가 기본 정보의 디지털화 시작	전산망조정위원회 (대통령 직속), 한국전산원(체신부)
김영삼 정부 (1993–1997)	행정 종합 정보망 본격 개통/운영 - 행정 정보의 유통 체계 확립 - 정부 내 부가가치 통신망 서비스 활성화	
	정보화 촉진 10대 중점 과제 선정 - 작지만 효율적인 전자정부 구현 목표 - 정보화 촉진 기본 계획에 기반 - 전자정부 개념 도입 단계	정보화추진위원회 (대통령 주재 전략회의), 행정자치부
	초고속 정보통신망 사업	
김대중 정부 (1998–2002)	18개 전자정부 구현을 위한 과제 정립 - 행정 업무의 재설계 추진 등	
	11대 전자정부 중점 추진 과제 - 민원 서비스 혁신 사업 등	전자정부특별위원회 (대통령 자문위원회)
노무현 정부 (2003–2007)	전자정부 31대 로드맵 과제 - 문서 처리 전 과정의 전자화 등	전자정부전문위원회 (대통령 자문위원회)
이명박 정부 (2008–2012)	차세대 전자정부 비전 제시 - 국민과 함께하는 세계 최고 수준의 디지털 정부	정보화추진위원회, 행정안전부

자료: 박철우(2011).

---

3) http://mopas.go.kr/gpms/view/korea/korea_index_vm.jsp?cat=bonbu/elet&menu=elet_05_01 참조.

제 5 절 전자정부의 역기능

전자정부의 구현에 따라 여러 가지 부작용과 역기능이 확대되고 있다. 즉, 정보통신 이용이 급격히 확산되면서 해킹, 자료 유출, 정보의 변조와 파괴 및 바이러스 유포 등과 같은 사이버 범죄와 불건전 정보의 유통, 전자우편의 남용, 개인정보의 유출에 의한 프라이버시 침해 등 전자정부의 역기능이 해를 거듭할수록 늘어나고 있다는 점이다. 또한 고소득층과 저소득층 및 중앙과 지방 간의 정보 격차 문제, 즉 디지털 격차(digital divide)가 심각한 사회문제로 대두되고 있다.

이러한 역기능에 대해 적절하게 대처하지 못한다면 사회 전반에 걸쳐 심각한 위기의 국면을 맞이할 수도 있는 상황이다. 여기에서는 이들 가운데서 사이버 범죄, 전자감시사회 및 정보 격차의 문제점들을 살펴보도록 한다.

1 사이버 범죄의 등장

1) 사이버 범죄의 의의

전자정부의 구축으로 인해 대민행정 서비스가 온라인화됨으로써 언제, 어디서나 국민들의 접근과 이용이 가능해지고 있다. 그런데 이러한 대민행정 서비스는 사이버 공간에서 정보통신기술을 이용하여 제공되므로 다양한 사이버 위협에 노출될 수밖에 없는 실정이다. 전자정부에 대한 사이버 위협이란 전자정부의 핵심 요소인 정보 시스템 등의 취약한 부분을 공격함으로써 시스템 내부에 침입하여 각종 정보를 유출, 위조 및 변조하거나 시스템을 마비 또는 파괴하는 등의 사고를 유발하는 것을 의미한다.

전자정부에 대한 위협은 초기에는 정부전산망의 침입 및 데이터 파괴 등 컴퓨터 범죄에 국한되었으나, 최근에는 다양한 윤리적인 문제들까지 결합되어 넓은 의미의 사이버 범죄로 확장되고 있는 추세이다(정충식, 2009 : 319-320).

2) 사이버 범죄의 대응 방안

앞으로 사이버 범죄는 더욱 기술적으로 교묘해지고 고도화되며, 그 수법이 다양해지고 은밀해질 것으로 예상된다. 그 피해 또한 단순한 전산망 장애에 국한되지 않고, 기업과 국가기관의 중요 자료 및 개인정보 유출 등으로 이어질 가능성이 높다. 이처럼 예상되는 위협에 대해 국가사이버안전센터(National Cyber Security Center)에서 밝히는 사이버 위협 대응 방안은 다음과 같다.

(1) 사이버 안전 대책 수립 및 자체 대응 역량 강화

「국가사이버안전관리규정」(대통령훈령 제291호, 2012.1.2 일부 개정) 제9조에 따르면, 중앙행정기관의 장이 소관 정보통신망을 보호하기 위해 사이버 안전 대책을 수립·시행하고 이를 지도·감독해야 한다고 명시하고 있다. 국가정보원은 사이버 공격을 정보화 역기능 대응 차원이 아닌 국가 안보 차원에서 대응하기 위해 최근 15개 정부부처와 합동으로 마련한 국가 사이버 안보 마스터 플랜을 추진하면서 민·관·군 합동 대응 체계를 강화할 계획이다. 국가 사이버 공간을 수호하기 위한 5대(예방, 탐지, 대응, 제도, 기반) 추진전략, 17개 과제 아래 다양한 50개 세부 실행계획이 담기게 되며 2012년부터 2015년까지 본격 추진된다. 사이버 공격 기술 분석과 대형사고 조사·검증을 위한 민·관 협력을 강화하기 위해 현재 안철수연구소 등 6개 정보보안 업체와 2개 국책연구소가 참여하고 있는 합동 사이버 위협 분석 체계도 전면 확대할 예정이다. 여기에는 사이버사령부 관계자와 정보보안업체 전문가들이 추가로 참여하게 된다.[4]

(2) 주기적인 안전성 확인 및 정보통신망 보안 대책 수립

「국가사이버안전관리규정」 제4조 제1항에 따르면, 중앙행정기관의 장은 소관 정보통신방에 대해 안정성을 확보할 책임이 있다고 명시하고 있다. 안전성 확인이라 함은 각급 기관이 정보 시스템의 중요도에 따라서 소요되는 보안 대책을 적절히 강구하고 있는지를 평가하는 것이다. 이에 따라 행정전자서명(GPKI)을 도입했는데, 이는 전자정부 서비스를 이용할 때 사용자의 신원 확인, 문서의 위·변조 방지 등의 수단으로 사용되는 것으로서 인증서 버전 및 일련번호, 유효 기간, 발급기관명, 전자서명 알고

---

4) 디지털데일리, 2011. 8. 28.

리즘 정보, 가입자 이름, 신원 확인 정보 등이 포함된다.5) 또한 행정안전부는 '전자정부 정보보호 중기 추진계획'을 통해 2014년까지 디도스(DDoS · 분산 서비스 거부) 대응 장비 등 사이버 침해 대응 인프라를 대폭 확충한다. 또한, 인터넷 차단을 의무화하는 한편, 행정기관이 출입 이력, 접근 권한 관리 시스템 등을 도입하도록 지원해 효율적 내부 보안관리가 이뤄질 수 있도록 할 방침이다. 이외에도 대부분 해킹 공격이 소프트웨어(SW) 프로그램의 보안 취약점을 이용한다는 점을 고려해 정보 시스템 구축 시 SW 개발 단계에서 취약점을 사전 진단하고 제거하는 'SW 개발보안' 제도를 의무화하는 내용을 포함했다. 아울러 현재 4만여 명이 이용하는 정부 원격접속 지원 시스템(GVPN)에 본체 없는 컴퓨터(SBC) 방식을 도입, 컴퓨터에 자료가 남는 것을 원천적으로 차단하는 등 행정기관의 스마트워크 활성화에 따른 보안 위협에도 선제적으로 대응하기로 했다. 이를 통해 현재 60%인 사이버 침해대응 인프라 수준이 2014년 말에는 92% 수준으로 개선될 것으로 보고 있다.6)

(3) 최신 사이버 침해사고 예방을 위한 보안 장비 도입

최신 사이버 침해 사고를 예방하기 위해서는 침입 차단 시스템, 침입 탐지 시스템, 백신 등을 도입해야 한다. '정부통합전산센터'는 현재 50여 개 중앙행정기관의 전자정부 시스템을 통합 운영하고 있는데, 보안 부분에서는 완벽한 물리적 재난 대비 체계와 'e-안시성' 같은 최첨단 사이버 종합방어망을 구축해 현재까지 한 건의 심각한 피해도 입지 않을 정도로 철지한 방이 체계를 마련했다.7)

(4) PC 사용자 보안교육 주기적 실시 및 관리환경 구축

청소년 및 성인을 대상으로 정보화 역기능 현상을 사전적으로 예방하고 인터넷상의 올바른 가지 규범을 정립하는 범국민 정보윤리교육을 실시해야 한다. 이를 위해 청소년들이 자율적으로 구성한 동아리 등을 지원하여 건강한 정보문화를 습득하고 실천할 수 있는 기회를 제공하는 것은 물론 건전한 정보 활용 문화를 확산시키기 위해 캠페인 활동 등을 전개할 필요가 있다.8)

5) http://mopas.go.kr/gpms/view/korea/korea_index_vm.jsp?cat=bonbu/elet&menu=elet_09_02 참조.
6) 연합뉴스, 2011. 6. 27.
7) 보안뉴스, 2011. 11. 30.
8) http://mopas.go.kr/gpms/view/korea/korea_index_vm.jsp?cat=bonbu/elet&menu=elet_08_02 참소.

(5) 홈페이지 보안설계 재검토 및 자체 점검 실시 등

정보 보호 분야의 국제 인증제도(ISO 27001 ISMS)를 토대로 우리나라 환경에 알맞은 정보보호관리 체계 인증제도(G-ISMS)를 제정하여 정보 보호 관리를 체계적으로 수행토록 한다.[9]

2 전자감시 사회와 사생활 침해

1) 전자감시 사회

전자감시는 시공간을 초월하여 사회통제 메커니즘이 더욱 집중화되는 사회를 말한다. 흔히 전자정부가 고도화되면 정부의 행정통제력이 강화되어 이른바 오웰(George Orwell)의 소설 「1984년」에 등장하는 '빅 브라더' 국가가 출현할 것이라고 우려하는 사람들이 있다. 이러한 전자감시의 문제는 개인의 프라이버시 측면에서 인권 침해로만 그치는 것이 아니다. 전자감시 체제가 개인적 차원에 그치지 않고 사회적으로 파장을 확산시킬 수도 있는 것이다. 예컨대 전자감시가 사회적 계층화를 심화시키고 시민행동을 감시하거나 통제하는 수단으로 악용될 수도 있다.

2) 전자감시 해소 방안

사회적 전자감시 수단이 다양화되면서 정보기술에 대한 부작용이나 역기능에 대한 논란이 끊임없이 제기되고 있다. 따라서 전자감시에 대비한 법·제도적 장치를 세밀하게 정비하고 좀 더 강화해야 한다. 특히 인터넷상에서 자신의 의사와 무관하게 수집 및 유출되는 개인 프라이버시를 보호하고 기업 정보 등에 대해 프라이버시권을 보호해 주어야 한다. 또한 개인의 사생활 침해 방지나 개인 정보 보호를 위해 프라이버시권이라는 개념도 검토해 볼 수 있다(권기헌, 2008: 412-413). 프라이버시권은 정보의 공개와 상충되는 개념이 될 수 있으나 정보의 활용에 대한 목적의 명확화, 정보 사용에 대한 안전 보호, 책임성까지 고려한다면 정보 공개와 프라이버시 권리는 동일한 목적을 가진다고 볼 수 있다.

---

9) http://mopas.go.kr/gpms/view/korea/korea_index_vm.jsp?cat=bonbu/elet&menu=elet_05_01 참조.

이와 더불어 전자감시의 폐해를 최소화하기 위해서는 자신의 정보 보호뿐만 아니라 타인의 프라이버시 보호에도 주의를 기울이는 태도를 가져야 한다. 국가나 기업의 감시에 의해 프라이버시의 침해가 만연할 경우 사회 전체의 안정과 신뢰가 붕괴될 수 있음을 인지하고 프라이버시 보호를 위해 적극적인 노력을 전개할 필요가 있다(오관석, 2010 : 274-282).

3 정보 격차의 문제점

1) 정보 격차의 개념 및 특징

정보 격차는 정보사회가 심화되어 가면서 나타나는 디지털 기기에 의한 불균등한 정보 확산 과정을 설명하는 현상으로서, 정보의 접근 및 이용이 여러 사회 집단 간 동등한 수준으로 진행되지 않는 현상을 지칭한다(권기헌, 2008 : 449). 이러한 정보 격차는 사회구조의 변화에 따라 그 위상이 변한다. 즉, 정보 격차는 정보사회에서 추가된 사회 불평등의 하나로서 나타나는 사회구조적 현상이다. 사회구조는 정보 격차를 포함한 경제적 · 교육적 · 문화적 불평등 등 다양한 사회 불평등을 낳고, 이러한 불평등은 다양한 차원의 사회적 갈등을 초래한다(정충식, 2007: 346).

우리 사회에서 정보 격차는 세대와 지역 간의 격차뿐만 아니라 계층 간에도 상당히 심하게 나타나고 있다. 이 같은 정보 격차의 문제가 계층 간 양극화를 가속화하고 고착화시킬 가능성이 지적되고 있다(안문석, 2008: 258). 예컨대 정보 격차는 수준별 차이가 지식을 창출하는 차이로 고착화된다. 즉, 소득 · 계층 간, 교육 수준에 따라서 정보의 활용과 소비에서 차이가 발생하게 된다.

2) 정보 격차 해소 방안

정보 격차를 해소하기 위해서는 계급 간, 계층 간의 소득 격차를 줄이거나, 소득 격차가 정보에 대한 접근 기회의 불평등으로 이어지는 연결고리를 차단하는 정책이 필요하다. 그것은 사회불평등 완화를 위한 기존의 소득재분배정책, 사회복지정책과 함께 보편적 접근, 보편적 서비스의 확대를 정보화정책의 핵심 축으로 설정해야 함을 의미한다(권기헌, 2008: 456). 또한 정보 격차의 해소를 위해 각 부처는 전국 단위의 행정 하급기관인 읍·면·동에 이르기까지 인터넷 설치뿐만 아니라 정보교육을 실시해야 한다. 이를 위해 정부는 정보 취약계층에 대한 정보 격차 해소 종합계획 등을 토대로 범부처 차원의 정보 격차 해소 정책을 추진하기 위해 시행계획을 수립하여 실시하고 있다(오관석, 2010: 274-282).

제 6 절 전자정부의 새로운 방향

1 의의

급변하는 정보사회의 패러다임에 맞춰 ICT 기반의 전자적 행정 업무와 민원 서비스 대상이 확대되는 등 정부의 형태와 기능, 역할 등도 급속히 진화하고 있다. 예컨대, 전자정부는 정부 업무에 ICT를 접목해 행정 서비스의 전자화·효율화를 추진하고, 국민이나 기업의 편리성 향상과 사회 전반의 효율성을 추구하고 있다. 그런데 이러한 전자정부가 성숙하면서 인터넷의 양방향성을 활용하여 적극적으로 정부 정보를 공개하거나 정책 결정 과정에 시민 참여를 촉진하는 '열린 정부(open government)'로 변화하고 있으며, 점차 시민 참여를 주축으로 정책 성과를 향상시키고 있다. 또한, 시민의 영향력을 확대시켜 시민과 협력·상생하는 스마트 정부로 진화하고 있는 상황이다(한국정보화진흥원, 2010c: 21). 특히 한국에서는 최근 행정안전부의 주도 하에 '스마트 전자정부(smart government)'라는 개념이 주목을 받고 있다. 다음에서는 전자정부의 새로운 진화 방향에 대해 자세히 알아보고자 한다.

2 소통형 디지털 정부

'소통형 디지털 정부'는 정부·시민 간 양방향적 소통을 바탕으로 하여 실질적인 시민 참여와 합의를 통해 좀 더 효율적인 정책 구현을 이루고자 IT를 최적의 툴(tool)로 인식하고 활용하는 21세기 선진 정부의 모델이라고 할 수 있다(한국정보화진흥원, 2009b). 1990년대 이후 세계 각국은 기업의 '고객 만족 경영'을 행정에 응용한 정부 업무 혁신의 수단으로서 '시민 중심의 열린 정부' 개념을 도입했는데, 이 과정에서 소통형 정부는 이해관계자 간 정책적 합의를 도출하여 좀 더 효과적·효율적인 정부의 정책 추진력 및 성과를 가져올 수 있는 새로운 패러다임으로 부상하고 있다. 이에 현재 미국, 영국, 호주 등 주요국은 21세기의 새로운 국정 운영 패러다임으로 소통형 디지털 정부를 구현하고자 노력하고 있다.

이러한 소통형 디지털 정부 구현을 위해 필요한 핵심 요소는 다음과 같이 세 가지로 정리될 수 있다.

첫째, 투명한 정부(transparent government)이다. 즉, 시민들에게 정부가 무엇을 어떻게 하고 있는지에 관한 정보를 IT 기술을 활용하여 정확하고 투명하게 공개·공유함으로써 정부의 책임감 향상 및 신뢰 제고에 기여할 수 있다.

둘째, 참여 지향적 정부(participatory government)이다. 기업과 시민 등 다양한

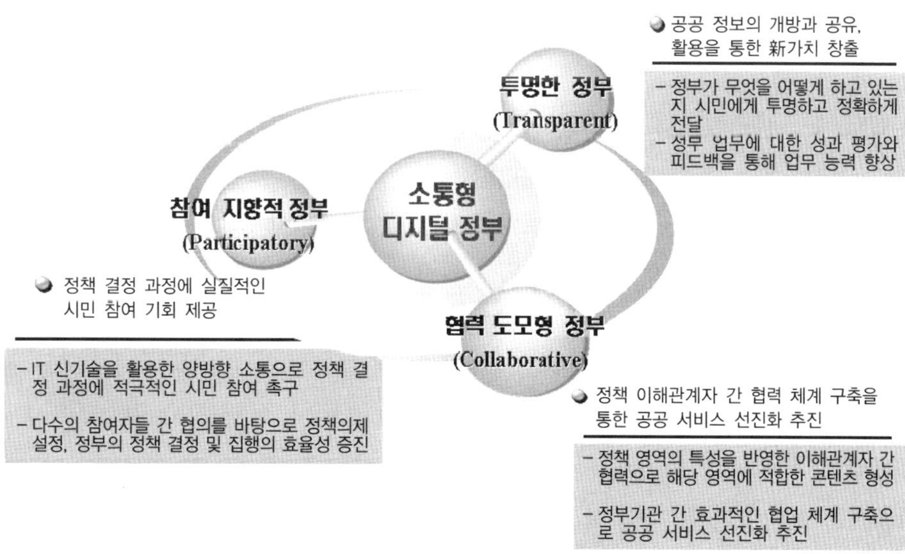

그림 7-4 소통형 디지털 정부 구현을 위한 3대 핵심 요소 및 추진 내용

자료: 한국정보화진흥원(2009b)을 수정함.

이해관계자들 간 양방향 온라인 소통과 참여를 기반으로 온라인상의 정책 결정 과정에서 합의를 도출함으로써 정책 의제설정 및 집행 등에서 효율성을 증진할 수 있다.

셋째, 협력 도모형 정부(collaborative government)이다. 온라인 네트워킹 및 프로세스를 통해 정책 이해관계자 간 긴밀한 협력 체계를 구축함으로써 우수한 정책 콘텐츠와 전략 수립에 기여하며, 정부 조직 간 효과적인 협업이 가능해짐으로써 공공서비스 선진화를 도모할 수 있다. 해외 주요 선진국은 IT를 이러한 3대 핵심 요소 구현에 필요한 최적의 전략적 도구로 인식하고, 이를 적극 활용하는 다양한 전략을 추진하고 있다.

1) 주요 선진국의 관련 정책 현황

첫째, 소통형 디지털 정부와 관련하여, 미국은 시민과의 소통을 강조하는 열린 정부 개념을 적극 도입하고 있다. 예컨대 '투명하고 책임있는 열린 정부(open government)'를 국정 운영의 목표로 제시하고, 백악관을 중심으로 연방 부처 및 기관에 IT의 적극적인 활용을 강조하고 있다. 이러한 미국의 소통형 정부는 정부와 시민 간 원활한 소통에 따른 정책 수립이 민주주의의 강화와 미래 사회의 통합은 물론, 정부 업무 혁신에도 기여할 것이라는 확고한 명제에서 출발하고 있다. 또한 소통형 정부는 경기 부양, 에너지와 환경, 의료 개혁, 정부 업무 개선 등의 정책 현안 해결에도 필요하다고 인식되고 있는데, 이와 관련하여 오바마 대통령은 소통형 디지털 정부 구현을 위해 백악관 행정부에 시민참여국(Office of Public Engagement: OPE)을 개편하고, 연방 CIO인 쿤드라(Vivek Kundra)와 최초의 CTO(최고정보기술책임관)인 초프라(Aneesh Chopra)를 임명하여 범정부 차원의 리더십을 부여하는 등 추진 체계를 정비한 바 있다.

둘째, 영국의 경우 미래 사회의 국정 운영을 위한 핵심 가치로 소통형 정부를 선택해 도입하고 있다. 영국 정부는 미래 사회의 국가경쟁력 강화를 위한 추진 목표로 '디지털 통합(digital engagement)'을 선정하고, 이를 위해 소통형 정부의 가치와 의미를 수용하여 ICT를 적극 활용하고 있다. 이를 위해 내각사무처(Cabinet Office)는 정부와 시민, 정부기관 간 디지털 통합을 중심으로 사회의 개방성과 참여를 높여 좀 더 선진화된 온라인 공공 서비스를 제공하고자 새로운 보직을 신설(디지털통합국장,

Director of Digital Engagement)하여 전략을 수립 및 추진하고 있다.

셋째, 호주는 소통형 정부에 대한 세계적 트렌드를 감지하고 이를 국가 벤치마킹 대상으로 선정했다. 호주는 미국과 영국이 추구하는 소통형 정부의 의미와 중요성을 이해하고 관련 정책을 적극 추진하고 있으며, 이 과정에서 기존의 안정적인 호주의 정보화 기반과 전자정부를 적극 활용하고 있다.

이와 더불어 해외 주요 선진국의 3대 핵심 요소별 추진 전략 및 사례를 간단히 정리하면 <표 7-4>와 같다.

표 7-4 해외 주요 선진국의 3대 핵심 요소별 추진 전략 및 사례

구분	국가	추진 전략 및 사례
투명한 정부	미국	• 국가 주요 정보를 제공하는 신규 웹 사이트 구축 - Data.gov : 연방정부가 생성 · 보유하고 있는 주요 정보 제공 - IT Dashboard : 정보화 예산 관련 정보 제공 - Recovery.gov : 2009년 경기부양법 실행에 따른 예산 · 운영 정보 제공
	영국	• 범정부 차원의 정보 재활용 전략(POI) 수립 - 4대 원칙과 6대 주요 부문별 25개 권고안 제시
	호주	• 정부의 정보 공개 확대를 위한 추진 체계 정비 : '미래 정부 T/F' 발족
참여 지향적 정부	미국	• 공공 웹 사이트에 웹 2.0 기반의 소셜 네트워크 서비스 도입 · 활성화 - e 타운홀 미팅 : 오프라인 주정부 순회 미팅을 온라인과 연계 · 제공함으로써 모든 미국 시민이 실시간으로 대통령과 질의 응답 및 토론 가능 - 연방정부의 공식 소셜 네트워킹 사이트 활성화 : 백악관을 시작으로 연방 기관들이 트위터, 페이스북, 마이스페이스 등에 공식 블로그 등을 개설 - Regulations.gov : 연방 규제정책에 관한 평가 및 정책결정 참여가 가능한 온라인 토론방 구축 - 시민 참여를 통한 범정부 차원의 소통형 정부 전략 완성 : 3단계 참여 방안에 따른 의견을 수렴 · 반영하여 완성된 열린 정부 전략 발표 예정(10월)
	프랑스	• 정책 어젠다 설정을 위해 정당별 블로그(blog) 개설
	핀란드	• 공무원과 시민이 함께 정책을 결정하는 온라인 협의 포럼 운영
협력 도모형 정부	미국	• 전문 정책 영역의 온라인 전문가 네트워킹 체계 구축 - Aristotle : 국방 관련 전략 수립에 효과적인 전문가 연계 사이트 구축 - Global Development Common : 국제 원조에 관한 국내 · 외 다양한 그룹 및 개인을 연결시킴으로써 다양한 아이디어 발굴
	영국	• 실제 정책 수혜자가 참여하는 온라인 정책 결정 프로세스 구현 - 온라인 가정폭력 방지 정책 형성 프로젝트 운영

2) 한국의 관련 정책 현황

우리나라는 투명한 정부 구현을 위한 정부 정보 공개나 협력 도모형 정부 구현을 위한 각종 네트워킹 체계 등 실질적인 활성화가 아직 미흡한 실정이다. 물론 공공기관이 보유·관리하고 있는 정보를 공개·청구할 수 있는 정보공개 시스템이 운영되고 있으나, 주로 민원 처리와 관련된 정보에 국한되고 있다.

게다가 최근 공공 부문에서 다양하게 추진하고 있는 온라인 소통과 시민 참여를 위한 블로그, 미니홈피, 토론방 등 역시 공무원의 참여가 미흡하며, 시민 참여 촉진 기능이 부재하는 등 활용률이 저조하며, 정부 정책에 대한 일방향적인 홍보 위주로 운영되고 있는 경우가 많다.

3) 발전 방향

소통형 디지털 정부의 향후 발전 방향을 앞서 논의했던 3대 핵심 요소를 중심으로 분류하여 제시하면 다음과 같다.

(1) 투명한 정부

첫째, 국가의 비전에 관한 정책 과제와 주요 현안, 정부 예산과 성과 평가 등에 관한 핵심 정보 카테고리별로 공개할 수 있는 새로운 웹 사이트 구축이 필요하다. 이러한 웹 사이트는 경기 회복과 일자리 창출에 관한 범정부 차원의 정책과 예산 및 성과 정보, 국가정보화사업에 관한 예산 및 현황, 성과 정보 등 시민이 알 고자 하며 알 필요가 있는 정보를 카테고리별로 제공해야 하며, 일방향적인 정보 공개와 홍보 등의 구성이 아닌 시민의 정보 접근과 이용, 자유로운 정보 교환 및 활용이 가능하도록 설계되어야 한다. 또한 웹 사이트를 통한 정보 열람을 통해 해당 정책의 예산 및 성과 평가에 대한 의견을 개진하고, 공개정보 관련 정책 결정 과정에 참여하여 피드백되는 수용 처리 과정을 열람할 수 있는 프로세스가 구현되어야 한다.

둘째, 방대하고 분산되어 있는 정부의 정보 활용 가치를 높이기 위해 영국의 POI 전략 등과 같은 범정부 차원의 전략 수립이 필요하다. 다만 여기에는 국가의 기밀 사항, 안보와 관련된 정보, 개인 프라이버시 등 민감성 정도를 고려한 정보 공개의 선별 기준 및 절차 등 공개 관련 지침과 법제도 정비가 필수적으로 요구된다.

셋째, 국가의 주요 정보 개방과 공유를 위한 웹 사이트 구축을 위해서는 정부기관의 개별적인 업무 시스템 연동과 상호 운용성, 표준화 문제 등의 기술 인프라 이슈 및 국가 안보와 개인정보 보호 등의 보안 문제 해결이 필수적이다. 이러한 문제 해결을 위해 미국은 개방형 표준, 정부의 연구 개발 투자, 크라우드소싱(crowdsourcing)[10] 등의 원칙에 따른 '혁신 플랫폼'의 개발을 추진한 바 있다.

(2) 참여 지향적 정부

첫째, 온라인 소통 채널 다양화와 실질적인 피드백 체계 구축 등에 대한 혁신적인 아이디어를 도입하여 새로운 소통 방식을 구현하기 위한 정책적 노력이 필요하다. 둘째, 의제 설정, 정책 결정, 정책분석, 정책평가 등 정책 과정의 각 단계에 필요한 시민 참여 수준과 방식을 고려한 최적의 온라인 참여 모형을 개발할 필요가 있다. 현재 우리나라의 공공 부문 및 정당의 블로그는 거의 동일한 포맷과 형식에 따라 단편적인 댓글 달기와 의견 열람 등을 통한 참여 방식에 치중해 있어 실질적인 정책 참여 루트(route)와 피드백(feedback) 체계에 대한 구축이 미흡한 실정이다.

(3) 협력 도모형 정부

첫째, 정부기관 간 협업 및 협력 체계 구축으로 공공 서비스 선진화를 추진해야 한다. 즉, 기관 간 업무 협업과 조정을 통해 다수의 중복되고 불필요한 서비스를 합리적으로 통·폐합하여 좀 더 효과적·효율적으로 공공 서비스를 전달할 필요가 있다. 이러한 기관 간 협력 체계 구축은 개별 시민의 니즈(needs)를 충족시킬 수 있는 온라인 개인화 서비스 콘텐츠 개발 및 웹 사이트 운영을 위한 핵심 요소라고 할 수 있다.

둘째, 다양한 수준의 지식 정보와 경험, 노하우 등을 공유·축적·활용하기 위한 이해관계자 간 협력 체계 구축으로 정책 영역의 특성에 따른 최적의 콘텐츠를 개발할 필요가 있다. 예컨대 전문 정책 분야의 콘텐츠 개발과 같은 경우에는 국방, 예산, 환경, 의료 등의 전문 정책 영역의 우수한 콘텐츠 형성을 위해 미국의 사례와 같이 다양한 전문가 풀로 구성된 네트워킹 채널이 필요하며, 생활밀착형 정책 분야의 콘텐츠 개발에서는 가정 폭력, 아동 학대, 장애인 치료 등에 관한 정책 영역의 실용적인 콘텐츠 형성을 위해 영국, 핀란드 등과 같이 유경험자나 실제 정책 수혜자들과의 협력 체계 구축이 필요하다.

---

10) 크라우드소싱은 생산과 서비스의 과정에 소비자 혹은 대중을 참여하도록 개방하여 효율을 높이고 수익을 참여자와 공유하는 방법으로 웹 2.0으로 다양해진 새로운 가능성 중 핵심적인 내용이다.

3 스마트 전자정부

최근 우리나라에서는 정보통신기술의 지속적인 발달과 세계 최고 수준의 전자정부 역량을 바탕으로 과거의 전자정부 개념이 더욱 진화하고 있다. 특히 '스마트 전자정부(smart government)'라는 개념이 주목을 받고 있는데, 행정안전부에 따르면, 이는 "진화된 IT 기술과 정부 서비스 간 융·복합을 통해 언제 어디서나 매체에 관계 없이 자유롭게 국민이 원하는 정부 서비스를 이용하고, 국민의 참여·소통으로 진화하는 선진화된 정부"(행정안전부, 2011f: 4)를 의미한다. 이와 관련하여 정부에서는 지난 2011년 4월 '스마트 전자정부 추진계획'을 수립했으며, '모바일 전자정부 서비스 중장기 추진계획'을 2011년 8월에 발표하여 체계적인 스마트 시대를 대비하고 있다. 다음에서는 이러한 스마트 전자정부에 대해 좀 더 상세히 논의하고자 한다.

1) 스마트 전자정부의 기본 방향

행정안전부가 제시하는 스마트 전자정부 구현을 위한 비전(vision) 체계도는 [그림 7-5]와 같다. 그리고 이를 달성하기 위한 기본적인 추진 방향을 다음과 같이 제시할 수 있다.

첫째, '선도'로, IT 신기술을 활용하여 정보화 패러다임 변화에 선제적으로 대응하고, 모바일 전자정부 조기 구현을 통해 뉴 미디어 시대를 선도해야 한다. 또한 IT 기술과 서비스 간 융·복합으로 글로벌 전자정부의 위상을 공고화할 필요가 있다.

둘째, '고도화'로, 이는 미래 사회의 환경 변화에 발맞춰 정부 서비스의 수준을 제고하는 것으로서, 저출산·고령화 등 국가사회 현안에 대한 해결책을 제시하고, 재난·안전·복지 등 새로운 국민 수요 증대에 적극적으로 대응하기 위한 것이다.

셋째, '인프라 강화'로, 기초가 탄탄한 지속 가능한 전자정부 인프라를 구현하기 위해 현재의 Active X와 같은 특정 기술에 종속되지 않는 보편적 전자정부 이용 환경을 구축하고, 국가정보자원의 운영을 효율화함은 물론 전자정부 추진 역량을 강화할 필요가 있다.

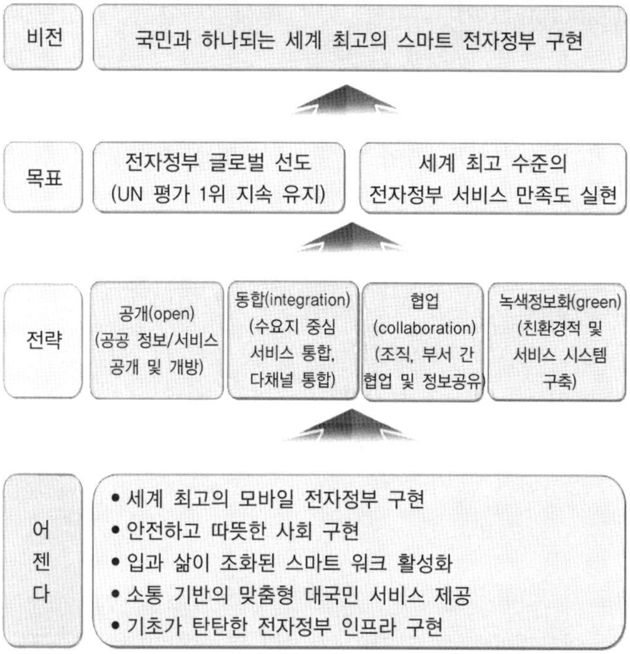

그림 7-5 스마트 전자정부 비전 체계도

자료: 행정안전부(2011f).

2) 스마트 전자정부의 추진전략과 어젠다

스마트 전자정부를 구축하기 위한 추진전략은 구체적으로 다음과 같이 네 가지로 나눠 볼 수 있다.

첫째, 공개(open)이다. 이는 공공 정보 및 서비스를 공개·개방하는 것으로서, 민간 분야에서 공공정보를 자유롭게 활용·유통할 수 있도록 단계적으로 개방해야 한다는 것이다. 또한 국민의 정책 참여와 소통 활성화를 위해서도 정부의 주요 정책과 서비스를 투명하게 공개해야 할 필요가 있다.

둘째, 통합(integration)이다. 이는 수요자 중심으로 서비스 및 다채널을 통합하는 것으로, 수요자가 원하는 맞춤형 통합 서비스 제공을 위해 정부 서비스와 데이터를 수요자 중심으로 연계·통합하는 것이다. 이를 위해 스마트폰, 태블릿PC, 스마트TV 등 다채널 서비스를 제공하고, 다채널 간 상호 호환 및 연계·통합을 추진해야 한다.

셋째, 협업(collaboration)이다. 이는 조직, 부서 간 협업 및 정보를 공유하는 것으로, 국민 중심의 선제 행정, 맞춤형 행정, 현장 행정, 융합 행정을 실현하기 위해 행정기관 간 협업 및 공유 시스템을 구축하는 것이다. 이와 관련하여 정부기관뿐만 아니라 지자체, 공공기관, 민간까지 협업 및 공유 범위를 확대해야 하며, 시스템 구축과 병행하여 조직・부서 간 협업 및 공유를 할 수 있는 문화 및 제도의 정착을 추진해야 한다.

넷째, 녹색정보화(green)이다. 이는 친환경적 및 저비용 시스템을 구축하는 것으로, 그린 ICT 제품 사용, 클라우드 컴퓨팅 등을 통해 IT 시스템을 그린화하는 것이다. 또한 스마트 ICT를 사회 각 분야에 적용하여 저탄소 녹색 성장 기반을 마련할 필요가 있다.

한편 스마트 전자정부와 관련된 구체적인 어젠다는 크게 다섯 가지로 나눠 볼 수 있다.

첫째, 세계 최고의 모바일 전자정부 구현이다. 모바일 전자정부의 구현이 필요해진 이유는 스마트폰, 태블릿 PC 등 모바일 기기의 확산에 따라 기존 PC 기반의 전자정부 서비스를 모바일 기반으로 전환할 필요성이 생기고, 모바일 서비스의 효과적 제공, 보안성 확보, 부처별 중복 투자 방지 등을 위한 모바일 공통 기반 구축이 필요해졌으며, 모바일 환경 확산, 수요자의 프로슈머(prosumer)화 등으로 공공 정보・서비스를 활용한 부가가치 창출 요구가 증대되었기 때문이라고 볼 수 있다.

둘째, 안전하고 따뜻한 사회 구현이다. 재난재해, 생활안전사고, 식품사고, 가축 전염병 및 흉악 범죄 확산 등으로 안전한 국민 생활이 위협받는 사례가 다수 발생하고 있다. 또한, 사회적 약자를 위한 복지 시스템, 예산 등을 강화하고 있으나 중복 수급 문제 등 복지전달 체계의 비효율이 발생됨에 따라 대응이 필요한데, 스마트 전자정부가 이러한 문제에 선제적이고 효과적으로 대응해야 할 것이다.

셋째, 일과 삶의 조화를 위한 스마트 워크(smart work)의 활성화이다. 최근 우리나라는 저출산・고령화에 대비하고, 일하는 방식을 선진화하며, 일과 삶의 균형 등을 추구하는 선진국형 근로환경 조성을 위해 새로운 근무 형태가 대두되고 있다. 이는 스마트폰, 원격영상회의 등 ICT환경 발전에 따라 언제 어디서나 효율적으로 업무를 수행할 수 있는 근무환경이 구현 가능하게 되었기 때문에 대두되었다고 볼 수 있다. 이러한 추세에 부응하여 스마트 워크를 활성화하여 공무원의 일하는 방식을 'work hard'에서 'work smart'로 전환하고, 국가사회 전반으로도 확산시킬 필요가 있다.

넷째, 소통 기반의 맞춤형 대국민 서비스의 제공이다. 그간의 정보화 성과에도 불구하고, 기관 간 정보 유통이 미흡하여 정부와 국민 간 소통 채널이 부족했던 것이 사실이다. 또한 국민의 정책 제기 등에 대한 환류 기능이 부족하며, 정부의 정책 및 예산집행 상황 등을 온라인에서 알아볼 수 있게 하는 공개 기능도 부족했다. 따라서 국민과 기업의 참여 · 소통을 기반으로 수요자가 원하는 서비스 및 정보를 맞춤형으로 통합 · 제공할 필요성이 증대되고 있다.

다섯째, 기초가 탄탄한 전자정부 인프라의 구현이다. 그동안 국가정보화에 대한 지속적인 투자로 전반적인 전자정부 수준은 세계 최고이나, 지속적으로 발전할 수 있는 인적 · 기술적 인프라는 취약한 것이 사실이다. 또한 글로벌 시장에서 국내 기업의 경쟁력이 취약하여 소프트웨어에서 외국산에 대한 의존율이 높은 실정이다. 또한 DDos · 해킹 등 정보보안 사고 발생, 정보 격차 확대 등 신규 ICT 환경에서도 정보화 역기능은 지속적으로 발생하고 있다.

제 8 장 전자주민카드의 실태와 도입 방향

제 1 절 전자주민카드의 의의 및 효용

1 전자주민카드의 의의

전자주민카드(electronic identification card : EIC)는 기존의 플라스틱 주민등록증을 대체하는 스마트 기능의 IC 칩에 개인정보(주민등록번호, 주소, 개인 인증서, 건강보험기록 등)와 바이오 정보(지문 이미지)가 탑재되어 있는 카드이다. 일반 신용카드 크기의 전자주민증 앞면에는 이름과 생년월일, 성별, 사진, 발행 일자, 발행기관 등이 인쇄되어 있고, 뒷면에는 증명 발급 번호와 한자, 영문 이름이 들어 있다. 또한 보안 기능을 강화하기 위해 자외선을 비추면 태극 문양을 형상화한 문양이 생기도록 하고, '대한민국'의 글자를 투명 홀로그램으로 나타나게 하여 복제 방지 기능을 내장하고 있다(이동범 · 고웅 · 곽진, 2008).

이러한 전자주민카드(EIC)는 대용량의 반도체 메모리 칩을 이용하여 기존의 주민등록증, 인감증명, 운전면허증, 의료보험증, 병역수첩, 국민연금증, 경로우대증 등 각종 신분증의 내용을 한 장의 카드에 기록 · 관리하는 것으로서, 본인의 비밀번호와 전자서명에 의해서만 사용이 가능하다. 또한, 전자주민카드는 여러 장의 신분증을 소지해야 하는 현행 제도의 불편을 해소하고, 국가기간전산망과 연계하여 각종 행정 업무의 효율성을 증대시키는 한편, 지식정보사회의 국민에게 의료 혜택·전자 자금 이체·원격 결제 등 새로운 편의를 함께 제공하여 국민 종합 복지카드로서의 역할을 수행함은 물론, 위·변조 방지 기능을 이용해 개인의 정보 보호까지 가능한 종합신분증이라고 할 수 있다(한국전산원, 1998: 43).

행정안전부는 다음과 같은 이유로 전자주민카드 제도를 도입하려 노력하고 있다(행정안전부, 2011i: 5). ① 현행 주민등록증이 경신된 지 10년[1]이 지나 사진이 낡고 용모 변화가 심해 신분 확인이 곤란하고, ② 플라스틱 주민등록증에 대한 위·변조가 쉬워진 반면 이에 대한 육안 판별이 어려우며, ③ 현재의 주민등록증 표면에 주민등록번호, 지문 등 민감한 개인정보가 노출되어 있어 보호 대책 마련이 필요하기 때문이다.

전자주민카드 정책은 1990년대 말에 개인 프라이버시 침해, 국가의 정보통제 우려, IMF 위기관리 체제 하에서 예산 문제 등으로 도입에 실패한 후 논의가 한동안 표면화되지 못하다가, 2008년 공무원과 시민 등 1만 명을 대상으로 시범 도입이 논의된 바 있다. 그리고 최근에 다시 전자주민카드의 도입 계획이 수립되었는데, 2013년 이후 5년에 걸쳐 신규자, 재발급자 및 신청자를 중심으로 하여 단계적·연차적으로 전자주민등록증을 발급할 계획으로 추진하고 있다(행정안전부, 2011h: 9).

2 전자주민카드의 효용

전자주민카드는 대체로 다음과 같은 효용을 갖는다.

첫째, 전자주민카드는 고도의 휴대성(portability)이 확보되어 사용자가 휴대하며 사용하기에 간편하다.

둘째, 암호화된 개인정보 및 생체 인식 기술에 의한 개인 신분 인증이 가능하기 때문에 공공기관 간의 정보 교환에 드는 비용을 최소화할 수 있다.

셋째, 필요에 따라 개인 데이터를 저장하는 고도의 저장성(storage)을 확보할 수

---

1) 주민등록증은 10년 주기로 1968년부터 1999년까지 총 3회 경신되었다.

있다. 이러한 특성을 이용하여 개인정보가 전자카드에 기록되면 단말기가 장착되어 있는 시스템에 관계 없이 정보의 공유가 가능하고, 사용자의 정보를 요구하는 공공 서비스를 신속하게 이용할 수 있어 시간을 단축할 수 있다.

넷째, 전자주민카드가 도입되면 공공기관에서는 신원 확인이 용이해지고 특정 공간과 정보자원에 대한 접근을 효과적으로 제한하거나 통제할 수 있다. 또한 디지털 서명 · 생체 인식 정보 · 의료정보 등을 저장하여 부가 서비스를 제공할 수 있으며 범죄 예방이 좀 더 용이해진다.

다섯째, 전자주민카드의 보급으로 관련 산업의 성장이 촉진될 수 있다. 이는 국가 경쟁력 향상에도 기여하게 된다.

여섯째, 국가적으로는 기존에 구축된 국가기간전산망과 연계되어 단위 업무별 전산화로 구축된 데이터와의 효율적인 활용을 통해 행정 능률의 향상을 극대화할 수 있다.

일곱째, 고도의 반도체 기술을 이용해 기존 신분증에서의 위 · 변조 문제를 원천적으로 봉쇄하고, 범법자 색출을 용이하게 함으로써 사회 안정에 기여할 수 있다(한국전산원, 2002; 조화순, 2005).

여덟째, 전자주민증을 통해 디지털을 기반으로 하는 유비쿼터스 시대에 행정이 효과적으로 대응할 수 있다. 즉, 정부가 현대의 정보통신기술의 발전상에 맞춰 정보기술이 제공하는 효율적인 측면을 활용할 수 있다(이영교 · 안정희, 2009 : 109).

제 2 절 우리나라의 전자주민카드 도입 정책

1 전자주민카드의 추진 배경 및 현행 제도의 문제점

전자주민카드 도입 정책은 기존의 주민등록증(1995년 이전 발급)의 경신 필요성에서 시작되었다. 기존 주민등록증은 종이에 사진을 붙이고 비닐을 접착하여 제작하는 재래식 비닐 접착 방식으로 제작되기 때문에, 분실되거나 도난될 경우 타인의 주민등록증을 이용하여 사진의 탈착에 의한 위 · 변조가 용이한 취약점을 가지고 있었다. 이

표 8-1 전자주민카드의 추진 과정

일자	내용
1995. 04	전자주민카드 계획안 확정 및 도입 발표
1996. 04	과천시 중앙동에서 시범 사업 실시
1997. 03	주민등록법 개정안 입법 예고
1997. 07	국무회의 심의 및 임시 국회 상정
1997. 11	전자주민카드 골자로 한 주민등록법 개정안 본회의 통과
1997. 12	시행령, 시행규칙 및 사무처리 지침 개정
1998. 04	제주도 전역 시범 실시
1999. 05	정부 사업 전면 백지화
1999. 05	주민등록법 개정

자료: 황보열(2004: 521).

에 따라 각종 범법자의 신분 위장이나 미성년자의 유흥가 출입 및 고용, 그리고 타인의 재산 사취 등에 악용되는 등 많은 부작용을 일으켰다.

게다가 1995년 당시 주민등록증은 경신이 상당히 지체되어 용모 변화와 훼손, 마멸 등으로 본래의 기능인 신분 확인이 곤란하게 된 경우가 많았으며, 단순한 신분 사항만이 기재되어 있어 그 기능이 제한적이기 때문에 별도의 주민등록 등·초본 발급에 따른 인력 및 비용 낭비를 초래하는 문제점을 가지고 있었다.

그래서 정부는 1995년에 의료보험증, 운전면허증 등 여러 가지 증명을 전자주민카드로 통합하는 주민등록법 개정을 추진했다. 그러나 시민단체 등의 반대에 부딪혀 <표 8-1>에서처럼 중단되고 말았다. 따라서 1999년 개정법에 따른 홀로그램 등의 기술이 포함된 플라스틱 주민등록증으로 교체했다. 그리고 2001년에는 새로운 보안 기술이 추가된 플라스틱 주민등록증이 발급되었다.

앞서 설명한대로 현행 주민등록증은 1999년 개정법에 의해 경신되어 발급·이용되고 있는데, 시간이 지남에 따라 많은 문제점이 드러나고 있다. 이러한 문제들 중에서 현실적으로 당장 시급한 문제는 주민등록증의 위·변조가 용이하여 각종 범죄에 악용된다는 점이다. 개정법에 의해 종이 주민등록증에서 홀로그램이 포함된 플라스틱 주민등록증으로 교체되었지만, 여전히 주민등록증 위·변조로 인한 피해가 발생

표 8-2 주민등록증 위·변조 범죄 발생 현황 (단위: 건)

구분	발생 건수	검거 건수
2007년	387	339
2008년	428	370
2009년	499	464

자료: 행정안전부 보도 자료(2010년 10월 25일).

하고 있다(김상겸, 2011).

특히 해가 갈수록 기술의 발달로 인해 첨단 인쇄 장비, 포토샵 등을 이용한 위·변조 수법이 교묘해지면서 이를 방지하기가 더 어려워지고 있다. 더욱이 중국이나 동남아 등지에서 조직적으로 주민등록증을 위조하여 반입하거나, 백지증·홀로그램 등 반제품을 국내로 반입하여 위조에 활용하는 사례가 늘어나고 있지만 이에 대한 여러 대책이 실효를 거두지 못하고 있다. 주민등록증의 위·변조와 관련된 범죄는 <표 8-2>에서와 같이 계속하여 증가하고 있다. 또한, 집주인 행세 전세사기단(2010. 12), 위조증 판매 인터넷카페 적발(2010. 12) 등과 같은 사건이 발생하는 등 범죄가 점차 전문화·조직화되고 일반인의 접근도 용이해져 국민들의 피해가 점차 커지고 있다(행정안전부, 2011h: 4).

따라서 정부는 단순한 신분 확인 기능만을 가진 증명서에서 벗어나 21세기 정보화 시대에 걸맞은 다기능 신분증으로 개선하는 것이 바람직하다고 판단하여 전자주민카드의 도입 정책을 본격적으로 추진하고 있다.

2 전자주민카드 정책의 기대 효과

정부는 전자주민카드 도입을 추진하는 입장에서 전자주민카드가 갖는 효용성을 국민 편익의 측면과 행정의 효율성이라는 측면에서 제시하고 있다. 이러한 내용을 좀 더 자세히 살펴보면 다음과 같다.

국민 편익의 측면에서 주민등록증, 운전면허증, 의료보험증 및 국민연금증서를 통합한 전자주민카드는 휴대가 간편할 뿐만 아니라 IC칩 내에 최신의 정확한 개인정보를 수록·관리할 수 있어 신용사회의 구축에 기여함은 물론, 그러한 개인정보를 활용하여 사회복지행정의 고도 전산화 및 국민복지 향상에도 기여할 수 있을 것으로 기대되었다. 특히, 이러한 전자주민카드는 초고속정보통신망과 연계하여 원스톱(one-stop) 민원 서비스를 구현함으로써 정보사회에 걸맞은 다양하고 편리한 서비스를 제공할 수 있다.

또한 행정적 측면에서는 전자주민카드의 도입으로 연간 1억 7천만 통에 이르는 주민등록증, 초본, 인감증명서 발급을 위한 시간과 비용이 대폭 절감될 것으로 기대되고 있다. 즉, 민원서류 발급 업무가 대폭 감축되고 제증명 발급이 무인화되어 행정기관의 담당 인력을 다른 부문으로 이동시키는 등 인적 자원의 효율적 활용이 가능하며, 대민 행정 업무가 간소화될 수 있다. 또한 주민등록증, 의료보험증, 운전면허증, 국민연금증서 등을 통합함으로써 신분증 갱신에 따르는 경비를 절감하여 국가 예산을 효율적으로 운영하고, 통제 개념의 신분증제도를 선진국형 민주적 관리제도로 전환하는 계기를 마련할 수 있다. 예를 들면, 범칙금 납부통지서를 자동 발부하여 범칙금 징수 시에 누수 방지 및 인력·예산을 절감하는 효과를 가져올 수 있고, 장기적으로 읍·면·동의 주민등록표 원장 작성 제도를 폐지할 수 있는 계기가 마련될 수 있다. 또한 본인 확인을 위해 이중으로 관리하던 주민등록 관리제도를 사진 DB 구축을 계기로 일원화함으로써 읍·면·동의 업무량 감축 및 행정의 효율성을 도모할 수 있는 장점도 있다.

이와 더불어 전자주민카드제도가 도입되면 인감이 전산화되어 전자카드에 수록되기 때문에 전·출입 시 전국 어느 읍·면·동에서나 즉시 발급받을 수 있으며, 지문 전산화를 통해 경찰의 신원 확인 업무가 획기적으로 개선될 수 있다. 또한 초고속통신망을 연계하여 전자주민카드 발급센터의 행정자료(주민등록, 운전면허, 의료보험, 사진 및 인감 DB)와 다른 기관의 멀티미디어 자료(건축 허가 등의 일회방문 민원 서비스, 전자도서관 등의 멀티미디어 서비스, 이용 안내 정보 등의 육상교통 종합 서비스, 원격 서비스 등) 간의 정보 공유 및 공동 활용도 가능해진다(정국환·문정욱·김영미·김석주, 2009 : 80-82).

3 1995년 내무부의 전자주민카드 도입 계획과 추진 과정

전자주민카드 도입 정책은 1994년 2월 행정쇄신위원회에서 주민등록증의 다기능 IC카드화 방안을 제시하면서 정부 내에서 본격적인 논의가 시작되었다(조화순, 2005). 정부의 공식적인 정책의제로 채택된 것은 1995년 4월 '주민등록증 경신 기본계획'이다. 1996년 경기도 과천시 중앙동을 대상으로 시범사업을 실시했으며, 1997년 3월 주민등록법 개정안이 입법예고되었고, 동년 7월 국무회의 심의 및 임시국회에 상정되어 11월에 전자주민카드 도입을 골자로 한 주민등록법 개정안이 임시국회 본회의를 통과했다. 1998년에는 제주도 전역에 전자주민카드가 시범적으로 실시되었다(황보열, 2004; 박정훈, 2008).

당시 정부가 추진하고자 했던 전자주민카드제도의 내용을 살펴보면 다음과 같다. 먼저 7개 분야(주민등록증, 운전면허증, 국민연금증, 의료보험증, 인감증명서, 주민등록등초본, 지문)의 35개 개인정보를 한 장의 IC(intergrated circuit) 카드(보통 스마트카드라 한다)에 담아 17세 이상의 모든 국민이 소지하도록 했다. 4개 분야의 증명이 하나로 통합되고 각 증명에 포함되어 있는 정보와 함께 앞서 설명한 7개 분야의 35개 정보가 전자주민카드에 수록된다. 또한 카드의 발급을 위해 지방자치단체별로 분산 · 저장되어 있던 주민등록정보가 중앙의 전자주민카드 발급센터로 집중되고, 발급센터의 중앙컴퓨터에 의료보험망 · 국민연금망 · 경찰청의 운전면허망이 연결되어 정보의 통합이 이뤄지는 형태로 구성되었다.

이러한 계획에 따르면, 전자주민카드 시스템은 단순히 본인 확인을 전자적으로 하는 정도에 그치는 것이 아니라 국가 전체가 하나의 거대한 컴퓨터 시스템으로 통합된다는 것을 의미한다. 즉, 주민등록증이 없어도 살아갈 수 있지만 전자주민카드가 없으면 정상적인 생활을 영위할 수 없게 된다는 것이다. 또한 전자주민카드 시스템은 일정한 행정 서비스의 전제 조건이 되며, 나아가 정부는 전자주민카드 시스템을 전제로 대민 행정 업무를 처리하며, 선거를 치르고 대부분의 정책 결정을 할 수 있게 된다는 것이다(정국환 · 문정욱 · 김영미 · 김석주, 2009 : 79-80).

그러나 당신의 계획은 개인정보 침해를 우려한 시민단체와 일부 정치인 등 여론의 반발에 부딪쳐, 3년여에 걸친 논란 끝에 결국 1998년에 계획 자체가 폐기되었다.

4 2010년 행정안전부의 전자주민등록증 도입 계획

1998년에 내무부의 전자주민카드 도입 계획은 폐기되었지만, 기존 주민등록증의 문제점은 끊임없이 지적되어 왔으며, 그러한 문제점을 해결하기 위한 주민등록증의 경신 필요성이 지속적으로 대두되어 왔다. 주민등록증은 한 번 바꾸면 10년 이상 사용해야 하기 때문에 내구성과 안정성이 있어야 하고, 시대적 여건과 기술 개발 추세에 맞게 개선되어야 한다. 이와 관련하여 정부에서는 주민등록증 경신사업을 추진하기에 앞서 관계 전문가와 함께 외국의 신분증과 은행카드를 조사했는데, 그 결과 점차 전자카드로 바뀌는 추세에 있고 종이 증명이나 플라스틱 카드, 자기 카드는 보안에 한계가 있어 전 국민 대상의 신분증으로는 적합하지 않다는 결론이 나왔다.

이에 행정안전부는 전자주민등록증 도입 방안에 대한 국민 의견을 수렴하기 위해 공청회를 개최하고 새로 도입하는 전자주민등록증 추진 방안을 발표했다. 정부는 공청회를 통해 국민들의 건의 사항이나 의견을 충분히 수렴하고 사회적 공감을 바탕으로 전자주민등록증을 도입해 나갈 것이라고 밝히고, 국회에서 주민등록법개정안이 통과되면 전자주민등록증 설계와 시스템 구축 등 발급 준비에 만전을 기해 2013년부터 5년에 걸쳐 연차적으로 전자주민등록증을 발급해 나갈 계획이다.

이러한 새로운 전자주민등록증은 과거에 추진했던 전자주민증과 비교할 때 개인정보 보호에 초점을 맞추고 있다는 점이 특징이다.

표 8-3 기존의 전자주민증 계획과의 비교

구분	1990년대 전자주민카드 계획	2006년도 차세대 주민등록증 모델	2010년도 전자주민등록증 계획
내용	• 7개 분야 47개 정보 수록한 통합카드 • 각종 민원 신청·신고 업무의 자동화에 직접 활용 • 정부의 정보 독점과 사생활 침해 논란으로 보류	• IC칩에 주민등록증 정보만 수록 • 운전면허 등 자격 정보 연계 및 각종 부가 서비스 포함 • 연계 key값만 탑재하는 방식	• 주민등록 기능에 충실하도록 신원 확인 항목만 수록 • 위·변조 방지와 개인정보의 근원적 보호에 중점 설계

자료: 행정안전부 보도 자료(2010년 10월 25일).

제 3 절 전자주민카드 도입 시 문제점

1 1995년 전자주민카드 사업에서 시민단체와 정부의 대립

1995년 당시의 전자주민카드 사업은 기본적으로 관료 중심주의와 상업주의가 결합한 결과로 개인정보의 사적 가치를 고려하지 않은 사업이라는 비판을 받았다. 전자주민카드를 둘러싼 논쟁의 핵심은 정부나 일부 과학기술자들이 주장하듯이 새로 발급될 전자주민카드가 국민의 개인 정보를 완벽하게 보호할 수 있는가 하는 문제였다. 당시 내무부를 중심으로 한 추진 주체의 입장에서는 전자주민카드의 기술적 완벽성을 강조했고, 시민단체 공동대책위원회를 중심으로 구성된 연합 세력에서는 이를 부정하면서 첨예하게 대립했다. 결국 전자주민카드 사업은 이러한 일련의 정치·경제적 상황으로 인해 백지화되었다.

당시의 사회적 환경은 현재와는 상당히 달랐다. 정보화 기반 구축이 주요 과제로 등장하기 시작한 상황하에서 정보기술을 통해 행정의 효율성을 높이고자 했던 정부는 여러 사업을 통해 이러한 정책 방향을 구체화하고자 노력했다. 특히 김영삼 정부에서는 IT를 기반으로 하는 행정의 효율성을 부각시켰고, 이러한 가치는 즉각적으로 정부의 정책에도 많은 영향을 미쳤다. 전자주민카드 사업도 이러한 정책 방향의 연장선상에서 논의가 진행되었다. 반면 김대중 정부로 들어오면서 ICT의 중요성은 여전히 중요한 과제로 인식되었지만, 개인정보 보호를 통한 사생활의 보장이라는 가치가 더 중요시되었다. 전자주민카드 사업은 이러한 정권의 전환기에 맞물리면서 당시의 시대적인 상황 속에서 가치관의 충돌로 인한 소용돌이에 휘말리게 되었다. 결국 전자주민카드라는 새로운 기술 시스템의 등장과 소멸 과정에서 사회적 요인들이 중요한 역할을 하게 된 것이다.

당시 상황을 좀 더 자세히 살펴보면 다음과 같다. 당시 전자주민카드 사업에서는 KAIST 지식기반전자정부연구센터를 비롯해 삼성 SDI, LG CNS, 서오텔레콤 등 시스템 통합 업체와 은행, 카드사 등 금융기관이 공동으로 스마트 카드 컨소시엄을 결성해 첨단기술을 적용한 전자정부사업 아이디어를 구상하는 등 전자주민카드를 추진하고자 노력했다(정국환·문정욱·김영미·김석주, 2009: 82-83).

이러한 전자주민카드 사업 추진에 대해 시민단체는 격렬하게 반대했다. 예컨대 정부는 전자주민카드를 도입함으로써 사회·경제사범, 미성년자의 유흥업소 취업·고용 등 신분증의 위·변조로 인한 사회문제를 제거하여 사회 분위기를 일신하는 계기를 마련할 수 있다고 주장했지만, 시민단체는 이러한 과정들이 비민주적일 수 있다는 점과 개인정보가 완전하게 보호되지 않는 상황에서 오히려 범법행위를 유발할 수 있다는 점을 들어 사회적 파장을 우려하는 입장을 취했다. 또 다른 예로, 정부는 전자주민카드를 도입하면 피보험자 및 피부양자의 자격 확인 및 환자관리가 용이해지므로 자격 미확인에 의한 진료비의 사후 정산, 무자격 진료, 자격 상실 후 진료 등과 관련된 이의신청 업무가 대폭 감소하는 행정의 효율성 등 많은 효용성이 있다고 주장했지만, 시민단체는 개인의 진료정보는 상당히 중요한 내용으로 한번 유출되면 개인적 피해가 발생함은 물론 심각한 사회문제로까지 확산될 수 있기 때문에 이에 대한 적절한 대응책이 만들어지지 않은 상황에서 무리하게 추진하면 안 된다고 주장하며 정부의 의견을 반박했다.

이러한 대립은 전자주민카드가 불법적으로 사용되거나 부적절하게 관리되는 경우 나타날 수 있는 여러 가지 상황에 대해 서로 다른 논리와 시각으로 접근하여 갈등이 야기되는 양상을 잘 보여 주고 있다고 할 수 있다(정국환·문정욱·김영미·김석주, 2009: 80-82). 당시 시민단체가 지적한 전자주민카드의 문제점을 정리하면 다음과 같다. ① 전자주민카드에 너무 많은 개인정보가 수록된다. ② 개인정보가 쉽게 노출될 수 있다. ③ 정부가 전자주민카드 발급을 위한 전자센터를 설치하여 7개 분야의 정보가 단일 센터에 통합된다(조화순, 2005). 예컨대 지문 판독 한 번으로 개인의 모든 정보를 악용하게 된다면, 행정의 효율이 아무리 중요하다고 하더라도 그 제도를 찬성할 사람은 많지 않을 것이다. 이러한 시각에서 보면 전자주민카드는 가뜩이나 주민등록번호로 인해 통제·관리되고 있는 국민의 개인정보를 한 단계 더 옥죄는 역할을 하고 있다고 볼 수 있다. 한마디로 개인정보의 통합으로 국가에 의한 통제나 감시가 더욱 용이해질 수 있기 때문이다(강장묵·정노남·방기천, 2006: 79-80).

특히 전자주민카드의 도입과 관련하여 가장 논란이 되었던 것은 주민등록제로 인해 야기될 수 있는 국가의 개인정보 수집 및 정보통제, 개인정보에 대한 부적절한 접근 및 사전 동의 없는 개인정보의 유출 등에 관한 것이었다(박정훈, 2007). 당시 전자주민카드의 도입을 찬성하는 쪽에서도 개인정보 침해의 가능성에 대한 기술적·법적·제도적 안전장치를 우선적으로 확립한 후에 제도를 도입해야 한다고 보았다. 즉, 전자주민카드가 주민의 권리 및 사회 정의를 위해 사용될 수 있도록 프라이버시 보호위원회의 설치, 공공기관의 개인정보 보호에 관한 법률의 보완, 전자주민카드 수록 내용의 신중한 검토와 분실 및 도난에 대한 대응 방안 등이 지적되었다(배병호, 2003).

다만 전자신분증에 대한 이러한 논의는 전자화된 '국가신분증 체계의 도입'에 방점이 있는 여타 국가에서의 그것과는 달리, 주민등록제도라는 현존하는 국가신분증의 전자화를 추구하고자 하는 우리의 현실을 고려할 때, 논의의 관점을 '전자신분증 형태'의 국가신분증의 도입에 따른 법적·사회적 문제점과 이에 대한 보완책으로 한정지어 살펴볼 필요가 있다. 나아가 국가신분증의 전자화는 단순히 주민등록증의 전자

표 8-4 전자주민카드에 대한 찬반 입장

구분	반대 측	찬성 측
중요 행위자	- 시민단체	- 정부
쟁점	- 전자주민카드 계획의 폐기	- 시행
효용의 측면	- 편의 증진은 인정 - 과도한 개인 신상정보 입력 - 정보가 통합·운영되는 데 따른 정보 유출 우려 - 개인정보의 목적 외 이용의 가능성	- 이동 시 보유 편리 - 통합을 통한 편리성과 효율성 확보 - 신분 인증으로 법집행과 경찰활동, 행정의 효율화 - 행정서류의 감축 - 국내 관련 업계에의 파급 효과로 국가경쟁력의 확보
비용의 측면	- 비용 절감 효과 미미 - 카드 시스템 구축 비용 - 카드 발급 위해 국민의 추가적인 비용 부담	- 초기 상당한 비용 발생 - 행정비용과 인력의 절감(10년간 약 2조 원의 효과 발생)
보안성	- 도난, 분실 등 보안상의 위험에 따른 인권 침해	- 개인정보 암호화로 안전 - 위·변조 불가능
갈등의 결과	- 정부 : 정부 차원의 스마트카드 도입 철회, 소규모 시범사업인 '공무원증 스마트카드 사업'으로 방향 선회 - 시민단체는 전자주민카드의 백지화 이후 주민등록제도의 폐지를 주장 - 시민단체와 정부의 갈등은 조정되지 못함 - 정부의 정책 능력 하강 - 국민의 개인정보 보호에 대한 인식 강화	

자료 : 조화순(2005).

화에 그치지 않고 전자여권의 도입, 스마트 공무원카드나 각종 출입·접근 제어관리 또는 이러한 것들의 혼합 형태로 응용되어 활용 가능하므로 향후의 추세를 고려하여 충분히 검토할 필요가 있다(장우영, 2006: 3-4).

전자주민카드를 둘러싼 갈등의 구조와 입장을 정리하면 <표 8-4>와 같다.

2 행정안전부 전자주민카드사업 추진의 문제점

1995년 내무부의 전자주민카드 도입 계획은 철회되었지만, 이명박 정부의 행정안전부도 전자주민카드 사업을 계속 추진하고 있다. 그러나 여전히 여러 가지 문제점이 지적되고 있다.

1) 도입 명분의 설득력 부족

정부는 전자주민카드의 도입 명분으로 현행 주민등록증의 위·변조가 상당한 수준임을 지적한다. 하지만 공식적인 위·변조 사건은 1년에 500건이 채 되지 않으며, 특정 장소에 출입하기 위한 청소년의 변조가 가장 많이 발생한다. 물론 중대한 경제적 손실을 불러오는 신분증 위·변조가 발생하기도 한다. 하지만 이러한 범죄는 대개 조직적으로 범행이 이뤄지거나 때로는 해외에서 이뤄진다. 이러한 상황에서 전 국민을 상대로 하여 거국적으로 행정자원을 소비해 5,000억 원가량의 세금을 써야 할 필요성이 있는가에 대한 문제가 지적되고 있다(오길영, 2011: 9-10; 전자신문, 2011. 10. 19).

2) 불완전한 보안성

전자주민카드의 도입 논의에서 행정안전부가 강조하고 있는 점이 바로 IC 카드의 보안성에 관한 부분이다. IC칩의 복제가 불가능하다는 것이다. 즉, IC칩의 위·변조 및 복제가 불가능하여 안전하다는 것이 IT 전문가의 공통된 견해이며, 전자주민카드를 위·변조하여 사용하려고 해도 IC칩의 보안 요소의 복제는 현실적으로 불가능하다는 것이 행정안전부의 입장이기도 하다.

물론 IC 카드가 현재의 플라스틱 주민등록증에 비해 위·변조의 가능성이 매우 낮기는 하다. 그러나 IC칩 보안 기술이 발전하는 만큼 그에 대한 해킹 기술도 지속적으로 발전하고 있다는 사실은 어렵지 않게 확인할 수 있다. 간단한 인터넷 검색만으로도 비접촉식(contactless) 방식의 IC 카드를 해킹하는 동영상을 쉽게 발견할 수 있으며, 해킹 전문가 집단이 페덱스(FedEx)의 메모리형 IC 카드를 해킹한 리뷰도 어렵지 않게 찾아볼 수 있다. 심지어 IC 카드의 해킹 기법은 이제 일반 출판서적에서도 대수롭지 않게 언급될 정도로 많은 공격 기법이 공개되어 있기도 하다. 즉, 정부가 주장하는 대로 IC 카드가 보안에 있어 안심할 수 있다는 데에는 여전히 의심의 여지가 남아 있다(오길영, 2011 : 10).

3) 추가적인 비용의 발생

행정안전부는 전자주민카드 교체에 소요되는 예산 내역을 <표 8-5>와 같이 정했다(민주주의법학연구회, 2011 : 13-18).

표 8-5 전자주민카드 도입 소요 비용 산출 세부 내역(행정안전부 제공)

구분		비용(억 원)	비고
정부 부담	경신 발급(5년간)	2,235	- 발급 단가 : 장당 6,700원 - 5년간 연간 800만 명씩 발급 - 분실, 훼손, 재발급 중 본인이 부담하는 기준 주민등록증 분실분 445억 원 제외
	시스템 구축	15	- 주민증 발급관리 시스템 구축 및 위·변조 확인 가능, 개인정보 암호화 기능 등 개발
	리더기 등 구입	93	- 발급을 위한 사진입력기, 리더기 등 도입 비용
	유지관리(10년간)	470	- 유지 보수(10년) 134억 원 - 신규 발급(경신 후 5년) 비용 : 235억 원 (70만 명 x 6,700원 x 5년) - 재발급(경신 후 5년) 비용 : 101억 원 (30만 명 x 6700원 x 5년)
	계	2,948	
민간 부담	분실 훼손 재발급(10년간)	1,474	- 연 220만 명 x 6,700원 x 10년
	리더기 구입	440	- 금융기관, 병원, 통신사대리점 등 약 11만 개 기관 21만 대 - 법무사 중개사 등 전문업종 약 9만 개 기관 9만 대(단순형 리더기 2만 원)
	계	1,714	
총비용		4,862	

자료 : 민주주의법학연구회(2011).

<표 8-5>에서 나타난 것처럼 행정안전부는 총비용을 약 4,862억 원 정도로 책정했다. 그러나 학계에서는 이는 과도하게 축소된 것이라고 보고 있다. 학계가 주장하는 현실적인 비용은 <표 8-6>과 같다.

만약 좀 더 현실성 있어 보이는 전자공무원증의 발급 단가를 반영하면,<표 8-6>에서 보듯 그 예산이 무려 9,825억 원에 다다르게 된다. 거의 1조 원에 육박하는 비용이다. 더구나 이렇게 재산출된 비용조차도 '시스템 확산비용'이나 10년간의 물가 상승률을 전혀 반영하지 않은 것이고 대부분의 산출 기준은 행정안전부가 제시한 내용에 따른 것이라는 점을 고려한다면, 실제 전자주민카드를 발급·운용하기 위해 소요되는 예산은 이러한 재산출 비용을 훨씬 상회할 것이라는 주장이 제기되고 있다.

표 8-6 전자주민카드 도입 소요비용 재산출 세부 내역(추가비용 산입)

구분		A	B	C	비고
정부부담	경신 발급(5년간)	2,235	4,355	2,120	445억 제외(현행 주민등록증 분실분)
	시스템 구축	150	150	0	행정안전부 기준 적용
	리더기 등 구입	93	83	0	행정안전부 기준 적용
	유지관리(10년간)	470	470	0	행정안전부 기준 적용
	계	2,948	5,068	2,120	
민간부담	분실 훼손 재발급(10년간)	1,474	2,640	1,166	행정안전부 기준 적용
	리더기 구입	440	440	0	행정안전부 기준 적용
	계	1914	3,080	1,16	
총비용		4,862	8,148	3,286	
추가비용	주민증 분실분 차액	113	260	147	260-445억-(445억x5,000원/12,000원)
	리더기 재구입(정부)	186	186	0	1회 교체 예상
	리더기 재구입(민간)	788	788	0	1회 교체 예상
	리더기 구입 차액(정부)	93	93	0	행정안전부 기준의 2배 예상
	리더기 구입 차액(민간)	350	350	0	기관당 평균 3.5개 예상
	계	1,530	1,677	147	
총비용 재계산		6,392	9,825	3,433	
차액		1,530	4,963		

자료: 민주주의법학연구회(2011).

제 4 절 주요 국가별 전자주민증 추진 현황

외국의 경우 국가신분증 형태는 종이 형태, 플라스틱 카드 형태, 바코드를 포함한 플라스틱 카드 형태, 칩을 이용한 스마트 카드 형태 등이 있으며, 그 중에서도 플라스틱 카드 형태의 국가신분증이 가장 널리 사용된다. 최근 전 세계적으로 정보기술이 발전됨에 따라 종이 형태의 신분증보다는 스마트 카드 형태의 신분증 사용이 증가하는 추세이다.

IC칩이 탑재된 스마트 카드 형태의 국가신분증(전자주민증) 도입은 유럽 지역에서 가장 활발히 이뤄지고 있으며, 전자신분증을 이미 도입하고 있는 나라로는 영국, 스페인, 이탈리아, 벨기에 등이 있다. 또한 아시아 지역에서도 도입이 증가하는 추세이며, 9·11 테러 이후에는 북미 및 중동·아프리카 지역에서도 전자주민증 도입이 적극적으로 논의되고 있다.

OECD의 경우를 보면, 34개국 중 28개(82%) 국가(의무 발급 : 19개국)에서 국가신분증제도를 운영하고 있는데, 여기서 전자신분증은 11개국(32%)이 운영 중이고, 향후 6개국이 도입할 계획이다. 전 세계적으로 전자여권은 86개국, 전자신분증은 43개국에서 시행 중이다.

다음은 주요 선진국의 전자주민증의 추진 현황이다(송희준 외, 2007).

1 EU

유럽연합(European Union: EU)은 지난 2008년 통합을 추진하면서 유럽시민카드(European Citizen Card)라는 이름으로 IC칩이 삽입된 통합신분증 사업을 추진했다. 하지만 유럽연합 주요국에서 진행된 유럽통합 국민투표가 부결되면서 각 국가별로 전자여권과 전자주민증을 추진하게 되었다. 주요 국가들의 전자주민증 현황은 <표 8-7>과 같다.

한편 유럽연합은 'i2010 전자정부 실행계획'에 따라 2010년까지 상호 인증 및 연동 가능한 디지털 ID 관리 프레임워크를 구축하는 것을 목표로 설정하여 추진하고 있

표 8-7 전자주민증 해외 동향

국가	IC 칩 종류 및 메모리	ID 발급 나이	유효 기간
벨기에	접촉식 칩 32kb 메모리	12세	5년
체코	2012년에 발표될 전자카드	15세	5년~10년
에스토니아	접촉식 칩 32kb 메모리	15세	10년
독일	비접촉식 칩	16세	6년~10년
이탈리아	접촉식 칩 32kb 메모리	18세	10년
포르투갈	접촉식 칩 68kb 메모리	6세	5년
스페인	접촉식 칩 68kb 메모리	14세	5년~무기한
스웨덴	하이브리드 카드 2x32kb 메모리	제한 없음	5년

자료: 행정안전부(2011). 「전자주민등록증 도입 추진 방안」(2011. 3).

다. 이를 위해 2007년에는 상호 연동 가능한 디지털 ID 관리기술의 공통 사항을 합의하고, 2008년에는 대규모 시험 프로젝트의 운용 및 관찰을 통해 2010년까지 범유럽 차원의 운용 가능한 디지털 ID 관리 시스템을 구축하고자 한다.

국가신분증제도를 갖고 있지 않던 영국은 「2006년 신분증법(Identification Card Act 2006)」을 제정하여 전자신분증제도를 도입했다. 영국은 이미 1952년에 국가신분증제도를 폐지한 후, 운전면허증 또는 여권을 국민의 신분 확인 증명서로 활용해 왔기 때문에 의무적 국가신분증제도의 도입에 대해 국민의 반대 여론과 야당의 반대가 심했다. 결국 2009년 신분증 발급 의무화는 취소되고, 신청에 의한 자율 발급으로 전환하면서 전면직 도입 시기를 2012년으로 늦추게 되었다(행정안전부, 2010c: 11-16).

벨기에는 유럽에서 핀란드, 에스토니아와 함께 전자주민증 도입을 선도하는 국가 중 하나로, 2004년 3월 31일 전자주민증 도입 방침을 최종 확정했다. 현재 137만 명 이상의 시민들이 전자주민증을 소유하고 있으며, 모든 지방자치단체에서 전자주민증을 보급 중에 있다. 2004년 10월 31일까지 발행된 카드는 총 85,000장이며, 인증서는 170,000장이 발급되었다. 벨기에의 전자주민증은 공식적 신분 확인의 가장 기본적인 수단이며, EU 내에서의 여권·온라인 접속을 통한 e-Service의 구현이 주된 기능이다.

핀란드는 전자정부는 물론 국가경쟁력에서 선두를 달리고 있는 국가로서, 표준신분증·마이너신분증·임시신분증·운전면허증·여권·외교관여권·선원여권 등이 신분증의 기능을 하고 있으나, 이것들을 소지할 의무는 없다. 핀란드에서는 출생 시 그 정보가 병원 직원이나 Local Register Office에 의해 Population Information System에 입력되며, 고유의 ID번호가 할당된다. 단, 외국인 거주자는 Local Register Office에 알려야 하며, 인증 ID 서류를 제시해야 한다.

에스토니아는 핀란드, 벨기에와 함께 유럽에서 전자주민증 도입의 모범 국가로 손꼽힌다. 전자주민증은 15세 이상의 모든 시민 및 영구 거주 외국인들에게 의무 발급된다. 에스토니아는 전자주민증을 통해 모든 공공 서비스를 제공하는 것을 목표로 하고 있다.

스페인은 현재 사회보장카드를 전자카드(IC카드)로 발급 중인데, 사회보장카드에는 사회보장 정보, 고용정보, 건강관리 등의 정보를 수록하고 있다. 또한 2005년부터 성명, 사진, 지문, 서명, 디지털 서명, 인증 등의 정보가 수록되어 있는 스마트 카드 기반의 전자주민카드 도입을 위한 파일럿 테스트(pilot test)를 진행 중이다.

독일은 2009년 전까지는 신분증법에 근거하여 독일 국적 등을 소지한 신분증 신청 가능 요건 충족자에 대해 보안 요소가 들어간 특수용지에 라미네이트가 처리된 연방신분증(Bundespersonalausweis)을 발급했다. 그러다가 2009년 전자신분증법을 마련하여 새로운 전자신분증을 발급하고 있다(박희영, 2011).

2 미국

국가신분증제도를 갖고 있지 않은 미국은 2001년 9·11테러 이후 각 주에서 발급하는 운전면허증을 사실상 국가신분증처럼 운영하고 있다(행정안전부, 2010c: 103-115). 미국은 이러한 운전면허증에 대해 연방에서 정한 인증 및 표준을 준수하도록 의무화하는 「신분증명법(Real Idenfication Act of 2005 /PASS ID Act of 2009: RIDA)」을 제정했다. 이는 각 주가 발행해 온 운전면허증이나 신분증의 수록 사항에 대한 표준과 운전면허증 발급에 필요한 서류 항목 등을 상세하게 규정한 것이다. 2011년 5월부터는 테러 위협 및 불법 이민 증가 등에 대비하여 자국민 보호를 위해 운전면허증을 국가 표준화하고 2012년까지 국가전자신분증(National Digital Identification Card: NDIC)을 발급하는 계획을 추진하고 있다.

그리고 미국은 범정부적 차원에서 최소의 비용으로 안전하고 효율적인 스마트 카드 기반의 전자정부를 구축하여 국민들이 전자적인 공공 서비스 및 정보들을 쉽게

표 8-8 미국 연방정부의 부처별 스마트 카드 프로젝트 추진 현황

주관 부서	프로젝트명	상태	완료 시기	지원 가능
국방부	Common Access Card(CAC)	진행	2004년 4월	신분증명서 물리접 접근 관리 논리적 접근 관리
국토안보부	Identification and Credentialing Program	실험	–	신분증명서 물리접 접근 관리 논리적 접근 관리 자산관리 화폐가치 저장
조달청	Nationwide Identification	진행	2004년 12월	신분증명서 물리접 접근 관리
내무부	E-Authentication	진행	2006년 1월	신분증명서 물리접 접근 관리 논리적 접근 관리 전자서명
노동부	E-Authentication	계획	2005년 4월	신분증명서 물리접 접근 관리 논리적 접근 관리
NASA	One NASA Smart Card Badge	계획/실험	2004년 9월	신분증명서 물리접 접근 관리 논리적 접근 관리
국무부	Global Look ID	진행	2006년 9월	신분증명시 물리접 접근 관리 논리적 접근 관리 이메일 서명과 암호화
재무부	Electronic Treasury Enterprise Card	진행	2004년 9월	신분증명서 물리접 접근 관리 논리적 접근 관리 자산관리
보훈처	Authentication and Authorization Infrastructure	실험	2007년 9월	신분증명서 물리접 접근 관리 논리적 접근 관리

자료: 이충렬(2005).

이용할 수 있게 하고, 또한 이를 기반으로 정부 업무 프로세스 리엔지니어링을 추진해 오고 있다(이충렬, 2005: 120).

특히 연방정부는 미국 내에서 거주하거나 일하는 모든 사람에게 2012년까지 국가전자신분증(NDIC)을 발급하는 계획을 추진 중에 있다. 이를 위해 미국은 2003년에 ID/PW, PKI, 바이오정보 등을 통한 사용자 인증 신뢰 기반 제공을 위한 크리덴셜(Credential)[2] 안전성 기준 설정, 크리덴셜 발급기관 신뢰성 평가 등을 포함한 전자인증계획(e-Authentication Initiative)을 수립하여 국립표준기술연구소(NIST)를 통해 검증을 추진 중에 있다.

3 일본

일본은 우리와 달리 2003년부터 각 지방자치단체별로 지역에 거주하는 주민을 대상으로 IC칩이 내장된 신분증을 주민들의 자발적인 선택에 의해 발급하고 있다(행정안전부, 2010c: 86-93). 전자주민증(주민기본대장카드, JUKI 카드)은 다목적 카드로서 신분 증명 이외에 선택에 따라 그 용도를 정할 수 있다. 일본에서 전자주민증은 지방자치단체별로 공인인증·전자서명용으로 활용되며, 증명서 발급을 위한 자동교부기 등에서 사용되고 있다.

한편 일본은 사용자의 개인정보 보호를 위해 신탁기관을 통한 사용자 인증 기반을 마련하는 차세대 전자인증사업을 추진하고 있다. 크리덴셜 서비스 제공자 등이 적절한 인증 수단을 선택할 수 있도록 지침을 제공하고, SAML과 같은 표준명세에 따라 상호 연동이 가능한 인증 서비스 기반을 준비하기 위해 차세대 전자인증사업을 추진하고 있다. 이 사업을 통해 전자인증 파트너십(EAP)과 같은 인증연합(authentication federation) 체계 구축을 목표로 하고 있다.

---

2) 크리덴셜은 정보 시스템의 특정 응용(프로그램 등)에서 사용하는 암호학적 개인 정보(personal information)이다. 한 개인이 사용하는 공개 키 암호 알고리즘을 위한 공개 키/개인 키 쌍, 공인 인증기관이 발행하는 공개 키 인증서(certificate), 신뢰하는 루트 인증 기관(예: KISA 최상위 인증기관) 관련 정보, 패스워드, 인가 정보 등을 포함하는 암호학적 정보의 총합이다(http://blog.naver.com/andra3623/100063382768).

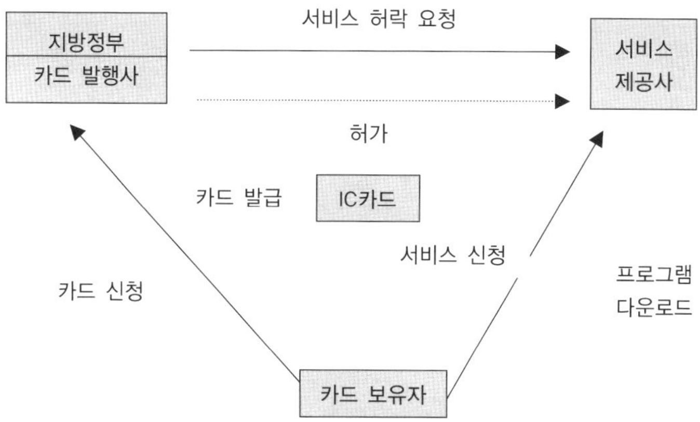

그림 8-2 일본의 주민기본대장카드와 서비스 제공자의 관계

자료: Ohyama(2003).

4 싱가포르와 말레이시아

싱가포르는 2005년 주요 시설 방어와 정부·기업·개인을 위한 안전한 정보통신 환경 조성을 위해 정보통신보안종합계획(Infocomm Security Masterplan)을 발표했다. 계획에 포함된 바이오 인식 기반 인증 체계를 만들기 위한 국가 인증 체계(National Authentication Infrastructure: NAI) 구축사업은 홍채 또는 지문 등 바이오 정보가 저장되는 바이오 인식 기반 스마트카드를 통해 물리적·전자적 인증이 가능하도록 다양한 기술을 포괄하는 인증 체계 구축을 목표로 하고 있다. 앞으로 해당 스마트 카드는 신분증, 학생증, E-Visa 등 다양한 애플리케이션으로 활용된다. 향후 이민 관련 정보 목적을 위해 전자주민카드를 개발 중이며, 개인정보, 사진, 지문 등에 관한 정보를 탑재할 예정이다.

한편 말레이시아는 국가정보화 마스터플랜인 'Multimedia Super Corridor(MSC)'의 일환으로 2001년 4월부터 MyKad라는 스마트카드 형태의 다목적 전자주민카드를 발급했다. MyKad는 성명·사진·생년월일·지문·신분번호 등의 정보가 수록되어 있으며, 국가신분증·운전면허증·여권·전자지갑 등의 다양한 용도로 사용이 가능하다.

제 5 절 향후 전자주민카드 도입 방향

1 국민적 합의와 공감대의 도출

정부는 전자주민카드 도입과 관련한 공청회를 개최했고, 시민단체에서도 토론회를 수차례 개최했으나, 국민복지 증진이라는 차원에서 도입의 당위성을 제시하고 진지한 토론과 발전적 방안을 모색하기보다는 자신들의 주장을 일방적으로 홍보하거나 합리화하기 위한 수단으로 이용했다. 특히 대국민 홍보 효과가 큰 TV매체 등을 이용하여 충분한 토론 과정을 가치는 등의 명실상부한 국민적 공감대 형성 노력이 부족했다. 따라서 정부는 정책 추진 시 국민 여론 수렴과 사전 준비 하에 이뤄지도록 국민적 합의를 도출하는 데 힘써야 한다.

정부는 또한 정보화가 국민에 대한 감시와 통제를 강화할 것이라는 국민의 우려를 불식시키고, 삶의 질과 인간의 존엄을 제고하는 차원에서 정보화에 대한 국민적 공감대를 형성해야 한다. 그리고 시민단체도 정책이 확정되고 국회에서 법률까지 개정된 이후에 와서 이를 비판하고 중지시키기 위해 노력하기보다, 정책 추진의 초기에 많은 관심과 적극적인 참여를 유도하기 위해 대(對)국민 공청회, 전문가 토론회 등을 통해 각계의 여론과 국민의 관심을 수렴하는 과정을 거쳐야 할 것이다.

개인정보 보호의 문제는 정부와 국민의 관계에서의 신뢰도와 밀접한 관계를 가진다. 따라서 정부는 민주적이고 투명한 국가정책 수립 및 운영 등을 통해 사회적 신뢰를 확보하기 위한 노력이 병행되어야 한다(김주영, 2011 : 107).

핀란드는 세계 투명성 지수에서 세계 1위를 차지한 바 있다. 이 나라가 세계투명성 지수 1위를 차지한 데에는 대부분의 공·사 정보가 자유롭게 공개될 수 있는 제도적 환경이 구축되어 있다는 점을 지적할 수 있다. 누구나 공·사 정보를 열람할 수 있으므로 부패가 발붙일 곳이 없는 것이다. 이러한 사회적 기반은 자연스럽게 전자주민카드의 시행을 도모할 수 있게 해주었다. 또한, 북유럽의 몇몇 국가는 공익을 위해 개인정보는 최소화될 수 있다는 점을 인식하고 있으며, 이러한 인식의 전환을 전제로 보편적 서비스의 효과를 더 극대화하는 데 우선순위를 두고 있다(정국환·문정욱·

김영미 · 김석주, 2009 : 104-105). 결국, 전자주민카드의 도입을 위해 국민이 납득하고 순응할 수 있는 사회적 · 제도적 환경이 조성되어야 하는 것이다.

2 프라이버시의 보호

정보화에 의해 확대되는 조직 및 정부의 권력을 적절하게 통제하여 개인정보의 남용을 억제하기 위해서는 개인을 대신하여 이들을 통제할 수 있는 프라이버시 보호기관을 만들어야 할 것이다.[3] 그래서 프라이버시 침해를 당하는지조차도 모르고 있는 개인의 사생활을 최대한 보호할 수 있어야 한다.

또한 백업 파일(back-up file)을 만들어 뒷문(back-door)으로 개인의 정보를 빼내는 일이 없도록 해야 할 것이며, 자신의 정보에 대해 열람하고 수정할 수 있는 권한이 주어져야 하고, 이용된 개인정보에 대해서는 그 목적과 이용 범위, 이용자 등을 기록한 문서를 통보받는 등 개인들에게 자기정보 통제권이 주어져야 한다.

3 수록 내용의 검토

전자주민카드에 수록되는 정보를 결정하기 위해 광범위한 여론 수렴이 전제되어야 할 것이다. 특히 수록 내용 중에서 병적 사항 및 지문은 재고되어야 할 부분이다. 그리고 이용 빈도의 측면과 시스템의 효율성을 고려하여 카드에 있는 사진을 IC에 저장하고 마스터 파일도 저장할 필요가 있는지를 검토해야 한다. 특히 사진이 입력될 경우 개인의 초상권 및 프라이버시 침해의 가능성은 더욱 커질 위험이 있다.

4 신중한 사전 준비

전 국민을 대상으로 하는 전자주민카드 제도를 도입하려면 정부는 발생 가능한 모

3) 2005년 현재 개인정보침해신고센터, 개인정보보호지원센터, 개인정보분쟁조정위원회가 설치되어 있다.

든 문제에 대한 신중한 사전 준비를 해야 한다. 전자주민카드 도입 시 정부는 그때그때 제기되는 문제점들에 대한 임기응변적 대응에 급급했다는 비판을 받았다. 이러한 과정에서 입법부와 행정부 간 관계가 손상되고, 정책실패로 인한 비용 낭비가 발생했으며, 국민과 정부 간 신뢰가 저하되는 등 많은 문제점을 야기했다. 따라서 전자주민카드 도입으로 예상되는 문제점들을 가능한 최대한 공개하여 중지를 보인 피해를 최소화할 뿐만 아니라 실시 과정에 야기되는 문제들을 해소할 수 있는 제도적 장치도 강구되어야 할 것이다.

제 9 장 디지털 상거래의 진화

제 1 절 디지털 상거래의 개관

1 디지털 상거래의 등장 배경

컴퓨터와 정보기술의 발달로 21세기를 맞아 정보화사회의 실현이 점차 현실화되고 있다. 이러한 정보화사회에서 인터넷을 비롯한 정보통신기술의 발달을 기초로 한 정보 기반 위에 형성된 가상공간(cyber space)은 기업 활동과 행정, 그리고 우리의 일상 생활에서 중요한 위치를 차지하고 있으며, 그에 따르는 역할을 할 것으로 기대된다(성유봉, 1997 : 2). 상거래(商去來) 측면에서도 기존의 물리적인 시장에서의 상거래가 가상공간상에서 이뤄지는 디지털 상거래의 모습으로 점점 빠르게 바뀌고 있다. 이는 인터넷의 활성화 등 정보통신기술의 발달 없이는 불가능하다. 미국, EU, 일본 등 대다수의 선진국은 21세기 정보화사회에서 국가경쟁력을 확보하고 나아가 지속 가능한 경제 발전의 토대를 확고히 하기 위해 정보화를 기반으로 하는 국제적인 디지털 상거래 기반 고도화를 위해 노력하고 있다. 디지털 상거래(digital commerce)는 기업의 입장에서는 고비용 · 저효율 구조를 타개하기 위한 수단의 하나로 파악되고, 소비자의 입장에서는 홈쇼핑 · 홈뱅킹 등을 통해 개인의 욕구와 취향에 맞는 수비

정보를 얻고 상거래를 하기 위한 수단으로 파악된다. 이처럼 과거의 전통적인 기업과 소비자 간의 상거래와 관련된 개념들이 디지털 상거래가 사회적으로 확산되면서 변화하고 있다. 이는 인터넷으로 대표되는 정보통신기술의 발전과 디지털 상거래의 발전이 서로 밀접한 상호 관계를 가지고 이뤄지고 있음을 의미한다(이창범, 1997 : 31).

2 디지털 상거래의 개념

디지털 상거래는 디지털 네트워크 중심의 새로운 경제 시스템 하에서 이뤄지는 상거래라고 할 수 있는데, 일반적으로 전자상거래(e-commerce)라는 용어가 보편적으로 사용되어 오고 있다.

또한 전자상거래라는 개념은 1989년 미국의 로렌스 리버모어 국립연구소(Lawrence Livermore National Laboratory : LLNL)에서 미 국방성 프로젝트를 수행하면서 처음 사용한 것으로 추정되는데, 이는 상품 및 서비스를 수요·공급하는 경제 주체 간의 거래에 정보통신기술을 이용하는 방식으로서 기업 간 또는 기업과 소비자 간의 네트워크를 통한 전자적인 의사 및 정보 교환 방식에 의해 이뤄지는 상거래를 말한다(이창범, 1997 : 32).[1] 이러한 디지털 상거래는 전시, 주문, 상담, 청약, 거래 알선, 매매 계약, 대금 결제 등 물품의 매매와 관련된 상거래 활동이 가상공간상에서 전자적 수단, 즉 인터넷, 전자적 자료 교환(electronic data interchange : EDI),[2] 전자우편(e-mail), 스마트 카드, 팩스, 인터넷 전화 등에 의해 이뤄지는 것을 의미한다.

한편 경제협력개발기구(OECD)는 전자상거래의 개념에 관해 문자, 음성, 화상 등 디지털 데이터의 처리와 전송에 기초한 상거래의 총체라고 정의하고 있다. 그리고 우리나라 「전자거래기본법」에서는 이 개념을 재화나 용역을 거래할 때 그 전부 또는 일부가 전자문서에 의해 처리되는 거래로 규정하고 있으며, 「전자상거래소비자보호법」에서는 전자상거래를 전자거래(「전자거래기본법」 제2조 제5호의 규정에 의한 전

1) 그런데, 디지털 상거래는 학자들의 주관적인 입장에 따라 그 개념을 달리하고 있다. 통상 인터넷을 통해 문자뿐만 아니라 화상, 도형, 정보 등을 쉽게 교환하는 흐름을 디지털 상거래라고도 부른다.

2) EDI(Electronic Data Interchange)는 '전자적 자료 교환'을 의미하며, 기업 간의 거래 데이터를 교환하기 위한 표준 포맷이다(http://terms.co.kr/EDI.htm).

자 거래를 말한다)의 방법으로 상행위를 하는 것이라고 정의한다(제2조 제1호).

또한 전자상거래의 경우, ① 디지털 방식으로 전환된 정보가 거래 상대방에게 전달되며, ② 소비자는 상품 또는 용역에 관한 정보를 쉽게 얻을 수 있고, ③ 의사 표시가 가능한 전자적 수단에 기술적 의존성을 보이며, ④ 이용자가 쇼핑몰을 통해 계약을 체결한 경우 의사결정이 자동화되어 컴퓨터에 의해 계약이 체결될 수 있다는 점에서 기존의 대면거래와는 구별되며, 이러한 차이점으로 인해 전자상거래는 사업자뿐만 아니라 소비자에게 많은 이점을 부여하고 있다(권상로, 2009 : 788-789).

이상의 논의를 고려하여 구체적으로 디지털 상거래 혹은 인터넷 상거래의 개념을 종합 정리해 보면, 인터넷 홈페이지에 가상 상점(Virtual Shopping Mall)을 열어놓고 상품의 유통과 관련된 정보를 배포 · 수집하거나 협상, 주문, 납품, 대금 지불 그리고 자금의 이체 등을 수행하는 상거래 활동이라고 할 수 있다(정휴봉, 1997 : 5).[3]

3 디지털 상거래의 분류

디지털 상거래는 거래 주체가 누구냐에 따라 G2B, B2B, B2C로 나눌 수 있다.

첫째, G2B(Government to Business)는 전자적 수단을 통해 정부가 기업 또는 수요기관에 직접적인 상거래 형태로 상품 및 서비스를 제공하는 경우를 말한다(임규건 외, 2008).

둘째, B2B(Business to Business)는 기업이 상대 기업을 대상으로 각종 서비스나 물품을 판매하는 방식의 전자상거래로 대량의 도매 거래가 주종을 이룬다. 거래량이 많은 내신 거래 횟수는 적은 것이 일반적이다. 따라서 원자재 생산업체, 제조업체, 물류센터, 소매업체 등의 기업이 주요 주체로서 원자재 생산, 제품의 기획, 설계, 생산 및 물류에 관한 업무를 하고 있다. 또한 B2B에서는 정보의 공유, 시스템 간 연계 및 통합 기술을 핵심으로 하며, 이는 SCM(Supply Chain Management : 공급사슬관리),[4]

---

3) 인터넷을 기반으로 하는 디지털 상거래는 기존의 전통적인 상거래와 비교할 때 다음과 같은 특징을 가지고 있다. ① 통신 채널이 짧아짐, ② 시 · 공간의 벽이 없어짐, ③ 판매 거점이 따로 필요하지 않음, ④ 상품정보의 획득이 용이함, ⑤ 고객의 요구에 신속히 대처할 수 있음, ⑥ 마케팅 활동을 효과적으로 할 수 있음.

4) 기업들의 시장이 글로벌화되면서 글로벌 마케팅, 아웃소싱, 지역별 특성화 및 전 세계적 제품 선택

e-marketplace, 전자입찰 등으로 구현되고 있다. 기업들이 B2B를 도입하는 가장 큰 목적은 온라인을 통해 기업이 들여오는 물품이나 재료를 대량 구매함으로써 구매 횟수를 줄이고 물류비용 등을 절감하기 위해서이다. 이러한 B2B 전자상거래는 기업체의 중간재 및 투자재 구입을 효율화시킨다. 즉, 전자상거래를 통해 조달 담당 인력을 최소화하여 운영할 수 있게 되며, 조달에 걸리는 시간 절약, 다른 기업과의 공동 구매 등을 통한 조달 단가의 절감 등도 기대할 수 있다(김용규, 2001).

셋째, B2C(Business to Customer)는 일반적인 쇼핑몰과 같이 기업이 개인 고객을 대상으로 하는 전자상거래로서 개인 고객과 소매 업체가 주체가 된다. B2C는 시장, 즉 불특정 다수의 수요자와 공급자를 대상으로 하며, 인터넷 기반의 응용기술을 바탕으로 전자상점을 활용하거나 일대일로 마케팅을 하고 있다. B2C 전자상거래는 소비자에게 시간의 절약과 구입 가격 하락 등의 혜택을 준다(김용규, 2001). 이러한 유형의 전자상거래가 원활하게 이뤄지기 위해서는 소비자나 기업의 인증, 카드 회사·은행과의 결제 과정이 가장 중요하다(강홍중, 2008: 315). 최근에는 C2C(Customer to Customer)라고 해서 개인과 개인이 서로 거래하는 형태의 전자상거래도 있는데, 옥션이나 e-Bay 같은 경매 사이트가 대표적이다.

한편, 디지털 상거래는 상거래 이용 수단에 따라, e-commerce, M-commerce, T-commerce, U-commerce 등으로 나눌 수 있다.

첫째, e-commerce는 인터넷 등의 웹을 기반으로 하는 좁은 의미의 전자상거래를 의미한다.

둘째, M-commerce(Mobile Commerce)는 일반적으로 무선 네트워크를 중심으로 이뤄지는 모바일 환경의 전자상거래를 말한다. 개인 컴퓨터 등 고정 단말기와 유선 네트워크를 중심으로 제공하는 기존의 전자상거래를 점차 대체할 것으로 전망된다.

셋째, T-commerce(Television Commerce)란 인터넷TV를 이용한 전자상거래로

수립이 필요해졌으며, '무한경쟁 시대'에 따라 고품질, 저가격, 적기 납기의 중요성이 증대되고, 60~70% 이상의 부가가치가 제조 이외의 부분에서 발생하는 현실을 감안하여 전체 라인에 대한 관리가 필요하게 되었다. 이러한 배경 하에서 등장한 공급망(공급사슬) 관리(Supply Chain Management: SCM)는 부품 제공업자로부터 생산자, 배포자, 고객에 이르는 물류의 흐름을 하나의 가치사슬 관점에서 파악하고 필요한 정보가 원활히 흐르도록 지원하는 시스템을 말한다. 기업 내의 부문별 최적화나 개별 기업 단위의 최적화에서 탈피하여 공급망의 구성 요소들 간에 이뤄지는 전체 프로세스 최적화를 달성하고자 하는 경영혁신 기법이다(위키백과 참조).

서 1997년 미국에서 처음으로 시작되었다. TV 리모콘으로 인터넷은 물론 홈쇼핑과 홈뱅킹·증권 투자 등의 금융 업무, 원격 의료·교육·오락도 즐길 수 있다는 편의성이 가장 큰 장점이다.

넷째, U-commerce(Ubiquitous Commerce)는 유비쿼터스 컴퓨팅 환경에서의 전자상거래를 의미하는데, PC와 인터넷은 물론 각종 네트워크, 휴대폰·PDA와 같은 무선기기와 정보가전 등 모든 형태의 도구를 통해 이뤄지는 전자상거래이다. '언제, 어디서나', '동시에 존재한다'라는 유비쿼터스(ubiquitous)의 의미처럼 이용 제한이 없는 상거래로, 인터넷을 기반으로 한 e-commerce와 모바일 기기를 활용한 M-commerce, 인터넷TV를 활용한 T-commerce 등 모든 종류의 전자상거래를 포괄한다.

제 2 절 국·내외 디지털 상거래 현황

1 국내 디지털 상거래 현황

한국의 전자상거래 규모는 [그림 9-1]에서 볼 수 있는 바와 같이 지속적으로 성장하고 있다. 2010년의 경우 2004년과 비교해 보면 불과 6년 만에 약 262% 이상 성장했고, 성장률도 매년 평균 20%에 이르는 것을 볼 수 있다(통계청, 2011).

2010년 현재 연간 전자상거래 총 거래액은 823조 5,990억 원으로, 거래 주체별 규모(구성비)를 보면, 기업 간 전자상거래(B2B)가 746조 3,460억 원(90.6%)으로 총 거래액의 대부분을 차지하며, 기업·정부 간 전자상거래(B2G)는 52조 7,720억 원(6.4%), 기업·소비자 간 전자상거래(B2C)는 15조 9,570억 원(1.9%)이다. 한편 소비자 간 전자상거래(C2C)의 경우 거래액은 8조 5,240억 원(1.0%)으로 B2C에 비해 적은 편이나, 점차 그 규모가 증가하고 있는 추세이다(통계청, 2011). 한편 <표 9-1>을 보면, 2010년에는 전년 대비 기업 간 전자상거래(B2B)가 25.9%, 기업·소비자 간 전자상거래(B2C)가 32.5%, 소비자 간 전자상거래(C2C)가 6.4%로 각각 증가한 반면, 기업·정부 간 전자상거래(B2G)는 11.2% 감소했다.

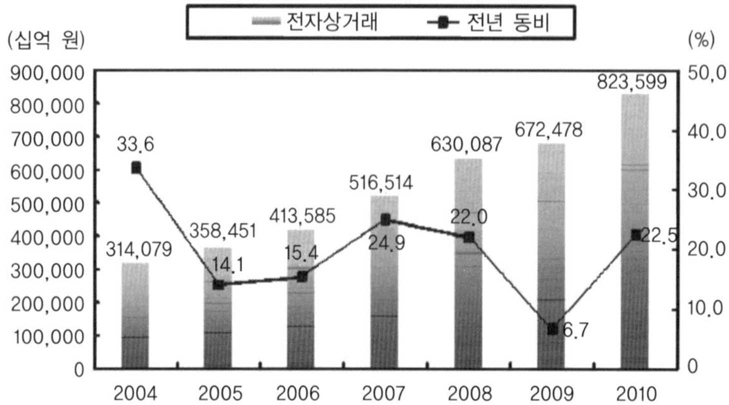

그림 9-1 한국의 전자상거래 규모

자료: 통계청(2011).

표 9-1 거래 주체별 전자상거래 규모(거래액) (단위 : 10억 원)

거래 주체별	2004년	2005년	2006년	2007년	2008년	2009년	2010년
기업 간(B2B)	279,399	319,201	366,191	464,456	560,255	592,965	746,346
기업·정부 간 (B2G)	27,350	29,037	34,435	36,801	52,266	59,455	52,772
기업·소비자 간 (B2C)	6,443	7,921	9,132	10,226	11,359	12,045	15,957
소비자 간 (C2C)	889	2,293	3,826	5,032	6,207	8,012	8,524
합계	314,079	358,451	413,585	516,514	630,087	672,478	823,599

자료: 통계청(2011).

이어서 주요 부문별 전자상거래 동향을 보면, 첫째로 B2B의 경우 2010년에 규모는 746조 3,460억 원으로 전년(592조 9,650억 원)에 비해 25.9% 증가했고, <표 9-2>에서 알 수 있는 바와 같이 거래 주도별 규모를 보면, 구매자 중심형 거래액은 423조 8,620억 원으로 전년에 비해 7.6% 증가했으며, 판매자 중심형 거래액은 72.6%, 그리고 중개자 중심형 거래액은 16.8% 각각 증가했다. 거래액 비중은 판매자 중심형은 37.3%로 전년에 비해 10.1%p 증가한 반면, 구매자 중심형이 9.6%p, 중개자 중심형

표 9-2 기업 간(B2B) 거래 주도별 전자상거래 (단위 : 십억 원, %)

구분	2009년		2010년		거래액(전년 대비)	
		구성비		구성비	증감액	증감률
ㅇ 총 거래액	592,965	100.0	746,346	100.0	153,381	25.9
- 구매자 중심형	393,970	66.4	423,862	56.8	29,892	7.6
- 판매자 중심형	161,546	27.2	278,758	37.3	117,212	72.6
- 중개자 중심형	37,450	6.3	43,728	5.9	6,278	16.8

자료: 통계청(2011).

은 0.4%p 각각 감소했다. 그리고 <표 9-3>에서 볼 수 있는 바와 같이 2010년 연간 산업별 거래액 구성을 보면, 제조업이 508조 3,270억 원으로 전체의 68.1% 비중을 차지하고 있으며, 도·소매업이 126조 50억 원(16.9%), 건설업 61조 7,110억 원(8.3%) 순으로 나타났다. 또한 산업별 거래액 증감률은 전년에 비해 제조업이 35.5%, 출판·영상방송통신업 26.0%, 도소매업 19.9% 순으로 각각 증가한 반면, 운수업이 -41.6%, 전기·가스·수도업이 -6.5%로 각각 감소했다.

표 9-3 기업 간(B2B) 산업별 전자상거래 내역 (단위 : 십억 원, %)

구분	2009년		2010년		거래액(전년 대비)	
		구성비		구성비	증감액	증감률
ㅇ총 거래액	592,965	100.0	746,346	100.0	153,382	25.9
- 제조업	375,246	63.3	508,327	68.1	133,081	35.5
- 도·소매업	105,073	17.7	126,005	16.9	20,932	19.9
- 건설업	56,978	9.6	61,711	8.3	4,733	8.3
- 운수업	19,305	3.3	11,282	1.5	-8,023	-41.6
- 전기·가스·수도업	15,066	2.5	14,090	1.9	-976	-6.5
- 출판·영상·방송통신 및 정보서비스업	13,713	2.3	17,274	2.3	3,561	26.0
- 기타	7,582	1.3	7,656	1.0	74	1.0

자료: 통계청(2011).

표 9-4 기업·정부 간(B2G) 전자상거래 (단위 : 십억 원, %)

구분	2009년		2010년		거래액(전년 대비)	
		구성비		구성비	증감액	증감률
○ 총 거래액	59,456	100.0	52,772	100.0	-6,684	-11.2
- 재화 및 서비스 구매	31,024	52.2	30,658	58.1	-365	-1.2
- 건설공사 계약	28,432	47.8	22,113	41.9	-6,319	-22.2

자료 : 통계청(2011).

둘째로 B2G의 경우, <표 9-4>에서 볼 수 있는 바와 같이 2010년에 거래 규모는 52조 7,720억 원으로 전년에 비해 11.2% 감소했고, 재화 및 서비스 구매액이 30조 6,580억 원으로 전년에 비해 -1.2%, 건설공사 계약액은 22조 1,130억 원으로 -22.2% 각각 감소했다.

한편 기업들의 전자상거래 활용 실태를 살펴보면(한국전자거래진흥원, 2007), B2B의 경우 많은 기업이 구매(19.2%)보다는 판매(20.6%)를 위해 전자상거래를 실시하고 있으며, 개방형 네트워크를 이용해 전자상거래를 실시하는 비율이 29.5%로 폐쇄형 네트워크를 활용한 전자상거래 시행률(7.1%)보다 높은 편이다. 또한 1,000인 이상 기업의 전자상거래 시행률은 73.3%로 높게 나타나는데 반해 종사자 규모가 작을수록 전자상거래 시행률이 낮은 것으로 나타났다. 이렇듯 기업 규모에 따라 전자상거래를 활용하는 수준이 다르게 나타나는 이유는 규모가 작은 기업일수록 높은 경쟁 환경에서 운영에 대한 재무적 압박, 기술전문가의 부재를 경험하는 등 규모가 큰 기업보다 정보 시스템 구축의 환경적 장애물로 인해 어려움을 겪기 때문이다.

2 주요국의 디지털 상거래 현황

미국, 독일, 영국, 일본 등 주요 선진국은 전자상거래의 국민경제적·산업적 중요성과 사회적 파급 효과를 중시하여 다양한 정책과 입법을 적극적으로 추진하고 있으며, 이로 인해 전 세계적으로 전자상거래 규모가 늘어나고 있는 추세이다. 즉, 2002년 9,364억 달러에 지나지 않았던 전자상거래 규모는 2007년 현재 7조 1,277억 달러로 크게 증가했다. 주요 국가들의 전자상거래 현황을 살펴보면 다음과 같다(한국전자거래진흥원, 2007).

1) 미국

미국 전자상거래 시장 규모는 2009년 기준 3조 3,710억 달러이며, 이 중 B2B가 3조 730억 달러로 전체 전자상거래의 91.2%를 차지한다. 또한 B2B가 B2C보다 10배 이상의 큰 비중을 점유하고 있다. B2B는 부문별로는 제조업이 1조 8,620억 달러로 전체 B2B의 반 이상(55.2%)을 차지하며, 그 다음이 도매업으로 1조 2110억 달러(35.9%)를 점유하고 있다. B2C는 2,980억 달러로 전체 전자상거래의 8.8%를 차지하고 있으며, 매년 증가하는 추세이다.[5]

미국은 1993년 10월 '전자상거래를 통한 능률적 조달'을 연방정부의 목표로 삼은 바 있으며, 1997년 7월에는 '글로벌 전자상거래 기본계획'을 통해 글로벌 전자상거래 5대 원칙과 전자상거래 무관세 원칙을 발표했다. 1998년 11월 「전자상거래 연차보고서」에서는 전자상거래 촉진을 위한 5개 방안을 발표했는데, 인터넷에 대한 민간투자의 촉진, 전자상거래 이용자 보호 강화, 개발도상국의 전자상거래 이용 지원, 인터넷과 전자상거래의 경제적 파급 효과에 대한 이해 증진, 중소기업의 인터넷 및 전자상거래 활용 촉진 등을 담고 있다. 2000년 6월에는 「전자서명법」을 제정하여 전자상거래의 보안성을 높이는 데 주력했다.

2) EU

온라인 시장조사기관 e-마케터(eMarketer)가 발표한 「유럽의 B2C 전자 상거래: 영국, 독일, 프랑스에 스포트라이트(European B2C E-Commerce: Spotlight on the UK, Germany and France)」라는 보고서에 따르면, 2011년 유럽의 전자상거래는 4,068억 달러에 이를 것으로 전망되는데, 현재 EU의 전자상거래 규모를 보면, 영국, 독일, 프랑스가 총 온라인 판매의 72%를 기록하면서 유럽 전자상거래의 대부분을 차지한다.

2006년 현재 서유럽 국가 중 독일의 전자상거래 규모가 30%로 전자상거래 부문 1위

---

5) US Census Bereau(http://www.census.gov).

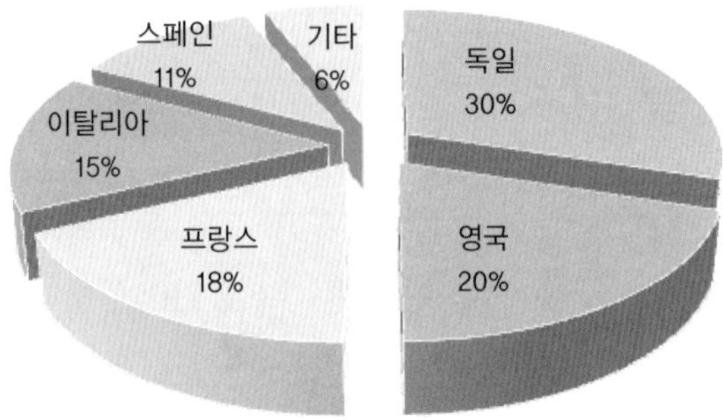

그림 9-2 유럽 각국의 전자상거래 시장 규모

자료 : eMarketer(2007).

를 차지하고 있는데, 2006년도 연간 매출액은 B2B 및 B2C를 합쳐 4,380억 유로에 달하며, 전체 전자상거래 비중 가운데 B2B가 90%로 가장 큰 비중을 차지한다.

영국의 전자상거래는 1999년 세계적인 닷컴 열풍과 함께 붐을 이루기 시작했는데, 영국 정부의 적극적인 지원과 인터넷 환경 개선, 디지털 서명 및 정보보호법안 도입으로 전자상거래 규모가 더욱 확대되었다. 2002년 영국의 전자상거래 규모는 총 190억 파운드였으나, 향후 5년 동안 25%의 연평균 성장률을 보이면서 2011년에는 10배 이상 상승한 2,230억 파운드에 이른다. 영국은 통상산업부와 총리 산하의 E-envoy가 전자상거래 부문을 관장하고 있다.

프랑스의 경우, 정부가 전자상거래 발전이 경제 성장의 중요한 원동력이 될 것으로 판단하고, 전자상거래 장려정책을 적극적으로 시행하고 있는 국가 중 하나이다. 특히 중소기업청은 상대적으로 낮은 온라인 상거래 이용률을 보이는 소규모 업체들에 대한 정보 제공을 목적으로 '디지털 경제 패스포트' 프로그램을 추진했다. 이는 인터넷의 사용 · 온라인 행정 절차 · 온라인 상거래 등 18개 단위로 구성된 입문 교육과정으로, 소규모 업체들에 알맞은 구매 안내를 제공함으로써 온라인 상거래 시스템 구축의 발판을 마련해 주고 있다. 프랑스 전자상거래통신판매연합(FEVAD)이 발표한 2008년 1/4분기 보고서에 따르면, 이 기간 총 매출액(추정치)은 49억 유로이며, B2C의 경우 40여 개 웹사이트가 전체 매출의 42%를 점유하고 있다. 한편 프랑스 기업의 B2B 거래도 활발하나 독일과 영국 등 다른 유럽 국가들에 비해서는 소극적인 편이다.

3) 일본

경제산업성이 발표한 자료에 의하면, 2007년 현재 일본의 B2B 전자상거래 시장 규모는 전년 대비 9.3% 증가한 162조 엔이며, B2C는 전년 대비 21.7% 증가한 5조 3천억 엔으로 여전히 높은 신장률을 유지한 채 순조롭게 확대되고 있다. B2C 확대에 기여한 업종으로는 정보통신, 식료품, 의류・액세서리, 의약・화장품 부문인 것으로 나타났다. 한편 C2C의 2004년 유통액은 7,840억 엔으로 나타나고 있다. 이는 같은 해의 B2C 총액과 비교할 때 14%에 해당하는 규모로 점차 확대되고 있는 추세다.

제 3 절 국가전자조달 시스템

1 전자조달행정

조달행정은 정부가 필요로 하는 재화와 서비스의 소재 파악(locating), 구입, 분배, 저장, 사용 처분 및 대금 지불을 포함한 일체의 행위라 할 수 있는데, 이는 구매 과정에 초점을 둔 정의이다. 한편 조달행정을 행정 업무 수행에 필요한 필수적인 재화, 즉 소모품・비품・시설 등을 적기・적소에 적재・적량을 적정한 가격으로 구입하는 행위라고 정의할 수도 있는데, 이는 바람직한 구매 기능을 강조하는 것이다. 우리나라에서는 조달 업무와 관련하여 "조달사업은 조달청장이 행하는 조달물자의 구매, 운송, 보관, 공급 업무와 시설공사의 계약, 시설물의 관리, 운영 및 그에 부수되는 사업을 말한다"고 규정하고 있다. 결국, 조달행정은 공공기관에서 필요로 하는 수요 물자나 중요 물자의 구매, 공급, 관리 및 정부 시설공사 계약에 관한 업무를 조달청이나 자치단체에서 맡아 수행하는 것을 말한다.

한편, 전자조달행정(e-procurement Administration: EPS)은 정부 또는 공공기관이 조달 활동에 전자상거래 방식을 도입한 것으로, 거래의 여러 과정 중에서 최소한 하나 이상의 절차가 정보통신 네트워크상에서 이뤄지는 것을 말한다. 즉, 구매 요청, 입찰, 계약, 대금 지급 등 다양한 처리 절차 중 최소한 하나 이상의 절차가 전자적으로 이뤄지는 것을 말한다.

2 국가종합전자조달시스템(G2B)

1) 국가종합전자조달시스템의 의의 및 기능

국가종합전자조달시스템(G2B)은 공공기관의 물품 구매나 시설공사·용역 등을 계약할 때, 참가업체 등록과 입찰에서부터 계약, 대금 지불에 이르기까지 모든 단계를 인터넷을 통해 처리하는 시스템이다. 이에 따라 조달업체는 조달 단일 창구에 1회만 등록하면 모든 공공기관의 입찰정보를 통합해서 제공받고 입찰에도 참가할 수 있으며, 공공기관은 G2B 시스템을 내부 전산 시스템처럼 이용하여 자체 조달의 전자적 처리가 가능해졌다. 그리고 중앙조달의 경우에는 표준화된 G2B 시스템과 조달청의 조달 EDI와 연계하여 온라인 서비스를 제공할 수 있게 되었다.

이러한 G2B 시스템은 전자조달처리시스템, G2B 포털, 통합공고, 물품목록 시스템, 신목록 체계에 따른 계약상품 카탈로그, 신목록 체계에 따른 시중상품 카탈로그, 사용자 등록관리시스템, 전자보증시스템, 전자지불시스템, 업체 실적 및 기술인력 조회시스템, 문서 유통 및 외부 연계 시스템 등의 하부 시스템으로 구축되어 있다. 이러한 하부 시스템을 활용한 G2B 시스템은 사용자 등록, 입찰 공고, 전자 입찰, 전자계약,

표 9-5 국가종합전자조달시스템의 기능

구분	주요 기능
조달업체의 전자조달 서비스 제공	• 공공기관의 입찰공고 일괄 입수(기관, 품목 등 관심 분야 맞춤 서비스) • 한번 등록으로 전 공공기관의 입찰·계약에 참가할 수 있는 1회 업체 등록 • 법령이 허용하는 범위에서 조달업체의 조달 실적정보 조회 • 입찰·계약·대금 지급 등 조달 처리 과정의 공개 • 업체의 상품 카탈로그에 등록하여 전 공공기관에 홍보 기회 제공 • 기 구축된 전자조달 시스템을 연결하여 원스톱 서비스 제공
공공기관 조달 절차의 전자적 처리 서비스 제공	• 정부물품안내지도를 통한 용이한 구매 상품 검색 • 입찰, 계약, 대금 지불 등 조달 절차의 전자적 처리 • 단가계약, 수의계약 대상 품목정보 입수로 조달 방법 결정 용이 • 온라인 견적 요청 및 가격 협상 • 전자결재, 재정정보 등 공공기관 내부 업무 시스템 연계 등

자료: 조석주(2004).

대금 지급, 업체 정보 조회 등 모든 조달 절차를 온라인으로 처리할 뿐만 아니라 및 처리 진행 상황을 실시간 공개 등의 서비스를 제공하고 있다(조석주, 2004: 232-233).

2) 국가종합전자조달시스템의 거래 실적

2002년 10월부터 서비스를 시작한 국가종합전자조달시스템은 조달청이 구축한 G2B 시스템으로 다른 용어로는 GEPS(Government e-Procurement System)라고 하며, 인터넷 공간에서는 '나라장터'라고도 불리고 있다. 이는 2009년 기준 연간 약 86조 원(조달청을 통한 중앙조달 약 45조 원, 다른 공공기관이 자체 조달을 위해 나라장터를 이용한 실적 약 41조 원)이 거래되는 세계 최대의 사이버 시장이다. 여기서 중앙조달 중 쇼핑몰을 통한 단가계약(제3자 단가계약)이 약 11조 원이고, 전자입찰은 약 63조 원, 나라장터를 통해 입찰은 오프라인으로 실시하고 전자계약을 통해 계약을 체결한 실적은 약 11.4조 원이다.

이용자 측면에서 2009년에는 5,170만여 명이 나라장터를 방문하여 전년도와 같은 수준을 유지했으며, 이 중 1,139만 명 이상이 나라장터에 로그인하여 입찰, 계약 등 업무를 처리한 것으로 조사되었다. 이는 일일 평균 19만 명이 나라장터를 방문하고, 이 중 5만여 명이 나라장터에 로그인하여 업무를 처리한 것이다. 또한 2009년 말까지 모두 17만여 기업과 4만여 공공기관이 공인인증서를 이용하여 나라장터에 등록했으며, 사용자 인증서 발급 기준으로는 28만 1천여 명이 이용 중에 있다(조달청, 2011:

표 9-6 나라장터의 거래 실적 (단위: 억 원)

구분		2008년(A)	2009년(B)	증가율(%)(B/A)
중앙조달	전자 입찰	153,538	323,023	110.4%
	쇼핑몰	87,288	112,828	29.3
	기타*	63,349	6,213	-74.4
	계(C)	304,175	452,064	48.6
공공기관 자체 조달	전자 입찰(D)	269,492	307,520	14.1
	기타*	56,486	98,031	73.5
	계	325,978	405,551	24.4
합계	(C+D)	630,153	857,615	36.1

* 기타는 턴키, 대안입찰 등 입찰은 오프라인으로 실시하고 전자 계약으로 체결한 실적임.
자료: 조달청(2011: 135).

134-136).

또한 유비쿼터스 전자 조달 체제로서 다른 국가들의 벤치마킹 사례가 될 정도로 전자정부의 정보화 사업 중 가장 성공한 사례로 꼽히고 있다. G2B 시스템은 2002년도 기준 3조 2천억 원의 조달 비용 절감 효과를 보이며, UN과 OECD 등에서 이미 세계 최고 수준임을 입증받은 바 있다(조달청, 2007).

3) 국가종합전자조달시스템의 도입 효과

조달 업무를 전자적으로 처리함으로써 실질적으로 상당한 비용이 절감되고 있는 것으로 나타났다. 2009년도에 실시한 '나라장터 운영 효과평가 연구 용역'에서는 실제 2008년도의 나라장터 운영 통계를 적용하여 효과평가를 산출했는데, 업체 방문 횟수 감소와 종이문서 감축으로 비용적인 측면에서는 연간 8조 5백억 원이 절감된 것으로 나타났으며, 환경적인 측면에서는 연간 약 62만 톤의 이산화탄소 저감 효과가 있는 것으로 나타났다. 또한 나라장터 구축 이전 조달 업무와 관련하여 상당 부분을 차지했던 사회적 간접비용, 즉 민간기업의 발주기관 방문과 정보 획득을 위한 시간 및 교통비 등의 절감액이 무려 절감 비용의 82%인 6.6조 원을 차지하는 점은 당초 시스템 구축 시의 예상 이상으로 사회 전반에 미치는 영향이 크게 나타나고 있다(조달청, 2011 : 133-134).

제 4 절 전자상거래와 SNS의 결합: 소셜 커머스

1 소셜 커머스의 등장 배경

SNS(Social Network Service)는 말 그대로 사람과 사람을 연결해 주는 서비스를 뜻한다. 2004년 설립된 SNS 대표업체 페이스북(Facebook)의 사용자 수는 최근 6억 명을 넘어섰으며 2006년 설립된 트위터(Twitter)도 이미 2억 명에 가까운 사용자를 확보한 것으로 알려졌다. 국내에서도 사용자가 급증하고 있는 가운데, 2011년 1월 17일 현재 페이스북 사용자는 346만 명에 달하며, 트위터도 200만 명을 넘어선 것으로

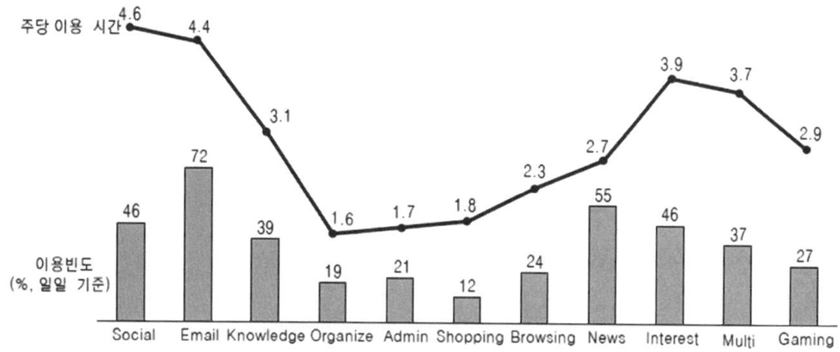

그림 9-3 온라인 활동 유형별 이용 빈도 및 시간

자료: TNS(2010).

파악되었다(베타뉴스, 2011. 1. 21). 또한 이러한 외국 업체 외에도 한국 업체인 SK 커뮤니케이션즈에서 운영하는 '싸이월드(Cyworld)'라는 서비스도 많이 활용되고 있다. 시장 조사업체 TNS의 2010년 10월 조사에 따르면, 주당 이용 시간 측면에서 SNS가 이메일을 앞지르면서 SNS는 '유행'이라는 말이 무색할 만큼 사람들의 새로운 커뮤니케이션 수단으로 빠르게 자리매김하고 있다([그림 9-3] 참조).

이러한 상황 속에서 SNS 업체들은 거대한 유저(user)를 기반으로 기존의 광고 수익 이외에 새로운 수익 모델을 발굴하기 위해 다양한 노력을 기울이고 있다. Facebook은 자체 결제 수단인 'Facebook Credit'을 선보인 이후 'Facebook Deals'까지 출시하며 위치 기반 소셜 커머스 시장에 출사표를 던졌고, 트위터 역시 'Promoted Tweet' 서비스를 시작하며 검색 기반 광고 플랫폼을 선보였다. 이처럼 SNS 업체들이 수익원 다각화에 적극적으로 나서면서 SNS와 기존의 e-commerce가 결합한 소셜 커머스가 새로운 패러다임으로 주목받고 있다(유재훈, 2011).

2 소셜 커머스의 개념 및 유형

1) 개념

소셜 커머스(social commerce)라는 용어는 2005년 야후(Yahoo)가 처음 소개한 것으로 알려져 있는데, 초기에는 이용자들이 쇼핑 리스트를 공유하거나 제품을 평가하는 등의 서비스를 뜻하는 말로 사용되었다. 하지만 지금은 그 개념이 '소셜 미디어를 활용하는 e커머스'라는 폭넓은 의미로 쓰이고 있다. 즉, 소셜 미디어 내에서 상거래를 하거나, 또는 상거래 서비스 내에 소셜 네트워크적 요소가 있으면, 그것을 소셜 커머스라고 할 수 있다. 소셜 커머스는 상품을 파는 것뿐만 아니라 블로그, 트위터, 페이스북 등의 소셜 미디어와 연계함으로써 강력한 입소문을 유발하는 구조를 갖고 있다(류한석, 2011).

소셜 커머스의 유형은 아래와 같이 8개 즉, 공동 구매 방식, 기존 웹과 연계하는 방식, SNS 내 직접 입점하는 방식, 플래시 세일(flash sale), 소셜 쇼핑, 소셜 쇼핑 앱스, 퍼체이스 쉐어링(purchase-sharing), 퍼스널 쇼퍼(personal shopper) 등으로 구분해 살펴볼 수 있다.

2) 유형

(1) 공동 구매 방식

그룹 바이(group-buy)는 제한된 시간 동안 정해진 인원이 모이면 특정 상품을 할인된 가격으로 판매하는 방식으로, 흔히 공동 구매라고 한다. 다른 유형과 차별되는 요소는 지역 거점을 중심으로 판매상품을 구성하고 있다는 점이다. 최근 가장 활발하게 활용되는 소셜 커머스의 유형이 바로 공동 구매이다. '반값 할인', '원어데이(one a day) 쇼핑', '소셜 쇼핑' 등으로도 알려진 '공동 구매' 형태의 소셜 커머스는 국내에서도 큰 관심을 일으키며 최근 급성장하고 있는 분야이다. 국내에서는 공동 구매가 소셜 커머스를 의미한다는 인식이 지배적이지만 사실 공동 구매는 소셜 커머스의 한 형태일 뿐이다.

공동 구매 형태 소셜 커머스의 가장 대표적인 사례로는 미국의 그루폰(Groupon)을 꼽을 수 있다. 그루폰은 'Group'과 'Coupon'의 합성어로 직역하면 '단체 쿠폰'이 된다. 그루폰은 2008년 10월 시카고의 자사 사무실 1층에 위치한 레스토랑의 피자 가격을 50% 할인하여 제공하면서 서비스를 시작했다. 그루폰은 현재 세계 35개 국가의 300여 개 도시에 진출해 있으며, 최근에는 국내 소셜 커머스 벤처업체인 '딜즈온(Dealson)'의 지분 80%를 인수하며 국내 시장에도 진출했다. 창업한 지 약 1년 6개월 만에 3억 5천만 달러의 매출을 올린 그루폰은 2010년에는 5억 달러의 매출을 올린 것으로 추정된다. 최근에는 구글(Google)이 무려 60억 달러의 인수를 제안하면서 세간의 큰 관심을 받기도 했다.

이렇듯 그루폰은 창업과 동시에 엄청난 성과를 올리고 있지만 사실 그 비즈니스 모델은 아주 단순하다. 즉, 지역사업자의 판매상품을 온라인에서 대행해 판매해 주는 것이다. 이 때 지역사업자에게는 상품의 할인폭 및 그루폰의 대행 수수료가 마케팅 비용으로 인식되며, 이용자는 큰 폭으로 할인된 가격으로 상품과 서비스를 구입할 수 있기 때문에 소비자와 사업자 모두가 윈윈(win-win)할 수 있게 된다.

좀 더 구체적으로 설명하면 다음과 같다. 그루폰은 지역별로 하루에 단 1개의 상품을 판매한다. 비교적 원가가 차지하는 비중이 높은 공산품보다는 좀 더 유연하게 가격을 할인할 수 있는 서비스 제품의 판매가 주를 이룬다. 그루폰에 참여하는 업체들은 대부분 지역 소매업체이다. 앞서 언급한대로 특정 요구 조건이 충족되면 큰 폭의 할인을 해주고, 만약 조건이 충족되지 않으면 모든 거래는 취소된다. 이 조건은 공동구매 형태의 소셜 커머스에서 핵심이다. 이용자들은 좋은 거래를 공유하고 본인이 구매한 상품의 조건을 충족시키기 위해 자신들의 소셜 네트워크나 이메일을 통해 자체적으로 주변에 거래에 대한 홍보를 하게 된다. 예를 들어 그루폰 이용자가 친구를 소개하여 구매까지 이어지는 경우, 소개한 이용자에게 10달러 쿠폰을 제공하는 방식으로 구전 효과, 즉 소셜(social) 효과를 마케팅에 활용하고 있다.

대부분 상품의 할인 폭은 50% 이상으로 매우 크고 그루폰에 적게는 20%에서 많게는 50%까지 수수료를 지불해야 하기 때문에 쿠폰 판매 자체는 대부분의 소매업체에 별로 이익이 되지 않는다. 최근 한 조사에 따르면, 그루폰에 참여한 업체의 32%는 쿠폰 판매를 통해 전혀 수익을 올리지 못했거나 오히려 손해를 본 것으로 드러났다. 그럼에도 불구하고 그루폰에서 너도나도 상품 판매를 원하는 이유는 바로 광고 효과 때문이다. 그동안 지역 일간지나 잡지 이외에 마땅한 광고 수단이 없었던 지역 소매업체들은 그루폰에서 쿠폰을 판매함으로써 적어도 하루 동안은 엄청난 주목을 받을 수 있다. 또한 거래가 성사될 경우 기존의 광고처럼 단지 정보를 알리는 수준을 넘어 쿠폰을 구매한 소비자들은 쿠폰을 소진하기 위해 매장을 방문하게 된다. 이로써 소비자들은 실제로 제품 및 서비스를 경험하게 된다. 그런 다음 매장을 찾았던 소비자들이 좋은 인상을 받았다면 자신의 소셜 네트워크 등을 통해 구매 후기를 남기게 되고, 그렇게 될 경우 참여 업체들은 쿠폰 판매 이후에도 상당 기간 동안 광고 효과를 누릴 수 있다는 장점을 노리는 것이다.

국내에서도 이러한 그루폰의 사업 모델을 차용한 티몬(TMON), 쿠팡(Coupang) 등 그룹바이 형태의 소셜 커머스 업체들이 운영되고 있다.

(2) 기존 웹과 연계하는 방식

소셜 커머스의 또 다른 유형은 기존의 e-commerce 사이트와 SNS를 연계하는 방식이다. 이 방식은 공동 구매 방식과는 달리 SNS를 좀 더 적극적으로 활용한다는 특징을 지니고 있다. 다시 말해, 특정 사이트에서 이뤄진 구매, 평가, 리뷰 등의 활동이 구매자의 소셜 네트워크와 직접 연동되어 공유되는 방식이다. 단순히 사이트에 페이스북이나 트위터로 이동할 수 있는 링크 버튼을 삽입하기도 하고, Facebook Plugin 등을 통해 구매 활동이 자동적으로 자신의 SNS에 반영되어 지인들과 공유하는 형태를 띠기도 한다. 즉, 기존의 e-commerce 사이트에 소셜적인 요소를 가미한 것이다.

기존의 e-commerce와 SNS를 연계한 소셜 커머스가 주목받는 이유는 다름 아닌 구전 효과 때문이다. 이는 단순한 구전이 아닌 자신이 알고 지내는 지인들을 대상으로 하기 때문에 더욱 효과적이다. Harris Interactive의 조사에 따르면, 응답자들의 71%가 가족이나 친구들의 의견이 특정 브랜드를 선택하는 데 영향을 미쳤다고 응답했다. 또한 Econsultancy의 조사에서도 응답자의 90%가 지인들의 추천을 신뢰한다고 응답했다.

예컨대, 청바지로 유명한 의류 브랜드 리바이스(Levi's)는 2010년 4월 자사 홈페이지에 Friends Store를 열었다. Friends Store는 페이스북과 연계되어 'Like' 버튼과 Facebook Connect 등을 쉽게 이용할 수 있다. 이를 통해 소비자들은 일반대중은 물론 자신의 지인들이 어떠한 옷에 관심이 있는지 쉽게 알 수 있다.

이처럼 기존의 e-commerce 사이트와 SNS가 연계될 경우 방대한 SNS의 유저(user) 기반을 통한 구전 효과뿐만 아니라, 어떠한 제품에 사람들이 반응하는지를 즉각적으로 파악할 수 있다는 장점도 있다.

(3) SNS 내 직접 입점하는 방식

가장 최근에 나타나고 있는 소셜 커머스의 유형은 SNS 내에 직접 입점하여 판매하는 방식이다. 공동 구매의 형태가 간접적으로, 웹과의 연계 형태가 적극적으로 SNS를 활용했다면 직접 입점하는 방식은 탭 또는 애플리케이션의 형태로 SNS 내 직접 쇼핑몰을 추가하는 것이다. 최근에는 페이브먼트(Payvment), 알벤다(Alvenda)와 같은 쇼핑몰 빌더를 활용하여 페이스북 내에 쇼핑몰을 오픈하는 업체들이 늘어나고 있으며, 이러한 빌더를 사용하면 상품 등록, 장바구니, 리뷰 등의 기본적인 구매 기능은 물론 공동 구매나 이벤트와 같은 추가적인 기능도 활용할 수 있다.

페이스북 내에 입점하여 쇼핑몰을 여는 형태가 주목받는 이유는 무려 6억 명 이상의 잠재 고객이 공존하기 때문이다. 페이스북의 회원이 쇼핑몰의 팬이 되는 순간 쇼핑몰이 제공하는 새로운 정보들은 팬에게 자동으로 전달된다. 또한, 전달된 정보는 팬으로 등록된 회원들의 친구들도 열람할 수 있게 된다. 평균 130명의 친구를 보유한 것으로 알려진 페이스북 회원들의 네트워크를 통해 팬 베이스를 빠르게 늘려갈 수 있는 것이다. 이러한 장점 때문에 해외에서는 이미 P&G, 베스트바이, 스타벅스 등과 같은 대기업들이 페이스북 내에 쇼핑몰을 개설해 운영하고 있다.

이처럼 페이스북을 통해 활발하게 활용되는 직접 판매 형태의 소셜 커머스는 'F-commerce'라는 신조어까지 탄생시켰다. 물론 국내에서는 아직 이러한 유형의 소셜 커머스가 활발하게 활용되지는 않고 있지만, 공동 구매 형태의 소셜 커머스가 서비스를 시작한 지 1년도 안 돼 폭발적인 성장을 이룬 것을 보면 직접 판매 형태의 소셜 커머스도 SNS 이용자 수의 증가와 함께 곧 활성화될 것으로 예상된다(유재훈, 2011).

(4) 플래시 세일

플래시 세일(flash sale)은 온라인상에서 제한된 시간 동안만 상품을 판매하는 방식이다. 대표적인 업체로는 'Vente-Privĕe'로 프라이빗 쇼핑의 형태로 회원 가입을 한 이용자만이 판매하는 상품을 볼 수 있다. 1,200개의 패션 디자이너 브랜드 및 스포츠 장비, 자동차, 여행상품에 이르기까지 최대 70% 할인율을 제공한다. 특정 상품의 판매 기간은 2~4일 정도이며, 사이트 회원 간 입소문을 통해 회원의 혜택이 커지는 방식(drive member-get-member referrals)을 채택하고 있다.

(5) 소셜 쇼핑

소셜 쇼핑(social shopping)은 단순히 상품을 할인된 가격에 판매하는 것이 아니라, 이용자들이 온라인상에서 찾아낸 좋은 판매 사이트, 혹은 상품을 서로 공유하게 하는 형태를 취하고 있다. 예를 들면, 월 평균 650만 명이 방문하는 'Polyvore'는 패션 아이템에 관한 사이트, 상품, 패션정보 등을 망라하여 패션 쇼핑을 위한 다양한 정보를 알려주는 포털의 역할을 한다. 또한 셀러브리티들의 패션 스타일 및 잡지에 실린 패션 스타일에 관한 모든 상품의 정보를 소비자의 상품평과 함께 제공한다. 또한 이용자 중 누군가가 셔츠 아이템 사진을 올리고, 이것과 어울릴 만한 아이템 추천을 요청하면 코디가 가능한 상품을 판매 사이트가 링크된 사진과 함께 올려 주기도 한다. 이 모든 것이 사이트 운영자가 아닌 소비자들의 자발적인 커뮤니티 활동으로 가능하다. 그리고 이 사이트에서 공유하는 모든 정보는 블로그, 트위터, 페이스북으로 실시간 공유된다.

Polyvore 외에도 'Kaboodle', 'Lockerz' 등 소셜 디스커버리(social discovery)를 장려하는 소셜 쇼핑의 유형도 소셜 커머스의 한 종류라고 할 수 있다.

(6) 소셜 쇼핑 앱스

소셜 커머스가 기존의 e-커머스와 다른 점 중의 하나는 바로 상거래의 범위를 온라인에서 오프라인까지 확장시켰다는 것이다. 이러한 차이를 실현시키는 수단 중 하나가 소셜 쇼핑 앱스(social shopping apps)이다. 이 방식을 활용하는 업체로는 2009년 설립된 'Shopkick'이 대표적인데, 스마트폰에 shopkick 앱을 다운받은 일반 소비자가 오프라인상의 상점을 방문할 때마다 kick이라는 일종의 포인트가 쌓이는 방식을 개발했다. 그리고 상점을 단순히 방문하는 것뿐만 아니라, 상점에서 check in을 하거나 상품의 바코드를 스캔함으로써 kick을 추가로 적립할 수 있다. 이렇게 모인 kick은 아이튠즈(i-Tunes)의 기프트카드(giftcard), 레스토랑 바우처, Best Buy, Target, Macy's, Crate & Barrel, American Eagle, Simon Malls, Sports Authority 등 미국 전역의 주요 소매점의 기프트 카드, 혹은 페이스북의 크레딧(credit) 등으로 교환할 수 있으며, 기부에도 사용할 수 있다.

또한 이렇게 수집된 소비자들의 단골상점 정보라든지 이용 패턴 및 취향 등의 정보를 이용해 사업자들은 맞춤화된 마케팅을 펼칠 수 있는 기회를 얻는다. 이는 Shopkick의 walk in, check in, scan 등의 기능을 통해 정확한 소비자의 종적을 계량화한 통계로 제공할 수 있기 때문에 가능한 것이다. 그리고 소비자 입장에서는 자주 가는 상점으로부터 할인 티켓 등의 오퍼를 받는다든가, 앱에서 단골상점의 스페셜 오퍼 정보를 푸시(push) 등의 형태로 놓치지 않고 받을 수 있는 이점이 있다.

한편, FAST COMPANY는 2011년 3월에 가장 혁신적인 소매기업을 선정했는데,

1위가 그루폰, 8위가 Shopkick이었다. Shopkick 앱은 2011년 3월 기준 백만 명 이상의 활발한 사용자를 보유한 LBS 기반 쇼핑앱으로 크게 부각되고 있다.

(7) 퍼체이스 셰어링

퍼체이스 셰어링(purchase-sharing) 유형의 소셜 커머스는 소비자가 자신의 상품 구매 정보를 공유하게 함으로써 사업자에게는 마케팅의 수단을 제공하고, 소비자에게는 금전적 보상을 해주는 방식을 취한다. 대표적인 업체 'Swipely'의 경우 소비자가 자신이 사용하는 신용카드를 사이트에 등록한 후 등록한 신용카드를 사용하여 상품 및 서비스를 구매하거나 이용할 경우, 이 구매 정보를 사업자에게 제공하여 마케팅에 활용할 수 있도록 한다. 마케팅 프로세스는 사업자가 구매한 소비자에게 포인트를 지급함으로써 단골고객 유치를 가능하게 하고, 더 나아가 포인트를 얻은 소비자가 친구나 가족들에게 입소문을 내는 마케팅 효과를 기대하는 방식이다.

이는 심리학자이자 인류학자인 영국의 던바(Robin Dunbar) 교수가 "뽐내기 본능이 소셜 네트워킹 애플리케이션의 시초이다(Grooming was the first social networking application)"라고 한 것과 일맥상통하는 유형의 소셜 커머스로 여겨진다. 사람들은 자기의 구매행위가 최선이었다는 것을 타인으로부터 인정받고 싶어하는 본능이 있는데, 이러한 본능이 사람들로 하여금 구매 이후에 자신이 구매한 상품을 다른 사람에게 자랑하게 만들고, 더 나아가 자신이 구매한 상품의 대변인(advocate)이 되게끔 만든다는 것이다. 더구나 구매행위 및 자신의 사회적 인맥을 통한 입소문을 일으킬 때마다 포인트 등 금전적인 보상을 해준다면, 일반 소비자들이 이를 마다할 이유는 없을 것이다. 다만 소비자 입장에서는 신용카드 정보를 소셜 커머스 사이트에 제공한다는 자체가 부담이 될 소지가 있다.

(8) 퍼스널 쇼퍼

'GoTryItOn'은 무엇을 입을지, 무엇을 구매해야 할지 고민하게 될 때 소셜 네트워크를 통해 다른 사람의 객관적인 조언(second opinion)을 얻을 수 있는 퍼스널 쇼퍼(personal shopper) 유형의 소셜 커머스이다. 이 또한 이용자가 많아지고 그에 따라 참여하는 사업자도 많아지게 되면, 참여하는(조언을 구하거나 조언을 해 주는) 이용자에게 포인트를 제공하고, 사업자는 구전 효과를 얻으며, 사이트 운영자는 광고 수입을 얻는 비즈니스 모델이 구축될 것으로 예상된다. 현재로서는 사업 초기 단계로 아직은 순수한 커뮤니티 운영 수준에 머물러 있는 상태로 보인다.

이상으로 해외에서 서비스되고 있는 소셜 커머스를 여덟 가지 유형으로 분류해 살펴보았다. 국내에서는 소셜 커머스라고 하면 반값 할인 공동 구매 등의 인식이 지배적이었으나, 해외 사례를 통해 상품이나 서비스의 구매와 관련하여 소셜 네트워크를 충분히 활용하는 방향으로 소셜 커머스가 진화하고 있다.

3 국내 소셜 커머스의 현황

국내 소셜 커머스의 시장 규모도 외국 못지않게 빠르게 성장하고 있다. 파격적인 조건에 검증된 상품을 구매할 수 있다는 사실이 대중들에게 인기를 끌고 있다. 또한 지역별로 구분해 고객맞춤형(customized)으로 다양한 상품들을 거의 반값에 구입할 수 있다는 것도 강점이다. 2010년 3월 국내에 소셜 커머스가 처음 등장했는데, 1년여 만에 시장 규모가 500억 원에서 5,000억 원 정도로 약 10배 가까이 성장했다. 이 시장을 이끌고 있는 국내의 소셜 커머스 업체는 티몬, 쿠팡 등이 있다.

디지털 마케팅 자료 전문 사이트인 'DMC미디어'에 따르면, 현재까지 약 500여 개의 소셜 커머스 사이트가 개설된 것으로 나타났다. 현재도 계속해서 중소 규모의 사이트가 생겨나고 있으며, 전문가들은 소셜 커머스 시장이 향후 5년 내 1조 원대 이상의 큰 소비시장으로 성장할 것으로 예상한다. 이처럼 시장이 커지다 보니 신세계, 효성 등 대기업들도 앞다퉈 소셜 커머스 시장에 진출을 꾀하고 있고, 세계 최대 소셜 커머스 업체인 그루폰(Groupon)도 국내에 진출하면서 경쟁이 가속화되고 있는 상황이다. 이에 따라 기존 업체들은 막대한 마케팅 비용을 쏟아붓고 있으며, 이러한 인기에 편승해 소셜 커머스의 상품정보를 한곳에 모아서 볼 수 있는 소셜 커머스 모음 사이트들도 등장하고 있다(한국마케팅연구원, 2011 : 80-84).

앞서 언급했듯이, 현재 국내에서 소셜 커머스로 잘 알려져 있는 티몬, 쿠팡 등은 다양한 형태의 소셜 커머스 중에서 그룹 바이(group-buy) 형태의 서비스를 제공 중이다. 이는 세계적으로 가장 주목받고 있는 그루폰의 서비스가 국내에 알려지기 시작하면서 그루폰의 사업 모델을 차용한 형태로 국내에서 서비스가 시작되었기 때문으로 추측된다. 그루폰이 크게 성장하면서 우리나라에서뿐만 아니라 전 세계적으로 그루폰의 모델과 유사한 소셜 커머스 서비스들이 붐을 이루고 있다(김윤화, 2011). 국내 소셜 커머스는 2010년 3월에 등장한 '위폰'을 시작으로 2011년 3월 기준 약 232개의 업체가 소셜 커머스 업체로 등록되어 있는 등 시장 경쟁이 치열한 상황이다.

또한 소셜 커머스의 상품 수를 보면, 2010년 10월 총 935개에서 2011년 3월 기준 총 7,503개로 약 5개월 만에 8배 넘게 공급시장이 커졌다. 소셜 커머스를 통해 상품을 구매한 소비자의 수를 살펴보면, 2010년 10월 총 628,285명에서 2011년 3월 총 3,575,510명으로 공급시장뿐만 아니라 소비시장도 6배 가까이 확대된 것을 알 수 있다.

매출액 규모를 살펴보면, 2010년 10월 기준 월 매출액 약 95억 원에서 2011년 3월에는 640억 원을 넘어섰다. 이 중에서 2011년 3월 기준 소셜 커머스 Big 3 업체라 할 수 있는 티켓몬스터, 위메이크프라이스, 쿠팡의 월 매출액이 268억 원으로 전체 232개 소셜 커머스 업체 매출액 대비 42%를 차지하고 있다. 이 중 1위 업체인 티켓몬스터는 2010년 6개월 간의 매출이 100억 원을 넘어섰고, 2011년에는 한 달 만에 100억 매출을 달성한 것으로 알려졌다. 2위 업체인 위메이크프라이스도 2개월 반 만에 100억 매출과 함께 동 기간 30만 명의 회원 유치와 하루 순방문자 수 150만 명을 달성했다. 이처럼 빠르게 성장하고 있는 국내 소셜 커머스 시장의 매출 규모는 2010년 500억 원에서 2012년에는 7~8천억 원에 이를 것으로 추정된다.

4 주요 선진국의 소셜 커머스 동향

1) 미국

미국의 대표적인 소셜 커머스 사이트인 그루폰의 매출이 2009년 3,300만 달러에서 2010년 7억 6,000만 달러 규모로 성장하는 등 미국의 소셜 커머스 시장 규모는 급속하게 확대되고 있다. 그루폰은 설립된 지 3년이 채 되지 않은 신생기업으로, 지난 12월 페이스북이 제시한 60억 달러의 인수 제안을 거절해 화제가 되었으며, 「월스트리트저널(WSJ)」에 따르면 매일 100만 달러 이상의 수익을 올리고 있다. 시장조사기관 eMarketer는 여러 소셜 커머스 사이트의 일일 판매 품목 중 원하는 카테고리만 선택하여 볼 수 있는 Yipit나 Dealery 같은 사이트의 등장으로 소셜 커머스 시장의 성장이 더욱 촉진될 것으로 전망하고 있다. 또 다른 시장조사기관 BIA/Kelsey 역시 미국의 소셜 커머스 시장은 연간 35% 이상씩 성장하여 2015년 시장 규모가 최소 39억 달러에서 최대 61억 달러 규모에 이를 것으로 전망한다(송용진, 2011).

2) 일본

일본 내 소셜 커머스 사이트 156곳의 aggregator 서비스[6]를 운영 중인 '구폰제이피'가 2011년 3월 1일 발표한 자료에 따르면, 2011년 1월 소셜 커머스 사이트의 판매 총액(147개 사이트)은 18억 7,688만 엔에서 2011년 2월 19억 4,841만 엔(155개 사이트)으로 늘어난 것으로 나타났다. 카테고리별로 보면, 맛집과 여행 계열 서비스가 안정적인 인기를 구가하고 있고, 꾸준하게 많은 양의 쿠폰 수를 안정적으로 제공할 수 있는지 여부가 매출 증대에 중요한 포인트가 되고 있으며, 해당 기업의 영업력과 기반을 두고 있는 지역에서의 영향력도 성장에 중요한 영향을 미치고 있는 것으로 분석되었다.[7]

5 국내 소셜 커머스의 발전 방향

시장 형성 1년 만에 5,000억 원 이상의 규모로 급성장하고 있는 국내 소셜 커머스 시장은 앞으로도 더욱 발전할 것으로 예상된다. 그러나 해외 소셜 커머스 시장은 그룹 바이 유형에서 쇼핑 관련 지식을 공유하고 온라인에서 오프라인으로까지 확장하는 유형으로 진화하고 있는 반면, 국내의 소셜 커머스 시장은 아직 그룹 바이 유형에 집중되어 구전 효과에 의존하는 가장 낮은 수준에 머물고 있는 실정이다. 이러한 사실을 바탕으로 할 때, 국내 소셜 커머스 시장은 그룹 바이 유형에서 커뮤니티 혹은 포털의 유형으로 좀 더 다양하고, 좀 더 '소셜'한 커머스로 진화해야 할 것이다.

2011년 3월 미국의 그루폰이 국내에 진출했듯이, 국내 소셜 커머스 시장이 급성장

6) 여러 회사의 상품이나 서비스에 대한 정보를 모아 하나의 웹사이트에서 제공하는 인터넷 회사・사이트를 말한다.

7) 쿠폰제이피 참조(http://coupon-jp.com).

하고 있는 만큼 향후에도 해외 사업자들의 진출이 이어질 것으로 예상된다. 따라서 국내시장이 다양화되지 못하고 낮은 수준의 '소셜' 커머스로 머물러 있을 경우, 국내 업계의 경쟁력은 떨어질 수밖에 없을 것이다. 게다가 해외에서는 모바일 앱 및 위치 기반 서비스(LBS)와 연계하는 등 시장이 질적으로 발전하고 있지만, 국내 업계는 외형 성장에만 급급한 나머지 TV 광고, 포털광고 등에 막대한 마케팅 비용을 지출하는 출혈 경쟁에 매달리고 있는 실정이다.

이러한 현상과 관련하여 전문가들은 현재 국내 소셜 커머스 시장이 태동기를 지나 거품기(peak of inflated expectaions)에 접어든 상황이며, 사이트 개설을 위한 소프트웨어만으로 창업이 가능할 정도로 진입장벽이 낮은 상황이라 업체들이 난립하고 있다고 진단한다. 그리고 이후 거품이 걷히고 나면 조정기를 거쳐 적격한 소수의 업체들만이 살아남을 것이라고 전망하고 있다. 이러한 상황에서 국내 업체가 살아남기 위해서는 지금부터 커머스에 진정한 '소셜'을 가미하는 노력이 필요할 것으로 보인다.

한편 국내 소셜 커머스 시장은 급성장에 따른 부작용으로 해결해야 할 정책적 이슈가 존재한다. 미국의 그루폰과 국내 대기업들이 시장에 진출하면서, 소셜 커머스 시장 참여자들이 투자 유치 및 M&A 등 외형 성장에만 급급하다 보니 판매상품의 품질관리 부실 및 불합리한 환불 규정 등 여러 가지 문제점이 발생하고 있다. 예를 들면, 소셜 커머스 사이트를 통해 할인받아 구매한 소비자가 정가를 지불한 소비자에 비해 매장에서 낮은 수준의 서비스를 받거나, 구매 당일이 지나면 환불해 주지 않는 등 소비자 불만 사례가 종종 발생하고 있다. 또한 낮은 진입장벽으로 인해 부적격한 업체가 난립하고 있어, 소비자들이 구입한 쿠폰을 사용하기도 전에 판매한 회사가 문을 닫는 경우도 종종 발생하고 있다.

최근 이러한 소비자 피해와 관련하여 공정거래위원회가 주요 소셜 커머스 업체들을 조사한 바 있다. 이 과정에서 소셜 커머스 업체는 소비자 보호 의무가 없는 통신중개업자가 아니라, 환불 의무 등을 지켜야 하는 명백한 통신판매업자라는 결론이 내려졌다. 이에 따라 한국인터넷기업협회는 산하 소셜 커머스 협의체를 구성하여 소셜 커머스 소비자 보호 가이드라인을 발표했다. 그러나 가이드라인이 주로 소비자에게 책임을 전가하는 등의 모호한 내용을 담고 있어, 향후 이와 비슷한 소비자 피해 사례가 지속적으로 발생할 소지가 있다. 따라서 소셜 커머스 업체의 통신판매업자로서의 소비자 보호 의무를 명확히 하고, 위반 시 강제성 있는 규제 법인을 마련할 필요가 있다. 그리고 부적격 업체의 난립에 따른 소비자 피해를 줄이기 위해 피해 발생 시 책임 소재를 명확히 하고, 이를 이용자 약관에 명시하도록 강제할 필요가 있다(김윤화, 2001 : 54-57).

제10장 정보 공동 이용과 정보 공개

제 1 절 정보 공동 이용의 의의 및 필요성

1 정보 공동 이용의 의미

정보의 공동 이용은 "정보를 보유하고 있는 주체들이 정보공동체를 구성하고 그 공동체 내에서 서로에게 정보를 주고받을 수 있는 상태 혹은 행위"(김동욱, 1995: 51), 또는 "정보를 보유하고 있는 주체들이 일정한 체제 하에서 자신들의 정보를 제공하고 상대방의 정보를 제공받을 수 있는 상태 또는 행위"(김동욱, 1997: 490)라고 정의되고 있다. 그러나 이 장에서는 일차적으로 공공 부문에서의 정보 공동 이용을 중심으로 논의할 것이므로, 정보의 공동 이용은 대개 공공기관들 간의 정보 공유 활동을 의미하는 것으로 보고자 한다. 이 경우 정보의 공동 이용은 '공공 DB의 공동 이용'과 '공공정보의 유통'이라는 두 가지 측면의 정보 활동을 포함하게 된다. 여기서 '공공 DB의 공동 이용'의 대표적인 프로그램으로 미국의 웹 양방향 정부 서비스인 WINGS(Web Interactive Network of Gorvenrnent Service) 프로그램을 들 수 있으며, '공공정보의 유통' 활동의 예로는 현재 각국 정부에서 추진하고 있는 정부 소재 안내 서비스인 GILS(Government Information Locator Service)를 들 수 있다(김현곤, 1997 : 32).

2 정보 공동 이용의 필요성

1) 고객 지향적 통합민원 서비스 실현

정보화를 통한 원 스톱(one-stop) 민원 서비스를 구현할 수 있다. 이는 단지 정보의 제공에만 그치지 않고 국민과의 전자적인 접촉을 통해 국민이 필요로 하는 정보를 선택적으로 제공함으로써 민원 서비스의 질을 높일 수 있다. 구체적인 방안으로 민원창구의 단일화 서비스, 행정문서 자동발급기(kiosk)의 확대 설치, 전자주민카드(EID), 고객 방문 서비스, 관공서의 인·허가 업무 처리 절차에 대한 전산 확인 등을 들 수 있다.

2) 행정 절차 및 서비스의 리엔지니어링

기존에 부처별로 독자적으로 이뤄지던 행정 서비스가 정보의 공동 이용이 가능해짐에 따라 일부 서비스를 제외하고는 공동으로 제공할 수 있게 되고(김현곤, 1997: 40), 더 나아가 부처 간의 할거주의를 축소하고, 부처 간 협력 관계를 증대시킬 수 있게 된다.

정부 부처 간뿐만 아니라 중앙정부와 지방정부 간 정보 공유를 통해 정보 활용의 효율성을 극대화할 수 있다. 정보의 데이터베이스 구축에 정보의 중복을 피함으로써 비용 절감을 가져올 수 있으며, 이를 통해 정보의 질을 높일 수 있다. 그리고 공공 DB를 공유함으로써 부처 간의 할거주의를 축소하고, 부처 간의 협력 관계를 증대시킬 수 있는 계기가 마련될 수 있다. 또한 전통적인 정부 서비스의 개념이 확대되어 지방정부 서비스를 포함하는 폭넓은 행정 서비스를 제공할 수 있다.

정책결정자는 정보의 공동 이용이 가능해짐에 따라 정책환경의 변화에 따라 정책 정보를 좀 더 용이하게 활용 가능하므로 정책의 대응성을 높일 수 있다. 게다가 정책 대상자 또는 정책 관련자에게 직접 정보를 제공함으로써 신문방송이나 방송매체에 의한 간접 전달에서 오는 정보 내용의 왜곡 가능성을 줄일 수 있다(김동욱, 1995 : 52).

3) 정부 업무의 능률성 · 투명성 제고

국가의 정보 수요 충족과 개별적인 행정 주체의 사안별 목적 달성을 위해 개인의 각종 정보가 필요한 범위 내에서 수집되고 있다. 그런데 이러한 과정에서 유사한 내용과 목적의 정보가 반복적으로 수집되는 비효율성이 발생한다. 따라서 행정정보 공동 이용이 활성화되면 이러한 문제가 해결되고 정부기관의 능률성과 투명성이 향상될 수 있다.

다시 말해, 행정정보의 공동 이용은 모든 행정 업무의 전자화와 정보 공유 확대, 정보자원의 실시간 통합관리로 행정의 효율성을 극대화시켜 행정의 효율성과 투명성을 제고하고, 국민과 기업이 원하는 정보와 서비스를 언제 어디서나 쉽게 접근하고 이용할 수 있도록 하는 것이다. 이는 정보 전달의 신속성 · 정확성 확보, 지리적 · 시간적 한계 극복 등의 효과를 거둘 수 있음을 의미한다(이영라, 2007: 19-22).

4) 경제적 비용 절감

행정정보의 공동 이용은 정부공용망[1])을 중심으로 하는 전자정부의 실현 형태이다. 즉, 국민이나 기업이 행정 서비스를 제공받을 경우 행정기관들이 필요한 정보를 연계하여 처리함으로써 원스톱/논스톱 서비스를 제공할 수 있는 기반을 마련하여 시간적 · 경제적 비용 등을 절감하는 것이다.

즉, 행정 업무의 간소화 및 처리 시간의 단축은 물론 유사한 데이터베이스의 중복적인 개발을 방지할 수 있으므로 정보관리의 비용도 절감된다. 이는 행정 및 정책 활동에 필요한 다양한 정보를 별도로 수집 · 처리 · 활용하는 데 드는 시간뿐만 아니라 비용을 줄일 수 있게 됨을 의미한다.

---

1) 1990년 중반 이전까지 구축된 대부분의 정부기관 네트워크는 전용업무망으로 해당 기관 고유 업무를 수행하기 위해 설계 · 구축된 네트워크이다. 행정자치부의 주민망, 국세청의 국세정보망(Tax Information System) 등이 대표적인 전용업무망이다. 그런데 1990년대 중반부터 전자문서가 유통되고, 재정정보와 같이 전 중앙행정기관 · 지방자치단체를 대상으로 한 서비스들이 시작되었으며, 민간 부문의 인터넷 활성화 및 공무원의 인터넷 활용 급증으로 인터넷 통신량이 급격히 증가했고, 정부포털 · 전자민원 등 온라인 대국민 서비스가 급증하기 시작하면서 전용업무망이 수용하기 곤란한 서비스가 늘어났다.

5) 합리적인 정책결정 가능성 증대

행정정보의 공동 이용은 정책결정자에게 의사결정과 관련하여 더 나은 정보를 제공해 줌으로써 합리적인 정책 결정의 가능성을 증대시킨다. 따라서 행정정보의 공동 이용은 정책의 문제 발견, 문제에 대한 정의, 대안 정보의 제공, 대안의 선택, 그리고 정책의 논의에 이르기까지 도움을 줄 수 있다.[2)]

제 2 절 정보 공동 이용의 실태와 개선 방향

1 정보 공동 이용의 현황

1) 정보 공동 이용의 추진 과정

과거에는 국민들이 특정 행정기관에 제출하는 구비서류의 다수가 다른 행정기관에서 발급하는 서류였다. 국민 입장에서는 행정 편의에 따라 과다한 행정기관의 방문을 요구받고 있는 실정이었다. 이와 같은 문제점과 관련하여 국민의 행정기관 방문 횟수를 줄이고 민원 처리를 편리하게 할 수 있도록 행정기관 간 정보 공유의 중요성이 대두되었다(손형길, 2003). 또한 일반 행정 업무를 처리하는 데 여러 기관의 정보를 조회·참고하는 경우에도 기존의 협조공문에 의한 방식은 여러 가지 한계가 있어 행정 효율의 증대 필요성이 제기되었다.

이러한 정보 공동 이용의 중요성에 대한 인식을 바탕으로 정보 공동 이용을 활성화시키기 위해 많은 노력이 전개되었다. 1980년대 말부터 정부가 보유하고 있는 주요 정보에 대한 디지털화가 부처별 전산화 사업의 일환으로 추진되어 왔으며, 이를 통해 주민·부동산·자동차·세금·고용 등 국가 기본 정보에 대한 데이터베이스가 구축되었다. 그런데 2000년대 중반에 들어서면서 전자정부 서비스의 확대와 행정정

2) 이에 대한 자세한 논의는 정보통신부(2002). 「공공기관의 개인정보의 공동 이용에 있어서의 문제점과 정책적 과제」 참조.

보 공개제도의 정착 등으로 일반국민의 행정정보에 대한 수요가 증가했다. 또한 협업 기반의 막힘 없는(seamless) 전자정부의 실현을 위해 각 기관이 생성·유통·관리하고 있는 행정정보의 공유가 필수적이며, 이의 기반이 되는 행정 DB의 구축·확충 및 정비가 시급하다는 지적이 있었다. 이에 정부는 2005년 말에 국무총리실 산하에 행정정보공유추진위원회를 구성하고, 이를 지원하기 위한 실무기구로 행정정보공유추진단을 신설했다. 그리고 2005년에 1,113억 원을 투입하여 제1차 행정정보 DB 구축사업을 추진했으며, 2006년에는 700억 원을 투입하여 제2차 연도 사업을 추진했다. 그리고 2006년 6월에 '중장기 행정정보 DB 구축사업 기본계획'(2007~2011년)을 수립하여 본격적으로 행정정보 DB 구축사업을 추진했다.

중장기 행정정보 DB 구축사업 기본계획은 수요자 중심의 실질적인 DB 구축과 공동 이용 활성화를 도모하고 정보의 부가가치를 높이는 것을 목적으로 한다. 또한 궁극적인 목표는 "디지털 행정정보의 양적인 확충과 더불어 질적인 수준을 제고하고, 정보 공유의 부가가치를 향상시킴으로써 복잡한 행정 서비스 수요에 능동적으로 대응할 수 있는 정보 기반(information structure)을 조성"하는 것이다. 이러한 중장기 행정정보 DB 구축 기본계획의 중점 추진 내용은 다음과 같다. ① 민원서류 감축을 위한 범정부 공유 대상 주요 정보 70종을 최우선적으로 정비·보완하고, ② 민원 및 행정 서비스 등 대국민 서비스를 개선할 수 있는 부가가치 창출 효과가 있는 대상을 우선 추진하며, ③ 단순 DB화를 지양하고 업무 혁신을 위한 프로세스 혁신 내용이 반영된 DB 구축사업을 우선 지원하기 위해 정부 기능 분류 체계(BRM)에 따른 행정정보 공동 이용의 핵심 영역을 선정하고, 해당 분야의 공동 이용 활성화를 위한 대상 DB를 발굴·확충하는 것이다. ④ 또한, 특허정보, 외국인 정보 등 영문 정보를 DB화하기 위한 사업을 발굴하고 영문 DB를 국제 간에 공유하여, 국가의 위상 강화 및 경제적 부의 창출에 도움이 되는 부분도 적극 추진하며, ⑤ 행정정보관리시스템(ADAMS)의 도입 및 DB 표준화를 통해 행정 DB 구축 및 생산의 중복성을 방지하고 공동 이용을 활성화하고, 행정 DB의 기획·구축·성과 전반에 걸친 상시적 관리체계를 확보함은 물론 DB 구축사업의 선정, 추진 기준 및 절차, 평가 등에 대한 법적 근거 및 제도적 기준도 마련함으로써 사업의 계속성 및 안정성을 확보하고자 한다.[3]

---

3) 뉴스와이어, 2006. 5. 23

또한 2011년 1월에는 국가 DB사업 운영지침이 개정되었다. 새로운 국가 DB사업 운영지침에 따르면, 앞으로 공공정보의 분류가 수요자 중심으로 개선되고, 공공정보의 품질관리를 위해 공공정보 품질관리센터를 운영할 수 있게 된다. 주요 내용을 살펴보면, 첫째, 공공정보 분류 체계를 이용자 중심으로 개선했다. 종전에는 공공정보의 존재와 소재 파악을 위한 공공정보의 분류 체계가 부처별 기능과 업무 중심으로 나뉘어 있어 민간 수요가 높은 환경, 금융, 기상 등의 공공정보를 활용성 있게 분류하여 제공하는 데 어려움이 있었으나, 앞으로는 국민이 이해하기 쉬운 용어를 사용하는 등 수요자 중심으로 공공정보 분류 체계를 개선했다.

둘째, 공공정보 품질관리센터 운영에 대한 근거를 마련했다. 그동안 기관별 공공정보의 품질관리정책 및 계획 수립, 품질진단 및 개선 등을 종합적으로 지원할 수 있는 체계가 없었으나, 품질관리지원센터 운영에 대한 근거 마련으로 공공정보의 품질관리 계획에서부터 진단・개선・운영에 이르는 모든 과정에서 체계적인 품질 관리 및 지원이 가능하게 되어, 공공정보의 품질 향상과 활용 촉진이 기대된다.

셋째, 지식재산권의 처리규정을 명문화했다. 종전에는 고문헌 DB 구축에서 고문헌별 권리 보유자(소장자)로부터 DB 이용 허락을 받지 않고 구축한 DB를 민간에 개방할 경우, 개인의 재산권을 침해하는 결과를 초래하게 되어 DB 이용 활성화의 장애 요인으로 작용해 왔으나, 지식재산권 처리규정을 마련하여 개별 권리 보유자로부터 DB 구축 및 활용에 대한 이용 허락을 명확하게 확보하도록 하여 국가 DB의 이용 활성화 장애 요인을 근원적으로 제거했다(행정안전부, 2011e).

2) 정보 공동 이용의 현황

국민의 정부와 참여정부가 국정의제로 전자정부를 추진한 결과, 우리나라의 전자정부는 정부의 강력한 리더십 아래 비약적으로 발전하여 세계에서 인정받는 전자정부 선진 국가가 되었으며, 각 영역별로도 큰 발전이 있었다.

UN의 전자정부 준비(발전)지수[4] 평가에서 한국은 세계 191개국 중 2004년~2005년 2년 연속 5위, 2008년 6위, 2010년과 2012년에는 세계 1위로 평가받았으며, 온라인 참여 수준 역시 크게 상승하여 2008년 세계 2위, 2010년과 2012년 세계 1위로 평

4) 전자정부 준비지수는 2010년부터 전자정부 발전지수로 명칭이 변경되었다.

가받았다. 또한 세계 200여 국가들을 대상으로 하는 미국 브라운대학의 전자정부 수준 평가에서도 한국은 2005년부터 2년 연속 1위로 평가받았다.[5)]

표 10-1 UN의 주요 국가 전자정부 수준 평가 결과(전자정부 발전지수)

순위	2005년		2008년		2010년		2012년	
	국가명	지수	국가명	지수	국가명	지수	국가명	지수
1	미국	0.9062	스웨덴	0.9157	대한민국	0.8785	대한민국	0.9283
2	덴마크	0.9058	덴마크	0.9134	미국	0.8510	네덜란드	0.9125
3	스웨덴	0.8983	노르웨이	0.8921	캐나다	0.8448	영국	0.8960
4	영국	0.8777	미국	0.8644	영국	0.8147	덴마크	0.8889
5	대한민국	0.8727	네덜란드	0.8631	네덜란드	0.8097	미국	0.8687
6	호주	0.8679	대한민국	0.8317	노르웨이	0.8020	프랑스	0.8635
7	싱가포르	0.8503	캐나다	0.8172	덴마크	0.7872	스웨덴	0.8599

자료: 행정안전부(2012).

표 10-2 UN의 주요 국가 전자정부 수준 평가 결과(온라인 참여지수)

순위	2005년		2008년		2010년		2012년	
	국가명	지수	국가명	지수	국가명	지수	국가명	지수
1	영국	1.0000	미국	1.000	대한민국	1.0000	대한민국 네덜란드	1.0000
2	싱가포르	0.9841	대한민국	0.9773	호주	0.9143	카자흐스탄 싱가포르	0.9474
3	미국	0.9048	덴마크	0.9318	스페인	0.8286	미국 영국	0.9211
4	대한민국	0.8730	프랑스	0.9318	뉴질랜드 영국	0.7714	이스라엘	0.8947
5	캐나다	0.8730	호주	0.8864	-	-	호주 에스토니아 독일	0.7632
6	뉴질랜드	0.7937	뉴질랜드	0.7955	일본 미국	0.7571	콜롬비아 핀란드 일본 아랍에미레이트	0.7368

자료: 행정안전부(2012).

---

5) UN은 세계 각국의 웹 수준 고도화에 따라 각 단계별 수준을 좀 더 정확하게 측정하기 위해 2007년 평가부터 신규 세부 측정 항목을 추가, 각 측정 항목에 대한 배점 차별화 등 웹 측정지수 방법을 변경하여 평가를 실시했다.

이명박 정부에서는 전자정부가 한층 더 발전하고 있다. 앞서 밝혔듯이 UN이 최근 발표한 '2012 UN 전자정부 평가'에서 2010년에 이어 우리나라가 전자정부 발전지수와 온라인 참여지수 모두 세계 1위를 기록했다. UN DESA(경제사회처 공공행정국)가 2년 주기로 실시하는 전자정부 평가는 192개국을 대상으로 진행되고 있으며, 웹 수준, 인적 자본, 정보통신 인프라 등의 전자정부 준비지수와 국민이 얼마나 많은 공공정책 정보를 온라인에서 수집할 수 있는지 등의 온라인 참여지수를 지수화해 채점하고 있다(한국정보화진흥원, 2010b). 전자정부 준비지수의 경우, 우리나라는 인프라 7위, 인적자본 6위를 기록했지만 온라인 서비스 항목에서 최고 점수를 기록해 전체적으로 1위를 차지했다. 온라인 참여지수도 최고 점수를 기록하여 1위를 기록했다. 2010년에 이어 2회 연속 1위를 차지함으로써 우리나라의 전자정부 수준이 높다는 것을 인정받았다. 하지만 UN에서 측정한 전자정부의 평가 기준은 기술적인 인프라와 시민 참여에 대한 부분이 많아 실질적으로 전자정부를 성숙시키는 데 중요시되는 정보 공동 이용에 관한 평가가 미흡하다. 이는 UN의 평가 결과에 자만하기보다는 기관 간 및 부서 간 정보 공동 이용의 중요성에 대해 관심을 갖고, 이를 활성화시키기 위해 더 많은 노력을 기울여야 함을 시사한다.

이어서 정보 공동 이용의 현황을 좀 더 자세히 살펴보면 다음과 같다. 먼저 정부 문서의 경우 생산 단계부터 유통, 보관까지 문서 처리 모든 과정이 전자화되었다. 2007년 기준으로 행정기관(중앙부처, 지방자치단체)의 전자결제 비율은 98.4%, 전자문서 유통 비율은 98.4%로 전자적 처리가 정착되었다. 전자적으로 문서를 유통하는 기관의 범위도 행정기관에서 교육청, 국·공립대학, 국민연금관리공단 등 정부와의 문서 수·발신이 많은 공공기관까지 확대하여, 전자문서 유통 대상 기관의 수가 2002년 46개에서 2007년에는 762개로 크게 증가했다. 전자문서 유통 이용기관의 현황은 <표 10-3>과 같다.

그리고 시·도의 경우 18개 공통 행정 업무 영역에 대한 904개 단위 업무를 전자화했으며, 시·군·구의 경우 2007년까지 31개 공통 행정 업무 영역에 대한 646개 단위 업무 중 약 75%인 487개 단위 업무에 대한 전자화를 완료했다. 기존에 수작업 또는 이중으로 보고하던 시·도, 시·군·구의 보고 통계 체계도 전자적으로 일원화하여, 2008년 3월부터 약 1,393종에 대해 전자적인 보고 통계가 가능해졌으며, 시·군·구 간 정보 공동 활용 및 연계가 가능한 종(種) 수도 2007년까지 550종으로 증가

표 10-3 전자문서 유통 이용 기관 현황 (단위: 개)

연도	2002	2003	2004	2005	2006	2007
이용 기관 수	46	286	307	550	656	762

자료: 한국정보사회진흥원(2008a).

표 10-4 시·군·구 행정정보 연계 및 공동 활용 현황

연도	2005	2006	2007
공동 활용 종수	184종	501종	550종

자료: 한국정보사회진흥원(2008a: 64).

되었다. 시·군·구 행정정보 연계 및 공동 활용 현황은 <표 10-4>와 같다.

또한 정부기관 간에 행정정보를 공유하도록 함으로써 국민이 제출해야 하는 구비서류가 대폭 감축되었다. 주민, 부동산, 자동차, 기업, 세금 관련 등 주요 행정서류를 국민이 제출할 필요 없이 담당 공무원이 온라인으로 조회·확인하여 처리하도록 한 것이다.

이와 관련하여 행정안전부는 2005년 12월 '행정정보 공동 이용 종합추진계획'을 확정하고, 2008년 10월까지 3차에 걸쳐 행정정보 공동 이용 확대 구축사업을 추진했다. 그 결과 2009년 현재 378개 행정·공공·금융기관이 17개 기관, 71종의 정보를 연간 약 2천 7백만 건 규모로 공동 이용한 것으로 나타났다(행정안전부, 2010a). 행정정보 공동 이용 현황은 <표 10-5>와 같다.

표 10-5 행정정보 공동 이용 건수

	2005	2006	2007	2008	2009	2010	2011
일평균 구비서류 감축 건수(건)	31,681	82,040	105,882	115,035	167,806	183,105	290,502
연간 구비서류 감축 건수(천 건)	11,563	29,945	38,640	41,988	61,249	66,833	106,033

자료: 행정안전부(내부 행정자료).

2 정보 공동 이용의 문제점 및 개선 방향

현행 정보 공동 이용의 문제점을 종합적으로 살펴보면 다음과 같다.

첫째, 정보 공동 이용에서 기술적 측면인 인프라의 문제이다. 특히 공동 이용에 대한 DB 표준화, 시스템 간의 호환성 문제 등으로 정보 공동 이용이 원활하게 이뤄지지 못하는 경우가 있다(서진완, 1997; 김현성, 2002). 그리고 하드웨어와 소프트웨어의 불일치 문제가 공동 이용을 저해한다(한세억, 2000). 또한 정보화 기반 구축에 관한 문제로 양질의 DB 구축 문제와 네트워크 구축 문제가 지적되고 있다(김동욱, 1996). 그리고 개인정보 및 프라이버시 침해의 방지 문제, 보안 시스템 구축의 미흡(서진완, 1997; 김현성, 2002) 등도 지적되고 있다. 즉, 활용 대상 자료 및 정보가 디지털화되어 있지 않거나 시스템 간 서로 연계·운영되지 못해 정보 공동 이용이 잘 이뤄지지 않고 있다. 또한 정보를 많이 다루는 기관일수록 정보 유출이나 왜곡의 발생 가능성이 높고, 개인정보와 같은 자료는 취급할 때 위험성이 커지기 때문에 이와 관련된 정보 공동 이용이 소극적으로 이뤄질 수 있다는 문제도 존재한다. 정부기관이 국민의 개인정보를 공동 이용할 경우에는 안정성과 정보 보안이 중요시되어야 한다.

둘째, 정보 공동 이용에 관한 정보 제공 및 요청에 대한 법령상의 문제이다. 정보 공동 이용 법령상의 근거 미비(안문석, 1997), 법제도적 기반의 취약성(김동욱, 1996) 등의 문제가 제기된다. 그리고 정보 유출사고의 책임 소재의 불명확성, 공동 이용 책임 소재의 미비(한세억, 2000), 정보화의 발전에 악영향을 줄 수 있는 개인정보 보호에 대한 문제(김동욱, 1996; 김현성, 2002) 등이 있다. 즉, 정보 제공에 대한 법적 근거가 불명확하고 정부기관이 정보 제공에 대한 책임과 정보 유출로 인한 피해에 부담감을 갖고 있기 때문에 정보 공동 이용이 잘 이뤄지지 않고 있다. 또한 재정적인 문제, 즉 예산의 부족, 정보에 대한 재정 부담의 문제, 중복 투자의 문제가 정보 공동 이용을 활성화하는 데 저해 요인으로 작용하고 있다. 이를 해결하기 위해서는 시스템 및 네트워크 등 인프라 구축에 대한 비용은 물론이고 인력, 교육, 홍보 등 제도적 차원의 예산 지원이 이뤄져야 한다.

셋째, 정보를 공동으로 이용하는 정부기관 간 및 기관 내 구성원에 대한 행태적 문제이다. 정부기관 간의 상호 신뢰 문제(김동욱, 1996), 부처이기주의 및 할거주의(안문석, 1997; 서진완, 1997; 김현성, 2002), 최고관리자의 이해와 지지(김구, 2001), 행정기관 간 업무를 연계하여 수행할 수 있는 다양한 콘텐츠·교육·홍보(한국정보사회진흥원, 2008b) 등이 문제시된다. 그리고 정보화 인식의 부족(김성태, 1998), 공무원의 정보 이용 능력 및 전문 인력의 확보 문제(김현성, 2002) 등이 지적된다. 조직 간 신뢰의 경우 협력을 이끌기 위한 비용이 유발되기도 하고 신뢰의 정도에 따라 갈등도 나타난다. 이러한 갈등은 조직구성원 간 정보를 공유하는 과정에서 불신을 가져오는 문제점이 있다.

부처이기주의는 부처 중심의 업무 운영으로 인해 중요한 정보를 독점하여 부처의 권한, 위치, 기득권 등을 유지하려는 것이다. 이때 부처의 정보 제공은 권력의 감소를 가져올 수 있기 때문에 정보 공동 이용에 소극적일 수 있다. 최고관리자의 인식은 그들이 정보 공동 이용에 대해 무관심하거나 부정적이면 정보 공동 이용을 활성화하는데 어려움이 있다.

이러한 문제는 각 부처 최고관리자의 정보 공동 이용에 대한 이해와 지지를 높이고 부처 간에 공유할 수 있는 다양한 콘텐츠를 개발하여 서로 협력할 수 있는 업무를 증가시킴으로써 해결할 수 있다. 이와 더불어 조직구성원들의 정보 공동 이용에 대한 교육과 홍보가 함께 이뤄져야 한다. 예컨대, 자신의 업무 내용을 공개하기 꺼리는 공무원의 행태나, 부처이기주의에 의한 상호 견제로 나타나는 정보독점화 현상 등은 정보 공동 이용의 장애가 된다. 이를 해결하기 위해서는 교육과 홍보를 통해 정보 공동 이용의 실질적인 혜택을 경험하고 그 필요성을 인식하여 자발적으로 협력하도록 하는 분위기를 조성해야 한다(강정묵, 2010 : 41-43).

제 3 절 정보 공개의 의의 및 원칙

1 정보 공개의 의의

정보화사회에서 정보관리는 정보통신기술의 급속한 발달로 인해 신속화·정확화 · 광역화되고 있는 것이 특징이다. 이는 행정 분야에도 마찬가지로 국가 활동에 필요한 정보의 수집 · 처리 · 축적 · 이용 및 분산 등의 활동이 전산화되고 원거리 처리가 가능하게 되었음을 의미한다.

그런데 이러한 정보화의 여러 가지 역기능이 문제시되고 있다. 먼저 행정정보 체제의 경우 행정정보의 지나친 집약이나 분산으로 인한 예상치 못한 문제가 발생될 수 있다. 또한 정보기술의 지속적인 발달은 정보의 가치를 상승시키고 재산과 권한의 기반으로서 정보의 역할을 격상시키게 된다. 따라서 이를 활용하는 주체는 정보의 통제에 더 많은 관심을 기울이게 되며, 이는 결국 정보의 독점화 현상을 일으킬 수 있다. 더욱이 정보기술을 제대로 습득하지 못한 사람들은 필요로 하는 정보의 소재를 모르거나 설령 그러한 정보가 있다고 하더라도 활용 방법을 모르는 경우가 많아 정보의 부재, 또는 정보의 빈곤 현상을 겪을 수 있다. 만약 이들이 사회경제적으로 불이익을 당하는 사람들인 경우, 정보의 빈곤 현상은 더욱 심화될 소지가 있다. 반면에 사회경제적으로 권익을 누리는 계층의 사람들은 정보기술을 자유롭게 이용할 수 있는 경우가 많지만 이들에게는 정보의 범람이나 홍수 현상이 나타날 수 있다(Childers, 1982 : 421-429).

여기서 문제는 일반 국민이 필요로 하는 정보를 적당한 때에, 적정한 양을, 적당한 형태로 이용할 수 있는 기회가 많지 않다는 것이다. 특히 정부의 행정 활동이나 국가 활동에 관한 정보를 필요로 할 경우 국가기관에 직접 정보를 요구해 사용하기가 어렵기 때문에 흔히 매스미디어나 기타 홍보물을 통해 필요한 정보를 얻게 된다. 이러한 소스를 통해서는 개인이 정부 활동에 대해 정확한 판단을 내리기가 어려울 뿐만 아니라, 주권자로서 제대로 된 감시 · 감독을 하기도 어렵다. 나아가 매스미디어나 기타 홍보물의 내용에 권력이 적극적으로 개입하는 경우 일반 국민은 피치자로서 조종당하게 되고, 자유로운 주체로서 또는 주권자로서 자율적인 판단에 입각한 생활을 영위할 수 없게 된다. 이것은 민주주의의 근간을 흔들어 놓게 되는 문제를 야기하여 경계의 대상이 된다(구병삭, 1984 : 172-173).

정보는 국민의 것이라는 전제 하에 국민으로 하여금 개인의 인간다운 삶과 주체로서의 생활을 영위할 수 있도록 정보의 접근이용권을 보장해야 한다. 다시 말하면, 대부분의 행정정보가 공문서 형태로 처리되기 때문에 "공적 기록은 공공재산(public records are public property)"이라는 인식 하에 국민에게 공개하여 국가 활동에 대한 이해와 감독을 할 수 있도록 해야 한다(Gellhorn & Byse, 1974: 566; 강경근, 1988b: 70). 결국, 민주주의가 제대로 이뤄지려면 국민과 정부 간의 정보 소통이 자유롭게 되어 국민은 국가의 주권자로서 국정에 관여하기 위한 충분한 정보를 입수해야 하고, 또한 정부는 그 활동을 투명화하여 국민의 지지와 신뢰를 얻도록 해야 하기 때문에 정보 공개가 필요하다. 또한 정보 공개는 국민의 알 권리의 핵심이므로 국민의 기본적 인권, 특히 행복추구권 또는 인간존엄권을 향유하는 데 절대적인 선행 요건이 된다(김철수, 1988b: 7-8).

여기서 한 가지 주의할 점은 정보 공개와 정보 제공은 구별되어야 한다는 것이다. 정부가 홍보나 선전용으로 국민에게 제공하는 것은 정보 제공에 해당하며, 국민이 원하는 것을 아무런 장애를 받지 않고 접근·이용할 수 있게 하는 것은 전자의 정보 공개라고 할 수 있다. 다시 말하면, 전자의 정보 공개는 가공되지 않은 정보를 공개 청구에 의해 국가나 대기업 또는 언론매체가 일반국민이나 해당자에게 제시하는 것을 의미한다. 반면에 후자의 정보 제공은 주로 가공된 정보인 홍보정보를 공개 청구 유무에 관계 없이 제공 주체가 임의로 판단하여 일반 국민이나 의도한 대상자들에게 제시하는 것을 뜻한다(강경근, 1986: 3).

예를 들면, 행정부가 공권력을 이용하여 상당한 정보를 수집·보관하고 있으나, 많은 경우 비밀로 지정되어 공개가 금지되어 있고, 일반에게 공개한다 하더라도 정부 측의 입장에서 유리한 방향으로 홍보되거나 매스미디어를 통해 의도적으로 유출하여 국민의 판단과 의식을 일정한 방향으로 유도하는 경우가 그 대표적인 예이다. 이런 경우는 대기업이나 언론매체에서도 나타난다.

결국, 행정정보관리와 관련해서 문제가 되는 것은 정부가 일반 국민에게 의도적으로 공개를 기피하는 데에 있다. 따라서 국민에게 인간으로서 존엄성과 행복 추구를 보장하며, 주권자로서 역할을 제대로 수행할 수 있도록 정보를 의무적으로 공개하도록 하는 제도를 확보하는 데 행정정보 공개의 의의가 있다. 즉, 국가로 하여금 일반 국민의 비관리 정보에의 이용·접근에 관한 자유권적 보장을 하게 함은 물론, 관리 정보에의 청구권적 권리를 보장하도록 제도화된 것이 정보 공개가 내포하고 있는 중요한 의미이다. 이런 의미에서 정보 공개는 정보 주체들 간(정부와 국민 간)의 정보의 자유로운 흐름을 보장하는 것으로 이해되어야 한다(김철수, 1981: 156-166; 이규정, 1985: 119-124; 강경근, 1983: 4-8).

2 정보 공개의 원칙

정보 공개의 원칙이 특별히 확립되어 있지 않아서 이에 대한 많은 이론이 존재하며, 그로 인해 각국의 정보공개제도도 약간씩 다른 특징을 나타낼 수밖에 없다. 그럼에도 불구하고 오늘날 정보 공개의 중요성이 여러 측면에서 강조됨에 따라 최소한 어떤 원칙적인 내용을 함축하고 있어야 한다는 주장의 공감대가 형성된 것 같다.

정보화사회에서 정보의 공개나 공유는 민주적 기본 질서의 유지 · 발전에 절대적인 영향력을 미친다. 이런 상태에서 국민 스스로가 정보의 가치를 중시하는 정보 마인드(information mind)를 시급히 갖춰야 하며, 다음으로 국민 개개인이 가치 있는 정보를 기초로 국정에 관해 올바른 판단을 할 수 있도록 정부가 국민과 관련하여 수집 · 보유 · 관리하는 행정정보에 대한 정보 주체성을 인정해 주어야 한다. 이는 국민 개개인에게 국가가 관리하는 공공 정보에 대한 물리적인 접근뿐만 아니라 필요한 정보 제공을 청구할 수 있는 권리가 허용되어야 함을 의미한다.

지식정보화사회에서 정보 공개는 세 가지 면에서 주의를 요한다.

첫째, 공개를 필요로 하는 정보는 정부나 기업 및 언론매체들의 가공된 홍보정보가 아닌, 정부가 관리하고 있는 모든 정보로서 그에 대해 국민 각자가 전면적인 통제를 할 수 있어야 한다.

둘째, 그에 부응하는 공개 대상 정보는 전통적인 '공문서' 형식의 정보뿐만 아니라 전자적으로 처리된 정보까지 아주 광범위하다. 여기서 '공문서'라 함은 우리나라 「정부공문서 규정」 제3조 제1항에 의해 "공권력 기관 내부 또는 상호간이나 대외적으로 공무상 작성 · 시행되는 문서(도면 · 사진 · 테이프 · 필름 및 슬라이드를 포함한다) 및 행정기관이 접수한 문서"를 말하며, 그 종류는 동 규정 제4조에 명시되어 있는 법규문서, 지시문서, 공고문서, 일반문서로 나뉜다.

셋째, 지식정보화사회가 진전됨에 따라 정보 유통 과정에서 인권이 침해될 가능성이 있기 때문에 그에 대한 보호 조치도 아울러 강구되어야 한다.

제 4 절 정보공개제도의 제약 요소

행정정보를 포함한 국정 운영에 관한 정보 일체를 공개하는 데 무한정 허용될 수가 없는 것은 자명하다. 따라서, 행정정보 공개의 제도적인 제약 요소를 포괄해 보고, 그 제약 요소들과 정보 공개 간의 조화의 가능성을 제고할 필요가 있다.

1 정보 공개와 국가 기밀

정보 공개 시 가장 큰 제약 요소는 공개 청구 대상 정보가 국가 기밀에 속한 경우이다. 국가 기밀은 대체로 국가 안보나 존립에 관계되는 정보로서 어느 나라에나 있고, 다만 그 범위상 차이를 보일 뿐이다. 그렇다면 국가 기밀이 필요한 이유는 무엇인가? 이미 암시한 바와 같이 대체로 다음과 같은 두 가지 이유에서이다. 첫째로 국가의 안전 보장 및 외교상 비밀 보장이 요구되기 때문이다. 둘째로, 행정부의 정책결정 절차의 보호와 행정 목적의 실효성 보장 때문이다. 구체적으로 설명하면, 행정관료가 정책결정 과정에서 자신의 행정 활동이 공개되어 국회, 국민 또는 이익집단 등과 같은 외부 환경으로부터 영향을 받는 경우 능률적이고 효과적인 그리고 독자적인 행정 활동을 할 수 없게 된다(anonymous, 1972 : 1190-1191; Bishop, 1957 : 444, 487-488).

그러나 이 같은 이유에서 국가 기밀을 강조하다 보면 정보 공개가 불가능해지게 되거나 유명무실해지는 문제가 발생한다. 따라서 국가 기밀의 내용 및 범위의 설정이 필요하다. 그러나 본질상 그 개념은 불명확하고 유동적이어서 정태적이고 획일적인 규정보다도 개개의 사안에 대한 사법적인 판결을 통해 구체적으로 국가 기밀의 한계가 설정될 수밖에 없다. 그러므로 정보 공개와 국가 기밀 간의 조화를 위해서는 국가 기밀의 지정과 공개 여부는 행정부의 재량에 맡기되, 그 판단은 최종적으로 법원이나 헌법재판소가 해야 할 것이다. 그럼에도 사법적 심사에서 요구되는 비밀성 판단의 기준과 범위의 객관화 문제가 남아 있어 논란의 여지가 있다.

② 정보 공개와 기업정보 보호

현대 복지행정국가에서 국민경제에 대한 개입 확대와 기업 활동의 사회적 영향력이 증대됨에 따라 행정기관은 국민 생활과 관련된 기업정보를 대량으로 집적하고 그것의 공개 여부를 행정 목적과 관련시켜 재량적으로 결정한다. 이러한 기업정보의 공개 여부에 대한 행정기관의 재량 판단은 기업의 규제·감독·경제의 민주화 및 소비자 보호 행정의 발전을 통한 기업의 축소 수단으로도 활용되지만, 그 반면에 정보의 공개 거부는 산재, 공해, 낙해 등으로 인한 피해자에 관한 구제는 물론 일반 국민의 생명, 건강 및 자연환경에 대한 피해의 예방에 방해가 되는 경우가 있다. 그런데 문제는 이같이 기업 관계 정보의 공개 여부에서 대립 관계에 있는 시민과 기업 또는 기업과 기업 간에 대해 행정기관은 실질적인 이해당사자라기보다는 단순한 '이해관계자(stakeholder)'의 역할을 하고 있는 데에 있다.

다시 말하면, 기업의 경영상, 기술상 또는 그 밖의 이유에서 기업정보의 공개가 관계 기업이나 제3자에게 경쟁상 중대한 영향을 미치거나 부당 이익 또는 불이익의 초래를 방지하기 위해 기업 비밀의 보호가 필요하다고는 하지만, 정보공개법이 기업정보의 공개로 초래될 수 있는 당사자 간의 이해 대립의 해결책이나 기준을 제시하고 있지 못하는 데에 적용상 어려움이 많다. 더욱이 정보 제공 기업은 자기정보의 공개 금지를 요구하는 소송을 제기하고 있어서 정보 공개의 한계점이 존재한다. 따라서 미국의 연방정보공개법은 기업정보의 보조 기준으로서 ① 거래상의 비밀과 ② 사인으로부터 행정기관에 제공된 정보로서 그 내용이 상업 및 재정에 관한 것이고, 그 성질이 법적으로 비밀의 가치가 있는 것으로 규정하고 있는 바와 같이, 명확하고 적용 가능한 한정적인 기업정보의 범위 및 기준이 확립되어서 정보 공개를 극대화하는 방향으로 제도화할 필요가 있다.

③ 정보 공개와 프라이버시 보호

현대 사회에서 국가기관, 기업 및 사적 조사기관에 의한 개인정보의 수집과 전산 처리에 의한 활용 및 신속하고 광범한 정보전달 체계를 갖춘 매스미디어의 발달은 개인의 프라이버시 보호에 위협적 요소가 되어 결국 개인은 '자기 정보통제권'(Fried, 1968 : 475-483)을 주장하게 되었다. 그런데 국민의 알 권리를 위한 정보 공개의 요구는 비록 개인의 사생활과 관련된 정보의 공개를 제외하는 노력을 보임에도 불구하고 프라이버시 보호 문제와 본질 면에서 상충하게 된다(변재옥, 1982 : 164).

이같이 정보 공개 문제와 프라이버시 보호 문제가 상충하는 경우를 미국의 사례를 통해 살펴보고, 그 조화 문제를 고찰해 보면 다음과 같다(O'Brien, 1979 : 324-326; 변재옥, 1982 : 165-173).

먼저, 정보자유법(FOIA)과 프라이버시법은 모두 개인의 프라이버시에 대한 명확한 판단 기준을 정하지 않고 그 공개, 비공개의 판단을 행정재량에 일임했으나, 양법상(兩法上) 상호 모순된 규정을 두고 있으며, 또한 프라이버시 법이 후법으로서 정보자유법보다 우월한 효력을 가지지도 못해 행정관료는 어느 법 또는 어떤 기준에 의해 공개 여부를 결정할 것인지에 대해 어려움을 겪게 된다. 예컨대, 정보자유법 (b)조 (6)항의 "공개가 개인의 프라이버시에 대해 명백히 부당한 침해를 초래하는 인사기록, 의료 기록 및 이에 유사한 서류"의 공개 면제 조항과 프라이버시법 (b)조(2)항의 "본장 552조(즉, 정보자유법)의 요구가 있을 때에 정보 비공개의 원칙이 적용되지 않는다"는 규정이 상충되고 있는 것이다.

다음으로, 연방행정기관이 정보자유법에 의해 정보를 취급하는데 '역정보자유법 소송'의 발생으로 더욱 어려움을 겪게 된 것이다. 환언하면, 행정기관에 제출된 자기 정보의 공개를 막기 위해 정보공개법의 프라이버시 공개 제외 규정을 근거로 소송이 제기된 경우, 공무원은 정보를 공개하거나 거부하거나 두 법 중의 하나에 의해 저촉받게 된다.

이처럼 미국의 경우가 시사하는 바와 같이 정보 공개와 프라이버시 보호 간에 합리적이고 분명한 구분이 설정되지 않는 한 정보 공개에는 한계가 있게 된다.

제 5 절 우리나라 정보 공개의 실태와 개선 방향

1 정보공개제도의 도입 배경

국민의 청구에 의한 정보공개제도를 도입하기 위해서는 정보공개청구권을 법적으로 규정할 필요가 있는데, 이는 정보공개법을 제정하는 배경이 된다. 정보공개법의 제정에 관한 논의가 시작된 시기는 대략 1980년대 후반으로 볼 수 있는데, 그 당시 공법학회에서 1989년 12월에 정보공개법안의 내용을 마련해 공개함으로써 정보공개법 제정을 위한 기반을 다졌다.

이러한 논의에 대해 정치권에서 관심을 보였으며, 1992년 대통령선거에서 3당의 대통령 후보들이 '정책 수립의 민주화 · 공개화를 통한 행정의 공정성을 제고하고, 국민의 알 권리를 충족'하기 위한다는 취지에서 정보공개법 제정을 선거공약에 포함했다.

이처럼 국민 주권을 상징하는 권리라는 의미에서 정치권의 관심을 받아왔던 정보공개제도는 정치권이나 중앙정부 차원에서의 관심에 앞서 이미 지방정부 차원에서 지방자치단체 조례를 통해 시행되고 있었다는 점에 주목할 필요가 있다. 청주시의 경우, 1991년 7월 25일 충북 청주시의회에서 정보공개 관련 조례인 「청주시 행정정보공개조례」가 발의되어 11월 25일 청주시의회 본회의에 상정되었고 만장일치로 가결되어 지방자치단체 중 처음으로 정보공개제도를 시행하게 되었다.

한편 중앙정부의 정보공개제도는 1994년 3월 국무총리훈령 제288호인 「행정정보공개운영지침」에 의해 운영되어 오다가 국민의 알 권리와 국정에 대한 국민의 참여보장, 국정 운영의 투명성을 확보하기 위해 1996년 12월 31일에 「공공기관의 정보공개에 관한 법률」(이하 「정보공개법」이라 함)이 법률 제5242호로 공포되어, 1998년 1월 1일부터 모든 공공기관에서 시행되는 결실을 맺게 되었다. 물론 정보공개법 제정 이전에도 국민의 알 권리는 표현의 자유에 대해 규정한 헌법 제21조에 의해 보장받아 오고 있었지만, 이러한 권리를 법률로 명확히 규정했다는 데 의의가 있다.

2004년에는 정보공개제도의 도입 이후 정보 공개 청구 건수가 지속적으로 증가하는 등 정보 공개 확대에 대한 전면적 개정이 이뤄졌다. 온라인을 통한 전자적정보 공개의 근거를 마련하고 행정정보의 사전공표제도를 도입하여 정기적인 행정정보 공개를 의무화했다. 또한 비공개 대상 정보를 축소하고, 정보 공개 청구절차를 개선했으며, 불복 구제 요건 완화, 정보공개위원회 신설 등 정보공개제도의 보완을 위한 적극적인 조치가 담겨져 있다.

2006년에도 「정보공개법」을 개정하여 정보 공개의 범위를 해당 기관이 자의적으로 해석하거나 축소하는 문제점을 해결하기 위해 비공개 대상이 되는 정보의 범위에 관한 세부 기준을 수립하여 공개하도록 했다.

2006년 4월에는 통합정보공개시스템(www.open.go.kr)을 개통하여 온라인을 통한 서비스를 본격적으로 제공하고 있다. 이러한 정보 공개 시스템을 통해 중앙행정기관, 지방자치단체, 교육청 등 정보 공개 대상 기관의 정보목록 검색, 정보 공개 청구, 수수료 납부, 공개 자료 열람까지 원스톱 서비스를 제공하고 있다.

통합정보 공개 사이트 이외에도 적극적으로 정보를 제공하는 정부 사이트들이 운영되고 있다. 그 종류를 살펴보면, 정책연구 용역에 관련된 정보를 제공하는 '프리즘(www.prism.go.kr)', 공공기관의 경영정보를 제공하는 '알리오(www.alio.go.kr)', 지방공기업의 경영정보를 제공하는 '클린아이(www.cleaneye.go.kr)' 등이 있다.

또한, 행정자치부에서는 2003년 6월에 제정 · 시행된 국무총리훈령 제442호인 「행정정보 공개의 확대를 위한 지침」에 근거하여 처음으로 정보 공개 운영 실태에 대해 평가를 진행했다. 2003년에는 48개 중앙행정기관을 대상으로 정보공개제도 운영 전반을 평가했고, 2004년에는 평가 대상을 중앙행정기관뿐만 아니라 지방자치단체까지 확대했다.

그리고 2004년 8월에는 정보 공개에 관한 정책의 수립, 제도 개선, 정보 공개 기준 수립, 정보 공개 운영 실태 평가 등을 심의 · 조정하기 위해 대통령 소속 정보공개위원회가 임기 2년, 9인의 위원으로 하여 최초로 구성되기도 했다. 민간위원장과 정보공개 관련 학계 · 법조계 등의 전문가 및 관계 부처 차관급 공무원들을 위원으로 구성된 제1기 위원회는 2004년 8월 18일부터 2006년 8월 17일까지 활동했고, 제2기 위원회는 2006년 10월 25일 구성되었다.

정보공개법은 시행 10여 년이 지나면서 많은 관심과 개선 노력에 의해 변화와 성장을 이뤘지만, 정보공개제도에 대한 관심이 높아지는 만큼 불만도 높아지고 있어서 정보공개법의 취지를 충분히 살리기에는 아직 제도상에 많은 아쉬움이 있다는 지적을 받고 있다(오상진, 2011 : 10-13).

2 정보공개제도의 운영 실태

1) 정보공개제도 운영 현황 분석

(1) 정보 공개 청구 현황

[그림 10-1]을 통해 알 수 있듯이, 정보 공개 청구 건수가 1998년 이후에 계속 증가하는 추세를 보이다가 2004년의 청구 건수가 2003년에 비해 크게 감소했다. 그 이유는 2004년부터 정보 공개 운영 현황 통계에서 국가기록원에 대한 정보 공개 청구 건수를 제외했기 때문이다. 즉, 2004년의 정보 공개 청구 건수는 104,024건으로 이는 192,295건의 청구가 있었던 2003년에 비해 46%가 감소했지만, 종전의 방식대로 국가기록원에 대한 청구 건수를 포함할 경우에는 전체 청구 건수는 289,385건으로 집계되는데, 이는 전년도에 비해 50%가 증가한 수치에 해당한다.

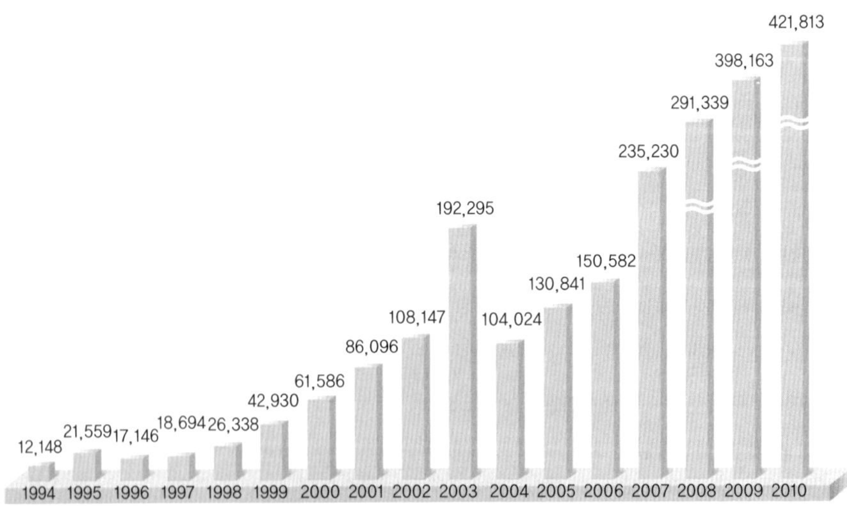

그림 10-1 연도별 정보 공개 청구 현황

자료 : 행정안전부(2011b).

또한 2007년부터 청구 건수가 상당히 큰 폭으로 증가했음을 알 수가 있다. 이러한 비약적인 증가의 원인으로는 2006년 정보 공개 시스템의 구축을 들 수 있다. 즉, 온라인을 통한 청구가 가능해짐에 따라 그만큼 정보 공개 청구가 간편해진 것이다. 온라인을 통한 청구의 비중이 대폭 늘어났다는 사실은 정보 공개 시스템이 국민에게 좀 더 편리하고 신속하게 공공기관의 정보에 접근할 수 있도록 하는 데 기여하고 있음을 보여 준다(김승태, 2010).

(2) 정보 공개 처리 현황

1998년 정보공개법 시행 이후 최근 5년간의 정보 공개 처리 현황은 <표 10-6>과 같다. 2010년 접수된 정보공개 신청 421,813건 중 청구인이 스스로 취하하거나 민원으로 이첩된 경우 등을 제외하고 실제 정보 공개 청구에 해당하는 322,018건에 대해 처리한 결과를 살펴보면, 약 81%에 해당하는 259,739건이 청구인의 요구에 따라 '전부 공개'되었다. 그 밖에 9%(29,271건)는 부분 공개되었으며 비공개로 결정된 것은 10%에 해당(33,008건)하여 약 90%의 높은 정보공개율을 보이고 있다. 이는 2009년

표 10-6 연도별 정보 공개 처리 현황 (단위 : 건, ( ) : %)

구분	계	전부 공개	부분 공개	비공개
2010	322,018(100)	256,739(81)	29,271(9)	33,008(10)
2009	301,332(100)	244,604(81)	30,682(10)	26,046(9)
2008	229,650(100)	183,722(80)	25,5160(11)	20,412(9)
2007	197,617(100)	157,958(80)	21,479(11)	18,180(9)
2006	132,694(100)	106,423(80)	13,970(11)	12,571(9)

자료: 행정안전부(2011b).

표 10-7 기관별 정보 공개 처리 현황 (단위 : 건, ( ) : %)

구분	계	전부 공개	부분 공개	비공개
계	322,018(100)	256,739(81)	29,271(9)	33,008(10)
중앙행정기관	60,963(100)	39,867(65)	9,199(15)	11,897(20)
지방자치단체	202,927(100)	167,709(83)	17,158(8)	18,060(9)
교육청	13,844(100)	10,331(75)	1,809(13)	1,704(12)
공공기관	44,284(100)	41,832(94)	1,105(3)	1,347(3)

자료: 행정안전부(2011b).

91%와 거의 유사한 수준으로 2006년 이후 90%[6] 이상의 정보공개율을 유지하고 있다.

한편 정보 공개로 접수된 건 중 취하 또는 민원으로 이첩·처리되는 건수가 상당한 비중을 차지하고 있다. 정보 취득 목적이 아닌 진정·질의·건의 등 민원 성격의 신청은 정보 공개 처리절차에 의해 결정되는 것이 청구인의 권익 보호에 크게 도움이 되지 않기 때문에, 이러한 경우 정보 공개 청구를 민원으로 이첩하여 민원사무 처리절차에 따라 처리하고 있다.

또한 <표 10-7>에 나타나 있듯이, 기관별로 정보공개율을 살펴보면, 중앙행정기관 80%, 지방자치단체 91%, 교육청 88%, 공공기관 97%로 나타났다. 지자체나 교육청 또는 공공기관보다 중앙행정기관의 정보공개율이 다소 낮은 편인데, 이는 중앙행정기관의 경우, 정책 결정 과정에서 민감한 정보 또는 국가의 안보 등과 관련된 정보를 많이 보유·관리하는 등 비공개 대상 업무가 상대적으로 많기 때문으로 판단된다.

(3) 정보의 비공개 결정 사유별 현황

<표 10-8>에서 볼 수 있는 바와 같이, 각 기관은 2010년도 정보 공개 청구 건수 중 약 10%에 해당하는 33,008건에 대해 비공개 결정을 했다. 주된 비공개 사유는 청구된 정보 자체를 공공기관이 보유·관리하고 있지 않은 경우(정보 부존재)이며, 그 다음으로 법령상 비밀 또는 비공개 정보인 경우, 공정한 업무 수행에 지장을 주는 정보인 경우 등이 많았다. 그 밖에도 개인의 사생활의 비밀을 침해할 우려가 있는 경우, 법인의 영업상 비밀에 관한 사항인 경우 등이 있다.

2010년 전체 비공개 결정 사유 중 가장 큰 비중을 차지하는 것은 정보 부존재이다. 정보 부존재로 인한 비공개 결정 건수는 총 15,620건으로 비공개 결정의 47%에 해당한다. 실제로 정보 공개 청구 대상 정보는 '공공기관이 보유·관리하는 정보'이지만, 정보 부존재의 경우 처리규정이 없어 기관에서 '비공개 결정'으로 처리해 왔다. 이러한 제도적 미비 사항을 보완하기 위해 2011년부터는 '정보 부존재' 처리규정을 신설키로 했다. 이에 앞으로는 공공기관이 보유·관리하지 아니하는 정보를 청구한 경우 일반 민원으로 처리하고, 부존재 사유(보존 기간의 경과 폐기, 해당 기관이 작성·취득하지 않음 등)를 청구인에게 구체적으로 설명하도록 개선할 방침이다.

---

6) 정보공개율 : 2006년 90.5% → 2007년 90.8% → 2008년 91.1% → 2009년 91.4% → 2010년 89.7%

표 10-8 연도별 정보 비공개 사유 현황 (단위 : 건, ( ) : %)

구분	계	법령상 비밀 · 비공개	국방 등 국익 침해	국민의 생명 등 공익 침해	재판 관련 정보 등	공정한 업무 수행 지장 등	개인의 사생활 보호	법인 등 영업상 비밀 침해	특정인의 이익 · 불이익	정보 부존재 등
2010	33,008	10,914	144	140	815	1,100	2,724	1,054	497	15,620
	(100)	(33)	(1)	(1)	(2)	(3)	(8)	(3)	(2)	(47)
2009	26,046	6,685	123	173	1,077	1,358	3,376	1,140	531	11,583
	(100)	(26)	–	(1)	(4)	(5)	(13)	(4)	(2)	(45)
2008	20,412	5,253	98	242	964	1,186	2,439	942	633	8,655
	(100)	(26)	–	(1)	(5)	(6)	(12)	(4)	(3)	(43)
2007	18,180	4,149	103	186	851	1,111	2,888	913	486	7,493
	(100)	(23)	(1)	(1)	(4)	(6)	(16)	(5)	(3)	(41)
2006	12,571	1,843	61	130	870	793	2,411	708	423	5,332
	(100)	(15)	(1)	(1)	(7)	(6)	(19)	(6)	(3)	(42)

자료 : 행정안전부(2011b).

표 10-12 기관별 정보 비공개 사유 현황 (단위 : 건, ( ) : %)

구분	계	법령상 비밀 · 비공개	국방 등 국익 침해	국민의 생명 등 공익 침해	재판 관련 정보 등	공정한 업무 수행 지장 등	개인의 사생활 보호	법인 등 영업상 비밀 침해	특정인의 이익 · 불이익	정보 부존재 등
계	33,008	10,914	144	140	815	1,100	2,724	1,054	497	15,620
	(100)	(33)	(1)	(1)	(2)	(3)	(8)	(3)	(2)	(47)
중앙행정기관	11,897	4,974	106	59	582	490	975	196	67	4,448
	(100)	(42)	(1)	–	(5)	(4)	(8)	(2)	(1)	(37)
지방자치단체	18,060	5,631	30	76	188	363	1,365	529	394	9,484
	(100)	(31)	–	–	(1)	(2)	(8)	(3)	(2)	(53)
교육청	1,704	261	0	2	16	78	189	58	20	1,080
	(100)	(15)	–	–	(1)	(5)	(11)	(4)	(1)	(63)
공공기관	1,347	48	8	3	29	169	195	271	16	608
	(100)	(4)	(1)	–	(2)	(13)	(14)	(20)	(1)	(45)

자료 : 행정안전부(2011b).

한편 <표 10-9>에서 볼 수 있는 바와 같이 기관 유형별로 살펴보면, 중앙행정기관, 지방자치단체, 시 · 도교육청의 경우 법령상 비밀이 주요 비공개 사유인 반면, 공공기관의 경우 법인 등 영업상 비밀을 사유로 들어 비공개하는 경우가 많은 것으로 나타났다.

(4) 정보 공개 불복 현황

정보공개법 시행 이후 국민의 권리 의식이 높아짐에 따라 [그림 10-2]와 같이 공공기관의 비공개 결정에 대한 청구인의 불복 제기가 꾸준히 증가하고 있는 추세이다. 국민이 공공기관의 정보 비공개 결정에 대해 불복 제기하는 건수는 비공개 결정(부분 공개 포함) 건수의 5.9% 정도로 안정적으로 유지되고 있다. 현재 이의 신청은 정보 공개 시스템 이용 시 온라인으로도 가능해 행정소송이나 심판에 비해 비용 노력, 시간 등이 적게 소요되고 절차도 상대적으로 간편하여 많이 활용되고 있다. 이의 신청은 접수일로부터 7일 이내에 정보공개심의회의 심의를 통해 공개 여부가 결정된다. 현재 각 기관은 기관별로 비공개 세부 기준을 수립하여 사전에 공개하고 있는데, 이는 비공개 결정에 따른 청구인과의 갈등을 예방하고 불필요한 소송이나 심판 등 불복 절차를 사전에 최소화하는 데 그 목적이 있다.

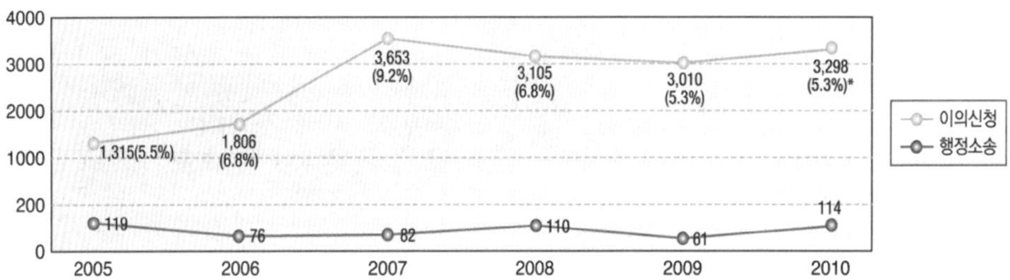

* 정보 비공개 결정(부분 공개 포함)에 대한 불복 제기 건수, 비율(%)

그림 10-2 연도별 정보 공개 불복 신청 건수

자료: 행정안전부(2011b).

표 10-10 2010년 기관별 불복 신청 및 처리 현황 (단위: 건, ( ): %)

구분	이의신청				행정심판					행정소송				
	계	처리 결과			계	계류중	심판 결과			계	계류중	판결 결과		
		취하·각하	기각	인용			취하·각하	기각	인용			취하·각하	기각	인용
계	3,298	1,017	1,325	956	268	32	81	105	50	268	32	81	105	50
중앙행정기관	1,347	388	656	303	166	25	57	71	13	75	21	19	28	7
지방자치단체	1,688	575	561	552	42	2	9	12	19	14	1	3	2	8
교육청	176	35	60	75	18	–	6	3	9	8	3	3	1	1
공공기관	93	19	48	26	42	5	9	19	9	17	6	6	1	4

자료: 행정안전부(2011b).

(5) 정보 공개 청구 방법별 현황

「정보공개법」은 국민이 좀 더 손쉽게 정보 공개를 청구할 수 있도록 직접 출석·우편·모사전송·정보통신망 등 다양한 청구 방법을 보장하고 있다. 2006년까지만 해도 국민이 직접 기관을 방문하여 청구하는 사례가 전체 청구 건수의 50%에 달했으나 우리나라의 정보화 수준이 향상되고 온라인 정보통신 여건이 개선됨에 따라 온라인 청구가 지속적으로 증가해 왔다. <표 10-11>에서 볼 수 있듯이 2010년 가장 많이 활용된 정보 공개 청구 방법은 정보 공개 시스템(www.open.go.kr)을 통한 청구로서 전체의 약 67%를 차지한다. 그 밖에는 직접 출력(24%), 모사전송(5%), 우편(4%) 등의 방법을 활용하여 정보 공개를 청구하고 있다.

온라인을 이용한 정보공개 청구가 활성화됨에 따라 향후에도 정보통신망을 이용한 정보 공개 청구 건수는 지속적으로 증가할 것으로 예상된다. 따라서 좀 더 향상된 서

표 10-11 연도별 정보 공개 청구 방법 현황 (단위 : 건, ( ) : %)

연도	계	직접 출력	우편	모사전송	정보통신망
2010	421,813(100)	99,010(24)	18,325(4)	21,454(5)	283,024(67)
2009	398,163(100)	104,782(26)	15,879(4)	16,734(4)	260,768(66)
2008	291,339(100)	93,877(32)	13,238(5)	10,591(3)	173,633(60)
2007	235,230(100)	91,551(39)	15,046(6)	7,185(3)	121,448(52)
2006	150,582(100)	75,127(50)	10,539(7)	4,597(3)	60,319(40)

자료 : 행정안전부(2011b).

표 10-12 기관별 정보 공개 청구 방법 현황 (단위 : 건, ( ) : %)

구분	계	직접 출력	우편	모사전송	정보통신망
계	421,813(100)	99,010(24)	18,325(4)	21,454(5)	283,024(67)
중앙행정기관	91,324(100)	30,579(33)	4,291(5)	870(1)	55,584(61)
지방자치단체	264,648(100)	50,336(19)	7,290(3)	2,866(1)	204,156(77)
교육청	20,084(100)	713(3.5)	596(3)	1,783(9)	16,992(84.5)
공공기관	45,757(100)	17,382(38)	6,148(13)	15,935(35)	6,292(14)

자료 : 행정안전부(2011b).

비스 제공과 편의성을 갖춘 정보공개 시스템이 될 수 있도록 시스템 개선에 지속적인 노력이 요구된다.

한편 <표 10-12>에서 볼 수 있는 바와 같이 기관 유형별로 정보 공개 청구 방법을 살펴보면, 중앙행정기관, 지방자치단체 및 교육청에 대해서는 주로 온라인을 이용하는 데 비해, 공공기관의 경우 아직 직접 공공기관을 방문하여 청구하는 사례가 많은 것으로 나타났다. 이에 2011년부터는 정보 공개 시스템 미이용 공공기관에 대해 정보 공개 시스템을 이용할 수 있도록 단계적으로 확대해 나갈 계획이다.

(6) 정보 공개의 이용을 방법별 현황 및 정보 공개 교부 방법별 현황

정보공개법은 특별한 사정이 없으면 청구인이 원하는 방법으로 공개하도록 규정하고 있다. 이에 따라 정보는 열람·시청, 사본·출력물, 전자파일, 복제·인화물 등 다양한 방법으로 공개된다. 정보 공개 방법으로는 주로 전자파일, 사본·출력물의 교부 등이 이용되고 있는데, <표 10-13>에서 알 수 있듯이 2010년도에는 전자파일(50%), 사본·출력물(43%), 열람·시청(4%)의 방법으로 공개했다.

연도별 변화 추세도 뚜렷한데 정보통신망을 이용한 정보 공개 청구 건수가 대폭 증가함에 따라 전자파일에 의한 공개가 지속적으로 증가한 반면, 사본·출력물에 의한 공개는 계속 감소하고 있다. 이러한 추세는 앞으로도 계속될 것으로 보이며, 사본·출력물 요구 시 자료를 일일이 복사해야 하는 공공기관의 업무 부담도 줄어든다는 점에서 전자파일을 통한 공개가 더욱 활성화될 필요성이 있다.

또한 2010년도에는 <표 10-14>에서 볼 수 있듯이 정보통신망을 활용한 교부 방법을 가장 많이 활용했다. 이어서 직접방문(25%), 우편(12%), 모사전송(8%)을 통한 교부 방법이 활용되었는데, 정보통신망을 통한 교부 비율은 지속적으로 증가하고 있

표 10-13 연도별 정보 공개 방법 현황 (단위 : 건, ( ) : %)

연도	공개 건수	열람·시청	사본·출력물	전자파일	복제·인화물	기타
2010	289,010(100)	11,522(4)	123,000(43)	145,186(50)	2,339(1)	6,963(2)
2009	275,286(100)	10,751(4)	119,955(43)	134,659(49)	2,498(1)	7,423(3)
2008	209,238(100)	8,883(5)	102,384(49)	88,605(42)	3,088(1)	6,278(3)
2007	179,437(100)	6,971(4)	98,836(55)	66,915(37)	2,765(2)	3,950(2)
2006	120,393(100)	5,163(4)	78,009(65)	32,176(27)	2,063(2)	2,976(2)

자료: 행정안전부(2011b).

표 10-14 연도별 정보 공개 교부 방법 현황 (단위 : 건, ( ) : %)

연도	공개 건수	직접 방문	우편	모사전송	전자우편	온라인	기타
2010	289,010 (100)	72,283 (25)	34,184 (12)	23,439 (8)	52,179 (18)	102,514 (35)	4,474 (2)
2009	275,286 (100)	75,169 (27)	35,675 (13)	16,530 (6)	143,558 (52)	5,261 (2)	5,261 (2)
2008	209,238 (100)	70,179 (34)	29,362 (14)	11,428 (5)	73,236 (35)	25,033 (12)	25,033 (12)
2007	179,437 (100)	70,666 (39)	30,229 (17)	5,940 (3)	58,477 (33)	14,125 (8)	14,125 (8)
2006	120,393 (100)	58,941 (49)	22,264 (19)	3,453 (3)	32,834 (27)	2,901 (2)	2,901 (2)

자료 : 행정안전부(2011b).

고 직접 방문 비율은 감소하고 있음을 알 수 있다. 특히 지방자치단체와 교육청에서는 정보통신망 활용률이 매우 높은 수준인데, 이러한 추세는 앞으로도 지속될 전망이다.

(7) 정보공개심의회 개최 활용 현황

「정보공개법」에 의하면 중앙행정기관, 지방자치단체 및 교육청은 정보공개심의회를 설치해야 한다. 정보공개심의회는 청구된 정보의 공개 여부를 결정하기 곤란한 사항이나 이의 신청의 처리 또는 정보공개제도의 운영 전반에 관한 사항을 심의하는 기능을 담당한다.

<표 10-15>에 나타나 있듯이 2010년도의 경우 각 기관은 정보공개심의회를 통해 모두 1,441건을 심의한 것으로 나타났다. 대부분 정보 공개 결정의 이의 신청에 대한 심의(1,113건, 77%)를 수행했는데, 이의 신청 건수 증가로 심의회 결정 건수도 증가한 것으로 판단된다. 그 밖에도 청구된 정보의 공개 여부를 결정하기 곤란한 사항(203건, 14%)과 정보공개제도 운영계획 수립, 비공개 세부 기준 등(125건, 9%)을 심의했다.

한편 2010년의 경우 정보공개심의회의 심의 결과, 58%(829건)가 기각 · 각하되었고, 20%(290건)는 부분 인용되었으며, 15%(219건)은 인용된 것으로 나타났다.

표 10-15 연도별 정보공개심의회 개최 현황 (단위 : 건, ( ) : %)

연도	계	개최 사유			심의 결과			
		이의 신청	결정 곤란	기타	인용	부분 인용	기각 · 각하	기타
2010	1,441 (100)	1,113 (77)	203 (14)	125 (9)	219 (15)	290 (20)	829 (58)	103 (7)
2009	1,293 (100)	1,019 (79)	186 (14)	88 (7)	147 (11)	314 (24)	746 (58)	86 (7)
2008	1,305 (100)	782 (60)	351 (27)	172 (13)	175 (13)	364 (28)	646 (50)	120 (9)
2007	1,554 (100)	878 (57)	331 (21)	345 (22)	171 (11)	356 (23)	698 (45)	329 (21)
2006	1,232 (100)	689 (56)	312 (25)	231 (19)	169 (14)	319 (26)	598 (48)	146 (12)

자료 : 행정안전부(2011b).

<표 10-16>에서 볼 수 있듯이 기관별로는 지방자치단체나 교육청보다 중앙행정기관에서 정보공개심의회를 적극적으로 활용한 것으로 나타났다. 정보공개심의회의 기관별 활용 현황을 살펴보면, 중앙행정기관이 709건, 지방자치단체가 488건, 교육청이 173건, 기타 공공기관이 71건으로 나타나고 있다. 한편 정보공개심의회 개최 사유로는 이의 신청 처리를 위한 비율이 중앙행정기관은 80%, 지방자치단체는 93%로 높게 나타나고 있으나, 교육청은 27%, 기타 공공기관은 58%로 낮게 나타나 정보공개

표 10-16 기관별 정보공개심의회 개최 현황 (단위 : 건, ( ) : %)

구분	계	개최 사유			심의 결과			
		이의 신청	결정 곤란	기타	인용	부분 인용	기각 · 각하	기타
계	1,441 (100)	1,113 (77)	203 (14)	125 (9)	219 (15)	290 (20)	829 (58)	103 (7)
중앙행정기관	709 (100)	571 (80)	89 (13)	49 (7)	88 (12)	100 (14)	460 (65)	61 (9)
지방자치단체	488 (100)	455 (93)	20 (4)	13 (3)	49 (10)	126 (26)	280 (57)	33 (7)
교육청	173 (100)	46 (27)	66 (38)	61 (35)	72 (42)	49 (28)	45 (26)	7 (4)
공공기관	71 (100)	41 (58)	28 (39)	2 (3)	10 (14)	15 (21)	44 (62)	2 (3)

자료 : 행정안전부(2011b).

심의회를 좀 더 활성화시킬 필요가 있는 것으로 나타났다.

3 정보공개제도의 성과와 문제점

1) 성과

지난 1998년 「정보공개법」이 처음 시행된 이후 14년의 기간이 지났다. 많은 사람의 기대와 우려 속에 출발한 새로운 제도는 지난 14년 동안 국민의 알 권리를 보장하고 국정에 대한 국민의 참여와 국정 운영의 투명성을 확보하는 대표적인 제도로서 나름대로 큰 기여를 해 왔음을 부인할 수 없다.[7)]

특히 국민의 정보접근성 및 청구편의성을 향상시키기 위해 지난 2006년 4월 정보공개 시스템이 구축되어 정보 공개 처리의 모든 과정을 온라인상에서 원스톱(one-stop)으로 처리하면서 정보 공개를 실질적으로 활성화하는 데 큰 기여를 했다. 만족도 측면에서도 2010년 행정안전부의 정보 공개 시스템 만족도 평가 결과도 86.1점을 기록하여 2006년의 66.4점에 비해 크게 향상된 것으로 나타났다(행정안전부, 2011b). 또한 2009년에는 장애인·노약자의 정보접근성 향상 및 시스템 이용편의성 제고를 위해 웹 접근성 개선과 웹 표준을 적용했다. 이처럼 시스템 구축 이후 지속적인 기능개선[8)]으로 온라인 청구 비율도 꾸준히 증가하고 있다. 온라인을 통한 정보공개 청구의 비중이 대폭 늘어났다는 사실은 정보 공개 시스템이 국민에게 좀 더 편리하고 신

---

7) 공무원과 국민들을 대상으로 한 실문조사 결과들(김승태, 2003; 행정안전부, 2008)을 보면 정보공개제도가 국민의 알 권리 보장과 부정부패의 차단 및 정부의 책임성 확보에 지대한 공헌을 했음을 인정하고 있다.

8) 시스템 구축 이후 정보 검색, 제공 정보 열람 등의 기능이 미흡하다는 지적에 따라 정보목록 자동연계 기관을 확대하고 정보공개 청구 및 관리 기능 강화를 위한 시스템 2차 고도화 사업을 2007년도 3월에 완료했다. 이후 수요자 중심의 서비스 강화를 위해 2007년 9월부터 2008년 3월까지 시스템 3차 고도화 사업을 추진했다. 3차 사업은 정보목록 연계 기관을 507개 기관으로 확대하고, 정부 업무관리시스템 및 기록 관리 시스템과의 연계 체계 마련, 기관별·분야별·수요자별 통합검색 서비스 기능 등을 대폭 향상시켰다. 이와 함께 정보 공개 시스템 게시판 등에서 개인정보 노출을 방지하고 차단할 수 있는 개인정보 필터링 시스템을 도입하여 개인정보 보호를 강화했다. 2006년도 시스템 운영 이후 일 평균 5,390명, 총 누적 방문자 수는 4,836천 명으로 매년 증가하고 있다(김승태, 2009; 행정안전부, 2010a).

속하게 공공기관의 정보에 접근할 수 있도록 하는데 많은 기여를 하고 있음을 반증한다.

2) 문제점

제도 시행 이후 정보공개제도 운영이 이룩한 성과에도 불구하고, 여전히 정보 공개 운영 행태와 관련하여 미흡한 점들이 존재한다. 이와 관련하여 자세히 살펴보면 다음과 같다(행정안전부, 2011b).

(1) 비공개·부분 공개 결정에 대한 법적 근거와 사유의 불명확한 제시

행정안전부(2010a)가 실시한 설문 조사에서 '비공개·부분공개 결정에 대한 법적 근거 및 사유가 명확하게 제시되었습니까?'의 질문에 설문 참여 공무원 147명 중 104명(71%)은 긍정적 답변을 한 반면, 과거 비공개 또는 부분 공개 결정을 받은 적이 있는 청구인 51명 가운데 38명, 즉 74%는 부정적인 답변을 했다. 이를 통해 공무원과 청구인 간에 견해의 차이가 존재함을 알 수 있다.

그러나 공무원들의 생각과는 달리, 비공개에 대한 법적 근거와 사유가 불명확하게 제시되고 있다는 증거는 여러 군데에서 발견된다. 연도별 비공개 사유별 현황을 살펴보면, 비공개 사유 중 「정보공개법」이 정하고 있는 비공개 사유가 아닌 '기타'에 해당하는 비율이 7%로 비교적 높음을 알 수가 있다. 이러한 '기타'에 해당하는 비율이 높다는 것은 담당 공무원이 비공개 결정에 대한 법적 근거를 제대로 파악하지 못하고 있다는 증거가 될 수 있다.

또한 2009년도 각 공공기관의 비공개 사례를 조사해 보면, 아직도 비공개 결정의 근거와 사유로 「정보공개법」 제11조 제3항 및 제21조 제1항에 의한 제3자의 의견 청취 결과 비공개 요청한 사실만을 이유로 들고, 해당 정보가 「정보공개법」 제9조 제1항 몇 호에 해당되는지와 그에 대한 구체적 사유를 명시하지 않은 사례가 발견된다. 제3자의 의견은 공공기관이 공개 여부를 결정하는 데 참고 내지 참작하는 것이지 공공기관이 제3자 의견에 전적으로 기속되어 처음부터 제3자 의견대로 공개 또는 비공개 결정을 해야 할 이유는 없다.

(2) 법정 처리 기간의 미준수

연도별 정보 공개 여부 결정 기간 현황을 살펴보면, 2009년도의 경우 공공기관은 청구의 95%를 법정 처리 기간 10일 이내에 처리했고, 20일을 초과한 건수는 단지 1%에 불과했다. 그러나 여기서 주목해야 할 것은 20일을 초과하는 건수가 전체의 1% 비율에 불과하지만, 전체 건수가 1,691건이라는 점이다. 청구인 모두가 만족하는 정보 공개 서비스를 제공하기 위해서는 법정 처리 기간의 준수가 좀 더 적극적으로 지켜질 필요가 있다.

(3) 정보(자료)의 부존재로 인한 비공개 다수 존재

정보(자료)의 부존재로 인한 비공개가 많다는 것은 분명 문제가 있다. 그 이유는 청구 대상을 구체적으로 특정하지 않은 불명확한 청구 때문일 수도 있겠지만, 공공기관에서 사전에 정보목록의 제공·안내를 제대로 하지 못했기 때문일 수도 있다. 따라서 정보(자료)의 부존재로 인한 비공개 사례를 줄이기 위해서는 청구인은 자신이 청구하고자 하는 정보를 적극적으로 검색하는 노력을 기울이는 동시에, 해당 기관도 당해 정보를 보유하고 있는지 여부를 국민이 쉽게 파악할 수 있도록 정보목록의 작성과 공개, 특히 정보 공개 시스템을 통한 전자적 공개를 좀 더 충실히 할 필요가 있다.

(4) 비공개 대상 정보의 취급에 대한 기관별 차이

같은 사안에 대해 기관마다 다른 결정을 내리는 것은 종래 공공기관의 정보 공개 운영 행태와 관련하여 제기되어 온 문제점들 중 하나이다. 행정안전부(2010a)가 실시한 설문조사 결과, 설문조사에 참여한 정보 공개 담당 공무원 147명 가운데 124명, 즉 전체의 85%가 비공개 대상 정보에 대한 취급이 기관별로 차이가 있기 때문에 개선이 필요하다고 대답했다.

또한 현행 정보공개제도의 운영과 관련하여 개선이 가장 시급한 부분이 무엇인지를 묻는 질문에서도 공무원들은 이 부분을 두 번째로 많이 꼽은 바 있다. 비공개 대상 정보에 대한 취급이 기관마다 차이가 나는 점은 공공기관의 비공개 결정에 대한 청구인의 수용률을 떨어뜨리고, 불복 신청률을 높일 뿐만 아니라, 또한 정보공개제도 전체에 대한 불신을 초래할 수 있기 때문에, 향후 이 부분에 대한 지속적이고 체계적인 대책 마련이 요청된다.

(5) 청구인의 질문에 대한 부적절·불친절한 답변

정보 공개의 청구 방법과 처리 절차에 대한 안내가 적절했는지를 질문한 행정안전부(2008)의 설문 조사에서 참여 청구인 107명 가운데 44명(41%)이 부정적인 답변을 했다. 물론 부정적 답변보다 긍정적 답변이 상대적으로 높았지만, 부정적 답변이 무려 41%를 넘는 것은 문제라 할 수 있다. 일부 공무원에 국한된 문제이겠지만, 그러한 일부 공무원의 부적절·불친절한 처리 행태는 국민의 체감 만족도를 직접적으로 떨어뜨리는 요인으로 작용한다.

(6) 청구인들의 오·남용 사례와 관련된 문제

일부 청구인 중에는 지나치게 광범위하고 추상적인 정보 공개 요구를 하거나 심지어 다량의 정보 공개를 청구한 후 수령을 거부하는 사례가 적지 않다. 정보공개제도의 본래 취지를 벗어난 오·남용 사례는 신속한 처리를 곤란하게 할 뿐만 아니라 일선 공공기관에 불필요한 업무 부담을 야기하여 다른 개인이나 공익을 위해 투입되어야 할 행정비용을 희생하는 결과를 가져온다. 따라서 정보공개제도가 본래의 목적을 달성하고 제대로 정착되기 위해서는 공공기관의 운영 형태 개선과 더불어 청구인들의 건전한 제도 활용 노력이 필요하다(김승태, 2010: 44-48).

4 우리나라 정보공개제도의 개선 방향

우리나라 「정보공개법」에 기초한 정보공개제도의 주요 문제점에 대한 개선 방향을 정리해 보면 다음과 같다.

첫째, 비공개 결정 사유에 대해 청구권자가 납득할 만한 근거와 사유의 제시가 필요하다. 정보공개제도의 운영에서 비공개 결정의 근거를 포괄적·추상적으로 제시하는 경향이 있으나, 비공개 결정의 근거 및 사유를 구체적으로 제시하는 것은 청구권자인 국민을 존중하는 행위로서 공개 여부 결정 못지않게 제도의 정착을 위해 중요한 요소이다. 따라서 정부는 비공개 결정을 하는 경우 정보공개제도의 효율적인 운영을 위해 그 근거와 사유를 알기 쉽게 설명하여 비공개 결정에 대해 청구권자가 충분히 이해할 수 있도록 해야 한다. 특히 공개 여부를 결정해야 하는 대상 자료가 국민의 알 권리와 개인의 사생활 보호 등 대립되는 권리 사이에서 구분이 모호한 경우에는 논란의 여지가 있기 때문에 결과에 대해 좀 더 명확한 근거가 필요하다. 따라서 결정에 대한 명확한 근거를 제시하여 비공개 결정의 적정성 및 수용성을 높이기 위한 노력이 지속적으로 이뤄져야 할 것이다.

둘째, 국민이 정보의 소재를 쉽게 파악하여 원하는 정보를 명확하게 청구할 수 있도록 사전에 정보목록의 작성·비치 및 이의 전자적 공개를 충실히 해야 한다. 비공개 사유를 살펴보면, 자료의 부재로 인한 비공개 건수가 가장 많은 비중을 차지하고 있으며, 개인의 사생활 보호 등 법령상 보호되고 있는 정보로 인한 비공개 사유도 주종을 이루고 있다.

자료의 부재로 인한 비공개 사례가 비공개 사유 중 가장 많은 부분을 차지하는 이유에 대해 정부에서는 청구자가 청구 대상을 구체적으로 특정하지 않아 청구의 내용이 불명확하여 비공개 결정이 증가한다고 보고 있다. 이러한 문제를 개선하기 위해 정부는 청구권자인 국민이 청구의 내용을 명확하게 특정할 수 있도록 자료에 대한 정보를 적극적으로 공개해야 할 것이다. 또한 청구자가 청구 대상 정보를 검색하는 데 편의를 제공하기 위해 검색 방법에 대한 지속적이고 적극적인 홍보와 교육도 요구된다.

셋째, 비공개 결정 사유에 대한 명확한 근거 제시를 할 수 있도록 각 기관과 담당자에 대한 적극적인 교육 및 홍보가 필요하다. 공공기관이 정보 공개가 청구된 자료에 대해 공개 여부를 결정하게 될 때 어떤 기준에서 결정을 할 것인가에 대해 명확한 근거를 제시할 수 있어야 한다는 점을 각 담당자들이 확실하게 인식하도록 해야 할 것이다. 비공개 사유 중 가장 포괄적인 개념인 '기타'에 해당하는 사례에서 비공개 결정 사유에 대한 명확한 근거 제시의 필요성에 대해 공공기관 및 그 담당자의 인식이 미흡한 경우가 아직 존재하는 것으로 파악된다. 정보 비공개 결정에 대해 신중한 판단과 명확한 근거 제시의 노력이 필요하다는 점을 지속적으로 인식하게 하고, 공개 여부를 결정하는 공공기관 입장에서는 국민의 알 권리와 개인의 사생활 보호 등 대립되는 권리 사이에서 올바른 결정을 내릴 수 있도록 판단 기준을 명확히 해야 한다. 또한, 비공개 결정이 내려지는 경우, 청구자에게 그 근거와 사유를 알기 쉽게 설명하여 비공개 결정에 대한 수용률을 높여 나갈 필요가 있다.

넷째, 특히 국회의 의정상 국정감사 또는 기타 자료 제출 요구를 하면, 국가 보안 또는 국방 기밀 유지를 위한 보안의 이유 등을 내세워 정보 자료 제출에 매우 소극적인 경우를 빈번히 볼 수 있다. 이는 정보 공개에 대한 소극적 자세로 악용되는 사례로 볼 수 있어 정보 공개 거부에 대한 구체적 보안 유지 사유와 필요성은 물론 정보 공개 시의 부정적 영향 또는 문제점을 명확히 제시할 필요가 있다. 그리고 정부조직 또는 해당 기관의 정보 독점으로 인한 폐해를 예방 또는 견제하는 관련 법령의 보완 및 제도적 시스템의 강화가 필요하다.

다섯째, 정보 공개와 관련된 사회문화 인프라 조성이 요구된다. 정보 청구자인 일반국민도 정보 요구와 관련된 법과 제도에 대한 사전 이해와 지식정보사회에서의 정보 교양 등을 습득할 수 있는 사회적 기제(mechanism)가 마련되어야 한다. 그로 인해 정보공개 요구자가 정보 공개 여부 및 피해 발생 여부에 관한 사전 판단 능력이 어느 정도 함양되면 정보공개 관련 행정의 비능률성, 불필요한 비용 초래, 이해당사자의 기본권 침해 등을 최소화하여 정보공개제도가 합리적이고 민주적으로 운영되도록 해야 할 필요가 있다.

제11장 프라이버시 보호 동향과 발전 방안

제 1 절 프라이버시 보호의 의의

1 프라이버시의 개념

프라이버시(privacy)라는 말 자체의 의미는 다의적이어서 개념적 정의를 내리는 데에도 의견의 대립이 존재하며, 획일적이지 못하다.

이처럼 프라이버시가 간명하게 정의되지 못하는 데는 몇 가지 이유가 있다. 첫째, 프라이버시라는 법적인 개념이 정립된 것이 1890년으로, 그 역사가 짧지 않다는 데 있다. 둘째, 프라이버시는 생활의 질에 관계되는 개념일 뿐만 아니라 사회 및 인간에 대한 관계를 나타내는 개념으로 시대와 문화 또는 사회에 따라서 변용되는 유동적인 개념이라는 데에 있다. 셋째, 지식정보화사회에서 프라이버시는 전통적 개념으로는 설명되지 않는 새로운 국면을 내포하게 됨으로써 좀 더 복잡한 개념으로 변화하게 된 데에 있다. 이처럼 프라이버시라는 개념은 다의성을 갖고 있다(한국전자통신연구소, 1986 : 142). 이러한 다의성에도 불구하고 행정정보관리와 관련하여 프라이버시의 가장 적절한 의미는 무엇인지 고찰해 보고자 한다.

프라이버시라는 개념은 이미 오래전부터 있어 왔는데, 그것은 개인이 인격적 존재로서 존중되어야 한다는 근본적인 관념에 기초한 것이었다. 일반적으로 프라이버시라는 개념은 심리적인 측면에서 '자아 영역의 불가침성'과 법률적 측면에서 '인격 존중을 위해 필요한 이익'이라는 의미를 포함하고 있다. 또한, 전통적인 프라이버시 개념은 'the right to be alone'으로 개인의 은밀한 삶의 영역의 침해에 대한 소극적인 방어의 의미를 지니고 있었지만, 최근에는 개인정보 유통 과정에서 정보 주체로 자기 정보에 대한 통제권의 보장을 의미하는 정보 프라이버시권(information privacy)으로 발전했다.

오늘날의 국민은 각종 신고 의무를 가지고 있기 때문에 강제적·반강제적으로 자신의 정보를 각종 행정기관에 제공하고 있을 뿐만 아니라 민간 분야에서도 실질적·반강제적으로 개인정보를 수집하여 활용·유통하는 실정이다. 따라서 프라이버시권의 개념도 단순히 사생활을 침해당하지 않고, 사생활의 비밀을 공개당하지 않는다는 소극적인 입장보다는 자기 정보의 수집·처리·보존·이용 등에 대해 적극적으로 개입할 수 있는 권리로서 이해하는 것이 타당하다.

프라이버시의 개념은 오래전부터 있어 온 개인정보에 관한 정책적 논의를 통해 구체화되었다. 개인정보에 관한 정책적 이슈는 첫째, 정부의 간섭 문제(즉, 개인의 소유물에 대해 물리적으로 정부가 간섭할 수 있는 권리에 관한 문제), 둘째, 통신의 감시 문제(즉, 편지·전보 및 전화 등의 통신 내용에 대해 임의로 검열이나 수색을 하여 발신자에 관한 정보를 수집함으로써 통신을 감시할 수 있는 정부의 권리 문제), 셋째, 의무 조항의 문제(즉, 출판권을 포함하는 광의의 저작권 등에서 사실 여부나 권위 여하에 관계 없이 개인이나 기관에 대한 정보를 수집할 수 있는 정부의 권한 문제), 마지막으로 면책특권이 있는 통신 문제(즉, 정신병 치료·신앙고백·법률상담 또는 미디어 뉴스 수집과 같은 특별한 상황에서 전달된 정보에 대해 정부가 요구할 수 있는 권리가 있는지 여부의 문제) 등이 있다. 이러한 정책적 논의의 예에서 프라이버시 보호에 대한 역사적 성격뿐만 아니라 그 용어에 관련된 문제의 범위를 알 수 있다. 즉, 프라이버시 보호에 대한 논의는 역사적으로 볼 때, 개인에 대한 전산화된 데이터뱅크와 그러한 제보의 수집 및 사용에 따른 프라이버시 보호에 관한 것이었다(통신정책연구소, 1987a : 127).

이어서 프라이버시 보호 개념에 관한 법률적인 측면에서 역사적인 발전 과정을 보면 다음과 같다. 역사상 법에 의해 최초로 보호를 받은 이익은 신체의 불가침성이었다. 그 후 법에 의해 정신적인 자유가 보호를 받게 되면서 19세기에는 대륙법에서 순전히 주관적인 정신적 고통으로부터의 보호가 인정받게 되었다. 한편 대륙법 계통에서의 전개 과정보다 후발적인 영국의 보통법에서는, 처음 단계에서는 직·간접으로 받은 신체에 대한 침해로부터의 보호를, 다음 단계에서는 신체 건강의 유지 및 촉진을 이루게 했으며, 세 번째 단계에서는 직·간접으로 사용되는 정신 및 신경 침해로부터의 보호를, 그리고 마지막 단계에서는 정신적 건강의 유지 및 촉진을 장려함으로써 개인적 이익의 보호를 추구해 왔다. 이러한 발전 과정에서 프라이버시는 그 정점에 위치하게 된 것이다(통신정책연구소, 1987a : 141-142).

2 유사 개념 간의 비교

프라이버시 권리를 '혼자 존재할 권리'로 이해한다면 해석상 지나치게 포괄적이 된다. 즉, 이러한 프라이버시권의 개념으로는 고독성, 자율성, 비익성[1]과 같은 인접 개념과의 구분이 명확치 못하게 되기 때문에 프라이버시권에 대한 정의도 모호해질 수밖에 없다. 따라서 이들 유사 개념과의 차이점을 고찰해 봄으로써 프라이버시 또는 프라이버시 권리에 대한 개념적 정의가 명확해질 것이다(통신정책연구소, 1987a : 145-149).

첫째, 고립(isolation)과 프라이버시를 비교하면, 프라이버시란 개념은 대체로 타인으로부터의 분리와 함께 타인과의 관계 유지라는 두 가지 사실을 동시에 충족시키는 적극적 개념이다. 반면에 고립은 타인과의 관계 유지는 무시하고 타인으로부터의 완진 분리라는 측면만을 강조한 부성석인 의미가 내포되어 있는 개념이다. 아울러 고립은 프라이버시와 같이 자발적으로 원해 이룬 상태가 아니라는 점에서 큰 차이를 보인다.

둘째, 고독(solitude)은 스스로 이런 상태를 원하고 있는 점에서 고립과 구별되는 반면에, 프라이버시 개념과는 유사하다. 그러나 고독은 고립처럼 타인으로부터의 분리를 중심 요소로 간주하고 있는 점에서 프라이버시 개념의 일부에 지나지 않는다.

1) 정보기관이 쓰는 용어로 '비밀 유지 필요성'이라는 뜻이다.

더욱이 고독이란 말은 해당 타인이 담당하는 역할과는 무관하게 사용됨으로써 프라이버시와는 달리 사인이나 공인을 막론하고 그 상태를 확보할 수 있다.

셋째, 익명성(anonymity)은 특정인의 신분을 밝히지 않으려는 욕구를 의미하는 반면에 프라이버시 개념은 익명성에 관한 권익을 요소의 하나로 포함하고 있는 광범위한 개념이다. 즉, 특정인 자신의 공간이나 자발적인 활동 영역, 자기의 사고 등을 포함하는 개념이라는 데에 익명성과 큰 차이를 보인다.

넷째, 자율성(autonomy)의 개념은 특정 개인이 자신의 임무를 수행하는 데 적절하다고 판단되는 규칙에 의해 결정을 내리고 행동하는 자유, 즉 개인의 생활이나 조직 경영의 기본 방향에 대해 스스로 결정하고 타인에 의한 간섭을 배제하는 것을 의미한다. 여기서 자율성은 개인뿐만 아니라 조직에서도 인정되는 반면에, 프라이버시는 인격적인 존재(또는 정신적인 존재)로서 개인에게만 인정되는 권리를 의미한다.

다섯째, 친밀성(intimacy)은 타인과의 가까운 관계를 나타내는 개념으로서, 특히 타인과 정신적이고 육체적으로 밀접한 관련이 있는 상태를 일컫는 말이다. 따라서 친밀성은 고립의 개념과 대조적으로 타인과의 관계를 중시하는 반면에 프라이버시는 타인과의 관계를 유지하지만 동시에 분리되어 있고 그렇지만 고립된 상태에 처하지 않는다는 데 친밀성과 차이가 있다.

여섯째, 신뢰(trust)는 예컨대 의사나 전문직 종사자와 그의 고객(즉 환자나 변호 의뢰인)과의 관계를 나타낼 때 사용되는 개념이다. 따라서 완전히 사적인 자격으로 행동하는 인물의 대인 관계에 적용하기보다 비(非)사적인 역할 관계를 유지하는 사람들에게 적용된다는 점에서 그런 구분을 두고 있지 않은 프라이버시의 개념과 차이를 나타낸다.

3 프라이버시 보호의 대두 배경 및 의미

프라이버시 및 프라이버시권의 개념적 정의가 포괄적이고 다의적인 경향을 보임에도 불구하고 프라이버시권은 미국 연방 프라이버시법이 규정한 바와 같이 '개인적이고 기본적인 권리(personal and fundamental right)'로 사적 사항 내지 사생활의 전역에 대해 보호함으로써 궁극적으로 인간의 존엄성을 확보하려는 목적을 갖고 있다.

이러한 프라이버시 보호 문제는 과거 산업사회 시대의 법에서 인지되지 않은 것은 아니지만, 오늘날과 같은 지식정보화사회에서 그 필요성과 중요성이 더욱 강조된다. 그 이유는 행정의 모든 면에서 전산화 현상이 일어남에 따라 개인의 사생활이 일반에게 공개되는 경향이 심화되고, 아울러 행정 활동의 전산화로 인한 사생활 영역의 침해 양상이 두드러졌기 때문이다. 따라서 프라이버시권이 인간다운 삶을 영위하는 사람에게 필수불가결한 기본적인 권리라고 볼 때, 컴퓨터 등의 이용으로 인해 프라이버시가 침해당하는 일이 빈번해지면 인간의 기본권 자체가 박탈되는 것이 되므로 이에 대한 보호가 필요하고 또한 중요하다. 프라이버시의 보호를 위해서는 개인에게 자기 정보의 유통을 통제할 수 있는 권리가 부여되어야 할 것이다. 왜냐하면 만일 특정 개인이 자신에 관한 정보의 공개나 유통을 제어하지 못하거나 못하게 되는 경우, 그 개인은 자신에 대한 정보를 임의로 조작할 수 있는 사람이나 조직에 의해 지배를 받게 될 수밖에 없기 때문이다.

여기서 한 가지 유의해야 할 점은 행정의 정보화가 좀 더 고도화되고 통신망 및 뉴미디어를 활용하게 됨에 따라 프라이버시 침해의 정도나 양과 그 범위가 산술적 판단을 훨씬 능가하게 되어 프라이버시 침해 문제가 더 심각해지고 있다. 컴퓨터 및 통신기술을 이용한 행정정보관리는 프라이버시 보호의 관점에 변화를 초래했다. 다시 말하면, 최대 조직인 행정기관, 나아가 국가가 공권력을 이용해 개인정보를 수집 · 저장 · 처리 및 이용함에 따라 프라이버시 침해가 개인에 의한 것을 넘어 공권력에 의한 침해로까지 발전하게 된 것이다. 이로 인해 컴퓨터 기술 등을 공권력이 사용함에 따라 특정 개인들에 관한 정보를 조작하여 그 개인의 전체적인 일상이 개인 본연의 것과 정반대가 될 수도 있으며, 그것을 타인들에게 분산 · 전달함으로써 특정 개인의 프라이버시를 심각하게 침해할 수도 있다.

위와 같은 프라이버시 침해를 방지하기 위해서는 ① 프라이버시 보호 문제를 개인에 의한 침해 정도로만 간주하지 말아야 하고, ② 비익성(秘匿性)의 강약을 일단 배제해야 하며, ③ 개인정보의 수집 · 저장 · 이용 등의 전 과정에 대해 제어적인 성격이 아닌 적극적이고 능동적인 성격을 부여하는 프라이버시권을 인정해야 한다. 이러한 주장이 바로 '자기정보 조절설'로서 미국 연방 프라이버시법 등의 일련의 프라이버시 보호 법률들의 이론적 기초를 제공한 웨스틴(Alan Westin)의 주장이다. 이 주장에 따르면, 프라이버시권을 "자기에 관한 정보를 언제, 어떻게, 어디까지 다른 사람과 주고받을 것인가를 결정"하는 개인의 이익으로 정의를 내리고 있다(통신정책연구소, 1987a: 148).

오늘날 정보화사회에서 행정국가는 복지국가를 지향하고 있다. 따라서 국가는 재화나 서비스를 국민에게 적극적으로 제공하기 위한 기초 자료로서 개인정보를 대량으로 수집·축적·이용하기 때문에 공권력은 기존에 프라이버시로 의식하고 있는 영역에까지 개입하게 되었다. 이 때문에 적어도 공권력과의 관계에서만은 프라이버시의 기준 범위를 '사생활'에서 '개인정보'로, 그리고 전통적 프라이버시 개념인 '소극적 권리'에서 정보 주체의 자기정보에 대한 통제권의 보장을 의미하는(김석희, 2003: 25) '적극적 권리'로 발전시켜야 할 필요가 있었다(통신정책연구소, 1987a: 148).

따라서 오늘날 지식정보화사회에서 행정정보관리 차원에서의 프라이버시 보호는 최소한 다음과 같은 기본적인 가치를 구현하는 개념으로 발전했다.

첫째, 프라이버시 보호는 도구적 또는 수단적 가치를 구현하고 있다. 다시 말하면, 정부가 개인을 평가할 때 정확하고 최신의 개인정보를 기초로 하고 있는지 아니면 자의적으로 처리하고 있는 것은 아닌지를 확실하게 점검해야 한다.

둘째, 프라이버시 보호 문제는 인간 존엄을 보장하는 가치를 구현하는 것으로, 국가가 개인정보를 처리하는 데 개인을 자율적 인격으로 취급하고 있는지, 즉 개인의 존엄에 대한 배려를 하고 있는지의 여부를 해당 개인이 점검할 수 있도록 해야 한다.

셋째, 프라이버시를 보호할 때 해당 개인의 참가 가치를 인정해야 한다. 즉, 이는 공권력에 의해 일정한 평가가 내려질 때 개인을 참가시켜서 주권자로서 정치에 간여시키는 것을 의미한다(통신정책연구소, 1987a: 148-149).

결국, 행정정보화 시대에 적합한 프라이버시 보호는 과거의 방어적인 자율권, 즉 비익성이 강한 개인정보를 공개당하지 않을 자유로부터 예컨대, 다음과 같은 능동적인 청구권으로서의 성격까지 지니게 되었다. 능동적인 청구권으로는 개인정보를 수집당할 경우 해당 개인이 수집 목적, 주요 이용 목적, 축적 기간 등에 대해 수집자로부터 통지를 받을 권리 또는 축적된 자기 정보를 열람할 수 있는 권리, 그리고 부정확하거나 불안전하다고 판단될 때에는 정정 청구를 할 수 있는 권리 등이 포함된다(통신정책연구소, 1987a: 149).

4 프라이버시 보호의 중요성

현재 지식정보사회의 네트워크 기술 발전에 따라 특정 공공기관 및 특수 기업만이 독점하던 개인정보를 이제는 많은 서비스 기관과 기업, 단체들이 네트워크를 통해 개인정보를 직접 수집·보관·유통하고 있다. 이러한 개방된 네트워크 환경은 개인정보의 오·남용 및 노출과 같은 새로운 유형의 사이버 범죄를 등장시키면서 개인의 정신적·경제적 피해뿐만 아니라 사회적인 혼란을 가져왔다. 또한, 보유하고 있는 개인정보의 유출 및 침해 등의 사고가 발생할 경우 경제적·법적 피해는 물론 신뢰도와 이미지 하락으로 해당 기관 또는 기업이 경영상 위험에 직면할 수도 있다.

이런 의미에서 프라이버시 보호의 중요성과 관련하여 프라이버시의 가치를 살펴보고자 한다(장현미 외, 2009). 프라이버시는 개인의 자율성, 존엄성 그리고 정체성에 영향을 미치는 개인적 가치와 타인과의 인간관계에 영향을 미치는 사회적 가치, 타인 프라이버시의 영리적 이용과 관련이 있는 경제적 가치로 구분이 가능하다.

첫째, 프라이버시의 개인적 가치로는 개인의 자율성을 보호하는 기능이 우선적이라고 할 수 있다. 자신이 원하는 사람에게 원하는 정보만 알릴 수 있는 자유이고, 타인이나 다른 조직의 침입으로부터 자신의 공간을 보호할 자유라고 할 수 있다. 즉, 한 개인이 누구와 관계를 맺을지, 어떤 종류의 관계를 맺을 것인지 등 관계의 선택에 대한 통제력을 가진다는 것이다. 따라서 한 개인이 자신에 대한 정보와 공간에 접근하는 사람을 통제할 수 없을 때 그 개인은 자율성을 상실한다고 볼 수 있다. 또한 사람들은 공개를 꺼리는 자신만의 영역을 보장받음으로써 개인의 인격(personality)을 유지하고자 하며, 만일 이러한 인격을 침해당했을 때 이는 개인의 존엄성에 대한 손상으로 이어질 수 있다.

벤(Stanley Benn)은 "프라이버시는 다른 사람에 대한 존중에 기반을 둔다. 방해 또는 해로운 결과를 가져올지에 관계 없이 개인의 프라이버시를 침해하는 것은 개인의 존엄성을 모독하는 것이다"라고 했다. 이와 더불어 프라이버시는 개인이 나름대로 가치, 신념, 개성을 갖는 독특한 개인으로 발달하는 정체화의 과정에서도 중요한 역할을 한다. 인간이 자신의 것이라고 부를 수 있는 공간을 갖는 것은 자기의 가치관이나 정체성(正體性)에 기인한다. 특히 오늘날과 같은 정보화사회에서 개인들이 경험하는 정체성의 위기는 정보통신 기술의 발달에 따른 자아의 발달과 사회 체계 간의 상호의존성이 그 어느 때보다 커졌기 때문이다. 결국 개인은 프라이버시를 가짐으로써 자신의 존재를 자각하고 정체성을 형성하며 행위의 기준을 선택할 수 있게 된다.

둘째, 프라이버시의 사회적 가치는 인간관계의 발달에 필수적인 것으로서 친밀한 관계가 형성될 수 있는 토양을 제공한다. 관계에서의 변화는 상당한 정도로 개인이 다른 사람에 대해 확보하는 정보의 양과 종류, 그리고 다른 사람에 대한 접근 거리의 정도가 갖는 기능이다. 개인의 모든 것이 모든 사람에게 공개 혹은 개방된다면, 즉 한 개인이 접촉하고 있는 모든 사람이 그 개인에 대해 똑같은 것을 알고 있다면 다양한 사회적 관계는 이뤄질 수 없을 것이다. 따라서 사람들이 다양한 사회 관계를 유지하기 위해 자신에 대한 정보 및 공간을 통제하는 프라이버시의 필요성이 강조된다.

셋째, 프라이버시의 경제적 가치는 정보기술의 발달과 더불어 다양한 분야에서 문제를 제기하고 있다. 즉, 프라이버시의 침해 주체면에서 볼 때, 대중매체에 국한되었던 과거와는 달리 일반 개인과 조직의 차원으로 확장되었고, 침해의 대상 또한 사회 유명인사에서 일반인들에게까지 확대되어 나타나고 있다. 정보기술을 이용하여 삶의 질이 향상될수록 개인정보의 노출 수위가 높아가고 있다.

데이터베이스의 폭넓은 활용은 개인 이름 등이 실려 있는 목록의 수를 폭발적으로 증가시켜 오고 있다. 상업적인 목적으로 구축되는 데이터베이스의 경우, 수집된 개인정보는 주로 직접 판매 등의 목적으로 활용되며, 경쟁사에 의해 불법으로 절취되는 등의 문제 또한 발생한다. 즉, 언뜻 보기에 아무런 가치도 없어 보이는 개별 자료들일지라도 공적·사적 파일에서 추출하여 돈벌이가 되는 상품으로 가공되어 데이터베이스화하게 되면 심각한 프라이버시 침해가 될 수 있다(김석희, 2003: 26-28).

제 2 절 프라이버시 침해 유형과 보호 원칙

1 프라이버시 침해 유형

컴퓨터를 이용한 행정정보관리는 여러 가지 형태로 개인의 프라이버시를 침해할 위험성을 가지고 있다. 개인에 관한 정보를 컴퓨터 시스템을 이용해 처리하는 경우 크게 두 가지 면에서 개인의 프라이버시에 침해를 가하게 된다. 첫째, 컴퓨터 시스템에 의한 개인정보의 처리는 해당 개인이 정보에의 접근을 마음대로 할 수 없게 되어 프라이버시 침해를 초래하는 경우가 있다. 둘째, 행정기관이 컴퓨터 시스템을 이용하여 개인정보의 정확성에 대해 해당 개인이 통제할 수 없도록 하는 경우 프라이버시가 침해된다. 예를 들면, 어느 개인이나 조직이 어떤 특정 개인의 주민등록번호를 알고 컴퓨터 시스템 운영 및 조작 방법을 습득하여 그 사람에 대한 개인정보를 수집하고자 하는 경우 쉽게 그 목적을 달성할 수 있다. 더욱이 네트워크 시스템이 발달함에 따라 개인정보의 확산이나 공개는 가속화될 수밖에 없어 프라이버시의 침해도 심각하게 된다. 더 나아가서 개인의 사적 사항이 철저하게 조사되어 자료화된 경우에는 프라이버시를 넘어서 기본권까지도 침해받는 위험이 야기될 수 있다.

이러한 프라이버시 침해 사례를 좀 더 구체적으로 유형화하면, ① 개인정보를 수집하여 원래의 수집 목적과 다르게 사용하는 경우, ② 개인정보를 원래의 수집 목적 이외에 활용함으로써 해당 개인에게 불이익을 발생시키는 경우, ③ 개인정보의 입력이 잘못되었거나 입력된 정보가 수정·보완되지 않음으로써 이용자로 하여금 특정 개인을 오인하게 되는 경우, 그리고 ④ 정당한 권한이 없는 자에 의해 악의로 이용되거나 담당 직원에 의해 악의로 조작·가공되어 외부에 누설되는 경우 등을 들 수 있다(권영성, 1988: 114).

지금까지 설명된 여러 가지 유형의 프라이버시권의 침해는 일반적으로 인정되는 내용이기보다는 참고할 만한 것이다. 블로슈타인(Edward J. Bloustein)은 프라이버시권은 인간의 존엄을 법익으로 보는 것이라서 침해행위로 유형화하기는 무리라고 보기도 하고(Bloustein, 1966: 1002-1005), 캘벤(Harry Kalven, Jr.)은 불법행위법에 의해 타인 성명의 이용 이외에 프라이버시권을 보호한다는 것을 잘못이라고 보았다(Kalven, 1966: 331-337, 340). 이처럼 프라이버시권의 침해에 관한 다양한 의견이 존재하여 일반적인 유형화는 어렵다.

그러나 미국의 불법행위에 관한 리스테이트먼트(Restatement[2])에서 프로서(William

---

2) 법의 리스테이트먼트(Restatement of the Law) 혹은 법제록은 선례로 정착된 판례의 요점을 정리한 것으로 1923년 미국법률협회가 처음 발간했다. 판례법 위주의 미국에서 법전화 운동의 일환으로 탄생했다. 모범 법전의 형식을 띠고 있으며 공식 법전은 아니나 커다란 권위를 가지고 있다. 많은 미국

L. Prosser)의 네 가지 프라이버시 침해 유형을 받아들임으로써 프로서의 견해가 일반적으로 인정되고 있다. 다만, 그의 견해는 소극적인 프라이버시권의 침해 유형을 설명하는 데 적절하고 정보의 수집 단계에서부터 해당 개인의 자기 정보에 관한 통제를 요하는 적극적인 프라이버시권에의 침해 유형을 설명하는 데는 적합하지 않을 수도 있다. 우리나라의 경우, 일반적 구성요건주의에 부합해야만 프라이버시권에의 침해가 성립하므로 침해행위의 위법성이 인정되어야 하는데, 이런 위법성 판단에 참고가 될 수 있는 프로서의 침해 유형을 고찰하고자 한다(김상용, 1989 : 160-164).

1) 사적 일에의 침입

이는 개인의 일상적이고 정상적인 사생활을 침해함으로써 불안이나 불쾌감 등을 유발하는 행위로서 개인뿐만 아니라 공권력에 의해서도 초래된다. 이러한 프라이버시 침해 유형에서 사용되는 침해 방법을 보면, 도청, 타인 집 창문을 통해 들여다보는 행위, 또는 타인의 은행계좌를 밝히는 행위 등을 들 수 있다. 구체적인 사례로는 ① 호텔에 투숙한 여인의 방을 관리인이 무단으로 침해한 경우,[3] ② 상점에서 상품 절도의 혐의를 받은 부인의 시장바구니를 불법으로 수색하는 행위,[4] ③ 타인의 전화를 도청하여 속기하는 행위,[5] ④ 고가 철도 부설에서 타인의 주택을 들여다보는 행위,[6] ⑤ 사설 탐정에 의해 원고의 동태를 살피고, 집안을 들여다보거나 집 주위를 서성이는 행위[7]를 들 수 있다. 그 밖에도 채권자가 채무자의 가정이나 직장에 상당한 기간 동안 독촉 전화를 걸어서 채무자에게 정신적 불안감을 조성하는 행위, 은행계좌를 부당하게 조사하는 행위, 그리고 불법적으로 강제 혈액검사를 하는 행위 등이 사적인 일에 대한 프라이버시 침해에 해당된다.

또한 정보통신의 발달로 인한 사적인 프라이버시 침해 문제는 익명성을 악용함과 동시에 부당한 방법을 이용한 개인 공간의 무단 침입이 있는데, 대표적인 예로는 스팸메일 · 스팸 문자 · 해킹 프로그램 무단 설치 등이 있다.

판사들이 판결에 인용하는 경우가 많다(위키백과 참조).

3) Newcomb Hotel v. Corbelt, 27Ga. Apr. 365; 108 S. E. 309(1921).
4) Sutherland v. Kroger Co., 110, S. E. 2nd 716(W. Va. 1959).
5) Rhodes v. Graham, 238Ky. 225; 37 S. W. 2d 46 (1931).
6) Moor v. New York Elevated R. Co., 30 N. Y., 523; 29 N. E. 997(1892).
7) Souder v. Pendleton Detectives 88. So. 2nd 716(La. App, 1956).

그러나 이 같은 사적인 프라이버시 침해가 불법행위로 성립하기 위해서는 보통 합리적인 사람에게 공격적이고 반발을 받을 만한 침해가 되어야 할 뿐만 아니라 사적인 일이나 사생활에 대한 명백한 침해가 되어야 한다(Handerson & Pearson, 1975 : 87). 그래서 위의 사례들에서는 교회 의식을 방해하는 소음이나 대중에게 모욕을 주는 태도, 또는 임대인이 임대료를 받기 위해 임차인의 집을 일요일에 방문하는 것 등은 사적인 일에 대한 침입으로 간주하지 않고 있다.

따라서 오늘날 사적 일에 대한 침입이 프라이버시권의 침해 행위인지 여부의 결정은 대체로 ① 사사(私事)에의 침입 수단과 ② 사사에의 침입 목적에 의해 이뤄지고 있다. 다시 말하면, 개인정보 취득의 수단이 비정상적이고 불법적이면 목적에 관계없이 프라이버시의 침해가 된다. 예를 들어, 도청장치의 사용은 목적에 관계 없이 프라이버시 침해의 사례가 된다(Keeton, 1984 : 856).

2) 사적 사실의 공개

프라이버시 침해의 두 번째 유형은 사생활이 대중에게 공개되는 행위로서 주로 신문, 잡지 또는 영화 등의 매스미디어 또는 정보통신기술로 인한 인터넷에 의해 이뤄진다. 특히 인터넷상의 사생활 공개는 인터넷의 속성상 정보 유포 속도가 매우 빨라 기하급수적으로 정보가 다수에게 공유되어 공개 후에는 문제 해결이 매우 어렵다는 특징이 있다. 여기서 초점은 개인이 공개를 원치 않는 사생활의 내용에 있을 것이다. 비록 자신에게 불리한 사생활의 내용일지라도 다른 목적에 의해 공개하도록 묵인 내지 허용될 수 있는데, 이러한 경우는 여기에 속한다고 볼 수 없다.[8]

한편 이러한 유형은 헌법상 보장되어 있는 표현의 자유와 상충될 수 있는 영역이라고 볼 수 있지만, 문제는 표현의 자유를 침해하지 않으면서 공개되지 말아야 할 사생활의 내용도 보호받아야 한다. 예를 들면, 지난날 바람직하지 못한 생활을 경험한 사람이 현재에는 정상적인 생활을 하고 있는데도 불구하고 표현의 자유를 인정하여 당사자의 과거 사실들을 영화화하여 공개함으로써 정신적 피해를 준 경우, 특정인의 기형적인 코의 사진을 의학 잡지에 당사자를 식별할 수 있도록 게재하는 행위,[9] 그

8) Melvin v. Reid, 112. Cal. App. 285; 297, Pa, al(1931).
9) Griff in v. Medical Society 11. N. Y. S. 2nd 109(Sup. Ct. 1939).

리고 혼수 상태에 있는 환자의 안면 사진을 대대적으로 공개하는 행위[10] 등은 바로 이 유형의 프라이버시 침해 사례들이다.

그런데 이와같이 사적인 생활의 구체적인 내용을 공개함으로써 프라이버시권의 침해를 성립시키는 데에는 대체로 다음과 같은 조건이 성립되어야 한다. 첫째, 사생활의 내적인 사실을 공적으로 공개해야 한다. 둘째, 공개된 사실은 반드시 사적 사실(private facts)이어야 한다. 셋째, 공표된 사실은 일단 정상인의 감정을 침해하는 것이어야 한다. 넷째, 공개된 사적 사실이 원고에 관한 것이라고 입증되어야 한다.

3) 사생활에 관한 판단 오류

이는 전술한 유형의 프라이버시 침해와 달리 사생활의 내용을 공개하거나 간섭하는 행위 이상으로 본질을 왜곡시켜, 대중의 판단을 그릇되게 함으로써 해당 개인의 신상에 침해를 주는 행위를 말한다. 예를 들면, 특정 개인을 책이나 잡지 및 기타 간행물의 표지인물로 게재하거나, 특정 개인의 성명, 사진, 지문을 현상 수배자 리스트나 범죄사진 진열장에 공시하거나, 전쟁영웅의 생애를 영화화하면서 실제와 다른 허구적인 임의의 사실을 추가하는 것 등을 들 수 있다. 이러한 행위는 해당인에 대한 일반 대중의 시각을 그르치고, 판단을 오도함으로써 그 해당 개인의 신상에 정신적으로 심한 상처를 줄 수 있다.

다시 말하면, 이러한 유형의 프라이버시 침해는 과장이나 허위 또는 허구 사실을 발표하고, 타인 사진의 무단 사용 및 무단 전재 등을 자행함으로써 일반인의 눈에 해당인이 진실과 다르게 보이도록 하여, 해당 개인에게 정신적 고통을 주는 행위들을 포함한다. 이런 행위는 동시에 명예훼손(defamation)의 행위가 되는 경우가 많은데, 두 가지의 범법행위에 해당되는 피해자는 양자를 동시에 청구하거나 어느 하나만을 청구할 수 있다. 그런데 만일 프라이버시 침해행위로 이상의 행위들을 주장하는 경우 명예훼손의 경우처럼 좀 더 구체적인 성립 요건의 제약을 받지 않고 심적 고통의 발생만으로 구제를 청구할 수 있다.

여기서는 어떤 면에서 프라이버시권의 침해가 명예훼손과 차이를 갖는지를 간단히 살펴보고자 한다.

---

10) Clayman v. Bernstein, 38. Pa. DC, 543(1940).

첫째, 법익 면에서 프라이버시 침해는 개인의 심적 평온 및 내면의 비밀을 내용으로 하며, 그것을 본인의 의사에 반해 공개하거나 이용하는 행위인 반면에, 명예훼손은 특정인에 대한 사회적 평판(reputation)을 보호 법익으로 하며, 그런 사회적 평판을 저하시키는 행위다.

둘째, 사실의 진실성과 면책 여부의 측면에서, 프라이버시의 침해는 진실이 증명되면 침해의 정도가 커지는 경우인 반면에, 명예훼손은 사실이 진실하고 그 적시가 오로지 공익을 위한 경우에는 면책이 된다.

셋째, 범죄 성립 여부에서 프라이버시의 침해는 불법행위가 성립된다고 하더라도 범죄는 성립되지 않는 경우가 있으나, 명예훼손의 경우는 불법행위가 성립될 뿐만 아니라 범죄가 성립된다.

넷째, 사자(死者)의 경우, 사자에 관한 프라이버시권의 침해가 인정되느냐에 관한 논란이 많은 반면에, 사자에 관한 명예훼손은 허위 사실의 적시의 경우에 범죄를 구성한다.

다섯째, 법인의 경우 그 프라이버시권의 침해는 인정되지 않는 반면에, 법인에 대한 명예훼손은 성립될 수도 있다(김상용, 1989 : 58-59).

4) 사적 일의 영리적 이용

이는 특정 개인의 인격적 이익을 침해하여 경제상의 이익을 취하는 행위로, 예컨대, 특정인의 성명, 경력, 또는 초상 등을 영업적 이익의 확보를 목적으로 이용하는 행위를 들 수 있다. 이러한 예로, 정부가 주민정보를 채권 추심업체에 건당 30원씩 받고 판매한 사건을 들 수 있다. 행정안전부는 지난 2008년부터 2011년 8월까지 주민등록번호, 현주소, 거주 상태(거주, 말소, 사망 등), 변동 일자 등이 표기된 주민등록 전산자료 총 59,351,441건을 채권 추심기관을 비롯한 민간기관에 팔아왔다. 정부가 주민정보를 민간기관에 팔아 받은 사용료는 총 17억 8,054만 3,230원이고, 채권 추심업체로부터 받은 사용료가 그 중 80%에 달한다.[11]

이 유형의 프라이버시 침해에 대해 추구하는 보호 법익은 정신적 이익의 보호뿐만 아니라 경제적 이익의 보호까지도 포함된다. 이처럼 정신적 이익의 보호까지도 확대

---

11) 프레시안, 2011. 9. 20.

적용하게 된 데에는 특정인의 성명이나 기타 이와 유사한 것의 영리적 이용이 이용자에게는 경제적 이익을 주는 반면에, 해당 피해자에게는 인격적 불이익을 초래하게 되어 경제적 침해로만 설명될 수 없는 어려움에서 기인한다(Handerson & Pearson, 1975 : 879).

이와 같은 유형의 프라이버시권 침해가 법적 대상이 된 근원은 「뉴욕 주 민권법(New York Civil Right Law)」에서 비롯된다. 이 법은 원래 이와 유사한 사건에 대한 뉴욕 주의 판례가 프라이버시권의 보호를 인정하지 않은 것에 대한 보호 조치로 등장한 것이다. 즉, 특정인의 사전 동의 없이 그 사람의 초상을 포스터로 제작·공개함으로써 해당 개인에게 정신적 고통을 준 사실이 있으나, 그것을 프라이버시권의 침해로 보호한다면 언론·출판의 자유를 부당하게 제한한다는 이유로 프라이버시권을 부인한 1902년의 Roberson v. Rochester Folding Co. 사건(171 N.Y. 538; 64N.E.442)의 판결이 있은 후 뉴욕 주 의회는 이런 유형의 프라이버시권을 보호하기 위해 법을 제정하게 된 것이다. 이 법률에 의하면, 서면에 의한 사전 동의 없이 타인의 성명 및 초상 등을 상업 목적으로 사용했을 때는 경범죄(misdemeanor)를 구성하여, 이를 방지·제거하기 위해 형법상의 소송을 제기할 수 있고, 사용자, 즉 피고의 고의가 있을 때는 징벌적 손해배상(punitive damages)을 받을 수 있다. 이런 유형의 프라이버시 침해가 성립되기 위해서는 ① 이용한 내용물이 반드시 피해 당사자의 것과 일치되어야 하고, ② 그 사용이 영리 목적이 있어야 한다.

2 프라이버시 보호 원칙

현대 정보사회에서 위기에 처한 개인정보를 보호하기 위해 선진 각국은 자기 나라의 환경에 맞는 법률을 제정하여 이에 대처하고 있다. OECD 이사회는 1980년 '사생활 보호와 개인정보의 국제적 유통에 관한 지침(Guidelines Governing the Protection of Privacy and Transborder Flows of Personal Data)'을 채택하여 프라이버시 보호의 8개 원칙을 제시했다. 이는 세계 각국의 개인정보 보호 법률 제정에 많은 영향을 끼쳤으며 프라이버시 보호의 일반적인 원칙으로 이해되고 있다. 따라서 여기서는 OECD의 프라이버시 보호의 8개 원칙을 간략히 소개하고자 한다(정찬모,

1997 : 3-4; 김소정, 2005 : 34-35).

1) 수집 제한의 원칙

개인정보의 수집에는 제한이 있다. 모든 개인정보는 합법적이며 공정한 수단에 의해 수집되어야 하며, 가능한 정보 주체의 인지나 동의가 필요하다. 따라서 도청장치를 이용하는 등 정보 주체를 기만하여 정보를 수집하는 행위는 금지된다.

2) 정보 정확성의 원칙

개인정보는 사용 목적과 사용 범위가 부합해야 하며, 개인정보는 정확하고 완전하게 항상 갱신되어야 한다. 정보 그 자체는 이미 이용 목적과 관련되어 있으며, 또한 정보의 정확성, 완전성, 시사성이 결여되어 정보 주체에 해가 되어서는 안 된다.

3) 목적 구체화의 원칙

개인정보를 수집할 경우 수집될 개인정보가 구체화되어야 하며, 이를 이용할 경우에도 애초의 목적과 모순되거나 그 의도를 벗어나지 않아야 한다.

4) 이용 제한의 원칙

개인정보는 정보 주체의 동의를 획득했거나 법률상으로 규정된 경우를 제외하고는 공개되고 타인이 사용할 수 있게 되는 등 명확히 제시된 목적 이외의 용도로 쓰여서는 안 된다.

5) 안전성 확보의 원칙

개인정보의 분실·불법적 접근·파괴·오용·수정·공개의 위험 등에 대비해 합리적인 보안장치를 마련함으로써 충분히 안전성을 확보해야 한다.

6) 공개의 원칙

개인정보에 관한 작성·실행 및 정책(정보의 존재, 성격, 이용 목적)은 공개되어야 한다. 이 원칙은 개인 참여의 원칙이 실질적으로 보장되기 위한 토대이다.

7) 개인 참여의 원칙

정보 주체인 개인은 자신과 관련된 정보를 정보관리자 혹은 그에 상응하는 사람이 갖고 있음을 확인해야 한다. 또한 개인은 그 자신과 관련된 정보를 합리적인 기간 동안 비싸지 않은 비용으로 합당한 방법을 통해 쉽게 접근할 수 있는 형태로 유지하도록 정보관리자와 계속 연결되어 있어야 한다. 또한 개인은 상기의 요청에 대해 합당한 이유가 없이는 이의 실행을 거부당해서는 안 된다. 또한 개인은 필요한 업무가 끝난 후에는 자신과 관련된 정보의 삭제·정정·보완 청구권을 가진다.

8) 책임 소재의 원칙

정보관리자는 상술한 원칙이 지켜지도록 필요한 조치를 취해야 할 책임이 있다.

제 3 절 프라이버시 침해 현황 및 주요 이슈

1 국내 프라이버시 침해 현황

2010년 공공기관 개인정보 침해 관련 상담 및 질의 건수는 472건으로 2009년의 423건보다 10% 증가했다. 전체 접수 건 중 일반 이용자들의 공공기관 대상 개인정보 피해를 호소하는 상담 관련 문의는 272건 접수되었으며, 이 중 10건은 구체적인 사실 조사 및 법률 위반 여부의 확인이 필요하여 행정안전부에서 직접 사실 조사를 실시했다. 이 외 200건은 공공기관 개인정보 업무 담당자들이 업무를 추진하면서 발생하는 각종 개인정보 문제와 관련된 상담이나 질의를 문의한 기관 질의 건이다(행정안전부, 2011a: 18).

개인정보의 피해 구제 민원 접수 현황은 다음과 같다. 2010년 개인정보 피해 구제 민원 접수 건은 총 54,832건 접수되어 2009년에 접수된 35,167건보다 19,665건(56%)이 증가한 것으로 나타났다. 접수된 민원 총 54,832건을 살펴보면, 민원인에게 이용자의 권리, 법령, 유관 기관 안내 등 정보 제공을 해 주는 등 상담으로 종료한 민원은 53,044

건이고, 민원의 대상이 된 사업자에 대한 법 위반 여부 조사 등 사실 조사 절차를 거쳐 처리한 민원은 1,788건이다. 이 중 개인정보분쟁조정위원회에서 처리한 분쟁 조정 건은 총 191건이다.

2010년에 개인정보 침해가 급격히 증가한 이유는 개인정보 침해에 대해 국민의 관심이 높아졌고, 상대적으로 관련 사업자들은 아직 개인정보 보호 인식이 부족하여 주민등록번호 등의 유출 예방 조치, 개인정보 보호의 기술적·관리적 조치 등이 제대로 이뤄지지 않았기 때문으로 풀이된다(행정안전부, 2011d: 14). 이와같이 개인정보 침해가 발생하는 원인은 일반적으로 첫째, 사업자에 의한 개인정보 수집·이용은 급증하나, 이에 따른 관리가 소홀하기 때문이다. 본인 확인 수단으로 주민번호에 대한 과도한 의존 및 수집의 관행화가 이뤄지고 있으며, 웹사이트 보안 실패 및 위탁관리 미흡 등으로 개인정보가 노출 및 유출되는 문제가 급증하고 있다. 또한 수집한 개인정보는 기업의 자산이라는 인식이 강해 이용자 권익 보장을 위한 자발적 노력도 미흡한 실정이다.

둘째, 이용자들의 자신의 정보에 대한 보호 조치 미숙도 원인이 된다. 범죄 의식의 결여로 인터넷 회원 가입 시 주민번호 등 타인 명의를 도용하는 경우가 증가하고 있으며, 웹사이트의 개인정보 취급 방침이 복잡해 확인하지 않는 경우가 대부분이다.

마지막으로, 불법적인 개인정보 침해행위가 성행하고 있는 사회적인 측면을 원인으로 볼 수 있다. 내부자의 타인 개인정보 무단 열람이나 유출, 불법 거래 문제가 꾸준히 증가하고 있다. 대표적인 예로, 건강보험공단 직원의 개인정보 무단 열람(2007. 10), NEIS 학생정보 사설 입시업체 유출 의혹(2007. 8) 등을 들 수 있다(정연수, 2007: 4-5).

표 11-1 최근 공공기관 개인정보 침해 관련 상담 및 질의 건수 (단위: 건)

구분	처리 결과				계
	상담 및 자료 제공	다른 기관 이송	위법성 통보	기타	
2010년	462	–	8	2	472
2009년	393	–	24	6	423

자료: 행정안전부(2011a).

2 프라이버시 보호 관련 이슈

최근 네트워크와 정보기술의 발달로 인한 프라이버시 침해 등 이와 관련된 정보 역기능의 피해 발생도 점차 증가하는 추세로, 이를 개인정보 보호 이슈별로 정리하면 다음과 같다(장현미 외, 2009).

1) 법 · 제도적 이슈

「개인정보보호법」은 정보 인권을 보호하는 기본적인 법률 중의 하나다. 정보화 시대에 정보통신(IT) 기술의 발전으로 인한 개인정보 침해 문제는 모든 국가가 직면하고 있는 가장 큰 문제 중의 하나이기 때문에, 「개인정보보호법」은 정보화 시대에 없어서는 안 될 법률이다. 현재 우리나라는 지난 2004년 최초 발의된 「개인정보보호법」이 8년여의 시간을 지나 비로소 2011년 9월 30일부로 본격적인 시행에 들어갔다. 이렇게 마련된 개인정보보호법은 그동안 분산되어 있던 법 체계를 일원화해 적용 대상

표 11-2 개인정보보호법 시행 후 달라지는 점들

구분	현행	개인정보보호법[2011.9월 시행]
규율 대상	공공기관, 정보통신사업자 등 개별법이 규정하고 있는 경우 [51만 개 사업자]	공공 · 민간의 모든 개인정보 처리자 [350만 개 사업자]
보호 범위	컴퓨터 등에 의해 처리되는 개인정보 파일	종이문서에 기록된 개인정보도 포함
주민등록번호등 고유 식별정보 처리 제한	고유 식별정보의 민간 사용에 대한 사전적 제한 규정 없음	원칙적 처리 금지 · 정보 주체의 별도 동의, 법률의 근거가 있는 경우 등은 예외 허용
유출 통지	관련 제도 없음	개인정보 유출 통지 의무화
집단분쟁 조정	관련 제도 없음	집단분쟁 조정 도입 [재판상 화해 효력 부여]
단체소송	관련 제도 없음	단체소송[권리 침해 중지] 도입
위원회	국무총리 소속 개인정보보호심의위원회	대통령 소속 개인정보보호위원회

자료: IT타임스(2011. 10. 3).

을 대폭 확대했을 뿐만 아니라, 개인정보 처리 시 단계별 보호 기준도 마련하는 등 전반적으로 개인정보 보호 수위를 강화한 것이 특징이다. 개인정보보호법의 시행으로 인한 가장 큰 변화는 그동안 개별법으로 규정되어 오던 개인정보 보호 관련 처리 규정들이 「개인정보보호법」 일반법의 규율을 받게 되었다는 것이다. 최근 인터넷 및 모바일 디바이스 등을 통한 개인정보 유출 사고가 점차 증가하고 있음에도 불구하고, 그간 개인정보 보호에 대한 일반법의 미비로 해당 정부부처는 사안에 따라 특별법을 적용해 정보보호 정책을 시행해 왔다.

하지만 「개인정보보호법」은 온·오프라인을 포괄하는 기본법으로서, 컴퓨터상에서 처리되는 정보 외에 수기 문서까지 보호 대상으로 포함하는 등 개인정보 보호 적용 범위를 대폭 확대했고, 법 적용 대상도 기존 50만 사업자에서 350만 사업자로 확대될 예정이다. 업계에서는 관련 법규 미비로 법적 사각지대에 존재할 수밖에 없었던 영역이 법적 테두리에 포함됨에 따라 이용자들의 개인정보 보호 수준이 대폭 향상될 것으로 전망하고 있다. 실제 2010년 개인정보 침해사건 신고는 총 5만 4,382건이었지만, 이 중 법 적용 사업자는 신고 건수의 26.3%인 1만4,401건에 불과했다. 개별 법 체계가 가지는 법 적용 사각지대 발생을 단적으로 보여 주는 예이다. <표 11-2>는 개인정보보호법 시행 후 달라지는 점들이다.

2) 체계상의 이슈

2011년 대통령 소속인 개인정보보호위원회의 조직과 정원을 규정한 「개인정보보호위원회 규정」도 국무회의를 통과하여 위원회가 본격 가동할 수 있는 기반이 마련되었다. 개인정보보호위원회의 위원은 15명 이내로 구성되며, 위원 위촉 및 임명 권한은 대통령이 지닌다. 대통령 지명(5명 이내), 국회 선출(5명), 대법원장 지명(5명)으로 인원이 구성되는 개인정보보호위원회의 주요 기능은 ① 개인정보 보호 관련 주요 정책 심의·의결 및 법령·제도 개선, ② 개인정보 보호 관련 공공기관 간 의견 조정, ③ 중앙행정기관, 지방자치단체 및 헌법기관의 침해행위 중지 등 개선 권고, ④ 개인정보 보호에 관한 연차보고서의 작성 및 국회 제출 등이 있다.[12]

12) 개인정보보호위원회 홈페이지(http://www.pipc.go.kr/cmt/new/act/selectBoardArticle.do).

3) 표준화 이슈

P3P는 W3C에서 개발한 프라이버시 보호 관련 표준 기술로서 웹 사이트에서 이뤄지는 데이터 처리 및 사용자의 개인정보와 관련된 표준이다(노종혁·진승현, 2007). P3P 시스템에서 이용자가 사이트를 검색할 때, 사용자 측의 에이전트는 방문 사이트의 P3P 정책 파일을 요구하며, 이에 대응하여 해당 사이트에서는 프라이버시 정책 파일을 보내게 된다. 그러나 기술적인 수단을 통해 인터넷 이용자들이 자신의 프라이버시를 보호할 수 있도록 하고 있지만, 분명하고 명확한 기준이 없어 그 실효성이 의문시되고 있다. 특히 P3P는 EU나 OECD 등에서 제시하고 있는 개인정보 보호 가이드라인과 같은 구체적 원칙을 정하고 있지 않기 때문에 이용자가 어느 정도로 자신의 개인정보 보호 수준을 결정하고 효과적으로 보호할 수 있을 것인가가 관건이다(류희수, 2005; 우지숙, 2004: 153-155).[13]

제 4 절 국내 프라이버시 보호제도

우리나라의 프라이버시 보호를 위한 법제는 기존에 「공공기관에 대한 개인정보보호법」이 있었는데, 이를 개정한 「개인정보보호법」(2011년 3월 개정, 9월 30일 전면 시행)은 '보호 의무 적용 대상과 보호 범위'가 대폭 넓어진 것이 특징이다. 또 주민등록번호 등 '개인의 고유 식별번호를 처리'하는 것뿐만 아니라, 'CCTV와 같은 영상정보 처리기기를 설치하고 운영'하는 행위의 규제도 한층 강화됐다.[14]

한편 민간 부문에서는 일반법은 아직 없고 사이버 공간을 염두에 두고 제정된 「정보통신망 이용 촉진 및 정보 보호 등에 관한 법률」이 가장 일반적이고, 신용정보에 관해서는 「신용정보의 이용 및 보호에 관한 법률」이 있으며, 통신상의 정보 보호에 관해서는 「통신비밀보호법」이 시행되고 있고, 그 밖에 「정보통신기반보호법」, 「금융실명제 및 비밀 보장에 관한 법률」 등 개별법에서 개인정보에 관한 규정들이 산재해

---

13) W3C, P3P 1.0 Implementations(http://www.w3.org/ P3P/implementations).
14) 행정안전부 공식 블로그(http://www.mopasblog.net/11809952).

표 11-3 개인정보 보호 관련 법률의 소관 부처별 현황

부처 및 기관	소관 법률	비고
행정안전부	- 개인정보보호법 - 정보통신기반보호법 - 전자정부법 - 전자서명법 - 주민등록법	공공 · 민간 부문의 개인정보 보호 전반
방송통신 위원회	- 정보통신망 이용 촉진 및 정보 보호에 관한 법률 - 전기통신사업법 - 전파법 - 통신비밀보호법	민간 부문의 개인정보 보호 전반 민간통신망 전반
지식경제부	- 전자거래기본법	온라인 상거래
기획재정부	- 신용정보의 이용 및 보호에 관한 법률	신용정보 전반
보건복지부	- 보건의료기본법 - 의료법	의료정보
금융위원회	- 금융실명거래 및 비밀 보장에 관한 법률 - 전자상거래 등에서의 소비자 보호에 관한 법률	금융거래 정보 전자상거래 신분 확인
교육과학기술부	- 교육기본법	학교생활기록 등의 학생정보

있다(성선제, 2004).

1) 헌법

우리나라 헌법은 프라이버시권을 하나의 자유권적 내지 청구권적 기본권으로 이미 규정하고 있음을 주목할 필요가 있다. 헌법 조항을 살펴보면, 1980년 10월 27일 개정 · 공포된 제5공화국 헌법 제16조의 "모든 국민은 사생활의 비밀과 자유를 침해받지 아니한다"는 규정이 1987년 10월 30일에 개정 · 공포된 제6공화국 헌법 제17조에 똑같이 규정되어 있다. 또한 제18조에는 "모든 국민은 통신의 비밀을 침해받지 아니한다"고 규정되어 있다. 이는 개인정보의 보호 이념을 규정하고 프라이버시권을 소극적인 자유권적 기본권으로 인정한 것이다. 게다가 헌법 제10조(모든 국민은 인간으로서의 존엄과 가치를 가지며, 행복을 추구할 권리를 가진다. 국가는 개인이 가지는 불가침의 기본적 인권을 확인하고 이를 보장할 의무를 진다)의 인간의 존엄과 가치의 기본권 규정으로부터 적극적으로 프라이버시권이 인정되고 있다(김철수, 1988: 386). 따라서 현행 헌법에 의하면, 개인의 프라이버시는 국가에 의한 부당한 공개로

부터 보호받음과 동시에, 적극적으로 자기에 관한 정보를 수집·저장·이용·분산시키는 데 대한 통제를 할 수 있는 권리로서 파악할 수 있다.

2) 금융 실명거래 및 비밀 보장에 관한 법률

「금융 실명거래 및 비밀 보장에 관한 긴급재정경제명령」(1993)은 "금융회사 등에 종사하는 자는 명의인의 서면상의 요구나 동의를 받지 않고 그 금융거래의 내용에 대한 정보 또는 자료를 타인에게 제공하거나 누설해서는 안 되며, 누구든지 금융회사 등에 종사하는 자에게 거래정보 등의 제공을 요구해서는 안 된다"고 규정하고 있다. 다만 법원의 제출명령, 법관이 발부한 영장, 조세에 관한 법률, 국정조사에 필요한 금융감독원장 및 예금보험공사 사장의 거래정보, 금융회사 등에 대한 감독·검사를 위한 거래정보, 금융회사 상호간에 업무상 필요한 거래정보, 금융위원회 및 금융감독원장에 상응하는 외국 금융감독기관, 그 밖에 법률에 따라 불특정 다수인에게 의무적으로 공개해야 하는 정보 등은 예외로 하고 있다(제4조 제1항 각 호). 이 규정을 위반한 자는 5년 이하의 징역 또는 3천만 원 이하의 벌금에 처한다. 또한 이러한 징역형과 벌금형은 병과(倂科)할 수도 있다(제6조).

3) 신용정보의 이용 및 보호에 관한 법률

신용정보업을 건전하게 육성하고 신용정보의 효율적 이용과 체계적 관리를 기하며, 신용정보의 오·남용으로부터 사생활의 비밀 등을 적절히 보호함으로써 건전한 신용 질서의 확립에 이바지하기 위해 제정된 「신용정보의 이용 및 보호에 관한 법률」(이하 「신용정보법」)은 1995년 제정된 뒤 2008년 4월 전면 개정되었다.

개정된 신용정보법은 신용정보회사의 업무 영역을 확대하고, 신용정보 주체의 자기정보통제권을 보강하여 개인의 사생활 보호를 강화하며, 신용조회회사 등에 신용정보를 보호하기 위한 엄격한 내부통제 절차를 마련하도록 하여 신용정보 활용에 책임성을 높여 금융 소비자의 신뢰를 높이도록 했다. 그동안 신용정보는 복제와 전송이 쉬워 감독 당국의 규제를 통한 보호에 한계가 있었는데, 이러한 문제점을 보완하기 위해 신용정보회사, 신용정보집중기관 및 대통령령으로 정하는 신용정보 제공·이용자는 신용정보를 보호하고 신용정보와 관련된 신용정보 주체의 고충을 처리하는 등 대통령령으로 정하는 업무를 하는 신용정보관리·보호인을 1명 이상 지정하도록 의무화했다(제20조 3항). 또한 신용조회회사를 통한 개인신용정보 집중·활용에 대한 개인의 동의 제도를 강화했다(제32조). 한편 개인신용정보의 제공 등에 대한 동의 규정은 있으나 철회 절차는 없어 금융 소비자가 자신의 정보에 대한 결정권을 행사하기 어려웠는데, 이번 개정을 통해 금융기관 등이 본인의 신용정보를 제휴 회사에 제공하거나 판촉 목적으로 자신에게 연락하는 것을 중지하도록 요청할 수 있다(제37조). 이후 신용정보법은 2011년에 다시 개정되었는데, 개정문에서는 개인정보 보호에 관한 내용이 전면적으로 바뀐 것은 아니고 조항 순서들이 조금 바뀌거나 명칭들이 개정되었다.

4) 정보통신망 이용 촉진 및 정보 보호에 관한 법률

민간 부문의 개인정보 보호를 위해 「전산망 보급 확장과 이용 촉진에 관한 법률」(1986)이 제정되었으며, 이후 「정보통신망 이용 촉진 등에 관한 법률」(1999), 「정보통신망 이용 촉진 및 정보 보호 등에 관한 법률」(2001, 이하 「정보통신망법」)으로 개정되었다. 이 법은 정보통신망의 이용을 촉진하고 정보통신 서비스를 이용하는 자의 개인정보를 보호함과 아울러 정보통신망을 건전하고 안전하게 이용할 수 있는 환경을 조성하여 국민생활의 향상과 공공복리의 증진에 이바지함을 목적으로 한다.

개인정보의 보호와 관련해서는 정보통신 서비스의 제공자가 이용자의 개인정보를 이용하려고 수집하는 경우에는 ① 개인정보의 수집·이용 목적, ② 수집하는 개인정보의 항목, ③ 개인정보의 보유·이용 기간에 대해 이용자에게 알리고 동의를 받도록 규정하고 있다(제22조). 그리고 이렇게 수집한 개인정보를 이용자로부터 동의받은 목적 이외의 목적으로 이용할 수 없고(제24조), 개인정보를 제3자에게 제공하려 ① 개인정보를 제공받는 자, ② 개인정보를 제공받는 자의 개인정보 이용 목적, ③ 제공하는 개인정보의 항목, ④ 개인정보를 제공받는 자의 개인정보 보유 및 이용 기간을 이용자에게 알리고 동의를 받아야 한다(제24조의 2).

또한 정보통신 서비스 제공자는 개인정보의 취급에 있어서 개인정보 취급 방침을 정하여 이용자가 언제든지 쉽게 확인할 수 있도록 공개하여야 하며(제27조 2), 또한 개인정보를 취급할 때에는 개인정보의 분실·도난·누출·변조·훼손을 방지하기 위하여 기술적·관리적 조치를 하여야 하고(제28조), 개인정보를 훼손·침해·누설하면 안 된다(제28조 2).

한편 이용자는 언제든지 개인정보 수집·이용·제공 등의 동의를 철회할 수 있다(제30조). 이용자는 정보통신 서비스 제공자가 개인정보 취급에 관한 규정을 위반한 행위로 손해를 보았을 때에는 손해배상을 청구할 수 있다. 이 경우 당해 정보통신 서비스 제공자 등은 고의 또는 과실이 없음을 입증하지 못하면 책임을 면할 수 없다.

2007년 1월에 개정된 정보통신망법에서는 제한적 본인확인제, 정보 접근 임시차단 조치제, 명예훼손분쟁조정부 신설 등 사업자 및 이용자의 책임 의식 강화 및 정보통신망에서의 이용자를 보호하기 위한 제도를 신설하는 한편, 개인정보 수집·이용·제공에 대한 고지 및 동의 제도 개선·보완, 개인정보 취급 위탁 관리·감독 강화, 개인정보 취급 방침 공개 의무화 등 개인정보 보호를 한층 강화했다. 이 밖에 2011년 9월 15일 법률이 일부 개정됨에 따라 기존에 개인정보분쟁조정위원회에 관한 규정은 삭제되었다.

5) 전기통신사업법

「전기통신사업법」 제83조는 ① 누구든지 전기통신사업자가 취급 중에 있는 통신의 비밀을 침해하거나 누설하여서는 안 되며, ② 전기통신 업무에 종사하는 자 또는 종사하였던 자는 그 재직 중에 통신에 관하여 알게 된 타인의 비밀을 누설하여서는 안 되고, ③ 전기통신사업자는 법원, 검사 또는 수사관서의 장, 정보수사기관의 장이 재판, 수사, 형의 집행 또는 국가 안전 보장에 대한 위해를 방지하기 위한 정보 수집을 위하여 자료의 열람이나 제출을 요청하면 그 요청에 따를 수 있다고 규정하고 있다. ⑤ 전기통신사업자는 절차에 따라 통신 자료 제공을 한 경우에는 해당 통신 자료 제공 사실 등 필요한 사항을 기재한 대통령령으로 정하는 대장과 자료 제공 요청서 등 관련 자료를 갖추어 두어야 하며, ⑧ 전기통신사업자는 이용자의 통신 비밀에 관한 업무를 담당하는 전담기구를 설치·운영하여야 하고, 그 전담기구의 기능 및 구성 등에 관한 사항은 대통령령으로 정한다고 규정하고 있다.

6) 통신비밀보호법

「통신비밀보호법」은 개인의 통신 비밀을 보장해 주는 중요한 역할을 하고 있다. 통신 및 대화의 비밀과 자유에 대한 제한은 그 대상을 한정하고 엄격한 법적 절차를 거치도록 함으로써, 통신 비밀을 보호하고 통신의 자유를 신장함을 동법의 목적으로 하고 있다(제1조). 여기서 통신이라 함은 우편물 및 전기통신을 말하고, 전기통신이란 유선·무선·광선 및 기타의 전자적 방식에 의하여 모든 종류의 음향·문언·부호 또는 영상을 송신하거나 수신하는 것을 말한다(제2조 제1호와 제2호, 제3호). 따라서 지식정보사회에서 중요한 의미를 갖는 컴퓨터통신 역시 전기통신의 범위에 포함된다.

「통신비밀보호법」 제3조는 “본법과 형사소송법, 군사법원법에 의하지 않고는 우편물의 검열 또는 전기통신의 감청을 하거나 공개되지 않은 타인 간의 대화를 녹음 또는 청취하지 못한다”고 규정하고 있으며, 제16조 제1항 제1호는 불법으로 우편물을 검열하거나 전기통신을 감청한 사람, 타인 간의 대화를 녹음·청취하거나, 그 취득한 통신 또는 대화의 내용을 공개하거나 누설한 사람은 10년 이하의 징역과 5년 이하의 자격 정지를 규정하고 있다(제16조). 또한 기존에는 위법하게 수집한 증거라도 형사소송에서 증거 능력을 인정받고 있었으나, 제4조가 “다른 사람의 통신을 함부로 검열·감청한 경우, 불법 검열에 의하여 취득한 우편물이나 그 내용 및 불법 감청에 의하여 취득 또는 채록된 전기통신의 내용은 재판 또는 징계 절차에서 증거로 사용할 수 없다”고 규정하여 형사소송 등 모든 징계 절차에서 인권 보호에 크게 공헌할 것으로 평가되고 있다.

7) 형법

형법 제316조 제2항(비밀침해죄)은 “봉함 기타 비밀 장치한 사람의 편지, 문서 또는 전자기록 등 특수 매체 기록을 기술적 수단을 이용하여 그 내용을 알아낸 자도 제1항의 형(3년 이하의 징역 또는 500만 원 이하의 벌금)과 같다”고 규정하고 있다. 또한 형법 제140조 제3항은 “공무원이 그 직무에 관하여 봉함 기타 그 비밀 장치가 되어 있는 문서, 도서 또는 전자기록 등 특수 매체 기록을 기술적 수단을 이용하여 그 내용을 알아낸 경우는 5년 이하의 징역 또는 700만 원 이하의 벌금에 처한다”고 규정하고 있다. 따라서 해커가 전자기록 자체에 비밀번호가 달려 있거나 암호화가 되어 있는 타인의 전자메일(e-mail)의 비밀번호를 알아내거나 암호를 해독하여 읽거나 복사해 오는 경우는 바로 이 조항에 따라 처벌된다. 그런데 타인의 아이디(ID)와 비밀번호를 입수하여 타인의 계정에 접속하여 비밀번호가 달려 있지 않거나, 암호화가 되어 있지 않은 타인의 중요한 전자기록을 읽거나 복사해 오는 행위도 이 조항에 의해 처벌되는가 하는 문제가 있다. 이에 대해 학계와 실무자 입장에서는 역시 비밀침해죄에 의해 처벌될 수 있다고 보는 경우가 다수설로 간주된다.

그런데 '비밀장치가 된 전자기록 등'이어야 하므로 비밀장치가 되어 있지 않은 전자기록에 대한 범행은 경우에 따라 컴퓨터 관련 업무방해죄로 규율될 수 있을 뿐이고, 기술적인 수단을 이용하여 내용을 알아내야 하므로, 단지 복사를 하는 과정에서 암호화된 파일이 별도로 관리되어 암호장치가 없는 상태의 파일로 복제되었다거나, 암호가 설정되거나 암호화된 파일을 그대로 복제만 했을 경우에는 본죄가 성립될 수 없다. 결국 이 조항은 국가에 의한 침해이든, 해커에 의한 침해이든 간에 모두 적용될 수 있는 경우로서 컴퓨터 등의 전산자료의 비밀 보호에 그 중점이 있다. 그러나 이 규정은 네트워크를 통해 전송 중에 있는 비밀 데이터는 보호 대상으로 삼고 있지 않다.

제 5 절 주요 선진국의 프라이버시 보호제도

1 미국의 프라이버시 보호

미국의 개인정보 보호 법률은 개인정보 보호의 일반법이 없는 대신에 각 분야에서 개별법으로 개인정보 보호를 명시하는 개별법주의의 법률 체계를 가지고 있으며, 이를 다시 공공 부문과 민간 부문으로 구분하고 있다. 1974년 「프라이버시법」이 제정된 이래 1978년 「금융프라이버시권법」, 1986년 「전기통신보호법」, 1988년 「컴퓨터자료의 상호 비교 및 프라이버시 보호법」, 1994년 「전기통신프라이버시법」, 1996년 「통신법」 및 「의료기록 비밀보호법」이 각각 제정되었다. 미국의 개인정보 보호제도는 1966년에 「정보공개법(Freedom of Information Act)」이 제정됨에 따라, 연방정부가 보유하고 있는 정보의 공개를 원칙으로 한다. 그러나 세부적으로 들여다보면, 프라이버시법에 의해 개인의 프라이버시 유출에 대해 정부에 규제를 가하고 있고, 민간 부문에는 정보의 자유로운 유통을 보장하지만, 개별 분야에서는 개인의 정보를 보호하기 위한 영역별 보호 법제를 가지고 있다는 점이 특색이다. 구체적으로 살펴보면, 1970년 현대적 의미의 프라이버시 권리를 최초로 입법한 이래 공공 부문에서는 「Privacy Act of 1974」가 일반법의 역할을 하고 있고, 민간 부문에서는 금융 · 전자통신 등 각 분야에서 필요성이 제기될 때마다 해당 사안에 맞는 개별법을 제정하는 방식을 취하고 있다. 이러한 입법 방식은 사회적 변화나 기술의 발달에 따른 개별법적 접근과 대응이 용이한 반면, 특정 분야에 한정되어 해당 분야의 관련 업계나 이익단체의 영향을 받기 쉬운 단점이 존재한다. 또 다른 특징으로 규제 방식에서는 정부의 입법 · 집행 · 평가에 기반을 두되, 이러한 기능들이 민간 부문에 의해 수행되는 '자율 규제'적 접근 방식을 채택하고 있는데, 자율적인 개인정보 보호제도를 마련해 유도하는 역할을 정부의 몫으로 남겨두어 규제의 적정성, 집행성의 문제를 안고 있다고 평가된다(고려대학교 산학협력단, 2009).

한편 연방거래위원회(The Federal Trade Commission: FTC)는 아동의 온라인 프라이버시, 소비자 신용정보, 공정한 거래 관행과 관련하여 개인정보를 보호하는 법률을 집행하고 준수 여부를 감독할 권한을 부여받아 행사하고 있다. 최근 스마트폰이 널리 보급되어 페이스북과 트위터 등의 SNS 이용자가 급증하고 있는데, 이에 따라 FTC는 구글, 트위터 등으로 인한 사생활 침해 문제에 대응하여 개인정보 보호법을 강화해 왔으며, 최근 페이스북은 FTC와 개인정보 보호를 실행하는 데 합의했다. 합의안에 따르면, 페이스북은 개인정보 보호정책 변경 시 이용자의 동의를 먼저 구해야 하며, 향후 20년 동안 독립적인 개인정보 보호 감사기구의 감사를 받아야 한다.

또한 기존의 법률에서 규정하고 있는 보호 범위가 확대되거나 규정을 지키도록 강력하게 요구하는 등 개인정보 보호의 영역별로 규제가 확대 및 강화되고 있는 추세이다. 그러나 여전히 자국의 안보 차원에서 외국인 감청 범위를 확대하거나 정보 접근을 완화하는 입법도 동시에 진행되고 있어 종합적인 측면에서 개인정보 보호가 강화되고 있다고만 보기 어렵다.

또한 최근 미국의 기술정책은 ① 보안의 부분적 기능 연구에서 서비스 전반의 프라이버시 보장 기반 기술의 연구 규모 확대, ② 위치 기반 서비스, 온라인 소셜 네트워크 서비스 등 새롭게 떠오르는 애플리케이션과 서비스로 연구 주제의 진화, ③ 킬러 애플리케이션[15] 진보에 따른 프라이버시 악영향으로 킬러 애플리케이션의 핵심 기술에 대한 프라이버시 연구 확대, ④ 온라인 거래의 신뢰를 보장하고 고가치 활동을 위해 상호 운영 가능한 통합적인 ID 관리 강화 등의 경향을 보인다.

한편 최근 미국의 캐리(John Cary) 상원의원은 개인정보의 포괄적인 보호 및 관리 프레임워크 제정을 위한 '상업적 프라이버시 권리장전 법안(Commercial Privacy Bill of Rights of Act of 2011)'을 상원에 제출했다. 이 법안을 통해 미국 정부는 프라이버시에 관한 명확하고 일관된 규칙을 제정하고 개인의 프라이버시 보호가 강화될 것으로 기대된다.

2 일본의 프라이버시 보호제도

일본의 개인정보 관련 법률은 민간 및 공공 부문에 공통으로 적용되는 기본법이자 민간 부문의 일반법에 해당되는 「개인정보의 보호에 관한 법률」과 정부 행정기관의 일반법에 해당되는 「행정기관이 보유한 개인정보에 관한 법률」이 있다. 그 밖의 민간 부문에 대해서는 일반법에서 개인정보 취급 사업자의 의무 등을 규정하고 있다. 「행정기관이 보유한 개인정보에 관한 법률」에서는 개인정보를 "생존하는 개인에 대한 정보로서 당해 정보에 포함되어 있는 성명, 생년월일, 그 밖의 기술 등에 의해 특정의 개인을 식별할 수 있는 것(다른 정보와 용이하게 대조할 수 있고 그로써 특정의 개인을 식별할 수 있도록 되어 있는 것을 포함한다)"으로 규정하고 있다(제2조)(김기열, 2010).

일본과 같이 개인정보 보호 기본법에 근거하여 각 분야의 지침이나 가이드라인이 제정되는 체제는 일반적으로 개인정보 보호 사각지대는 존재하지 않는 것으로 알려지고 있다. 일본은 민간 부문에서 22개 분야에 걸쳐 가이드라인이 작성되어 있으므로 각 영역의 개인정보 취급사업자는 해당 분야의 가이드라인에 따라 개인정보 보호 정책을 수행하면 된다. 해당 분야가 존재하지 않거나 판단이 어렵다 하더라도 개인정보 보호 기본법에 근거하여 필요 최소한의 인프라를 갖출 것을 요구받고 있다. 일본

15) 킬러 애플리케이션(killer application)이란 특정 플랫폼을 반드시 사용하게 만들 정도의 능력이 있는 컴퓨터 소프트웨어를 뜻한다. 마케팅 측면에서 '킬러 애플리케이션'의 개념을 살펴보면, 특정 산업군에서 산출된 재화와 용역으로, 그 산업의 성장을 이끌어 내는 원동력 역할을 하는 상품이라고 할 수 있다(위키백과).

표 11-4 일본의 프라이버시 보호 관련 주요 법률

법률명	적용 범위	주요 내용
개인정보에 관한 법률	민간 부문 공공 부문	• 개인정보의 적정한 취급에 관한 기본 원칙 및 국가, 지방자치단체의 책무 규정 • 민간 개인정보 취급 사업자의 의무 규정 • 사업자 및 인정 개인정보 보호단체에 의한 자율적인 피해구제제도 규정
행정기관이 보유하는 개인정보에 관한 법률	공공 부문	• 행정기관에서의 개인정보의 취급에 관한 기본적인 사항을 정함 • 이용 목적 달성에 필요한 범위 내에서 개인정보 보유 및 목적 외 이용, 제공 금지 • 정보 주체의 열람, 정정, 이용정치청구권 인정 • 법률을 위반한 행정공무원 등에 대해 강력한 형사 처분으로 그 집행 담보
독립행정 등이 보유한 개인정보에 관한 법률	공공 부문	• 독립행정법인, 행정목적 수행을 위한 특수법인, 인가법인은 대상 개인정보, 개인정보 취급 규모, 관리규칙, 정보 주체의 권리, 피해구제제도 등에서 일반 행정기관과 동일하게 취급함을 규정
정보공개 · 개인정보보호심사회설치법	공공 부문	• 정보 공개 · 개인정보보호심사회의 설치 및 조직과 조사 심의 • 절차 등에 관해 규정 · 개인정보의 열람, 정정, 이용 정지 신청에 대한 행정기관 등의 결정에 대한 불복 신청과 관련하여 자문을 행함

이 채택한 프라이버시 보호 원칙은 크게 ① 수집 제한의 원칙, ② 이용 제한의 원칙, ③ 개인 참여의 원칙, ④ 적정관리의 원칙, ⑤ 책임 명확화의 원칙을 들 수 있다.

그런데 1990년대 후반 들어 인터넷의 보급과 이용 증대로 인한 개인정보 침해가 증가하면서 민간 부문 자율 규제의 한계가 드러나자, 2003년 5월 30일 EU 개인데이터보호지침 및 OECD 프라이버시 가이드라인의 참조 하에 작성된 「개인정보의 보호에 관한 법률」이 공포되었고, 2005년 4월 1일 전면 시행되었다.

3 EU의 프라이버시 보호제도

유럽연합(EU)의 프라이버시 보호는 유럽 내 각 나라의 제도적 차이를 해소하고 통일적 기준을 만드는 것을 목적으로 하고 있기 때문에 미국의 부문별 입법과 달리 일반적인 원칙만을 지침으로 규정하고 있다. 이는 크게 EU 회원국들이 동의한 1차적인 규범인 조약(Treaty)과, 조약을 근거로 이사회 · 집행위원회 · 유럽의회에서 제정하는 규정(Regulation) · 지침(Directive) · 결정(Decision) · 권고(Recommendation) ·

의견(Opinion)・결의안(Resolution) 등의 법령(Legislation)과, EU가 국제법으로서 대외적으로 체결한 협정(Convention)이나 조약의 규범, 그리고 유럽사법재판소의 판결 또는 해석을 통해 확립된 판례법의 네 가지 유형으로 나눌 수 있다(고려대학교 산학협력단, 2009). 유럽연합이 1995년 채택한 개인정보 처리 관련 개인의 보호 및 정보의 자유 이동에 관한 지침 95/46[16]의 주요 내용은 다음과 같다.

① 정보 수집 제한의 원칙, 목적 특정의 원칙 등 OECD 8개 원칙의 확인

② 개인정보 파일의 감독기관에의 등록, 신고 의무

③ 조사권, 개입권, 소송권 등을 가진 독립 감독기관의 필수적 설치

④ 정보보호자(Data Protection Official) 제도의 인정

⑤ 유럽연합 회원국의 국민의 개인정보를 제3국으로 이전하는 것에 대해서는 유럽연합 차원에서 규제(제3국이 적정한 수준의 개인정보 보호를 시행하는 경우에만 제3국에 정보 이전을 허락함)

⑥ 수기정보를 보호 대상에 포함, 단 12년의 유예 기간 허용

⑦ 관리자나 처리자에 대해 정보 주체는 접근(access), 삭제(erasure), 정정(rectification) 청구권과 반대(object)권, 폐쇄(blocking)권을 가짐

유럽연합 회원국들은 이 지침을 이행하기 위해 1998년 10월까지 개별 국가의 개인정보보호 법제를 정비했으며, 이 밖에도 1997년 '정보통신 부문에서 개인정보의 처리 및 프라이버시 보호지침', 1999년 '초고속정보망에서 개인정보의 수집 처리에 관한 개인 보호의 가이드라인'을 채택했다(김석희, 2003).

이후 2002년에 채택된 「Directive 2002/58/EC」는 개인정보의 처리 및 전기통신 분야에서 프라이버시 보호를 목적으로 하며, 통신상의 개인정보에 대한 기밀의 유지 및 통신 사업자의 개인정보 처리 과정에서의 보호, 그리고 통신에서의 위치정보 프라이버시 보호 등을 규제하고 있으며, 스팸 메일 발송에 대한 규제로 옵트인(Opt-In) 방식[17]을 채택하도록 명시하고 있다. 그리고 2006년 테러에 대한 대응 방안으로 전기

---

16) EU Directive 95/46/EEC on the protection of individuals with regard to the processing of personal data and on the free movement of such data, OJ 1995 L281/31.

17) 옵트인(Opt-In)은 수신자의 권리를 중시해 수신자가 사전에 동의해야만 광고 e메일이나 전화를 할 수 있게 하는 방식을 말한다. 반대로 옵트아웃(Opt-Out)은 수신자가 발송자에게 수신 거부 의사를 밝혀야만 e메일 발송이 금지된다는 점에서 발송자의 권리를 중시한다. 현재 유럽연합은 사전 동의가 있어야만 광고성 메일을 보낼 수 있는 옵트인 방식을 채택하고 있다. 반면에 미국과 일본은 메일을

통신에서의 데이터 유지에 대한 공통의 대책 수립을 위해 채택된 「Directive 2006/24/EC」는 통신 사실에 대한 확인을 위해 보관 및 유지의 의무를 도입하는 대신, 「Directive 2002/58/EC」를 보완하여 데이터 보유에 대한 감청 대상 정보를 제한함으로써 프라이버시 침해를 방지하도록 규정하고 있다(김석희, 2003).

기존의 EU 개인정보 보호 관련 규범이 EU 내에서 개인의 자유, 권리, 프라이버시 보호에 초점을 두고 있었다면, 최근 개정된 EU의 개인정보 보호 관련 규범들은 EU 외 국가와의 관계에서 개인정보 보호나, EU 내부에서 공동으로 이용되는 시스템에서의 개인정보 보호, 비자에 포함된 개인정보의 보호와 같은 복잡한 형태를 취하고 있다. 또한 기존의 개인정보 보호 관련 규범의 개정을 통한 개인정보의 보호를 강화하고 있다. 하지만 개별적인 규범에서 개인정보 보호 규정이 기본 지침인 「Directive 95/46/EC」나 「Directive 2002/58/EC」 등의 내용을 그대로 준용하는 식으로 개정이 이뤄지고 있기 때문에, 그 대상 범위만 확대되고 있는 것으로 볼 수 있다.

또한 최근 기술정책은 ① 핵심 연구 분야로 신원정보 보호를 포함하는 ID관리 연구 지원 집중, ② 프라이버시 기반 확보를 위한 기반 기술 확보 정책 추진, ③ 회원국 간 R&D 역량 강화와 결속을 위한 R&D 추진 체계 확보 등의 경향을 보인다.

한편 유럽연합 집행위원회는 최근 기업들의 고객정보 무단 판매나 소셜 네트워크 서비스(SNS) 업체들의 고객정보 보호 미비, 클라우드 컴퓨팅 서비스의 정보보호 문제 등을 관리하는 데 초점을 맞춰 종전보다 훨씬 강화된 개인정보보호법을 2012년 초에 공개할 예정이었다. 강화된 규정의 내용은 다음과 같다.

첫째, 250명 이상의 직원을 고용한 모든 기업이 감독 대상이 된다.

둘째, 외국 기업의 유럽 법인도 대상에 포함된다. 셋째, 개인정보보호법을 위반할 시 24시간 내에 이 사실을 감독 당국에 알려야 한다. 이 법에 따르면, 기업들은 EU가 정한 개인정보보호법을 위반한 사실이 적발될 경우 전 세계에서 올린 매출의 5% 이상을 벌금으로 내게 된다. 이와 같은 강화된 규정이 글로벌 기업들의 반독점 행위에 엄격한 잣대를 적용하고 있는 EU에 더 큰 힘을 실어줄 것으로 전망된다. 다만 개인정보 보호권을 EU에 넘기기 꺼리는 독일 등 일부 회원국의 반발을 고려할 때 지금까지 미확정된 것으로 미뤄보아 실제 시행에는 상당 기간이 소요될 것으로 추정된다.

받은 후에 거부 의사를 밝힐 수 있는 옵트아웃을 채택하고 있다(http://cooljy.tistory.com/28 참소).

4 호주의 프라이버시 보호제도

호주는 연방정부와 6개의 주정부로 구성되어 있는 연방국가로, 프라이버시 보호를 위한 법률이나 기구 역시 연방과 주 차원에서 각각 운영되고 있다. 호주의 프라이버시 규정을 살펴보면, 연방헌법에서는 프라이버시에 대한 명문 규정을 가지고 있지 않으나, 호주의 프라이버시 헌장 서문에는 "자유로운 민주사회는 개인의 자주성을 존중하며, 그러한 자주성을 침해하는 국가나 사적 단체의 권한을 제한하며, 프라이버시는 인간 존엄의 본질과 결사 및 표현의 자유의 핵심 가치이다. 이는 기본적인 인권으로서 모든 인간의 합리적인 기대이다"라고 정의함으로써 프라이버시 권리를 국민의 기본권으로 규정하고 있으며, 연방법 및 주법에서 구체적인 프라이버시 규정을 다루고 있다 (고려대학교 산학협력단, 2009).

보통 호주의 프라이버시법 체제는 ① 연방 프라이버시법과 ② 제한적 효과를 가지는 주 프라이버시법, 그리고 ③ 명예훼손이나 불법 침입에 관한 소송에서의 프라이버시권 보호를 위해 사용되는 보통법상의 프라이버시 조항으로 구성된다. 이처럼 호주 각 주마다 프라이버시 보호를 위한 법체계가 흩어져 있어 법 적용에서도 혼란을 야기하고 관할권 문제가 발생하기도 한다.

또한 호주 프라이버시 법제는 공공 부문에 적용되는 정보 프라이버시 원칙(Information Privacy Principles : IPPs)과 민간 부문에 적용되는 국가 프라이버시 원칙(National Privacy Principal : NPPs)을 따로 설정하여 규정하고 있는 특징을 가진다.

공공 부문에만 적용되는 호주의 정보 프라이버시 원칙(IPPs)은 공공 부문에서의 개인정보 수집이 법률의 규정에 의해 강제적으로 이뤄지는 경우가 많다는 공공 부문의 특성을 반영하여 개인정보 수집에 대해 반드시 정보 주체로부터 직접 동의를 구할 필요는 없도록 하고 있으나 수집 시 법적 근거를 명확히 고지토록 하고 있다. 또한 공공기관이 수집·보유하고 있는 개인정보는 공공기관이 내리는 각종 행정행위의 판단 자료가 되기 때문에, 공공기관이 보유하고 있는 개인정보의 정확성을 확보할 것을 강조하고 있다. 이 밖에도 공공기관이 어느 정도의 개인정보를 보유하고 있는지를 일반 국민이 쉽게 확인할 수 있도록 개인정보 보유 현황과 목적 등을 투명하게 공개할 것과 실질적으로 정보 주체의 접근권을 보장할 수 있는 방안을 시행할 것을 요구

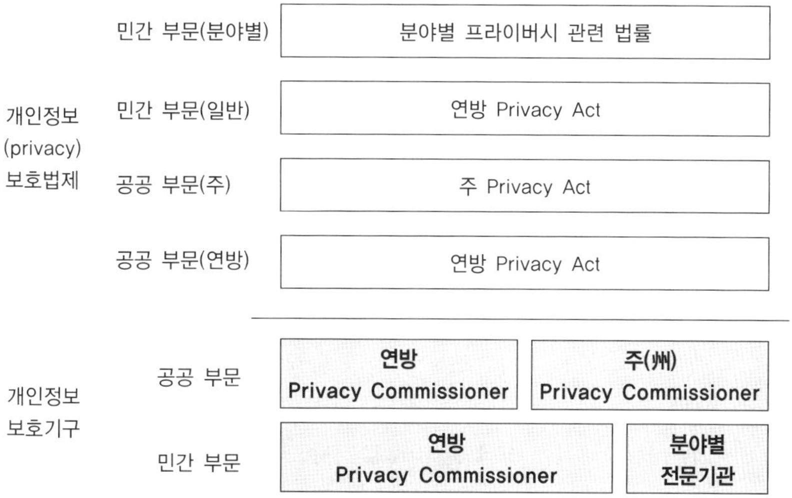

그림 11-1 호주 개인정보 보호 법제 체계

자료: 고려대학교 산학협력단(2009).

하고 있다.

엄격히 다르긴 하지만 유사한 두 개의 프라이버시 원칙을 가지고 있는 호주 프라이버시 법제의 특징은 2001년에 수행된 프라이버시법의 민간 부문 규정에 대한 평가에서 NPPs와 IPPs의 일관성의 결여가 공공 부문 기관은 물론 민간 부문 기관에 상당한 부담을 초래하므로 통합될 필요가 있다는 의견이 나오기도 했다.

5 프라이버시 보호를 위한 제도적 개선 방향

1) 우리나라 개인정보보호법의 문제점

1995년 1월 8일부터 발효된 「개인정보보호법」에 의해 약 3만 개에 달하는 공공기관은 컴퓨터로 처리되는 모든 개인 신상정보를 법적으로 보호해야 하고, 보호 대상인 개인정보도 주민등록, 신원 조회, 병력 사항 및 각종 납세 자료 등 개인의 신상에 관한 정보이기 때문에 개인정보 보호에서 다음과 같은 문제점들이 여전히 노출되어 있다.

첫째, 특정 기관이 보유하고 있는 모든 개인정보가 공공기관 모두에게 노출되어 있다. 개인이 신상 자료가 업무상 꼭 필요하다고 인정되는 관련 기관에서만 사용하고 불필요한 사람에게는 비밀로 유지되어야 함에도 불구하고 그에 관한 법적 방지 규정이 부재하다. 그 결과 정보화사회에서 경제 활동상 이득을 가져올 수 있는 중요한 정보인 개인의 신상정보가 불법적으로 노출되어 개인의 프라이버시를 침해할 소지가 크다. 이처럼 공개의 원칙과 수집 제한의 원칙 간에 존재하는 갈등과 경쟁의 관계에 대한 적절한 법적 처방이 미흡하다.

둘째, 개인정보의 오류와 그에 대한 수정이 용이하지 않다. 개인 신상정보와 관련하여 해당 개인이 치명적 피해를 볼 수 있는 데이터의 오류 발생과 그러한 데이터의 수정이 용이하지 않다. 개인정보 수집 및 처리상의 오류 발생에 대한 정정 절차가 제도적으로 보장되고 있지만 당해 개인의 신상정보가 어느 곳에서 보유하고 있으며 상태가 어떠한지를 확인하여 정정 신청을 요구할 수가 없고 그 절차 또한 용이하지 못해 개인 접근의 원칙 및 개인 참여의 원칙 등에 실질적인 제약을 받을 뿐만 아니라 피해 당사자에게는 오류 내용에 따라 피해 정도가 다양할 수밖에 없다.

셋째, 공공기관의 장은 사상, 신조 등 개인의 인권을 현저하게 침해할 우려가 있는 개인 정보를 수집해서는 안 된다는 수집 제한의 원칙에 따라 개인정보 수집을 통한 블랙리스트의 작성은 원칙적으로 금지된다. 그러나 이를 위반했을 때의 처벌규정이 없으므로 책임의 원칙에 반한다. 다만, 정보 주체의 동의가 있거나 다른 법률에 수집 대상 개인정보가 명시되어 있는 경우에는 그러하지 아니할 뿐이다(제4조). 따라서 정보화가 진전되면서 블랙리스트 및 개인에 대한 감시가 심화될 소지가 적지 않다. 컴퓨터에 입력된 개인정보를 종합하여 블랙리스트(요주의 인물표)를 작성하여 필요한 기관에서 이 정보를 이용하거나 개인을 감시하는 행위가 정보사회에서 중요한 문제로 대두되고 있고, 그러한 블랙리스트 작성 및 개인정보 제공의 문제는 개인정보보호법이 발효된 이후에도 지속적으로 발생할 것으로 지적되고 있다.

넷째, 공공기관의 컴퓨터에 의해 처리되는 개인정보 중 통계법에 의해 수집되는 개인정보와 국가의 안전 보장과 관련된 정보분석을 목적으로 수집 또는 제공·요청되는 개인정보의 보호에 관하여는 적용되지 아니한다(제3조 2항)고 규정함으로써 중요한 예외를 인정하고 있다. 그러나 이는 전술한 공개의 원칙, 개인 접근의 원칙, 개인 참여의 원칙 등에 반한다.

다섯째, 보유기관의 장은 당해 기관이 보유하고 있는 개인정보 파일대장을 작성하여 일반인이 열람할 수 있도록 해야 한다(제8조)고 규정하여 공개의 원칙을 천명하면서도 개인정보 파일대장을 만들지 않아도 되는 매우 광범위한 예외가 마련되어 있을 뿐만 아니라 공공기관의 적정한 업무 수행을 현저하게 저해할 우려가 있다고 인정되는 때에는 대통령령이 정하는 바에 따라 당해 개인정보 파일에 기록되어 있는 항목의 전부 또는 일부를 공고하지 아니 할 수 있다(제7조와 제8조 참조)고 규정함으로써 공개의 원칙이 실질적으로 보장되고 있지 못하다.

2) 프라이버시 보호를 위한 제도적 개선 방향

개인정보 보호는 장기적으로 개인 신상정보의 이용과 관련하여 정보사회에서 발생할 수 있는 각종 역기능을 예방하여 정보 유통의 건전성을 유지시키고, 개인정보의 보호 장치는 합의된 원칙에 입각하여 관련 법규를 개선·보완함으로써 확보될 수 있는데, 그 개선 방향을 살펴보면 다음과 같다(권영성, 1988 : 14-15).

(1) 프라이버시 규제 대상의 개선

프라이버시 보호를 위해 규제 대상의 개선이 요구된다. 특정 개인에 대한 정보가 침해될 가능성은 컴퓨터 시스템에 의한 전산 처리 과정에서는 물론이고 수작업 처리 과정에서도 존재하므로, 전산 처리된 정보뿐만 아니라 수기 정보도 규제 대상이 되어야 한다. 더욱이 개인정보에 대한 침해 가능성은 공공 부문뿐만 아니라 민간 부문에서도 발생하고 있으므로 정부의 행정정보 처리는 물론 사기업의 정보 활동에 대해서도 프라이버시 침해에 대한 규제를 더욱 강화해야 한다. 다시 말하면, 개인정보의 당사자와의 사전 협의 없이 남용·전용·오용 등을 하는 경우 그 주체가 공공 부문이나 사기업 등의 민간 부문에 속해 있든 간에 모든 개인 신상정보가 보호관리의 대상이 된다. 그런데 여기서 한 가지 주의해야 할 점은 프라이버시의 보호 문제에서 그 보호 대상은 일반적으로 그 성질상 자연인에 국한되어야 하므로 법인 자체는 제외되어야 할 것이다(김동희, 2009: 191). 물론 여기서 혼동하지 말아야 할 것은 개인의 프라이버시를 보호한다는 것은 본질상 특정 개인이 다른 특정 개인의 프라이버시를 침해하는 경우만을 보호 대상으로 삼는다는 의미가 아니라 그것이 자연인이든 아니면 조직체인 법인이든 간에 특정 개인의 프라이버시 침해를 초래하는 경우에는 규제가 되어야 한다는 의미이다. 다만 특정 법인체의 프라이버시 침해에 관한 문제는 여기서 논하는 개인의 프라이버시 보호 문제의 범위를 넘어서 일반적으로 규제 대상에서 제외된다.

(2) 프라이버시 보호 실시기관의 규정

프라이버시 보호를 반드시 실시해야 하는 기관을 구체적으로 규정해야 한다. 프라이버시 보호 문제는 국가나 지방자치단체뿐만 아니라 민간기업에도 그 책임을 부과하도록 해야 하기 때문에 공조직은 물론 사조직에서 개인의 프라이버시 보호에 관한 구체적인 시행 규제 등을 수립하여 실시토록 하고 위반 시에는 관련 법 간에 상충되지 않고 일관성 있고 엄정하게 재판을 받게 해야 한다.

(3) 데이터뱅크 규모 및 내용의 제한

개인의 프라이버시를 침해하는 경우를 최소화하기 위해 공공 부문은 물론 민간 부문의 각 조직이나 단체가 보유할 수 있는 데이터뱅크의 규모나 내용에 대해 일정한 제한을 두어야 한다. 예를 들면, 데이터 뱅크를 설치할 때 허가제나 등록제를 실시한다든가 또는 관계 서류에 필수적 기재 사항을 요구하는 방법 및 보호관리를 위한 제도적인 장치 등을 통해 프라이버시 보호에 철저를 기해야 한다.

(4) 개인정보 기록 시스템의 공시

공·사조직 등은 개인 신상정보 기록 시스템을 공시해야 한다. 좀 더 구체적으로, 개인정보의 기록 장소, 기록 대상자, 기록 범위, 기록의 처리 과정 등을 주기적으로 공시하여 당해 개인이 자신과 관련된 정보들을 인지할 수 있도록 할 필요가 있다.

(5) 특정 개인정보 활용 규제

특정 개인에 관한 정보의 수집, 처리, 이용, 제공 등의 활동에 일정한 규제를 해야 한다. 특정 개인에 관한 정보를 수집하는 경우, 그 수집 목적을 좀 더 명확히 규명해야 하고 그 활용 및 분산에 일정한 규제를 해야 한다. 더 나아가서 개인에 관한 특정 정보에 대해서는 법령으로 입력을 금지시킴으로써 원천적으로 개인의 프라이버시 침해 가능성을 최소화해야 한다. 이런 유형의 정보로는 개인의 정치적·종교적 신념 등을 들 수 있다.

(6) 개인정보의 유지 · 관리 및 열람 그리고 정정 청구권의 법적 · 제도적 장치 개선과 프라이버시 보호를 위한 일반 원칙들 간의 갈등 해소

장치 개선과 프라이버시 보호를 위한 일반 원칙들 간의 갈등 해소를 위해서는 개인정보의 유지 · 관리 및 열람청구권, 그리고 정정청구권에 관한 법적 · 제도적 장치가 개선되어야 한다. 개인의 정보는 언제나 정확하고 최근 자료로 유지 · 관리되어야 하고, 해당 개인은 그 정보에 관한 정보열람청구권 및 개인정보의 정정, 삭제, 그리고 추가청구권이 인정되어 좀 더 용이하게 행사될 수 있도록 해야 한다. 그런데 여기서 주의해야 할 점은 개인정보에의 접근권이 반드시 개인의 프라이버시 보호를 제고해 주는 것은 아니며 오히려 상호 갈등 관계에 있다는 것이다. 예컨대, 우리나라 개인정보보호법 제13조에서처럼 미국의 정보자유법(Freedom of Information Act: FOIA)은 어느 누구(any person)에게나 정보에 대한 접근권을 인정하면서도 국가 기능, 기관의 전적인 내부 사항인 수사 목적의 서류철, 그리고 개인의 의료기록철(특히 정신 질환에 관한 치료 내역 등) 등은 공개 대상에서 제외시킴으로써 프라이버시권과 개인정보에의 접근권 간에는 오히려 긴장 관계가 존재할 수밖에 없음을 보여 준다(권영성, 1983 : 7). 이 같은 프라이버시 보호를 위한 일반 원칙들 중 공개의 원칙과 이용 제한의 원칙 및 수집 제한의 원칙 간, 공개의 원칙과 책임의 원칙 간 등의 갈등 및 상충 문제를 해소할 수 있는 최적의 해법을 법 · 제도적으로 구할 수 있는 노력이 이뤄져야 한다.

(7) 국가 간 정보 유통의 극대화 및 개인정보의 국제적 보호 추진

정보사회가 진전됨에 따라 개방화가 심화될 수밖에 없고, 그 결과 국가 간의 유기적인 협력 관계가 더욱 더 절실해지는 상황에서, 특정 국가에서 개인의 프라이버시 보호 문제는 전술한 OECD의 보고서에서 이미 권고한 바와 같이, ① 국가 간의 계속적이며, 자유로운 정보 유통을 방해하지 말고, ② 정보의 국제 유통 기회를 최대한으로 보장하도록 한 규제는 정당한 목적에 의거해서만 구체화하며, ③ 정보자원 및 정보 서비스에 공정 경쟁 원리를 적용하여 비관세 및 기타 무역장벽을 배제하고, ④ 데이터 보완 및 기밀 유지에 관한 효과적인 규칙을 수립하도록 하며, ⑤ 개인정보는 그 소재지 여하에 상관 없이 그것이 산출된 국가에서와 같은 보호가 이뤄지도록 개선되어야 한다(통신정책연구소, 1987b : 171).

(8) 프라이버시 보호를 위한 새로운 접근법의 도입 검토

공공 부문뿐만 아니라 민간 부문에서 개인정보 보호를 통한 프라이버시 보호를 위해 「자율규제접근법」 등의 새로운 보호접근법의 도입에 대한 연구 검토가 요구된다.[18] 왜냐하면 이미 오래 전부터 프라이버시보호법을 갖춘 미국에서조차 다음과 같이 프라이버시 침해에 대한 불안이 팽배해 있음을 감안해 볼 때, 정부 규제 중심의 프라이버시 보호는 한계에 이르고 있음을 보여 주기 때문이다. 1996년 말에 미국 대중의 89%는 현재 자신의 개인적 사생활에 대한 위협에 불안을 느끼고 있다고 말했으며, 이것은 1995년의 82%보다 증가한 수치이다. 그리고 1996년 들어, 불안을 느낀다고 말한 사람들 중 55.5%가 현재 '매우' 심각한 불안을 느낀다고 답했는데, 이것은 1995년보다 8% 증가한 수치이다. 또한 응답자 중 72%는 작년(1995)에 사생활 침해에 관해 어느 정도 내지는 많은 양의 불평을 읽거나 들은 바 있다고 토로한 반면, 일반인 가운데 25%(1991년 및 1995년)만이 사생활 침해로 판단되는 피해를 직접 겪은 바 있다고 응답했다. 게다가 미국인들 중 과반수의 사람들(1994년 52% 및 1995년에는 51%)이 주로 정부의 사생활 침해에 대해 염려하고 있었으며, 상당수의 사람(1994년 40% 및 1995년 43%)은 특히 기업의 행동에 대해 우려했다. 전체 인구의 60% 정도는 연방정부가 워터게이트 사건 이후 국민들의 사생활을 심각하게 침해한 사례가 없다는 주장에 동의하지 않았으며(1990년 42% 및 1995년 59%), 이들 중 대부분은 미래의 프라이버시 보호에 대해서도 부정적인 전망을 하고 있었다. 1995년 조사 결과에 따르면, 2000년에 사생활에 대한 보호 수준은 그들이 미약하다고 평가한 현재의 수준으로 유지되거나(42%), 아니면 더욱 악화될 것으로 전망했다(41%).

특히 1990년, 1991년, 1995년에 실시한 사생활 보호에 관한 일련의 설문조사 결과에 따르면, 미국의 대중은 기본적으로 사생활 근본주의자(privacy fundamentalists), 사생활 실용주의자(privacy pragmatists), 사생활 무관심자(privacy unconcerned)의 세 부류로 구분되었다.

첫째, 사생활 근본주의자(약 25%) 그룹은 사생활에 특별하게 높은 가치를 부여한

---

18) 이와 관련된 논의는 미국의 국가정보통신국(National Telecommunications and Information Administration: NTIA)이 1997년 6월에 발표한 「정보시대의 프라이버시와 자율규제(Privacy and Self-Regulation in the Information Age)」라는 보고서를 한국전산원이 발췌·번역한 자료에 기초한 것이다 (http://www.ntia.doc.gov/reports/privacy/).

다. 그래서 사업을 운영하거나 정부 프로그램을 추진하기 위해 개인정보가 필요하다거나 이러한 정보를 사용할 자격을 인정해 달라는 조직체들의 요구를 거절하며, 더 많은 개인이 정보 제공 요청을 거절해야 한다는 생각을 가지고 있다. 또한, 사생활권을 보장하고 조직의 재량권을 강하게 규제할 수 있도록 강력한 연방법과 주법을 제정하는 것을 지지하는 사람들이다.

둘째, 사생활 실용주의자(약 55%) 그룹은 자신 및 사회 양쪽 모두의 입장에 서서 개인정보를 필요로 하는 다양한 사업이나 정부 프로그램의 가치를 판단하며, 추구된 정보의 적합성과 사회적 타당성을 검토한다. 그리고 공정한 정보 활동이 잘 준수되고 있는지 살펴본 후, 자신들이 특정한 정보 활동에 동의할 것인지 여부를 결정하는 부류이다. 즉, 특정 업계나 회사에 대한 그들의 신뢰 여부는 중요한 결정 요인들과 관련된다. 이들 실용주의자는 또한 법률 제정이나 정부 규제보다는 자발적으로 제정된 표준을 선호하지만, 자발적인 수단에 의한 성과가 불충분하거나 의미 있는 방식으로 이뤄지지 못했다고 생각될 경우, 법률 제정을 지지할 것으로 비춰지고 있다.

셋째, 사생활 무관심자(약 20%) 그룹의 사람들은 도대체 무엇 때문에 '사생활에 관한 야단법석'이 벌어지는지 알지 못하며, 사생활 침해와 관련된 경고에도 불구하고 대부분의 기구에서 추진하는 프로그램의 장점을 지지하는 입장이다. 그래서 별다른 저항 없이 정부 당국이나 기업체에 자신의 개인정보를 제공해 줄 뿐 개인의 사생활을 보호하기 위해 또 다른 정부 산하기구를 창립할 필요성을 느끼지 못하는 사람들이다.

이 같은 특성을 지닌 프라이버시 보호 문제와 관련해서 일반적으로 원용되는 이론적 근거로는 정부규제모형, 시장규제모형, 자율규제모형이 있는데, 이들 각각의 접근법들은 나름대로의 잠재적인 장점을 지니고 있다. 순수 정부규제모형에서는 정부가 제정한 규칙이 어떤 방법으로 부당한 개인정보 노출을 저지해 주는지 설명해 주는 반면, 순수 시장모형에서는 기업이 효과적으로 사생활을 보호함으로써 자사의 평판과 매출을 늘리는 방법을 설명해 준다. 그리고 자율규제모형은 업계의 전문기술, 공동체 규범, 그리고 기술 기준이나 업계 평판의 제고와 같은 공동 이익을 제공할 수 있는 업계의 능력에 의존함으로써 사생활을 보호할 수 있는 방법을 설명해 준다.

그러나 이들 규제모형은 프라이버시를 보호하는 것과 관련하여 본질적인 한계를 안고 있는데, 정부규제모형은 운용에 경직적이고, 높은 비용이 수요되며, 비효율적인 규칙의 문제점들을 지니고 있다. 그리고 시장접근법은 고객 입장에서 많은 비용이 들거나, 회사들이 개인정보를 사용하는 방식을 감시할 수가 없다는 문제가 있다. 고객들이 효과적인 감시를 할 수 없게 되면, 회사들은 개인정보를 남용하게 된다. 그러나 이들 회사는 정보 사용에 따른 모든 이익을 획득함에도 불구하고(자사의 시장 개척이나 제3자로부터 징수하는 수수료의 측면에서) 정보의 공개에 따른 비용(소비자의 사생활 측면의 피해)은 전혀 부담하지 않으려는 문제를 안고 있다. 한편 자율규제모형의 경우 업계가 카르텔을 형성할 목적으로 이를 활용할 가능성을 배제할 수 없다. 게다가 업계의 전문 기술, 공동체 규범, 그리고 공동 이익에 관한 문제점 또한 적지 않게 제기되고 있다. 따라서 이들 각 모형을 별도로 적용하는 경우 프라이버시 보호에 관한 문제가 여전히 존재하므로 새로운 통합적인 접근법의 도입에 대한 적극적인 검토가 요망된다.

제12장 지적재산권 보호와 컴퓨터 소프트웨어의 법적 보호

제1절 지적재산권 보호의 의의 및 동향

1 지적재산권의 의의

지적재산권(intellectual property rights))이란 지적소유권이라고도 부르며 유체물(有體物)을 대상으로 하는 재산권과는 달리 무체물(無體物), 즉 정신적 창조물인 지적 재산을 대상으로 하는 무체재산권(無體財産權)이다.[1] 지적재산권의 내용을 세계지적재산권기구(WIPO) 설립조약 제2조 제8항의 규정에 비춰 살펴보면, 지적재산권이라 함은 문학·예술 및 과학적 저작물, 실연자의 실연, 음반 및 방송, 인간 노력에 의한 모든 분야에서의 발명, 과학적 발견, 의장, 상표, 서비스표, 상호 및 기타의 명칭, 부정 경쟁으로부터의 보호 등에 관련된 권리와 그 밖에 산업, 과학, 문학 또는 예술 분야의 지적 활동에서 발생하는 모든 권리를 포함하는 의미이다. 즉, 저작권, 저작인접권, 특허권, 과학적 소유권, 의장권, 상표권, 상호권이나 서비스표권, 부정경쟁방지

1) 지적재산권은 지적소유권으로 표현되기도 한다. Intellectural property란 용어를 번역 사용하는 과정에서 지적소유권으로 종종 표현되었지만 근래에 와서는 지적소유권보다는 지적재산권이란 용어가 많이 쓰여지고 있다.

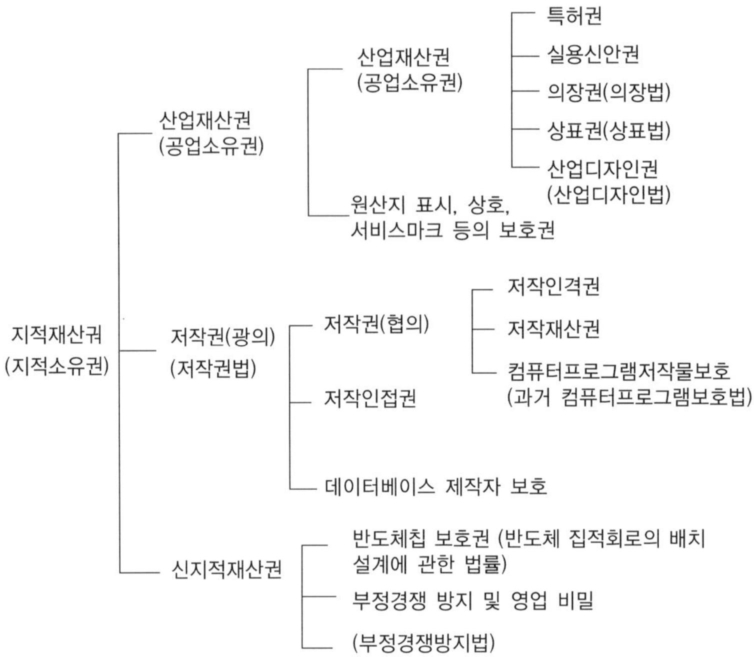

그림 16-1 지적재산권의 종류

법에 의해 보호되는 원산지 표시나 영업비밀 등 일체의 것, 이른바 종래 산업재산권(공업소유권)과 저작권이 모두 지적재산권에 포함된다(한국전산원, 1997b : 7-8). 이해를 돕기 위해 지적재산권과 관계 법률을 정리하면 [그림 16-1]과 같다(한국컴퓨터프로그램보호회, 1998 : 116).

이러한 지적 재산을 권리로 인정하고 보호하는 목적은 지적인 창조물을 보호함으로써 기술과 산업의 발전과 문화의 향상에 있다. 그러므로 여러 가지 형태의 지적재산권의 보호를 위해 각국은 입법화를 추진해 왔으며, 현실적으로는 중복 보호되는 경우도 있다(이기수 외, 1996 : 5). 이렇듯 지적재산권은 각국의 예를 달리하여 광범위하게 권리로 인정되고 있으며, 시간이 지남에 따라 그 범위는 확대되고 있는 경향이다.

또한 종전의 산업사회에서도 지적재산권은 중요한 역할을 했지만, 특히 오늘날 지식정보사회의 진전과 더불어 그 중요성은 더욱 부각되고 있다. 왜냐하면 지식정보사회의 핵심을 이루는 지식정보자원을 효율적으로 보호하여 창작과 유통을 활성화시키는 것은 경쟁을 유도하고 창의력을 촉진해서 한 차원 높은 국가 및 사회 발전을 이룩할 수 있게 하기 때문이다.

2 지적재산권 보호의 동향

1980년대 이전 산업화사회에서는 지적재산권이 산업재산권과 저작권을 중심으로 논의되었으나, 이후 급속한 기술혁신과 더불어 한 나라의 성장잠재력을 지속적으로 유지하는 데에는 첨단기술의 확보가 필수적이며 기술 내용도 지식과 정보라는 정보화의 수준이 곧 국가경쟁력을 좌우하는 시대가 됨에 따라 정보 관련 지적재산권, 즉 신(新)지적재산권 분야가 크게 부각되게 되었다. 그리하여 지적재산권제도는 정보사회의 근간을 이루는 제도로서 그 중요성이 높이 인식되고 있지만 현행 지적재산권 제도는 기본적으로 산업사회에서 형성된 것으로 아직도 새로운 변화를 수용하기에는 미흡하다. 특히, 디지털 기술과 네트워크 환경 속에서 일어날 수 있는 문제에 대한 해결책이 극히 미비한 상태이다. 이에 따라 미국, 영국, 독일, 일본 등 주요 선진국들은 새로운 변화를 수용하기 위하여 지적재산권 보호에 관한 연구에 많은 노력을 기울여 오고 있는데, 일본의 경우 시급한 문제에 한정하여 1997년에 저작권법을 개정했고, 1996년에는 WIPO(World Intellectual Property Organization)의 저작권조약과 실연·음반조약이 성립되어 디지털 문제를 다소 해결하고 있다.

최근 과학기술의 발달로 새롭게 등장하고 있는 신지적재산에 대해서도 지적재산권의 보호 영역을 점차로 확대하여 적용하고 있다. 예를 들면, 고도의 기술에 적용되는 반도체칩의 배치설계에 대해 기존의 특허법이나 저작권법으로 보호하기에는 충분하지 않아 「반도체집적회로의 배치설계에 관한 법률」을 제정하여 보호하는 경우, 창작성은 없지만 상당한 경제적 투자가 이뤄진 데이터베이스를 저작권에 준하여 보호를 해주는 경우, 나아가 도메인 네임, 영업 비밀, 식물의 새로운 품종 등에 대해서도 지적재산권의 보호를 확대 적용하고 있다.

또한 이러한 지적재산권 보호의 확대 경향은 FTA와 같은 양자간 협상뿐만 아니라 WTO와 같이 여러 국가가 참여하는 다자간 협상에서도 나타나고 있다. 예를 들면, 최근 한미 자유무역협정(Free Trade Agreement: FTA)를 통해 미 영화제작사 MGM의 영화마다 나오는 사자 울음소리나 실이나 잉크에서 나는 향기와 같은 냄새와 소리에 대해서도 상표권 보호를 하기로 했고, 또 저작권의 보호 기간을 저작자의 생애 동안과 사후 50년에서 20년 더 연장하여 사후 70년으로 합의했다. 그리고 국제적 성격이 강한 지적 재산권은 산업재산권에 관한 기본 조약인 파리조약(1883), 저작권 보호에 관한 베른조약(1986), WIPO(세계지적재산권기구), WTO/TRIPs를 통해 지적재산권 보호의 통일화가 이뤄지고 있다.

우리나라에서도 지적재산권 보호를 보면 문화체육관광부에서의 저작권, 과거 정보통신부에서의 컴퓨터 프로그램, 특허청에서는 특허권, 실용신안권, 의장권, 상표권 등의 보호를 각각 담당하고 있다. 또한 지식정보사회의 진입에 맞춰 지적재산권 중 저작권법 및 컴퓨터 프로그램보호법을 몇 차례 개정하여 데이터베이스를 편집저작물로 정했고, 컴퓨터 프로그램의 무단전송 행위를 침해행위로 간주하는 등 새로운 창작물의 출현에 대한 보호를 확대해 오고 있다(한국전산원, 1997b: 44-56). 이러한 노력은 후술하는 바와 같이 기존의 컴퓨터 프로그램보호법을 폐지하여 저작인격권 및 저작재산권을 보호하는 저작권 속에서 통합적으로 취급하면서 실연자 및 음반 제작자를 보호하는 저작인접권 그리고 데이터베이스 제작자 보호 등을 포괄하는 저작권법으로 통일화함으로써 컴퓨터 소프트웨어의 일부지만 컴퓨터 프로그램저작물의 보호를 더욱 강화하는 방향으로 발달하고 있다. 따라서 이하에서는 지식정보사회에서 공공 분야에서의 지적재산권 보호의 핵심 대상인 컴퓨터 소프트웨어의 보호에 대해서만 초점을 맞춰 살펴보고자 한다.

제 2 절 컴퓨터 소프트웨어의 개념과 법적 보호의 발달 배경

1 컴퓨터 소프트웨어의 개념

컴퓨터 소프트웨어(computer software)의 개념적 정의가 반드시 획일적으로 통일되어 있지 않고, 강조점에 따라 다른 견해로 표명되어 있다. 즉, 세계지적재산기구(World Intellectual Property Organization: WIPO)는 「컴퓨터 소프트웨어에 관한 법률 모형 조항」(1978)에서 컴퓨터 소프트웨어 개념을 극히 넓고 포괄적으로 정의하고 있는데(신관호, 1984: 27), ① 컴퓨터 프로그램(computer program), ② 프로그램 명세서(program description), 그리고 ③ 보조재료(supporting material)를 모두 포함하는 것으로 본다.

여기서 컴퓨터 프로그램은 기계로 읽을 수 있는 매체를 통해 주어질 때 정보 처리 능력을 갖는 기계(즉, 컴퓨터)에서 소정의 기능, 작업, 결과를 지시, 수행, 달성시킬 수 있는 지시·명령의 집합을 의미한다. 한편 프로그램 명세서는 컴퓨터 프로그램에서 쉽게 변환할 수 있는 정도로 언어 또는 도식 등의 형식으로 표현한 것을 뜻한다. 그리고 보조자료는 문제의 명세서(problem description)나 사용지침서(user instruction) 등 컴퓨터 프로그램의 이해·적용을 돕기 위해 창작된 모든 자료를 의미한다. 이 같은 WIPO의 개념은 미국 등에서 사용되고 있다.

우리나라 「소프트웨어개발촉진법」 제2조 제3호에 의하면 "컴퓨터 소프트웨어란 하드웨어와 대비되는 개념으로 프로그램과 이를 작성하기 위하여 사용된 설계서, 기술서 기타 관련 자료를 말한다."고 정의되어 있고, 『소프트웨어 산업진흥법』 제2조에 의하면 '소프트웨어'라 함은 컴퓨터·통신·자동화 등의 장비와 그 주변 장치에 대하여 명령·제어·입력·처리·저장·출력·상호 작용이 가능하도록 하게 하는 지시·명령(음성이나 영상정보 등을 포함한다)의 집합과 이를 작성하기 위하여 사용된 기술서 기타 관련 자료를 말한다."고 되어 있다.

그런데 우리나라 1986년 「컴퓨터 프로그램 보호법」 제2조 제1호에 의하면 컴퓨터 프로그램(computer program)을 "특정한 결과를 얻기 위하여 컴퓨터 등 정보 처리 능력을 가진 장치 내에서 직접 또는 간접으로 사용되는 일련의 지시·명령으로 표현된 것을 말한다."라고 정의함으로써 컴퓨터 소프트웨어라는 개념 자체를 사용하지 않고 컴퓨터 소프트웨어의 일부인 컴퓨터 프로그램만을 보호 대상임을 보여주고 있다. 이는 일본에서 사용하는 소프트웨어 법적 보호 대상 개념과 유사하다. 결국, 컴퓨터 소프트웨어의 법적 보호와 관련해서 대두되는 그 개념은 광의의 컴퓨터 소프트웨어 개념과 협의의 컴퓨터 소프트웨어 개념, 즉 컴퓨터 프로그램으로 대별된다. 전자는 컴퓨터 프로그램을 포함한 포괄적인 의미로서 법적 보호를 도모하려는 것이고, 후자는 컴퓨터 프로그램만을 법적 보호 대상으로 삼으려는 것이다.

2 컴퓨터 소프트웨어의 법적 보호의 발달 배경

컴퓨터 소프트웨어의 법적 보호문제가 대두되게 된 실질적 이유는 여러 가지가 있을 수 있으나, 그 대표적인 것만을 고찰하면 다음과 같다.[2)]

1) 경제적 이유

컴퓨터 소프트웨어를 법적으로 보호하고자 하는 배경에는 컴퓨터 소프트웨어를 개발, 유지하는 데에 막대한 투자를 필요로 하게 되어서 컴퓨터 시스템의 설치, 유지에 소요되는 모든 비용의 70% 이상을 상회하게 되기 때문이었다. 이 같은 경제적인 요인으로 인해 미국에서는 1960년대부터 컴퓨터 소프트웨어를 컴퓨터 하드웨어에서 독립된 상품으로서 거래되는 경향이 나타나게 된 것이다. 이를 법률적인 표현으로 나타내면, 컴퓨터 하드웨어 매매계약과 컴퓨터 소프트웨어 매매계약을 별도로 독립 체결하게 되었음을 의미한다. 따라서 소프트웨어는 독립된 거래 대상으로 인식하게 된 것이다. 이러한 인식을 촉진하게 한 것은 1969년 1월 IBM사가 발표한 하드웨어와 소프트웨어의 가격 분리 방식이었다.

2) 기술적 요인

기술적인 측면에서 컴퓨터 소프트웨어의 법적 보호 조치가 필요로 되는 이유로서, 고수준의 프로그래밍 언어나 운영 시스템(operating system)의 발전뿐만 아니라 사용자나 소프트웨어 개발사(software house)의 소프트웨어 개발 능력의 향상으로 독립된 거래 대상, 즉 법적 존재로 인식되면서 그 보호가 요구되었다. 다시 말하면, 새롭게 개발한 소프트웨어 기술들을 보호함으로써 제품이 아닌 기술 자체의 존립을 보장할 수 있게 되었던 것이다.

---

2) 특보: 소프트웨어의 법적 보호: 소프트웨어의 법적 보호와 앞으로의 과제. 「컴퓨터」 23, 1983.5.

3) 법적 요인

컴퓨터 소프트웨어의 법적 보호에는 컴퓨터 소프트웨어와 관련된 법적 소송이 빈번하게 발생하는데 그 이유가 있었다. 이는 주로 일본에서 지난 1970년대 초에 컴퓨터 소프트웨어 법적 보호에 관한 논란이 있은 후 한 동안 잠잠하다가 1980년대에 들어와서야 다시 거론되게 된 이유로서 소프트웨어의 법적 보호 조치를 위한 소송이 많아지게 된 것이 직접적인 계기가 되었다. 물론, 이 같은 소송문제는 전술한 첫 번째 요인에 근거하고 있음을 간과할 수는 없다. 다만 막연한 경제적 이유보다는 소프트웨어의 개발과 유지 보수에 따른 방만한 비용을 충분히 보상받기도 전에, 새로 개발한 소프트웨어의 무단 복제 등을 통해 불법적으로 사용하거나 부당이득을 취하는 사례가 많아지면서 소송이 촉발하게 된 것이 오히려 법적 보호 문제에 심각하게 관심을 표하게 된 계기가 되었음을 의미한다. 사실상 소프트웨어의 무단 복제 등과 관련된 소송문제는 기존의 법률 체계로써는 공평하게 처리될 수 없으며, 따라서 당사자 간에 원만한 해결을 볼 수 없었다. 왜냐하면, 그 같은 행위들이 절도와 같은 단순한 범죄 유형으로 간주되어 손해배상 판결 정도로 처리하는 경우, 소프트웨어 '소유자'나 개발 보유자의 입장에서 볼 때 그 같은 배상은 자신이 투자한 자본에 크게 미달될 수밖에 없기 때문이었다. 그 결과 소프트웨어 보호법의 제정 등과 같은 법적 보호 조치가 불가결하게 수반되었던 것이다.

제 3 절 컴퓨터 소프트웨어의 법적 보호에 관한 국제적 동향

컴퓨터 소프트웨어의 법적 보호 동향은 나라마다 약간의 차이를 보이나 편의상 주요 소프트웨어 개발 주요 선진 국가들의 동향과 국제기구 특히 WIPO(국제지적재산권기구)의 동향으로 분리해서 고찰해 볼 수 있다.[3]

3) 특보 : 소프트웨어의 법적 보호 : 소프트웨어의 법적 보호와 앞으로의 과제, 「컴퓨터」, 23-25, 1983.5; 특집 : 소프트웨어의 법적 보호 : 소프트웨어의 법적 보호 문제의 계보와 조류, 「컴퓨터」, 28-31, 1983.5.

1 미국

미국에서는 1909년의 구(舊)저작권법 하에서 소프트웨어 특히 컴퓨터 프로그램이 보호될 수 있는지 없는지가 불명확했으나, 1976년과 1980년의 두 차례에 걸친 「연방저작권법」의 개정을 통해서 컴퓨터의 저작권법에 의한 보호가 명확해졌다. 특히, 1980년 개정법에서는 컴퓨터 프로그램이 명확하게 '저작물'로 규정되는 동시에 보호의 내용 및 한계가 명확해졌다. 그런데 1980년의 개정에서는 '저작권이 있는 제작물의 새 기술에 의한 사용에 관한 위원회'(통칭 CONTU)의 역할이 컸다.

1976년 1차 개정 시 미국 의회는 1909년의 저작권법을 전면적으로 개정하면서 컴퓨터에 관련된 저작물의 사용에 대해 법률을 개정하는 것은 시기상조라고 판단하고, 제117조를 신설하여 구법(舊法)에 의거한 현상을 유지할 것을 밝히고 동시에 CONTU를 설치하여 복사 기술의 문제를 함께 조사해서 저작권법에 어떤 규정을 추가할 것인가를 제안하도록 했던 것이다. 이 CONTU는 1978년 7월 31일에 발표한 최종보고서에서 다음과 같은 7개 항을 권고하고 있다.

① 제117조는 컴퓨터 프로그램의 컴퓨터에 의한 사용이 컴퓨터 프로그램권자의 배타적인 권리의 수용으로 인정되는가의 여부를 명확하게 밝히고 있지 않으므로 이를 폐지할 것.

② 저작물을 컴퓨터에 넣는 것은 컴퓨터 프로그램의 복제 준비이고, 따라서 컴퓨터 프로그램 저작권의 잠재적 침해행위라고 봐야 할 것.

③ 컴퓨터 프로그램이 저작권임을 명문화할 것.

④ 컴퓨터 프로그램의 정당한 소유자(예컨대 컴퓨터 프로그램의 사용 허락을 받은 컴퓨터 프로그램의 사용자)에게 컴퓨터를 사용하기 위해 그 컴퓨터 프로그램을 개조하는 권리를 인정할 것, 이는 정당한 컴퓨터 프로그램의 소유자가 컴퓨터 프로그램의 사용 과정에서 변경하는 행위에 관해 저작권 침해라고 지적되는 위험을 제거하기 위한 것임.

⑤ 정당한 컴퓨터 프로그램 소유자가 일정한 목적을 위해 그것을 복제하고 그 복제물을 사용할 수 있게 할 것.

⑥ 정당하게 작성된 완전한 복제물(copy)을 그 복제물의 원본이 된 컴퓨터 프로그

램과 함께 하면 양도, 임대, 그 밖의 방법으로 이전할 수 있음. 이는 복제물의 단독 양도, 임대 등을 금지함으로써 프로그램권자의 권리를 보호하고자 의도한 것임.

⑦ 컴퓨터 프로그램을 개조하여 작성한 복제물의 양도는 인정하지 않음. 즉, 컴퓨터 프로그램의 부분적 개조는 인정하지만 개조 복제물의 양도성은 인정하지 않음.

대체로 이상과 같은 권고에 의거하여 연방저작권법은 1980년 12월에 개정됐던 것이다. 대표적인 것으로 개정법 제101조는 "언어에 의한 저작물을 언어, 숫자, 그 밖의 언어적 또는 수학적 기호로 표현되고 있는 저작물을 말하며, 그것이 물체화(物體化)되어 있는 유형(有形)의 존재 형식은 서적, 잡지, 원고, 레코드, 필름, 테이프, 디스크 혹은 카드 등 그 성질을 묻지 않는다."고 정의하고 있다. 또한 컴퓨터 프로그램의 정의를 명문화하여 제101조에 추가했는데, 컴퓨터 프로그램을 "어떤 성과를 얻기 위해서 직접 또는 간접으로 컴퓨터에서 사용되는 일련의 진술(statement) 또는 지시(instruction)"로 정의함으로써 컴퓨터 프로그램을 저작권의 대상으로 명문화하고 있다.

1980년 개정법이 1981년 1월 1일부터 시행되다가 1984년 재개정(再改正)되기에 이르렀다. 재개정 내용으로는 ① 1980년 개정법의 취지를 더욱 명확히 할 것, ② 컴퓨터 프로그램뿐만 아니라 관련 매뉴얼, 기타 자료를 포함한 광의(廣義)의 저작권으로 보호하기 위해 '컴퓨터 소프트웨어'라는 개념을 저작권법안에 명확하게 규정할 것, ③ 소프트웨어의 저작권 보호를 용이하게 하기 위해 저작권 표시나 예탁(豫託) 제도를 간이화할 것 등을 목적으로 하고 있다.

그 후 1993년 2월 클린턴 대통령이 설치한 정보기반구조 특별대책반(Information Infrastructure Task Force : IITF)의 3개 위원회 중 하나인 통신정책위원회에서 지적재산권 문제와 그에 따른 지적재산권법의 적절한 개정안을 만들기 위한 작업을 한 결과, 1995년 9월 최종 보고서(이른바 백서, White Paper)를 작성하기에 이르렀다(한국전산원, 1997b : 21-23). 이 보고서의 내용은 저작권법 전체에 걸친 문제를 지적하고 저작권보호를 위한 기술적 방안과 지적재산권 관련 개정을 권고하는 것이었으나 보고서에 기초한 개정안이 의회에 상정된 후 학계 및 전자업계 등의 반발로 통과되지 못했다.

따라서 미국에서의 컴퓨터 소프트웨어의 법적 보호는 1970년대까지는 영업 비밀로서 보호되어 왔으며, 1980년대에 들어 저작권법을 통해 보호받아 왔으나 1990년대에 들어 특허법적인 보호의 논의가 본격적으로 시작되었다.

미국 저작권법의 ∮1201(f)에 기술적 보호 조치에 관한 규정을 두고 있다. 이 규정에는 ① 접근 통제 기술적 보호 조치 무력화행위(∮1201(a)(1)), ② 접근 통제 기술적 보호 조치 무력화를 위한 기술 등의 거래행위(∮1201(a)(2)), ③ 이용 통제 기술적 보호 조치 무력화를 위한 기술 등의 거래행위(∮1201(b)(1)) 등을 금지하고 있다.

그런데 미국 저작권법에서 특이한 점은 이용 통제에 대한 침해를 법문에 포함시키지 않았다는 점이다. 「1998년의 디지털밀레니엄저작권법(The Digital Millenium Copyright Act of 1998」, 이하 "DMCA"라 한다) 미국 저작권청 개요(U.S. Copyright Office Summary)(이하 "DMCA 개요"라고 한다)에 따르면, 이것은 적절한 환경에서의(under appropriate circumstances) 공정 사용(fair use)을 고려한 입법이다. 즉, 복제를 방지하는 조치에 대한 금지는 DMCA에 명시적으로 규정되지 않았다. 다만, 이러한 경우에 공정 사용이 아닌 복제에 대해서는 복제권 침해를 이유로 이를 규제하면 될 것이므로, 미국법상 이용 통제 조치의 우회 행위를 별도로 규정하지 않는다고 해서 문제가 되지는 않을 것이고 DMCA 개요에도 이 점이 명시되어 있다. 그러나 이러한 공정 사용은 접근 통제를 우회하는 행위에 대해서는 인정되지 않는다.

Chamberlain Group, Inc. v. Sktylink Technologies, Inc 사건에서 미국 법원은 미국 DMCA의 입법이 최근의 기술 발전에 비춘 재균형(re-balancing) 문제의 중요성이 반영된 것이라고 판단하면서, 이런 측면에서 저작권자와 사용자 사이의 균형이 고려된 것이라고 판단했다. 그리고 법원은 DMCA와 같은 상대적으로 최근의 입법에 분명히 나타난 국회의 의도가 법률 조문을 해석할 때 유용한 배경을 제공할 수 있다고 했고, 법원은 이것에 입각해서 기술적 보복 조치에 대한 법률 해석을 했다(강기봉, 2008: 38-39).

특허법적 보호 형태의 동향을 본다면, 미국 특허법 제101조는 특허 대상으로 방법, 장치, 제조물 및 조성물을 법정 특허 대상으로 정하고 있는데, 그 규정을 살펴보면 "신규하고 유용한 방법(process), 기계(machine), 제조물(manufacture), 조성물(composition of matter) 또는 추가적인 신규하고 유용한 개량을 발명 내지 발견한 자는 이 법률이 정한 조건에 따라 특허를 받을 수 있다."라고 정의하고 있다. 특허를 받기 위해서는 특허 요건인 신규성, 비자명성(非自明性)의 여하를 막론하고 제101조의 특허 대상의 범주 안에 포함되어야 한다. 미국 특허법 제101조에서 규정한 특허 대상은 한국 특허법 제2조에서 규정한 특허 대상인 발명과 법적인 표현이 상이하나 특허 실무에서는 거의 유사하다고 할 수 있다(김원준, 2010 : 145).

미국 특허상표청(U.S. Patent and Trademark Office : PTO)은 특허를 받을 수 없는 대상에 대해 별도로 규정하고 있는데, 여기에서 규정하고 있는 잠재적인 불특허 대상으로는, ① 기능적이고 기술적인 것(functional descriptive material), ② 비기능적이고 기술적인 것(non-functional descriptive material), 에너지 형태의 물리적 특성을 열거하는 데 불과한 것, ③ 수적인 조작(mathematical operation)으로만 이뤄진 방법, ④ 단순한 추상적인 아이디어만을 조작하고, 실용적인 응용이 없는 것을 규정하고 있는데, 이를 해석하면 물건 발명의 경우 하드웨어나 혹은 하드웨어와 소프트웨어의 결합을 통해 기계나 제조물의 물리적 구조를 표현하여 청구함에 유용한 기계나 제조물을 정의하면 특허법적 보호가 인정된다 할 수 있다. 때문에 컴퓨터 프로그램은 단순히 기능적이고 기술적인 것에 불과하여 특허의 대상이 되지 않지만, 그것이 기록매체와 결합하여 구조적, 기능적으로 상호작용이 일어나거나, 제조물과 결합하여 일정한 기능을 나타낸다면 특허의 대상이 될 수 있다고 할 수 있다(전정화, 2010).

이상에서 살펴본 바와 같이 미국에서는 저작권법, 특허권법, 그리고 기업비밀보호법에 의한 보호가 고려되기도 했지만, 컴퓨터 소프트웨어, 즉 컴퓨터 프로그램의 알고리즘(algorithm) 수식에 발명성 문제로 인하여 그 전체로는 특허성을 인정하지 않기 때문에 대체로 특허권법에 의한 보호가 인정되고 있지 않으며, 계약법과 기업기밀보호법은 연방법의 문제가 아니고 각 주법(州法)의 문제로서 각 주마다 다를 뿐만 아니라 수 개 주(州)를 상대로 상거래할 경우는 그 상행위에 대한 결과가 예측 불가능하기 때문에 이들 법에 의한 컴퓨터 소프트웨어 보호가 실효를 거두지 못하고 있다. 반면에 컴퓨터 소프트웨어의 법적 보호가 저작권법에 의거함을 기본으로 한다는 것이 성문법으로 명확해지고 있다(단, 기타 법적 보호 방법이 가능할 때는 그 병용도 인정한다는 입장을 취하고 있다). 법원의 움직임도 마찬가지로 저작권법에 의한 보호를 긍정적으로 보면서도 오브젝트 코드(object code)를 독립된 저작물로 볼 것이냐에 대해서는 아직도 유동적인 입장을 취하고 있다.

그 밖에도 컴퓨터 소프트웨어 보호는 1999년 통일컴퓨터정보거래법(Uniform Computer Information Transactions Act; 이하 UCITA라 함)에 의해서도 이뤄지고 있다. UCITA는 컴퓨터 정보 거래, 즉 컴퓨터정보나 또는 컴퓨터 정보를 객체로 하는 정보재산권을 생성, 변경 및 이전하거나 라이센스하는 합의(계약)(제102조 (a)항 (11)호)에 적용된다. 컴퓨터 정보라 함은 컴퓨터로부터 혹은 컴퓨터를 통해 얻거나 혹은 컴퓨터에 의해 처리될 수 있는 디지털 또는 이와 유사한 형태의 정보를 말한다(동조 동항 (10)호). UCITA는 컴퓨터 소프트웨어를 라이선스하거나 구매하는 계약, 컴퓨터 프로그램을 제작하는 계약, 데이터베이스에의 온라인 접속계약, 인터넷을 통해 정보를 배포하는 계약에 적용된다. UCITA는 TV나 음반기기, 항공기, 전통적인 서적이나 간행물 등의 물품(goods)에는 적용되지 않는다. 물품에 대해서는 UCC 제2편 또는 제2A편이 여전히 적용된다. 또한 컴퓨터 정보가 물품이 아닌 거래 객체에 포함된 거래의 경우, UCITA는 단지 컴퓨터 정보 거래에 해당하는 부분에만 적용되고 그 이외의 거래 객체에 대해서는 다른 법이 적용된다. 그러나, 이 거래에서 주가 되는 거래 객체(primary subject matter of the transaction)가 컴퓨터 정보인 경우에는 그 거래의 전부에 대해 UCITA가 적용된다(제103조 (b)항)(최준선, 2002: 8-9).

2 영국

영국에서는 1956년에 저작권법을 크게 개정했는데 컴퓨터 프로그램 보호 규정은 두지 않았다. 그 뒤 1974년에 '저작권법 · 의장법 검토위원회(Whitford Committee)'가 설치되어 컴퓨터 소프트웨어 · 복사 · 녹음 · 녹화 등의 문제와 저작권법, 의장법의 개정 등을 검토하여, 1977년 3월에 이 위원회 보고서가 의회에 제출되었다.

이 보고서는 컴퓨터 소프트웨어에 관해서는 저작권법을 개정하여 그 보호를 입법적으로 명확하게 할 것을 권고했다. 이에 대한 내용을 좀 더 구체적으로 살펴보면 다음과 같다.

① 저작권법상의 양식에 따라 저작물을 평가하기에 충분한 기능 내지 노력을 포함하며 또한 복제 가능한 서면, 또는 그 밖의 유체물(有體物)에 구현된 모든 컴퓨터 프로그램 및 기타 소프트웨어는 저작권법상의 문예적 및 미술적 저작물에 관한 조항에 의거하여 보호되어야 한다. 간단하게 말해, 컴퓨터 소프트웨어의 각 품목은 저작물로서 취급되고 보호받아야 한다.

② 컴퓨터 프로그램의 저장장치에의 불법 저장은 금지된 행위라고 규정해야 한다.
③ 컴퓨터 프로그램, 데이터 편집물의 소유자 및 보호 기간에 관해서는 다른 저작물과 마찬가지로 취급해야 한다.
④ 컴퓨터의 도움을 받아 작성된 저작물에 대해서는 특정 결과를 가져오도록 컴퓨터를 제어하는 명령어를 사용해서 생성한 것으로 제한해야 할 것이다.
⑤ 컴퓨터의 조작을 제어하고 조건짓는 컴퓨터 프로그램의 사용은 침해행위로 규정해야 한다.

이 같은 보고서의 권고에 따라 영국은 비로소 1985년 7월 16일에 저작권법을 개정하여 프로그램을 저작권으로 보호하고 있다. 동법에서는 컴퓨터 프로그램이 어문저작물이라고 명시했으며 저작권자의 동의를 얻지 않고 프로그램을 컴퓨터에 내장하는 것은 복제가 되므로 저작권 침해가 된다고 했다. 그리고 1988년에 와서는 저작권, 의장 및 특허법을 제정했는데 이때 1985년의 개정 컴퓨터 프로그램저작권법도 개정했다. 동법에 의한 컴퓨터 프로그램 보호 수준은 종전의 입법에 의해 보호되는 수준과 비슷하지만 훨씬 상세한 규정을 두고 있다(법무부, 1994 : 92-93).

현재 영국에서는 각 저작권 분야별로 구성된 10여 개의 저작권집중관리단체가 조직되어 활동하고 있으며, 법적으로는 그 독점적 지위에 따른 권한의 남용을 방지하기 위해 공공의 이익을 위한 효과적인 규제 수단이 주로 논의되고 있다. 영국은 최초의 저작권법인 「앤 여왕법(Statute of Anne, 1710년)」을 제정한 국가로서, 현재는 여러 지적재산권의 보로를 포괄하는 통합법의 형태를 취하고 있는 「1988년 저작권, 디자인, 특허법(Copyright, Designs and Patents Act of 1988)」을 통해 컴퓨터 프로그램을 포함한 저작권 집중관리에 대해 규율하고 있다(박덕영, 2006 : 157).

한편, 판결에 관해서는 아직 직접 컴퓨터 소프트웨어의 저작물로서의 성격을 인정한 것은 없으나, 학설상으로는 그 저작물로서의 성격을 인정하는 것이 많으며 다른 저작물에 관해 내려진 판결이론은 컴퓨터 소프트웨어에도 적용된다고 보고 있다. 결국, 영국에서도 컴퓨터 소프트웨어의 법적 보호가 저작권에 의한 보호의 방향으로 흐르고 있음을 볼 수 있다.

3 독일

독일에서의 컴퓨터 소프트웨어보호 동향은 통독(統獨) 전 서독에서의 동향으로부터 찾아볼 수 있다. 그런데 서독에서는 현행법의 개정 또는 신규 입법의 형태로 소프트웨어의 보호를 명문화하려는 움직임은 1980년대 중반까지 찾아볼 수 없다. 다만 서독 연방 법무부는 1982년 9월 8일 독일 공업소유권 및 저작권 협회에 송부한 서한에서 현행 저작권법으로서도 컴퓨터 프로그램은 저작물로 인정되므로 굳이 동법을 개정할 필요는 없다는 입장을 밝히고 있으나 1985년 저작권법에 의해 컴퓨터 프로그램을 좀 더 명확히 보호하려는 의도에서 동법 제2조 1호의 언어저작물 중에 '데이터 처리를 위한 프로그램'을 추가했다. 그 후 독일저작권법은 1991년 5월 14일자 EC 집행위원회의 지침에 따라 일부 개정을 추진한 바 있으나 독일에서는 컴퓨터 소프트웨어가 기본적으로 저작권에 의해 보호를 받고 있다(법무부, 1994 : 96).

독일 저작권법(Urheberrechtsgesetz)은 '컴퓨터 프로그램 보호를 위한 특별규정(Besondere Bestimmungen fur Computerprogramme)'을 두고 있는데, 이는 '컴퓨터 프로그램의 법적 보호에 관한 유럽공동체 지침(Council Directive 91/250/EEC of 14 May 1991 on legal protection of computer programs)'을 독일 국내법에 수용한 결과이다. 독일 저작권법의 '컴퓨터 프로그램 보호를 위한 특별규정'의 해석의 경우에 그 입법 취지 및 내용이 유럽공동체 지침과 필연적 관련성을 갖기 때문에 그 해석은 EC지침의 입법 취지에 적합하게 해석하는(Richtliniekonforme Auslegung) 것이 요구된다(성승현, 2007: 202, 206). 또한 현실적인 보호 동향을 보면 저작권법상 저작물의 예시 규정에 컴퓨터 소프트웨어가 포함되어 있고 구체적인 사안에 대해서는 법원의 판례에 의해 보호되고 있는 실정이다.

컴퓨터 프로그램 저작물성의 유무에 대한 재판소의 명확한 판례로는 다음 5개의 판결을 들 수 있다. 1981년 6월에 내려진 맨하임 지방재판소의 판결은 컴퓨터 소프트웨어의 저작물성을 부정했으나 나머지 4개의 판결은 모두 프로그램을 저작물로 인정하고 그 저작권법에 의한 보호를 인정하고 있다. 특히 모스백 재판소의 판결은 컴퓨터 프로그램의 작성과 작시(作詩)의 문법 및 구문(構文, syntax)을 비교 검토하여 양자가 유사하다고 인정하고 위의 만하임 재판소의 판결은 잘못이라고 결론짓고 있다.

또한, 좀 더 후에 내려진 판결로서 저작물성을 인정한 것으로는 1982년 12월 21일 뮌헨 지방재판소의 저작권법 전문 법정에서의 판결이 있는데 이 법정이 저작권 전문 법정인 점에서 서독 재판소 전체의 추후 동향을 예시해 주는 판결로 주목되고 있다. 그리고 현재까지 유효한 1985년 대법원 판결에 의하면 충분한 독창성이 있다고 인정되는 것은 다음의 경우에 한정된다. 첫째, 당해 컴퓨터 프로그램의 설계가 이미 공지된 컴퓨터 프로그램의 설계와 다르고, 둘째 이 같은 설계의 차이가 '표준적 설계자'의 기술, 즉 단순한 매뉴얼이나 기술적 배열보다 특히 우수하고 신규의 방법으로 접속되어 있는 경우이다(법무부, 1994 : 97).

4 일본

1) 입법 배경

일본에서 컴퓨터 소프트웨어의 법적 보호문제는 관련 산업계나 학계에서 1970년대 이후로 논의가 많았으며, 이에 관한 지방법원의 판례도 있어 법적 보호의 필요성을 문화청(文化廳) 등이 중심이 되어 계속 연구·검토하고 있었다. 그 중에 문화청은 미국 저작권법의 1980년 개정법과 같이 현행 저작권법에서 컴퓨터 프로그램의 정의 및 기타 관련 조항을 추가하고, 이에 관한 범저 보호를 명확히 하기 위해서는 저작권법을 개정해야 한다고 제창해 왔었다.

반면에 통상산업성은 컴퓨터 프로그램 보호를 위한 새로운 법으로서 「프로그램권법」을 상규(商規) 입법 형식으로 별도 제정하여 컴퓨터 소프트웨어의 법적 보호를 이룩해야 한다고 주장했던 것이다. 게다가 이들 양성(兩省)은 컴퓨터 소프트웨어에 관한 사용권 및 보호 기간 등 제반 법률 문제에 관해서도 이견을 보였다.

그러던 중 1985년 3월 일본 정부는 「프로그램권법」의 신규입법을 행하지 않고 문화청이 제창한 저작권법의 개정을 통한 컴퓨터 소프트웨어 보호 입법이 타당하다고 결론을 내렸다. 그 결과 컴퓨터 소프트웨어에 관한 저작권법의 개정안을 각의(閣議)의 의결을 거쳐 같은 달에 국회에 제출하여 1985년 6월 6일에 통과시킨 후 같은 해 6월 14일 법률 제62호로 공포했다. 그리고 이 법은 다음해인 1986년 1월 1일부터 시행되었다. 이렇게 1985년 개정 저작권법에 의해 일본은 컴퓨터 소프트웨어의 법적 보호에 관해 명확히 했으며 현재까지도 그 근간이 되고 있다.

그 후 개정 노력을 보면 1992년에 와서 문화청 저작권심의회 내에 멀티미디어 소위원회가 구성되어 멀티미디어화와 네트워크화의 진전에 따른 문제점이 검토되었다. 그 결과로 1993년 11월 '권리 처리'의 문제를 정리한 1차 보고서와 1995년 2월 '권리 그 자체'에 대한 검토 경과 보고(소위 Green Paper)를 공포했다. 그리고 1996년 9월 WIPO 사무국의 신조약 초안이 발표됨에 따라 1997년 2월 시급히 대응해야 할 당면 과제를 대상으로 한 심의 경과 보고(白書, White Paper)가 정리됨으로써 1997년 6월 18일 공포된 「저작권법의 일부를 개정하는 법률」의 기초가 되었다(한국전산원, 1997b: 21-23). 이 같은 새로운 법률의 내용은 인터넷이나 LAN 등 네트워크의 발달에 대응하는 것으로 ① 실연자나 음반 제작자에게 양방향(interactive) 송신[4]에 관한 권리(송신 가능화권)의 신설, ② 저작자에 대해 인정되어 온 양방향 송신에 관한 권리의 확대, ③ 컴퓨터 프로그램에 대한 동일 구내에서의 공중에의 유선송신을 저작권 대상으로 인정, ④ 공중에의 송신에 관한 용어의 정리 등을 포함하고 있다. 일본의 이 같은 법 개정 노력은 정보화의 진전과 WIPO조약의 변화에 따라 지속적으로 연구 검토되어 왔다. 즉, 일본의 저작권법상의 컴퓨터 프로그램 보호 규정은 WIPO의 국제조약을 중심으로 제·개정해 왔으므로 대체로 우리의 컴퓨터 프로그램 보호법의 규정과 그 내용이 유사하다고 말할 수 있다.

일본의 2009년 개정법상 저작권의 권리 내용 골격은 TRIPS 협정 및 WIPO 저작권조약, WIPO 인접권 조약에 의해 규정된 것을 준수하도록 되어 있어 최근에 저작권의 제한 규정을 (일부) 제외함으로써 저작권을 강화하는 경향을 보이고 있다. 다시 말하면, 저작권을 강화하는 방향으로의 개정은 WIPO의 각 조약에 대응하는 등 그 대부분이 포괄적으로 권리를 창설하는 일반적인 것임에 비해, 저작권의 제한 규정은 특정 행위에 대한 면책 부여를 기획하는 것이 대부분인 것에서 드러나고 있다.

그런데 이처럼 저작권을 강화하는 방향으로 작용한 TRIPS 및 WIPO 등의 조약 교섭의 배후에는 다국적기업의 로비가 얽혀 있는 것은 잘 알려진 사실이다. 한편, 최

---

4) 양방향(interactive) 송신이란 공중에의 송신 중에서 정보가 항상 공중에까지 송신되고 있는 '방송' 등과는 달리 '서버'라고 불리는 송신용 컴퓨터에 입력되어 있는 정보가 공중(端末)으로부터 요구(리퀘스트, 억세스)가 있었던 경우에만 송신되는 형태를 의미한다.

근 신설된 제한 규정의 배후에도 컴퓨터 업계, 휴대전화 기업, 검색 엔진, 옥션 사이트 등 특정 이익단체가 존재하는 경우가 많다. 그럼에도 불구하고 팩스 및 메일의 복사 등은 개별적 이용에 따라 특별 이익을 받는 것이 아니기 때문에 그런 행위에 대해서까지 제한 규정을 신설하려고 하는 움직임은 없다. 이러한 의미에서 저작권을 일반적으로 제한하는 페어 유즈(fair use) 규정의 도입이 크게 기대되고 있었으나 적어도 2009년의 개정까지는 보류되어 있고, 그 밖에도 사적 녹음녹화보상금 제도 대상의 재검토, 리버스 엔지니어링을 허용하는 규정의 신설 등도 2009년 개정법에서 해결되지 못했다(타무라, 2010 : 23-24).

2) 컴퓨터 소프트웨어 법적 보호제도의 주요 내용

현행 일본의 저작권법에 규정된 컴퓨터 소프트웨어 법적 보호제도를 중심으로 그 주요 내용을 요약해 보면 다음과 같다(법무부, 1994: 107-110; 中山信弘, 1993: 193-213, 저작권법 전문 참조).

① 컴퓨터 프로그램에 관한 법적 용어 정의를 명확히 했을 뿐만 아니라, 항상 논란의 대상이 되어 오던 프로그램에 관한 보호 범위를 명백히 하기 위해 '프로그램 언어', '규약', '해법' 등을 정의하고 이를 법적 보호 대상에서 제외시켰다.

② 법인에 소속된 저작자가 법인 등의 발의에 의해 직무상 작성하는 저작물에 대한 프로그램 저작권은 작성 시 계약, 근무규칙 또는 달리 정함이 없는 한 법인이 그 저작권자가 된다.

③ 저작자 인격권에 관해서도 일반 저작물과 달리 프로그램 저작자에 대해서는 그 특성을 감안하여 저작자와 동일성 유지권 행사를 실질적으로 크게 제한했다.

④ 저작권법상 저작자가 갖는 배타적 권리를 일정한 요건 하로 크게 제한했다. 즉, 합법적인 프로그램 저작물의 복제물 소지자는 당해 저작물을 자신이 컴퓨터에 이용하기 위해 복제·번안행위를 할 수 있다고 규정함으로써 일반저작물의 경우와 구별되는 규정을 두고 있다.

⑤ 기타 컴퓨터 프로그램의 등록제도 신설, 저작권자가 불명확한 경우 재정에 의한 저작물의 이용 규정, 무단복제물의 취득·사용에 관한 저작권 침해 요건 등 일반 저작물과는 특이하게 다른 규정을 신설했다.

5 WIPO

1) TRIPs협정

국제기관 수준에서의 컴퓨터 소프트웨어 법적 보호는 WTO 협정의 제1부속서 C(Annex 1-C)의 형태로 위치하고 있는 TRIPs협정[5]에 의해 규정되고 있다. 이 협정 제2부(지적재산권의 취득 가능성, 범위 및 사용에 관한 기준) 제1절(저작권 및 저작인접권) 제10조(컴퓨터 프로그램과 자료 편집물)에 의하면 "1. 컴퓨터 프로그램은 그것이 원시 코드이든 목적 코드의 형태이든 베른협약(1971년)에 따라 어문저작물로서 보호된다. 2. 기계 판독 가능 형태인지 또는 그 외의 형태로 존재하는지 여부에 관계없이, 내용의 선택 또는 배열을 이유로 지적 창작물을 구성하는 자료 또는 기타 소재의 편집물은 지적 창작물로서 보호받는다. 이러한 보호는 자료 또는 소재 그 자체에는 적용되지 아니하며, 그 자료 또는 소재 그 자체에 존재하는 어떠한 저작권도 저해하지 아니한다"고 규정되어 있다(최준선, 2002 : 364).

2)「컴퓨터 소프트웨어의 보호에 관한 모형조항」

TRIPs협정 이후 컴퓨터 소프트웨어 법적 보호의 대표적인 동향은 1978년 WIPO의 「컴퓨터 소프트웨어의 보호에 관한 모형조항」에서 찾아볼 수 있다(International Bureau of WIPO, 1978). WIPO의 모형조항을 그대로 하는 나라는 없으나 여러 나라에 소프트웨어의 보호에 관한 지침을 제공했고, 우리 법의 제정에도 영향을 준 바 있으므로 이 WIPO의 컴퓨터 소프트웨어 보호 모형조항의 중요한 부분만을 고찰해 봄으로써 국제기관에서의 소프트웨어 법적 보호 동향을 파악하고자 한다.

(1) WIPO의 컴퓨터 소프트웨어 보호 모형조항의 제정 배경과 목적

① 제정 배경

이 모형 조항은 1971년에 컴퓨터 소프트웨어의 법적 보호와 아울러 그에 관한 국제협정의 가능성을 검토하기 위해 WIPO 국제사무국이 중심이 되어 정부 전문가 자

---

5) 정식 명칭은 "Agreement on Trade-Related Aspects of Intellectual Property Rights, including Trade in Counterfeit Goods"인데 http://www.wto.org/english/tratop_e/trips_e/t_agm0_e.htm 참조.

문부회(諮問部會)[6]에서 보고서를 작성한 바 있었다. 이 보고서의 주요 내용은 컴퓨터 소프트웨어를 보호하기 위해 현행 저작권법 및 특허법이 매우 불충분하므로, 이에 관한 법 제도를 보완하여 법적 보호제도를 확립해야 한다는 것이다.

또한 WIPO 국제사무국은 1974년부터 1977년까지 4회에 걸쳐 스위스 주네브에서 비정부 전문가 자문부회(諮問部會)[7]를 개최하여 상기 보고서를 검토하고 이를 토대로 이 모형 조항을 작성했던 것이다. 이 비정부전문가회에서 심의된 내용을 요약하면, ① 컴퓨터 소프트웨어의 법적 보호는 필요하다고 인정하나, 기존의 법·제도로서는 불충분하다고 보는 것이다. 다시 말하면, 컴퓨터 소프트웨어의 창작을 장려하고, 투자 및 거래의 촉진과 이용을 더욱 증진하기 위해 법적 보호가 필요하다고 보는 것이다. ② 보호 방법은 등록, 기탁 또는 기타의 방식을 설정해야 한다는 것이다. 즉, 기탁 및 등록에 관한 법적 보호에서 근본적으로 저작권법에 의한 법적 보호를 원칙으로 하되 부분적으로 특허법, 비밀보호법 등의 접근을 권장한다는 것이다.

그 후 1980년대에 와서 새로운 국제규범의 필요성을 느껴 1989년 WIPO 집행부는 베른 의정서위원회에 광범한 권한을 부여하여 조약에 관한 논의를 의뢰했고, 1992년에는 10개의 문제로 축소, 1996년 12월에 WIPO의 새로운 저작권조약이 성립되었다. WIPO의 새로운 조약은 베른협약 이후 100년 이상의 역사를 통해 개정을 거듭했으나 저작권 보호를 위해 불완전한 부분을 보완하고, 디지털 기술을 염두에 둔 기술과 조약 간의 공백을 채우는 것이었다.

WIPO 신조약에서는 저작물 종류 안에 컴퓨터 프로그램과 데이터베이스를 명시했고 저작권으로서 배포권 및 그 권리의 소진, 대여권, 공중전달권을 인정하고 저작권 제한 규정을 엄격히 했으며, 디지털 관련 기술 조치에 관한 보호와 권리관리 정보에 관한 의무를 규정했다(한국전산원, 1997b : 27-34).

② 제정 목적

이 모형조항은 WIPO 국제사무국에서 개발도상국에 대하여 컴퓨터 소프트웨어에 관한 법적 보호를 명백히 함으로써 그 이용을 원활히 하고, 이에 대한 적절한 법적 보호 방법을 제시함으로써, 국내법(저작권법 등) 제·개정 등을 통한 종래의 법·제

---

6) 각국의 지적소유권과 관련된 현직 정부관료가 중심이 되어 구성된 WIPO의 기구이다.
7) 이것도 WIPO의 기구로서 지적 소유권 관계에서 관료가 아닌 국제전문가들로 구성되어 있다.

도의 결함을 보충하는 데 이 모형조항의 내용에 준할 것을 권고하기 위해 제안된 것이다. 좀 더 구체적으로 말하자면, WIPO의 모형 조항은 컴퓨터 소프트웨어의 창작과 보급을 촉진하고, 타인의 가치 있는 저작 성과의 남용을 방지하고. 컴퓨터 소프트웨어의 거래 촉진과 권리자에 의한 활용을 더욱 촉진하기 위한 것으로 이에 대한 법적 안정성을 도입해야 한다는 데에 그 제정 취지가 있다고 볼 수 있다.

이 모형조항은 당초 국제연합(UN)의 기본 목적인 개발도상국의 이익보다는, 선진 주요 국가, 즉 컴퓨터 소프트웨어 개발에 상당한 수준을 갖고 있는 지적 상품 수출국에 대한 보호에만 결과적으로 크게 기여하게 되었다는 비판을 받기도 한다. 그러나 이 모형조항은 컴퓨터 소프트웨어의 실용화, 보급화 및 국제적 컴퓨터 통신망의 창설 등에 의한 국제적 분야에서 한층 이용의 활성화를 촉진하고, 종전의 지적 창작의 보호법인 특허법, 저작권법 및 비밀보호법의 국제적 검토를 실시함으로써 컴퓨터 소프트웨어 보호를 위한 적용 가능한 각국 국내 법제를 보완하고, 아울러 국내법의 국제적 조화를 도모하는 것을 목적으로 하고 있음을 간과하지 말아야 한다.

따라서 각국은 이 모형조항을 기초로 하여 특별법을 제정할 수도 있으며, 이 모형조항의 원칙에 따라 기초 법령, 즉 저작권법 등의 명확화 및 확장화를 기하고, 또한 기존 법령 중에 아직까지 포함되지 않은 경우에는 이 모형조항의 내용을 삽입시키도록 권고되고 있다.

(2) 모형조항의 기본 원칙

WIPO의 모형조항은 컴퓨터 소프트웨어의 법적 보호가 저작권법과 유사한 것을 고려하여, 본질적으로는 저작권법형 접근 방법을 채택하되, 다른 한편으로는 저작법권상의 보호에서 가능한 한계를 초월하여 이를 다른 방법으로 조정·보완하는 방향으로 작성되었다고 볼 수 있다. 즉, 저작권법형 접근 방법을 기초로 하되 그 밖에도 이 모형조항은 특허법에 의한 보호 방법도 채택했다고 볼 수 있다. 이 모형조항은 컴퓨터 소프트웨어의 기초인 창의적 사상을 보호하는 것이 아니며, 동일 컴퓨터 소프트웨어를 개별 독립으로 표현, 제작하여 사용하는 것을 방해하는 것은 아니다.

이 모형조항의 제정 과정에서 비정부 전문가 자문부회(諮問部會)는 현재 컴퓨터 기술이 새로운 것으로서 판례 건수도 적은 편이며 학설도 통일되어 있지 아니함으로 이 보호에 관해서는 법률적으로 불확실한 상태에 있다고 지적하고 있다. 그러나 한편으로 컴퓨터 소프트웨어에 관해 지적 창작의 성과에 직접 관련된다고 인정되는 특허법, 저작권법 및 기타 비밀보호법 등의 개별적인 적용이 기본 원칙으로 검토된 바가 있다.

(3) 컴퓨터 소프트웨어 법적 보호권의 주요 내용

① 컴퓨터 소프트웨어의 개념

WIPO 모형조항은 법적 보호 대상이 되는 컴퓨터 소프트웨어에 대해 매우 광범위하게 정의를 내리고 있다. 즉, 컴퓨터 프로그램뿐만 아니라 프로그램 명세서, 이와 관련된 문서의 전부 또는 일부를 포함하여 각각 그 범위에 따라서 다른 보호를 받도록 규정하고 있다.

먼저, 컴퓨터 프로그램은 "기계로 읽을 수 있는 매체에 가해졌을 때에 정보 처리 능력을 갖는 기계로서, 소정의 기능, 작업, 결과를 지시, 수행, 달성할 수 있는 지시명령의 집합(set)"을 말한다.[8] 여기서 전단(前段)의 "정보 처리 능력을 갖는 기계"라고 함은 컴퓨터 하드웨어보다 광의로서 자동전화교환기 및 정보 교환 기능을 갖는 인텔리전트 터미널(intelligent terminal) 및 이들 구성 부분도 포함되고 있다. 또한 "정보 처리 능력"은 자료 처리 능력을 비롯하여 광범위하게 정의되고 있음을 말한다. 그리고 "지시명령의 집합"은 소정의 작업을 수행하는 데 필수적으로 필요한 일체의 프로그램 집합을 뜻한다.

다음으로, 프로그램 명세서는 광의로는 "컴퓨터 프로그램에 대해 구성되어 있는 아주 상세한 지시명령의 집합으로서 언어 또는 도식 등의 형식으로 전체의 순서를 표현하는 것"을 의미한다. 이들도 컴퓨터 프로그램과 동일하게 보호를 받으며, 컴퓨터 프로그램의 실행 시에 채용하고 있는 전단계로 컴퓨터 시스템에 의해 읽을 수 있도록 지시명령의 집합이 용이하게 변환하는 정도로 표현되고 있다.

끝으로, 컴퓨터 프로그램 및 프로그램 명세서 이외의 것으로는 컴퓨터 프로그램의 이해 및 적용을 돕기 위해 창작되어 있는 자료 전체를 말한다. 예컨대, 문제의 명세서(problem description)나 사용자의 지침서(user instruction)를 포함한다. 이들은 프로그램 명세서 이외의 관련 문서로서 그 보호가 극히 한정되어 있다.

---

8) WIPO 컴퓨터 소프트웨어 보호모형 조항 제1조 제1항.

② 보호 요건

가. 주관적 보호 요건

보호 대상자는 자연인 또는 권리 능력을 갖는 법인, 단체로서 권리자 자격이 있는 자와 이들의 승계자이다. 여기서 권리자 적격은 원칙적으로 컴퓨터 소프트웨어를 창작한 자이다. 다수가 이를 공동으로 창작했을 경우에는 이들의 공유로 한다. 다음으로 컴퓨터 소프트웨어가 종업원에 의해 그 직무를 수행하는 과정에서 창작되었을 경우에는 별도의 특약이 없는 한 권리자 적격에 관해서는 대부분 법률이나 특약에 의해 규정되어 있는 내용에 따른다. 끝으로, 위탁에 의해 컴퓨터 소프트웨어가 창작된 경우의 권리자 적격의 문제는 대부분 위탁계약에서 계약서상에 권리자 적격문제가 상세히 명시하는 바에 준한다.

나. 객관적 보호 요건

컴퓨터 프로그램은 창작자가 자신의 "지적 노력의 성과"가 있다는 것을 전제로 하며, 이는 창조성을 갖추고 있어야 한다. 이 모형조항이 저작권법형을 채택하고 있어서 대부분의 국가에서 저작권법에서 규정하고 있는 창조성의 요건을 강조·채택하고 있다.

여기서 창조성은 "창작자 자신의 지적 노력의 성과"를 의미하는 것으로서 지적 노력을 예로 들어 지시명령으로부터 이뤄지는 평범한 컴퓨터 프로그램을 제외한다는 취지에서 지시명령에서도 고도의 지적 수준을 갖춘 것이어야 한다는 것을 의미한다.

다. 보호권 침해 요건

컴퓨터 소프트웨어의 보호권은 그 취지에 반해 다음 행위를 했을 경우에는 보호권의 침해가 된다.

① 미공개의 컴퓨터 소프트웨어를 타인에게 공개(표시)되기 쉽게 하는 행위
② 미공개 소프트웨어의 축적물 또는 복제물을 타인에게 이용 또는 이용되기 쉽게 하는 행위
③ 컴퓨터 소프트웨어를 어떠한 방법이나 형태의 여하를 불문하고 복제하는 행위
④ 동일 내지는 실질적으로 유사한 컴퓨터 프로그램이나 또는 이들 프로그램 명세서를 작성하기 위해 당해 컴퓨터 프로그램을 사용하는 행위
⑤ 동일한 또는 실질적으로 유사한 프로그램 명세서 또는 이에 상응하는 컴퓨터 프로그램 작성을 위해 당해 프로그램 명세서를 사용하는 행위

⑥ 정보 처리 능력을 갖는 기계를 조작하기 위해 당해 컴퓨터 프로그램을 전술한 ③, ④, ⑤에 의해 작성된 컴퓨터 프로그램을 사용 또는 이것을 축적하는 행위

⑦ 당해 컴퓨터 소프트웨어 또는 ③, ④, ⑤에 의해 작성된 컴퓨터 소프트웨어를 양도, 수출, 수입, 대여하거나 이용 허락행위 또는 이용 허락을 위해 이를 제공하거나 또는 저장하는 행위.

이상의 보호권은 그 전부 또는 일부를 계약에 의해 양도할 수 있으며, 권리자의 사망에 의해 유언 또는 상속으로 이전 및 승계할 수 있다.

(4) 보호권의 존속 기간

① 보호권의 제한

컴퓨터 소프트웨어의 법적 보호권의 제한은 다음과 같이 크게 두 가지 측면에서 이뤄진다.

① 타인의 컴퓨터 소프트웨어와 동일 또는 실질적으로 유사한 컴퓨터 소프트웨어라 해도 개별·독립으로 창작했을 경우에는 타인의 보호권의 침해로 보지 않는다.

② 국내에 일시적 또는 우발적으로 침입하는 외국의 선박, 항공기, 우주선이나 차량에 컴퓨터 소프트웨어가 잔존하여 이를 체류하는 동안 일시 사용하는 경우는 보호권의 침해로 보지 않는다.

② 보호권의 존속 기간

WIPO 모형조항의 컴퓨터 소프트웨어 법적 보호권은 컴퓨터 소프트웨어의 창작 연·월·일에 발생한다. 그러나 창작 일시가 불명확한 경우 제3자에게 증명이 곤란하므로 당해 컴퓨터 소프트웨어의 시험 또는 조사 목적 이외로 권리자 또는 이의 동의로 얻은 자에 의해 최초로 사용된 날 또는 최초로 양도·대여·이용 허락된 날이나 이를 목적으로 제공된 날 중에 가장 처음 날을 기산하여 그 날로부터 50년을 보호기간으로 정한다.

3) WIPO 저작권조약

최근에는 1996년 WIPO 저작권조약(WIPO Copyright Treaty : WCT)에 의해 컴퓨터 소프트웨어 보호를 국제적으로 명문화하여 세계 모든 나라의 컴퓨터 소프트웨

어 보호를 포함한 저작권법의 근간을 이루고 있다.[9] 이 조약의 주요 내용은 ① 컴퓨터 프로그램을 어문저작물로 인정하고(제4조), ② 데이터베이스(전자적 데이터베이스를 포함)를 저작물로서 보호하고(제5조), ③ 배포권(제6조)과 대여권(제7조)을 신설하고, ④ 공중전달권(제8조)을 확장하고, ⑤ 기술적 조치에 관한 의무(제11조)를 규제하며, ⑥ 권리관리 정보에 관한 의무(제12조) 등이다. 이 중에 이 조약의 "4조 컴퓨터 프로그램"에 컴퓨터 프로그램은 베른조약 제2조에 규정된 문학적 저작물로서 보호되며 이러한 보호는 컴퓨터 프로그램의 표현 방식 또는 형태와 관계없이 적용된다고 규정함으로써 컴퓨터 소프트웨어 보호를 명백히 하고 있다. 이하에서는 이 조항을 기초로 적용되는 WIPO 저작권조약의 관련 조항을 정리해 보면 다음과 같다(최준선, 2002 : 368).

(1) 제정 취지

계약 당사자는 문학·예술적 저작물에 대한 저작자의 권리 보호를 가능한 한 효과적이고 통일된 방식으로 신장·유지하기를 희망하고, 새로운 경제·사회·문화 및 기술의 발전으로 제기된 문제를 충분히 해결하기 위해 새로운 국제 규칙을 도입하고 일부 기존 규칙의 해석을 명확히 할 필요성을 인식하고, 정보통신 기술의 발전 및 융합이 문학·예술적 저작물의 창작과 이용에 미치는 심대한 영향을 인식하고, 문학·예술적 창작의 촉진을 위해 저작권 보호가 특별히 중요하다는 점을 강조하며, 베른협약에서 반영된 바와 같이 저작자의 권리와 교육, 연구·연구 및 정보에 대한 접근 등 공공의 이익 사이에 균형을 유지할 필요성을 인식하여 이 조약을 제정하게 되었다.

(2) 저작권 보호의 범위

이 조약은 저작권 보호는 표현에 대한 보호를 포함하지만 사상·절차·운용 방법 또는 수학적 개념 그 자체는 포함하지 않는다(제2조)고 규정함으로써 매우 포괄적으로 규정하고 있다.

(3) 데이터베이스 보호

이 조약은 컴퓨터 프로그램 보호와는 별도로 데이터의 편집물로서 데이터베이스를 보호하고 있는데, 내용 선택 또는 배열로 인해 지적 창작물의 성격을 갖는 데이터 또

9) http://www.wipo.org/eng/diplconf/distrib/94dc.htm

는 다른 소재의 편집물은 형태와 관계없이 그 자체로서 보호되며, 이러한 보호는 당해 데이터 또는 소재 그 자체에는 적용되지 않으며 편집물에 수록된 데이터 또는 소재에 대한 저작권에 영향을 미치지 아니한다고 규정함으로써(제5조) 컴퓨터 소프트웨어와 밀접한 관계가 있는 데이터 및 데이터베이스의 보호를 밝히고 있다.

(4) 배포권의 신설

이 조약은 "문학 · 예술 저작물의 저작자는, 판매 또는 기타 소유권의 이전을 통해 저작물의 원본이나 복제물을 공중이 이용할 수 있도록 허가할 배타적 권리를 향유한다"(제6조 1항)고 하여 배포권을 신설했다. 최초 판매되거나 기타 소유권이 이전된 후, 이 배포권의 소진의 문제에 대해서는 각국의 자율적 결정권을 제한하지 않고 일임하고 있다(제62조 2항).

(5) 대여권의 신설

이 조약은 또한 컴퓨터 프로그램, 영상저작물, 체약 당사자의 국내법에 따라 음반에 수록된 저작물의 저작자는 저작물의 원본이나 복제물을 공중에 상업적으로 대여하는 것을 허가할 배타적 권리를 향유한다(제7조 1항)고 규정함으로써 컴퓨터 소프트웨어도 여타 문화 예술 저작물과 동일하게 저작자의 권리를 보호할 것을 요구하고 있다.

다만, 컴퓨터 프로그램 그 자체가 대여의 본질적 대상이 아닌 경우(예를 들어, 컴퓨터 프로그램 등 각종의 소프트웨어를 담고 있는 컴퓨터에서 당해 프로그램이 이 컴퓨터 전체의 면에서 볼 때 별다른 의미를 가지지 못하는 경우, 동 컴퓨터의 대여)와 상업적 대여로 저작물의 광범위한 복제가 이뤄져 배타적 복제권이 실질적으로 침해된 경우를 제외한 영상저작물에는 대여권이 인정되지 않는 것으로 규정하고 있어(제7조 2항) 매우 실질적으로 제한하고 있다.

(6) 공중전달권의 확대

이 조약은 문학 · 예술 저작물의 저작자는 공중의 구성원이 개별적으로 선택한 장소와 시간에 이러한 저작물에 접근할 수 있게 저작물을 공중에 전달하는 것을 포함하여, 유선 또는 무선의 수단에 의해 자신의 저작물을 공중에 전달할 수 있도록 허가할 배타적 권리를 가진다고 규정하고 있다(제8조). 다만 베른조약의 관련 규정에는 영향을 미치지 않고 독립적으로 효력을 발생함을 밝히고 있다.[10]는 방법으로 공중이 이용할 수 있도록 유선 또는 무선의 수단에 의해 저작물을 공중에 전달할 권리를 부여한다(제8조).

(7) 기술적 조치의 우회에 대한 규제

이 조약은 체약 당사자는 이 조약 또는 베른 협약상의 권리 행사를 위해 저작자가 이용하고 관련 저작자 또는 법에 의한 허가 없이 이뤄지는 저작물 관련 행위를 제한하는 유효적 기술 조치를 회피하는 행위에 대한 충분한 법적 보호와 효과적인 법적 구제에 대해 규정하고 있는데(제11조), 여기서 '기술 조치'는 저작자가 자신의 저작물에 관해 동 저작자가 허락하지 아니하거나 법에서 허용하지 아니하는 행위를 제한하는 데 이용하는 효과적인 기술적 조치를 말한다. 체약국은 기술적 조치의 우회에 대해 법적 규제를 가함으로써 저작자를 적절히 보호하고 동시에 기술적 조치의 우회에 대한 효과적인 법적 구제 조치를 마련해야 할 것을 강조하고 있다. 다만, 이 조약은 '적절한 법적 보호'만을 규정하고 있고, 구체적인 보호 방법에 대해서는 침묵함으로써 이를 각국의 국내법에 일임하고 있으며, '효과적인 법적 구제'조치도 그 내용은 각국의 국내법에 일임하고 있어 당해 국가의 의지와 국민의 요구 수준에 따라 다양하게 적용될 것임을 시사한다.

(8) 권리관리 정보에 관한 의무

이 조약은 체약 당사자는 이 조약 또는 베른 협약상의 권리의 침해를 유도·방조·조장 또는 은닉할 것이라는 사실을 알면서 또는 민사 구제와 관련하여 이러한 사실을 알았을 합리적 근거가 있음에도 전자적 권리관리 정보를 권한 없이 제거·변경하는 행위와 전자적 권리관리 정보가 권한 없이 제거·변경된 것을 알면서 저작물 또는 복제물을 권한 없이 배포하거나 배포하기 위해 수입하거나 방송 또는 공중에 전달하는 행위를 한 자에 대한 충분하고 효과적인 법적 조치를 취할 것을 규정하고 있다(제12조 1항). 여기서 '권리관리 정보'란 저작물이나 동 저작물의 저작자 또는 저작물에 대한 권리 소유자(즉, 권리자)를 식별하는 정보 또는 저작물의 이용 조건에 관한 정보를 및 이러한 정보를 나타내는 숫자나 부호로써 이러한 정보의 한 항목이

---

10) 베른조약 제11조 제1항 (i)호, 제11조의 2제1항(i)호 및 (ii)호, 제111조의3 제1항 (ii)호, 제14조 제1항(ii)호 그리고 제14조의2 제1항의 규정에 영향을 미치지 아니한다.

라도 저작물의 복제물에 부착되거나 저작물의 공중 전달과 관련하여 나타나는 경우를 말한다(제12조 2항). 다만 이 조약은 '민사 구제'나 '충분하고 효과적인 법적 조치'만을 규정하고 있을 뿐 구체적인 내용과 방법에 대해서는 명시하고 있지 않아 각국의 국내법에 일임하고 있는 것으로 보인다.

제 4 절 컴퓨터 소프트웨어 법적 보호의 유형

컴퓨터 소프트웨어 법적 보호 방법은 ① 저작권에 의한 보호, ② 특허권에 의한 보호, ③ 기업 비밀로서의 보호, ④ 계약에 의한 보호 등으로 구별된다(심동현, 1984: 174-182, 177-185).[11] 이미 앞의 주요 국가들과 국제기구의 법적 보호 동향을 통해 간파할 수 있는 바와 같이 세계 각국은 저작권법에 의해 컴퓨터 소프트웨어의 법적 보호를 명문화하고 있다. 그리고 특허권에 의한 보호, 기업 비밀로서의 보호, 계약에 의한 보호 방법은 개별 판례나 관련 법조문의 원용 또는 이론적 접근 방법으로 활용되고 있다. 이들 각각의 보호 방법의 내용과 그 장·단점을 살펴보면 다음과 같다.

1 저작권법적 보호

저작권은 문학과 예술적인 창조성을 증진하기 위해 저작자의 저작물을 일정한 기간 보호하는 추상적인 재산권으로서 저작물의 성립 또는 공표와 동시에 당연히 취득되고, 그 취득이나 보호를 위해 등록, 예탁 등의 수속은 필요로 하지 않는다.

이 같은 보호 방법의 장점은 ① 저작권에 의한 보호는 용이하며, 신속하고, 경제적이다. ② 저작권 침해에 대해서는 침해중지 청구라는 강력한 구제책이 마련된다. ③ 소프트웨어의 수출입 등 국제적 유통에 대해서는 베른조약 및 만국저작권조약이라는 두 개의 국제저작권 보호의 통신망이 확립되어 있으며, 현재 142개국이 가입하고 있

11) (1) 특보: 소프트웨어의 법적 보호: 소프트웨어의 법적 보호와 앞으로의 과제. 「컴퓨터」, 26-27, 1983.5.

는 상태이므로 컴퓨터 소프트웨어를 저작물로 인정하는 경우, 이 조약에 의한 보호를 이용할 수 있다.

반면에 저작권에 의한 법적 보호 방법은 다음과 같은 단점을 갖고 있다. 즉, ① 저작권에서는 저작물의 내용 자체를 보호하지 않고 그 표현 방법을 보호할 뿐인데 소프트웨어에서 가장 중요한 것은 그 내용으로, 이에 대한 합당한 보호를 받지 못한다는 것이다. ② 동일 또는 유사한 선행 저작물에 대해 나중에 저작물이 선행 저작물을 전혀 참조하지 않고 독립적으로 개발되었고, 나중의 저작물은 선행 저작물의 침해가 되지 않음에도 불구하고 보호받을 가능성이 낮다는 것이다.

이 점에서 컴퓨터 프로그램은 저작권의 영역에 정확히 들어맞는다고 볼 수는 없다. 아직까지 확증하는 데 정확하게 들어맞는 식별 방법이 존재하지 않는다. 다만 현재까지 믿을 만한 식별 방법으로서 미국 알타이(Altai) 사건에서 미국 연방법원은 컴퓨터 프로그램에서 보호받는 표현과 보호받지 못하는 아이디어를 식별하기 위한 '추상화-여과-비교(Abstraction-Filtration-Comparison) 3단계 접근법'을 제시하고 있다.

제1단계로 문제가 된 프로그램을 개념적으로 분리 가능한 모델로 나눈 다음, 아이디어 부분, 아이디어와 필연적으로 부수하는 표현 부분, 만인의 공유 부분을 검사하게 되면, 비보호 부분을 모두 추려낼 수 있게 된다. 제2단계인 여과 단계에서 법원은 융합이론과 표준적 삽화이론을 적용했다. 마지막 제3단계서 법원은 보호받는 코드인 표현과 침해된 프로그램을 비교함으로써, 프로그램의 보호되는 요소가 상당하게 유사한가를 판단하고 침해 사실을 확인했다(이형원, 2008 : 23).

2 특허권적 보호

특허권이란 발명, 즉 자연 법칙을 이용한 고도의 기술적 사상의 창작에 대해 인정하는 독립적 지배권이다.

특허권에 의한 보호 방법은 다음과 같은 장점을 갖는다. ① 발명의 내용을 보호할 수 있다. ② 발명 내용에 일정 기간, 독점적 지배권이라는 강력한 보호를 받을 수 있다.

반면에 이 보호 방법은 다음과 같은 단점을 배제하지 못한다. ① 컴퓨터 프로그램의 대부분은 이미 존재하는 문제의 해결 방법을 시스템화한 것이며, 또한 자연 법칙이라기보다는 4칙 연산, 비교 분류 등 단순한 지능적 사고를 이용한 처리 과정(mental process)에 불과하므로 특허권으로 보호받게 되는 컴퓨터 프로그램은 매우 작다는 것이다. ② 발명특허의 취득에는 신청, 공고, 등록 등의 수속에 소요되는 시간과 비용이 많이 든다. ③ 발명 내용을 비밀로 할 수 없다는 것이다.

3 기업비밀법적 보호

컴퓨터 프로그램, 특히 소스(source) 프로그램은 기업 비밀로서도 보호될 수 있다. 실제로 많은 회사가 이 방법을 병용하고 있다. 이 보호 방법의 대표적인 장점은 컴퓨터 소프트웨어의 내용을 비밀로 할 수 있다는 점이다. 그 반면에 기업 비밀로서의 보호 방법은 다음과 같은 단점을 지니고 있다. ① 컴퓨터 소프트웨어의 비밀이 일단 외부로 누설되는 경우에는 전혀 보호되지 못한다. ② 비밀을 부당하게 누설시킨 사람에 대해서는 손해배상 청구권이 있으나, 그것을 알아도 이를 중지시킬 수 없다.

최근 컴퓨터 소프트웨어의 기업 비밀 문제로 대두 될 수 있는 내용으로 기업의 IT 환경을 업무 중심으로 전환해 기업이 시장 요구에 민첩하게 대응할 수 있는 인프라 구조를 구축하는 것을 내용으로 컴퓨터 소프트웨어를 특정 기업의 입맛에 맞추는 '맞춤형 소프트웨어' 또는 '기업별 솔루션' 사업이 있는데, 위와 같은 경우에는 각 기업별 솔루션이 다르기 때문에 다른 경쟁사에게 비밀로 유지하는 컴퓨터 소프트웨어가 공개 될 경우 비밀보유사에 막대한 손해를 가져다 줄 수 있기 때문에 이를 보호·유지하기 위한 상당한 노력이 필요하다고 할 수 있다(이형원, 2008: 41).

4 계약법적 보호

계약에 의한 보호 방법은 저작권 또는 기업 비밀로서 컴퓨터 소프트웨어를 제작자에게 사용·허가하는 경우에 그 사용 허락 계약 중에 소프트웨어의 보호 조항을 삽입함으로써 당해 컴퓨터 소프트웨어를 보호하는 방법이다. 이 같은 보호 방법의 대표적인 장점은 개별적 계약으로 보호 방법이 강구되고 그 소프트웨어의 가장 적합한 방법이 경우에 따라 정해진다는 것이다. 그 반면에 이 보호 방법이 지닌 가장 대표적인 단점은 계약상의 이 같은 보호받을 권리는 제3자에게 주장할 수 없기 때문에 제3자로부터의 컴퓨터 소프트웨어 침해에 대해 이 계약상의 권리를 행사할 수 없다는 것이다.

최근 Bowers v. Baystate Technologies, Inc.사건에서 미연방 순회법원은 저작권법은 쉬링크랩 라이선스 계약상 역분석(reverse analysis) 금지 조항에 우선하지 않는다고 하여 쉬링크랩 라이선스가 공정 이용 원리를 저해함에도 불구하고 이를 자유로이 맺어진 합의로 묘사했다(이형원, 2008: 44).

5) 종합적 평가

이제까지 살펴본 네 가지의 대표적인 컴퓨터 소프트웨어 법적 보호 방법의 장단점들을 종합적으로 비교해 보면, 저작권에 의한 보호, 즉 저작권의 법적 보호가 가장 타당한 것으로 평가된다.

그 근본적인 이유로는 ① 컴퓨터 소프트웨어의 법적 보호가 신속하고, 용이하며, 경제적인 점, ② 특허와 달리 광범위하게 소프트웨어를 보호할 수 있는 점, ③ 일반적으로 강력한 보호를 소프트웨어권자에게 주지 않아서 사용자와의 이익 조화를 기할 수 있는 점, 그리고 ④ 저작권은 소프트웨어의 내용을 보호하지 않는다고 하지만 중요한 소프트웨어는 무수한 절차를 거쳐서 성립되므로 선행 저작물과 동일 내용의 소프트웨어를 완전히 독립적으로, 별개의 표현 방법으로 작성하는 것은 사실상 불가능하다는 점을 들 수 있다. 결과적으로 동일 내용의 선행 저작권은 사실상 그 내용도 보호되는 경우가 많기 때문에 이 단점은 그다지 장애가 되지 않는다.

그럼에도 불구하고 좀 더 바람직한 방법은 이상의 네 가지 보호 방법의 장점을 살리면서 아울러 그들이 지닌 단점들을 극복할 수 있는 독립적인 컴퓨터 소프트웨어 보호법이나 컴퓨터 프로그램 보호법의 특별 입법을 통한 법적 보호 방법이라고 할 것이다.

제 5 절 우리나라에서 컴퓨터 소프트웨어의 법적 보호

1 컴퓨터 소프트웨어 보호를 위한 법 제정의 전개 과정

우리나라의 경우도 1980년대부터 수년간 겪어온 한미 통상 마찰을 계기로 신지적 재산권 분야에 대한 관심이 고조되었고, 컴퓨터 소프트웨어산업이 발전함에 따라 그 중요성을 새롭게 인식하여 소프트웨어 산업의 육성을 위한 법적·제도적 조치를 마련하느라 노력을 해왔다. 따라서 정부 관계 부처 간에도 소관 업무별로 소프트웨어산업과 연관된 여러 가지 정책적 조치를 추진해 온 결과 1985년부터 저작권법 개정 준비 등 컴퓨터 프로그램 보호의 법적 제도를 마련하기 위한 작업이 시작되기에 이르렀다.

그 뒤 컴퓨터 프로그램을 저작물로 인정하여 그 저작권자의 권리를 보호하고, 외국의 프로그램을 우리나라가 가입 또는 체결한 조약에 따라 상호주의 원칙에 입각하여 보호하도록 하는 「컴퓨터프로그램보호법」이 1986년 12월 31일 법률 제3920호로 공포됨으로써 1987년 7월 1일부터 시행하게 되었다. 그 후 1993년에는 벌칙에 대한 현실성의 확보와 프로그램 저작권 분쟁의 조정제도 도입 및 저작권자에 대여권 인정 등을 위해 동법을 개정했고, 1995년 12월 6일 법률 제4996호의 공포에 의해 관련 산업의 체계적 육성을 위한 기틀을 마련하기 위해 법령 개정을 완료했다. 1995년 개정 내용의 주요 골자로는 ① UR/TRIPs 협정 발효에 대비하기 위해 프로그램 저작권자의 보호 기간을 창작 후 50년에서 공표된 다음 연도로부터 50년간으로 변경하고, ② 1987년 7월 1일 이전에 창작된 프로그램은 우리나라가 가입 또는 체결한 조약에 따라 그 저작권을 보호하도록 하는 소급하여 적용할 것을 인정했으며, ③ 컴퓨터 프로그램 저작물 대여권 인정 등에 따른 저작권 위탁관리 제도를 도입하여 프로그램 저작권을 대리·중개·신탁관리하는 위탁관리 전문기관을 지정토록 규정했고, ④ 프로그램저작권 침해행위의 내용에 불법 복제된 프로그램을 일반인에게 공개할 목적으로 통신망을 통해 전송·배포하는 행위를 추가했다.[12]

또한, 1996년 12월 WIPO의 저작권조약이 개정됨에 따라 통신망을 이용한 컴퓨터 프로그램 불법 유통을 방지하기 위한 공중전달권 신설, 저작권관리 정보 보호를 비롯한 WIPO 저작권조약 변경 내용을 반영하고 우리나라 현실에 맞는 컴퓨터프로그램 보호법의 개정을 준비하는 등 국제적·기술적 환경 변화에의 적응을 위해 많은 노력을 기울이고 있다.

그래서 기존의 우리나라의 저작권 보호 체계는 저작권 일반을 보호하는 「저작권법」과 컴퓨터 프로그램저작권을 보호하는 「컴퓨터프로그램보호법」으로 이원화되어 있었다. 이로 인해 저작권 보호 및 저작물의 공정한 이용을 촉진하기 위한 정책 수립 및 대외 통상 협상에서 효율적으로 대처하지 못하는 문제가 발생하게 되었다.

이러한 문제를 해소하기 위해 「정부조직법」 개정(2008. 2. 29)으로 컴퓨터 프로그램에 대한 보호 업무가 문화체육관광부로 이관됨에 따라 「저작권법」과 「컴퓨터프로그램보호법」을 통합하여 저작권 보호정책의 일관성 유지 및 효율성을 도모하게 되었다.

그뿐만 아니라 정보통신망 등 기술의 발달과 더불어 온라인을 통한 불법 복제물 유통이 급증하고, 이로 인해 음반·영상물 등의 시장 유통구조가 왜곡되고, 창작 의욕 및 투자 심리가 위축되는 문제가 발생했다. 이에 온라인상의 불법 복제를 효과적으로 근절하기 위해 온라인 서비스 제공자 및 불법 복제·전송자에 대한 규제를 강화하고, 온라인 불법 복제의 심각성을 고려할 때, 온라인상 불법 복제를 효과적으로 근절하기 위한 목적으로 관련법을 개정하게 되었다.

그 후 『컴퓨터프로그램보호법』은 2009년 4월 22일 법률 제9625호로 공포함으로써 『저작권법』으로 통합되었다. 저작권법이란 저작자의 권리와 이에 인접하는 권리를 보호하고 저작물의 공정한 이용을 도모함으로써 문화 및 관련 산업의 향상 발전에 이바지함을 목적으로 제정되었다. 이 법률은 2006년 12월 28일 법률 제8101호로 전문 개정 된 후 2009년 「컴퓨터프로그램보호법」을 통합하며 일부 개정되었다.

---

12) 정보통신부, "컴퓨터프로그램보호법 해설" 내부자료 참조.

2 「저작권법」의 구성 내용 및 특징

저작권(저작인격권, 저작재산권, 컴퓨터 프로그램 저작물 보호)과 저작인접권 그리고 데이터베이스 제작자 보호를 포괄하고 있는 저작권법 중에서 컴퓨터 프로그램 저작물 보호를 내포하고 있는 저작권에 관해 다루고자 한다.

1) 제정 목적

저작권법은 저작물을 창작한 저작자의 권리(저작권)와 이에 인접하는 권리(저작인접권)를 보호하고 저작물의 공정한 이용을 도모함으로써 문화 및 관련 산업의 발전에 이바지하는 것을 목적으로 하고 있다. 개정된 저작권법은 종전의 법과 비교했을 때에 목적이 확대된 특징이 있다. 즉, 저작권 산업의 중요성이 커짐에 따라 「컴퓨터프로그램보호법」 제1조의 목적을 참조하여 법의 목적을 확대하여 규정했다. 그리고 저작권산업 내지 문화산업이 국가 경제활동에서 중요한 부분을 차지하고, 국제 통상 분야에서도 주요 이슈로 부각됨에 따라 저작권법이 문화의 기본법이자 문화산업의 기본 규범임을 밝히기 위해 「컴퓨터프로그램보호법」의 관련 규정을 감안하여 문화의 향상 발전뿐만 아니라 '관련 산업'의 향상 발전을 저작권법 목적의 하나로 추가한 특징이 있다.

표 16-1 개정법과 종전법의 목적

종전 저작권법	종전 컴퓨터 프로그램법	개정 저작권법
제1조 (목적) 이 법은 저작자의 권리와 이에 인접하는 권리를 보호하고 저작물의 공정한 이용을 도모함으로써 문화의 향상 발전에 이바지함을 목적으로 한다.	제1조 (목적) 이 법은 컴퓨터프로그램 저작물의 작자의 권리 그 밖에 컴퓨터프로그램 저작물과 관련된 권리를 보호하고 그 공정한 이용을 도모하여 당해 관련 산업과 기술을 진흥함으로써 국민경제의 건전한 발전에 이바지함을 목적으로 한다.	제1조 (목적) 이 법은 저작자의 권리와 이에 인접하는 권리를 보호하고 저작물의 공정한 이용을 도모함으로써 문화 및 관련 산업의 향상 발전에 이바지함을 목적으로 한다.

2) 구성 내용 및 기대 효과

저작권법은 총 11장 142조 부칙 7항으로 구성되었으며, 크게 프로그램 보호 규정과 등록 규정으로 구분될 수 있다. 이를 좀 더 구체적으로 보면, 제1장 총칙(제1조~제3조)은 용어의 정의와 외국인 저작물 등에 관해 규정하고 있다. 제2장(제4조~제63조)에는 저작권의 보호 체계를 규정하고, 제3장(제64조~제90조)은 저작인접권에 관한 규정, 제4장(제91조~제98조)은 데이터베이스 제작자의 보호에 대한 규제, 제5장(제99조~제101조의 7)은 영상저작물에 관한 특례에 대한 규정, 제6장(제102조~제104조의8)은 온라인 서비스 제공자의 책임 제한에 관한 규정, 제7장(제105조~111조)의 저작권 위탁관리업에 관한 규정, 제8장(제112조~122조) 한국저작권위원회에 관한 규정, 제9장(제123조~129조의 5) 권리의 침해에 대한 구제에 관한 규정, 제10장(제130조~135조) 보칙, 제11장(제136조~제142조) 벌칙에 대해 규정하고 있다.

기존 컴퓨터 프로그램법이 사라지고, 저작권법으로 개정되면서, 저작권적 보호 측면이 강화되었다. 대표적인 예시로 저작권법 제35조 2항이 있다. 제35조의2(저작물 이용 과정에서의 일시적 복제) 컴퓨터에서 저작물을 이용하는 경우에는 원활하고 효율적인 정보 처리를 위해 필요하다고 인정되는 범위 안에서 그 저작물을 그 컴퓨터에 일시적으로 복제할 수 있다. 다만, 그 저작물의 이용이 저작권을 침해하는 경우에는 그러하지 않다고 규정하고 있다.

컴퓨터 프로그램에 관련된 항목은 저작권법 제5장의 2에 새롭게 수정되어 등장했다. 제101조의 2는 보호의 대상의 명시했다. 제101조의 3은 프로그램의 저작재산권의 제한을 명시했다. 제101조의 4는 프로그램 코드의 역분석을 명시했다. 제101조의 5는 정당한 이용자에 의한 보존을 위한 복제를 명시했다. 제101조의 6항은 2011년 12월 2일 해당 조항이 삭제되었다. 제101조의 7항은 프로그램의 임치를 명시했다.

이러한 저작권법의 기대 효과는 다음과 같다.

① 컴퓨터 프로그램을 포함한 전체 저작물에 대해 동일한 법률에서 규정함으로써 이원적 체계에 따른 혼란을 줄이고 일관된 정책 추진이 가능하게 한다.

② 컴퓨터 프로그램 저작물에 대해 특례규정을 둠으로써, 컴퓨터 프로그램 저작물만의 특화된 보호 수준 및 범위를 유지할 수 있다.

③ '저작권위원회'와 '컴퓨터프로그램보호위원회'를 통합하여 '한국저작권위원회'

를 설립하여 조직 운영의 효율성을 도모하고 저작권 보호와 이용활성화 사업을 원활히 추진하게 되었다.

④ 온라인상에서의 반복적인 저작권 침해행위에 대해 좀 더 효과적인 제재 조치를 둠으로써 저작권자의 권리를 효과적으로 보호하게 되었다.

3 「저작권법」에 의한 컴퓨터 프로그램 보호상 문제점과 개선 방안

1) 문제점

저작권법에서 컴퓨터 프로그램 보호상의 문제점을 살펴보면 다음과 같다. 첫째, 컴퓨터 프로그램 저작물에 관한 정의의 제한성으로 인한 문제가 존재한다. 현행 저작권법에서는 컴퓨터 프로그램 저작물이란 특정한 결과를 얻기 위해 컴퓨터 등 정보처리 능력을 가진 장치 내에서 직접 또는 간접적으로 사용되는 일련의 지시 명령으로 표현된 창작물이라고 정의하고 있다.[13]

문제는 하나의 상품에 컴퓨터 프로그램 저작물과 일반 저작물이 공존하는 경우이다. 이런 경우 보호 체계에 혼란이 발생한다. 즉, 하나의 상품에 이중의 등록 절차가 실시되며 보호의 정도에도 차이가 발생한다. 예컨대, 멀티미디어 저작물의 경우 컴퓨터 프로그램을 기본으로 하면서도 어문서삭물, 음익지작물, 영상저자물 등 소위 일반 저작물을 함께 포함하고 있다.

또한 컴퓨터 프로그램 중 프로그램을 작성하기 위해 사용되고 있는 프로그램 언어 규약 및 해법에는 석용뇌시 않는다고 보호 범위를 제한하고 있다. 이는 저작권법상의 아이디어와 표현을 이분화하는 것으로 보인다. 이러한 사항은 후속 개발에 지장을 줄 수 있는 가능성을 제한하는 문제를 초래할 수 있기에 이러한 정의에 대한 재정의 혹은 검토가 요구된다.

둘째, 컴퓨터 프로그램의 독점적 권리와 저작권 남용 문제가 있다. 지적재산권은

13) 이러한 정의는 다른 나라의 정의 규정과는 다른 측면이 있다. 미국과 일본처럼 순수하게 컴퓨터만을 장치로 규정하지 않고, 컴퓨터 이외의 정보 처리 능력을 가진 장치에 작용을 하는 프로그램도 포함한다. 그리고 중국과 프랑스과는 달리 프로그램의 매뉴얼인 설계도와 기술서 등 관련 문서들은 포함하지 않는나.

개인의 재산권이긴 하지만 사회에 미치는 파급력이 일반적인 재화와는 다르고, 공공재로서 역할을 하는 경우도 있기 때문에 지나친 보호는 소비자의 선택권 등을 저해할 가능성과 독점의 우려를 낳을 수 있다.

컴퓨터 프로그램은 네트워크 효과(network effect)로 인해 기존 이용자들은 특정 컴퓨터 프로그램에서 다른 컴퓨터 프로그램으로 전환하는 것이 매우 어려워지는 속성이 있다. 이처럼 경우에 따라서 독점을 규제해야 하는 상황이 발생한다.

셋째, 정보통신망 또는 네트워크를 통해 이뤄지는 침해는 그 성격상 피해 정도를 추정하거나 입증하기가 어렵다. 또한 침해행위가 장소적으로 제한을 받지 않고 이뤄지고 있어 침해행위를 발견하기가 곤란한 특징이 있다.

컴퓨터 프로그램의 침해로 인해 입은 실제 손해액을 입증하기란 전문가에게도 쉬운 일이 아니다. 이러한 사항을 침해자가 악용하여 권리자가 제대로 손해에 대한 입증을 못할 것이라는 예상을 하고서 실제 판매하여 얻는 침해 이익보다는 손해배상액이 적을 것이라는 기대 속에 민사소송에 별 다른 두려움을 갖지 않게 될 수 있다. 따라서 적극적으로 권리자를 구제할 수 있는 방법이 필요하다.

2) 개선 방안

다음으로 앞서 살펴본 문제에 대한 개선 방안은 다음과 같다.

첫째, 컴퓨터 프로그램의 보호규정과 범위의 한계로 인해 보호받지 못하는 소프트웨어가 존재하고, 또한 표현된 창작물이라고 할지라도 보호의 범위에서 이탈한다는 계속적인 지적이 발생하고 있다. 이에 대해 특허법의 규정을 통해 문제를 해결하거나 혹은 저작권법의 추후 개정을 통한 보완이 요구된다.

둘째, 저작권 심사 기준의 구체적인 기준이 정립되어야 할 필요성이 요구된다. 이처럼 심사 기준에서 다른 저작물에 비해 기준이 간소하다는 점이 문제가 된다. 이는 시대의 급격한 변화에 가장 민감한 저작물이 바로 컴퓨터 프로그램 저작물일 것이기에 이에 대응하는 노력이 필요한 것이다.

저작권등록심사지침에 따르면 프로그램 저작물 창작과 관련하여 아이디어가 반영된 알고리즘은 프로그램 저작권의 대상이 아니며 프로그램 언어로 직접 코딩된 표현물만이 보호 대상이 된다. 그리고 저작권등록 심사지침(coding)에서는 프로그램을 작성하기 위해 필요한 프로그램 언어 프로그램을 표현하는 수단으로서 문자 기호 및 그 체계 규약 특정한 프로그램에서 프로그램 언어의 용법에 관한 특별한 약속 해법 프로그램에서의 지시 명령의 조합 그리고 웹사이트 등은 프로그램 저작물이 아니므로 등록될 수 없다고 명백히 밝히고 있다. 또한 프로그램을 저작물로 등록하는 것이 원칙이며 각각 하나의 저작물로 등록한다고 규정하여 프로그램 저작물의 단위를 명시하고 있다.

셋째, 컴퓨터 프로그램의 보호와 규제가 병행하여 이뤄져야 한다. 컴퓨터 프로그램은 성격상 독점으로 인해 사회적인 비효율성을 초래할 수 있다. 따라서 컴퓨터 프로그램에 대한 저작권 보호는 독점규제법에 의한 저작권 남용을 규제할 필요가 있다.

저작권의 남용 문제와 관련하여 미국의 경우 공정한 경쟁과 경제의 민주화를 위해 지적재산권자의 권리 행사를 제한할 수 있는 규정을 두고 있다. 특히 미국 연방항소법원은 레이저콤(Lasercomb) 판결에서 최초로 저작권 남용을 인정했다. 우리나라에서도 법원은 경쟁법 위반에 대한 주장 및 증명이 없다고 하더라도 저작권 기간을 초과하여 라이선스를 적용할 시에는 저작권자의 저작권 침해 주장을 배척하고, 규제할 수 있을 것이다(전정화, 2010).

참고 문헌

국내 문헌

강경근(1983). 「정보공개제도에 관한 연구」. 고려대학교 박사학위 논문.

———(1986). 헌법상 정보공개와 한국법 제도의 현실. 「법학논총」, 제2집.

———(1988a). 정보화사회 정보공개 문제. 「통신정책동향」, 겨울호. 통신개발연구원.

———(1988b). 정보화사회와 정보공개 구현. 「고시연구」, 9월호.

강구형(2008). 「전자정부 하에서 각 행정기관 홈페이지의 개인정보 노출 방지에 대한 연구」. 한남대학교 경영산업대학원 석사학위 논문.

강근복 외(1999). 「지식정보사회와 전자정부」. 나남출판.

강기봉(2008). 한·미 FTA와 프로그램 코드 역분석. 「지적재산권」 제24호. 한국지적재산권법제연구원.

강동범(2000). 사이버범죄와 형사법적 대책. 「형사정책연구」, 제11권 제2호.

———(2007). 사이버범죄 처벌규정의 문제점과 대책, 「형사정책 춘계학술세미나 발표자료」, 형사정책연구원.

강세억(2002). 「지식정보화사회 진전에 따른 새로운 지식정보정책 방향 연구」. 성균관대 정보통신 학술연구 과제(2002. 12. 31).

강정묵(2010). 「전자정부에서 정보 공동 활용의 영향 요인에 관한 실증적 연구: 서울시 공무원의 인식을 중심으로」. 서울시립대학교 석사학위 논문.

강정묵·정노남·방기천(2006). 증강현실 환경 하에서 전자감시에 관한 소고. 「디지털콘텐츠학회 논문지」, 제7권 제2호.

강혜경(2008). 국내의 개인정보 보호 실태. 「지역정보화」, 51호.

강홍렬(2006). 정보화 경험·지식의 전략자원화. 「KISDI 이슈리포트」. 정보통신정책연구원.

강홍렬·최선희(2005). 지식정보화를 위한 아키텍처 정책 연구. 「경제·인문사회연구회 협동연구총서」 05-06-05. 정보통신정책연구원.

강홍중(2008). 한국과 미국의 전자상거래 비교연구. 「관세학회지」, 제9권 제3호.

개인정보보호위원회 홈페이지(http://www.pipc.go.kr/cmt/new/act/selectBoardArticle.do)

경 건(2005). 행정정보의 공개. 「행정작용법」(김동희 편). 박영사.

경찰청(2007). 「2007 경찰백서」.
경찰청 사이버테러대응센터(http://www.ctrc.go.kr).
고려대학교 산학협력단(2009). 「주요 국가의 개인정보 보호 동향 조사」. 한국정보보호진흥원.
곽동철(2003). 우리나라 지식정보자원의 전략적 관리에 관한 연구, 「지식처리연구」, 4(1).
곽채기(2003). 새로운 조달행정의 패러다임 정립 연구. 「한국행정학회 2003년도 기획세미나 발표논문집」.
구병삭(1981). 국민의 알 권리와 정보공개. 「사법행정」.
———(1984). 생활의 비술 촉진과 정보화사회. 「월간고시」, 10월호.
국가사이버안전센터(2004). 「Month 사이버시큐리티」, 6월호(http://service1.nis.go.kr).
국가정보원 · 방송통신위원회(2008). 「2008 국가정보보호백서」.
———(2009). 「2009 국가정보보호백서」.
———(2011). 「2011 국가정보보호백서」.
국가정보원 · 방송통신위원회 · 행정안전부 · 지식경제부(2009). 「2009 국가정보보호백서」.
국회입법조사처(2010). 국가정보 보호, 정책 현황과 개선 방안. 「현안보고서」, 제93호.
권기헌(2008). 「정보체계론」. 나남출판.
권상로(2009). 전자상거래에서의 소비자 보호에 관한 법 · 제도적 연구. 「한국콘텐츠학회논문지」, 제9권 제12호.
권영성(1983). 전산화시대의 법과 사생활의 비밀 보호. 「월간고시」(1983.7).
———(1988). 정보산업의 발전에 대한 법의 변화. 「민주정책과 정보통신산업 학술발표논집」.
권오걸(2009). 사이버범죄와 대응전략. 「법학연구」, 제36호. 글로벌 IT 네트워크(http://www.-itglobal.or.kr).
권태준(1987). 정보통신의 발달과 도시구조의 필요. 김세원 · 추광영. 「정보화사회의 도전」. 무역경영사.
금융위원회(2008). 「신용정보의 이용 및 보호에 관한 법률 전부개정법률안」.
기영석 · 권선필(1999). 공공행정에 있어서 BPR 적용에 관한 연구. 「목원대학교 논문집」, 제36호.
김경동(1979). 사회의 발선: 장점파 과제. 「발전의 사회하」. 문학과지성사.
———(1984). 「경제성장과 사회변동」. 한울아카데미.
김경섭(1996). 「효율적인 정보자원관리를 위한 행정DB 공동 활용」. 한국전산원.
김경섭 · 한세억(1997). 전자정부의 논의와 실천적 함의 : 전자정부 구현을 위한 정책 방안을 중심으로. 「한국행정연구」, 제6권 제4호.
김구(2001). 행정에 있어서 정보통신기술의 활용성 제고에 영향을 미치는 요인. 「한국행정학보」, 제35권 제4호.
김기열(2010). 공공부문에 관한 외국의 개인정보 보호 법제와 국내 입법의 검토 방향. 「월간법제」, 9월호. 법제처.
김기환 외(2008). 「전자정부(u-지역정보화) 구현사업 영향분석 연구」. 행정안전부.
김길조(1987). 시방행징진신화의 확산 적용 방인. 「한국행정학보」, 제21권 제1호.

김남진·김연태(2009). 「행정법Ⅰ」. 법문사.
김도승(2008). 정보화촉진기본법의 개편 과제와 전망. 「정보통신정책」, 제20권 제9호, 통권 제439호. 정보통신정책연구원.
김도훈 외(1988). 「행정학개론」. 대영문화사.
김동욱(1995). 정책정보 공동 이용을 위한 공공부문 정보화. 「국가기간전산망 저널」, 제2권 제4호.
———(1996a). 전자정부 구현을 위한 행정정보화의 효율적인 추진 방안. 「행정논총」, 제34권 제2호.
———(1996b). 행정정보 공동 이용의 효율적인 추진. 「정보화저널」, 제3권 제2호.
———(1997). 정보 공동 이용의 활성화 방안. 「지방화·세계화·정보화시대의 정책과제와 한국의 대응전략」, 한국정책학회 1997년도 하계학술대회 PROCEEDINGS.
김동원 외(2006). 「신전자정부론 이론과 전략」. 대영문화사.
김동환(2010). 「사이버범죄 예방에 관한 연구」. 창원대학교 박사학위 논문.
김동희(2009). 「행정법(Ⅰ)」. 박영사.
김배원(2001). 정보공개소송과 사법심사. 「공법연구」, 제29집 제2호. 한국공법학회.
김병재(1988). 정보화와 다원화사회. 「정보화사회와 민주발전」. 통신개발연구원.
김상겸(2011). 현행 주민등록증의 문제점과 전자주민증 도입에 관한 헌법적 연구. 「공법학연구」, 제12권 제2호.
김상용(1989). 프라이버시권의 보호. 「월간고시」, 7월호.
김상욱 외(2007). 「정보 공유를 통한 행정서비스 제고 사례 연구」. 정부혁신지방분권위원회.
김상태(2007). 정보공개소송에 있어서의 법률문제. 「법학논총」, 제24집 제3호. 한양대학교 법학연구소.
김석주(2006). 전자정부를 통한 행정조직혁신 전략에 관한 연구. 「한국지역정보화학회 발표논문집」.
김석주·김두현(2008). 이명박 정부의 전자정부 추진전략과 과제. 「한국공공관리학보」, 제22권 제1호.
김석희(2003). 「유비쿼터스 패러다임에서의 프라이버시 보호」. 동국대학교 국제정보대학원 석사학위 논문.
김선희(2005). 미국 전자정부 이니셔티브 진행 및 결과에 대한 최근 동향. 「정보통신정책」, 제12권 제1호.
김성근(2004). 아키텍처 정보화에 대한 고찰. 「디지털행정」, 제26권 제1호, 통권 제95호.
김성우·황주성(2005). 인간 중심의 지식정보사회 전면화를 위한 제언. 「KISDI 이슈리포트」, 03-16. 정보통신정책연구원.
김성태(1998). 전자정부 조기 구현을 위한 행정정보 공동활용 활성화 전략요인 분석. 「한국행정학보」, 제32권 제4호.
———(2004). 「전자정부론」. 법문사.
김세원(1987). 정보화사회의 도전과 신정보기술의 육성. 「정보화사회」. 서울대 사회과학연구소.
김소정(2005). 「한국의 프라이버시 보호정책 개선 방안 연구: 공공 영역의 프라이버시 영향

평가 도입을 중심으로」. 고려대학교 정보보호대학원 박사학위 논문.
김승윤 외(2000). 한국 행정의 특성 및 행정에서의 지식관리에 대한 연구. 「한국경영과학학회 학술대회 논문집」.
김승태(2003). 행정정보공개제도의 집행 요인 및 정책효과 분석. 「한국정책학회 춘계학술대회 발표논문집」.
———(2010). 정보공개제도의 운영 성과 평가. 「한국지역정보화학회지」, 제13권 제4호.
김연수(2001). 「개인정보 보호: 고도 지식정보 사회의 개인정보와 Cyber Law」. 사이버출판사.
———(2003). 사이버와 사이버범죄의 본질 및 특징에 대한 분석. 「계간 사상」, 봄호.
김연태(2007). 의무이행소송·예방적 금지소송. 「행정소송법 개정 공청회자료(2007. 5. 23)」. 법무부.
김영미(2005). 전자정부와 정부혁신. 「한국행정학회 하계학술대회 발표논문집」.
김영중(2007). 「미래 정보전을 위한 정보보호 방안 연구」. 아주대학교 정보통신대학원 석사학위 논문.
김용규(2001). 디지털경제의 특징과 시사점. 「디지털경제연구」, 제6권.
김운곤(2002). 사이버범죄에 관한 수사상의 문제. 「법학논총」, 제8집. 조선대학교 법학연구소.
김원준(2010). BM 발명의 특허적격성 판단 기준에 관한 고찰, 「법학논고」 제30권 제3호, 전남대학교 법학연구소.
김윤화(2011). 소셜커머스 시장 현황 및 정책 이슈. 「방송통신정책」, 제23권 11호. 정보통신정책연구원.
김은정(2008). 「행정정보공개제도에 관한 연구: 한국의 행정정보공개제도 운영 실태 분석을 중심으로」. 연세대학교 행정대학원 석사학위 논문.
김은홍(1988). 정보자원관리(IRM)의 개념과 실행 방안에 관한 연구. 국민대 「경상논총」, 제10집.
김일환(2006). 개인정보, 보호 감독기구의 설치에 관한 연구: 외국 사례를 중심으로. 「전자정부법제연구」, 제1권.
김재두(2008). 전자상거래의 입법 동향에 관한 고찰. 「경영법률」, 제18권 제4호.
김정흠(1987). 정보화사회의 도래. 「미래 정보화사회의 교육: 통신정책연구소 학술심포지엄 발표논문집」.
김종섭(2000). 사이버범죄 현황과 대책. 「형사정책」, 제12권 제1호.
김종세(2008). 사이버범죄의 법적 쟁점에 관한 고찰. 「경찰연구논집」, 제2호.
김주영(2011). 전자주민증 도입 방안에 대한 비판적 검토. 「공법연구」, 제39권 제3호.
김주원(2008). 「일본 전자정부 추진 동향 및 시사점: 행정정보화를 넘어 국가경쟁력 강화로」. 한국정보사회진흥원.
김중양(2000). 「정보공개법」. 법문사.
김진욱(2006). 호주의 사이버범죄 및 정보보안 실태조사 주요 내용. 「정보격차 해소 동향」, 2006년 제2호. 정보통신산업진흥원.
김창렬(2003). 「우리나라 공기업에서의 BPR 프로젝트 추진 단계별 주요 성공 요인에 관한 실증적 연구」. 광운대학교 대학원 경영정보학과 박사학위 논문.

김창조(2006a). 정보공개법상 비공개 사유. 「법학논고」, 제25집. 경북대학교 법학연구소.
———(2006b). 정보공개법상 비공개 사유와 공무원의 비밀 엄수 의무. 「공법연구」, 제35권 제2호.
김철수(1981). 정보공개는 왜 필요한가. 「월간고시」, 8월호.
———(1988a). 「헌법학개론」. 박영사.
———(1988b). 정보화사회와 기본권 보호. 「정보화사회와 민주 발전」. 통신개발연구원.
김춘환(1996). 의무이행소송의 허용성. 「법학논총」, 제2권. 조선대학교 법학연구소.
김택수(2009). 「전자정부 활성화 방향 연구」. 창원대학교 행정대학원 석사학위 논문.
김현곤(1997). 정보 공동 이용의 세계적 추세와 시사점. 「정보화저널」, 제4권 제3호.
———(2008). 국가 선진화를 위한 정보화 추진 방향과 실천전략. 「IT정책연구시리즈」, 제6호. 한국정보사회진흥원.
김현성(2002). 행정정보 공동 활용의 한계와 활성화 방안. 「현대사회와 행정」, 제12권 제1호.
———(2010). 공공부문 정보화의 개념 재정립 및 정보화사업 유형 분류에 관한 고찰. 「한국지역정보학회지」, 제13권 제1호.
나지원(2006). 전자상거래 등 소비자보호법의 문제점과 개선 방안. 「경쟁법연구」, 제13권.
내일뉴스. 2011년 11월 3일자(“디지털 포렌식, 기업 위험 예방해 경쟁력 높일 수 있어”).
내일신문. 2011년 9월 27일자 (해커에 구멍 뚫린 정보사회-⑤제도적 허점: 해킹에 대응할 국가 차원의 지휘본부가 없다).
노규형(1987). 정보교육 활성화 방안. 「미래 정보화사회의 교육: 통신정책연구소 학술심포지엄 발표논문집」.
———(1988). 정보화 사회에서의 정치참여. 「정보화사회와 민주 발전」. 통신개발연구원.
노종혁·진승현(2007). 웹 환경에서 정책 기반 개인정보 보호 기술. 「전자통신 동향분석」, 제22권 제4호.
뉴데일리. 2011년 11월 1일자(대검, ‘사이버범죄 수사단’ 구성…해킹·테러 대비).
뉴스와이어. 2006년 5월 23일자(행정자치부, 중장기 행정정보 DB 구축 기본계획 수립 및 추진).
대검찰청(http://www.spo.go.kr/spo/major/disclosure/disclosure01.jsp).
대검찰청 첨단범죄수사과 인터넷범죄수사센터(http://www.spo.go.kr).
대장성(1983). 고도 정보화사회의 패러다임. 「*Softnomics Series*」, 제9권.
대한민국정부 전자관보. 제17475호(2011. 3. 29).
디지털데일리. 2011년 2월 3일자([기획/2011 클라우드 ⑪] 클라우드 강국으로 가는 길… “이제는 GaaS”).
———. 2011년 8월 28일자(국정원 “민간전문가 참여, 사이버보안 사고 조사·검증체계 운영”).
디지털타임스. 2003년 4월 29일자(미국·일본의 정보보호 현황).
———. 2004년 11월 12일자(‘사이버테러 대응센터, 이메일 피싱 범죄 적발’).
———. 2005년 7월 26일자(전자주민증 10년 만에 재추진).
———. 2008년 9월 30일자(U-커머스).
류석준(2008). 사이버 범죄에 대한 외국의 입법례. 「영산법률논총」, 제5권 제1호.

류한석(2011). 「소셜 커머스의 거부할 수 없는 매력」. KT경제경영연구소.
류희수(2005). 웹에서의 P3P 기술 적용은 우리의 정보를 보호할 수 있나?. 「*IT Standard Weekly*」, 제43호. 한국정보통신기술협회.
맹보학(2002). G2B 정부전자조달사업의 효과분석. 「한국정책학회 하계학술대회 발표논문집」.
문규석(1999). 국제범죄 개념의 이원론적 분류에 관한 연구. 「외법논집」, 제7집.
문성제(2003). 온라인상에서의 개인정보 보호에 관한 국제 동향: 미국의 제도를 중심으로. 「비교법학연구」, 제3집.
문신용(1996). 「전자정부 구현을 위한 행정정보서비스 발전 방향」. 한국행정연구원.
문종호 · 이창환 · 권근 · 이광우 · 원동호(2011). 전자신분증 도입을 위한 고려 사항. 「한국정보과학회 2011 한국컴퓨터 학술발표논문집」, 제38권 제1호.
문태현 외(2005). 「주요국의 전자상거래 소비자정책 현황 및 비교 연구」. 공정거래위원회.
민경식 · 김동희(2008). 일본의 최근 정보보호정책 현황 및 시사점. 「정보보호 이슈리포트」, 2008-06호. 한국정보보호진흥원.
민경식 · 황성원(2008). 2007년 국가정보 보호 수준 평가지수 산출과 시사점. 「정보보호 이슈리포트」, 2008-02호. 한국정보보호진흥원.
민승기(2002). 세계 전자상거래 시장 전망. 「주간기술동향」, 1069호. 정보통신연구진흥원.
민주주의법학연구회(2011). 「전자주민증 관련 "주민등록법" 개정안에 대한 민주주의법학연구회 의견서」.
박균성(2009). 「행정법론(상)」. 법문사.
박덕영(2006a). FTA와 전자상거래 분야 주요 쟁점. 「서울국제법연구」, 제13권 제2호.
———(2006b). 영국의 저작권집중관리제도. 「지식재산연구」, 제1권 제1호, 한국지식재산학회.
박돌봉(2005). 「지방자치단체 행정정보공개제도의 실효성에 관한 연구」. 동국대학교 박사학위 논문.
박민정(2007). 「참여정부의 전자정부 추진 과정과 전략평가연구」. 한국행정연구원.
박순태(2010). 「주요 정보통신 기반시설 지정 방법 개선에 관한 연구」. 전남대학교 박사학위 논문.
박승진(1998). 사이버 무역의 개념 및 발전 방향. 「월간 정보화 사회」, 3 · 4월호.
박윤흔 · 정형근(2009). 「최신 행정법강의(상)」. 박영사.
박정은 · 송희준(2006). 전자정부 추진조직과 정책의 관계에 관한 국가 간 비교연구. 「한국정책학회보」, 제15권 제4호.
박정훈(2008). 정부신뢰와 정책수용 : 전자주민카드 정책을 중심으로. 「행정논총」, 제46권 제1호.
박철우(2011). 우리나라 전자정부의 발전 과정과 과제. 「경영컨설팅리뷰」, 제2권 제1호. 공주대학교 KNU 경영컨설팅연구소.
박희영(2004). 사이버범죄방지조약의 발효와 한국 형법의 대응 법규. 「인터넷법률」, 제23호. 법무부.
———(2009a). 독일의 사이버범죄방지조약의 비준에 관한 법률(상), 「월간법제」, 616호. 법제처.
———(2009b). 독일의 사이버범죄방지조약의 비준에 관한 법률(하), 「월간법제」, 617호. 법제처.
———(2009c). 독일 연방사법경찰청에 의한 국제테러의 위험 방지를 위한 법률(상). 「월간법

제」, 613호. 법제처.
———(2009d). 독일 연방사법경찰청에 의한 국제테러의 위험 방지를 위한 법률(하),「월간법제」, 614호. 법제처.
———(2010a). 독일에 있어서 사이버범죄 관련 입법 및 판례의 최근 동향.「월간법제」, 법제처.
———(2010b). 독일의 아동포르노 인터넷 사이트의 차단 법률.「월간법제」, 627호. 법제처.
———(2011). 독일 연방주민등록법의 발효와 전자주민증.「월간법제」, 2011년 1월호. 법제처.
방석현(1994).「행정정보체계론」. 법문사.
배병호(2003).「스마트카드 도입을 위한 개인정보 보호 방안」. KAIST 지식기반전자정부연구센터 제6회 전자정부포럼 발표 자료.
배임태(1998). 정보공개법 운영 현황과 개선 방향.「시민주권과 정보공개」. 언론개혁시민연대 정보공개운동 토론회.
백광훈(2000). 인터넷범죄의 규제법규에 관한 연구.「형사정책연구원」.
———(2003). 인터넷을 이용한 범죄의 유형과 처벌법규.「범죄방지포럼」, 제13호.
법률신문. 2003년 11월 20일자(소프트웨어 불법복제와 저작권 보호).
법무부(1994).「컴퓨터 프로그램의 법적 보호」. 1994.12.15.
베타뉴스. 2011년 1월 21일자(SNS가 등장하게 된 배경은? 인터넷 소통의 '역사'),
변재옥(1982). 미국의 정보자유법의 운용상 문제점.「현대공법의 이론」. 목촌 금도창 박사 화갑기념.
변정수(2007).「한국형 디지털 증거분석 표준화: 경찰청 디지털 증거처리 표준가이드라인 및 증거분석 전문 매뉴얼의 고찰」. 경찰청 디지털포렌식센터.
보안뉴스. 2008년 11월 19일자(개인정보 보호 선진화 모색과 대안).
———. 2008년 11월 20일자(개인정보보호법 제정 방향과 그 내용).
———. 2010년 6월 17일자(한-싱가포르, 미래형 전자정부 개발 위한 MOU 체결).
———. 2011년 11월 2일자(대검, 사이버범죄 대응 전담기구 '사이버범죄수사단' 설립).
———. 2011년 11월 30일자(정부통합전산센터, '대한민국 전자정부 홍보관' 개관).
삼성SDS 기술사회(2010).「핵심 정보통신기술 총서 03-데이터베이스」. 한울.
서남원(1985).「경영정보론」. 무역경영사.
———(1988). 정보화사회에 있어서 행정 변화.「행정과 전산」, 제10권 제4호.
서순복(2002).「지식정보사회와 전자행정」. 대왕사.
서울경제신문. 2001년 10월 10일자('컴퓨터 바이러스 공포감 확산').
서울신문. 2011년 10월 31일자(사이버 공간 부작용 줄이려면 한국 네티즌 도움 절실).
———. 2011년 8월 4일자(혼선 없는 개인정보보호 추진체계 필요).
서정자(1984). 정보화시대의 매스컴.「현대사회」, 가을호.
서진완(1997).「행정정보의 공동활용제도에 관한 연구」. 한국행정연구원.
서진완 외(2009). 주요 국가 정부조달 시스템의 비교분석.「한국지역정보화학회지」, 제12권 제3호.
서혜란 · 서은경 · 이소연 · 오경주 · 정원식(2006). 통합적 정보자원관리를 위한 국가기반 전자기록 관리시스템 참조모형 구축에 관한 연구. 「정보관리학회지」, 제23권 제1호.
석종현 · 송동수(2009). 「일반행정법(상)」. 삼영사.
성낙인(1999). 프랑스의 정보공개법제. 「행정법연구」, 1999년 하반기. 행정법이론실무연구회.
성선제(2004). 사이버공간과 사생활 보호. 「IT사회 문화적 영향 연구 : 21세기 한국 메가트렌드 시리즈」. 정보통신정책연구원.
성승현(2007). 독일 저자권법의 컴퓨터 프로그램 보호를 위한 특별규정, 「창작과 권리」 가을호. 세창출판사.
성욱준 · 이민상(2012). 스마트워크센터 사용자의 정책 수용에 대한 실증연구. 「스마트사회의 도래와 변화」. 제1회 SSK 스마트사회연구팀 세미나 자료집.
손광수(2003). 「데이터베이스 관리와 실습 : MS SQL 서버」. 한빛미디어.
손형길(2003). 전자정부 구현을 위한 정보시스템 간 상호 운용성 확보 방안. 「디지털행정」, 제94호. 행정자치부 정부전산정보관리소.
송용진(2011). 미국 소셜커머스시장 확대로 소매업체 목소리 커져. 「KOTRA 글로벌윈도우」(2011. 4. 9).
송희준 외(2007). 「주민등록제도 발전 방안 연구」. 행정자치부.
신관호(1984). 컴퓨터 소프트웨어의 법적 보호. 「발명특허」.
신영진(2005). U-사회에서의 한국과 일본의 정보보호정책 추진 방안 : 한국과 일본의 정책비교를 통한 국가 협력을 중심으로. 「일본학보」, 제64호.
———(2006). 행정정보 공동 이용을 통한 대민 서비스의 개선 방안. 「한국정책학회 춘계학술대회 발표논문집」.
심동현(1984). 컴퓨터 소프트웨어의 법적 보호에 관한 연구」, 「컴퓨터비전」, 1984.3.
심현정(2007). 행정정보 공동이용 제도에 대한 이해와 관련 법제의 발전 방향. 「법제」, 제589호. 법제처.
아시안투데이. 2011년 5월 13일자('국내 SW 불법복제율은 사상 최저 피해 금액은 사상 최고').
안경옥(2003). 사이버범죄의 현황과 대응 방안. 「경희법학」, 제38권 제1호.
안문석(1997). 행정정보 공동 활용과 국가경쟁력. 「정보화저널」, 제4권 제3호.
———(2008). 「한국전자정부론」, 박영사.
안병락(1986). 정보화사회와 경제. 「정보화사회」. 서울대 사회과학연구소.
안철수연구소(http://home.ahnlab.com).
안청시(1985). 정보사회와 민주주의: 뉴미디어 활용의 정치적 명암. 「사회과학과 정책연구」, 제7권 제4호.
양용석(2008). 국외의 개인정보 보호제도 동향. 「지역정보화」, 제51호.
양정호(2004). 「해외 주요 국가의 e비즈니스 현황」. 한국전자거래진흥원.
연합뉴스. 2011년 6월 27일자(행안부, 사이버침해 대응 인프라 대폭 확충).
염재호(2002). 「지식정보화와 국가 발전」. 지식정보화와 미래 정부모형 : 2002년도 한국행정학회 기획심포지엄.
오강탁 · 이연우(2005). 참여정부 전자정부 수준 진단과 정책적 함의. 「정보화정책」, 제12권 제3호.
오관석(2010). 「전자정부와 U 패러다임」. 진한엠엔비.
오길영(2011). 전자주민증 도입의 쟁점과 함의. 「민주법학」, 제46호.
오 명(1985). 「정보화사회의 통신정책」. 체신부.
———(1988). 「정보화사회 그 천의 얼굴」. 서울: 한국경제신문사.
오상진(2011). 「정보공개제도의 개선 방안에 관한 연구: 정보인권을 중심으로」. 동국대학교 석사학위 논문.
오석홍(1987). 정보화시대의 행정. 「행정과 전산」, 제9권 제3호.
오일석·김승현(2002). 호주 국가 정보기반 보호 및 정보보호 정책 개관. 「한국인터넷정보학회 춘계학술발표대회 논문집」, 제3권 제1호.
오정훈(2003). G2B 관련 투자가 국민경제에 미치는 영향분석. 「정보통신정책학회 정기학술대회 발표논문집」.
우지숙(2004). 「통신시장 환경 변화에 대응한 통신사업 정책 방향에 관한 연구」. 정보통신부.
원순재·채승완·민경식·윤재석(2006). EU의 정보보호 전략 및 시사점, 「정보보호 정책동향」, 정책개발 06-12. 한국정보보호진흥원.
원순재·채승완·유은재(2006). 미국의 주요 정보보호 기관 및 R&D 동향. 「정보보호 정책동향」. 한국정보보호진흥원.
유재훈(2011). '소셜 커머스', 이제 소비자를 기업의 동반자로. 「*LG Business Insight*」. LG경제연구원.
유종해(1986). 「현대행정학」. 박영사.
유홍림(1999). 「행정개혁을 위한 정보기술의 성공적인 도입전략」. 한국행정연구원.
유홍림·김행기(2004). 공공부문 BPR의 성공 요인과 조직 성과에 관한 실증 연구. 「한국행정학보」, 제38권 제5호.
윤상오(2002). 전자정부 성숙도 평가모형의 개발과 작용에 관한 연구. 「한국정책학회보」, 제11권 제4호.
윤상오 외(2009). 공공정보 자원관리에 대한 개념 재설정과 법제 개편 방향. 「한국사회와 행정연구」, 제20권 제1호.
윤석민(1989). 정보화 사회 그 논의와 쟁점들. 「컴퓨터비전」, 2월호.
윤은신(1988). 「정보학특강」. 김영사.
윤재석·김동희·민경식(2008). 안전한 정보사회 구현을 위한 EU의 정보보호 전략과 연구개발 현황 및 시사점. 「정보보호 이슈리포트」, 2008-09. 한국정보보호진흥원.
윤종설·유종선(2005). 「전자정부 활성화를 위한 규제개혁 방안」. 한국행정연구원.
이구현(2004). 「미디어와 정보공개법」. 한국언론재단.
이규정(1985). 「정보공개에 관한 헌법적 고찰」. 경희대 석사학위 논문.
이기수 외(1996). 「지적재산권법」. 한빛지적소유권센터.
이동범·고웅·곽진(2008). i-PIN을 이용한 전자주민카드 시스템. 「한국인터넷정보학회 추계학술발표대회 논문집」, 제9권 제2호.

이명호(2000). 「지식정보화사회의 패러다임에 부합하는 정보통신 연구개발정책 및 체계에 대한 연구」. 정보통신연구진흥원.
이민(2005). 「정보사회에서의 감시와 프라이버시에 대한 연구: CCTV와 NEIS 및 전자주민카드 사례를 중심으로」. 서강대학교.
이민식(2000). 사이버공간에서의 범죄 피해. 「한국형사정책연구원 연구보고서」.
이민영(2006). 행정정보의 활용과 개인정보의 보호. 「정보통신정책」, 제18권 제21호.
이민영·주지홍(2003). 전자정부 시대의 개인정보 보호: 법안 분석 및 법제 검토. 「KISDI 이슈리포트」, 03-20.
이병귀(2008). 개인정보 침해 사례 및 대응 방안. 「행정안전부 2008년 하반기 개인정보관리책임관(CPO) 워크숍 자료」.
이성식(2006). 사이버범죄와 시민의 역할. 「정보화정책」, 제13권 제3호.
―――(2008). 「청소년 사이버범죄 유형별 원인 및 통제 요소에 관한 통합적 연구」. 한국정책연구원.
―――(2011). 「사이버범죄학」. 도서출판 그린.
이승종(1990). 정보공개의 행정책임성에 관한 효과 및 공개 방향. 「지방행정연구」, 제5권 제1호.
이승종·신충섭·유희숙(1991). 「지방자치단체의 행정정보 공개에 관한 연구」. 한국지방행정연구원.
이시윤(2004). 「민사집행법」. 박영사.
이영교·안정희(2009). 전자주민증 도입에 따른 다각적인 분석. 「디지털산업정보학회 논문집」, 제5권 제2호.
이영라(2007). 「전자정부에서의 행정정보 공동이용에 대한 헌법적 고찰」. 연세대학교 석사학위 논문.
이윤식(1988). 행정정보관리의 본질과 접근법에 관한 소고. 「한국행정학보」, 제22권 제2호.
―――(1991). 정보공개제도의 한국적 모형 정립을 위한 시론. 「한국행정학보」, 제25권 제1호.
―――(1998a). 국가경쟁력 강화를 위한 전자정부의 추진 방향. 「한국행정학회 1998년도 동계학술대회 발표논문집」.
―――(1998b). 지방행정의 환경 변화와 지역정보화 추진 방안: 작고 효율적인 정부 구성을 위한 지역정보화 추진 방안. 「지역정보화」, 제3호.
―――(1999). 「행정정보체제론(전정3판)」. 법영사.
―――(2009). 「신행정정보체제론」. 대영문화사.
이재광·장종수·박기식(2007). 사이버공간에서의 개인정보 보호. 「정보와 사회」, 제12호.
이재두(2002). e-Business 관점에서의 국가종합전자조달(G2B) 시스템의 사례연구. 「한국경영정보학회 추계학술대회 발표논문집」.
이종원(1986). 「지방행정 전산화가 권력 관계에 미치는 영향에 관한 연구」. 서울대사회과학연구소.
이주호·정재한(2011). 「미국 지방정부의 선도적 전자정부 정책 동향」. 한국지역정보개발원.
이준호(2004). 국가지식정보자원관리 현황과 과제. 「사회과학연구」, 제11권. 안양대학교 사회과학연구소.
이진주 외(1989). 「경영정보시스템」. 다산출판사.
이창범(1997). 디지털상거래에 있어서 소비자 보호의 법적 고찰. 「소비자문제연구」, 제20권.
———(2003). 현행 프라이버시 보호 담당기구별 성과와 한계. 「공동워크숍 자료집」. 함께 하는 시민행동.
이창범 외(2010). 미국・영국・독일의 기반보호법 체계에 관한 연구. 「한국인터넷진흥원 연구보고서」.
이철환(2008). 정보공개소송에서의 쟁점. 「법학논총」, 제28집 제1호. 전남대학교 법률행정연구소.
———(2009). 「행정구제법」. 전남대학교출판부.
이충렬(2005). 전자정부 구현을 위한 스마트카드 도입의 경제적 효과 연구. 「정보통신 학술연구(자유일반)」, 04-056. 정보통신부.
이충배 외(2008). 국가종합전자조달 현황과 활성화 방안에 관한 연구. 「전자무역연구」, 제6권 제1호. 중앙대학교 한국전자무역연구소.
이필영(2008). 개인정보보호법 제정 방향과 그 내용. 「행정안전부 2008년 하반기 개인정보관리책임관(CPO) 워크숍 자료」.
이학종(1984). 「조직동기 : 이론과 사례연구」. 세경사.
———(1989). 「MIS와 경영조직」. 박영사.
이형원(2008). 소프트웨어의 다양한 법적 보호에 관한 연구. 단국대학원 석사학위 논문.
인터넷침해대응센터(http://www.krcert.or.kr/).
임규건 외(2003). 「e-Business 시대를 위한 경영정보시스템」. 사이텍미디어.
———(2005). IT 수준 및 성과평가 : 나라장터(G2B) 국가종합전자조달 시스템의 정량적 효과평가. 「한국경영정보학회 춘계학술대회 발표논문집」.
———(2008). 전자정부 G2B 시스템의 성과평가 분석을 위한 새로운 평가 모델 및 방법론 개발. 「*Information Systems Review*」, 제10권 제2호.
임종인・장규현(2010). 전자적 제어시스템 침해 위협에 따른 법적 대응 방안. 「정보보호학회지」, 제20권 제4호.
임헌만(2005). 전자주민카드 정책 과정상의 프라이버시 이슈와 교훈. 「한국사회와 행정연구」, 제16권 제3호.
장경미(2003). 「행정정보 공동이용의 발전 방안에 관한 연구」. 연세대학교 석사학위 논문.
장상용・홍성범(1988). 「메가트렌드」. 고려원.
장영민・조영관(1993). 「컴퓨터범죄에 관한 연구」. 한국형사정책연구원.
장영환・도경화・정원모(2006). 행정정보 공동이용 현황과 과제. 「전자정부 포커스-01」. 한국정보사회진흥원.
장우영(2006). 전자주민카드 도입에 관한 법적 문제. 「경희대학교 대학원 고황논집」, 제38권.
장종인(2006). 사이버범죄에 대한 사회문화적 논의. 「정보통신정책」, 제18권 제7호.
장지원・문신용(2004). 행정정보 공개의 관련 요인에 관한 실증분석. 「한국행정연구」, 제13권 제1호.
장태주(2009). 「행정법개론」. 법문사.
장현미 외(2009). 인터넷 환경 내 개인정보 보호 아키텍처 설계 방안. 「*Entrue Journal of Information Technology*」, 제8권. LG CNS 엔트루정보기술연구소.
전병재 외(1988). 「정보화사회와 민주 발전」. 정책자료 88-08. 통신정책연구원. 전자민원 G4C 홈페이지(http://www.egov.go.kr/).
전병호 외(2007). 전자상거래 활용 수준 및 장애 요인에 관한 연구. 「한국경영정보학회 춘계 학술대회 발표논문집」.
전자신문. 2004년 11월 12일자('유명사이트 위장 피싱 해커 적발').
———. 2008년 11월 26일자(3분기 전자상거래 34% '껑충').
———. 2011년 10월 19일자([쟁점토론-전자주민증 반대] 개인정보 유출 · 오남용 활개칠 것).
———. 2011년 11월 27일자([글로벌 리포트] 세계 각국 정보화 추진 현황).
전정화(2010). 소프트웨어의 지적재산법적 보호 방안에 관한 연구. 광운대학교대학원 석사학위 논문.
정국환(2007). 「IT 고도화에 따른 미래 공공조직 구현 방안」. 정보통신정책연구원.
정국환 · 문정욱 · 김영미 · 김석주(2009). 「정보화 추진상의 갈등관리와 추진전략연구」. 정보통신정책연구원.
정범모(1987). 정보화사회와 인간생활. 「미래사회와 정보통신의 역할」. 통신정책연구소 · 미래학회.
정보통신부(2002a). 「공공기관의 개인정보의 공동 이용에 있어서의 문제점과 정책적 과제」.
———(2002b). 「정보 보호를 위한 중장기 계획(안)」.
———(2005). 「안전한 u-Korea 구현을 위한 정보 보호 중장기 계획」.
정보통신연구진흥원(2008a). 2007년 일본 EC시상 규모 B2B 162조 엔, B2C 5조 3천억엔. 「주간기술동향」, 1365호.
———(2008b). 3/4분기 미국 전자상거래 매출 전년 대비 18% 증가. 「주간기술동향」, 1324호.
정보통신윤리위원회(2003). 「정보통신윤리백서」.
정부혁신지방분권위원회(2005a). 「전자정부 수준진단 결과」.
———(2005b). 행정정보 공유 현황 및 개선 방안. 「제63회 국정과제회의(2005. 7. 20) 발표자료」.
정연수(2007). 「(가칭) 정보통신망 등에서의 개인정보 보호에 관한 법률」 제정 방안 연구(Ⅰ)」. 한국정보보호진흥원.
정연수 · 이윤희(2006). 「OECD 개인정보보호 논의 동향」. 한국정보보호진흥원.
정영화(2002). 「정보사회의 프라이버시 보호를 위한 정책과제: 개인정보 보호법률(Privacy Act)의 실현을 중심으로」. 프라이버시 보호 네트워크 제1차 정기토론회 겸 함께하는 시민행동 정보사회의제만들기 제4차 토론회 발표자료.
정예택(2008). 전자거래 역기능 방지 정책 및 향후 대책. 「전자거래 활성화 및 역기능 방지 정책 심포지엄 발표자료」. 한국전자거래진흥원.
정 완(1997). 사이버 음란물의 유통과 규제. 「형사정책연구소식」, 제41호.

———(1999). 하이테크 범죄대책에 관한 국제 동향. 「형사정책연구」, 여름호. 한국형사정책연구원.
———(2000a). 국가안보 위해 요인으로서의 사이버범죄. 「양지」, 162호. 국가정보원.
———(2000b). 시스템 침해사고(해킹)의 현실과 문제점. 「형사정책연구소식」, 제62호.
———(2001a). 「사이버범죄의 보안대책」. 한국형사정책연구원.
———(2001b). 불건전 사이트의 범람과 법적 규제. 「형사정책연구소식」, 제67호.
———(2001c). 사이버 도박의 사례와 대응. 「형사정책연구소식」, 제65호.
———(2001d). 이메일의 부정 사용과 형사적 규제. 「형사정책연구소식」, 제68호.
———(2001e). 인터넷 사기의 유형과 방지대책. 「형사정책연구소식」, 제64호.
———(2003a). 더 이상 방치할 수 없는 사이버범죄. 「지구촌」, 2003년 3월호.
———(2003b). 사이버 음란물 피해의 심각성과 그 대책. 「피해자학연구」, 제11권 제2호.
———(2003c). 소프트웨어 불법복제의 실태와 법제도적 개선 방안. 「한국형사정책연구원 연구총서」.
———(2003d). 스팸메일의 범람과 규제 방안. 「형사정책연구소식」, 제77호.
———(2004). 「사이버범죄 방지를 위한 국제공조 방안」. 한국형사정책연구원.
———(2007a). 「사이버범죄 방지를 위한 국제협력 방안」. 한국형사정책연구원.
———(2007b). 사이버범죄의 현상, 「형사정책연구」, 제19권 제2호.
———(2009). 사이버범죄의 실태와 동향 및 대응책. 「홍익법학」, 제10권 제1호. 홍익대학교 법학연구소.
정 완(역)(2002). 인터넷상의 청소년 유해 콘텐츠 대책. 「형사정책연구」, 제13권 제3호.
정준현(2003). 「유비쿼터스 컴퓨팅과 프라이버시 보호」. 한국정보보호진흥원 제2회 개인정보보호 심포지엄 자료.
———(2005). 「정보사회에 있어서 개인정보 보호의 중요성」. 개인정보 보호 종합대책 공청회 자료.
정찬모(1997). 개인정보 보호에 관한 국제적 입법 동향 및 우리의 대응. 「정보사회연구」, 가을호.
정철현(2006). 「신행정정보체계론」. 서울경제경영.
정충식(1997). 「전자정부론」. 녹두.
———(2008). 행정정보 공동 이용을 통한 민원창구의 업무처리 혁신 사례분석 : 업무처리 절차의 개선을 위한 정책방안을 중심으로. 「*Entrue Journal of Information Technology*」, 제7권 제1호. LGCNS 엔트루정보기술연구소.
———(2009). 「전자정부론(제2판)」. 서울경제경영.
정태석 · 설동훈(2004). 「사이버범죄와 보안의식 : IT의 사회 · 문화적 영향 연구 : 21세기 한국 메가트렌드 시리즈」. 정보통신정책연구원.
정필운(2006). 행정정보공동이용법안의 추진 배경 및 내용. 「전자정부 포커스-01」. 한국정보사회진흥원.
정하룡(2007). 「전자정부 수준평가 및 측정지표 개발에 관한 연구 : 중국 4대 도시 전자정부 수준평가지표 적용 사례를 중심으로」. 선문대학교 석사학위 논문.
정하중(2009). 「행정법개론」. 법문사.

정현철(2006). 정보보호 침해 사례 유형 및 보안 대책. 「지역정보화」, Vol 40.
정홍익(1989). 정보사회의 행정과제. 「행정과 전산」, 제11권 제1호.
정휴봉(1997). 디지털상거래와 소비자보호. 「소비자문제연구」, 제20권.
조달청(2003). 「국가종합전자조달(G2B) 현황 및 향후 과제」.
———(2007). 「참여정부 조달혁신 백서」.
———(2011). 「2009 조달연보」.
조병인(2000). 「사이버 경찰에 관한 연구」. 한국형사정책연구원.
조병인 외(2000). 「사이버 범죄에 관한 연구」. 한국형사정책연구원.
조석주(2004). G2B서비스의 고객만족도 평가와 발전 방안. 「한국사회와 행정연구」, 제15권 제3호.
조영표(2008). 「사이버범죄의 실태 및 대응 방안」. 대구대학교 행정대학원 경찰행정학과 석사 학위 논문.
조재인(2004). 지식정보자원 보존 체계에 관한 연구. 「한국도서관·정보학회지」, 제35권 제4호. 한국도서관정보학회.
조정환(2009). 「행정법(상)」. 진원사.
조호대·신동일(2009). 공공 및 민간부문 사이버 침해사고 현황분석에 따른 대응 방안. 「한국콘텐츠학회논문지」, 제9권 제1호.
조화순(2005). 정보사회의 국가권력과 개인정보 : 한국의 전자주민카드 도입 논의를 중심으로. 「한국정치학회보」, 제39집 제2호.
죽내계(1984). 정보화사회의 가능성과 문제점. 「현대사회」, 가을호.
중앙일보. 2008년 12월 9일자(한 해 전자상거래 규모, 국가 예산 3배 육박).
———. 2010년 11월 16일자([경제 view&] 통신병의 무전기 '등짐' IT로 벗겨주자).
진덕규 외(1984). 「한국사회의 발전논리」. 홍사단출판부.
최경진(1998). 「전자상거래와 법」. 현실과미래사.
최두신(2003). 인터넷사기의 형사법상 고찰. 「인터넷법률」, 제18호. 법무부.
최명길·김세헌(2007). 정보보호 패러다임 변화 및 정보보호 동향에 대한 고찰. 「정보보호학회지」, 제17권 제4호.
최봉기(1981). 정책정보의 기능과 가치평가. 「한국행정학보」, 제15호.
최석범 외(2008). 동북아지역 국가들의 전자상거래 활용과 성과에 관한 실증적 연구. 「통상정보연구」, 제10권 제1호.
최선희(2008). 지속가능 발전을 향한 전자정부 추진 방향: 아키텍처(EA/ITA) 정책을 중심으로. 「정보통신정책」, 제20권 제15호.
최신융(2005). 국내 공공정보 활용에 관한 법 제도 현황. 「공공정보유통지원사업 세미나 발표자료」.
최영호(1998). 정보범죄의 현황과 제도적 대처 방안. 「한국형사정책연구원 연구총서」.
최종원(1996). 행정정보 공동 활용 정책집행 사례분석. 「행정논총」, 제34권 제2호.
———(2010). 「공공기관의 정보공개제도에 있어서 비공개정보 범위에 관한 연구」. 전남대학

교 석사학위 논문.
최준선(2002). 「각국의 컴퓨터 프로그램저작권 관련 법규(조약·협약) 번역 및 해설」. 프로그램심의조정위원회.
최창호(2004). 미국의 정보자유법에 관한 연구. 「법학논고」, 제20집 제1권. 경북대학교 법학연구소.
최홍석 외(2006). 한국 중앙정부의 정보자원관리 운영분석. 「한국행정논집」, 제18권 제1호.
쿠폰제이피(http://coupon-jp.com).
크리스찬아카데미 시민사회정보포럼(1999). 「시민이 열어가는 지식정보사회」. (재)대화문화아카데미.
타무라(2010). 일본 저작권법의 동향과 미래. 「법학논총(*Chosun Law Journal*)」, Vol. 17, No.1. 조선대학교 법학연구소.
탁승호(2003). 전자정부와 스마트카드. 「KAIST 지식기반전자정부연구센터 제6회 전자정부포럼 발표자료」.
통계청 e-나라지표 홈페이지(http://www.index.go.kr/).
통계청(2008). 「전자상거래 및 사이버쇼핑 동향 결과」.
―――(2011). 「2010년 연간 및 4/4분기 전자상거래 및 사이버쇼핑 동향조사 결과」.
통신정책연구소(1986). 「정보화시대에 살다」.
―――(1987a). 컴퓨터를 이용한 국가정보 시스템. 「통신정책총서」. 28-30.
―――(1987b). 세계의 프라이버시법. 「통신정책총서」 87-8.
트렌드마이크로(2011). 「트렌드마이크로 월간 보고서」(2011년 3월).
파이낸셜뉴스. 2001년 3월 23일자 (‘침입탐지시스템’).
―――. 2004년 11월 11일자 (‘유명 사이트 위장 피싱 해커 적발’).
―――. 2011년 2월 24일자 (OK캐시백, 회원 동의 없이 정보 수집·판매).
프레시안. 2011년 9월 20일자(정부, 건당 30원에 개인 정보 채권업체에 판매).
하완규(1985). 고도정보사회는 어떤 사회인가. 「컴퓨터비전」, 3월호.
하이서울뉴스. 2007년 6월 11일자(과태료 관리 한번에: 세외수입 종합징수시스템 운영).
한국개발연구원(1985). 「2000년을 향한 국가 장기발전 구상」.
한국마케팅연구원(2011). ‘등장’ 시리즈 제2탄: 소셜커머스! NEW PARADIGM의 등장!. 「마케팅」, 제45권 제6호. 한국마케팅연구원.
한국미래학회(1982, 1984). 「미래를 묻는다」, 제7집, 제8집.
한국사회학회(1983). 「한국사회 어디로 가고 있나」.
한국인터넷정보진흥원(2010). 「정보보호 실태조사 개인편/기업편」.
한국인터넷진흥원(2011). 「국가정보백서 2011」.
한국일보. 2006년 9월 22일자(새 주민증은 스마트카드?).
한국전산원(1996). 「전자주민카드의 보안체계와 역기능 방지 대책에 관한 연구」.
―――(1997a). 「정보화 시대의 행정서비스와 행정체제 개선 방안 연구」.
―――(1997b). 「정보사회의 지적재산권 개념 재정립」.

———(1998). 「전자주민카드사업의 타당성 분석」.
———(2000). 주요국의 전자상거래 관련 법제 동향. 「정보화정책 이슈 동향」.
———(2002). 「공공부문 스마트카드 도입정책 및 관리 방안」.
———(2005). 「전자정부 고도화에 따른 종합적 전자정부 발전모델 및 수준진단 방법론 개발」.
한국전자거래진흥원(2007). 「2007년 e-비즈니스 현황조사 결과」.
한국전자통신연구소(1986). 「정보화시대에 산다」. 운영사.
한국정보보호진흥원(2006). 「유비쿼터스 정보보호 기본전략 연구」.
———(2007). 「2007 정보보호 실태조사」.
한국정보사회진흥원(2006). 「주요국 정보보호 동향조사 : 유비쿼터스 시대의 정보보호 정책을 중심으로」.
———(2007). 미국 캘리포니아 주, RFID 기술 규제를 위한 법안 표결 예정. 「*IT Issues Weekly*(2007. 4. 17)」.
———(2008a). 「2008 국가정보화백서」.
———(2008b). 「정보의 공유 및 확산 촉진을 위한 정책 방안」.
———(2008c). 프랑스 전자상거래 전망. 「*IT Issues Weekly*」, 제167호.
———(2009a). 「정보화 통계 조사 및 동향분석에 관한 연구」.
———(2009b). 주요 선진국의 소통형 디지털 정부 추진 현황과 시사점. 「*CIO REPORT*」, Vol. 14.
한국정보화진흥원(2010a). 「2010 국가정보화백서」.
———(2010b). 「2010 UN 전자정부 평가」.
———(2010c). 스마트 사회 구현을 위한 공간정보 서비스 활용 전략. 「*CIO REPORT*」, Vol. 28, 29.
한국EC주진협의회(www.kjebiz.or.kr).
한국컴퓨터프로그램보호회(1998). 「소프트웨어 지적재산권」 여름호.
한기태(2003). 정보공개에 있어서 문서의 특정. 「행정재판실무편람 Ⅲ -자료집」. 서울행정법원.
한봉조(2000). 사이버 범죄수사에 대한 국제적 협력문제. 「형사정책연구」, 제42호,
한성원 외(2002). 국내 조달행정의 현황과 발전 방향 : G2B 전략구축 사례. 「정보통신정책학회 정기학술대회 발표논문집」.
한세억(2000). 정보사회 촉진을 위한 정책 방안. 「사회정책논총」, 제12권 제1호.
———(2007). 지식사회에서 '좋은 정부'와 지성적 기반. 「한국정책학회 동계학술대회 발표논문집」.
한영학(2008). 일본 정보공개법의 특징과 의의. 「세계의 언론법제 정보공개와 언론」, 2008년 상권(통권 제23호). 한국언론재단.
행정안전부 공식 블로그(http://www.mopasblog.net/11809952).
행정안전부(2008a). 「공공기관 개인정보 보호 종합대책」.
———(2008b). 「정보통신기반보호법」 입법예고.
———(2008c). 「개인정보보호법 제정 법률 입법예고안」

———(2010a). 「2009년도 정보공개 연차보고서」.
———(2010b). 「전자주민등록증은 통합신분증이 아닙니다」(2010. 9. 15).
———(2010c). 「해외 각국의 신분증 현황 자료」.
———(2010d). 전자주민등록증 도입 국민의견 수렴 공청회 개최(2010. 10. 25 보도자료).
———(2011a). 「2010년 공공기관 개인정보 침해신고 및 상담사례집」.
———(2011b). 「2010년도 정보공개연차보고서」.
———(2011c). 「2011 국가정보화백서」.
———(2011d). 「개인정보분쟁조정사례집」.
———(2011e). 「공공정보, 품질 관리되고 찾기 편해진다」. 2011. 10. 14 보도자료.
———(2011f). 「스마트 전자정부(Smart Gov) 추진 계획(안)」.
———(2011g). 「전자주민등록증 관련 시민단체 주장 검토」(2011. 6).
———(2011h). 「전자주민등록증 도입 추진 방안」(2011. 3).
———(2011i). 「주민등록법 개정안 설명 자료」(2011. 3).
———(2011j). 「OECD 국가의 전자신분증 도입 현황(전자주민등록증, 전자주민증)」.
———(2012). 대한민국 전자정부, 다시 한번 세계를 놀라게 하다−2012 UN 전자정부 평가에서, 2010년에 이어 2회 연속 세계 1위 달성. 2012. 3. 1 보도자료.
행정안전부·지식경제부·국가정보원·방송통신위원회(2008). 「정보보호 중기 종합계획」.
행정자치부(2001). 「전자정부법의 이해와 해설」.
———(2005a). 「전자정부 아키텍처(EA) 기반의 정보자원관리 가이드」.
———(2005b). 「차세대 주민등록증 발전모델연구」 설명 자료.
———(2005c). 「행정정보 공유 종합추진계획」.
———(2006a). 「개인정보 침해 유형 및 취약점 보안 대책」. 공공기관의 개인정보보호 컨퍼런스.
———(2006b). 「공공기관의 개인정보 보호를 위한 기본지침」. 공공기관의 개인정보 보호 컨퍼런스.
———(2006c). 「전자정부사업 연차보고서」.
———(2006d). 「행정공개 연차보고서」.
———(2006e). 「행정정보 공동활용을 위한 주민·호적, 토지·건축 DB 통합운영 방안 연구」.
———(2007). 「2006 전자정부사업 연차보고서」.
행정정보공유추진위원회(2005). 「행정정보 공유 현황 및 추진계획 (2005. 12)」. 행정자치부.
———(2006). 「행정정보 공유 확대 ISP 보고서(2006. 5)」. 행정자치부.
허일태(2000). 사이버범죄의 현황과 대책. 「동아대 법학연구소 세미나 발표자료」.
현대사회연구소(1982). 「2000년대를 향한 한국인상」.
현창희(2000). 「지식정보사회와 통신기술 발전 전망」. 정보통신기술경영연구소.
홍도원(2006). 정보보호기술의 현재와 미래 : 정보보호. 「지역정보화」, 제40호.
홍승필(2006). 「유비쿼터스 컴퓨팅 보안」. 한티미디어.
홍승희(2006). 유비쿼터스환경과 사이버범죄. 「형사정책연구」, 제17권 제3호.
홍정선(2009). 「행정법원론(상)」. 박영사.

홍준형(1997). 「행정구제법」. 한울아카데미.
———(2003). 「전자정부와 정보 프라이버시의 보호」. 서울대학교 행정대학원 한국정책지식센터 제5회 전자정부포럼.
황보열(2003). 「유럽연합의 스마트카드 기반의 전자정부」. KAIST 지식기반전자정부연구센터 제6회 전자정부포럼 발표자료.
———(2004). 우리나라 주민등록증 현황과 개선 방향: 해외국가 국가신분증 동향과 주민등록증 변경 의도 분석을 중심으로. 「한국행정학회 동계대회 발표논문집」.
황성돈·정충식(2002). 「전자정부의 이해」. 다산출판사.
황영길(2003). 「사이버범죄에 대한 형법적 대응연구」. 목원대학교 교육대학원 석사학위 논문.
황인호(2001). 개인정보보호제도에서의 규제에 관한 연구. 「공법연구」, 제30집 제4호. 한국공법학회.
황종성(2003). 전자정부의 쟁점과 연구 방향. 「정보화정책」, 제10권 제3호.
황종성 외(2003). 「미래 전자정부 청사진」. 한국전산원.
———(2007). 공공정보자원관리의 혁신 방안 연구: 정보 공동활용을 중심으로. 「경제·인문사회연구회 협동연구총서」, 07-09-04. 정보통신정책연구원.
INCA 브리핑(2011). 「미국과 EU, 글로벌 사이버 보안 및 범죄 대응 협력 강화」.
IT타임스. 2011년 10월 3일자(개인정보보호법 전면 시행, 달라진 점은?).
KOTRA(2004). 「동향자료」(작성자: 김영식).
———(2008). 「새 국면을 맞은 프랑스 전자상거래 시장동향」(2008. 6. 14).

http://100.daum.net/encyclopedia/view.do?docid=b15a2779n10
http://blog.naver.com/andra3623/100063382768
http://blog.naver.com/cspark14?Redirect=Log&logNo=30102656269
http://blog.naver.com/PostView.nhn?blogId=adam037&logNo=150031425157
http://blog.naver.com/PostView.nhn?blogId=koshamedia&logNo=120109346897
http://ko.wikipedia.org/wiki/7%C2%B77_DDoS_%EA%B3%B5%EA%B2%A9
http://ko.wikipedia.org/wiki/IMT 2000
http://kr,itdic.yahoo.com/itdic.html?n=17692
http://mopas.go.kr/gpms/view/korea/korea_index_vm.jsp?cat=bonbu/elet&menu=elet_05_01
http://mopas.go.kr/gpms/view/korea/korea_index_vm.jsp?cat=bonbu/elet&menu=elet_08_02
http://mopas.go.kr/gpms/view/korea/korea_index_vm.jsp?cat=bonbu/elet&menu=elet_09_02
http://navercast.naver.com/contents.nhn?contents_id=4544
http://terms.co.kr/CALS.htm
http://terms.co.kr/CIO.htm
http://terms.co.kr/EDI.htm
http://www.bka.de/profil/5.html (Stand: 31. 1. 2005)
http://www.bmi.bund.de/ dokumente/ Pressemitteilung/ ix_95012.html

http://www.etimesi.com/news/detail.html?id=200011100030
https://www.kice.re.kr/ko/download.do?attach_id=18512
http://www.vsix.kr/intro/intro.jsp
https://sites.google.com/site/gov20kr/review_book/ibong-gyu-gim-yejin
https://www.digitalbrain.go.kr/kor/view/intro/intro02_01_01.jsp?code=DB0402

국외 문헌

Accenture(2002). *G-government Leadership Realizing the Vision.*

Ahiturand, Niv & Hadass, Michael(1978). Organizational Structure of a Complex Data Processing Department. *Information and Management*, Vol. 1.

Andrus, Homan R.(1971). Approaches to Information Evaluation. *Michigan State University Business Topics* (Summer 1971).

anonymous(1972). Developments in the Law : The National Security Interest and Civil Liberties. *Harvard Law Review*, Vol. 85.

Atkinson, Robert D. & Ulevich, Jacob(2000). *Digital Government : The Next Step to Reengineering the Federal Government.* Progressive Policy Institute.

Australian CERT(2006). *Australian Computer Crime & Security Survey.*

Banks, Simon(1990). Security Policy. *Computer & Security*, 9(7).

Barrett, Neil(1997). *Digital Crime : Policing the Cybernation.* Kogan : Page.

Bell, Daniel(1973). *The Coming of the Post-Industrial Society : A Venture in Social Forecasting.* New York : Basic Books.

———(1979). Communications Technology for Better or for Worse. *Harvard Business Review*, May-June.

Berger, Peter L.(1967). *The Sacred Canopy : Elements of Sociological Theory of Religion.* Garden City, NY : Doubleday Co., Inc.

Berger, Stephen D.(1974). Review Symposium(The Coming of Post-Industrial Society : A Venture in Social Forecasting by Daniel Bell). *Contemporary Sociology*, Vol. 3, No. 2.

Bishop, Joseph(1957). The Executive's Right of Privacy : An Unresolved Constitutional Question. *The Yale Law Journal*, Vol. 66.

Bloustein, Edward J.(1966). Privacy as an Aspect of Human Dignity : An Answer to Dean Prosser. *N. Y. U. L*, Rev. 962, Vol. 31.

Bozeman, Barry & Bretschneider, Stmart(1986). Public Management Information Systems : Theory and Prescription. *Public Administration Review*, Vol. 46.

BSI(2006). *BSI Annual Report 2005.*

Buchanan, Jack R. & Linowes, Richard G.(1980). Understanding Distributed Data Processing. *Harvard Business Review*, July-August.

Burlingame, John F.(1961). Information Technology and Decentralization. *Harvard Business Review*, November-December.

Castells, Manuel(2001). *The Internet Galaxy : Reflections on the Internet, Business, and Society*. Oxford University Press.

Catherine, L. Mann etc.(2000). *Global Electronic Commerce A Policy Primer*. Washington DC : Institute for International Economics.

Cesareo, Giovanni(1984). Toward a Electronic Democracy?, in V. Mosco & J. Wasko (ed.). *The Critical Communications Review*. Nordwood, NJ : Ablex.

Childers, Thomas(1982). Information and the Disadvantaged : Overview, in F. W. Horton & D. A. Marehand. *Information Management in Public Administration*. Arlington, VI. : Information Management Press.

Clayto, Tony & Criscuolo, Chiara(2004). Enterprise E-Commerce : Measurement and Impact. *The Report of the Economic Impact of ICT*. OECD.

Coleman, Roymond J. & Riley, M. J.(1981). The Organizational Impact of MIS, in M. J. Riley. *Management Information Systems*. San Francisco : Holden-Day, Inc.

Commission of the European Communities(2006). *A Strategy for a Secure Information Society - Dialogue, Partnership, and Empowerment*.

Commission on Federal Paperwork(1977). Federal/State/Local Cooperation. *Information Resource Management*. U. S. Government Printing Office.

———(1982a). The Paperwork Problem, in Forest W. Horton & D. A. Marchand. *Infornation Management in Public Administration*, Arlington, VI: Information Management Press.

———(1982b). Managing Information Resources, in F. W Horton & D. A. Marchand.

———(1982c). Computers and Paperwork, in F. W. Horton. & D. A. Marchard.

Coleman, Roymond J. & Riley, M. J.(1981). The Organizational Impact of MIS, in M. J. Riley. *Management Information Systems*. San Francisco : Holden-Day, Inc.

Coulthard, Darryl & Castleman, Tanya(2001). Electronic Procurement in Government : More Complicated than Just Good Business. *Working Paper, School of Information Systems*. Deakin University. Press.

Crabb, Michele. D.(1999). *Building A Successful Security Infrastructure*.

Cyert, Richard & March, James(1963). *A Behavioral Theory the Firm*. Englewood Cliffs, NJ. : Prentice-Hall.

Danziger, James N.(1977). Computers, Local Governments, and the Litany to EDP. *Public Administration Review*, January/February.

Danziger, James N. & Kling, Rob(1982). Computers in Policy Process. *Computers and*

Politics. New York : Columbia Univ. Press.

Davenport, Thomas H.(1993). Process Information : Reengineering Work Through Information Technology. *Harvard Business Review*, Vol. 93, No. 2.

Davis, Gordon & Olson, Margrethe(1985). *Management Information System*. New York : McGraw Hill.

Davis, Gordon B. & Olson, Margrethe H. (1985). *Management Information systems: Conceptual Foundations, Structure, and Deuelopment*. New York: McGraw-Hill.

Dawes, Sharon(1995). Interagency Information Sharing : Expected Benefits, Manageable Risks. *Journal of Policy Analysis and Management*, Vol. 15, No. 3.

Debold, John R. (1979). Information Resource Management: The New Challenge. *Infosystems*.

Deloitte Research(2001). *At the Dawn of e-government : The Citizen as Customer*.

Douglas, S. & Gutback, T. (1984). Production and Technology in the Communication/Information Revolution. *Media, Culture and Sociology*, Vol. 6, No. 3.

Downs, Anthony(1967). *Inside Bureaucracy*. Boston : Little, Brown and Co.

―――(1982). Search Problems in Bureaus, in F. W. Horton & D. A. Marchand.

Dickson, Gary, Senn, James & Chervany, Norman(1977). Research in Management Information Systems : The Minnesota Experiments. *Management Science*, Vol. 23. 912-923.

Duran, Edger S. (1974). *Social Information Processing and Staistical Systems: Change and Reform*. New York: John Wiley and Sons.

Dubey, Rajkumar(2004). Cyber Crimes : In Indian Legal Perspective (http:// www.mondaq.com/i_article.asp?articleid=28603)

Duff, Liz & Gardiner, Simon(1996). Computer Crime in the Global Village. *International Journal of the Sociology of Law*, 24 : 211-228.

Earl, Michael J. (1996). Integrating IS and the Organisation : A Framework of Organisational Fit, in M. J. Earl(ed). *Information Management : The Organisational Dimension*. Oxford : Oxford University Press.

Ein und vierzigstes Strafrechtsänderungsgesetz zur Bekämpfung der Computerkriminalität vom 7. August 2007, BGBl. I S. 1786.

Ein-dor, Philip & Segev, Eli(1978a). Organizational context and the success of management information system. *Management Science*, Vol. 24, No. 10.

―――(1978b). Strategic Planning for Management Information Systems. *Management Science*, Vol. 24.

―――(1980). Organizational Context and the Success of Management Information Services Function. *MIS Quarterly*, Vol. 4.

―――(1982). Organiztional Context and MIS Structure Some Empirical Evidence. *MIS*

Quarterly, Vol. 6.

Elgamal, Tahe(2001). *Policy-Based Security.* OECD Information Security Workshop in Tokyo, Japan.

eMarketer(2007). *European E-Commerce on Pace to Reach €323 Billion in 2011.* 2007. 8. 6.

Emery, James C. (1969). *Organizational Planning and Control Systems.* New York: Macmillan.

Entwurf eines Gesetzes zu dem Übereinkommen des Europarats vom 23. November 2001 über Computerkriminalität, Drucksache 16/7218 (2007.11.16).

Etzioni, Amitai(1974). Review Symposium(The Coming of Post-Industrial Society : A Venture in Social Forecasting by Daniel Bell). *Contemporary Sociology*, Vol. 3, No. 2.

Everest, Gordon C. (1985). *Database Management: Objectives, Systems Functions, and Administration.* New York: McGraw-Hill.

Feinberg, Lotte E. (1986). Managing the Freedom of Information Act and Federal Information Policy. *Public Administration Review*, Vol. 46, No. 6.

Financial Intelligence Unit(FIU) Deutschland(2003). *Jahresbericht.* S. 22.

Fountain, Jane E. (2001). *Building the Virtual State : Information Technology and Institutional Change.* Washington D. C. : Brookings Institution Press.

Fried, Charles(1968). Privacy. *The Yale Law Journal*, Vol. 77.

Fromm, Erich(1963). *Escape from Freedom.* New York : HR & W.

Gartner Group(2000). *Gartner's Four Phases of E-Government Model.*

Gavison, Ruth(1980). Privacy and the Limits of Law. *Yale Law Journal*, 421.

Gebauer, Judith & Zagler, Michael(2000). Assessing the Status Quo and Future of B2B E-Commerce, Fisher Center for IT & Marketplace Transformation. *Haas School of Business.* University of California, Berkeley.

Gellhorn, Walter & Byse, Clack(1974). *Administration Law.* Foundation Press.

Gesetz zur Abwehr von Gefahren des internationalen Terrorismus durch das Bundeskriminalamt vom 25. Dezember 2008, BGBl. 2008 Teil 1 Nr. 66, S. 3083.

Gesetz zur Erschwerung des Zugangs zu kinderpornographischen Inhalten in Kommunikationsnetzen, Zugangserschwerungsgesetz(ZugErschwG, BR-Drs. 604/09).

Gesetz zur Neuregelung der Telekommunikationsüberwachung und anderer verdeckter Ermittlungsmaßnahmen sowie zur Umsetzung der Richtlinie 2006/24/EG vom 21. Dezember 2007, BGBl. 1 S. 3198.

Gesetz zur Umsetzung des Rahmenbeschlusses des Rates der Europäischen Union zur Bekämpfung der sexuellen Ausbeutung von Kindern und der Kinderpornographie vom 4. Nov. 2008 BGBl. Teil I, S. 2149 ff.

Gil-Garcia, J. Ramon(2006). *Enacting State Websites: A Mixed Method Study Exploring E-Government Success in Multi-Organizational Settings.* Center for Technology in Government, University at Albany, SUNY.

Gregory, R. H. & Atwater, Jr., T. V. (1957). Cost of Value of Management Information as Functions of Age. *Accounting Research* (January).

Hamelink, Cees. J. (1983). *Cultural Autonomy in Global Communications: Planning National Information Policy.* New York: Longman.

Hammer, Michael(1990). Reengineering Work: Don't Automate, Obliterate. *Harvard Business Review*, Vol. 68, No. 4. Jul/Aug.

Hammer, Michael & Champy, James(1993). *Reengineering the Corporation: A Manifesto for Business Revolution.* New York: HarperCollins Publishers.

Handerson, James & Pearson, Richard(1975). *The Torts Process.* Boston: Little, Brown Co.

Hedge, Bortow Fleck Jr., Robert, & Honess, B. (1984). *Management Information Systems.* Reston, VI: Reston Publishing Co.

Henings, Chiristophe R., Hickson, David J., & Schneck, R. E. (1970). Structural Conditions of Interor_ganlzational Power *AdministratLue Science Quarterly*, Vo1.19, No.l.

Hicks, Jr., James O. (1987). *Management Infonmation Systems.* St. Paul: West Publishing Co.

Hickson, David J., Hinnings, Christopher R. Lee, C. A. Schneck, R. E., & Penning, J. M. (1971). Strategic Contingencies Theory of Interorganizational Power, *Adninistratiue Science Quarterly*, Vo1.16, No.2.

Hormozi, Amir M. (2005). Cookies and Privacy. *Information Systems Security*, Vol. 13.

———(1982). Needed: A New Doctrine for Information Resource Management, in F. W. Horton & D. A. Marchand. *Information Management in Public Administration.* Arlington, VI: Information Management Press.

Horton, Forest W. & Marchand, Donald A.(1982). *Information Management in Public Administration.* Arlington, VI: Information Management Press.

Huff, Sid(2000). *Cases in Electronic Commerce.* McGraw-Hill.

ICAO(2006). *Machine Readable Travel Documents: Part 1 Machine Readable Passports, Volume 2 Specifications for Electronically Enabled Passports with Biometric Identification Capability.* Doc9303, sixth edition.

International Bureau of WIPO(1978). Model Provisions on the Protection Computer Software.

Ives, Blake, Hamilton, Scott, & Gordon, Davis(1980). A Framework for Research in Computer-Based Management Information Systems. *Management Science*, Vol. 36.

Joinson, Adam(1998). Causes and Implications of Disinhibited Behavior on the Internet, in J. Gackenbach (ed.). *Psychology and the Internet*. New York : Academic Press.

Kaalkota, Ravi & Whinston, Andrew B.(1996). *Frontier of Electronic Commerce*. Addison-Wesley.

Kalven Jr., Harry(1966). Privacy in Tort Law Were Warren and Brandeis Wrong?. *Law and Contemporary Prob.*, Vol. 31.

Kang, Jerry(1998). Information Privacy in Cyberspace Transactions. *Stanford Law Review*, Vol. 50 : 1193.

Kanter, Jerome(1984). *Management Information Systems*(3rd ed.). Englewood Cliffs, N. J. : Prentice-Hall.

Keeton, W. Page(1984). *Prosser and Keeton on the Law of Torts*(5th ed.). West Group.

Kim, Kyong-Dong & Lee, On-Jook(1985). Middleclass Perception's of Economic Development and External Relations in Korea. *Journal of East and West Studies*, Vol. 14, No. 2.

Kim, Pan Suk & Jho, Whasun(ed.). (2005). *Building e-Governance : Challenge and Opportunities for Democracy, Administration and Law*. IIAS(Belgium)/NCA(Korea).

Kish, Joseph L. & James Morris(1982). Paperwork Management in Transition: The Impact of Automatic Data Processing, in F. W. Horton & D. A. Marchand. *Information Management in Public Administration*. Arlington, VI: Information Management Press.

Korba, Larry & Kenny, Steve(2002). *Towards Meeting the Privacy Challenge : Adapting DRM*. ACM Workshop on Digital Rights Management. *Information Management in Public Administration* Arlington, VI: Information Management Press.

Kosiur, David(1997). *Understanding Electronic Commerce*. NY : Microsoft Press.

Kraemer, Kenneth L. & Danziger, James N. (1984). Computers and Control in the Work Environment. *Public Administration Review*, January/February.

Kraemer, Kenneth L. & Dutton, William H.(1979). The Interests Served by Technological Reform. *Administration and Society*, Vol. 2, No. 1.

Kresslein, John C. & Marchand, Donald A.(1987). A Comparative View of Information Resources Management Practices in State Government, in K. B. Levitan(ed.). *Government Infostructures : A Guide to the Networks of Information Resources and Technologies at Federal, State, and Local Levels*. Greenwood Press.

Kritisch dazu die Pressemitteilung der BRAK Nr. 12 vom 4. 7. 2008.

Kroeber, Donald W. & Watson, Hugh J. (1984). *Computer-based Information Systems: A Management Approach*. New York: Macmillan.

Lagos, Gustavo (1981). The Revolution of Being : A Preferred World Mode, in H. Munoz (ed). *From Dependency to Development.* Boulder, Westview Press.

Lasbordes, Pierre(2005). *La sécurité des systémes d'information.*

Laudon, Kenneth C. & Laudon, Jane P. (1988). *Management Information Systems: A Contemporary Perspective.* New York: Macmillan.

LaVigne, Mark(2002). Electronic Government : A vision of a future that is already here. *Syracuse Law Review*, Vol. 52.

Leavitt, Harold J. & Whisler, Thomas L. (1958). Management in the 1980's. *Harvard Business Review*, Vol. 36 (Novemver-December).

LeBreton, Preston(1969). *Administrative Intelligence Information System.* New York : Houghton Mifflin Co.

Lee, Jae Yong(2003). *The present and future of G2B.* Public Procurement Service of Korea.

Locke, John(1931). *An Essay Concerning the True Original, Extent and End of Civil Government.* Oxford University Press.

Lucas, Jr., Herry C. (1973). *Computer-Based Information Systems in Organizations.* Palo Alto, Calf. : Science Research Associates.

———(1981). An Experimental Investigation of the Use of Computer-Based Graphics in Decision-Making. *Management Science*, Vol. 27.

———(1982). *Information Systems Concepts for Management*(2nd ed). New York : McGraw-Hill.

———(1985). *The Analysis, Design, and Implementation of Information Systems*(3rd ed.). New York : McGraw-Hill.

Lynn, M. & Markus, E. (1981). Implementation Politics : Top Management Support and Involvement. Markus, M. Lynne *System, Objectives, Solutions*, Vol. 1.

MAC(2004). *Connecting Government.*

Machlup, Fritz(1962). *The Production and Distribution of Knowledge in the United States.* Princeton, N.J. : Princeton University Press.

Mann, Catherine L. (2000). *Global Electronic Commerce.* IIE

Mansour, Ali & Watson, Hugh(1980). The Determinants of Computer-Based Information System Performance. *Academy of Management Journal*, Vol. 23.

March, James & Simon, Herbert(1958). *Organizations.* New York : John Wiley and Sons.

Marchand, Donald A. (1982). Information Management in Public Organization: Defining a New Resource Management Function, in Forest W. Horton & D. A. Marchand. *Information Management in Public Administration.* Arlington, VI: Information Management Press.

Marchand, Donald A. & Kresslein, John C. (1986). *Implementing IRM in a State*

Agency: A Guide for Commissioners and Senior Executives. The Institute of Information Management University of South Carolina.

Marchand, Donald A. & Stucker, John(1977). *Information Management In the State University*. Washington, D. C.: Commission on Federal Paperwork.

Marchionini, Gary, Samet, Hanan, & Brandt, Lawrence(2003). Digital Government. *Communication of the ACM*, Vol. 46, No. 1.

Mardick, Robert G. & Munson, John C. (1986). *MIS Concepts & Design*. Englwood Cliffs, N. J: Prentice-Hall.

Mardick, Robert G., Ross, Joel E. & Claggett, James R. (1984). *Information Systems for Modern Management*. Englewood Cliffs, N. J.: Prentice-Hall.

Margulis, Stephen(1977). Conceptions of Privacy : Current Stays and Next Steps. 33 *The Journal of Social Issues* 3.

Martin, James(1975). *Computer Database Organization*. Englewood Cliffs, N. J.: Prentice-Hall.

Masuda, Yoneji(1981). *The Information Society as Post-Industrial Society*. Tokyo : Institute for the Information Society.

Mayo, Louis H., Anthony, R. W., & Freedman, B. Henry(1980). *An Exploratory Technology Assessment of Computer Assisted Makeup and Imaging Systems*. Washington, D. C. : The George Washington University Program of Policy Studies.

McQuade, Sam C. (2006). *Understanding and Managing Cyber crime*. Pearson : Boston.

Mekenney, J. L. & McFarlan, Warren F. (1982). The Information Archipelago. Maps and Bridges. *Harvard Business Review*, Sept-Oct.

Michael, James(1994). *Privacy and Human Rights : An International and Comparative Study, with Special Reference to Developments in Information Technology*. Dartmouth : UNESCO Publishing.

Mowlana, Hamid(1985). *Global Information and World Communication*. New York : Longman.

Myers, C. A.(1966). Some Implication of Computer for Management. *San Francisco Industrial Relations Research Association Proceedings*.

Naisbitt, John(1982). *Megatrends : Ten Directions Transforming Our Lives*. New York : Warner Books.

Neef, Dale(2001). e-Procurement : *From Strategy to Implementation*. N. J.: Prentice-Hall, Inc.

Newman, Rhona & Newman, Julian(1985). Information Work : The New Divorce?. *The British Journal of Sociology*, Vol. 36, No. 4.

Newman, William M. (1977). *Designing Integrated Systems for the Office Environment*.

New York: McGraw-Hill.

Nolan, Richard L. (1977a). Controlling the Cost of Data Services *Harvard Business Review.*

———(1977b). Effects of Chargeout on User/Manager Attitudes. *Communications of ACM,* Vol. 20, No. 3.

———(1979). Managing the Crisis in Data Processing. *Harvard Business Review,* 57, no.2 March-Apri.

O'Brien, David M. (1979). Freedom of Information, Privacy, and Information Control A Contemporary Administrative Dilemma. *Public Administration Review,* July/August.

O'Neil, James E. (1972). *Access to government documents: Progress, Problems, and Prospects.* Sunflower University Press.

OECD(2001). *OECD Information Security Workshop.* Tokyo, Japan.

———(2002). OECD *Guidelines for the Security of Information System and Networks-towards a culture of security.*

———(2003a). *ICT and Economic Growth.*

———(2003b). *Working Party on Information Security and Privacy.*

Ohyma, Nagaaki(2003). *Practical Implementation of Smart Card in Japan,* NICSS.

Olson, Margrethe H. & Ives, Blake(1982). Chargeback Systems and User Involvement in Information Systems; An Empirical Investigation. *MIS Quarterly,* Vol. 6, No. 2.

OMB(2003). *E-Government Strategy: Implementing the President's Management Agenda for E-Government.*

———(2007). *FY 2006 Report to Congress on Implementation of the E-government* Act of 2002.

Panayiotou, Nikolaos A., Gayialis, Sotiris P., & Tatsiopoulos, Ilias P. (2004). An e-procurement system for governmental purchasing. *International Journal of Production Economics,* Vol. 90.

Parker, Donn B. (1998). *Fighting Computer Crime,* Wiley Computer Publishing.

Parker, Edwin B. (1976). Social Implication of Computer Telecommunication Systems. *Telecommunication Policy,* December.

Parkinson, Rhonda Lauret(2003). *National Identity Cards in Canada: The Next Step in the Fight Against Terrorism?* (http://www.privacy.org).

Perrit, Henry H. (1990). *Electronic Public Information and the Public's Right to Know.* Conference Proceedings. Washington, D. C.: Benton Foundation.

———(2004). *e-Governance.* New York: Palgrave Macmillan.

Ploman, Edward W. (1987). 정보화사회의 취약성과 그 해결 방안. 김세원・추광영. (1987). 「정보화사회의 도전」. 무역경영사.

Popadic, Robert P. (1975). Design of Chargeout Control Systems for Computer Service, in R. L. Nolan & F. W. McFarlan(eds). *Information Systems Handbook*. New York: Dow Jones Irwin.

Porat, Mere U. (1977). *The Information Economy*. Washington, D. C : U. S. Office of Telecommunications.

Remus, William(1984). An Empirical Investigation of the Impact of Graphical and Tabular Data Presentations on Decision-Making. *Management Science*, Vol. 30.

Schiller, Herbert(1981). *Who Knows : Information in the Age of Fortune 500*. Norwood, N. J. : Ablex.

———(1985). *Information and the crisis Economy*. Norwood, N. J. : Ablex.

Schultz, E. Eugene(2006). The Changing Winds of Information Security. *Computers and Security*, Vol. 25.

Scott, George M. (1985). *Principles of Management Information Systems*. New York: McGraw-Hill.

Senn, James A. (1982). *Information Systems in Management*. Belmont, Calif.: Wadswerth Publishing Co.

Serious Organised Crime Agency(2006). *SOCA Annual Plan*.

Seward, Henry H. (1975). Evaluating Information Systems, in F. W. McFaran & R. L. Nolan eds. *Information Systems Handbook*. Homewood, IL. : Dow Jones-Richard D. Irwin.

Shannon, Claude. (1948, 1950). A Mathematical Theory of Communication. *Bell System Technical Journal*.

Shannon, Claude & Weaves, Warren(1949). *The Mathematical Theory of Communication*. Urbane, Ⅲ : The University of Illinois Press.

Sharon, Dawes & Prefontaine, Lise(2003). Understanding New Models of Collaboration for Delivering Government Services. *Communication of the ACM*, Vol. 46, No.1.

Shinder, Debra L. & Tittel, Ed(2002). Scene *of the Cybercrime : Computer Forensics Handbook*. New York : Syngress Publishing.

Simon, Herbert A. (1960). The Corporation : Will It Be Managed by Machine?, in M. L. Anshen & L. Each (eds). *Management and Corporation*. New York : McGraw-Hill.

Slack, J. D. (1984). Surveying the Impacts of Communication Technology, in B. Dervin & M. J. Voigt (eds). *Progress in Communication Sciences*, Vol. 5. Norwood, N. J. : Ablex.

Smythe, D. W. (1985). *Needs Before Tools : The Illusion of Electronic Democracy*. Honolulu : International Communication Association.

Snyder, D. P. (1973). *Information System: Creating a New Discipline to Manage the Information Explosion*. A paper presented at the Information Conference,

Washington, D. C.(February 16).
Stamper, Ronald(1982). Information in Business and Administrative Systems: Summary and Postscropts. in F. W. Horton & D. A. Marchand.
Stockfisch, Jacob A. (1982). Bureaucratic Pathology, in W. Forest Horton & D. A. Marchand.
Sussman, Gerald(1984). Global Telecommunications and the Third World : Theoretical Considerations. *Media, Culture and Society.*
Synnott, William R. & Gruber, William. H. (1981). *Information Resource Management.* New York: John Wiley & Sons.
Tehranian, M. (1987). 정보화사회와 민주적 발전. 김세원 · 추광영 옮김, 「정보화사회의 도전」. 무역경영사.
The Commission of the EC. (1984). EUROFUTURES. Butterworths.
Thomas, Douglas & Loader, Brian D. (2000). *Cybercrime : Law Enforcement, Security and Surveillance in the Information Age.* New York : Routledge.
———(1980). *The Third Wave.* New York : Bantum Books.
Thompson, James D. (1963). *Organizations in Action.* New York: McGraw-Hill.
Toffler, Alvin(1970). *Future Shock.* New York : Bantum Books.
Turban, Efraim, Jae Kyu Lee, Dave King, Judy Mckay, & Peter Marshall(2008). *Electronic Commerce 2008 : A Managerial Perspective.* Pearson Education.
Turkington, Ruth C. (1990). Legacy of the Warren and Brandeis Article : The Emerging Unencumbered Constitutional Right to Informational Privacy. *10 N. Ill. Univ. L. Rev.* 479.
Turner, Jon(1980). Computers in Bank Clerical Functions Implications for Productivity and the Quality of Working Life. unpublished doctoral dissertation. New York : Columbia University.
UN(2004). *Global E-Government Readiness Report 2004 : Towards Access for Opportunity.*
———(2008). *UN E-Government Survey 2008* (2008. 1).
UN & ASPA(2002). *Benchmarking E-Government : A Global Perspective.*
US Census Bereau.(http://www.census.gov).
Wall, D. S. (2001). Cyber Crimes and the Internet, in *Crime and the Internet*, D.S. Wall(ed.). New York : Routledge.
Weisenbaum, Joseph(1976). *Computer Power and Human Reason.* San Francisco: Freeman.
West, Darrell M. (2002). *State and Federal E-Government in the United States.* Taubman Center for Public Policy Brown University.
Wiener, Norbert(1948). *Cybernetics or Control and Communication in the Animal and*

the Machine. New York : Wiley.
Williams, R. (1975). *Television Technology and Cultural Form*. New York : Schocken.
World Perspective on Trends Electronic Commerce. (http://policyworks.gov/org/main/-mg/intergov/oisnews.htm)

中山信弘(1993). 「ソフトウェアの法的保護」. 有斐閣.
ハイパーネットワーク社會研究所(2006). 「平成17年度 企業、個人の情報セキュリテ對策事業」.
總務省編(2008). 「情報通信白書」, 總務省.
経済産業省(2006). 「情報セキュリティ政策に係る基本的 優先的な課題等」.

찾아보기

ㄹ

ㅁ

ㅂ

ㅅ

ㅇ

ㅈ

ㅊ

ㅋ

ㅌ

ㅍ

ㅎ

저자 약력

이윤식(李允植)

[약력]

- 한국외국어대학교 정치학사
- 미국 아이오와주립대학교 정치학석사
- 미국 미시간대학교 정치학박사(정책평가 및 정보관리 전공)
- 미국 메릴랜드대학교(College Park) 풀브라이트 교수 겸 국비 해외 파견 교수
- 한국국제협력단 국제정부정책 컨설턴트
- 국무총리실 및 정보통신부 정보화사업평가단 반장
- 행정안전부 전자정부위원회 위원장
- 숭실대학교 정보지원처장, 교무처장, 기획조정실장, 사회과학대학 학장
- (사)한국정책분석평가학회 회장, (사)한국정책학회 회장
- 정보통신부 지식정보자원관리평가위원회 위원장
- 국무총리 국가평가인프라구축추진단 자문위원장
- 대통령자문 정부혁신지방분권위원회 위원 겸 평가간사
- 국무총리 정부업무평가위원회 위원 겸 실무위원장
- 대통령 정책실 국가개혁과제점검평가단 단장
- (현) (사)한국평가감사연구원 원장
- (현) 숭실대학교 행정학부 교수

[수상]

- 1995, 미국 국무성 Fulbright Award 수상
- 2008, 대한민국정부 홍조근정훈장 수상

[저서 및 논문]

- 「정책평가: 이론과 적용」(법영사, 1987) 공저
- 「행정정보체제론(상)(하)」(법영사, 1990)
- 「(객관식) 행정정보체계론」(법영사, 1990)
- 「정책학의 주요 이론」(경세원, 1993) 공저
- 「시민이 열어 가는 지식정보사회」(대화출판사, 1999) 공저

- 「신행정정보체제론」(대영문화사, 2009)
- *The Legal Bases of U.S. Governor's Legislative Powers*(Seoul: Chomyung Press, 1990)
- *Building Effective Evaluation Capacity*(New Brunswick, NJ: Transaction Publishers, 1999) 공저
- *International Atlas of Evaluation*(New Brunswick, NJ: Transaction Publishers, 2002) 공저
- *From Studies to Streams: Managing Evaluative Systems*(New Brunswick, NJ: Transaction Publishers, 2005) 공저
- 「정부성과관리와 평가제도」(한국행정연구원, 2006년) 공저
- *Building an Innovative Infrastructure for the National Evaluation System* (정부혁신지방분권위원회, 2006)
- 「21세기 한국 행정과 정책의 주요 과제」(한국행정연구원, 2008) 공저
- "행정정보관리의 본질과 접근법에 관한 소고"
- "행정정보 관리체제의 본질과 접근법"
- "지역정보화, 그 성공의 전제"
- "우리나라 초고속 정보통신 기반 보안관리체제 구축 방향에 관한 연구"
- "공공부문 경쟁력 강화를 위한 전자정부의 추진 방향에 관한 연구"
- "행정정보화와 중앙정부 경쟁력 간의 관계에 관한 실증적 분석"
- "21세기를 대비한 한국 정보통신정책의 방향 모색"
- "행정정보화와 중앙정부 경쟁력 간의 관계에 관한 실증적 분석"(공저)
- "국가정보화를 통한 정부생산성 제고 방안에 관한 연구"
- "정보화사업에 대한 평가모형 및 방법론 탐색"(공저)
- "서울시 정보화사업의 평가와 과제"
- "우리나라 정부의 감사와 분석평가 기능의 관계"
- "지식기반 사회에서 정책평가 결과 활용 촉진을 위한 IT의 역할분석"
- "공공부문 정보화 성과관리 현황 분석 및 개선 방안에 관한 연구"(공저) 외 다수

행정정보관리론

펴낸날 / 제1판 제1쇄 2013년 2월 15일
지은이 / 이윤식
펴낸이 / 임춘환
펴낸곳 / 도서출판 대영문화사
주소 / 서울 용산구 정파동 1가 178-2 ㉾ 140-869
등록 / 1975년 12월 26일 제3-16호
전화 / (02)716-3883, (02)714-3062
Fax / (02)703-3839
홈페이지 / http://www.dymbook.co.kr

ISBN 978-89-7644-412-7

〔값 23,000원〕